Mensch – Umwelt – Wissen

Mensch – Umwelt – Wissen

Evolutionsgeschichtliche Aspekte des Umweltproblems

Bruno Fritsch
Professor für Nationalökonomie, ETH Zürich

vdf
Verlag der Fachvereine Zürich

B. G. Teubner Verlag Stuttgart

CIP-Titelaufnahme der Deutschen Bibliothek

Fritsch, Bruno
Mensch, Umwelt, Wissen: evolutionsgeschichtliche
Aspekte des Umweltproblems / Bruno Fritsch. – Zürich:
Verl. d. Fachvereine; Stuttgart: Teubner, 1990
ISBN 3-7281-1745-5 (Verl. d. Fachvereine)
ISBN 3-519-03652-5 (Teubner)

1990

© Copyright bei den Verlagen

    B. G. Teubner, Stuttgart
    ISBN 3-519-03652-5

und Verlag der Fachvereine an den schweizerischen Hochschulen
    und Techniken, Zürich
    ISBN 3-7281-1745-5

    Der Verlag dankt dem Schweizerischen Bankverein
    für die Unterstützung zur Verwirklichung seiner Verlagsziele

in memoriam
Erika N. Amberg
1960–1990

Vorwort

Sachbüchern haftet oft das Odium der Vergänglichkeit an. In der Tat müssen viele Daten – zum Beispiel Preise von Rohstoffen, Energieträgern, Dienstleistungen usw. sowie Daten über die Bevölkerungsentwicklung, die Umweltbelastung und nicht zuletzt auch Daten über technische und politische Neuentwicklungen – laufend aufgearbeitet werden. Auf der anderen Seite wäre eine Studie falsch angelegt, wenn sich aus der Weiterführung der Daten immer und laufend grundsätzlich neue Bewertungen ergäben. Das soll nicht heissen, dass man aus neuen Entwicklungen nichts lernen sollte. Im Gegenteil. Es ist wie mit einer Momentaufnahme: Sie zeigt den Status eines Objekts zum Zeitpunkt der Aufnahme. Wenn der Fotograf wirklich gute Arbeit geleistet hat, dann solte diese Momentaufnahme jedoch über den Augenblick ihres Entstehens hinaus Wesentliches über die festgehaltene Situation aussagen. Ich hoffe, dass dies für das vorliegende Buch zutrifft.

Mehr als in früheren Zeiten ist ein solches Buch in gewisser Hinsicht ein Gemeinschaftswerk. Selbstverständlich trägt der Autor die Verantwortung für sein Produkt. Aber dieses "Produkt" wäre heute nicht mehr denkbar ohne intensiven Gedankenaustausch mit Kollegen, Mitarbeitern und Studierenden. Ihnen allen möchte ich an dieser Stelle danken. Dieser Dank richtet sich insbesondere an meinen Freund Wolf Häfele, von dem ich entscheidende Gedankenanstösse erhielt und der mir die übergreifenden Perspektiven des naturwissenschaftlich–philosophischen Weltbildes der Gegenwart aufzeigte sowie an die Kollegen Wolfgang Seifritz und Daniel Spreng, von denen ich wertvolle Anregungen und Informationen empfangen habe.

Ohne die aktive Unterstützung meiner Mitarbeiter wäre dieses Buch nicht entstanden. Mein Dank richtet sich an die Herren Dr. Georg Erdmann, PD Dr. Rolf Kappel, Dr. Peter Staub sowie Dipl. Volksw. M.A. Ralf Wiedenmann. Während Herr Wiedenmann zahlreiche Abbildungen erstellt hat, hat sich Herr Dr. Staub der grossen Mühe unterzogen, das gesamte Layout des Buches zu besorgen und dabei sowohl die Abbildungen als auch das Zahlenmaterial kritisch durchzusehen. Ohne seinen Einsatz wäre das Buch nicht rechtzeitig erschienen.

Die Übertragung des zum grossen Teil im Tessin entstandenen Manuskripts auf Disketten besorgten Frau Brigitte Thüring und Frau Doris Müller, während Frau Marianne Macchi als Bibliothekarin unermüdlich und mit grosser Geduld ihre Fachkenntnisse in den Dienst der oft komplizierten Quellensuche stellte. Für die Gestaltung der umfangreichen Bibliographie war Frau Anita Greil zuständig. *Last but not least* sei an dieser Stelle die Editionsarbeit von Frau Dr. H. Höhlein erwähnt. Sie hat mit souveräner Könnerschaft den gesamten Text auf mögliche Widersprüche und/oder Inkonsistenzen durchgesehen, Querverweise kontrolliert, das Namens- und Sachregister erstellt und die Annotationen durchgehend einheitlich gestaltet. Allen Genannten und darüber hinaus auch meinen hier nicht explizit erwähnten Freunden möchte ich für ihre Hilfe sowie für die vielen Anregungen danken, die ich von ihnen empfangen habe. Sie machten mir bewusst, dass sowohl die Aufnahme, als auch die Verarbeitung und Weitergabe von Gedanken in Form eines Buches wie des vorliegenden weniger ein Akt individueller Leistung als vielmehr das Produkt einer umfassenden harmonischen Kooperation sind. Nichtsdestoweniger bleibt die Verantwortung für alle Mängel des "Produktes" in vollem Umfang beim Autor.

Inhaltsverzeichnis

Einleitung 5

I. **Makroskopische Bedingungen** 9
   1. Vier Grundentscheidungen 9
   2. Physische Grössenordnungen unseres Lebensraumes 17
   3. Einige erdgeschichtlich bedeutende Veränderungen 31
   4. Der anthropogene Faktor 37
   5. *Mensch – Umwelt – Wissen*: ein evolutionsgeschichtlich neues System 49

II. **Bevölkerungswachstum und Umweltbelastung** 71
   1. Grundsätzliches 71
   2. Der exponentielle Charakter des Bevölkerungswachstums ... 75
   3. Bestimmungsfaktoren von Geburten- und Sterberate 76
   4. Der demographische Übergang 81
   5. Prognosen der Bevölkerungsentwicklung 84
   6. Geburtenkontrolle und Bevölkerungsplanung 86
   7. Ernährungsbasis für die Weltbevölkerung 91
   8. Einfluss von Klimaveränderungen auf die Landwirtschaft .. 95
   9. Zusammenfassung 96

III. **Ressourcen, Energie, Wissen** 99
   1. Grundsätzliches 99
   2. Ressourcen und Energie 101
      2.1. Verfügbarkeit von Ressourcen 101
      2.2. Energie und Wirtschaftswachstum 104
      2.3. Rohstoffe und Wirtschaftswachstum 107
      2.4. Zur Substitution von Energie und Ressourcen durch Wissen 110
      2.5. Schlussfolgerungen 111
   3. Das Energieproblem 113
      3.1. Evolution und Energie 113

3.2. Prognosen des Weltenergiebedarfs 118
3.3. Der Energiebedarf in Entwicklungsländern 126
3.4. Übergang vom Ressourcen- zum Umweltproblem 130
3.5. Zur langfristigen Option eines umweltgerechten Energiesystems 131
3.6. Sonderstellung der Elektrizität 136
3.7. Die Zukunft der Kernenergie 151

IV. Wissen, Innovation, Kreativität 165

1. Evolutionsgeschichtliche Aspekte der Innovation 165

2. Kognitive und materielle Akzelerationen 169

3. Erlangung von Orientierungswissen durch Komplexitätsreduktion 173

4. Soziale und technische Innovation 176

5. Innovation und Wertwandel 179

6. Zwei Methoden zur Analyse von Wissen und Innovation 184

V. Möglichkeiten und Grenzen eines umweltverträglichen Wirtschaftswachstums 189

1. Problemstellung 189

2. Stufen der Konkretisierung 193

3. Emissionen und Dissipationen 197

4. Veränderung der Atmosphäre: physikalische Aspekte und politische Implikationen 203
   4.1. Struktur des Wirkungsgefüges 206
   4.2. Nicht anthropogene Veränderungen der Atmosphäre 206
   4.3. Die heutige Zusammensetzung der Erdatmosphäre 209
   4.4. Emission von CO_2 und CH_4 in die Atmosphäre 214
   4.5. Unsicherheiten, Modelle und Szenarien 218
   4.6. Politische Implikationen und realistische Zielsetzungen 230

5. Veränderung der Siedlungsstruktur 238
   5.1. Nutzungsformen und Infrastrukturbedarf 239
   5.2. Neue Randbedingungen und veränderte Prozessstrukturen 241

6. Ökologisch relevante Aspekte der Urbanisierung 244

VI. Konsequenzen für die Politik 269

1. Ökonomische Grundlagen der Umweltpolitik 269

2. Möglichkeiten und Grenzen der Ökologiepolitik 275

3. Die Gefahr trügerischer Plausibilitäten 284

4. Bedingungen einer menschenwürdigen Zukunft 294

Epilog 305

Anhang **307**
    1. Umrechnungstabellen und Definitionen 307
    2. Formalisierungen und Berechnungen 314
    3. Konferenzen und Resolutionen 323
    4. Verschiedenes 327

Bibliographie **331**
    1. Allgemeiner Teil: Mensch – Umwelt – Wissen 331
    2. Spezieller Teil: CO_2 – und Klimaproblematik 351

Namensregister *360*

Sachregister *364*

Abkürzungen *368*

Einleitung

Die vorliegende Studie fasst einige Tatsachen zusammen, die zum Thema *Mensch–Umwelt–Wissen* im Rahmen der Mensch-Technik-Umwelt-(MTU)-Lehrveranstaltungen der *ETH Zürich* zusammengetragen und aufgearbeitet worden sind. Ausgehend von einigen wichtigen Grundtatsachen, die in Form von Kenndaten den jetzigen Stand unseres Planeten wiedergeben, werden jene Zusammenhänge und Prozesse dargestellt, die für das Verständnis der Welt, in der wir leben, wichtig sind. Das Buch richtet sich an junge Menschen – an Menschen, die die Zukunft noch vor sich haben und sie auf die eine oder andere Weise gestalten werden.

Was die vorliegende Arbeit nicht kann und auch nicht will, ist die Verkündigung von Patentlösungen. Es gibt sie nämlich nicht. Die im Buch zahlreich vorkommenden Skizzen und Graphiken dienen einerseits dem besseren Verständnis, sollen andererseits aber auch zum Nachdenken anregen.

Seit der Veröffentlichung des Buches "Grenzen des Wachstums" (*Meadows* 1972) sind zahlreiche Studien zu diesem Thema erschienen. Während die populärwissenschaftlichen Abhandlungen im wesentlichen den Autoren Recht geben und auf die katastrophalen Folgen hinweisen, die wir zu gewärtigen haben, wenn wir so weiterwirtschaften wie bisher, weisen die mehr wissenschaftlichen Analysen auf einige Schwächen des Modells hin, das der Meadow'schen Studie zugrunde liegt: keine Berücksichtigung der politischen und ökonomischen Lern- und Anpassungsprozesse, keine Regionalisierung usw.

Die beiden Ölkrisen, das *Shuttle*-Unglück, Sandoz und Tschernobyl, zunehmende Umweltzerstörung – sichtbar am Waldsterben, an der Verschmutzung der Ozeane, am Entsorgungsproblem, an dem nun auch über der Arktis festgestellten Ozonloch, an vermeintlichen oder tatsächlichen Irregularitäten des Klimas usw. – führen zu einem immer deutlicher werdenden Unbehagen, zu einer Art Kollektivangst des Menschen vor den unwägbaren Folgen seines Tuns. Dass diese von einem veränderten Risikobewusstsein begleitete neue Angst vor allem die in relativem Reichtum lebenden Menschen der fortgeschrittenen Industrieländer befällt, während der in Armut und in Sorge um sein Überleben kämpfende Mensch keine Zukunftsangst, sondern in erster Linie Gegenwartsangst hat, ist nur ein Aspekt dieses neuen Phänomens.

Die Medien, in ihrem Bestreben, die neuen Gefahren moderner Technik und der damit einhergehenden Formen des Wirtschaftswachstums der Allgemeinheit bewusst zu machen, dramatisieren gewollt und/oder unbeabsichtigt, jedenfalls *de facto*, die Lage in einer Weise, die sich mehr und mehr von den Realitäten entfernt, Proportionen verwischt und die Politiker einem Handlungszwang aussetzt, der nicht selten kontraproduktiv ist.

Auf der anderen Seite sind beschwichtigende, verniedlichende und ausweichende Stellungnahmen von seiten verantwortlicher Politiker und Wirtschaftsführer auch nicht geeignet, das Vertrauen der Öffentlichkeit in die Errungenschaften der Technik sowie in die Funktionstüchtigkeit unserer Institutionen zu fördern. Beschwichtigungen stehen entweder unter dem Verdacht der bewussten Vertuschung oder zumindest des Zweckoptimismus.

Beide Positionen, die der Untergangspropheten wie die der Zweckoptimisten, bergen die Gefahr des Realitätsverlustes in sich. Die Untergangsvisionen münden in fundamentalistische Rigorismen und in ein kollektives "*mea culpa*": Es ist eine Art masochistischer Bereitschaft gewisser Segmente unserer Kultur, die Schuld für alle Übel dieser Welt auf sich zu nehmen. Demgegenüber unterschätzen jene, die glauben, es würde sich schon alles regeln, wenn man nur den Dingen freien Lauf liesse, die tatsächlichen Schwierigkeiten der Situation, in der wir uns heute befinden.

In der Tat ist der Versuch einer nüchternen Analyse des Realen in dem Bestreben, mittels besseren Orientierungswissens zu vernünftigen Lösungen zu gelangen, ein schwieriges Unterfangen. Es ist vor allem wenig spektakulär und damit auch wenig publikumswirksam – und es erfordert harte Arbeit. Dennoch bietet dieser mühsame Weg unvergleichlich mehr Chancen, letztlich zu einer humanen Existenz zu finden, als es Katastrophenszenarien oder Verniedlichungen vermögen.

Die jungen gebildeten Menschen von heute, an die sich dieses Buch in erster Linie richtet, treten den gewachsenen Institutionen, den bestehenden Interessensverfilzungen wie auch den vielen sogenannt "heiligen Werten" tradierter Lebens- und Gesellschaftsformen unvoreingenommener und auch kritischer entgegen als die schon etablierten Älteren, deren Denken bewusst oder unbewusst in gewohnten Bahnen verläuft.

Dabei stellt sich eine eigentümlich paradoxe Situation ein: Die Jungen, die die Zukunft noch vor sich haben, interessieren sich in erster Linie für die Gegenwart, und die Alten, die ihr Leben schon weitgehend hinter sich haben, kümmern sich um die Zukunft. Es scheint, als dass vor allem diejenigen, die den grössten Teil ihrer Lebenserwartungszeit schon hinter sich gebracht haben, es sich leisten können, über die Zukunft nachzudenken. Dies ist einleuchtend: Der junge Mensch, der sich noch im ersten Viertel seiner Lebensspanne befindet, ist viel zu sehr damit beschäftigt, die konkurrenzintensive Phase dieser Gegenwärtigkeit zu bewältigen, als dass er es sich leisten könnte, Zeit und Gedanken auf Dinge zu verwenden, die weder seiner Ausbildung noch seiner Berufskarriere dienen. Mit anderen Worten: Die durch geistige und technisch-wirtschaftliche Arbeitsteilung geprägte Zeitstruktur des menschlichen Lebensablaufs ist so organisiert, dass die Chance systematischen Nachdenkens über Zukünftiges sich nur demjenigen erschliesst, der in seiner Jugend dem Gegenwärtigen den Vorzug gab. Dies muss aber nicht immer und unbedingt so sein. Auch die Jugend ist an der Zukunft interessiert. Nur kann sie aus besagten Gründen nicht beliebig viel Zeit auf die Erarbeitung und Analyse von zukunftsrelevanten Prozessen verwenden. Deshalb ist sie darauf angewiesen, ihre Überlegungen auf Zukunftsanalysen und Zusammenfassungen zu stützen, die andere, ältere Menschen vorgenommen haben. Dabei zeigt sich häufig, dass besonders jene Zukunftsanalysen bei der Jugend gut ankommen, die einfach, zeitkritisch und plausibel sind. Nicht selten gehen unsere jungen Menschen demagogisch geschickt argumentierenden Gurus auf den Leim.

Die jungen gebildeten und ausgebildeten Menschen sind unser wertvollstes "Kapital". Sie sind es, auf denen unsere Hoffnungen beruhen. Vor allem jene, die über eine naturwissenschaftlich-technische Bildung verfügen, sind in der Lage, ihr Engagement im vielfältigen Wirkungsgefüge *Mensch, Umwelt und Wissen* mit Sachkenntnis und Urteilsfähigkeit in praktische Handlungen umzusetzen. Leider sind sie aber oft den Ideologen, die zwar in der Regel über wenig Sachkenntnis, dafür aber umso mehr über rhetorisches Können verfügen, argumentativ unterlegen. Fast jede Fernsehdiskussion zwischen einem engagierten Ideologen und einem nüchternen Techniker geht bezüglich der Publikumswirksamkeit zu Gunsten des ersteren aus. Hier gilt es, sachbegründete Kompetenz auf anschauliche Weise in die Öffentlichkeit einzubringen. Unsere jungen Naturwissenschaftler und Ingenieure haben – man kann es ihnen nicht verdenken – eine gewisse Scheu vor populistischen Auftritten. Doch sie müssen sich der Sache wegen, um die es hier geht, überwinden und zu ihrer wissenschaftlichen Kompetenz auch die argumentativ-sprachliche erwerben; sonst bleibt das Vernunftskapital unserer Gesellschaft brach liegen.

Wenn es gelingt, der *Vernunft* Argumente zu liefern und jenen Bereich auszuleuchten, der zwischen der *Szylla* des Fundamentalismus und der *Charybdis* leichtsinniger Unbesorgtheit angesiedelt ist, dann hat das vorliegende Buch seinen Zweck erreicht.

Brissago (Tessin), im März 1990

I. Makroskopische Bedingungen

1. Vier Grundentscheidungen

Das letzte Drittel dieses Jahrhunderts steht im Zeichen von vier Grundentscheidungen:
- Entscheidung *gegen* den globalen Nuklearkrieg
- Entscheidung *für* die Erhaltung der Umwelt
- Entscheidung *für* die universelle Anwendbarkeit marktwirtschaftlicher Prinzipien
- Entscheidung *gegen* jegliche dogmatische Einschränkung des Prozesses der Wissensmehrung.

Die *erste Entscheidung* – die Entscheidung gegen den Nuklearkrieg als ein Mittel zur Lösung von Konflikten – hat sich bereits im Anschluss an die Kubakrise abgezeichnet. Zahlreiche Studien haben die Erfahrungen von Hiroshima und Nagasaki analysiert und im Lichte der neuen Erkenntnisse der Strahlenbiologie bewertet. Heute wissen wir – zum Teil auch als Folge der Studien über den nuklearen Winter – dass im Falle eines Nuklearkrieges mit folgenden Auswirkungen zu rechnen ist:
- Hunderte von Millionen, wenn nicht über 1 Milliarde direkte Opfer
- unabsehbare Folgen der Nach- und Spätstrahlung
- das Ende der bisherigen Technokultur bei biologischer Weiterexistenz der Restbevölkerung
- genetische Schäden, deren Folgen mindestens einige Jahrhunderte andauern würden. Am Ende einer solchen genetischen Transformation würde ein *genus homo* stehen, über dessen psychische und physische Eigenschaften beim heutigen Stand des Wissens keine genauen Aussagen möglich sind (NAS 1975).

Der Zusammenbruch der Industrie und Agrarproduktion würde viele Überlebende unversorgt lassen. Im Gegensatz zur Situation nach dem 2. Weltkrieg wäre der Wiederaufbau nach einem Nuklearkrieg wegen der zu erwartenden Spätschäden vermutlich nur in einem Zeitraum möglich, der sich in Jahrhunderten, wenn nicht gar in Jahrtausenden bemisst.

Es waren wohl diese Einsichten, die die beiden Supermächte, in deren Händen sich immer noch an die 90% der nuklearen Zerstörungskapazität befinden, zu dem Schluss gelangen liessen, dass dieser Weg nicht die Lösung irgend eines Konflikts bringen kann. Wie dieser Prozess von der nuklearen Abschreckung zur nuklearen Kooperation verlief – es war in der Tat ein ausserordentlich komplexer Vorgang – ist im *SIPRI*-Jahrbuch 1988 nachzulesen (*Stützle* 1988).

Es ist hier nicht der Ort, die Einzelheiten dieses sehr komplizierten Vorgangs vom Aufbau der nuklearen Abschreckung bis zum Kulminationspunkt in der Kubakrise und weiter über die einzelnen Phasen der Breschnew-Regierung bis hin zu den Gorbatschow'schen Initiativen nachzuzeichnen. Immerhin sei hier darauf hingewiesen, dass die Kubakrise ausgerechnet dann entstand, als der Abstand zwischen der UdSSR und den USA in Bezug auf die nukleare Überlegenheit zugunsten der USA am grössten war. Damit zeigt sich einmal mehr, dass die Chancen der Friedenserhaltung im wesentlichen davon abhängen, dass keiner der an dieser Situation massgebend beteiligten Partner eine entweder tatsächlich gegebene oder subjektiv perzipierte Unterlegenheit dem anderen gegenüber hat. Einige Einzelheiten dieses Vorgangs sind in meinem Buch "Wir werden überleben" (Kap. IV) dargelegt (*Fritsch* 1981).

Die Entwicklung des Nuklearwaffenzeitalters ist seit 1945 durch fünf entscheidende Phasen charakterisiert:

1. Phase: 1945 – 1949 – Atombombenmonopol der USA
2. Phase: 1949 – ca. 1962 (Kuba-Krise) – klare nuklearstrategische Überlegenheit der USA über die Sowjetunion
3. Phase: 1960 – 1975 – Rapides, sich beschleunigendes Aufholen der Sowjetunion
4. Phase: ab 1980 – in wichtigen Teilbereichen sich anbahnende strategische Überlegenheit der Sowjetunion über die Vereinigten Staaten und entschlossener Versuch der Reagan – Administration, diesen Trend durch Rüstungsanstrengungen umzukehren
5. Phase: Transformation des Systems der gegenwärtigen Abschreckung in ein System der nuklearen Kooperation bei einer gegenseitigen absoluten Reduktion einzelner Systeme des strategischen Nuklearpotentials.

Vor dem Hintergrund dieser Entwicklung hat sich zum ersten Mal die Möglichkeit eines Wandels der *SDI*-Konzeption als eines im Prinzip destabilisierenden Elements der Konfrontation zu einem Bestandteil der Kooperation zwischen den beiden Supermächten abgezeichnet – unter dem Eindruck der Tatsache, dass gegen Ende dieses Jahrhunderts rund 15 Nationen über Trägersysteme verfügen werden, die sie in die Lage versetzen, nukleare Srpengsätze über grössere Distanzen hinweg zu befördern.

Ohne auf diese sehr spezifischen und zum Teil technisch wie spieltheoretisch komplizierten Vorgänge im einzelnen näher einzugehen, sei hier lediglich auf diese entscheidende Wende im letzten Drittel dieses Jahrhunderts mit allem Nachdruck hingewiesen.

Die *zweite Entscheidung* bezieht sich auf die Umwelt: Auch hier sehen wir im Vorfeld dieser Entscheidung bereits bestimmte Signale. Rachel Carsons "Silent Spring" gab schon 1962 ein erstes Zeichen (*Carson* 1962). Es folgte eine Flut von Publikationen, die zunächst im Bereich der Akademia auf die grosse Herausforderung der globalen Umweltprobleme hinwiesen. Es seien hier stellvertretend für viele Publikationen genannt: "The closing circle" (*Commoner* 1971), "Ecology and Politics of Scarcity" (*Ophuls* 1977) sowie im gleichen Jahr "Loosing ground" (*Eckholm* 1975). Es folgte die bereits erwähnte Studie von *Donella* und *Denis Meadows* (1972), die zwar zur Bewusstseinsbildung vieles beitrug, jedoch in fast allen Bereichen falsche Prognosen stellte. In der Zwischenzeit sind sehr viele Studien zum globalen Umweltproblem erschienen, zum Beispiel die zahlreichen Veröffentlichungen des *WorldWatch*-Instituts, das jährlich eine "*State of the World* – Botschaft" publiziert. Ferner ist auf die Studien des *World Resources Institute* hinzuweisen, das jährlich über die Weltressourcen berichtet, sowie auf die Weltentwicklungsberichte der Weltbank, die seit Jahrzehnten Daten zur die wirtschaftlichen und politischen Globalsituation herausgibt.

Ähnliches geschieht in Publikationen der *UNO*, der *OECD* und anderer Institutionen. Insgesamt verfügen wir also heute über ein grosses und fast kaum mehr zu überblickendes Netzwerk von Berichterstattungen über globale Zusammenhänge. Es ist gar nicht so einfach, sich darin zurechtzufinden.

Das vorliegende Buch befasst sich im wesentlichen mit der Rolle, die der Mensch in diesem globalen ökologischen Geschehen spielt, und zeigt gemäss dem heutigen Stand des Wissens einige wichtige Zusammenhänge sowohl ökologischer als auch ökopolitischer Natur auf.

Die *dritte Entscheidung* ist die Entscheidung *für* die Marktwirtschaft und *gegen* die nichtfunktionierende sozialistische Zentralplanwirtschaft. Das Bemühen, die Ideen von Karl Marx in praktische Entscheidungen umzusetzen – ein Bemühen, dem sich Marx selbst nur ganz am Rande und in sehr vager Form unterzog –, führte mit der russischen Revolution und der Liquidierung des Lenin'schen *NEP*-Experiments zu einer zunächst von Stalin betriebenen Konzeption der anmassenden Totalkontrolle über alle Geschehnisse kultureller, politischer und auch wirtschaftlicher Natur sowohl des Einzelnen als auch der Gesellschaft als Ganzem. Das Ergebnis war eine totale Katastrophe. Sie begann anfangs der 30er Jahre und führte nach dem 2.Weltkrieg in Osteuropa unter dem Schutz russischer Panzer zur Errichtung von zentralen Planwirtschaften marxistischer Ideologien mit dem Resultat der weitgehenden Vernichtung des Menschen als eines staatsfähigen Wesens sowie der Natur als einer lebensfähigen und lebenswürdigen Umwelt. Der reale Sozialismus erwies sich so als die grösste Vernichtungsmaschine für Mensch und Natur, die es – ganz im Gegensatz zu den Intentionen von Karl Marx – überhaupt je auf dieser Erde gegeben hat. Die historisch einmalige und in ihrer Bedeutung kaum zu überschätzende Entscheidung der Menschen, nunmehr dieses über drei Generationen hinweg andauernde Selbstvernichtungsexperiment abzubrechen und sich schrittweise wieder auf die marktwirtschaftlich orientierten Allokationen zu besinnen, bedeutet den Anfang eines ausserordentlich schwierigen Prozesses. Dieser Prozess wird umso schmerzlicher sein, je später die Einsicht kommt, dass wirtschaftlicher Liberalismus und marktwirtschaftliche Prinzipien untrennbar mit politischer Freiheit verbunden sind. Anders ausgedrückt: Undemokratische Staatssysteme sind *grundsätzlich* unvereinbar mit marktwirtschaftlichen Allokationsprinzipien.

Die weltweite Akzeptanz der sozialen Marktwirtschaft als des ökonomisch *und* sozial leistungsfähigsten Allokationssystems impliziert freie Finanzmärkte, einen freien Fluss von Menschen, Kapital und Wissen, freie Bestimmung der optimalen Organisations- und Finanzstrukturen der Unternehmungen sowie ein hohes Mass an physischer und psychischer Mobilität. Dies aber heisst nichts anderes, als dass es auf lange Sicht keine nationalen "*containments*" – also Eindämmungen von kognitiven und organisatorischen Effizienzmustern – geben kann.
Die Vielfalt der grenzüberschreitenden Prozesse lässt sich näherungsweise in drei Kategorien einteilen (vgl. Abbildung 1).Wir stossen dabei auf einen evolutionsgeschichtlich durchaus bedeutenden Zusammenhang: Durch die Zulassung von "kognitiven Dissipationen" können ökologisch störende Stoffdissipationen eingegrenzt werden. Mit anderen Worten: Die Allgemeinverfügbarkeit naturwissenschaftlich-technischen Wissens erweist sich als eine notwendige, wenn auch nicht hinreichende Bedingung für die Lösung des globalen Umweltproblems. Dort, wo es zu einer Wechselwirkung zwischen ökonomischen, kognitiven und ökologischen Prozessen kommt, stellen wir eine Zone von Instabilitäten fest. Es handelt sich dabei um Wechselwirkungen, deren Charakter wir noch nicht genau kennen, weil sie im globalen Kontext zum ersten Mal auftreten und wir noch keine entsprechenden Erfahrung gesammelt haben. Generell kann die Antwort auf solche Unsicherheiten und Instabi-

Abbildung 1: Die drei wichtigsten Gruppen grenzüberschreitender Prozesse

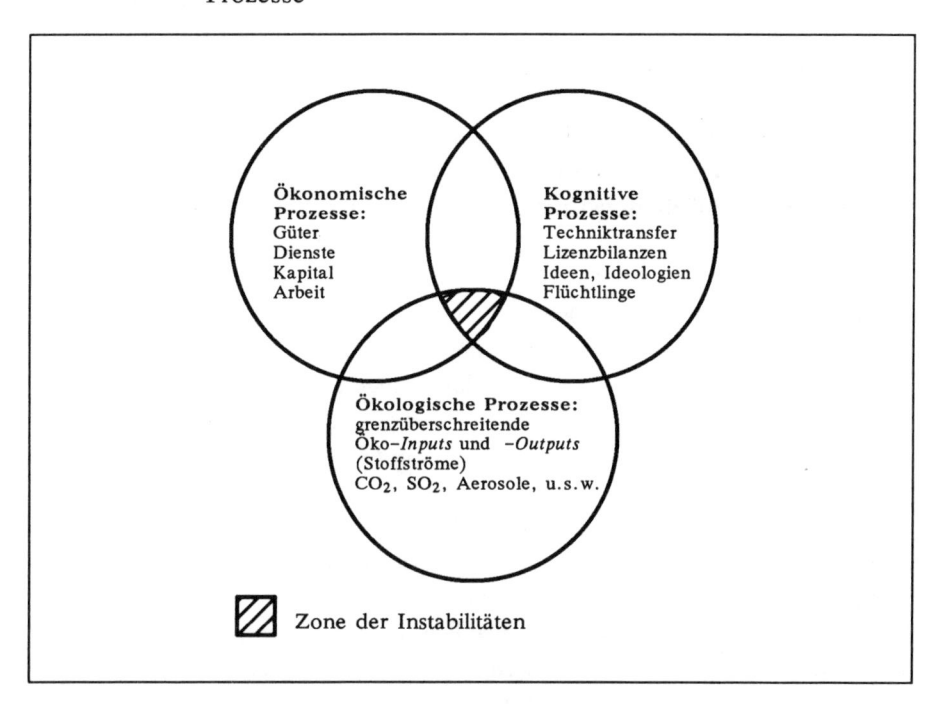

Ökonomische Prozesse:
Güter
Dienste
Kapital
Arbeit

Kognitive Prozesse:
Techniktransfer
Lizenzbilanzen
Ideen, Ideologien
Flüchtlinge

Ökologische Prozesse:
grenzüberschreitende
Öko-*Inputs* und *-Outputs*
(Stoffströme)
CO_2, SO_2, Aerosole, u.s.w.

▨ Zone der Instabilitäten

litäten nur darin liegen, die Flexibilität der Menschen, ihre Mobilität sowie ihre Anpassungsfähigkeit und Einsichtsfähigkeit zu fördern. Dass dies nicht ohne kompensationsbedingte Formierung "ayatollisierter Nischen" geschehen wird und dass der Weg zu dem oft und besonders in der deutschen Philosophie gepriesenen Zustand des Weltbürgertums sehr lang und beschwerlich sein wird, darf man wohl erwarten, ohne sich damit dem Vorwurf des Pessimismus auszusetzen.

Lebensbedrohenden Problemen kann der Mensch prinzipiell auf drei Arten begegnen:
- durch Flucht
- durch technische Lösungen
- durch Änderung seines Verhaltens.

Entwicklungsgeschichtlich steht vor allem in den früheren Phasen der menschlichen Geschichte die *Flucht*, d.h. die physische Ortsveränderung, im Vordergrund. In primitiven Gesellschaften, die weder über technische Mittel noch über die Möglichkeit der Verhaltensanpassung verfügen, ist Flucht oft der einzige "Ausweg". Nomadentum ist nichts anderes als eine Art organisierte, "domestizierte" Flucht mit anschliessender Wiederkehr. Technische Lösungen wie Bewässerungssysteme, Schutzwälle gegen Feinde oder Züchtung von Tieren und Pflanzen gehören zur Kategorie der technischen Lösungen, die eine Flucht als Bewältigung lebensbedrohender Situationen wenigstens teilweise unnötig machen.

Am anspruchvollsten sind Problemlösungen, bei welchen *Änderungen des Verhaltens* im Vordergrund stehen. Auf globaler Ebene sind Verhaltensänderungen nur dort möglich, wo materiell eine gewisse Absicherung vorhanden ist. In Gesellschaften, die an der Grenze des Subsistenzniveaus leben – ein Zustand, der für die meisten Länder der Dritten Welt immer noch zutrifft – sind keine grossen Verhaltensänderungen möglich, denn jede Abweichung von eingeübten Verfahrensweisen könnte den Tod bedeuten. In reichen Gesellschaften hingegen sind Verhaltensänderungen theoretisch zwar möglich, jedoch praktisch wegen der Remanenz der gewohnten, häufig bequemlichkeitsbedingten Verhaltensmuster ebenfalls nur in Ausnahmefällen zu erwarten.

Gegenwärtig bewegen wir uns auf der Ebene der Wechselwirkungen zwischen technisch bedingten neuen Lösungen und den dazu gehörenden komplementären – oft geradezu erzwungenen – Änderungen des Verhaltens. Die Verfügbarkeit der Technik, aber auch ihre Herausforderungen, haben stärker als alle ethisch orientierten Überzeugungsversuche zu tiefgreifenden Änderungen unseres Verhaltens geführt. Nach Beispielen dafür muss man nicht weit suchen. Denken wir nur an unsere veränderte Einstellung gegenüber der Mobilität oder der Inanspruchnahme technischer Kommunikationsmittel. Sehen wir uns unsere heutigen Kinder an, die mit dem Computer im bildlichen wie im realen Sinn aufwachsen.

Die Technik und mit ihr die totale Veränderung der gesellschaftlichen Produktionsverhältnisse hat – vielleicht ganz im Sinne der ursprünglichen Theorie von Marx – das Bewusstsein und damit die Werthaltungen der Menschen innerhalb einer evolutionsgeschichtlich ganz kurzen Zeit grundlegend verändert. Es scheint, dass wir heute in einer Periode leben, in der auch die fantasielosesten Nutzniesser sozialistischer Ausbeutungsverhältnisse diese fundamentalen Prozesse – wenn auch viel zu spät – zu begreifen beginnen.

Damit stellt sich das zentrale Problem der Neugestaltung, die im Kontext der hier behandelten Zusammenhänge von Mensch, Umwelt und Wissen gesehen werden muss.

Es wird einer ausserordentlich differenzierten Abstimmung der wirtschaftlichen Freiheiten auf die politischen Freiheiten und der politischen Freiheiten auf die wirtschaftlichen Freiheiten bedürfen, um auf jene Bahn zu gelangen, die aus der Sackgasse des realen Sozialismus der marxistisch-leninistischen Versteinerung herausführt. Hier gilt es, verkrustete Strukturen, die über eine Zeit von rund 70 Jahren entstanden sind, innerhalb einer relativ kurzen Zeit aufzubrechen und in ein lernfähiges, flexibles System zu transformieren – eine der grössten Aufgaben, der wir uns gegen Ende dieses Jahrhunderts gegenübergestellt sehen und von der wir noch nicht sagen können, dass wir sie mit Erfolg meistern werden. Dennoch besteht durchaus Grund zur Zuversicht. Die physischen Voraussetzungen, die eine Menschheit zum Überleben braucht, sind nach wie vor intakt, und die kognitiven Ressourcen, insbesondere unsere Kenntnisse der Besonderheiten des Ökosystems wie überhaupt die Entwicklung der Wissenschaften, bilden eine sehr brauchbare Grundlage für die Bewältigung der anstehenden Probleme.

Damit sind wir bei der *vierten Entscheidung*, der Entscheidung gegen die Kontrolle des Prozesses der Wissensmehrung, gegen die Einschränkung der Information, gegen die Beschränkung der wirtschaftlich-technischen Entfaltungsmöglichkeit. Diese Entscheidung ist noch nicht definitiv ausgetragen. Dennoch: Am Ende wird vermutlich das stehen, was die heutigen Philosophen "*Conscious Civilisation Society*" nennen, was nichts anderes bedeutet als die bewusste Reflexion auf die Potentiale des technischen Fortschritts und der Wissenserzeugung unter Bedingungen des freien Zugangs zur Information und der freien Meinungsäusserung. Anders ausgedrückt: Die globale Gesellschaft – sowohl im Osten als auch im Westen – hat sich mit Ausnahme einiger noch bestehender ayatollisierter Nischen, für den freien Meinungsaustausch, für die globale Kommunikation, für die globale Erzeugung, Verteilung und Erarbeitung des Wissens uns seiner Ergebnisse entschieden. Der Prozess der Wissensmehrung – auch dies ist eine wichtige Einsicht – kann weder aufgehalten noch in eine ganz bestimmte Richtung gelenkt werden. Die Anwendungen der Resultate unseres Wissens und der Einsichten, die wir über dessen besondere Eigenschaften erlangen, können jedoch ihrerseits im Sinne einer Einsicht höherer Ordnung dahin führen, dass wir hinsichtlich der Umsetzung von Wissen in Technik gewisse Geschwindigkeitskoordinierungen zwischen einzelnen Gesellschaften und Ländern vereinbaren könnten, damit die Diskrepanzen nicht weiter zunehmen. Auch dies kann eine Antwort auf die Grundfrage sein, ob wir tatsächlich sofort alles tun sollen, was wir tun können. (Diesen Punkt werde ich später noch behandeln.)

All dies geht in Richtung einer reflektierenden, politisch bewussten und wirtschaftsbezogenen Wissensproduktion beziehungsweise Wissensverwendung, bedeutet aber unter keinen Umständen eine generelle Entscheidung gegen das Wissen und gegen dessen Umsetzung durch Technik. Das hat zur Folge, dass sich die ursprüngliche Konzeption "Grenzen des Wachstums" umkehrt in die Konzeption "Wachstum der Grenzen". In dem Masse, in dem wir – und dies mag paradox klingen – das Konzept einer dosierten, in ihrer Anwendung durchaus den gesellschaftlichen Besinnungsvorgängen unterstellten Verwendung des Wissens akzeptieren, in dem Masse transformieren wir die Grenzen des Wachstums in ein Wachstum eben dieser Grenzen. Mit anderen Worten: Diese Grenzen können umso besser, solider ausgeweitet und einem globalen Überleben dienstbar gemacht werden, je ernsthafter und erfolgreicher wir uns der Kultivierung des technisch-ökonomischen Fortschritts zuwenden. Ein unkontrollierter, unreflektierter technischer Fortschritt ist eben ein solcher, der Grenzen hervorruft und sie enger macht, während ein wohlbedachter, die möglichen Auswirkungen mit einschliessender, die kognitiven Potenzen einer Gesellschaft nutzender technischer Fortschritt die Grenzen des Möglichen erweitert.

Insgesamt folgt, dass durch diese vier Grundentscheidungen einerseits die Gefahr globaler nuklearer und ökologischer Katastrophen, so sie zum Beispiel Heilbronner an die Wand malt, heute sichtbar geringer geworden ist. Andererseits haben aber zweifellos auch die Komplexitäten und Schwierigkeiten zugenommen. Wir werden in Zukunft mehr Kapital brauchen für umweltorientierte Zubereitungen von Rohstoffen, für Transformationen in der Produktion, für Entsorgungen am *"back end"*, sowie für Entsorgungstechnologien am *"front end"*. Die Produktion wird insgesamt als ein die Stoffströme im Prinzip nicht definitiv aufsprengender Vorgang begriffen und organisiert werden müssen. Wir werden dazu in den Kapiteln V und VI noch Einzelheiten darlegen.

Wir werden ferner mehr Kapital brauchen für die Aufarbeitung von Altlasten, für die Erlangung von neuem Wissen insbesondere im Bereich der Umwelttechnologie, für die Aufarbeitung der katastrophalen Situation in Osteuropa sowie in der Dritten Welt, die beide insbesondere im ökologischen Bereich (Stichwort *DDR*, *China* und *Indien*) vor riesigen Problemen stehen, und wir werden in Zukunft mit einer Fülle von sehr mühsamen und bis ins einzelne gehenden, nicht endenwollenden Bemühungen, Vereinbarungen, Regelungen, Streitigkeiten, gegenseitigen Anschuldigungen usw. zu kämpfen haben. Mit anderen Worten: Die kleine und sehr unattraktive Detailarbeit, die beispielsweise auch die Tätigkeiten der Brüsseler Bürokraten charakterisiert, wird sich globalisieren. Parallel dazu werden aber auch viele Patentlösungsproduzenten auftreten und uns mit Abkürzungsverfahren überhäufen. Wir werden feststellen, dass es einen permanenten Schlagabtausch geben wird zwischen partikularen Interessen einerseits und globalen Notwendigkeiten andererseits.

Die diesbezüglichen Schwierigkeiten dürfen nicht unterschätzt werden. Unter dem Eindruck der Ängste, die die Menschen als Folge der immer undurchsichtiger und komplexer werdenden Umwelt und ihrer Verzerrung durch die Medien erleben, findet eine Hinwendung zum vermeintlich Vertrauten statt. Die Zunahme der Lokalradios, der Ethnien, der Anstieg aller nostalgieorientierten Verhaltensweisen – all dies ist Ausdruck dafür, dass der Mensch heute mehr provinziell, regional, lokal, ethnisch eingebunden in übersichtlichen, vermeintlich verlässlichen Bezügen und Wahrheiten zu leben wünscht, statt sich auf der globalen Ebene dem permanenten Frust des Nichtverstehens und "Nichtsmachenkönnens" auszusetzen. In diesem Spannungsfeld zwischen zunehmender Lokalorientierung auf der einen und zunehmendem Handlungsbedarf in globalen Belangen auf der anderen Seite Entscheidungen herbeizuführen, die auch auf der lokalen Ebene akzeptiert werden, wird eine mühevolle und notwendige Aufgabe sein. In Bezug auf dieses Phänomen erfahren wir eine neue Qualität der Politik, die sich gegenüber der früheren durch einen weitaus grösseren Schwierigkeitsgrad auszeichnet.

Es wird also keinesfalls eine ideale Welt sein und es kann auch nicht erwartet werden, dass mit dem vermutlichen Wegfall der globalen Nuklearbedrohung, mit der Abwendung der Menschen vom Marxismus und ihrer Zuwendung zur Marktwirtschaft und zur Ökologie sowie zur Freiheit des Wissens nunmehr alle Probleme gelöst wären. Das Gegenteil dürfte der Fall sein.

Wie plötzlich politische und ökonomische Veränderungen, die für völlig unmöglich gehalten worden sind, Realität werden können, haben die Ereignisse vom Oktober und November 1989 in Osteuropa zur Genüge gezeigt. Niemand kann wissen, wohin die Fahrt insgesamt geht. Vermutlich wird uns ein nuklearer Winter erspart bleiben. Aber andere Dinge wie die globale Migration von Süd nach Nord oder die sich verstärkenden Isolationstendenzen bestimmter Weltverständnisse – insbesondere wenn sie durch die Verfügungsgewalt über Territorien abgestützt sind – werden zweifellos grosse Probleme mit sich bringen. Einige dieser Probleme, wenn auch bei weitem nicht alle, werden in den kommenden Kapiteln dieses Buches besprochen.

2. Physische Grössenordnungen unseres Lebensraumes

Im Gegensatz zu einer weit verbreiteten Auffassung ist die Erde kein geschlossenes System und damit natürlich kein "Raumschiff". Der Vergleich der Erde mit einem Raumschiff ist zwar sehr anschaulich, jedoch nur begrenzt richtig. Wie *Taube* (1985: 107) zeigt, "empfängt" die Erde von aussen folgende Massen:
- kleine Kometen: 10^9 kg/10^6 Jahre
- Meteorite: $1,6 \times 10^7$ kg/Jahr

Dazu kommen kosmische Strahlen, die meistens aus Atomkernen der leichten Elemente bestehen, sowie der Solarwind. Umgekehrt entweicht der Atmosphäre immer noch Helium, wenn auch in sehr kleinen Mengen, sowie Wasserstoff, sofern er nicht mit Kohlenstoff in Formaldehyd gebunden wird.

Grosse Körper schlagen in der gegenwärtigen Entwicklungsphase des Solarsystems nur noch selten auf die Erde ein. Taube gibt die Zahl mit 10^{14} kg für alle zweihundert Millionen Jahre an. Offen bleibt die sogenannte *Nemesis*-Hypothese: Postuliert wird die Existenz eines fernen Sternes, dessen gravitationelle Wirkungen die Stabilität des Ortgürtels beeinträchtigen und alle 26 Millionen Jahre einen Kometenschwarm auslösen, von welchem einzelne Meteorite dann auch in diesem Rhytmus auf die Erde einschlagen. Wie *Hsü* (1986) ausführt, gibt es innerhalb einer Zeitskala von mehreren hundert Millionen Jahren zahlreiche Hinweise auf ein periodisches Auftreten solcher durch kosmische Einwirkungen verursachten Katastrophen. Einige davon äussern sich in der sogenannten Iridiumanomalie, einer in den Sedimenten global nachweisbaren Iridiumablagerung. Es ist unbestritten, dass es solche periodisch auftretenden Katastrophen gab. Unbestritten ist ferner, dass das letzte grosse Ereignis dieser Art vor rund 65 Millionen Jahren stattfand. Seit es Leben auf dieser Erde gibt (und auch schon vorher) – also vor etwa 3,5 Milliarden Jahren – schlugen Asteroide und Kometen auf unserem Planeten ein. Immer war ein solches Ereignis mit dem Aussterben von vielen Arten und ganzen Segmenten des Lebens verbunden, doch niemals bedeuteten sie das Ende des Lebens. Die letzte Katastrophe – ein gegenüber der Kollision der Erde mit einem Asteroid vor 65 Millionen Jahren vergleichsweise "kleines" Ereignis – war der Meteoriteneinschlag im *Nördlinger Ries* vor 14 bis 15 Millionen Jahren.

Betrachtet man die biologische Formenvielfalt im längerfristigen Kontext der vergangenen 600 Millionen Jahre, dann wird deutlich, dass es in früheren Phasen offenbar grosse Massensterben gab – das grösste am Ende des Perms vor rund 240 Millionen Jahren. Wie Abbildung 2 zu entnehmen ist, hat die biologische Vielfalt trotz dieser Einbrüche und Rückschläge insgesamt zugenommen.

Welchen Einfluss der Mensch, dessen Auftreten je nach Datierung (z.B. *Homo habilis*) erst eine Million Jahre zurückliegt, auf die Artenvielfalt hatte und in Zukunft haben wird, ist eine durchaus offene Frage. Der Mensch verringert auf der einen Seite den Artenreichtum, schafft aber auf der anderen mittels Genmanipulation auch neue Mikroorganismen. Schliesslich ist er aktiv an der Ausbreitung von Organismen beteiligt (*Bates* 1956). Wie sich die Stabilitätsverhältnisse des gesamten Ökosystems infolge des Auftretens des *Homo sapiens* langfristig ändern werden, welcher Einfluss also von der Technosphä-

Abbildung 2: Entwicklung der biologischen Formenvielfalt während der letzten 600 Millionen Jahre

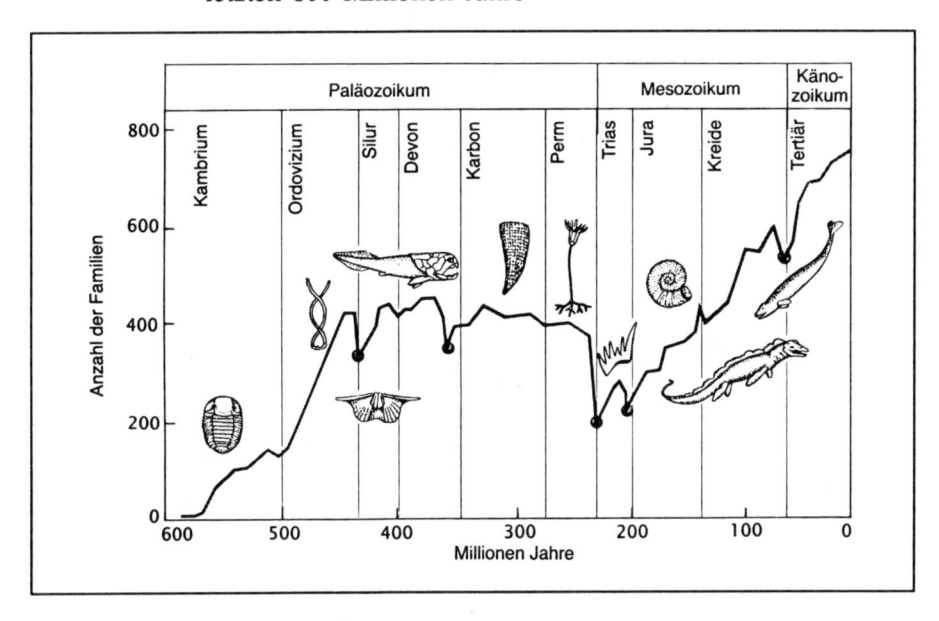

Quelle: *Wilson* (1989: 63)

re – jenem Teil der Biosphäre, die vom Menschen dominiert wird – auf das gesamte Ökosystem des Planeten *Erde* ausgehen wird, kann nach dem heutigen Stand des Wissens niemand mit Sicherheit voraussagen.[1]

Im Kontext dieses Skizzenbuches kann nicht auf die Einzelheiten dieser durch Meteoriten- und Asteroideneinschläge ausgelösten Verzweigungen in der Richtung der biologischen Evolution eingegangen werden, auch nicht auf die zahlreichen astrophysikalischen Theorien, die eine Periodizität solcher Ereignisse zu erklären suchen. Wichtig sind in unserem Zusammenhang die Grössenordnungen sowie – daraus abgeleitet – die Vorstellung von der Robustheit des globalen Ökosystems. Ein Asteroid mit einem Durchmesser von 10 km erzeugt bei einer typischen Einschlaggeschwindigkeit von 20 km/s eine Energie von 2×10^{23} Joule. Das entspricht 10^8 Megatonnen konventionellen Sprengstoffes (Trinitrotuluol) oder dem Sechstausendfachen der Sprengkraft aller gegenwärtig existierenden Nuklearköpfe[2]. Nach *Shoemaker* (1983) ver-

---

1. Vernadsky (1945) hat den Begriff Noosphäre für jenen Teil des Ökosystems geprägt, der vom menschlichen Geist (human mind) dominiert wird.
2. Deren Höhe wird gegenwärtig auf 16×10^8 Mt geschätzt.

hält sich die Frequenz eines solchen Meteoriteneinschlags umgekehrt proportional zu dessen Radius oder – anders ausgedrückt – proportional zu r^{-1}. Bei einem Radius von fünf Kilometern findet er die Frequenz von $1/(10^8$ Jahren), d.h. alle paar hundert Millionen Jahre würde ein solches Grossereignis stattfinden – bei kleineren Asteroiden entsprechend häufiger.

Die Erde hat also während der letzten Milliarden Jahre zahlreiche Grossereignisse dieser Art und damit auch das Phänomen des "Winters" erlebt, der durch einschlagsbedingte Aufwirbelung von Tausenden von Kubikkilometern von Staub verursacht worden ist. Der nukleare Winter wäre das erste "menschgemachte" Grossereignis, also ein Novum in der Evolution des Lebens. Die Folgen sind nicht voraussagbar – mit einer Ausnahme: Das Leben auf dem Planeten würde nicht aufhören zu existieren.

Ausser einer solchen Singularität, deren Verhinderung der Mensch – im Gegensatz zu Asteroideneinschlägen – in der Hand hat, gibt es viele andere Formen von "impacts", die, gemessen an geologischen Zeiträumen, ebenfalls schnell vor sich gehen und zu Phasenübergängen führen können, die möglicherweise in neue, dem menschlichen Leben vielleicht abträgliche, ökologisch jedoch durchaus voraussehbare Gleichgewichtszustände ausmünden. Näheres dazu haben *Budyko, Golistsyn* und *Izrael* (1988) ausgeführt.

Wir wollen im folgenden einige wichtige Grössenordnungen bezeichnen, die für das physikalische Leben des Menschen auf diesem Planeten wichtig sind. Dabei gehen wir von der üblichen Einteilung in Sphären aus:
- Atmosphäre
- Hydrosphäre
- Lithosphäre
- Biosphäre
- Technosphäre.

Im Zusammenhang mit der Hydrosphäre wird oft auch die Kryosphäre (Eisdecken des Planeten) genannt. In den Geowissenschaften sowie in der Atmosphärenphysik werden andere Grössenordnungen verwendet als in den Umwelt- und Ökologiewissenschaften. *Keppler* (1988) gibt für den Aufbau der Erde die in Tabelle 1 gezeigte Zusammenstellung:

Die "Dicke" der Atmosphäre wird je nach Problemstellung bis auf 100 und mehr km festgelegt.

Fragt man nach den Grössenordnungen der für das Leben des Menschen relevanten Sphären, erweisen sich – zumindest in erster Annäherung – die in Abbildung 3 wiedergegebenen Abmessungen als zweckmässig:

Die für Zwecke der Rohstoffgewinnung wie überhaupt der Förderung von Materialien aus der Erdkruste sowie für umweltrelevante Stofftransporte re-

Tabelle 1: Der Aufbau der Erde

Schicht	Dicke unter Ozean | unter Kontinent (km)			Masse (g)	Dichte (g/cm^3)
Erdkern		3480		$1{,}88 \cdot 10^{27}$	10,6
Mantel		2870		$4{,}08 \cdot 10^{27}$	4,6
Kruste	7	|	40	$7 \cdot 10^{24}$	2,8
Ozeane		4		$1{,}39 \cdot 10^{24}$	1,0
Atmosphäre				$5{,}1 \cdot 10^{21}$	
Erde (mittlerer Radius)		6371		$5{,}98 \cdot 10^{27}$	5,5

Quelle: *Keppler* (1988: 306)

Abbildung 3: Die Sphären der Erde

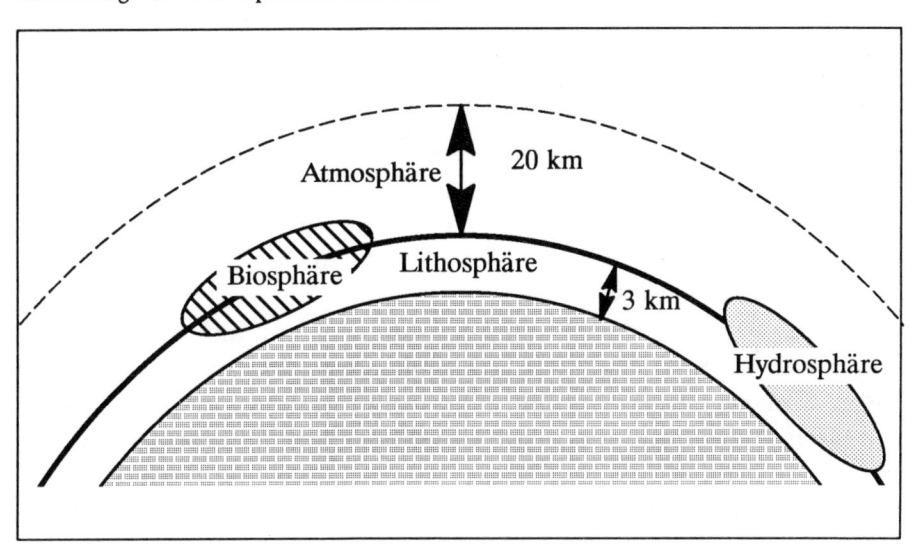

alistischerweise in Frage kommende Dicke der Lithosphäre darf mit 3 km angenommen werden, die der Hydrosphäre mit rund 4 km und die der Atmosphäre mit rund 20 km. Legt man diese Werte unter Berücksichtigung des mittleren Radius der Erde für eine Weltbevölkerung von gegenwärtig $5{,}2 \times 10^9$ Menschen zugrunde, dann ergeben sich daraus folgende Pro-Kopf-Werte:

- für die Lithosphäre: 0,3 km³ pro Kopf
- für die Hydrosphäre (Meer- und Süsswasser): 0,266 km³ pro Kopf
- für die Atmosphäre: 1,95 km³ pro Kopf

Die Biosphäre hat eigentlich keine "Dicke", also auch kein sinnvoll anzugebendes Volumen. Diese Sphäre verkörpert den "Ort", an dem lebendige Materie existiert. Das Gewicht dieser Materie gibt *Taube* (1985) mit $1{,}84 \times 10^{15}$ kg an. Die "Biomasse *Mensch*" hat ein Gewicht von $3{,}64 \times 10^{11}$ kg (durchschnittliches Gewicht pro Mensch: 70 kg, Zahl der Menschen: $5{,}2 \times 10^9$). Gewichtsmässig beträgt die Biomasse *Mensch* lediglich ein Fünfhunderttausendstel der gesamten Biomasse, dessen Teil sie ist. Diese gewichtsmässige Geringfügigkeit darf nicht darüber hinwegtäuschen, dass der mit der Bevölkerungszunahme verbundene Zuwachs an Neuronen den am schnellsten wachsenden Teil der Biomasse dieses Planeten überhaupt repräsentiert: Die höchstorganisierte Komponente der belebten Materie – das Gehirn des *Homo sapiens* – erhöht sich wegen des relativ hohen Gehirnvolumens und -gewichts um 32×10^9 Neuronen pro Sekunde (unter der Annahme eines Bevölkerungswachstums von 100 Millionen Menschen pro Jahr und einer Zahl von 10^{11} Neuronen pro Mensch).

Die auf die Erde einfallende Sonneneinstrahlung beträgt rund $1{,}7 \times 10^{17}$ Watt (170 TWa pro Jahr). Bis auf einen zu vernachlässigenden Teil (Photosynthese) reflektiert die Erde rund 34 % der Sonneneinstrahlung ins Weltall und gibt 66 % der hochenergetischen Sonneneinstrahlung in Form von Wärmestrahlung ab. Die anthropogene Leistungsinanspruchnahme beträgt gegenwärtig rund 12 TW, was einem Anteil von $1{,}4 \times 10^{-6}$ an der natürlichen Sonneneinstrahlung (0,00014 %) entspricht.

Zwischen der Hydrosphäre und der Atmosphäre werden durch die Sonneneinstrahlung beständig gewaltige Energieflüsse ausgelöst. Auch die Lithosphäre wird in diesen Prozess über wind- und wasserbedingte Verfrachtungen von Material einbezogen. Da jedoch kein Wasser oder Wasserdampf die Erde verlässt, befindet sich die Hydrosphäre des Planeten bei einer relativ stabilen Gaszusammensetzung der Atmosphäre gegenwärtig in einem Fliessgleichgewicht.

Ausgehend von der Energiebilanz des Planeten *Erde* wollen wir im folgenden deren Wasser- und Massenbilanz skizzieren, um im nächsten Abschnitt die Wechselwirkungen darzustellen, die ohne Zutun des Menschen zwischen diesen Sphären im Laufe der Jahrmillionen stattgefunden haben. Erst vor diesem Hintergrund wird es möglich sein, die Bedeutung (oder auch Bedeutungslosigkeit) der vom Menschen ausgehenden Umsätze und Anteile am Energie- und Massenhaushalt des Planeten *Erde* zu quantifizieren.

Aus Abbildung 4 wird ersichtlich, dass die Leistungsinanspruchnahme von *Energie* durch den Menschen (menschlicher Energieverbrauch) einen immer noch vernachlässigbaren Teil der laufend auf das System *Erde/Atmosphäre* auftreffenden Sonneneinstrahlung ausmacht selbst unter dem heute noch

Abbildung 4: Energiebilanz der Erde (Flüsse in Watt)

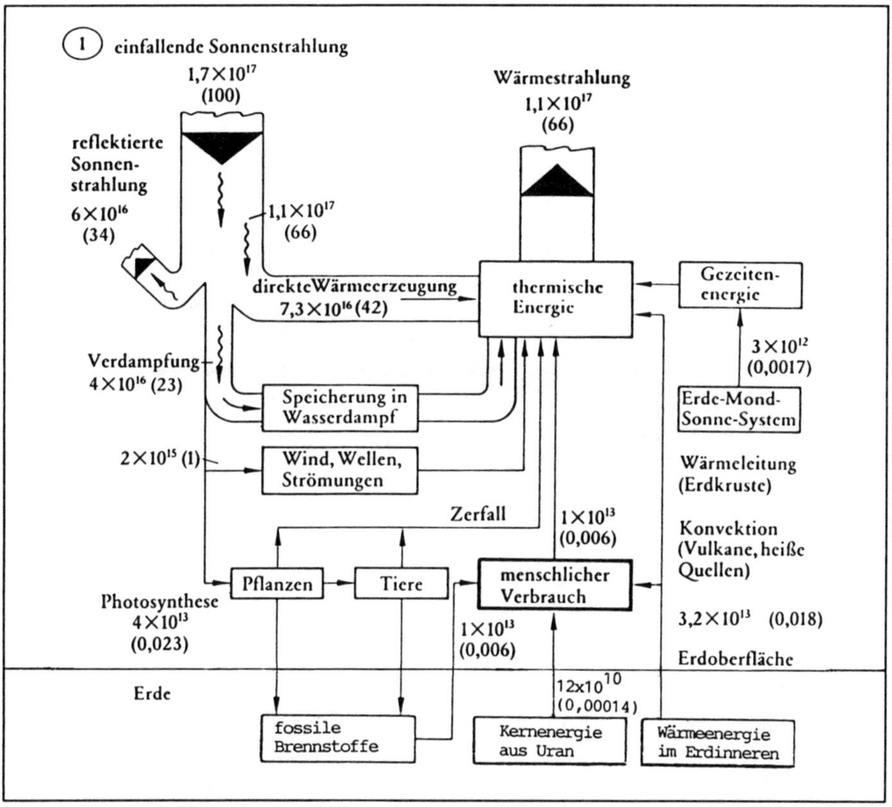

① einfallende Sonnenstrahlung $1,7 \times 10^{17}$ (100)	Wärmestrahlung $1,1 \times 10^{17}$ (66)
reflektierte Sonnenstrahlung 6×10^{16} (34)	$1,1 \times 10^{17}$ (66)
direkte Wärmeerzeugung $7,3 \times 10^{16}$ (42)	thermische Energie — Gezeitenenergie
Verdampfung 4×10^{16} (23) — Speicherung in Wasserdampf	3×10^{12} (0,0017) Erde-Mond-Sonne-System
2×10^{15} (1) — Wind, Wellen, Strömungen	Wärmeleitung (Erdkruste)
Zerfall 1×10^{13} (0,006)	Konvektion (Vulkane, heiße Quellen)
Photosynthese 4×10^{13} (0,023) — Pflanzen — Tiere — menschlicher Verbrauch 1×10^{13} (0,006)	$3,2 \times 10^{13}$ (0,018) Erdoberfläche
Erde	12×10^{10} (0,00014)
fossile Brennstoffe	Kernenergie aus Uran — Wärmeenergie im Erdinneren

Quelle: *Borst/Fricke* (1979: 36)

vorherrschenden Energieverbrauch, der zu mehr als 80 % auf der Nutzung fossiler Energieträger beruht und damit einer "Nutzung" von Solarenergie gleichkommt, die seit rund hundert Millionen Jahren über die Photosynthese in den fossilen Stoffen bis jetzt gebunden ist. Wir werden auf die Folgen dieser Art der Energienutzung im Kapitel III noch näher zu sprechen kommen.

Man ersieht daraus, dass der grösste Teil der einfallenden Strahlenenergie in direkte Wärmeerzeugung umgewandelt wird, wodurch in der Atmosphäre grosse Stoffmengen, insbesondere Wassermengen, transportiert werden.

Die *Wasserbilanz* des Planeten *Erde* ist dem in Abbildung 5 abgebildeten hydrologischen Kreislauf zu entnehmen: Der Gesamtabfluss von 40000 m³

Abbildung 5: Hydrologischer Kreislauf der Erde (in 1000 km²[2])

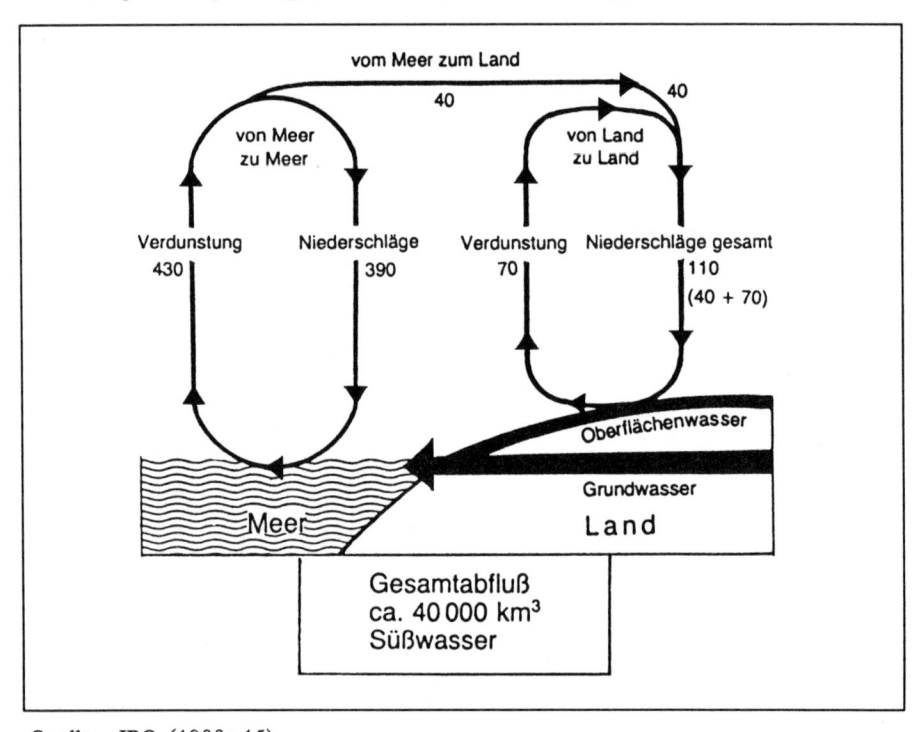

Quelle: JRO (1988: 15)

bildet zusammen mit dem Grundwasser, das für Industrie, Landwirtschaft und "Brauchwasser" (Badewasser, Trinkwasser usw.) zur Verfügung stehende Volumen. Wie aus der Tabelle 2 hervorgeht, bildet dieser Gesamtabfluss lediglich etwas mehr als ein Tausendstel der auf der Welt vorhandenen Süsswasservorräte.

In den Vereinigten Staaten werden gegenwärtig rund 3000 m³ Wasser pro Kopf und Jahr verbraucht. Setzt man den Verbrauch weltweit mit 1000 m³ an, beträgt der globale Süsswasserverbrauch bei der heutigen Bevölkerung ($5,2 \times 10^9$ Menschen) $5,2 \times 10^{12}$ m³, was 13 % des Gesamtabflusses von 40×10^3 km³ entspricht. Da sich dieser pro Zeiteinheit konstante Gesamtabfluss unter den gegebenen physikalischen Bedingungen kurzfristig kaum verändert, ist leicht abzusehen, wann dieser Teil der Süsswasservorräte bei wachsender Bevölkerung und zunehmendem Pro-Kopf-Bedarf annähernd ausgeschöpft sein

Tabelle 2: Wassermengen der Erde in festem, flüssigem und gasförmigem Zustand

	Menge (km³)	%
Weltmeer	1 348 000 000	97,39
Polareis, Meereis, Gletscher	27 820 000	2,01
Grundwasser, Bodenfeuchte	8 062 000	0,58
Seen und Flüsse	225 000	0,02
Atmosphäre	13 000	0,001
Summe	1 384 120 000	100,00
davon Süsswasser	36 020 000	2,60
Süsswasser in Prozent von dessen Gesamtsumme:		
Polareis, Meereis, Gletscher		77,23 %
Grundwasser bis 800 m Tiefe		9,86 %
Grundwasser von 800 bis 4000 m Tiefe		12,35 %
Bodenfeuchte		0,17 %
Seen (süss)		0,35 %
Flüsse		0,003 %
hydrierte Erdmineralien		0,001 %
Pflanzen, Tiere, Mensche		0,003 %
Atmosphäre		0,4 %
Summe		100,00 %

Quelle: nach *Baumgartner/Reichel* (1975)

wird. Aber selbst wenn wir den Süsswasserverbrauch auf diesen winzigen Teil der gesamten Süsswasservorräte der Erde beziehen, könnten davon bis zu 10×10^9 Menschen mit einem Pro-Kopf-Verbrauch von 4000 m³ pro Jahr leben. So weit dürfte es aber wohl kaum kommen, weil – wie im folgenden Kapitel gezeigt wird – Grund zu der Annahme besteht, dass sich die Weltbevölkerung auf einem etwas niedrigeren Niveau von rund 9×10^9 Menschen, stabilisieren dürfte. Bei einem hypothetischen Pro-Kopf-Süsswasserverbrauch von 3000 m³ – dem heutigen Verbrauchsstandard der Amerikaner – wären dann erst 67,5 % des heutigen Gesamtabflusses und 7,5 Hundertstel eines Prozents der globalen Süsswasservorräte in Anspruch genommen. Näheres zu diesem Problem ist bei *Budyko* (1980: Kapitel IV) sowie bei *Taube* (1985: Kapitel 3.3.) nachzulesen.

Das Wasser wird heute immer mehr zu einem Industrieprodukt, dessen Qualität in vermehrtem Mass auf die jeweiligen Verwendungszwecke ausgerichtet ist und eine entsprechende Behandlung erfährt. Noch können wir es uns leisten, den Wasserstandard generell hoch zu halten und mit Wasser von Trinkqualität Felder zu bewässern, Autos zu waschen und Toiletten zu spülen. Es ist wohl nur eine Frage der Kosten, wann man feststellen wird, dass es sich nicht lohnt, zum Beispiel für Bewässerungszwecke Trinkwasser zu verwenden.

Gegenwärtig werden auf der Welt rund 151×10^6 ha künstlich bewässert. Man schätzt, dass bis zum Jahre 2000 weitere 74×10^6 ha bewässert werden müssen, um die Agrarproduktion mit einer jährlichen Rate von 2,5 bis 3 % zu steigern und damit stärker anzuheben, als die Bevölkerung wächst. Man kann über diese Annahme diskutieren. Sie erscheint im Licht der jüngsten technischen Entwicklungen wenig plausibel. Akzeptieren wir sie einmal – im Sinne eines Gedankenexperiments. Nehmen wir ferner an, dass diejenigen recht haben, die meinen, die dafür erforderlichen Wassermengen (rund $17,37$ km^3/10^6 ha) müssten ausschliesslich durch Meerwasserentsalzung gewonnen werden. Bei einem Stromaufwand von 12 kWh/m^3 würde sich für diese hypothetische Wassermenge ein zusätzlicher Strombedarf von 1,755 TWa/a ergeben, was 10,3 % des im Jahre 2000 auf 17 TWa/a geschätzten Primärenergiebedarfs beziehungsweise 60,5 % der damaligen Weltelektrizitätserzeugung entspricht.

In Anbetracht der grossen Süsswassermengen, die prinzipiell verfügbar sind (vgl. Tabelle 2, S. 25), wird man eine so drastische Massnahme nicht ergreifen müssen. Nichtsdestoweniger sind wir heute von einer befriedigenden Süsswasserversorgung noch weit entfernt – befriedigend in dem Sinn, dass die Verfügbarkeit von Süsswasser zur gewünschten Zeit am gewünschten Ort gewährleistet wäre. Weil physisch jedoch genügend Süsswasser auf der Welt vorhanden ist, reduziert sich das Problem auf die Bereitstellung und Verteilung dieses wichtigen Lebensstoffes, wobei sowohl technische als auch ökonomische Schwierigkeiten zu überwinden sind. Es handelt sich also nicht nur um eine Frage der Technik, sondern auch um eine Frage der Logistik und der Ökonomie.

Zur *Massenbilanz* ist festzustellen, dass der *Stoffkreislauf* der Erde nur annähernd geschlossen ist. Wir haben bereits einleitend darauf hingewiesen, dass die Erde einerseits an Masse gewinnt, weil Asteroide sowie (häufiger) Meteoriten auf ihr einschlagen, und andererseits an Masse verliert, weil sie immer noch etwas Helium und Wasserstoff an den Weltraum abgibt. Der Nettozugewinn an Masse beläuft sich näherungsweise auf $16,5 \times 10^3$ t pro Jahr und entspricht damit lediglich dem 36×10^{-17} ten Anteil der Erdmasse. Dieser Massenzuwachs der Erde darf also für alle praktischen Zwecke vernachlässigt werden. Praktisch alle durch Winde und Vulkanismus wie auch die zivilisatorisch verursachten Verfrachtungen von Stoffen bleiben im Gravitationsfeld der Erde "gefangen", verlassen also den Planeten nicht.

In allen drei Sphären, der Atmosphäre, der Lithosphäre und der Hydrosphäre, befinden sich also konstante Materialbestände, deren Austauschprozesse sich unter den gegenwärtigen Bedingungen in einem Fliessgleichgewicht befinden. Fliessgleichgewichte dieser Art gab es während der dynamisch ablaufenden Erdgeschichte immer wieder, und die nähere physikalische Analyse der Planeten unseres Sonnensystems zeigt, dass es Fliessgleichgewichte gibt, die beispielsweise mit der Existenz von höherem Leben nicht kompatibel sind. Denken wir nur beispielsweise an die Venusatmosphäre.

Goeller und *Weinberg* (1978) haben in ihrem viel beachteten Aufsatz "The Age of Substitutability" darauf hingewiesen, dass die in der Erdkruste vorhandenen Mengen von Elementen, die für die zivilisatorische Existenz des Menschen unabdingbar sind, so gross sind, dass die Reserven selbst bei zunehmenden Verbrauchsraten eine Lebensdauer von mehreren Tausend bis hundert Millionen Jahren aufweisen. Eine Ausnahme bildet Phosphor. Ferner besteht noch keine Technologie, die es gestatten würde, das im Basaltgestein vorhandene Eisen zu wirtschaftlich tragbaren Kosten zu extrahieren. Das gleiche gilt für die Extraktion von Nickel aus dem Tiefengestein *Peridotit*. Dies sind indessen technische Fragen, deren Lösung zu erwarten ist.

Viel wichtiger ist in diesem Zusammenhang der Hinweis auf die Gültigkeit des Ersten Hauptsatzes der Thermodynamik – des Erhaltungssatzes von Materie. Materie kann grundsätzlich nicht verlorengehen, also auch nicht die aus der Erdkruste extrahierten Elemente. Für die Schaffung und Erhaltung jener Ordnungszustände, die für die Existenz des Menschen wichtig sind, kommt es vielmehr auf drei Gruppen von Transformationen an:

– Substitution eines Stoffes durch einen anderen

– Rekombination von Elementen zu neuen Stoffen (Nutzung und Einsatz von Molekularkräften)

– Umwandlung und Erzeugung von Elementen (Nutzung und Einsatz von Kernkräften).

Die erste Art von Transformationen – die *Substitution eines Stoffes durch einen anderen* – wird schon lange praktiziert. Sie ist unter normalen Umständen eine Funktion der relativen Preise. So wurde zum Beispiel im Anschluss an die erste Ölkrise und später auch infolge der zweiten Ölkrise das teure Öl durch andere Energieträger ersetzt – abgesehen davon, dass zunächst generell alle Energieträger sparsamer eingesetzt wurden. Substitutionen dieser Art sind tägliche Vorgänge in der Wirtschaft. Der relativ teure Stoff oder Produktionsfaktor (z.B. Arbeit im Vergleich zu Kapital) wird innerhalb der technisch möglichen Substitutionsbereiche durch den billigeren Stoff beziehungsweise Faktor ersetzt.

Die zweite Art von Transformationen – die *Rekombination von Elementen zu neuen Stoffen* – wird von Goeller und Weinberg als die eigentliche "Substitutionalität" bezeichnet. Sie beruht auf dem reichhaltigen Vorhandensein von wichtigen Elementen in der Erdkruste. Tabelle 3 enthält eine Zusammenstellung über das Vorhandensein dieser Elemente, wobei sich die Mengenabschätzungen auf eine Erdkruste von einem km Dicke beziehen. Die Tabelle berücksichtigt auch die Atmosphäre bezüglich Stickstoff (N), Sauerstoff (O) und Argon (Ag) sowie die Meere bezüglich Wasserstoff (H), Magnesium (Mg) und Brom (Br).

Tabelle 3: Häufigkeit der Elemente in der Erdkruste

Element	Ressource	Maximaler prozentualer Anteil in bester Ressource	Welt Ressource (Tonnen)	R/N (Jahre)
CH_x (abbaubar)	Kohle, Öl, Gas	<75	1×10^{13}	$2,5 \times 10^3$
C (oxydiert)	Kalkgestein	12	2×10^{15}	4×10^6
Si	Sand, Sandstein	45	$1,2 \times 10^{16}$	5×10^6
Ca	Kalkstein	40	5×10^{15}	4×10^6
H	Wasser	11	$1,7 \times 10^{17}$	$\sim 10^{10}$
Fe	Basalt, Laterit	10	$1,8 \times 10^{15}$	$4,5 \times 10^6$
N	Luft	80	$4,5 \times 10^{15}$	1×10^8
Na	Salzstein, Meerwasser	39	$1,6 \times 10^{16}$	3×10^8
O	Luft	20	$1,1 \times 10^{15}$	$3,5 \times 10^7$
S	Gips, Meerwasser	23	$1,1 \times 10^{15}$	3×10^7
Cl	Phosphatgestein	61	$2,9 \times 10^{16}$	4×10^8
P	Sylvit, Meerwasser	14	$1,6 \times 10^{10}$	$1,3 \times 10^3$
K	Thon (Kaolin)	52	$5,7 \times 10^{14}$	4×10^7
Al	Meerwasser	21	$1,7 \times 10^{15}$	2×10^8
Mg	Meerwasser	0,012	2×10^{15}	4×10^8
Mn	Meeresboden–Knöllchen	30	1×10^{11}	$1,3 \times 10^4$
Ar	Luft	1	5×10^{13}	2×10^8
Br	Meerwasser		1×10^{14}	6×10^8
Ni	Peridotit	0,2	6×10^{11}	$1,4 \times 10^6$

Quelle: *Goeller/Weinberg* (1978: 687)

Die dritte Art von Transformationen – die *Umwandlung und Erzeugung von Elementen* – wird von Goeller und Weinberg nicht in die Energierechnung einbezogen. Ihre Verwirklichung setzt hohe Energiedichten – Umgang mit Kernkräften (Hochenergiephysik, Teilchenphysik) – voraus. Technisch ist eine solche Transformation in vielen Fällen heute schon möglich. Die Begrenzung liegt in der Wirtschaftlichkeit, denn die in der Natur vorkommenden Elemente sind in der Regel billiger durch Extraktion als durch Transformation zu gewinnen.

Wir können nun die wichtigsten Ergebnisse dieses Abschnittes wie folgt zusammenfassen:

1. Die in den drei Sphären *Atmosphäre, Lithosphäre und Hydrosphäre* auf diesem Planeten vorhandenen und dem Menschen zugänglichen Bestände an Elementen und Elementenkombinationen (Molekülen) sind so ungeheuer gross, dass sich die Frage der "Erschöpfung von Ressourcen" gar nicht stellt.

2. Wir verbrauchen nicht Ressourcen, sondern Ordnungszustände. Neben dem Ersten Hauptsatz (Erhaltungssatz) der Thermodynamik kommt dem Zweiten Hauptsatz entscheidende Bedeutung für das Ressourcenproblem zu: Was wir "verbrauchen", sind nicht Ressourcen, also Materie, die gemäss dem Ersten Hauptsatz gar nicht verschwinden kann, sondern vielmehr *Ordnungszustände*, wobei das Wort "verbrauchen" hier schon einen anthropozentrischen Inhalt hat. In jedem Fall handelt es sich um eine "Veränderung" von Ordnungszuständen: Jedes lebendige System, das von aussen her Energie bezieht (beziehen muss), schafft einerseits Ordnungszustände im Innern und gibt – komplementär dazu – "Unordnung" an die Umgebung ab. Im Fall der technischen Zivilisation wird durch Sonneneinstrahlung Energie aufgenommen und für die Herstellung von Ordnungszuständen (technischer, ökonomischer und gesellschaftlicher Art) verwendet. An die Aussenwelt wird schliesslich Abwärme – "minderwertige", für die Umsetzung in Arbeit (= Herstellung von Strukturen) nicht mehr verwertbare Energie – abgegeben.

3. Die Abgabe von "Unordnung" (Entropie) an die Aussenwelt ist energetisch unvermeidbar. Der Umstand, dass sich heute diese Abgabe von "Unordnung" an die Aussenwelt nicht auf die (unvermeidliche) Abwärme beschränkt, sondern auch die Dissipation von Stoffen in die Atmosphäre, die Lithosphäre sowie die Hydrosphäre umfasst, begründet das eigentliche Umweltproblem. Im Gegensatz zur Abwärme kann die Dissipation von Stoffen vom Menschen jedoch beeinflusst werden.

In diesem Zusammenhang muss auf ein immer wieder vorkommendes Missverständnis hingewiesen werden. Es wird von Umweltschützern oft argumentiert, dass der Mensch die Umwelt nur durch Reduktion der Energie- und Stoffdurchsätze "verbessern" kann. Ein zusätzlicher Einsatz von Energie zur Behebung der Stoffdissipationen (z.B. durch Einrichtung von nicht-dissipierenden Senken) sei gerade wegen der Gültigkeit des Zweiten Hauptsatzes widersinnig, weil jeder Mehreinsatz von Energie schliesslich in ein Mehr an "Unordnung" in der Umwelt ausmünden müsse.

Dem ist entgegenzuhalten, dass ein vermehrter Einsatz von Energie zwecks Umwandlung und Transport von Stoffen die einzige Möglichkeit ist, die umweltschädigenden Stoffdissipationen zu vermeiden. Die am Ende dieses strukturbildenden Prozesses vom Innern des Systems nach aussen tatsächlich abgegebene Abwärme bewirkt eine für die Lebensbedingungen dieses Systems völlig zu vernachlässigende Temperaturerhöhung, die nicht verwechselt werden darf mit jener, die sich aus dem Treibhauseffekt ergibt. Dieser Treibhauseffekt entsteht durch Immissionen von CO_2 und anderen Gasen wie Methan, Lachgas, von CFKW und von anderen *Stoffströmen*, deren Emissionen in "umliegende" Systeme im Interesse der Erhaltung optimaler Lebensbedingungen für das System *Mensch* unterbunden werden sollen. Das Problem konzentriert sich also auf die Frage, welches Verhältnis zwischen der zunehmenden Inanspruchnahme von Leistung (= Energieverbrauch) und dem daraus (via Abwärme) resultierenden weltweiten Temperaturanstieg besteht. Wie aus dem im Anhang vorgelegten Berechnungen hervorgeht, erhöht sich die Oberflächentemperatur der Erde um 1°C, wenn zusätzlich eine Energie von etwa 10^{23} Joule (= 10^{11} TJ) produziert und in Anspruch genommen (verbraucht) wird. Ein solcher Energieverbrauch entspricht etwa 3000 TW, also dem 250fachen des heutigen Energieverbrauchs (12 TW).

Es bestehen also sowohl genügend Energiepotentiale als auch genügend Stoffvorräte, die es dem Menschen erlauben, sich innerhalb der drei genannten Sphären so einzurichten, dass er mit Hilfe der von ihm geschaffenen technischen Zivilisation (Technosphäre) in ein annäherndes Fliessgleichgewicht gelangt und damit für sich eine wichtige Voraussetzung für eine relative Verstetigung seiner Existenz herstellt: "relativ" deswegen, weil das Leben als solches auf diesem Planeten aufgrund der physikalisch bedingten Abläufe nur eine vorübergehende (wenn auch interessante) Singularität darstellt. Um abschätzen zu können, wie man zu einer solchen relativen Verstetigung gelangt, ist es wichtig, ausser der Quantifizierung von Materialbeständen, die unsere physikalischen Lebensgrundlagen darstellen, auch auf einige *Prozesse* hinzuweisen, die innerhalb und zwischen den drei Sphären unabhängig vom Menschen stattfinden. Erst vor diesem Hintergrund ist es möglich und sinnvoll, die Grössenordnung des "anthropogenen Effektes" im Verhältnis von *Mensch – Technik – Umwelt – Wissen* zu ermessen.

3. Einige erdgeschichtlich bedeutende Veränderungen

Vermutlich würde ein Tourist, der im Sommer 1989 Südspanien bereiste, es ziemlich absurd finden, wenn man ihm sagte, dass wir gegenwärtig in einer Eiszeit leben. Ähnlich dürfte es jenen gehen, die sich heute um die Erwärmung unserer Atmosphäre Sorgen machen. Und nur auf Unglauben dürfte jener stossen, der behaupten würde, die mittlere Lufttemperatur auf Grönland sei vor 10700 Jahren innerhalb von nur 50 Jahren um 7°C. angestiegen – also in kürzerer Zeit um mehr, als man derzeit infolge des anthropogen verursachten Treibhauseffekts befürchtet.

Dies alles lässt sich jedoch heute aufgrund des erdgeschichtlichen Datenmaterials belegen. Die Erdgeschichte ist durch tiefgreifende Veränderungen gekennzeichnet, die einerseits eine Folge von astro- und geophysikalischen Prozessen sind, andererseits aber auch durch die Evolution des Lebens auf diesem Planeten bedingt werden.

Wir wollen uns im folgenden mit einigen dieser Tatbestände bekanntmachen. Dabei kann es sich freilich nicht um einen Beitrag zur Fachdiskussion über die noch ungeklärten Fragen handeln, mit denen es die Experten – also die Spezialisten für Erdgeschichte, die Astro- und Atmosphärenphysiker – zu tun haben. Vielmehr geht es hier darum, einige wichtige Fakten und Erkenntnisse wiederzugeben, die in der einschlägigen Fachliteratur nach heutigem Wissensstand als einigermassen gesichert gelten.

Keine der drastischen Veränderungen, die die Erde seit ihrer Entstehung vor rund 4,5 Milliarden Jahren erfahren hat, ist vom Menschen verursacht worden. Der Faktor *Mensch* tritt in seiner ökologischen Bedeutung erst im Pleistozän, also vor rund 12000 Jahren, auf.

Es liegt in der Natur der Sache, dass mit zunehmender Distanz von der Gegenwart zurück in die ferne Erdgeschichte das "Auflösungsvermögen" für Details geringer wird. Genaueres ist eigentlich erst für die letzten 500 Millionen Jahre bekannt. Mit der Entwicklung immer genauerer Messmethoden und Verfahrenstechniken wird unser Wissen über diese ferne Vergangenheit jedoch jedes Jahr umfangreicher und genauer. So wissen wir heute, dass die Erde aufgrund ihrer spezifischen Kombination von Masse und Entfernung von der Sonne eine Atmosphäre hat, und wir wissen auch, weshalb der Planet

Mars – im Gegensatz zur Erde – vergleichsweise so gut wie keine Atmosphäre aufweist und warum im Lauf der erdgeschichtlichen Entwicklung die CO_2-Konzentration – wenn auch mit Schwankungen – abnahm, während die Sauerstoffkonzentration der Atmosphäre zunahm. *Keppler* (1988) veranschaulicht diese dramatische Entwicklung in der eindrucksvollen Grafik[3] (Abbildung 6).

Abbildung 6: Abnahme der CO_2-konzentration und Zunahme der Sauerstoffkonzentration in der Erdatmosphäre

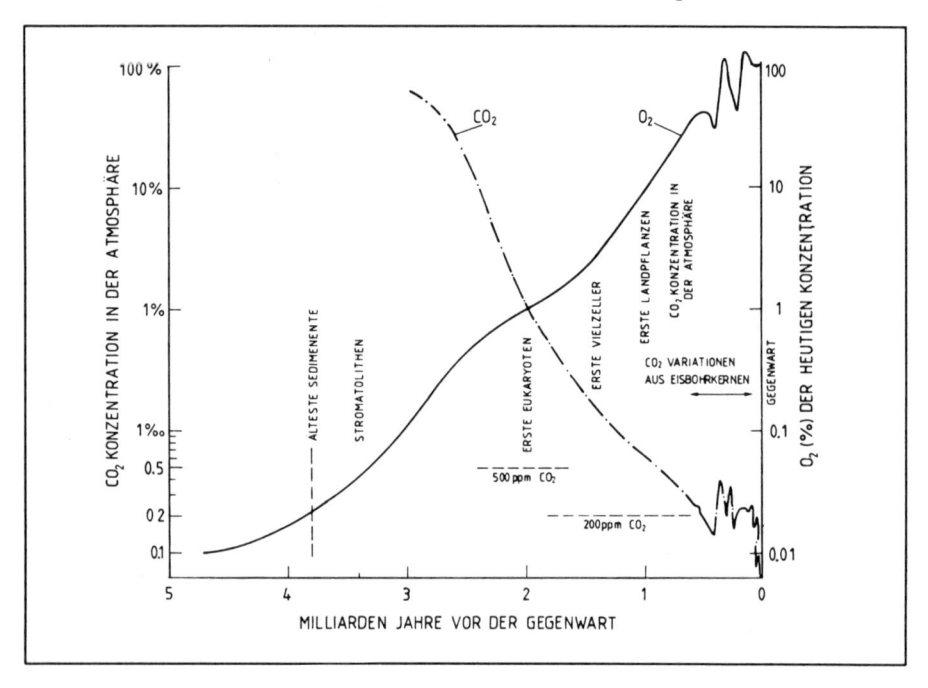

Quelle: *Keppler* (1988: 37) (mit freundlicher Genehmigung des Autors)

Wir wissen, dass das Leben anaerob, also ohne Sauerstoff, entstand. *Markl* (1986) beschreibt den Übergang vom anaeroben zum aeroben – auf Photosynthese beruhenden – Leben. Es war eine Umwälzung gigantischen Ausmasses. Diejenigen Lebewesen (Grünalgen), die ihre Energieversorgung mittels Photosynthese auf die Nutzung von Licht "umstellten", erzeugten Sauerstoff, der für die anaeroben Urorganismen (Blaualgen) giftig war. Vom Standpunkt der "Anaerobier" handelte es sich damals um die erste globale Umweltvergiftung.

---

3. Man beachte, dass die Masseinheiten auf den Ordinatenachsen im logarithmischen Massstab aufgetragen sind.

Wie aus Abbildung 6 hervorgeht, betrug der Sauerstoffgehalt der Atmosphäre vor 2 Mrd. Jahren erst knapp ein Prozent. Man ersieht aus der Darstellung ferner, dass die Entwicklung sowohl des Sauerstoff- als auch des Kohlendioxidgehalts der Atmosphäre während der letzten fünfhundert Millionen Jahre Schwankungen aufweist. Es ist zu vermuten, dass es solche Schwankungen auch früher gab und dass wir sie mit zunehmend genaueren und weiter entwickelten Methoden der indirekten Messung auch einmal feststellen werden. Für die letzten 550 Millionen Jahre wird der folgende Ablauf der Sauerstoffkonzentration der Erdatmosphäre angegeben (Abbildung 7):

Abbildung 7: Sauerstoffkonzentration der Erdatmosphäre

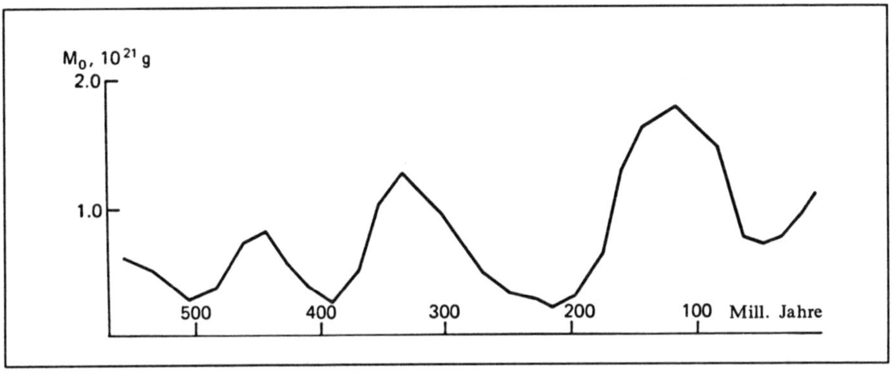

Quelle: *nach Budyko/Golitsyn/Izrael* (1988)

Ähnliches gilt für die Temperaturverhältnisse. Mit einiger Sicherheit wissen wir, dass die Polardecken der Erde während der letzten Milliarde Jahre dreimal von Eis bedeckt waren: zum ersten Mal während der spätkambrischen Eiszeiten vor 800 bis 600 Millionen Jahren, dann wieder vor ungefähr 300 Millionen Jahren während der sogenannten Permo-Karbon-Eiszeit und schliesslich heute. Die Fachleute sprechen von der spätkänozoischen Eiszeit. Sie begann vor etwa zehn Millionen Jahren und dauert offenbar noch an. Während dieser Zeit schwankte die mittlere Oberflächentemperatur der Luft zwischen 26°C. (vor 330 Millionen Jahren) und 15°C. (Gegenwart). Diese Temperaturschwankungen sind zum grossen Teil auf Veränderungen des CO_2-Gehalts der Atmosphäre zurückzuführen, haben aber auch andere Ursachen wie Vulkanausbrüche (Zunahme der CO_2-Konzentration) oder Beschleunigungen in der Entwicklung der Biomasse (Abnahme der CO_2-Konzentration). Zwischen den Veränderungen der Temperatur, der Zusammensetzung der Erdatmosphäre, der Entwicklung der Hydrosphäre sowie den verschiedenen Lebensformen auf der Erde bestehen vielfältige Wechselwirkungen, die sich aus dem Zusammenspiel von positiven und negativen Rückkopplungen ergeben. Zahlreiche Einzelheiten dieser komplizierten Vorgänge konnten zwar schon abgeklärt werden, doch bleiben noch viele Fragen offen.

Die exogenen Faktoren, welche diesen Prozess von aussen in Gang gebracht haben und teilweise immer noch in Gang halten, können näherungsweise in drei Kategorien eingeteilt werden:

Zur *ersten Kategorie zählen* Faktoren, die mit der physikalischen Eigendynamik der Himmelskörper zusammenhängen. Da sind zunächst Variationen der Luminosität der Sonne sowie das Hervortreten von CO_2 aus dem Erdinnern durch Aufheizen langlebiger radioaktiver Isotope. Dazu kommt noch die Plattentektonik der Erde. Man spricht in diesem Zusammenhang von der "geologischen Aktivität" der Erde.

Das Auseinanderbrechen des einstigen Superkontinents *Pangaea* vor rund 150 Millionen Jahren war von erhöhter vulkanischer Aktivität begleitet. Wie bedeutend die vergleichsweise geringe vulkanische Aktivität für den Stofftransport in der Atmosphäre selbst heute noch ist, werden wir im nächsten Abschnitt sehen.

Die beiden erstgenannten Prozesse – Variationen der Luminosität der Sonne und Entgasung der Erde – fanden unabhängig voneinander statt und waren deshalb auch unkoordiniert (*Budyko/Golitsyn/Izrael* 1988). Vor rund 100 Millionen Jahren nahm die Ausgasung der Erde und damit der CO_2-Gehalt der Atmosphäre ab. Als Folge davon trat ein markanter Temperaturrückgang ein. In der Tat betrug die mittlere Lufttemperatur der Erdoberfläche vor 90 Millionen Jahren, wie schon 200 Millionen Jahre zuvor, rund 25°C. und sank von da an – wiederum begleitet von Schwankungen – kontinuierlich auf unseren heutigen Stand von 15°C. ab[4]. Der Temperaturverlauf der letzten 550 Millionen Jahre geht aus der Grafik in Abbildung 8 hervor.

Die *zweite Kategorie* von Einflüssen steht mit der Geometrie der Umlaufbahn der Erde im Zusammenhang. Es sind vor allem die folgenden drei Parameter:

– Veränderung der Exzentrizität (Abweichungen von der kreisrunden Umlaufbahn)

– Veränderungen der Präzession (konische Schwankungen der Erdachse); der englische Ausdruck heisst *wobbling*

– Veränderungen der Neigung der Erdachse zur Ekliptik.

---

4. Ohne Atmosphäre würde die Oberflächnetemperatur der Erde –18°C betragen (*Budyko* 1980).

Abbildung 8: Durchschnittliche Oberflächentemperaturen der Luft

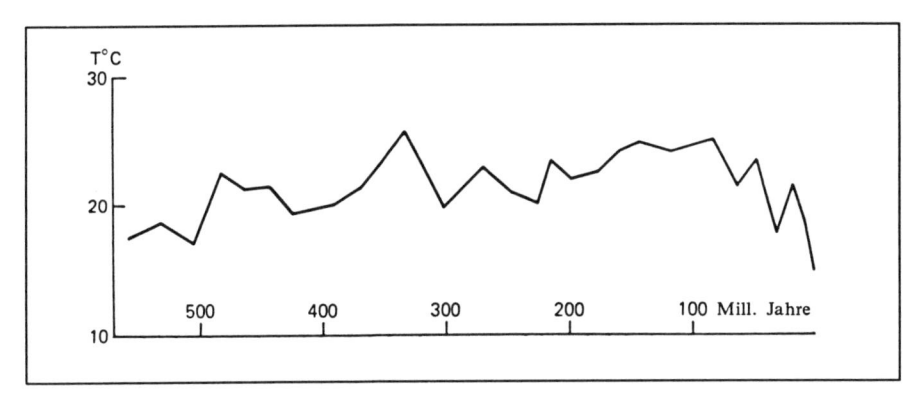

Quelle: *nach Budyko/Golitsyn/Izrael* (1988)

Aus der Überlagerung dieser ungleich langen, zyklisch verlaufenden Veränderungen hat Milankovich die nach ihm benannte Astronomische Theorie der Eiszeiten abgeleitet. Wie sich diese Theorie in Zusammenarbeit mit zahlreichen anderen Wissenschaftlern nach und nach entwickelt hat, bis sie ihre heutige, empirisch weitgehend verifizierte Form annahm, ist ein faszinierendes Stück naturwissenschaftlicher Erkenntnisgeschichte. Sie wurde von *Imbrie* und *Palmer* nachgezeichnet und ist auch heute noch lesenswert (*Imbrie/Palmer* 1981).

Schliesslich ist eine *dritte Kategorie* von exogenen Einflüssen zu nennen. Es handelt sich um die bereits erwähnten Einschläge von Asteroiden und Meteoriten.

Diese drei Kategorien von exogenen Faktoren halten sozusagen die endogene Dynamik des Systems *Atmosphäre – Hydrosphäre – Lithosphäre* (A–H–L–System) in Gang und bestimmen auch die mannigfaltigen Vorgänge in der Biosphäre. Es kommt uns in diesem Zusammenhang vor allem auf die Hervorhebung der Tatsache an, dass die Dynamik dieser Prozesse bis in unsere Gegenwart hinein Kräfte freisetzt und Massen bewegt, die immer noch um Faktoren, wenn nicht gar um Potenzen, grösser sind als die vom Menschen auf das *A–H–L*-System ausgehenden Einflüsse. Wie wir sogleich sehen werden, gilt dies jedoch nicht für alle anthropogenen Aktivitäten.

Wir wollen uns zum Schluss dieses Abschnitts die wichtigsten Phasen und Ereignisse in der Entwicklung der Erdgeschichte in geraffter Form nochmals vergegenwärtigen. Dabei legen wir drei Zeitskalen an: eine in Jahrmillionen, die nächste in Jahrtausenden und schliesslich eine Zeitskala in Jahrhunderten.

Zeitskala in Jahrmillionen:
1. spätkambrische Eiszeiten vor rund 800 bis 600 Millionen Jahren
2. Permo-Karbon-Eiszeit vor rund 330 bis 250 Millionen Jahren
3. unsere heutige Eiszeit. (Ihr Anfang wird mit der Zeit vor 10 Millionen Jahren angesetzt; sie ist sozusagen die bisher sichtbarste Form der bereits vor rund 100 Millionen Jahren einsetzenden allgemeinen Abkühlung.)

In diese Zeitskala fällt auch die interessante Periode der Erwärmung während der Urkreide (vor 140 Millionen Jahren) mit der 40 Millionen Jahre später einsetzenden Abkühlung. Was geschah? Nach dem heutigen Wissensstand wurden durch die Segregation der Erdkruste grosse Mengen von Kohlendioxid aus dem Erdinnern in die Atmosphäre emittiert. Der CO_2-Gehalt der Atmosphäre stieg relativ schnell an. Diese Störung löste einen Temperaturanstieg aus, der wiederum zu einer starken Erhöhung der organischen Aktivität und damit zu einer Erhöhung der pflanzlichen Biomasse führte. Der verstärkte Pflanzenwuchs wirkte wie eine Kohlendioxid-Pumpe: Er entzog der Atmosphäre Kohlendioxid. Mit der gesteigerten Biomasse haben auch die absterbebedingten Sedimentierungen von CO_2 zugenommen. Der Kohlenstoff wurde zwar aus der Atmosphäre "herausgepumpt", gelangte aber nachher nicht wieder dorthin, woher er kam, nämlich in das Erdinnere, sondern in die Sedimente. Dort ist dieser Kohlenstoff in schwarzen Schichten heute noch sichtbar. Diese Schichten sind die Lagerstätten fossiler Brennstoffe. Ob die vor 100 Millionen Jahren einsetzende Abkühlung ausschliesslich auf das pflanzenbedingte "Herauspumpen" des CO_2 aus der Atmosphäre zurückzuführen ist oder drüber hinaus auch noch andere Gründe hat, scheint heute noch nicht geklärt zu sein. Möglicherweise waren noch andere negative (stabilisierende) Rückkopplungsmechanismen am Werk (s. *Weissert* (1989).

Zeitskala in Jahrtausenden:
1. Eingelagert in die letzten 800 Tausend Jahre sind zahlreiche Warm- und Kaltzeiten. Für die letzten 500 Tausend Jahre wurde anhand der Veränderungen des Sauerstoffisotopenverhältnisses ein Zyklus von annähernd 100 Tausend Jahren gefunden (*Imbrie/Palmer* 1981: 191).
2. Innerhalb der letzten 125 bis 20 Tausend Jahre haben drei Eiszeiten (Würm I bis III) stattgefunden. Man spricht von der *Würm*-Kaltzeit.
3. Schliesslich beginnt mit dem abrupten Klimawechsel vor 10700 Jahren ein scharfer Temperaturanstieg. Dieser ausserordentlich schnelle Temperaturanstieg um 7°C. in nur 50 Jahren (nachweisbar in den Bohrkernen) erregte nicht nur seiner Schnelligkeit wegen reges Interesse, sondern auch deswegen, weil er nicht im Einklang mit den Umlaufparametern der Erde stand und deshalb nicht durch die Astronomische Theorie von Milankovich er-

klärt werden kann. In der Fachwelt scheint man offenbar heute noch nicht genau zu wissen, worauf dieser Klimawechsel zurückzuführen ist. In den letzten sieben Jahrtausenden lassen sich wiederum fünf Eis- beziehungsweise Kaltzeiten und fünf Warmzeiten mit einem Temperaturschwankungsbereich von rund 6°C. nachweisen (*Keppler* 1988: 48).

Zeitskala in Jahrhunderten:

Der von der Astronomischen Theorie vorausgesagte Abkühlungstrend wird durch kurzfristige Klimaschwankungen überlagert. Die Temperatur blieb von 800 bis 1450 n.Chr. relativ konstant. Dann folgte von 1450 bis 1850 die sogenannte Kleine Eiszeit. Von etwa 1885 an stieg auf der nördlichen Halbkugel die Temperatur bis 1939 um durchschnittlich ein Grad Celsius. Seither ist sie wieder um 0,6°C. gefallen.

Man sollte nicht aus den Augen verlieren, dass sich diese kurzlebigen Fluktuationen innerhalb eines generellen Abkühlungstrends abspielen, der seit rund 100 Millionen Jahren andauert und seit zehn Millionen Jahren in eine Klimaperiode ausmündet, die man gelegentlich auch als "Pliozän-Eiszeit" bezeichnet.

4. Der anthropogene Faktor

Man schätzt, dass am Ende der letzten Vereisungsperiode, also zwischen der vorletzten Eiszeit (Würm II) und der letzten Eiszeit (Würm III) vor 40 bis 20 Tausend Jahren, etwa 5 Millionen Menschen die Erde bewohnten. Genau wird sich diese Zahl wohl niemals feststellen lassen. Zu Christi Geburt waren es vermutlich schon etwa 200 Millionen (*Keppler* 1988: 47). Auch diese Zahl ist kaum gesichert; wahrscheinlich ist sie zu hoch. Wie dem auch sei: Der anthropogene Faktor – der Mensch als ein mit der Umwelt beziehungsweise mit der Biosphäre interagierendes System – kommt erst im Pleistozän auf den Plan.

In der Fachwelt ist offenbar immer noch nicht entschieden, ob der Übergang von der *Jäger-* und *Sammler-*Kultur zur Sesshaftigkeit des Menschen, also zu einer Lebensform, die auf der Domestizierung von Tieren und Pflanzen beruhte, eine Folge des Bevölkerungsdrucks war, oder ob umgekehrt die Bevölkerungszunahme erst durch die vor rund 20 Tausend Jahren einsetzende Agrarwirtschaft ermöglicht wurde. Einen guten Überblick über den Stand der diesbezüglichen Diskussion gibt *Cohen* (1977). Die Tatsache, dass dieser Übergang im Neolithikum nachweislich in verschiedenen Erdteilen zur gleichen Zeit stattgefunden hat, stützt eher die These der klimabedingten Vermehrung der Bevölkerung. Demnach wäre der Übergang zur Agrarwirtschaft

– die erste wirklich signifikante Beeinflussung der Umwelt durch den Menschen – eine Reaktion auf die durch die allgemeine Erwärmung bewirkte Bevölkerungszunahme.
> I suggest therefore that the development of agriculture was an adjustment which human populations were forced to make in response to their own increasing numbers. (*Cohen* 1977: 14).

Einmal in Gang gekommen, gab es sicherlich zahlreiche positive Rückkopplungen zwischen Ernährungsbasis und Bevölkerungszunahme: Der eine Prozess förderte – oder erzwang – den anderen. Wichtig daran ist, dass der Mensch erst mit der Domestizierung von Pflanze und Tier einen "Energieüberschuss" zu erzeugen in der Lage war, der es ihm erlaubte, in grösseren Siedlungen zu leben und sich damit vor Feinden besser zu schützen. Da solche Agglomerationen stets mehr Energie verbrauchen, als sie erzeugen, konnte diese Siedlungsform erst nach der Erwirtschaftung eines Energieüberschusses (Lagerhaltung!) entstehen. Es ist deshalb kein Zufall, dass die ersten Siedlungen (*Jericho* und *Catal Hüyük*) vor rund Zehntausend Jahren entstanden sind (s. *Fritsch* 1981: 27) und die dort vermerkte Literatur). Wir werden in Kapitel II und III auf das Bevölkerungs- und Verstädterungsproblem noch im einzelnen zu sprechen kommen.

Es hat sich im Sinne eines *mode de parler* eingebürgert, die eigentliche "Umweltsünde" des Menschen auf den Beginn der ersten industriellen Revolution zu datieren, also mit der wirtschaftlichen Nutzung der technischen Erfindungen in Verbindung zu bringen. In der Tat scheint es einleuchtend, den Einsatz von Kohle zum Betrieb von Dampfmaschinen als den Beginn einer Ära zu betrachten, in welcher der zunächst unwissende Mensch von den Naturvorkommen und selbstverständlich auch von der Umwelt unbekümmert Gebrauch machte. *Remmert* (1978) weist jedoch überzeugend nach, dass Umweltzerstörungen bereits in frühgeschichtlichen Hochkulturen vorkamen, und gelangt zu dem Schluss, dass die übliche Behauptung, der Niedergang der Hochkulturen in Indien, Nordafrika, in Mesopotamien, in Kleinasien und in Teilen von China sei eine Folge der Klimaveränderungen gewesen, nur teilweise richtig ist. Ebenso zutreffend ist, dass diese Klimaveränderungen zumindest teilweise eine Folge der Zerstörung des Lebensraumes durch den Menschen waren (*Remmert* 1978: 172). Ähnliches gilt für spätere Epochen:
> Bereits in der Bronzezeit wurde in Norddeutschland der Wald vernichtet, und es entstand der Beginn der Lüneburger Heide. Beim Ausgang des Mittelalters setzte der Angriff des Menschen auf die Meere ein, die Vogel-, Robben-, Wal- und Fischbestände wurden zunächst in Europa, dann im Nordmeer, schließlich in der Antarktis, dezimiert. Erst in heutiger Zeit erobern europäische Meeresvögel Territorien zurück, in denen sie damals ausgerottet wurden (*Remmert* 1978: 173).

Für die heutigen Studenten mag es interessant sein zu erfahren, dass viele – wenn nicht gar alle – Grundprobleme, mit denen wir uns hier befassen, schon

vor 45 (!) Jahren systematisch aufgearbeitet worden sind. Die Rede ist u.a. von einem (leider) sehr umfangreichen Buch von beinahe 1200 Seiten Länge (*Thomas jr.* et al. 1956). Darin werden die Einflüsse des Menschen auf den Planeten *Erde* aus den verschiedensten Perspektiven beleuchtet und analysiert. Das Buch fasst die Resultate eines von der *Wenner–Gren*-Stiftung sowie von der *National Science Foundation* finanzierten Symposiums zusammen. Wie es in der Einleitung heisst, ging es in diesem Symposium um drei Problembereiche:
- die Ressourcen der Erde
- den auf diese Ressourcen ausgeübten Bevölkerungsdruck
- die kulturell unterschiedlichen Weisen der Menschen, sich unter den Bedingungen, denen sie unterworfen waren, auf der Welt einzurichten.

Der Band umfasst anthropogene Faktoren wie Landwirtschaft, Bewässerung (*The Hydraulic Civilizations*), Waldrodungen in Europa, die Bodenprobleme in verschiedenen Teilen der Welt, die Implikationen des Zeitalters der fossilen Energieträger, Probleme der Urbanisation, einschliesslich des Einflusses von Agglomerationen auf das lokale und regionale Klima, den Zusammenhang von Landwirtschaft und Erosion usw. Es werden sogar die Einflüsse von Dissipationen auf die Lebensbedingungen des Menschen untersucht (*Ecology of Wastes*).

Interessant und bestechend ist nicht nur die Aktualität der Themen und die Wissenschaftlichkeit ihrer Behandlung, sondern – vermutlich als Folge davon – das totale Fehlen jeglicher Kenntnisnahme von Seiten der Politik. Themen, die heute so brennend aktuell sind, wurden also bereits vor rund fünfzig Jahren bis in alle Einzelheiten aufgezeigt. Es wurde auch vor den Konsequenzen einer unkontrollierten Ausbreitung der Bevölkerung und der unbedachten Inanspruchnahme aller verfügbaren Land- und Wasserressourcen gewarnt. Man sollte sich bei dieser Gelegenheit daran erinnern, dass die Weltbevölkerung 1956 rund 2,7 Milliarden betrug, also etwa halb so gross war wie die heutige. Es wurde aber schon damals gesehen, dass es sich bei alldem letztlich nicht um ein technisches Problem allein handelt:

> The difficulty is that our mashine technology and our scientific methodology have reached a high pitch of perfection at a moment when other important parts of our culture, particularly those that shape the human personality – religion, ethics, education, the arts – have become inoperative or, rather, share in the general disintegration and help to widen it (*Thomas jr. et.al. 1956*: 1146).

Dieses Beispiel – es könnten noch mehrere angeführt werden – zeigt, dass im Bereich der Umweltproblematik zwischen wissenschaftlicher Erkenntnis und ihrer praktischen Umsetzung mindestens 50 Jahre liegen. Wir werden im Zusammenhang mit der Erörterung der Möglichkeiten und Grenzen der Umweltpolitik (Kapitel VI/2) auf diesen Punkt noch zurückkommen.

Die Umweltproblematik beginnt also nicht mit der Industrialisierung, und diese ist auch keineswegs ihre alleinige Ursache. Allerdings bringt sie neue Elemente ins Spiel, auf die im folgenden näher eingegangen werden soll. Dabei müssen wir von vornherein zwei unterschiedliche, jedoch zusammenhängende Faktoren des Industrialisierungsprozesses auseinanderhalten: Zum einen sind es die in physikalischen Einheiten messbaren Stoffströme, die der Mensch infolge seiner industriellen Tätigkeit in die drei Sphären – die Atmosphäre, die Hydrosphäre und die Lithosphäre – einbringt. Sie müssen quantifiziert und ins Verhältnis zu den nicht-anthropogenen Stoffströmen gesetzt werden. Dies ist schon deshalb wichtig, weil es für eine realistische Beurteilung des Umweltproblems sowohl auf die absoluten als auch auf die relativen Grössen sowie auf die Veränderungsraten dieser Stoffströme ankommt.

Zum andern geht es aber auch um psychologische, wirtschaftliche und politische Vorgänge, deren Strukturveränderungen in anderen zeitlichen Massstäben ablaufen als ökologische oder gar geologische Prozesse. Man kann sich dies anhand der Skizze in Abbildung 9 verdeutlichen.

Abbildung 9: Zeitdimension von Systemen

Systembereich	Zeitspektrum, in welchem sich systemrelevante Änderungen vollziehen (Jahre)
geologische Prozesse	$10^4 - 10^9$
biologische Prozesse	knapp 10^9
höher organisiertes Leben	550×10^6
Entwicklung der Neo-Kortex	$3 \times 10^4 - 10^5$
ökologische Prozesse	$10 - 10^4$
ökonomische Prozesse	Jahrzehnte
politische Prozesse	4 - 5 Jahre (Legislaturperiode) 40 Jahre (Lebensdauer von Diktaturen)
technische Prozesse	1 - 20
menschlicher Organismus	0 - 73

Wir wollen zunächst die direkt oder indirekt messbaren Stoffströme sowie den Energiebedarf des Menschen aufzeigen. Wenn wir vom jetzigen Stand ausgehen und eine Bevölkerung von 5,2 x 10^9 Menschen, zugrundelegen, nimmt das industriell-technische Gesamtsystem *Mensch* heute insgesamt ein Äquivalent von ca. 12 TWa/a in Anspruch. Wie bereits ausgeführt, handelt es sich nicht um einen "Konsum" von Energie, sondern um die Umwandlung von Energie in Arbeit – um eine Leistungsinanspruchnahme. Diese 12 TWa/a stehen im Verhältnis zu den rund 175 Tausend TWa/a an Sonneneinstrahlung wie 1 zu 6,86 x 10^{-5}: Es handelt sich also um rund 7 Tausendstel eines Prozents! Für den eigenen ernährungsabhängigen Energiehaushalt benötigt ein Mensch rund 120 W. Hochgerechnet auf die Gesamtbevölkerung von 5,2 x 10^9, ergibt dies 0,624 TWa/a. Dieser ernährungsbedingte Energiebedarf nimmt zwar absolut zu, jedoch im Verhältnis zum gesamten Energieverbrauch der Menschheit wird er geringer.

Energetisch betrachtet ist also der "anthropogene Faktor" im Vergleich zum natürlichen Energiehaushalt der Erde vernachlässigbar. Nicht vernachlässigbar sind jedoch die durch die Bereitstellung und Nutzung von Energie nach wie vor induzierten Stoffströme: Sie bestehen aus festen wie aus gasförmigen Stoffen und interagieren mit allen drei genannten Sphären – mit der Atmosphäre, der Hydrosphäre und der Lithosphäre. Da die Biosphäre, also jener Bereich, in dem belebte Materie existiert, aus der Wechselwirkung dieser drei Sphären besteht und darin evolviert, können die vom Menschen ausgehenden Stoffströme nicht ohne Auswirkung auf diese Sphäre bleiben.

Bei den festen Stoffen spricht man von Aerosolen. Sie gelangen als Folge von Industrieprozessen, aber auch durch Brände, Winderosion, Vulkanausbrüche usw., in die Atmosphäre. Tabelle *4* enthält eine Zusammenstellung der natürlichen und der anthropogenen Quellen, aus denen Aerosole in die Atmosphäre gelangen: Von den rund 2 x 10^9 Tonnen Aerosolen, die pro Jahr in die Atmosphäre befördert werden, gehen rund 35 % auf anthropogene Aktivitäten zurück – immerhin ein nicht ganz zu vernachlässigender Anteil.

Tabelle 4: Aerosole

Quelle	Ursache	(t/a)	%
Natürlich:			
Meersalz	Gischt	5×10^8	46
Sulfate	Zersetzung von Biomasse	$3,35 \times 10^8$	31
Staub	Wind	$1,2 \times 10^8$	11
Kohlenwasserstoffe	Exhalation	$7,5 \times 10^7$	7
	Zerfall von Biomasse	6×10^7	5
Aerosol und Staub	Waldbrände durch Blitzschlag	3×10^6	
Meteoritenstaub		4×10^4	
Summe:		$1,1 \times 10^9$	
Vulkane:			
Sulfate		$0,42 \ldots 2,55 \times 10^8$	63
Aerosol und Staub		$0,25 \ldots 1,5 \times 10^8$	37
Summe:		$0,67 \ldots 4,05 \times 10^8$	
Anthropogen:			
Gase	fossile Brennstoffe (Aerosolbildung in Atmosphäre)	$3,11 \times 10^8$	45
Aerosol und Staub	Menschliche Betätigung	$5,4 \times 10^7$	8
Staub	Landwirtschaft	$1,8 \times 10^8$	26
Gase, die Aerosole bilden, und Brände in der Landwirtschaft		$7,9 \times 10^7$	11
Aerosol und Staub	Holzfeuer, Waldbrände	$6,8 \times 10^7$	10
Summe:		$6,92 \times 10^8$	
Summe insgesamt:		$1,85 \ldots 2,2 \times 10^9$	

Quelle: *Keppler* (1988: 167)

Eine vielleicht noch anschaulichere Darstellung zu diesem Thema ist in Abbildung 10 wiedergegeben. Wie deutlich zu erkennen ist gelangt durch natürliche Vorgänge (z.B. Vulkanausbrüche) ein Vielfaches von dem in die Atmosphäre was der Mensch durch seine Industrieaktivitäten an Stoffen dorthin befördert.

Bei den gasförmigen Stoffen sieht die Situation wie folgt aus: Die grösste Komponente bildet gegenwärtig die Emission von CO_2 in die Atmosphäre. Sie

Abbildung 10: Natürliche und anthropogene Staubemissionen

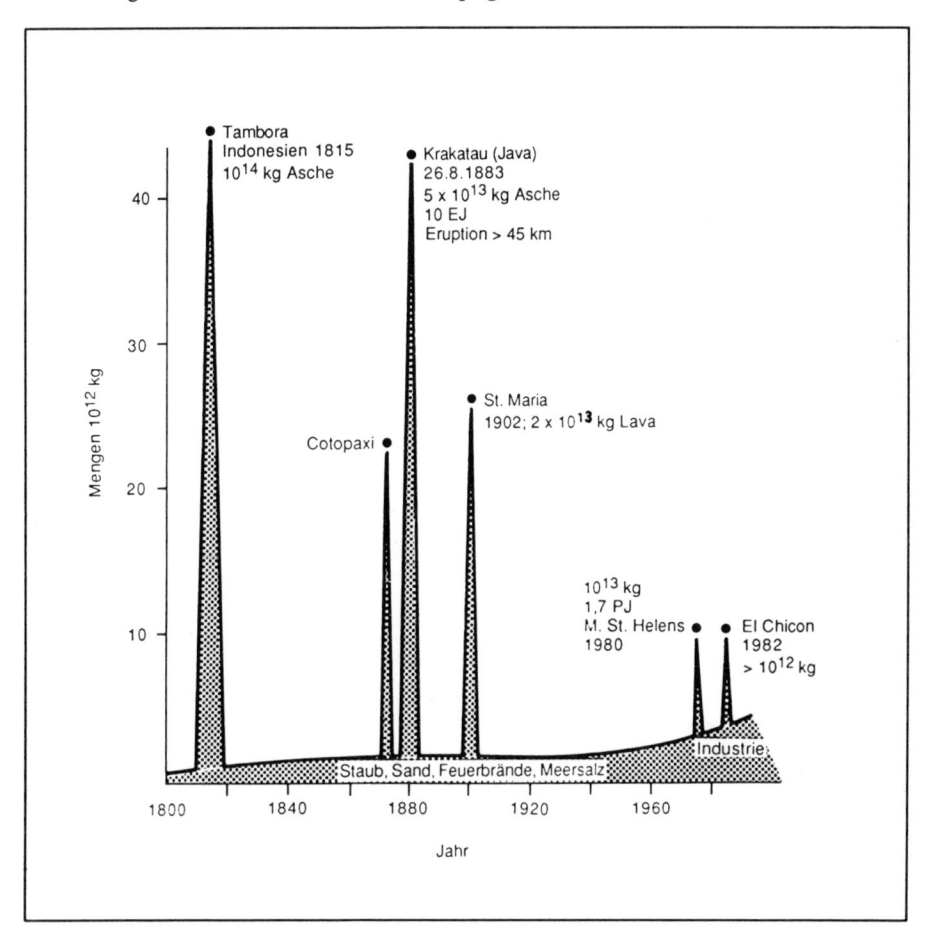

Quelle: *Taube* (1985: 120)

beträgt rund 6 Gt/a (Milliarden Tonnen pro Jahr) und nimmt mit 0,4 % pro Jahr zu. Die anthropogene Beeinflussung des Kohlenstoffkreislaufs geht aus der Darstellung in Abbildung 11 hervor. Die aus der Nutzung fossiler Brennstoffe in die Atmosphäre eingetragene CO_2-Menge belief sich anfangs der achtziger Jahre noch auf 5 Gt/a. Gegenwärtig sind es 6 Gt/a.

Darüber hinaus werden im Zusammenhang mit der Agrar- und Industrieproduktion noch weitere Gase wie Stickoxid, Methan, Ozon und FCKW in die Atmosphäre emittiert. Das Interesse an diesen Gasen hat sich in letzter Zeit besonders deshalb verstärkt, weil sie allesamt, wenn auch in unterschiedlichem Masse, am sogenannten Treibhauseffekt beteiligt sind: sie verringern die Durchlässigkeit der Atmosphäre für reflektierte langwellige Strahlen und

Abbildung 11: Kohlenstoffkreislauf (CO_2-Problematik)

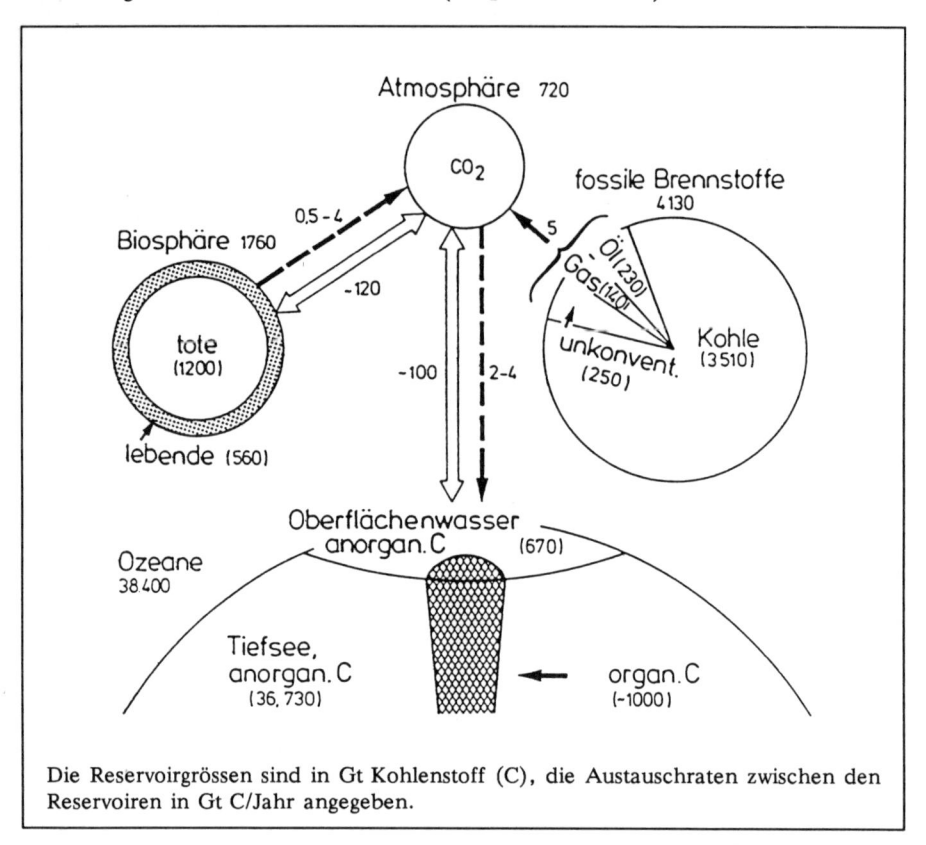

```
                    Atmosphäre 720
                         ┌───┐
                         │CO₂│        fossile Brennstoffe
                         └───┘               4130
                  0,5-4                    ╱─────╲
   Biosphäre 1760       ↗↙ 5             │Öl(230)│
        ○────────       ╲                │Gas(140)│
        ░tote░   -120                    │        │ Kohle
        ░(1200)░         -100   2-4      │unkonvent│(3510)
        ░░░░░░                            │ (250)  │
                                          ╲──────╱
    lebende (560)

                    Oberflächenwasser
                    anorgan. C    (670)
   Ozeane                ╱▓▓▓╲
   38400                 ▓▓▓▓▓
                         ▓▓▓▓▓
           Tiefsee,      ▓▓▓▓▓
           anorgan. C    ▓▓▓▓▓  ←─── organ. C
           (36,730)                     (-1000)
```

Die Reservoirgrössen sind in Gt Kohlenstoff (C), die Austauschraten zwischen den Reservoiren in Gt C/Jahr angegeben.

Quelle: nach CO_2 / Climate Review Panel (1982)

tragen damit zur Erwärmung der Atmosphäre bei. Im Zwischenbericht der Enquête-Kommission des 11. Deutschen Bundestages sind die Charakteristika der Treibhausgase nach heutigem Wissensstand zusammengefasst (Tabelle 5).

Wir werden auf die CO_2-Frage im Kapitel V/4 zurückkommen. Im Gegensatz zur Belastung der Atmosphäre lassen sich die in die Ozeane, Flüsse und Böden dissipierenden Stoffe, wie Schwermetalle, Nitrat, Öl usw., nicht global messen. In Europa sind vor allem Messungen in Flüssen sowie neuerdings im Mittelmeer, in der Ost- und Nordsee, bekannt. Dass diese anthropogenen Immissionen in Gewässer und Böden lokal und regional die Bedingungen für die Flora (z.B. Wald) und Fauna (Fischbestände) zeitweilig drastisch zu verändern vermögen, ist unbestritten. Unbestritten ist ferner, dass von diesen lokalen und regionalen Störungen der Biosphäre negative Auswirkungen

Tabelle 5: Charakteristika der Treibhausgase

> Konzentration (c), Verweilzeit in der Atmosphäre und Biosphäre (t), Konzentrationsanstieg (Δc), spezifisches Treibhauspotential bezogen auf ein Molekül CO_2 (spez. THP) und Anteil der einzelnen Treibhausgase am Treibhauseffekt, der durch die anthropogenen Spurengase hervorgerufen wurde, in den achtziger Jahren dieses Jahrhunderts (Anteil):
>
> | Treibhausgas | CO_2 | CH_4 | N_2O | Ozon[1)] | FCKW 11 | FCKW 12 |
> |---|---|---|---|---|---|---|
> | c (in ppm) | 346 | 1,65 | 0,31 | 0,02 | 0,0002 | 0,00032 |
> | t (in Jahren) | 100[2)] | 10 | 150 | 0,1 | 65 | 110 |
> | Δc (in %/Jahr) | *0,4* | *1,0* | *0,2–0,3* | *0,5* | *5* | *5* |
> | spez. THP | 1 | 32 | 150 | 2000 | 14000 | 17000 |
> | Anteil (in %)[3)] | 50 | 19 | 4 | 8 | 5 | 10 |
>
> 1) Sämtliche Angaben sind sehr grobe Mittelwerte, da die troposphärische Ozonkonzentration räumlich und zeitlich sehr variabel ist (...).
> 2) Streng genommen besitzt CO_2 eine wesentlich kürzere Verweilzeit, wenn die Austauschvorgänge zwischen Atmosphäre und Biosphäre einerseits und Atmosphäre und Ozean bis in große Tiefen anderseits betrachtet werden. Die genannte Verweilzeit von einhundert Jahren beinhaltet auch Phasen, in denen das CO_2 in andere Kohlenstoffverbindungen überführt wird. Mit dieser Verweilzeit wird zum Ausdruck gebracht, daß es etwa einhundert Jahre dauert, bis eine freigesetzte CO_2-Menge auf etwa ein Drittel ihres ursprünglichen Wertes abgesunken sind (sic.).
> 3) Diese Anteile ergeben in der Summe nur 96 Prozent, da die anderen FCKW und stratosphärischer Wasserdampf (....) nicht enthalten sind.

Quelle: Deutscher Bundestag (1988: 363)

auf die Lebensbedingungen des Menschen selbst ausgehen können[5]. Wir müssen uns an dieser Stelle nochmals das Interaktionsfeld in Erinnerung rufen, in welchem sich grundsätzlich jedes mit der Umwelt in Wechselwirkung stehende System befindet (Abbildung 12).

Daraus wird ersichtlich, dass nur der Teil der an die Umwelt abgegebenen Stoffe die Lebensbedingungen des emittierenden Systems beeinträchtigen kann, der nicht in nicht–dissipierende Senken deponiert wird (bzw. aus technischen und/oder finanziellen Gründen nicht dorthin deponiert werden kann) und deshalb auf das emittierende System zurückwirkt. Ob diese Rückwirkungen immer schädlich sind, kann von vornherein nicht gesagt werden. Wir tendieren heute dazu, dies für jeden denkbaren Fall anzunehmen. Vielleicht ist

---

5. So bekam z.B. Italien im Sommer 1989 zum ersten Mal die Wirkungen solcher Umweltbelastung zu spüren. Es ist anzunehmen, dass der "Strandtourismus" in den industrialisierten Anrainerstaaten des Mittelmeers in den kommenden Jahren stark zurückgehen wird.

Abbildung 12: Wechselwirkung zwischen dem System *Mensch–Technik* und der *Umwelt*

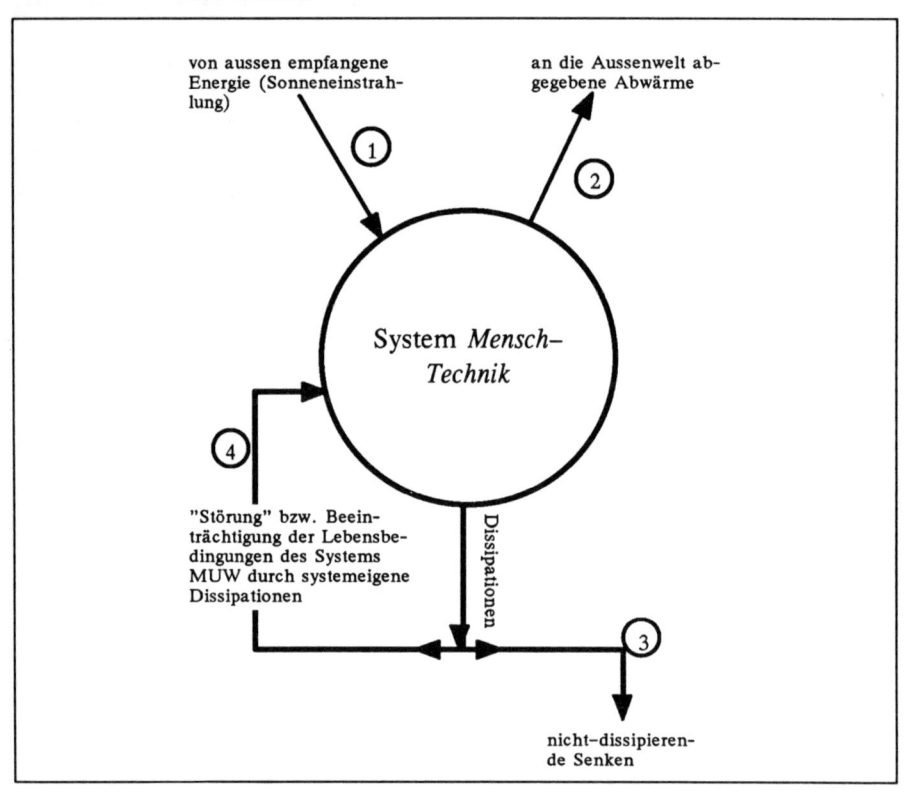

- ① von aussen empfangene Energie (Sonneneinstrahlung)
- ② an die Aussenwelt abgegebene Abwärme
- System *Mensch–Technik*
- ④ "Störung" bzw. Beeinträchtigung der Lebensbedingungen des Systems MUW durch systemeigene Dissipationen
- Dissipationen
- ③ nicht-dissipierende Senken

diese Haltung aus Sicherheitsgründen gar nicht so abwegig. Andererseits entstehen aber häufig Panikreaktionen, die mehr Schaden als Nutzen stiften. Dies hängt einerseits mit der zunehmenden Sensitivität der Öffentlichkeit diesen Dingen gegenüber zusammen (eine Empfindlichkeit, die sich – nebenbei gesagt – nur reiche Gesellschaften leisten können), andererseits aber auch mit den zunehmenden Messgenauigkeiten. So hat man, um nur ein Beispiel zu nennen, vor einigen Jahren in einigen Kindergärten damit begonnen, die Spanplatten herauszureissen, weil mittels gaschromatographischer Methoden eine (molekülweise) Evaporation von Formaldehyd festgestellt werden konnte – bis jemand darauf hinwies, dass die Evaporation von einzelnen Formaldehydmolekülen absolut unschädlich ist. Unsere Messinstrumente erlauben uns heute, Konzentrationen im ppt Bereich (parts per trillion = Teile pro 10^{12} Teile) zu messen. Man kann sich diese Messgenauigkeit an folgendem Beispiel verdeutlichen: Sie entspricht der Fähigkeit, in einem Haus von 1 000 (Tausend !) m³ ein Sandkorn von der Grösse eines mm³ zu ermitteln.

Nun gibt es aber auch Stoffe, deren Schädlichkeit zum Beispiel in Form von Kanzerogenität eindeutig nachgewiesen werden konnte. Asbest ist ein solcher Stoff. *Konetzke et al.* (1984) nennen und analysieren acht Stoff- und Produktionsgruppen sowie zahlreiche Be- und Verarbeitungsverfahren, die nachweislich kanzerogen sind. Beim Umgang mit ihnen wird der Mensch also vorsichtiger sein müssen als bisher.

Die krebserregende Wirkung eines Stoffes ist nur eine Komponente der generellen Schädlichkeit. Man spricht häufig von der Giftigkeit eines Stoffes (Toxizität). Auch hier gilt es, Proportionen zu wahren. Zunächst sollte man mit dem Irrtum aufräumen, dass giftige Stoffe ausschliesslich oder vorwiegend aus der Chemie kommen, während die aus der Natur kommenden Stoffe harmlos oder sogar gesund sind. Jeder, der eine Knollenblätterpilz- oder Fleischvergiftung hatte und sie überlebte, weiss, dass dies nicht stimmt. Sodann sollte man einsehen, dass Plutonium bei weitem nicht der giftigste Stoff ist. Ein Blick auf die Tabelle 6 dürfte die Proportionen etwas zurechtrücken.

Tabelle 6: Toxizität von Giftstoffen

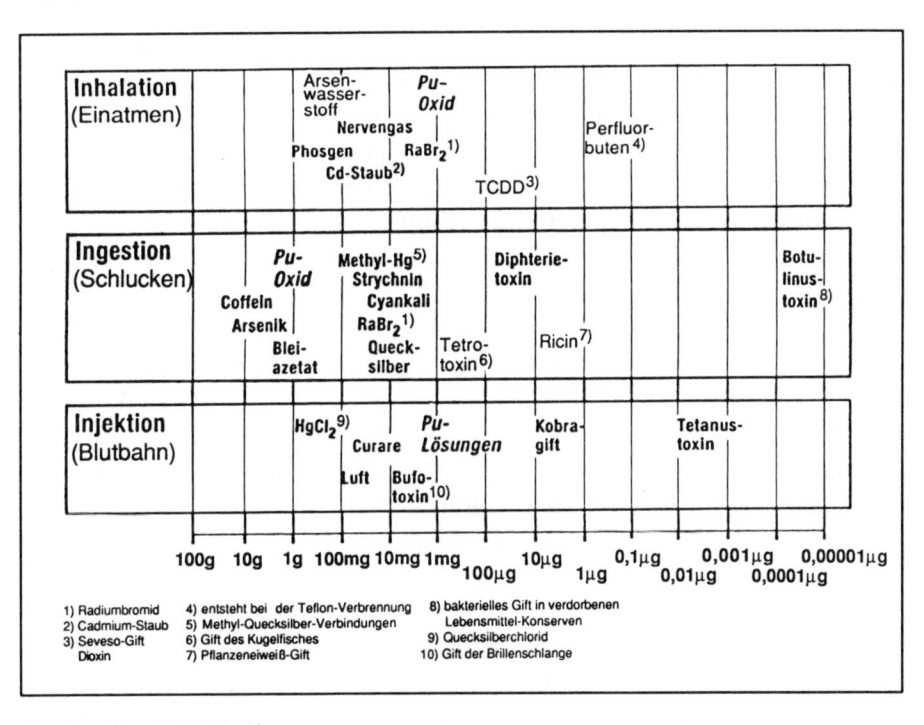

Aufnahmeweg	100g – 10mg	1mg – 10μg	1μg – 0,001μg	0,0001μg – 0,00001μg
Inhalation (Einatmen)	Arsenwasserstoff, Nervengas, Phosgen, Cd-Staub[2]	Pu-Oxid, RaBr$_2$[1], TCDD[3]	Perfluorbuten[4]	
Ingestion (Schlucken)	Pu-Oxid, Coffein, Arsenik, Bleiazetat	Methyl-Hg[5], Strychnin, Cyankali, RaBr$_2$[1], Quecksilber, Tetrotoxin[6]	Diphterietoxin, Ricin[7]	Botulinustoxin[8]
Injektion (Blutbahn)	HgCl$_2$[9], Curare, Luft, Bufotoxin[10]	Pu-Lösungen	Kobragift, Tetanustoxin	

Skala: 100g, 10g, 1g, 100mg, 10mg, 1mg, 100μg, 10μg, 1μg, 0,1μg, 0,01μg, 0,001μg, 0,0001μg, 0,00001μg

1) Radiumbromid
2) Cadmium-Staub
3) Seveso-Gift Dioxin
4) entsteht bei der Teflon-Verbrennung
5) Methyl-Quecksilber-Verbindungen
6) Gift des Kugelfisches
7) Pflanzeneiweiß-Gift
8) bakterielles Gift in verdorbenen Lebensmittel-Konserven
9) Quecksilberchlorid
10) Gift der Brillenschlange

Quelle: *Stoll* (1988: 9)

Um das Bild anzurunden, sei noch erwähnt, dass trotz des immer noch geringen Anteils, den die industriell bedingten Dissipationen an den natürlichen Stoffen ausmachen, die Besonderheit vieler dieser Stoffe eben darin besteht, dass sie für die Biosphäre neu sind. Das gilt selbstverständlich nicht für Gase wie Kohlendioxid, Methan, Stickstoff, Ozon usw., auch nicht für radioaktive Isotope; denn auch diese hat die Natur sehr lange vor uns produziert. Es gilt aber durchaus für die schon erwähnten FCKW oder für das Dioxin, um nur zwei Beispiele zu nennen.

Bevor wir zur Erörterung der immateriellen Wirkungen des "anthropogenen Faktors" übergehen, und die psychologischen, organisatorischen und politischen Aspekte erörtern, wollen wir uns zweierlei vergegenwärtigen:

Erstens: Was der Mensch auch immer tut oder nicht tut, welche Stoffe er in die Ökosphäre "hineinpumpt" oder ihr entzieht, ist der Natur insofern gleichgültig, als sie ja kein Bewusstsein hat. Sie ist weder beleidigt, noch ist sie erfreut, dass es Menschen gibt. Was in Gang gesetzt wird, sind physikalisch-chemische Reaktionen. Der Mensch hat *dann* Grund, sich wissenschaftlich damit auseinanderzusetzen und sich zu überlegen, welche Folgen sich aus diesen Reaktionen für ihn ergeben, *wenn* er zu einigermassen akzeptablen Bedingungen (über)leben möchte. Nur insofern, als er das will, sind seine Sorgen berechtigt und verständlich. Es sind seine Sorgen, nicht die der Natur. Nur: Oft interpretiert der Mensch – aus einer etwas naiven anthropozentrischen Sicht heraus – die von ihm in den verschiedenen Sphären ausgelösten physikalisch-chemischen Reaktionen als ein "Zurückschlagen" der Natur, als eine Rache der Natur am Menschen. Solche Interpretationen sind mit der Vorstellung vergleichbar, die das Kind vom lieben Gott als einem ehrgebietenden alten Herrn mit weissem Bart hat, der auf einem Thron sitzt und das Tun der Menschen mahnend und richtend beobachtet.

Nicht sehr wahrscheinlich aber immerhin denkbar ist, dass der Mensch unwissentlich oder versehentlich Bedingungen schafft, die seiner Existenz auf diesem Planeten ein Ende setzt. Die Natur – die Ökosphäre – hat 3,5 Milliarden Jahre ohne den *Homo sapiens* existiert. Sie dürfte auch in kommenden Jahrmilliarden ohne ihn auskommen denn das Leben auf der Erde ist aus physikalischen Gründen ein transitorisches Phänomen. Auch ist keineswegs sicher, dass der Mensch zu jener Spezies gehören wird, die, wenn denn ihre Zeit gekommen ist, die Bühne der belebten Materie als letzte verletzt.

Der Mensch verfällt immer wieder dem Irrtum, er sei der Mittelpunkt und Ursprung allen Lebens, er sei der Statthalter der Schöpfung oder doch zumindest ihr Bewahrer: Er vermag die Schöpfung also zu bewahren oder auch zu vernichten. Dies ist nichts anderes als eine groteske Überschätzung seiner Fähigkeiten und Möglichkeiten. Theologisch ist es zuweilen auch von einer frevelhaften Anmassung des Menschen die Rede.

Zweitens: Wir sollten uns vergegenwärtigen, dass mit dem Auftreten des Menschen und seiner Institutionen die Kopplungsdichte von Systemen unterschiedlicher Zeitanpassungsraten stark zugenommen hat. Daraus sind "Zeitverschränkungen" entstanden, die der Mensch zwar dauernd erlebt, deren Wirkungsgefüge er jedoch nicht immer erkennt. Die Rede ist hier nicht nur von naturwissenschaftlich erfassbaren beziehungsweise messbaren Phänomenen, sondern auch von der Psyche des Menschen, von seiner körperlichen Beschaffenheit, von seinen politischen und wirtschaftlichen Institutionen und – *last but not least* – von den Randbedingungen seiner Erkenntnisfähigkeit. Diese Zusammenhänge sollen im folgenden Abschnitt angesprochen werden.

5. Mensch – Umwelt – Wissen: ein evolutionsgeschichtlich neues System

Mit dem Menschen tritt, wie wir gesehen haben, ein neues Element auf, das den Evolutionsprozess – die biologische Evolution – qualitativ verändert. Für diese qualitative Veränderung gibt es drei Gründe:

Erstens: Der *Homo sapiens* ist die erste Art, die sich aufgrund ihrer geistigen Fähigkeiten und der damit möglich gewordenen kulturellen Evolution zu einem grossen Teil den in der natürlichen (biologischen) Evolution wirkenden Selektionsprozessen entzogen hat, ohne sich aber vollständig davon lösen zu können (*Arber* 1987). Im Gegenteil: Der Mensch bleibt
> unentrinnbar auf Gedeih und Verderb Glied einer Evolutionsgemeinschaft, und gerade indem er siegreich eingreift und sie verändert, erzeugt er die gewandelten Selektionsbedingungen, mit denen er sich ständig neue, erfolgreiche Konkurrenten, Parasiten und Krankheitserreger züchtet (*Markl* 1986: 15)

Dennoch vermochten die negativen Auswirkungen von Pest, Hungersnöten, Kriegen, Aids usw. die Vermehrung der Spezies *Homo sapiens* bisher offensichtlich nicht zu bremsen.

Zweitens: Durch seine rasante Vermehrung, kombiniert mit einem steigenden Energie- und Materialdurchsatz, vermochte der Mensch in der evolutionsgeschichtlich sehr kurzen Zeit von rund 200 Jahren einen signifikanten Einfluss auf das ihn umgebende Ökosystem auszuüben. Wie aus Tabelle 7 hervorgeht, haben seit dem Neolithikum sowohl die Bevölkerungsdichte als auch der Energieverbrauch pro Kopf um den Faktor von je *100* zugenommen. Daraus folgt, dass sich die Inanspruchnahme von Energie pro km^2 in rund zehntausend Jahren um das Zehntausendfache erhöht hat. Diese Zunahme hat sich jedoch keineswegs gleichmässig über die ganze Periode verteilt; der grösste Teil entfällt auf die letzten 200 Jahre.

Tabelle 7: Energieverbrauch und Bevölkerungsentwicklung

	$\dfrac{Bevölkerung}{km^2}$	$\dfrac{kWh}{Tag * Kopf}$	$\dfrac{kW}{Kopf}$
Sammler und Jäger	2,5	2,5	ca. 0,1
Agrargesellschaft	25	25	ca. 1,0
Industriegesellschaft	250	250	ca. 10

Drittens: Der Mensch ist die erste Spezies, die ihre Eingebundenheit in die Prozesse des Ökosystems bewusst reflektiert und ihre eigenen Lebenschancen im Zusammenhang mit seinem Tun zu ermessen beginnt.

Wir haben gesehen, dass die vom Menschen ausgelösten Stoffströme im Vergleich zu den natürlichen Energie- und Stoffdurchsätzen zwar immer noch gering, jedoch nicht mehr ganz vernachlässigbar sind. Dies trifft insbesondere für den anthropogenen Anteil an der Dissipation von festen und gasförmigen Stoffen in die Atmosphäre zu. Bei festen Stoffen sind es die Aerosole (anthropogener Anteil ca. 35 %); bei den Gasen ist es vor allem das Kohlendioxid, dessen anthropogener Anteil rund 6 Gt/a 80 % des gesamten CO_2-Ausstosses von 7,5 Gt/a beträgt *(Taube* 1985: 114)[6]. Auf lokaler und regionaler Ebene kommen noch weiterer Stoffe (Schwermetalle, Chlorwasserstoffverbindungen usw.) hinzu. Wie wir weiter unten noch sehen werden, können diese Dissipationen besser unter Kontrolle gebracht werden als die des CO_2.

Viel wichtiger als die absoluten beziehungsweise die relativen Grössen sind jedoch die *Zuwachsraten* – die Schnelligkeit, mit der diese Stoffe in die Umwelt gelangen. Dabei ist es unerheblich, ob es sich um "natürliche" oder um neue, vom Menschen geschaffene Stoffe handelt. Wie wir gesehen haben, gibt es in der Erdgeschichte nur wenige Ereignisse, die Veränderungen von vergleichbarer oder noch grösserer Geschwindigkeit bewirkt haben: Zum einen waren es die periodisch auftretenden "Grossereignisse" wie Meteoriten- und Asteroideneinschläge; zum anderen handelt es sich um die bereits erwähnte plötzliche Erwärmung der Atmosphäre um 7^0C innerhalb von 50 Jahren, wobei die Ursachen dieses vor rund 10 700 Jahren eingetretenen Phänomens noch nicht genau bekannt sind. Nach unserem heutigen Kenntnisstand könnte die vom Menschen verursachte Erwärmung der Atmosphäre durch die

---

6. Von den 6 Gt/a entfallen ca. 317 x 10^6 t/a = 5 % auf die Atmung des Menschen.

kombinierte Wirkung aller von ihm in die Atmosphäre emittierten Treibhausgase (siehe Tabelle 5) selbst bei reduziertem Ausstoss durchaus in dieser Grössenordnung liegen.

Gerade weil der Mensch sowohl physikalisch mit seinem Lebensumfeld verstärkt interagiert als auch reflektorisch ein neues Wissen und Bewusstsein entwickelt, das - wie zu hoffen ist - auch sein Verhalten beeinflusst, ist es nunmehr möglich und auch erforderlich, die Besonderheiten des *MUW*-Systems im Kontext der Evolution von Materie, des Lebens und der Denkstrukturen zu sehen. Diese ganzheitliche Betrachtungsweise hat sich in der neueren Evolutions- und Umweltforschung durchgesetzt *(vgl. z.B. Taube 1985; Unsöld 1983; Bresch 1983; Markel 1986; Haber 1989; Eigen 1983; Blaseio 1986; Jantsch 1979).*

Aus einer solch ganzheitlichen Betrachtungsweise heraus, lässt sich die bisherige Entwicklungsgeschicte in ganz bestimmte qualitativ unterschiedliche, in ihrer Abfolge jedoch zusammenhängende Phasen einteilen. Dabei darf nicht übersehen werden, dass Phaseneinteilungen stets Ausdruck von ganz bestimmten Konzepten sind. So besteht eine Möglichkeit darin, die bisherigen Evolutionsprozesse in vier qualitativ unterschiedliche Phasen einzuteilen:

- präbiotisch-chemische Phase
- biologisch-genetische Phase
- kulturell-technische Phase
- selbstreferentiell-geistige Phase (Noosphäre).

Wir wollen die evolutionsgeschichtliche Ortsbestimmung des *MUW*-Systems anhand der Darstellung in Abbildung 13 vornehmen:

Im Gegensatz zu den drei vor uns liegenden Jahrhunderten haben wir aus Gründen einer besseren Darstellung die vergangenen Jahrhunderte, Jahrmillionen und Jahrmilliarden im logarithmischen Massstab abgebildet.

Nun ist hier nicht der Ort, die Einzelheiten der präbiotisch-chemischen sowie der biologischen Evolution darzulegen. Dies ist von kompetenteren Fachleuten geschehen, wobei in diesem Zusammenhang u.a. auf die Arbeiten von *Eigen* (1971; 1982), *Eigen/Winkler* (1975), *Haken* (1982) sowie *Blumenfeld* (1981) und *Riedl* (1976) hinzuweisen ist. Eine der ersten naturwissenschaftlichen Analysen des Phänomens der Entstehung von Leben hat bekanntlich A. *Oparin* (1938) vorgenommen. Heute wissen wir ziemlich genau, wie komplexe Systeme im Laufe der Evolution entstanden sind, wie natürliche Selektion und Selbstreproduktion zusammenhängen, wie Selbstreproduktion und Informationsübertragung in Genen funktionieren und von welchen strukturbestimmenden Merkmalen lebender Systeme generell auszugehen ist. (Energieaustausch mit den umliegenden Systemen, Stoffwechsel, Ordnungsaufbau, Selbstkom-

Abbildung 13: Phasen der Evolutionsgeschichte

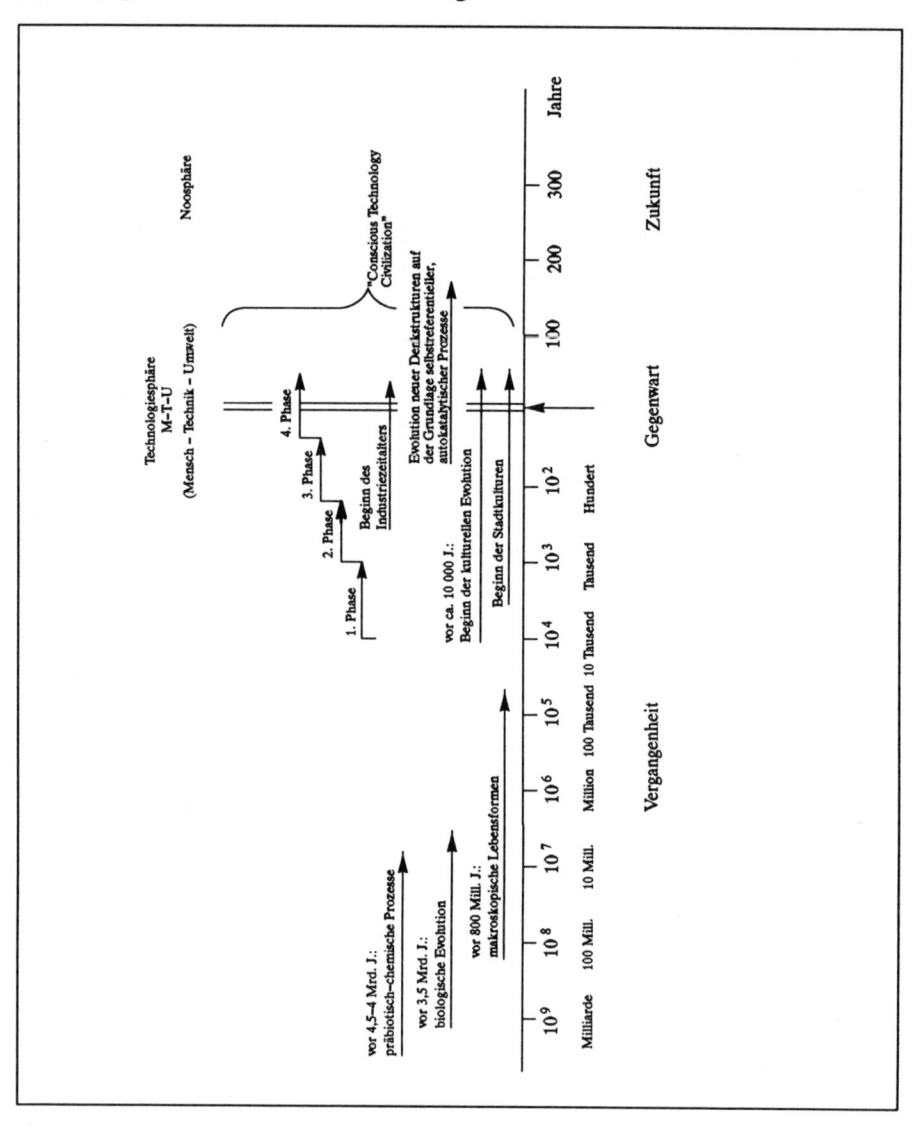

pensation von Störungen, Autokatalyse, Selbsttransformation, Selbstreplikation sowie schliesslich "Bewährung" als Resultat von Mutation und Selektion).

Von besonderem Interesse sind die Vorgänge, welche in der Evolution das Verhältnis von Chaos und Ordnung bestimmen (*Schuster* 1984). Dabei wird zweierlei deutlich: erstens die schier unendlich grosse Zahl möglicher Zustandsweisen, die belebte Materie annehmen kann, sowie zweitens die generelle Gültigkeit des Evolutionsparadigmas auch für makroskopische Phänomene auf der Ebene der Evolution sozialer und ökonomischer Systeme. Sowohl in der biologischen als auch in der kulturellen Evolution sind bestimmte Grundmuster zu erkennen. Dies ist an sich nicht überraschend, wenn man bedenkt, dass die kulturelle Evolution unmittelbar aus der biologischen hervorgegangen ist. Das Neue am alten Muster ist der Eingriff des selbstreferentiellen Systems – des Gehirns – in feste biologische Strukturen (z.B. Gene) und in feste physikalische Strukturen (z.B. Atomkerne). Hier rekurriert die Evolution auf ihre eigenen Grundmuster. *Arber* (1987: 13) weist auf Berechnungen hin, aus welchen hervorgeht, dass

> [...] bei systematischem Zusammenstellen von DNA-Sequenzen aus 100 Bauelementen – was etwa der mittleren Grösse eines Gens entspricht – sich die unvorstellbar grosse Zahl von 10^{600} verschiedenartigen Varianten ergäbe... Seit dem Beginn des Lebens auf unserem Planeten vor gut 3 Milliarden Jahren kann die Natur selber aus Gründen beschränkter Kapazität keinesfalls mehr als 10^{50} dieser Sequenzen schon auf funktionelle Nützlichkeit hin erprobt haben.

Das Potential der Natur für die Entwicklung neuer Lebensformen ist also praktisch unendlich gross. Wegen dieser komplexen Fülle möglicher alternativer Materialzustände bedarf es der Selektionsmechanismen.

> Sie allein können die äusserst seltenen lebensfähigen Varianten auswählen und vor dem Aussterben bewahren (*Eigen/Winkler* 1975: 77).

Was die Allgemeingültigkeit und dann auch Anwendbarkeit evolutionstheoretischer Konzepte für das Verständnis und die Analyse des Strukturwandels gesellschaftlicher Systeme sowie die Evolution neuer Denkstrukturen betrifft, so sind gerade während der letzten fünf bis zehn Jahre zahlreiche Arbeiten erschienen, die diese Allgemeingültigkeit zu bestätigen scheinen. In der Ökonomie sind es besonders die Arbeiten von *Boulding* (1978a) und *Hayek* (1977)[7]. Wie wir weiter unten zeigen werden, finden diese Ansätze heute im deutschen Sprachgebiet ihre Fortführung in der evolutorischen Ökonomik (*Witt* 1987).

Evolutionsgeschichtlich betrachtet, löste sich der Mensch im späten Pleistozän aus der direkten Einbindung in die natürlichen Ökosysteme.

> Ganz am Anfang, als die *genetische* Evolution des Menschen in Ostafrika ihren Anlauf nahm, war der Mensch möglicherweise noch ein harmonischer Bestandteil der natürlichen Ökosysteme. Im späten Pleistozän, als mit wachsenden geistigen Fähigkeiten die *kulturelle* Evolution begann, war es damit aus und vorbei. Seitdem beutet der Mensch die natürlichen Ökosysteme aus. Im günstigsten Fall formt er ... die natürlichen Ökosysteme in mittelfristig stabile anthropogene Ökosysteme um ... (*Mohr* 1983: 77).

Aus historischer Perspektive lassen sich die Beziehungen des Menschen zur Umwelt seit dem Pleistozän bis heute in vier Phasen einteilen (vgl. Abbildung 13, S. 52).

---

7. Einen sehr instrktiven Überblick über das Gesamtschaffen von Friedrich August von Hayek gibt *Leube* (1989).

Erste Phase: Gebrauch der Umwelt auf einem Niveau, das eine Regeneration der natürlichen Lebensgrundlagen ermöglicht (geringe Bevölkerungsdichte, geringer Energie- und Materialdurchsatz). Dieser Zustand existierte näherungsweise von den Jäger- und Sammlergesellschaften bis zur vorindustriellen Epoche.

Zweite Phase: Verbrauch der Umwelt bei höherer Bevölkerungsdichte und bei höherem Energie- und Materialdurchsatz: Eine "natürliche" Regeneration des Ökosystems (Atmosphäre, Lithosphäre, Hydrosphäre, Biosphäre) findet nicht mehr statt. Die Umwelt wird zu einem knappen Gut; das Umweltproblem spitzt sich zu (jetziger Zustand).

Dritte Phase: Übergang zu Wirtschaftsformen, die eine "Partnerschaft" mit der Umwelt konstituieren. Gestörte Rückkopplungen werden teilweise wiederhergestellt. Senken werden eingerichtet, Stoffströme geschlossen. Diese Phase kann auf ökonomischer Ebene mit den Bemühungen um die Realisierung des *qualitativen Wachstums* in Verbindung gebracht werden.

Vierte Phase: Schaffung eigener Sekundärsysteme durch den Menschen (erste Ansätze). Diese Sekundärsysteme werden in Zukunft vor allem im exterrestrischen – vorerst erdnahen – Raum positioniert sein. Voraussetzung dafür ist, dass genügend Energie zur Verfügung steht.

Wir befinden uns gegenwärtig im Übergang von der dritten zur vierten Phase. In der dritten Phase geht es darum, aufgebrochene Kreisläufe dort wieder zu schliessen, wo ihr "Aufbrechen" *für den Menschen* nachteilige Folgen hat. Nicht jedes Aufbrechen von Kreisläufen ist für den Menschen nachteilig. Denken wir nur an die Bekämpfung von Malaria, Bilharziose usw., wo es gerade darum geht, den für den Menschen gefährlichen Entwicklungskreislauf des Malariaparasiten durch die Ausrottung des Überträgers (Anophelesmücke) zu durchbrechen. Gleiches gilt für die vielen Wurmkrankheiten, die nur durch Ausschaltung der Zwischenwirte – und damit durch das *Aufbrechen* eines Kreislaufs – bekämpft werden können. Es gibt heute unter der Bezeichnung "vector control" eine Vielzahl von technisch-biologischen Verfahren, die sich mit dem kontrollierten "Knacken" solcher für den Menschen und für Nutztiere schädlichen Kreisläufe befassen. So betrachtet bedeutet auch die Einrichtung einer Kanalisation das Aufbrechen eines Kreislaufs. Es ist deshalb falsch zu glauben, der Mensch müsse alle Kreisläufe, die durch seine zivilisatorische Tätigkeit aufgebrochen worden sind, wieder schliessen, und am besten sei dies durch Verzicht auf die Anwendung von Technik und Industrie zu leisten. Vielmehr muss er seine wirtschaftliche Tätigkeit an die Gegebenheiten der Natur nur so weit anpassen, dass die *für ihn* wichtigen Umweltbedingungen beherrschbar bleiben. Dies kann unter Umständen auch eine gewisse Zurückhaltung und Vorsicht implizieren; doch weder das eine noch das andere, d.h.

weder die "harte" noch die "weiche" Strategie kann Selbstzweck sein, und in keinem Fall kann dies durch Verzicht auf Technik geschehen.

Wenn überhaupt, so kann *nur* die Technik der steigenden Umweltverschmutzung Einhalt gebieten. Technik ist hier im weitesten Sinne zu verstehen; sie mag durchaus (vom Menschen gesteuerte) biologische und ökologische Kontrollverfahren einschliessen (*Eigen/Winkler* 1975: 279).

Stoffströme können mittels Einrichtung nicht-dissipierender Senken geschlossen werden. Demgegenüber impliziert die Verdünnung von Schadstoffen auf ein "vertretbares" Mass in der Regel die Möglichkeit einer langsam voranschreitenden Akkumulation in bestimmten Bereichen der Umwelt, z.B. in der Atmosphäre (Treibhausgase) oder in der Hydro- beziehungsweise Lithosphäre, und damit das Risiko eines unvorhergesehenen Phasenübergangs einzelner Systemteile in Zustandsweisen, die sich wegen der Schnelligkeit ihres Eintretens – man spricht anschaulich vom "Umkippen" – als unvereinbar mit den Existenzgrundlagen des Menschen erweisen können.[8]

Diese Phasenübergänge erscheinen vor dem Hintergrund vorangehender Phasen relativer Stetigkeit als singuläres Ereignis – als eine Sprungfunktion, die einen auf das System einwirkenden Impuls beschreibt. Jedes Impulsphänomen bewirkt Ausdifferenzierungen zwischen den Systemelementen. Verbunden damit sind Zeitverschränkungen, in die der Mensch als ein auf diese Vorgänge bewusst rekurrierendes Teilsystem sowohl physisch (d.h. somatisch) als auch psychologisch einbezogen ist. Seine Erkenntnisfähigkeit wird durch das Ausmass und die Schnelligkeit dieser Phasenübergänge bestimmt: Je schneller der Übergang von einem Niveau auf ein anderes erfolgt und je grösser der realisierte Niveauunterschied ist, um so grösser ist der Bedarf an Orientierungswissen und um so schwieriger wird es dieses zu erlangen. Der Mensch beeinflusst also seine eigene Erkenntnisfähigkeit durch die Veränderungsraten der für diese Erkenntnisfähigkeit entscheidenden Parameter.[9]

---

8. *Stoll* (1988) weist auf eine solche Möglichkeit hin: Wenn infolge erhöhter Ozonkonzentration die Getreideproduktion zurückgeht, sagen wir um 20 %, und sich die Aflatoxinkonzentration der 200 *ppm*-Grenze nähert, dann hätten wir es eindeutig mit einer Sprungfunktion zu tun: Der Genuss des Getreides wäre für den Menschen dann tödlich. (persönliche Mitteilung)

9. Dazu gehört auch die bemannte und unbemannte Raumfahrt. Ein Teil der belebten Materie dieses Planeten löst sich sozusagen von dessen "Substrat" ab und erkundet in Form von Sonden andere Planeten des Sonnensystems sowie zum ersten Mal (Voyager- Mission) auch Teile des Universums ausserhalb unseres Sonnensystems. Darin manifestiert sich eine wichtige reale Rückkopplung der Technosphäre auf das Bewusstsein des *MUW*-Systems.

Damit haben wir drei wichtige Qualitäten des *MUW*-Systems benannt, die für dessen evolutionsgeschichtliche Besonderheit konstitutiv sind:
- das Auftreten von Phasenübergängen und Impulsen,
- die dadurch bewirkten Zeitverschränkungen; (Hermann Lübbe spricht in diesem Zusammenhang von der Gleichzeitigkeit von Ungleichzeitigem.)
- die Entwicklung neuer Denkstrukturen als Ergebnis selbstreferentieller Bewusstseinsvorgänge.

Diese drei Qualitäten des *MUW*-Systems sollen im folgenden, möglichst anhand von konkreten Beispielen, in groben Zügen verdeutlicht werden.

Das *Impulsphänomen* entsteht in partiell gekoppelten Systemen aus positiven Rückkopplungen. Unkontrolliertes Zellwachstum beispielsweise kann in Form von Krebs die umliegenden Systeme zerstören und schliesslich zu einem Phasenübergang führen, der durch die Vernichtung des "Substrats", das diesem Prozess als Grundlage diente, ausgelöst wird. Der Tod des Krebskranken führt auch zum Tod der Krebszellen. Man vergleicht das Bevölkerungswachstum häufig mit dem Wuchern einer Krebszelle. Dieser Vergleich "hinkt" insofern, als die "Agenten" der krebsartigen Zellwucherung und ihrer Bremsung (Enzyme, Antikörper, Zytostatika usw.) im Gegensatz zum Menschen kein Bewusstsein bezüglich der Ursachen und Folgen des Wachstums haben. Im Fall des Bevölkerungswachstums ist der Mensch Handelnder wie auch Betroffener, also Subjekt und Objekt zugleich.

Die Impulsqualität eines Prozesses ist eine Funktion der relativen Veränderungsgeschwindigkeit von Systemen unterschiedlicher Zeitkonstanten (vgl. Abbildung 9, S. 40). Da das Bevölkerungswachstum wie auch die pro Flächeneinheit vom Menschen beanspruchte Leistung (in Watt) vor allem mit ökologischen Prozessen rückgekoppelt ist, sind die Veränderungen auf einer Zeitskala von 1000 Jahren (also Jahrtausenden) abzutragen.

Für das im nächsten Kapitel noch zu besprechende Bevölkerungswachstum sowie für die Zunahme der pro km^2 in Anspruch genommenen (Fremd-)Leistung wird dann der Impulscharakter dieser beiden wichtigen Prozesse deutlich sichtbar (Abbildungen 14 und 15).

Keiner dieser Impulse – und dies ist eine ganz wichtige Feststellung – kann "ewig" andauern. Wie kurz (*kurz* im Verhältnis zum Zeitbedarf ökologischer Anpassungen) solche Wachstumsprozesse aus logischen Gründen sein müssen, soll anhand von drei Gedankenexperimenten verdeutlicht werden:

1. Würde die heutige Bevölkerung von $5,2 \times 10^9$ Menschen zehntausend Jahre mit 2 % pro Jahr zunehmen – zehntausend Jahre sind evolutionsgeschichtlich eine sehr kurze Zeit –, dann würde sie am Ende dieser Periode theore-

Abbildung 14: Weltbevölkerung (in Milliarden)

Abbildung 15: Leistungsinanspruchnahme in kW/km^2

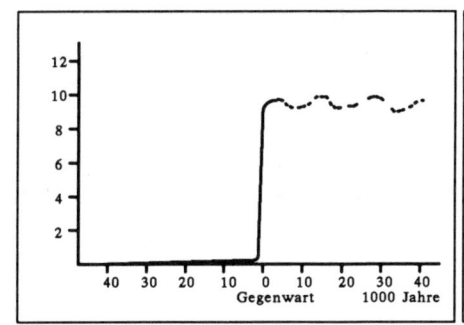

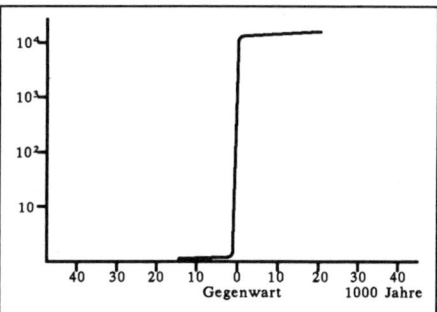

tisch $3{,}76 \times 10^{96}$ Individuen betragen. Das ist mehr, als es Kernteilchen im ganzen Universum gibt (10^{80}) (*Markl* 1986).

2. Auch aus einer einzigen Zelle können in nur 300 Teilungsschritten mehr Zellen entstehen, als es Kernteilchen im ganzen Universum gibt (*Markl* 1986).

3. Würde man die Masse nach der Einstein'schen Formel $E = mc^2$ in Energie umwandeln, dann wäre bei einer Wachstumsrate des Energieverbrauchs von 7 % pro Jahr die gesamte Erdmasse in 688 Jahren aufgebraucht. Die Rechnung findet sich in Anhang 2d.

An diesen drei Beispielen – man könnte noch weitere hinzufügen – ist deutlich zu erkennen, dass es in all jenen Fällen, die *physikalische* Prozesse betreffen, keine Wachstumsprozesse geben *kann*, die über auch nur Hunderte von Jahren andauern. Das heisst nicht – und dieser Irrtum unterläuft bei den Diskussionen über "Grenzen des Wachstums" immer wieder –, dass es zum Beispiel keine obere Grenze des *nominellen*, also in Geldeinheiten ausgedrückten Sozialprodukts gäbe. Sofern sich aber die Werte auf *immaterielle* Prozesse beziehen, gibt es für diese Werte grundsätzlich keine obere Grenze. Das folgende Gedankenexperiment verdeutlicht diesen Zusammenhang:

Nehmen wir an, die Weltbevölkerung bestünde nur aus Anwälten, die nichts anderes zu tun hätten, als sich gegenseitig mit Klagen, Prozessen, Gutachten usw. zu beschäftigen, während alles, was materiell zu ihrem Lebensunterhalt erforderlich ist – Nahrung, Kleidung, Wohnungen, Büros usw. – zu konstanten Mengen automatisch produziert und den Anwälten von, sagen wir, Homunkuli angedient würde. Nehmen wir ferner an, die rund 5 Milliarden Anwälte – welch eine Vision! – würden 10 Stunden am Tag arbeiten, und das 200 Tage im Jahr, also 2000 Stunden pro Jahr. Da die Arbeitsstunde eines

Anwalts teuer ist – rechnen wir mit 100 Franken pro Stunde – würde dies pro Anwalt eine Umsatzsumme von 200000 Franken im Jahr ergeben – für schweizerische Verhältnisse eher ein bescheidenes Anwaltseinkommen und sicherlich weit unterhalb dessen, was ein renommierter Anwalt in den USA verdient. Aber wir wollen ja nur ein kleines Rechenexperiment durchführen. Hochgerechnet auf die angenommenen fünf Milliarden Anwälte unserer hypothetischen Weltbevölkerung, würde sich daraus ein Welteinkommen von 10^{15} Dollar ergeben, was dem 83fachen Wert des heutigen Welteinkommens (10×10^{12}) entspricht – und die Umwelt wäre davon *physikalisch* gar nicht betroffen. Mit anderen Worten: Man kann den *nominellen Wertausdruck* für Dienstleistungen beliebig und im Prinzip ohne Grenzen nach oben anwachsen lassen. Die Wachstumsbeschränkungen gelten nur für physikalische Prozesse.

Dieses Gedankenspiel verliert natürlich sofort seine Gültigkeit, wenn man annimmt, dass die so gut verdienenden und über mehr und mehr Geld verfügenden Anwälte mit ihrer Kaufkraft nicht nur Dienstleistungen, sondern auch mehr *Güter* in Anspruch nehmen möchten. Dann gibt es sofort wieder die Rückkopplung in den physikalischen Bereich der Massen- und Energieströme.

Unsere Gedankenexperimente lehren uns zweierlei: Erstens kann kein Impulsphänomen ewig andauern, und Expansionsprozesse, insbesondere solche exponentieller Art, können (an evolutionsgeschichtlichen Massstäben gemessen) nicht von Dauer sein. Zweitens geht aus unseren Beispielen hervor, dass diese Begrenzung nur im physikalischen, nicht aber im immateriellen Bereich gilt. Deshalb ist es wichtig, die materiellen Ströme (Stoffströme) und ihre Veränderungsraten im Auge zu behalten. Insbesondere gilt dies für Stoffdissipationen, die wie die Emission von CO_2 nach heutigem Stand der Technik nicht rückgängig gemacht werden können. Dem CO_2-Problem liegt eine *Zeitverschränkung* ganz besonderer Art zugrunde. Wie *Weissert* (1989) ausdrücklich darlegt, wird Kohlendioxid durch Verbrennung fossiler Brennstoffe aus dem sedimentären Kohlenreservoir in das atmosphärische Reservoir verschoben (rund 6 Gt Kohlenstoff pro Jahr). Eine Ablagerung, die vor rund 100 Millionen Jahren über zehn Millionen Jahre lang stattfand, wird nunmehr in zwei bis drei Jahrhunderten abgebaut.

> Ein grosser Teil unserer fossilen Brennstoffe wurde in diesem als mittlere Kreide bekannten Abschnitt der Erdgeschichte gebildet. Die für uns so weit entfernte Zeit ist unserer Kultur also sehr nahe gerückt, dient sie doch als eine wichtige Grundlage der modernen Zivilisation *(Weissert* 1989: 8).

Die durch die rasante Entwicklung von Technik und Wirtschaft Zeitverschränkungen – die Gleichzeitigkeit von Ungleichzeitigem – beruhen also ihrerseits auf einer evolutionsgeschichtlich bedingten Diskrepanz zwischen der Zeitperiode, die für die Ablagerung von organischem Material in den Sedimenten nötig war, und jener Zeitperiode, in der wir heute den darin gebundenen Kohlenstoff über die Verbrennung fossiler Brennstoffe freisetzen und aus der Lithosphäre in die Atmosphäre befördern.

Der "Impulscharakter" eines Ereignisses ergibt sich im wesentlichen daraus, dass entweder ein autokatalytisch erzeugter oder von aussen her verursachter Prozess im Verhältnis zur Anpassungsfähigkeit der umliegenden Systeme zu schnell abläuft. Die Struktur sowie der Prozesscharakter eines jeden Systems wird durch das Verhältnis der langsamen zu den schnellen Variablen bestimmt. Die langsamen Variablen sind die Parameter des Systems. Die Veränderungsfähigkeit biologischer Systeme wird auf der makroskopischen Ebene der Spezies durch die sich nur langsam verändernde Genstruktur bestimmt. Der Zeitbedarf von genetischen Anpassungen liegt beim Menschen im Bereich von 30 – 110 x 10^3 Jahren (*Nei/Roychondhury* 1982). Demgegenüber ist die Anpassungsfähigkeit des Individuums in erster Linie durch Verhaltensänderungen möglich. Werden Aussensignale richtig gedeutet – eine Frage der Intelligenz des Individuums – und werden diese Signale sodann durch Verinnerlichung in handlungsrelevante Einsichten umgesetzt, kann das Individuum in Grenzen überleben. Die ihm gesetzten Grenzen liegen in der sich nur langsam verändernden und vom Individuum nicht beeinflussbaren Struktur seiner Gene.

In der Evolutionsgeschichte können wir heute zahlreiche Vorgänge erkennen, bei denen zum Beispiel durch ein exogenes Ereignis die Lebensbedingungen für eine Spezies so drastisch verändert worden sind, dass weder eine Änderung des Verhaltens noch eine Änderung der Genstruktur der betreffenden Spezies schnell genug erfolgen konnte, um das Aussterben einer bestimmten Art zu verhindern (vgl. Abbildung 2, S. 19).

So betrachtet überrascht es gar nicht, dass im Lauf der Evolution sehr viele Arten ausgestorben sind – teils als Ergebnis von äusseren Ereignissen (beispielsweise infolge der bereits erwähnten Meteoriteneinschläge (*Hsü* 1986)), teils als Folge komplexer Zeitverschränkungen im Prozess der Evolution selbst. An ihnen hat, wie schon verschiedentlich betont, der Mensch keinen Anteil. So sind, um nur ein Beispiel zu nennen, in den letzten 7 Millionen Jahren von den insgesamt 27 Elefantenarten 25 ausgestorben. Die heute noch bestehenden zwei Arten, der afrikanische und der indische Elefant, sind evolutionsgeschichtlich betrachtet ein "Restbestand", den zu erhalten der Mensch sich heute bemüht.

Das alles sind direkte und indirekte Folgen von Zeitverschränkungen. Sie treten in verkoppelten Systemen auf. Systeme, die völlig unabhängig voneinander existieren, können sich *ex definitione* auch mit völlig unterschiedlichen Geschwindigkeiten entwickeln.

Der Mensch hat nun das Phänomen der Zeitverschränkungen selbst gefördert und verstärkt.

> Die anthropogene Beeinflussung der Biosphäre läuft mit Zeitkonstanten ab, die sehr viel kürzer sind als jene, die biochemische Homeostasie ermöglichen könnten (*Keppler* 1988: 266).

Damit ist der Mensch im Evolutionsprozess Vorauseilender und Nachhinkender zugleich. Er repliziert in Analogie zur Struktur des Evolutionsprozesses den dualen Charakter dieser Entwicklung: Die Gleichzeitigkeit von Ungleichzeitigem ist einerseits Antrieb der Evolution, indem sie schneller zu den entscheidenden Verzweigungen führt, andererseits erlaubt sie aber auch die Bildung von ökologischen Nischen; in welchen der Mensch in späteren Phasen seiner Evolution, insbesondere in der kulturellen Phase, seine anthropogenen Ökosysteme aufbauen kann.

Die Frage ist nun, wie der Mensch in dieser Doppelfunktion als Handelnder und als Betroffener darauf reagiert und wie er sich unter dem Eindruck somatisch und psychologisch fühlbarer Auswirkungen den inneren und äusseren Bedingungen seiner Existenz anpasst. Untrennbar verknüpft damit ist die Frage, wie die daraus resultierenden *Denkstrukturen* seine Erkenntnisfähigkeit und sein Reflexionsvermögen auf die von ihm so erkannte Situation beeinflusst.

Zunächst einige Beispiele aus dem Bereich der somatischen Anpassungsdefizite, worin sich die Gleichzeitigkeit von Ungleichzeitigkeitigem manifestiert: Das im Erbgut verankerte Programm sieht zum Beispiel nach wie vor 32 Zähne vor. Sie fanden im Ober- und Unterkiefer so lange bequem Platz, bis im Lauf der letzten zehn- bis zwanzigtausend Jahre (infolge der kombinierten Wirkung von Domestizierung von Pflanze und Tier und der Möglichkeit, die reichlicher zur Verfügung stehende Nahrung auch gar kochen zu können) der Kauapparat immer weniger belastet worden ist, so dass schliesslich eine gewisse Rückbildung der Kieferknochen erfolgte. Neuerdings drängt sich in den zunehmend atrophierten Kiefern unserer Kinder die gleiche Zahl von Zähnen, was den Zahnärzten, die mit den damit notwendig werdenden Korrekturen beschäftigt sind, ein gutes Einkommen einbringt.

In unseren Genen sind noch weitere Programme aus früheren Evolutionsphasen "verdrahtet". Eines dieser Programme bewirkt im Erregungszustand eine Adrenalinausschüttung, die die Öffnung der Pupillen zur Folge hat, damit man den Feind im Dunkeln besser sieht und damit eine bessere Reaktionsfähigkeit hat. Ein anderes Programm bewirkt, dass wir bei Kälte eine "Gänsehaut" bekommen: Diese Reaktion sorgte früher für die Aufstellung des Fells zwecks Temperaturregulierung; das Fell aber haben wir schon lange verloren.

Die Gleichzeitigkeit von Ungleichzeitigem manifestiert sich also sowohl auf der physiologischen Ebene, bedingt durch die vergleichsweise hohe Stabilität der in den Genen verankerten Programme, als auch in den psychologischen, politischen, institutionellen und kulturellen Bereichen. Das schliesst auch den jeweiligen Wissensstand über diese Zusammenhänge ein.

> Wir verfügen also erst seit kurzer Zeit über die Erkenntniselemente, die uns die Folgen unseres technisch-industriell-zivilisatorischen Handelns und unserer Einstellung zur Umwelt klarmachen. Dies bedeutet, daß Ökologie und Ethologie gegenüber Ökonomie, Politik-, Rechts- und Verwaltungswissenschaft in einem erheblichen Rückstand sind und Mühe haben, deren Vorsprung aufzuholen und deren Traditionen und Institutionen zu durchdringen (*Haber* 1989: 20).

In die körperliche Befindlichkeit der Menschen greift eine andere Erscheinung ein, die die Folge solcher Zeitverschränkungen ist: Sie betrifft die seit 200 Jahren in Australien lebenden Weissen. Bei ihnen ist ein überdurchschnittlich hohes Vorkommen an Hautkrebs festzustellen, weil ihre Haut – im Gegensatz zu derjenigen der *Aborigines* – noch nicht darauf eingestellt ist, hohe *UV*-Strahlungen aufzunehmen. Diejenigen Sequenzen, die im Gen die Pigmentbildung steuern, verändern sich mit einer Geschwindigkeit von rund 22 Tausend Jahren. Es bedarf also rund 5,5 Tausend Generationen, bis die Weissen in Australien etwas dunkler geworden sind und den *UV*-Teil der Sonneneinstrahlung besser vertragen.

Ein weiteres Beispiel sind die Allergien, deren vermutliche Zunahme auf zwei Ursachen zurückzuführen ist: verstärkter Hautkontakt mit Kosmetika aber auch verstärkte Einnahme von Medikamenten. Andererseits sind Hautausschläge und sonstige Hautinfektionen wegen der besseren Hygiene zurückgegangen. Und schliesslich hat unsere Kenntnis über Allergien zugenommen und damit auch die Fähigkeit, Allergien als solche zu diagnostizieren. Sodann pflegen die Menschen heute den Arzt häufiger aufzusuchen wobei dies aus Präventivgründen oft auch erwünscht ist. Nicht selten handelt es sich dabei um eine übertriebene Sensitivierung allen möglichen Beschwerden gegenüber. Es ist also schwierig zu entscheiden, ob und wann ein Arztbesuch angebracht ist. Ebenso schwierig zu beantworten ist die Frage, ob die Allergien tatsächlich zugenommen haben.

Wir könnten mit solchen Beispielen fortfahren. Immer zeigt sich, dass biologische Systeme ganz anders reagieren als die technische, den Menschen umgebende Systeme, dass wir auch psychologisch Schwierigkeiten haben, diese Dualität zu ertragen. Wenn die Ariane-Rakete in Kourou in Französisch-Guayana gestartet wird und in unmittelbarer Nähe im Amazonasgebiet noch Stämme in steinzeitähnlichen Verhältnissen leben, wird die ganze Spanne deutlich, in die wir uns technisch hineingebracht haben. Auch haben wir heute auf der einen Seite eine weltweite Telekommunikation und auf der anderen immer noch geschlossene Gesellschaftssysteme, deren Exponenten sich bemühen, die Verbreitung von Nachrichten mit allen Mitteln zu verhindern. Und schliesslich haben wir erst vor kurzer Zeit eine vom Vatikan bewilligte und veranstaltete Messe zum Zwecke der Teufelsaustreibungen erlebt: diese Messe wurde mit Satellitenfernsehen übertragen...

Psychologisch wie auch physisch bildet der Mensch als Reaktion auf diese Erfahrung einer zu schnellen Veränderungsrate der gesamten Lebensbedingungen sozusagen "Schutzhüllen", um sich psychisch durch den Aufbau und die Bewahrung eines adäquaten Umfeldes und physisch durch die Schaffung von Sekundärsystemen zu schützen. Im sozialen Bereich entstehen oft Gruppen, deren Mitglieder das gleiche Weltverständnis oder die gleichen beziehungsweise ähnliche Präferenzen haben – angefangen bei den Vereinen, Hobbygruppen usw. bis hin zu weltanschaulichen Gruppenverständnissen. In solchen Gruppen entsteht ein durch konkludentes Verhalten und Verstehen angeregter Suchprozess, als dessen "Endprodukt" eine vermeintlich reale, den Mitgliedern dieser Gruppen über alle Zweifel erhabene, *erlebte* Wahrheit steht. Diese Gruppen bauen unter ihren Mitgliedern eine ausserordentlich intensive Kommunikation auf, sind jedoch gegenüber anderen Gruppen, in welchen ähnliches geschieht, überhaupt nicht kommunikationsfähig. Es existiert also eine Art von Komplementarität: Der gruppenendogenen Kommunikationsverdichtung steht eine nahezu völlige Inkommunikabilität zwischen den Gruppen gegenüber.

Eine Kombination sowohl infrastrukturell gestützter als auch mentaler Ausdifferenzierung bilden die Klöster. Das Reizvolle an dem Roman "Der Name der Rose" (*Eco* 1982) ist, dass er die differenzierte Dynamik des Faktors *Mensch* beschreibt, der sich in einem solchen System, angeregt durch einen Aussenimpuls, bis hin zur Selbstvernichtung eben dieses Systems entfaltet. *Platt* (1979) hat in seiner Klassifikation der Evolutionsphasen (Tabelle 24, S. 168) die Funktion dieser partiellen Abkapselungen in den evolutionshistorischen Kontext gebracht:

- Zellen (Zellwände)
- Gehäuse (Haut, Rinde)
- Bekleidung
- Siedlungen
- Städte – Staatsgrenzen
- Raumstationen.

Wichtig daran ist, dass diese Abkapselungen – von wenigen Ausnahmen abgesehen – nicht hermetisch sind, sondern in einem der Erhaltung der Funktionsfähigkeit des jeweiligen Systems dienenden Austausch mit der Aussenwelt stehen. Allerdings ist dieser Austausch mehr oder weniger streng kontrolliert. In einer Phase der beinahe totalen informationellen Transparenz – Globalisierung, beispielsweise der *Dallas*-Imagination – wird die selektive Durchlässigkeit solcher Membranen, Häute, Grenzen usw. disfunktional, weil sie sich den neuen Verhältnissen nicht anzupassen vermag. Das gilt zum Beispiel für die Mauer in Berlin ebenso wie für die Grenzbefestigungen an der Westgrenze der *DDR*, die dann disfunktional werden, wenn ein längst überholtes und durch die politischen wie auch technisch-wirtschaftlichen Realitäten obsolet gewordenes Machtsystem in seiner bisherigen Form aufrechterhalten werden soll, jedoch nicht mehr aufrechterhalten werden kann – weil die durch Privilegien geblendeten Ausbeuter nicht in der Lage waren, die Zeichen der Zeit richtig zu deuten, kognitiv zu verarbeiten und rechtzeitig in Reformen umzusetzen.

Durch disfunktional gewordene Membranen, Grenzen usw. dringen also Ausseneinflüsse in das jeweilige System, in eine Zelle, in einen Menschen oder in eine Gesellschaft ein, die für dieses System toxisch sein können. Im Bereich der belebten Materie, im Ökosystem, sind solche toxische Wirkungen durch die vielen neuen Stoffe möglich geworden. *Konetzke et al.* (1984) führen rund zwei Dutzend Gruppen von krebserregenden Stoffen auf, mit denen der Mensch an seinem Arbeitsplatz in Berührung kommen kann. Da aber die Zeit, die der Mensch heute ausserhalb seiner Arbeit verbringt, gegenüber der Arbeitszeit ständig an Gewicht zunimmt, nehmen auch die toxischen Stoffe zu, mit denen er während seiner Freizeit freiwillig oder unfreiwillig in Berührung kommt.

Wir produzieren gegenwärtig rund 40 000 neue Stoffe pro Jahr. Niemand kennt die Zahl genau. In der Pharmazie ist die Prüfung heute ausserordentlich streng. Von 10 000 getesteten Substanzen kommt schliesslich eine einzige auf den Markt. Von 2000 neu registrierten Substanzen überleben nur zwei die Zeitspanne von zwei Jahren.

Ein Teil dieser Stoffe kann in biologischen Systemen, zum Beispiel beim Menschen, selbstverstärkende Prozesse (Krebs) hervorrufen. Unser Bewusstsein diesen Stoffen gegenüber ist in den letzten Jahren stark sensibilisiert worden. Verstärkt durch die Multiplikatorwirkungen des Mediums *Fernsehen* sind dadurch oft Überreaktionen ausgelöst worden. Sie haben zu Massnahmen geführt, die in keinem Verhältnis zur Sicherheit der Kausalanalyse und zur tatsächlichen Grösse des Risikos stehen.

Was die karzinogenen Stoffe für ein biologisches System sind, das können Ideen für ein von der Aussenwelt weitgehend abgeschottetes und nur kontrollierte Ausseninformationen empfangendes soziales System sein. Die Inquisitoren der katholischen Kirche waren die *Killerzellen* des Immunsystems, das die Kirche in den Gesellschaften des Mittelalters aufgebaut hat.

Jedes von aussen kommende Ereignis löst im Innern des Systems Anpassungsprozesse aus. In der Regel beschränken sich solche Prozesse nicht auf die isolierte Veränderung einer Komponente, wie dies beispielsweise bei einem einfachen Thermostat geschieht der auf Änderungen der Aussentemperatur durch das Ein- oder Abschalten der Heizung reagiert. Die meisten - und auch die interessanteren - Anpassungen bewirken eine *Reorganisation der Systemabläufe* - einen Strukturwandel. Das hervorragendste aktuelle Beispiel auf diesem Gebiet ist die *Perestrojka*. Kann eine solche Anpassung nicht schnell genug erfolgen, fällt das System aus dem Evolutionskorridor heraus und stirbt. Man vermutet, dass die schnelle Veränderung der klimatischen Aussenparameter, die durch den Einschlag eines Asteroids vor 65 Millionen Jahren verursacht worden ist, vielen Arten, darunter den Dinosauriern, zu wenig Anpassungszeit liess, so dass nur die kleinen, meist unterirdisch lebenden Säugetiere überleben konnten. Vielleicht - und dies ist natürlich eine Spekulation - verdankt der *Homo sapiens* seine Existenz eben diesem Ereignis...

Zum Thema *Mensch - Umwelt - Wissen* gehört auch die Benennung der wichtigsten *Wandlungen unseres Weltbild*: erstens der Übergang vom geozentrischen zum heliozentrischen Weltbild, die kopernikanische Wende; zweitens die Einsicht, dass der Mensch weder die Krönung noch der Kreator der Evolution, sondern ein Glied im Evolutionsprozess ist - eine Einsicht die wir Darwin verdanken; drittens die Einsicht, dass der Mensch nicht autonom über seine Psyche verfügen kann, sondern dass er ein Unterbewusstsein hat. Diese für den Menschen vielleicht schmerzvollste Einsicht verdanken wir Sigmund Freud.

Das sind entscheidende Phasen auf dem Weg zur Erweiterung unserer Erkenntnisfähigkeit. Sie haben den Menschen zu der Einsicht gebracht, dass er weder im Mittelpunkt des Universums angesiedelt ist oder über dem Evolutionsgeschehen steht, noch seine Seele nach Gottes Wunsch auszurichten vermag. Bezeichnenderweise - und aufschlussreich zugleich - sprechen die Theologen von den "drei Kränkungen" des Menschen: der kopernikanischen, der Darwin'schen und Freud'schen "Kränkung". Natürlich handelt es sich nicht um "Kränkungen" (allenfalls solche der Kirche), sondern um qualitative Sprünge in der Entfaltung der Erkenntnisfähigkeit des Menschen, in seiner Fähigkeit, sowohl die Aussenwelt als auch seine eigene Innenwelt besser zu verstehen. Diese drei durch Kopernikus, Darwin und Freud ausgelösten Erkenntnisstufen haben den Menschen zur Einsicht befähigt, dass er sowohl als Einzelner als auch im gesellschaftlichen Verbund nie nur Subjekt, also "Macher", sondern immer zugleich auch Objekt seines Tuns ist. Die Kirche mag diese Befähigung des Menschen zur Einsicht, dass er die Schöpfung wegen dieser Einbindung weder zerstören noch zu bewahren vermag, als die vierte, die "ökologische Kränkung", bezeichnen. In der Tat läuft diese Erkenntnis aber auf die Einsicht hinaus, dass die wahrgenommene Umwelt immer nur ein Teilausschnitt der Realität ist und damit vom Menschen niemals in ihrer Totalität beherrscht , d.h. angeeignet werden kann. Durch eben dieses Bewusstwerden der Selbstreferentialität des Erkenntnisvorgangs wird notwendigerweise der Anspruch auf absolute Wahrheit und damit auch auf die volle Beherrschbarkeit des jeweils Wahrgenommenen eingeschränkt. Die Strukturen dieses selbstreferentiellen Erkenntnisprozesses sind im evolutionshistorischen Kontext von *Vollmer* (1985; 1986) untersucht worden.

Aus diesen vier Erkenntnisstufen ergeben sich drei Konsequenzen:

Erstens: Die Kategorie "Sinn" ist erkenntnistheoretisch inoperabel; sie ist ein anthropozentrisches Artefakt. Eine "Wahrheit an sich" kann es nicht geben. Vielmehr sind in einem genau definierten Bezugs- und Messrahmen nur empirische Evidenzen benennbar, die zu Hypothesen führen, die mit den gleichen Mitteln der Evidenzfindung entweder validiert oder falsifiziert werden können. "Wahrheit" ist das Produkt eines iterativen Prozesses und deshalb niemals abgeschlossen.

Zweitens: Die Evolution ist ein zwar gerichteter, jedoch grundsätzlich nicht voraussehbarer Prozess.

Drittens: Der Evolutionsprozess kann als Ganzes vom Menschen niemals beendet werden. Der Mensch kann allerdings Bedingungen herbeiführen, die *seine* Weiterexistenz in diesem Prozess unmöglich machen. Doch auch dies dürfte schwierig sein, denn selbst wenn zum Beispiel alle angehäuften Nuklearsprengköpfe auf einmal losgelassen würden, käme es kaum zu einer vollständigen Vernichtung allen Lebens; wohl aber fände die heutige technische Zivilisation ihr vorläufiges Ende. Das Ökosystem würde, wenn auch unter physikalisch stark veränderten Bedingungen, weiterbestehen. Wann und wie sich nach einer solchen Katastrophe wieder Kulturen bilden würden, lässt sich beim heutigen Stand des Wissens nicht sagen.

Man darf diese Tatsachen nicht nur negativ sehen. Der Mensch wird unter diesen neuen existenziellen Erkenntnisbedingungen zweifellos etwas bescheidener werden. Er wird auch grosstechnologische Projekte wie die sich weiterentwickelnde Raumfahrt bis hin zur Besiedlung unserer Nachbarplaneten umsichtiger und vorsichtiger betreiben, als dies zum Beispiel bei der Einführung der Kernenergie der Fall war. Der Mensch wird aber auch anderen Weltverständnissen gegenüber toleranter werden, und er wird den Absolutheitsanspruch von Wahrheit schon aus psychohygienischen Gründen "domestizieren" weil er weiss, dass es *die Wahrheit* als solche nicht gibt. Schlechte Zeiten sind dies eigentlich nur für technokratische Macher sowie für jene, die aus der subjektiven Überzeugung, im Besitz der Wahrheit zu sein, anderen die Freiheit der eigenen Meinungsbildung vorenthalten möchten.

Die Produkte der arbeitsteiligen Gesellschaft und die Art und Weise, in der heute mit Hilfe der Computer höchst komplexe Probleme gelöst werden, schaffen ihrerseits einen höheren Grad an Komplexität. Die Defizite unseres "unbewaffneten Hausverstandes" werden dadurch immer grösser. Wir denken zumeist linear und zweidimensional. Die Welt als eine nunmehr auch auf uns einwirkende Realität ist jedoch mehrdimensional und mit Sicherheit nicht linear. Was in der Physik als jenseits der Tageserfahrung stehende Realität bereits analysiert und durchdacht ist (z.B. in der Relativitätstheorie und in der Quantenmechanik,) wird nun – zumindest indirekt – Bestandteil unserer Tageserfahrung. Durch unseren gesellschaftlichen Verstand, d.h. durch die Fähigkeit der Gesellschaft, komplexe Probleme mit Hilfe der Produkte ihres Geistes zu lösen und in bisher vom Menschen nicht angetastete stabile Strukturen wie Atomkerne oder Gene einzudringen, entsteht eine neue Wirklichkeit. Sie beeinflusst auf mannigfaltige Weise unsere Lebensbedingungen, ohne dass wir in der Lage wären, die Struktur dieser Beeinflussungen voll zu verstehen. Daraus entsteht eine neue Kategorie von Komplexität und ein neues Bedürfnis, sie zu reduzieren (vgl. *Deutsch/Fritsch* 1980). Die Essenz der kulturellen Evolution des Menschen besteht nun darin, durch die Schaffung ihm verständlicher Sekundärsysteme neue, ökologisch orientierte Verhaltensweisen zu realisieren. Erst wenn ihm dies gelingt, hat er die Chance, zu bestehen. In dem Mass, in dem dies nicht gelingt, bleiben dann nur noch die anderen "Lösungen", nämlich – entweder die Flucht oder der Versuch einer technischen Lösung. In Wirklichkeit müssen alle drei Elemente kombiniert werden: das Element der Ortsveränderung mit dem Element der technischen Lösbarkeit und der dem Element Verhaltensveränderung. Das "eigentlich Neue" (*Freyer* 1956) nennt, die Schaffung von Sekundärsystemen, äussert sich heute in der Bildung von anthropogenen ökokognitiven Systemen, worin wir verstehend eingebunden sind. Es ist der Versuch, ein Fliessgleichgewicht zwischen Rationalität und Irrationalität zu erreichen. Eine nur auf Rationalität aufbauende Gesellschaftsordnung erzeugt unkontrollierbare Irrationalität. Zugespitzt formuliert bedeutet dies: Der beste Weg, irrationales Verhalten zu fördern, besteht darin, das Prinzip der Zweckrationalität generell verbindlich zu machen. Die neue Verhaltensforschung hat gezeigt, dass der Mensch keinesfalls ein immer rational handelndes Wesen ist. So geben die Menschen einerseits viel Geld für den Kauf von Sicherheit aus, indem sie Prämien für Versicherungen zahlen; teilweise sind solche Versicherungen auch gesetzlich vorgeschrieben.

Gleichzeitig tun sie aber auch das Gegenteil, indem sie Lose, d.h. Unsicherheit, kaufen.

Fassen wir zusammen: Wir haben versucht, die Besonderheiten des Verhältnisses zwischen *Mensch, Umwelt* und *Wissen* aus evolutionsgeschichtlicher Perspektive aufzuzeigen. Dieses System findet sich heute am Ende des Übergangs von der biologischen Phase zur kulturellen Phase der Evolution. Innerhalb der letztgenannten Phase entstehen neue Techniken und Erkenntnismuster, die ihrerseits zu der endogenen Dynamik dieses Systems beitragen. Dabei treten in verstärktem Masse Phasenübergänge in Form von Impulsen auf. Sie verursachen Zeitverschränkungen, die sowohl auf die somatische als auch die psychische Befindlichkeit des Menschen einwirken. In Abbildung 13 ist diese Phase in der Gegenwart angesiedelt und weist in die Zukunft. Auch hier wiederholen sich im kognitiven Bereich bestimmte Evolutionsmuster: Schon früher gab es im Geistigen revolutionäre Neuerungen und Erkenntnisse. (Im Anhang 5 ist eine Auswahl dieser geistigen "Ereignisse" in einer Tabelle aufgeführt.) Das Neue an der heutigen Situation ist indessen, dass die Komponente der Selbstreferentialität im Erkenntnisprozess stärker geworden ist und dass mittels numerischer Simulation mit Hilfe schneller Rechner nicht nur komplexe Probleme, sondern darüber hinaus auch neue Erkenntnisstrukturen gewonnen werden können. Die Theorie dissipativer Strukturen und der nichtlinearen Dynamik haben uns den Zugang zu einer völlig neuen Welt eröffnet – einer Welt, die weder im gewohnten Bereich der klassischen Mechanik und des Determinismus noch im Bereich der Wahrscheinlichkeitstheorie, der Stochastik, angesiedelt ist, sondern eine Realität *sui generis* darstellt: das deterministische Chaos. Darüber sind in den letzten Jahren zahlreiche Studien erschienen. Stellvertretend für viele und zugleich als Einführung in die Materie sei hier auf die Arbeit von *Schuster* (1984) hingewiesen.

Komplementär zu dieser qualitativ neuen Erkenntnisstruktur bilden sich geistige "Verinselungen". Sie sind die kognitiven Nischen, die sich der Mensch schafft, um im Kleinen, Übersichtlichen und Einfachen Orientierungen zu gewinnen, die im Grossen, Unübersichtlichen und Komplizierten nur schwer zu erlangen sind.

Sinngebende Wahrnehmung ist für die Erhaltung der Identität lebenswichtig. Mit zunehmender Geschwindigkeit der Veränderungen bei gleichzeitig stark zugenommener Verfügbarkeit von Freiheit wird der geistige Eskapismus zu einer grossen Versuchung, wenn nicht gar zur allgemeinen Verhaltensweise. Die verfügbare Zeit wird nicht zur kognitiven Aufarbeitung der Orientierungsdefizite verwendet, sondern zur Flucht aus den immer unübersichtlicher werdenden Strukturen. Heute wissen nicht einmal die Manager in den oberen Etagen eines Konzerns, ob die Firma, für die sie arbeiten, als solche überhaupt noch besteht oder nicht schon gestern durch einen anderen Konzern aufgekauft worden ist.

Die Aufarbeitung der Orientierungsdefizite erfolgt nicht immer analytisch, d.h. "rational", sondern nach innen gewandt, in Gruppenverständnissen, also "irrational". Dabei sollen die Anführungszeichen die folgende Einsicht verdeutlichen: Was auf der Makroebene des Gesamtverständnisses als Irrationalität erscheinen mag, kann auf der Mikroebene des Einzelnen durchaus Sinn machen – und umgekehrt.

Ob durch die so geförderte Wiederbelebung des Ethnischen, der Trachtenvereine, der Heimatgruppen, der Lokaldialekte – alles heute stark anschwellende Tendenzen – die Lösung globaler Probleme erleichtert wird, weil der Mensch durch den so erfahrenen Gewinn an Identität belastungs- und lernfähiger wird, ist eine offene Frage. Möglich ist auch das Gegenteil: Das Unverstandene wird als Konspiration feindlicher Kräfte interpretiert, die Gemeinschaft der "Aufrechten" entledigt sich aller "verdächtigen Elemente" durch Schuldzuschreibungen, entsühnt sich auf diese Weise und begibt sich trotzig, eventuell sogar durch Selbsttötung, in den Untergang. Das ist das *Masada*-Syndrom. Die Geschichte bietet für beide Reaktionsmuster Beispiele.

In keinem Fall ist die Aneignung von Wissen, das zukunftsbezogene Orientierungen vermittelt, ein geradliniger, kontinuierlicher Vorgang. Vielmehr ist der Fortschritt der objektiven Erkenntnis selbst ein evolutionärer Prozess, in dem bestimmte Muster aus früheren Phasen der Evolution in einer subtilen und keineswegs einfachen Weise "repliziert" werden. Karl *Popper* (1984) hat diesem sehr wichtigen Problembereich ausführliche Studien gewidmet. Die Implantation und Diffusion zerebraler Funktionseinheiten in alle Bereiche der Technosphäre bringt eine neue Art der Konvergenz von technischen und geistigen Strukturen. *Glenn* (1989: 4) charakterisiert diesen Vorgang in seiner neuen Abhandlung über künstliche Intelligenz wie folgt:

> At the same time that humans are becoming more technologylike with the internalization of technology, technology is becoming more humanlike with the advances of voice recognition, voice synthesis, and intelligent computer programming.

Aus der Konvergenz dieser beiden Prozesse entsteht nach Meinung von *Glenn* schon um die Jahrtausendwende die "*Conscious Technology Civilization*", die dann auch zu einer ihr gemässen Gesellschaftsordnung führen wird.

Man mag diese Konzeption mit einigem Recht als zu spekulativ empfinden und sie als unwissenschaftlich bezeichnen; die allgemeine Tendenz, die *Glenn* hier andeutet, dürfte jedoch richtig sein. Was dies für die Problemlösungsfähigkeit des Systems *Mensch – Umwelt – Wissen* im einzelnen bedeutet, steht allerdings auf einem anderen Blatt.

Wie wir in den Kapiteln V und VI über die Möglichkeiten und Grenzen der Umweltpolitik noch sehen werden, hat der oben angedeutete Prozess der geistigen Verinselungen weitreichende Folgen für die gesellschaftliche Handlungsfähigkeit. Hier sind beliebige Möglichkeiten offen: Man kann sich vorstellen, dass es dem Menschen gelingt, ein Fliessgleichgewicht innerhalb der materiellen Stoffströme mit den dazugehörigen kognitiven Strukturen (Ethik) herzustellen. Dies wäre der Idealfall. Möglich, wenn auch nicht wahrscheinlich, ist aber auch, dass durch Versäumnisse Zustandsweisen des Ökosystems entstehen, die ein Herausfallen der Spezies *Homo sapiens* aus dem Evolutionskorridor bewirken. Am wahrscheinlichsten ist ein "Durchwursteln" (*muddling through*) innerhalb der zulässigen Aktionsbereiche, die die Breite des Evolutionskorridors bestimmen; und weil der Mensch in der "*Conscious Technology*"-Phase seiner Entwicklung die Breite dieses Korridors durch die Schaffung anthropogener Ökosysteme teilweise selbst zu erweitern vermag, besteht für ein solches "*muddling through*" vermutlich genügend Raum. Im 21. Jahrhundert wird es dann insbesondere auf die Herstellung von solchen Nischen ankommen, in denen die materiellen und kognitiven Lebensgrundlagen aufeinander abgestimmt sind. Die Allgemeingültigkeit von geistigen Prinzipien wird nur insofern mit der Allgemeingültigkeit materieller Infrastrukturen übereinstimmen müssen, als davon – wie beim Ersten, Zweiten und Dritten Hauptsatz der Physik – alle diese Subsysteme betroffen sind. Archaische Vorformen eines solchen Zustands sind andeutungsweise vorhanden: Zwischen den Weltverständnissen der tibetanischen Klöster und der Klöster vom Berg *Athos* bestehen kaum Ähnlichkeiten. Sollte jedoch der Wunsch auftreten, innerhalb einer bestimmten Zeitspanne zwischen diesen beiden "kognitiven Nischen" Nachrichten und/oder Waren auszutauschen, müsste man sich der universell geltenden Gesetze der Physik bedienen und entweder die Nachricht per Satellit oder per Kabel schicken beziehungsweise die Ware mit Containern auf dem Seeweg oder per Flugzeug befördern. Wie die globale Verfügbarkeit solcher Technologien nach *innen* reflektiert wird, hängt wiederum vom Weltverständnis dieser kognitiven Nischen – hier der beiden Klöster – ab.

Unsere Ökogruppierungen – Aussteiger in eine ökologisch geführte, wie auch immer verstandene Lebensform (Farmen, Siedlungen usw.) – sind Beispiele für solche Nischen. Diese Gruppierungen lösen das globale Ökologieproblem nicht, bilden aber möglicherweise punktuelle Ansätze der Ökokognition, einer im Kleinen verwirklichten Konvergenz von Werthaltung und Ökologieverständnis, mit deren Hilfe man – über die Vernetzung dieser Subsysteme – die Weiterentwicklung des *MUW-Systems* im globalen Rahmen besser bewerkstelligen kann. Auch dies ist spekulativ.

Vor diesem Hintergrund wird verständlich, weshalb die Bevölkerungszunahme, die Siedlungsstrukturen (Habitat und Urbanisierung), das Energieproblem sowie die Ressourcenfrage von zentraler Bedeutung für das *MUW*-System sind. Wir wollen uns diesen Fragenkomplexen in den nun folgenden Kapiteln zuwenden.

II. Bevölkerungswachstum und Umweltbelastung

1. Grundsätzliches

Das Bevölkerungswachstum stellt heute das grösste globale Umweltproblem dar. Nicht, dass wir nicht in der Lage wären, über die heutigen 5,2 Milliarden Menschen hinaus noch mehr Menschen zu ernähren. Schon mit der heutigen Agrartechnologie wäre es trotz der immer wieder hochgespielten Bodenfrage möglich, fast die doppelte Anzahl von Menschen zu ernähren. Schliesslich darf man nicht vergessen, dass rund die Hälfte der auf 1 Milliarde *Acre* (4047 Milliarden m^2) geschätzten landwirtschaftlichen Anbaufläche der USA mittels Prämienzahlungen stillgelegt ist, um eine weitere Überproduktion zu vermeiden.

Nun ist aber der Mensch keine kalorische *"Input–Output"*-Maschine, sondern ein kulturelles Wesen. Der Mensch braucht Schulen, Krankenhäuser, Strassen, Transportmittel, Häfen, Kommunikationsnetze usw. Es ist dieser Bedarf an Infrastruktur, dessen Zuwachs wir weder materiell noch finanziell in jener Geschwindigkeit verkraften können, mit der er sich als Folge des Bevölkerungswachstums unweigerlich ergibt. Wer also das globale ökologische System vollends ruinieren und die Menschheit in Elend, Verzweiflung und Aggression stürzen will, der muss heute nur eines tun: Er muss alle jene Massnahmen, die zur Begrenzung des Bevölkerungswachstums erforderlich sind, als unmoralisch und unzulässig erklären. Jene Personen und Institutionen, die dies heute tun laden eine ungeheure Verantwortung auf sich – eine Verantwortung, die sie, wenn einmal die Katastrophe eingetreten ist, gar nicht mehr wahrnehmen können, weil sie dann selbst unter den Opfern sein werden.[10]

Glücklicherweise gibt es Anzeichen dafür, dass sich die Weltbevölkerung langsam – möglicherweise aber zu langsam – zu stabilisieren beginnt. Wir

---

10. Eine Möglichkeit, sich das "Rationale" des Kampfes gegen die Beschränkung des Bevölkerungswachstums vorzustellen, läge in der – allerdings grenzenlos zynischen

werden im folgenden die wichtigsten Bestimmungsfaktoren dieses Prozesses aufzeigen und auch die heute angewendeten Instrumente der Bevölkerungs- und Familienplanung benennen. Vorher aber wollen wir uns nochmals in Erinnerung rufen, dass der Mensch jenen Teil der hochorganisierten belebten Materie verkörpert, der sowohl gewichtsmässig als auch bezüglich der Neuronenmenge am schnellsten zunimmt.

Gegenwärtig nimmt die Weltbevölkerung mit rund 100 Millionen Menschen pro Jahr zu. Bei einem Durchschnittsgewicht von 70 Kilogramm bedeutet dies eine Zunahme der "Biomasse *Mensch*" von 7×10^9 Kilogramm pro Jahr. Bei einem Hirnvolumen von rund $1,5 \times 10^3$ Kubikzentimetern ergibt sich daraus eine Zunahme des höchstkomplexen Teils der belebten Materie von $1,5 \times 10^5$ Kubikmetern pro Jahr – rund 0,15 Millionen Kubikmetern *Hirnmasse* pro Jahr. Auch wenn diese Zahl bei Berücksichtigung des Altersaufbaus der Bevölkerung wegen des hohen Anteils der Jugendlichen in der Dritten Welt etwas niedriger sein sollte, handelt es sich dennoch um eine sehr bedeutende Zunahme, die ein absolutes Novum in der Evolutionsgeschichte ist. Berechnet man gar die Zunahme der im Hirn lokalisierten Neuronen (ca. 10^{11} pro Gehirn), dann folgt, dass sich die Zahl der Hirnzellen im Biosystem *Welt* gegenwärtig um $3,2 \times 10^{11}$ pro Sekunde – rund dreihundert Milliarden pro Sekunde (!) – erhöht, und zwar immer noch mit steigender Tendenz. Unter den 100 Millionen "Neuankömmlingen" befinden sich rund 3,5 Millionen Genies; die meisten von ihnen kommen in den armen Entwicklungsländern zur Welt, weil dort auch der grösste Teil des Bevölkerungswachstums stattfindet.

Diesem biologischen Aspekt des Bevölkerungswachstums wäre noch ein Hinweis auf die physikalischen "*triggers*" hinzuzufügen – die auslösenden Faktoren, von denen die Bevölkerungsexplosion, wie wir sie heute erleben, ausging. Es war allem Anschein nach zunächst die bereits in den vorangegangenen Kapiteln erwähnte Erwärmung vor 10700 Jahren. Das biologische Potential des *Homo sapiens*, insbesondere sein Hirnvolumen, war zu dieser Zeit bereits auf dem Stand, der heute noch festzustellen ist. Dies bedeutet nicht, dass die genetische und biologische Evolution und damit auch die Entwicklung des Gehirns mit dem Auftreten des *Homo sapiens* zum Stillstand gekommen wäre. Nur erfolgt sie in Zeitdimensionen von Hunderten von Jahrtausenden, wenn nicht gar Millionen von Jahren. Wir dürfen uns also nicht wundern,

---

– Überlegung, dass im Fall einer 90prozentigen Vernichtung der Weltbevölkerung infolge andauernder lokaler und regionaler A–, B– und C–Kriege bei einem "Ausgangsbestand" von rund 15 Milliarden Menschen am Ende schliesslich 1,5 Milliarden übrig blieben, während es bei 6 Milliarden nur 600 Millionen wären. Jeder vernünftige Mensch wird Mühe haben, diese "Logik" nachzuvollziehen.

wenn wir heute feststellen, dass unsere Vorfahren vor 10000 Jahren das gleiche Hirnvolumen hatten wie wir zu unserer Zeit.

Aus dem Zusammenfallen von Erwärmung und der schon in der Zeit der vorangegangenen 10^5 Jahre zum heutigen Stand "herangewachsenen" Hirnmasse ergab sich – evolutionsgeschichtlich rein zufällig – jene ideale Kombination, die auf dem Weg über höhere Bevölkerungsdichten und die intelligenten Antworten darauf (Domestizierung von Tier und Pflanze) den Beginn des sich gegenseitig aufschaukelnden Prozesses von Umweltnutzung und Bevölkerungszunahme ausgelöst hat. Zunächst war diese Zunahme gering. Die explosionsartige Zunahme begann erst nach einer Reihe von weiteren, wiederum geistigen Errungenschaften, unter welchen die Erfindungen auf dem Gebiete der Infektionsbekämpfung die wichtigsten, wenn auch bei weitem nicht die einzigen waren. In Tabelle 8 sind die Meilensteine dieses Weges eingetragen.

Epidemien und Kriege haben die Bevölkerungszunahme nicht aufgehalten. Die Pest hat in Europa vom 15. bis 18. Jahrhundert in verschiedenen Schüben lokal zur Dezimierung der Bevölkerung geführt, und dem Dreissigjährigen Krieg ist rund die Hälfte der Bevölkerung Mitteleuropas zum Opfer gefallen. Immer wieder vermochte der Mensch dank seiner geistigen Fähigkeiten den oft beschwerlichen Prozess des *"trial and error"* zu seinen Gunsten zu entscheiden – sonst hätten wir heute nicht 5,2 Milliarden Menschen auf der Welt. Weder Krieg, Hunger noch Seuchen vermochten die rasante Vermehrung der Spezies *Homo sapiens* zu verhindern – ganz im Gegensatz zu den Voraussagen von Malthus. Nun ist aber gar nicht sicher, dass dies auch in Zukunft so bleiben wird. Ein Nuklearkrieg hätte mit Sicherheit dramatische Folgen für die Bevölkerungsentwicklung.

Die Chancen, dass sich das System *menschliche Population* auch ohne eine solche Katastrophe auf einem bestimmten Niveau – rund 9 bis 10 Milliarden Menschen – stabilisieren wird, stehen nicht schlecht. Eine solche Stabilisierung ist die unabdingbare Voraussetzung für den Erfolg aller weiteren Anstrengungen auf dem Weg zu einem fliessgleichgewichtigen Prozess des MUW-Systems, dem ersten globalen Sekundärsystem, das der Mensch in seiner jetzigen Evolutionsphase mühevoll aufzubauen beginnt. Ob es ihm gelingt, ein solches Fliessgleichgewicht, das nicht nur physische, sondern auch psychische Komponenten hat, aufzubauen, und wie beständig es sein wird, vermag heute niemand zu sagen. Nur eines steht fest: Ohne eine Stabilisierung der Gesamtbevölkerung lässt sich dieses Überlebensziel nicht erreichen. Deshalb wollen wir im folgenden einige wichtige Teilaspekte des Bevölkerungsproblems kurz darlegen.

Tabelle 8: Wichtigste Entdeckungen von Bakterien und Antibiotika

Jahr	Forscher	Bakterium	Antibiotikum
1676	A. van Leeuwenhoek	Entdeckung der Bakterien	
1798	E. Jenner		Pockenimpfung
1878	R. Koch	Starrkrampfbazillus	
1880	L. Pasteur C.L. Laveran K.J. Eberth	Typhusbazillus	immunisierende Impfung
1882	R. Koch	Tuberkulose Bazillus	
1883	F. Fehleisen T.A.E. Klebs	Streptokokus Diphterie Bazillus	
1884	A. Fraenkel A.G.H. Hansen	TB-Bazillus Lepra Bazillus	
1885	L. Pasteur		Tollwut Vorbeuge- impfung
1887	A. Weichselbaum	Menengitis Erreger	
1890	S. Kitazato		Vollendet Tetanus Serum Behandlung
1894	A.E. von Yersin S. Kitazato	Pest Bazillus Pest Bazillus	
1897	K. Shiga	Ruhr Bazillus	
1905	F.R. Schaudinn E. Hoffmann	Syphillis Spirochete	
1906	A.P. von Wassermann		Syphilis Serum Test
1915	R. Inada Y. Ido	Morbus Weil Spirochete	
1922	F.G. Banting C.H. Best		Insulin
1929	A. Fleming		Penizillin
1938	H.W. Florey E.B. Chain		Wiederentdeckung des Penizillin
1939	R.J. Dubos		Tyrothricin
1944	S.A. Waksman		Streptomycin
1945	P. Ehrlich		Chloramphenicol
1951	S. Hosoya		Trichomycin
1952	J.M. McGaire et al.		Erythromycin
1956	H. Umezawa		Kanamycin
1958	A.B. Sabin		orale Polio Schutzimpfung
1962	H. Umezawa		Bleomycin

Quelle: *Sawai* (1988: 22)

2. Der exponentielle Charakter des Bevölkerungswachstums

In erster Annäherung, sozusagen "unter dem Strich", ergibt sich die Bevölkerungszunahme aus der Differenz von Geburten- und Sterberate. Bezieht man die Zunahme auf je eine Millarde pro Zeiteinheit, dann zeigt sich eine ständige Verkürzung der Zeitspanne, in der die Bevölkerung jeweils um eine Milliarde Menschen zugenommen hat (vgl. Tabelle 9).

Tabelle 9: Zunahme der Weltbevölkerungsentwicklung um je eine Milliarde

Die Weltbevölkerung benötigte für die		
erste Milliarde	ca.	40 000 Jahre (bis 1830)
zweite Milliarde	ca.	100 Jahre (bis 1930)
dritte Milliarde	ca.	30 Jahre (bis 1960)
vierte Milliarde	ca.	15 Jahre (bis 1975)
fünfte Milliarde	ca.	12 Jahre (bis 1987)

Dieser Vorgang weist auf ein exponentielles Wachstum hin. Bezeichnend ist, dass er sich immer noch dichteunabhängig vollzieht. Es gibt sogar Anzeichen dafür, dass das Bevölkerungswachstum besonders dort hoch ist, wo auch die Dichten pro Quadratkilometer besonders hoch sind – und zwar auch unter Berücksichtigung des Urbanisierungsprozesses, der zum einen Teil aus endogenem Wachstum der Bevölkerung und zum anderen aus Zuwanderung besteht. Das dichteunabhängige, exponentielle Bevölkerungswachstum lässt sich am besten mit Hilfe einer Exponentialfunktion abbilden. Bezeichnen wir die Bevölkerung mit B, dann gilt:

$$dB/dt = rB,$$

wobei t für Zeit und r für Wachstumsrate der Bevölkerung steht. Wir können also die Bevölkerungszunahme beschreiben als

$$B(t) = B_0 \, e^{rt}$$

(B_0 = Bevölkerung zur Zeit $t = 0$). Wenn r nicht als konstanter Wert, sondern als Funktion der Zeit $r(t)$ angenommen wird, kann eine mittlere Wachstumsrate für eine Zeitspanne T nach folgender Formel berechnet werden:

$$\bar{r} = \frac{1}{T} \int_0^T r(t)dt$$

berechnet werden. Näherungsweise ist dann die Bevölkerung am Ende dieser Periode

$$B_T = B_0\, e^{\bar{r}T}$$

Streng genommen müsste B_T iterativ nach der Formel

$$B_{t+1} = B_t\, e^{r(t)}$$

als Funktion von $r(t)$ bestimmt werden. Mit der so berechneten Bevölkerung kann eine "neue" mittlere Wachstumsrate nach

$$\hat{r} = \frac{1}{T} \ln\left(\frac{B_T}{B_0}\right)$$

ermittelt werden.

Als Faustregel kann man sich merken, dass sich die Verdopplungszeit einer Bevölkerung aus dem Quotienten von *70/r* ergibt, wobei für *r* die Prozentzahl eingesetzt wird. Das bedeutet, dass sich zum Beispiel eine mit 2 Prozent im Jahr wachsende Bevölkerung in rund 35 Jahren verdoppelt.[11]

3. Bestimmungsfaktoren von Geburten- und Sterberate

Wir haben bereits festgestellt, dass die Zuwachsrate der Bevölkerung davon abhängt, um wieviel die Geburtenrate über der Sterberate liegt. Beide Raten hängen auf mannigfache Weise zusammen und entwickeln sich unterschiedlich schnell: Die Sterberaten sind weltweit schneller gefallen als die Geburtenraten. Einer der Gründe dafür ist, dass sich wissenschaftlich-technische Fortschritte einschliesslich der dadurch erst möglich gewordenen Bekämpfung von Infektionskrankheiten und Epidemien schneller ausbreiten als institutionell, religiös und sozial eingebundene Werthaltungen und all jene ökonomischen Randbedingungen, die das Reproduktionsverhalten beeinflussen.

---

11. Allgemein berechnet sich der Zuwachsfaktor *F* bei gegebener Wachstumsrate *r* – ausgedrückt als absoluter Zuwachsbetrag (z.B. 0,02) – und angenommener Zeit *T* (in Jahren) aus der Formel $F = e^{rT}$. Beispiel: Um wieviel nimmt die Bevölkerung in 47 Jahren bei einer Wachstumsrate von 2,3 % pro Jahr zu? Antwort: $F = e^{0,023 \times 47} = e^{1.081} = 2,95$. In 47 Jahren findet also nahezu eine Verdreifachung der Bevölkerung statt.

Wir wollen uns zunächst ein ganz einfaches Schema dieses Wirkungsgefüges veranschaulichen (Abbildung 16): Im Zentrum steht der Wissens- und

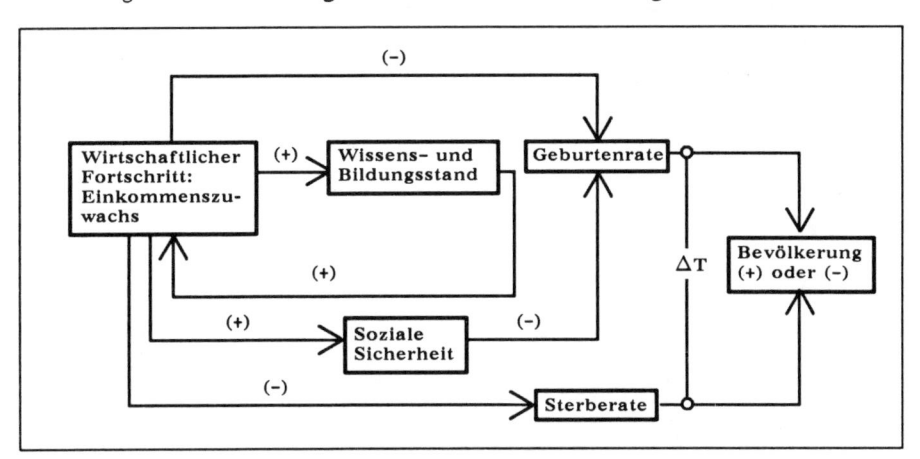

Abbildung 16: Bestimmungsfaktoren beim Bevölkerungswachstum

Bildungsprozess. Von ihm gehen positive Wirkungen auf den wirtschaftlichen Fortschritt und damit auf die Einkommensbildung aus. Dies fördert seinerseits den Bildungs- und Ausbildungsprozess. Wir haben es also mit einer positiven Rückkopplung – einem selbstverstärkenden Prozess – zu tun. Je besser sich die Wirtschaftslage gestaltet, um so mehr soziale Sicherheit kann gewährt werden, so dass die Zahl der Kinder in einer Familie graduell von der Notwendigkeit der sozialen Sicherung abgekoppelt werden kann, und dies führt zu einer Senkung der Geburtenrate. Von der allgemeinen Besserung der Wirtschaftslage ist auch die Sterberate betroffen: Je höher der wirtschaftliche Standard und der allgemeine Wissensstand, um so niedriger ist die Sterberate. Beide Raten, die Geburten- wie die Sterberate, sinken also ab einem bestimmten technisch-ökonomischen Standard. Sie sinken nur nicht gleichzeitig; die Sterberate sinkt schneller. Dadurch schnellt die Wachstumsrate der Bevölkerung zunächst nach oben.

Während es somit relativ einfach ist, den Rückgang der Sterberate zu erklären, ist das Verharren der Geburtenrate auf zahlreiche Faktoren zurückzuführen, die zum Teil wirtschaftlicher Natur sind, vor allem aber kulturellreligiösen Charakter haben. Der wichtigste Grund für den nur langsamen Rückgang der Geburtenrate ist die Armut. Menschen, die keine Altersvorsorge (beispielsweise in Form eines funktionsfähigen Rentensystems) haben, sehen sich gezwungen, diese in ihren Kindern zu suchen. Ein weiterer Grund ist kulturell-religiöser Art. In den meisten Kulturen wird ein männlicher Nachfahre als Statthalter des Familiengeschlechts betrachtet. Bei hoher Kindersterblichkeit bedeutet dies automatisch eine hohe Kinderzahl, zumal im Durchschnitt (immer noch) gleich viele Mädchen wie Knaben geboren werden. Statistisch ergibt dies in armen Ländern 6 bis 8 Kinder pro Familie. In vielen Ländern, besonders in Afrika, wird die Zahl der Kinder lediglich durch die Gebärfähigkeit der Frau begrenzt, die bei einer Lebenserwartung von nur 40 bis 45 Jahren mit der Lebenszeit identisch ist (Abbildungen 17 und 18).

Abbildung 17: Beziehung zwischen Einkommen und Fruchtbarkeit in den Entwicklungsländern (1972 und 1982)

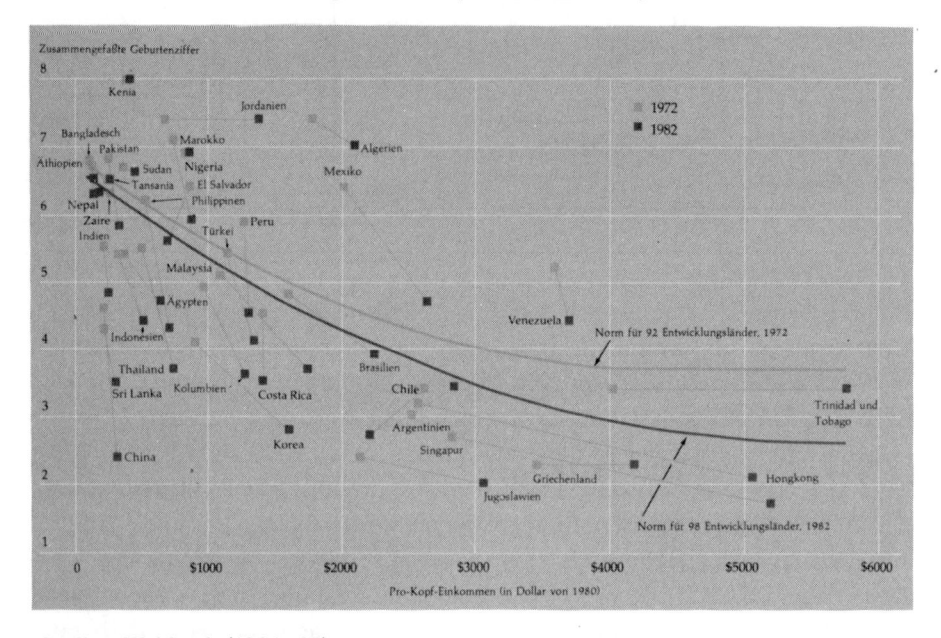

Quelle: *Weltbank* (1984: 80)

Durch das "Nachhinken" des Rückgangs der Geburtenrate hinter dem der Sterberate entsteht in vielen der heutigen Entwicklungsländer ein Bevölkerungsdruck, der die Kapitalbildung beeinträchtigt und damit das Wirtschaftswachstum unterbindet. Der "Teufelskreis" ist bekannt: Geringes oder gar kein Wirtschaftswachstum zwingt aus den genannten Gründen zu einer hohen Kinderzahl, was wiederum zu niedrigen Ersparnissen und zu unzureichender Kapitalbildung führt, so dass weder auf der Ebene der einzelnen Familie noch auf volkswirtschaftlicher Ebene ein wirtschaftliches Fortkommen möglich wird. Armut kommt von der pauvreté. Aber dort, wo es nach jahrelangen Bemühungen durch systematische Entwicklungshilfe gelang, aus dem Armutszirkel auszubrechen, zeigt sich ein klarer Zusammenhang zwischen ab-

Abbildung 18: Beziehung zwischen Einkommen und Lebenserwartung bei der Geburt in den Entwicklungsländern (1972 und 1982)

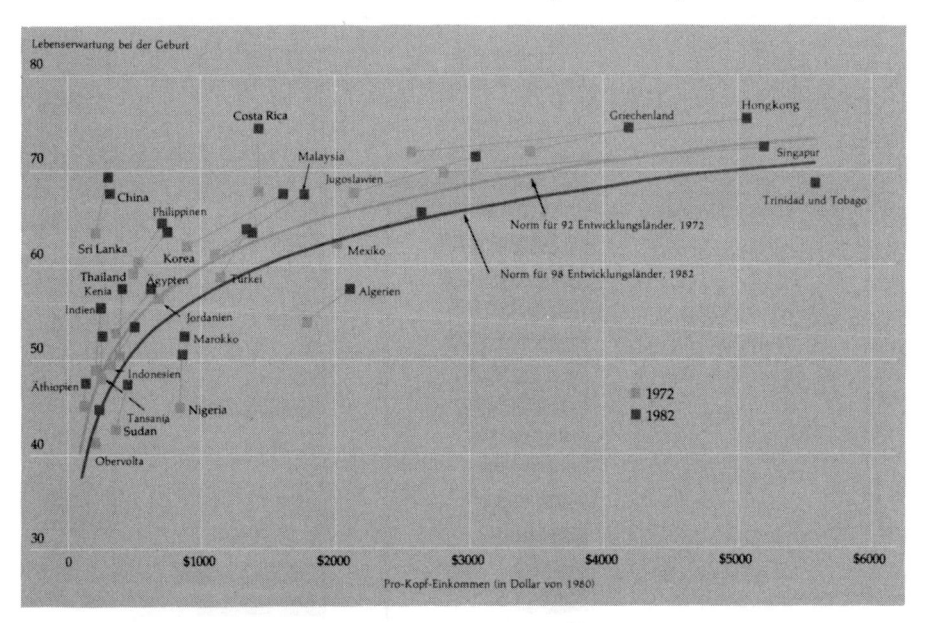

Quelle: Weltbank (1984: 80)

nehmenden Geburtenziffern und steigendem Pro-Kopf-Einkommen sowie ein ebenso deutlicher Zusammenhang zwischen zunehmender Lebenserwartung bei der Geburt und zunehmendem Pro-Kopf-Einkommen. Im Weltentwicklungsbericht von 1984 wurde dieser Zusammenhang für 92 beziehungsweise 98 Entwicklungsländer aufgezeigt (*Weltbank* 1984). Wie aus Abbildung 19 ersichtlich wird, besteht darüber hinaus ein Zusammenhang zwischen abnehmender Kindersterblichkeit und zunehmender Alphabetisierung der Frau – ein Faktor der seinerseits mit wirtschaftlicher Prosperität zusammenhängt.

Rein ökonometrisch ist damit zwar noch kein echter Kausalzusammenhang bewiesen, doch darf man unter Hinzunahme vieler anderer Faktoren, die hier eine Rolle spielen, wohl durchaus die Hypothese aufstellen, dass der oben erwähnte Armutszirkel durch exogene Kapitalzufuhr in einigen Ländern durchbrochen wurde und dass in erster Linie die Verbesserung der Wirtschaftslage als Ursache für die rückläufigen Geburtenraten und die steigende Lebenserwartung betrachtet werden kann.

Abbildung 19: Zusammenhang zwischen Kindersterblichkeit und Alphabetisierungsquote der Frau (1982)

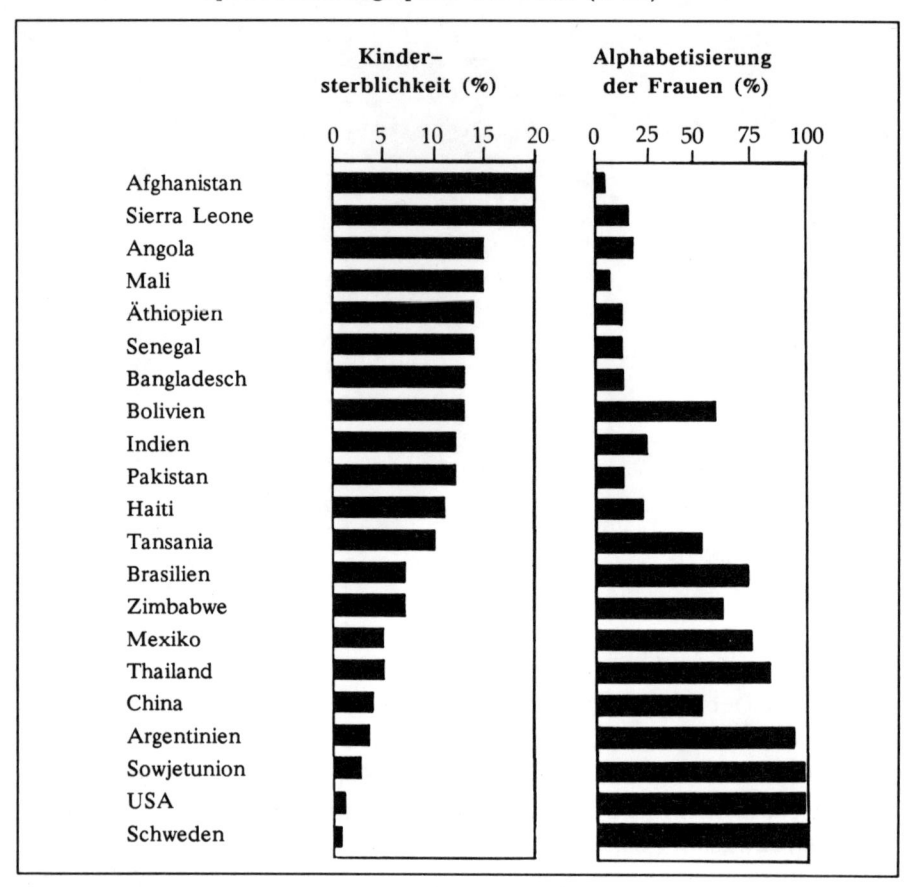

	Kindersterblichkeit (%)	Alphabetisierung der Frauen (%)
Afghanistan		
Sierra Leone		
Angola		
Mali		
Äthiopien		
Senegal		
Bangladesch		
Bolivien		
Indien		
Pakistan		
Haiti		
Tansania		
Brasilien		
Zimbabwe		
Mexiko		
Thailand		
China		
Argentinien		
Sowjetunion		
USA		
Schweden		

Quelle: nach *UNICEF* (1985: 16)

4. Der demographische Übergang

Der ungleiche Verlauf der Geburten- und Sterberate ist ein Übergangsphänomen (Abbildung 20). Zunächst liegen beide Raten auf einem relativ

Abbildung 20: Schema der verschiedenen Phasen der Entwicklung von Geburten- und Sterberaten im Industrialisierungsprozess (Europäisches Modell)

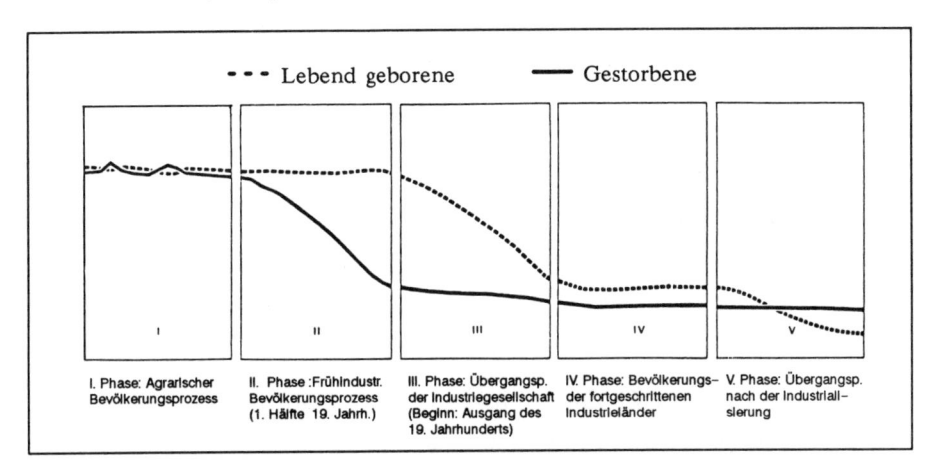

- - - Lebend geborene   —— Gestorbene

| I. Phase: Agrarischer Bevölkerungsprozess | II. Phase: Frühindustr. Bevölkerungsprozess (1. Hälfte 19. Jahrh.) | III. Phase: Übergangsp. der Industriegesellschaft (Beginn: Ausgang des 19. Jahrhunderts) | IV. Phase: Bevölkerungsp. der fortgeschrittenen Industrieländer | V. Phase: Übergangsp. nach der Industrialisierung |

Quelle: Statistisches Bundesamt (o.J.)

hohen Niveau. Die Wachstumsrate der Bevölkerung ist niedrig. Dann gehen die beiden Raten aus den genannten Gründen auseinander, und die Zuwachsrate der Bevölkerung steigt schnell an. Nach einer bestimmten Zeit gleichen sich die beiden Raten auf einem niedrigen Niveau wieder an, und die Wachstumsrate der Bevölkerung sinkt auf ihr früheres Niveau oder sogar darunter. Dieser Übergang hat bei uns rund ein Jahrhundert gedauert. Weltweit vollzieht er sich in etwa 200 Jahren. Wie Abbildung 21 deutlich zeigt, befinden wir uns gegenwärtig etwa im letzten Drittel dieses Prozesses.

Doch wie sieht die Welt am Ende dieses Übergangs aus? Fundamentales hat sich verändert: Zum einen ist nun die Weltbevölkerung auf einem viel höheren Niveau angelangt, und zum anderen ist infolge der gestiegenen Lebenserwartung die Altersverteilung der Bevölkerung am Ende dieses Übergangs eine ganz andere: Hatten wir am Anfang einen hohen Anteil der jungen Jahrgänge (dargestellt im Pyramidenaufbau auf der linken Seite der Abbildung 21), so ist am rechten Ende des Übergangs aus der Pyramide ein "Kasten" geworden: Die Zahl der älteren Jahrgänge hat absolut und relativ zugenommen.

Abbildung 21: Demographische Entwicklung

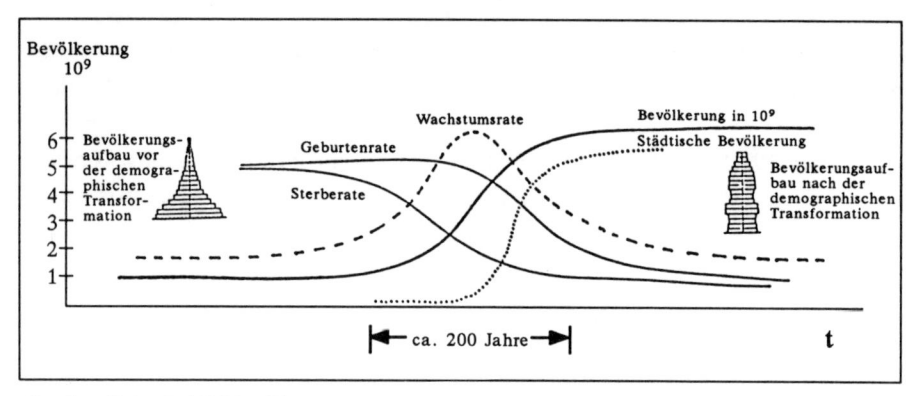

Quelle: *Fritsch* (1981: 40)

Die Zunahme des prozentualen Anteils der älteren Menschen (ab 65 Jahre) an der Gesamtbevölkerung wird heute auf der Grundlage der bisherigen Entwicklung prognostiziert: Tabelle 10 und Abbildung 22 vermitteln einen Überblick.

Tabelle 10: Anteil der Fünfundsechzig- und Mehrjährigen an der Gesamtbevölkerung (in %)

	1950	1970	1985	2000	2020
Frankreich	11,4	12,9	12,4	14,7	18,0
Vereinigtes Königreich	10,7	12,9	15,1	15,3	17,8
Bundesrepub. Deutschland	9,4	13,2	14,5	16,7	21,2
USA	8,1	9,8	11,7	12,0	15,4
Japan	4,9	7,1	10,3	16,3	23,6

Quelle: nach Kanari (1985: 6)

Was bedeuten diese Veränderungen? Zunächst muss man sich vor Augen halten, dass ein so fundamentaler Wandel in nur 200 Jahren erfolgt ist und evolutionsgeschichtlich ein echtes "Impulsphänomen" darstellt (vgl. Abschnitt I.5). Sodann darf man nicht vergessen, dass die Wertvorstellungen, Ziele und Verhaltensweisen "alter" Bevölkerungen ganz anders sind als die "junger" Populationen. Wenn sich dereinst die Weltbevölkerung auf einem Niveau von 9 bis 10 Millarden Menschen stabilisiert hat, wird es sich um eine ganz andere Population handeln, als wir sie heute bei aller Vielfältigkeit der Kulturen und Rassen kennen.

Abbildung 22: Entwicklung des Anteils älterer Menschen an der Gesamtbevölkerung

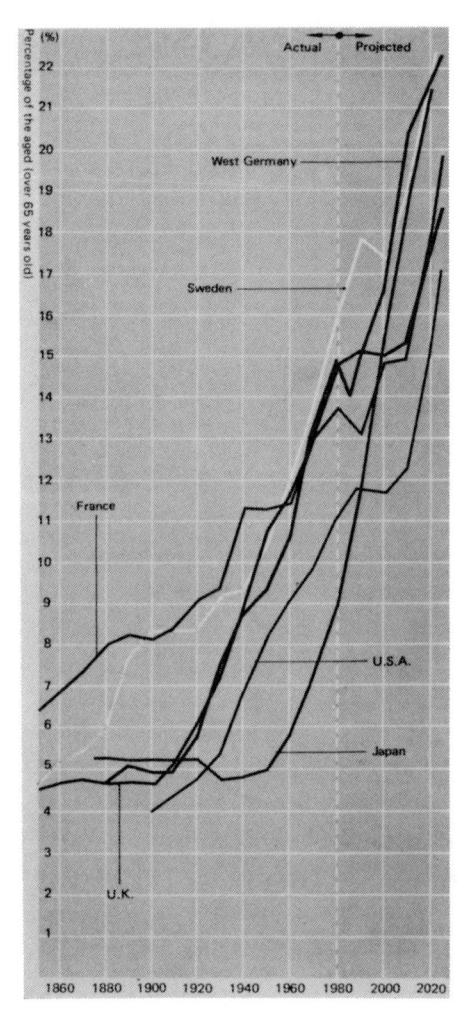

Quelle: nach *Kanari* (1985: 6)

5. Prognosen der Bevölkerungsentwicklung

Wenn man eine Vorstellung von den Bestimmungsfaktoren und der Entwicklung bei Geburten- und Sterberaten hat, kann man versuchen, die künftige Entwicklung der Weltbevölkerung – unter Berücksichtigung der bisherigen Entwicklungen – global sowie vor allem regional zu prognostizieren.

Nun sind Prognosen auch auf diesem Gebiet mit Unsicherheiten behaftet. Für die Welt als Ganzes wird heute die in Abbildung 23 dargestellte Entwicklung für wahrscheinlich gehalten.

Abbildung 23: Wachstum der Weltbevölkerung

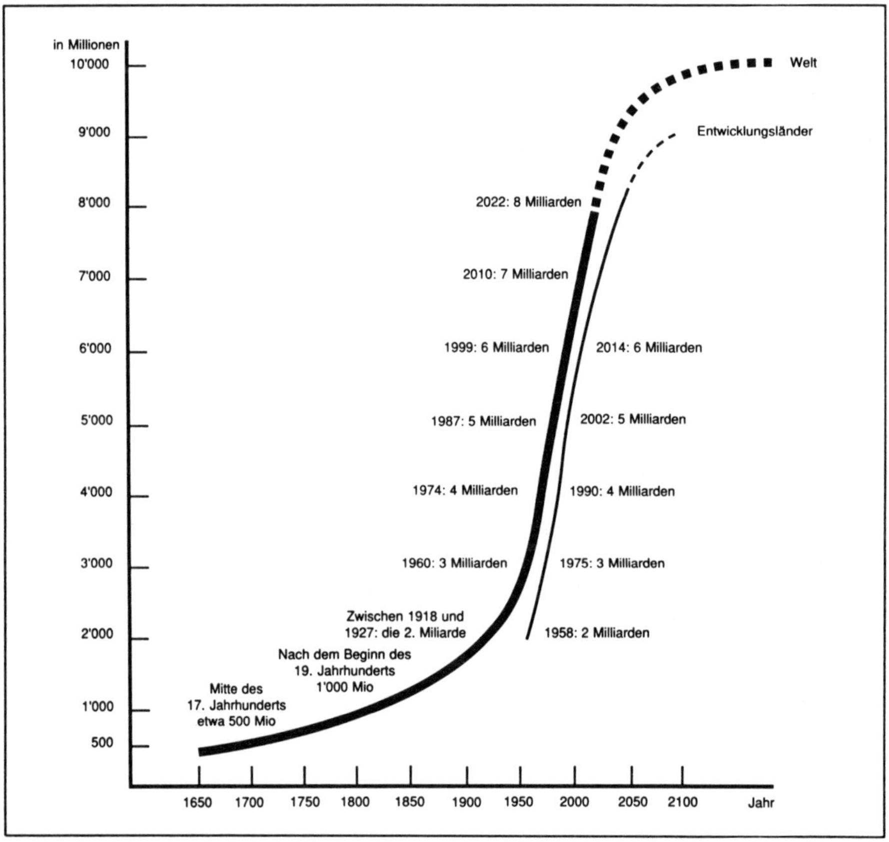

Quelle: *Leisinger* (1989: 7)

Die Weltbank bringt ihre Prognosen explizit in Verbindung mit den Annahmen über mögliche Entwicklungen des Fruchtbarkeits- und Sterblichkeitsrückgangs (Abbildung 24).

Abbildung 24: Bevölkerungswachstum in den Entwicklungsländern bei alternativem Verlauf von Fruchtbarkeit und Sterblichkeit

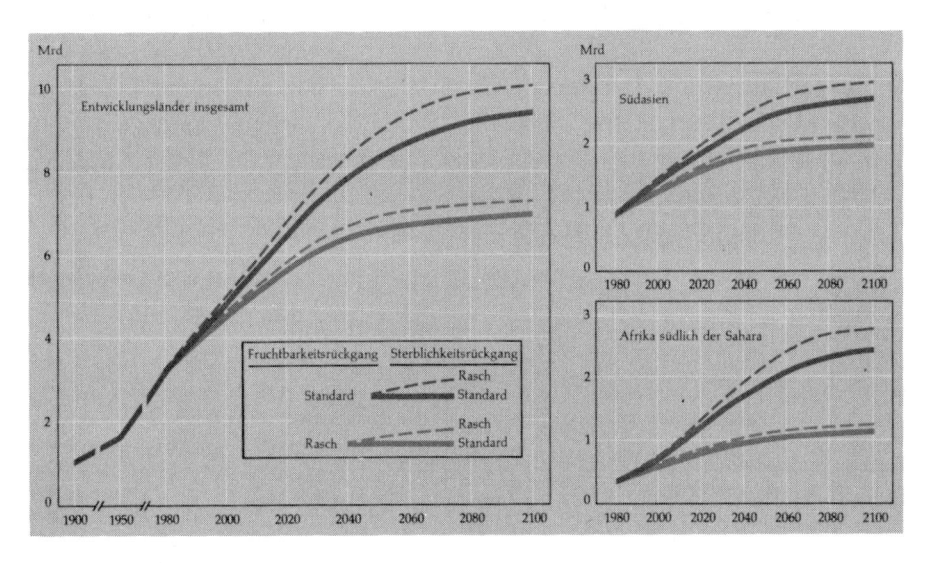

Quelle: *Weltbank* (1984: 86)

Wie Abbildung 24 zeigt, kann die Prognosedifferenz je nach Annahme dieser beiden Faktoren bis zu drei Millarden betragen kann. Aufgeschlüsselt nach Weltregionen ergeben sich nach heutigem Kenntnisstand die in Tabelle 11 dargestellten Relationen.

Besonders deutlich werden die regionalen Verschiedenheiten, wenn man die unterschiedlich hohen Wachstumsraten und damit auch die auf dem Weg zur Stabilisierung hin auftretenden Unterschiede im Altersaufbau in Betracht zieht. Während Europa bereits vom Jahr 2000 an eine Stabilisierung auf dem Niveau von rund 500 Millionen Menschen erreichen wird, wächst die Bevölkerung in Afrika mit zunächst immer noch steigenden und erst nach der Jahrtausendwende abfallenden Wachstumsraten.

Wie unsicher solche Prognosen auch sein mögen, eines dürfte vermutlich einigermassen feststehen: Ist einmal die Weltbevölkerung auf irgendeinem Niveau – ob auf 7 oder 10 Milliarden – stabilisiert, wird der Altersaufbau der Populationen in den verschiedenen Regionen der Welt noch lange sehr unterschiedlich sein. In den Regionen der heutigen Dritten Welt werden dann mehr als 80 Prozent aller Menschen leben. Sie werden dann immer noch im Durchschnitt einen höheren Anteil junger Jahrgänge haben, und sie werden vermutlich nach wie vor ärmer sein als die Menschen in den heutigen Industrieländern. Ein mögliches Szenarium am Ende des demographischen Übergangs könnte also wie folgt aussehen: Im Norden der Hemisphäre lebt eine Minderheit von überalterten, wohlhabenden und weissen Menschen, in der südlichen Hemisphäre dagegen die Mehrheit der Weltbevölkerung mit einem hohen Anteil junger, armer und farbiger Menschen. Pessimisten mögen darin Ansätze zu einer Globalisierung des "Südafrika-Syndroms" sehen; Optimisten müssen auf die Karte einer weltweiten Durchmischung und der damit einhergehenden Hybridisierung setzen. Dies impliziert u.a. massive Wanderungen. Wir werden auf diesen Punkt am Schluss dieses Kapitels noch zurückkommen.

Tabelle 11: Regionale Aufteilung der Weltbevölkerung

	1975	2000		2025	
		niedrig	hoch	niedrig	hoch
Entwicklungsregionen					
Afrika	407	756	886	1109	1805
Lateinamerika	322	544	586	761	984
Ostasien	1096	1436	1520	1610	1826
Südasien	1256	1987	2166	2548	3116
Entwickelte Regionen					
Nordamerika	236	284	304	310	366
Europa	474	500	526	476	572
Ozeanien	17	29	31	32	40
UdSSR	253	303	318	332	381
Welt	4066	5837	6337	7168	9135
Entwicklungsregionen in % der Weltbevölkerung	75%	81%	81%	84%	84%

Quellen: United Nations. World Population Prospects as Assessed in 1980. Population Studies No. 78 (New York, UN Department of Economic and Social Affairs 1981); United Nations, Report on the State of Population 1983 (New York, United Nations Fund for Population Activities 1983).

6. Geburtenkontrolle und Bevölkerungsplanung

Mit Ausnahme einiger westafrikanischer Länder und der meisten islamischen Staaten wird heute in allen Entwicklungsländern – selbst in den katholischen Ländern Lateinamerikas – in der einen oder anderen Form Familien- beziehungsweise Bevölkerungsplanung betreiben. Nach Angaben der Vereinten Nationen haben 95 Entwicklungsländer aktive Geburtenbeschränkungsprogramme. Die *Weltbank* (1984) hat den Versuch unternommen, den Anteil der einzelnen Faktoren am Rückgang der Geburtenziffer für 31 Länder zu schätzen. Daraus geht hervor, dass der grösste Anteil auf verstärkte Empfängnisverhütung zurückzuführen ist (rund 90 %), gefolgt von höherem Heiratsalter. An dritter Stelle figurieren Schwangerschaftsabbrüche. Negativ wirken sich kürzere Stillzeiten aus. Abbildung 25 veranschaulicht diese Relationen.

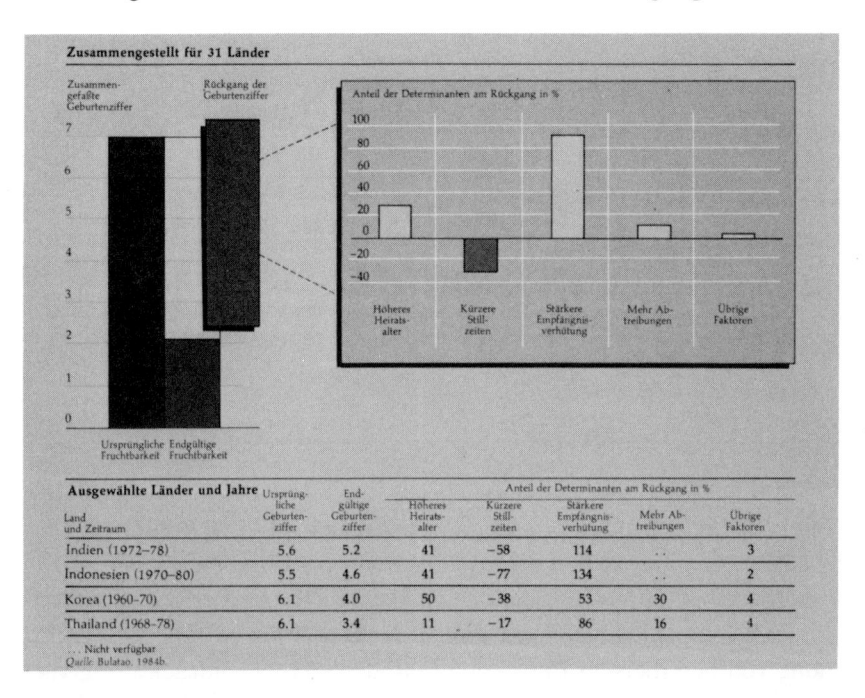

Abbildung 25: Determinanten des Fruchtbarkeitsrückgangs

Ausgewählte Länder und Jahre		Anteil der Determinanten am Rückgang in %					
Land und Zeitraum	Ursprüngliche Geburtenziffer	Endgültige Geburtenziffer	Höheres Heiratsalter	Kürzere Stillzeiten	Stärkere Empfängnisverhütung	Mehr Abtreibungen	Übrige Faktoren
Indien (1972–78)	5.6	5.2	41	−58	114	..	3
Indonesien (1970–80)	5.5	4.6	41	−77	134	..	2
Korea (1960–70)	6.1	4.0	50	−38	53	30	4
Thailand (1968–78)	6.1	3.4	11	−17	86	16	4

.. Nicht verfügbar
Quelle: Bulatao, 1984b.

Quelle: *Weltbank* (1984: 134)

Insgesamt ist festzustellen, dass ein steigender Anteil von Frauen – besonders in Thailand, Korea, aber auch in Kolumbien – von den Möglichkeiten der Empfängnisverhütung Gebrauch macht. (Abbildung 26). Wirtschaftliche Besserstellung, Alphabetisierung (insbesondere bei den Frauen), bessere Aufklärung und leichterer Zugang zu den verschiedenen Mitteln der Empfängnisverhütung haben weltweit zu einem jetzt schon feststellbaren Rückgang der Geburtenziffern geführt. *Stockes* (1980) schätzt die Zahl der Menschen, die

Abbildung 26: Entwicklungstrends der Empfängnisverhütung in ausgewählten Ländern (1970–83)

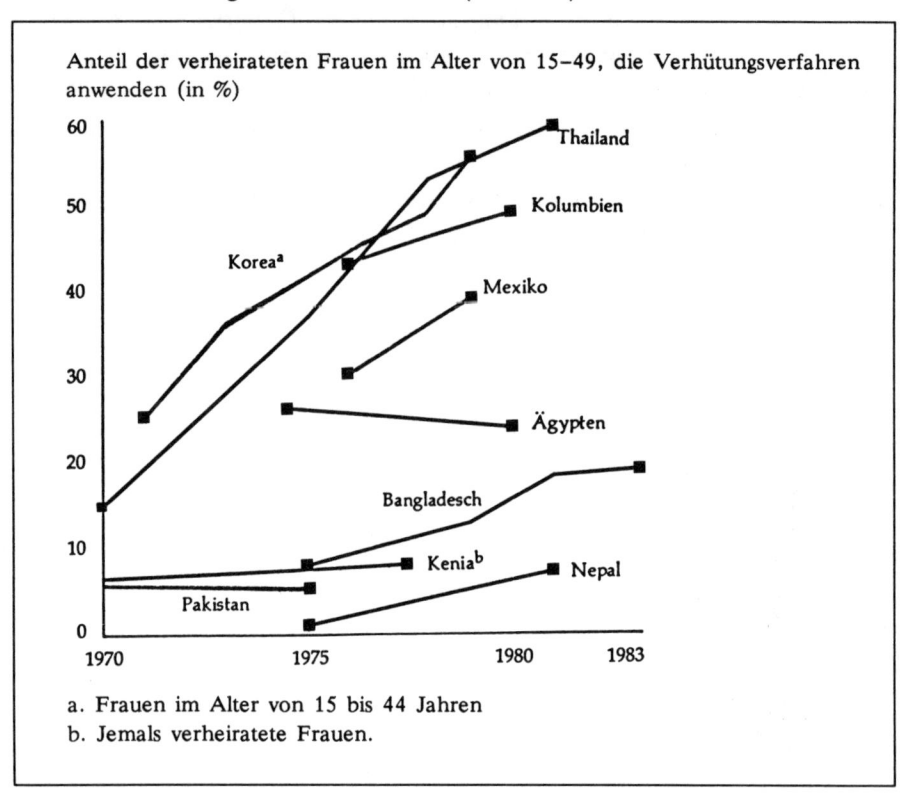

Anteil der verheirateten Frauen im Alter von 15–49, die Verhütungsverfahren anwenden (in %)

[Diagramm mit Kurven für Thailand, Kolumbien, Korea[a], Mexiko, Ägypten, Bangladesch, Kenia[b], Nepal, Pakistan von 1970 bis 1983]

a. Frauen im Alter von 15 bis 44 Jahren
b. Jemals verheiratete Frauen.

Quelle: *Weltbank* (1984: 149)

1980 Mittel zur Geburtenkontrolle angewendet haben, auf 250 Millionen. Diese Zahl dürfte sich inzwischen mindestens verdoppelt haben.

Dennoch dürfte es verfrüht sein, von einem Durchbruch zu sprechen. Selbst wenn die verschiedenen Programme der Geburtenkontrolle und Familienplanung von den meisten Entwicklungsländern mit Nachdruck weiterverfolgt würden, wäre nur ein langsamer Rückgang der weltweiten Bevölkerungszunahme zu erwarten. Man sollte die bereits erwähnten Hemmfaktoren nicht unterschätzen; sie sind religiöser und politischer Natur. Leider scheint sich in einzelnen Weltregionen gegenwärtig ein wahrer Wettlauf um Bevölkerungsgrössen anzubahnen. So ist Bangladesch stolz darauf, vor einigen Jahren schon die 100-Millionen-Grenze überschritten zu haben. In Indien rechnet man sich mit gewisser Genugtuung aus, wann die heutige Bevölkerungszahl von fast 800 Millionen Menschen die Milliardengrösse erreicht haben wird und wann man – die Chinesen überrundend – in den Rang der volkreichsten

Nation der Welt aufsteigen wird. Solche Tendenzen sind zwar sichtbar vorhanden, doch in ihrer wahren Bedeutung sind sie kaum exakt zu quantifizieren.

Insgesamt dürfte es also bei den oben skizzierten Befunden bleiben: Man wird kaum wesentlich unterhalb der 10-Milliarden-Grenze zu einer echten Stabilisierung gelangen. "Echt" soll in diesem Zusammenhang bedeuten, dass bei einer solchen Stabilisierung auch die Altersverteilung einigermassen konstant bleibt. Dieser Zustand wird selbst nach optimistischen Schätzungen der Demographen erst in 80 bis 100 Jahren erreicht werden. Ob wir aber überhaupt je dahin gelangen, vermag heute niemand zu sagen. Immerhin gibt der aus Abbildung 27 ersichtliche starke Rückgang der Wachstumsraten der Bevölkerung sowie die solchen Rückgang bewirkende Senkung der Fertilität in den Entwicklungsländern Anlass zu Hoffnung (siehe auch Tabelle 12).

Tabelle 12: Abnahme der Fruchtbarkeitsrate in ausgewählten Ländern (1960-87)

Land	Fruchtbarkeitsrate		Änderung
	1960	1987	
	mittlere Kinderzahl pro Frau		(Prozent)
Singapur	6.3	1.6	−75
Taiwan	6.5	1.8	−72
Südkorea	6.0	2.1	−65
Kuba	4.7	1.8	−62
China	5.5	2.4	−56
Chile	5.3	2.4	−55
Kolumbien	6.8	3.1	−54
Costa Rica	7.4	3.5	−47
Thailand	6.6	3.5	−47
Mexico	7.2	4.0	−44
Brasilien	6.2	3.5	−44
Malaysia	6.9	3.9	−43
Indonesien	5.6	3.3	−41
Türkei	6.8	4.0	−41
Tunesien	7.3	4.5	−38
Sri Lanka	5.9	3.7	−37
Indien	6.2	4.3	−31
Philippinen	6.6	4.7	−29
Peru	6.6	4.8	−27
Ägypten	6.7	5.3	−21

Quelle: nach *Worldwatch Institute* (1987: 8)

Abbildung 27: Wachstumsraten der Bevölkerung in wichtigen Weltregionen (1950–2025)

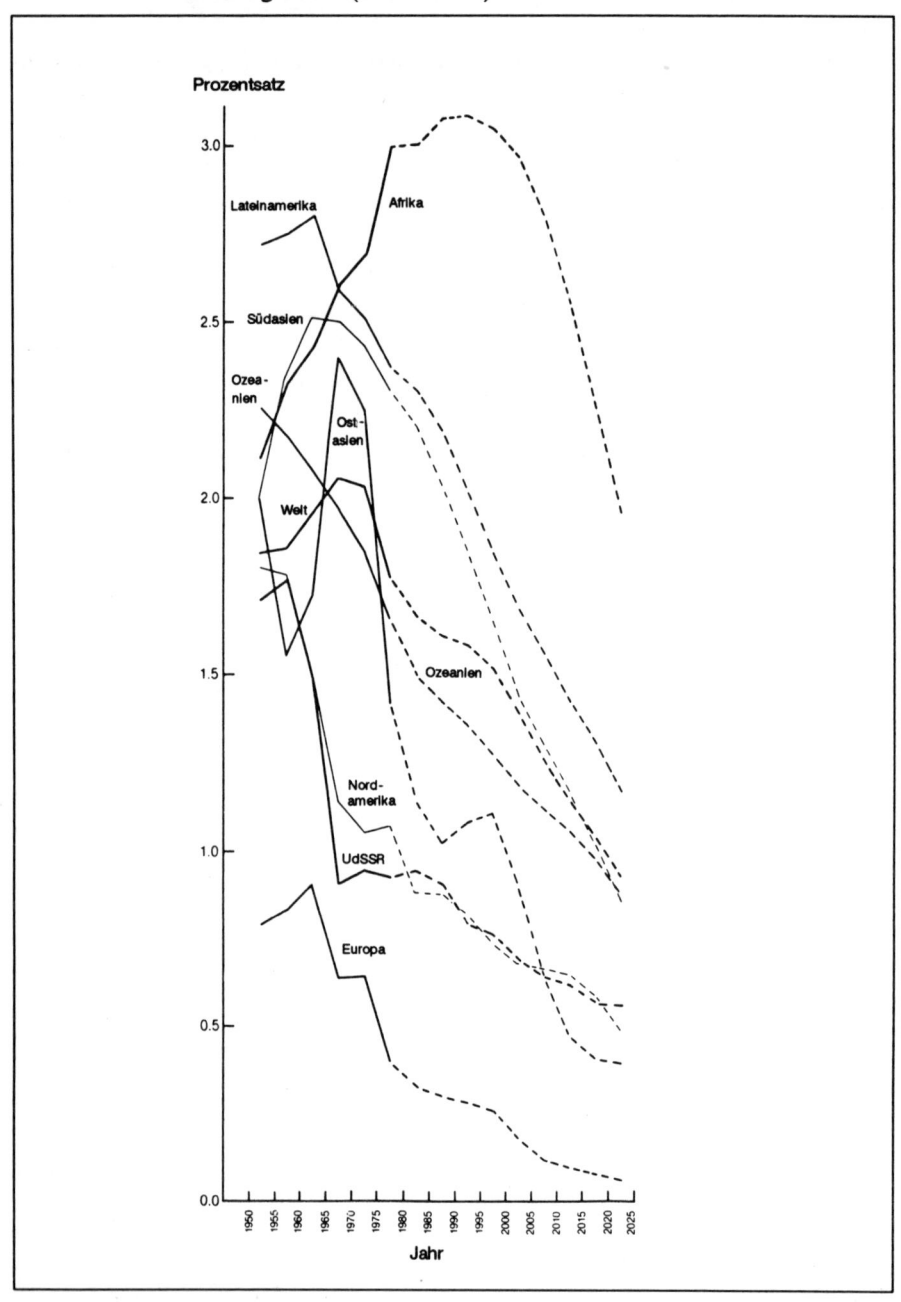

Quelle: nach *UN* (1985)

7. Ernährungsbasis für die Weltbevölkerung

Wir haben bereits festgestellt, dass das Ernährungsproblem grundsätzlich lösbar ist. Im Zusammenhang mit den möglichen Auswirkungen steigender Agrarproduktion auf die Umwelt gibt es allerdings einige Problembereiche, die erwähnt werden müssen. Da ist zunächst die Brandrodung zwecks Gewinnung von Land sowie die Verwendung von Brennholz als wichtigste Energiequelle in den meisten Entwicklungsländern. Beide Vorgänge sind fast ausschliesslich auf den Bevölkerungsdruck zurückzuführen. Die Abholzung der Wälder fördert die Erosion, so dass weitere Brandrodungen zur Gewinnung von Agrarland notwendig werden. Dieser Prozess ist im Amazonas-Gebiet, in Asien (Himalaja sowie Indonesien) und in Afrika von Bedeutung. In Tansania, Gambia und Thailand sind mehr als 90 Prozent der Bevölkerung abhängig von Brennholz. So besteht ein Zusammenhang zwischen Bevölkerungsdruck, Brennholzverbrauch, Landerosion und Agrarproduktivität. Wenn Brennholz knapp wird, werden Kuhfladen nicht mehr zur Düngung, sondern als Brennmaterial verwendet. Damit wirkt die Agrarproduktion unter Bedingungen des Bevölkerungsdrucks von zwei Seiten her ökologisch belastend: einerseits durch die Brandrodungen und anderseits durch den Einsatz von Dünger.

Um es noch einmal zu unterstreichen: Wir wollen hier nicht das sehr komplizierte Wirkungsgefüge der Weltagrarproduktion diskutieren. Im Kontext des MUW-Systems geht es ausschliesslich um die ökologischen Aspekte der Nutzung von Boden für die Produktion von Nahrungsmitteln, und damit nur für einen Teil der gesamten Agrarproduktion, zu der u.a. auch der Tabakanbau sowie die Woll- und Kautschukproduktion gerechnet werden. Bezeichnend ist, dass bei der Getreideproduktion der weltweite Düngemittelverbrauch pro Kopf seit 1950 um mehr als das Fünffache angestiegen ist, während die pro Kopf verfügbare Anbaufläche von 0,23 auf 0,14 Hektar zurückging (vgl. Abbildung 28).

Diese Entwicklung sowie die erste und die zweite *Grüne Revolution* haben dazu geführt, dass die Getreideproduktion in den letzten 40 Jahren weltweit um rund 3 Prozent pro Jahr gestiegen ist, während die Bevölkerung um "nur" 2 % pro Jahr zugenommen hat. Damit stieg weltweit – trotz lokaler Katastrophen – die *durchschnittliche* Pro-Kopf-Versorgung mit Getreide an. Selbst in Indien, wo sich die Bevölkerung in den letzten 35 Jahren verdoppelt hat, konnte die Versorgung mit Brotgetreide mit dem Bevölkerungszuwachs Schritt halten (Abbildung 29, S. 93).

Heute ist Indien sogar Nettoreisexporteur, während die Sowjetunion immer noch zu den grössten Getreideimporteuren gehört.

Abbildung 28: Düngereinsatz und Anbaufläche pro Kopf der Bevölkerung weltweit (1950–1988)

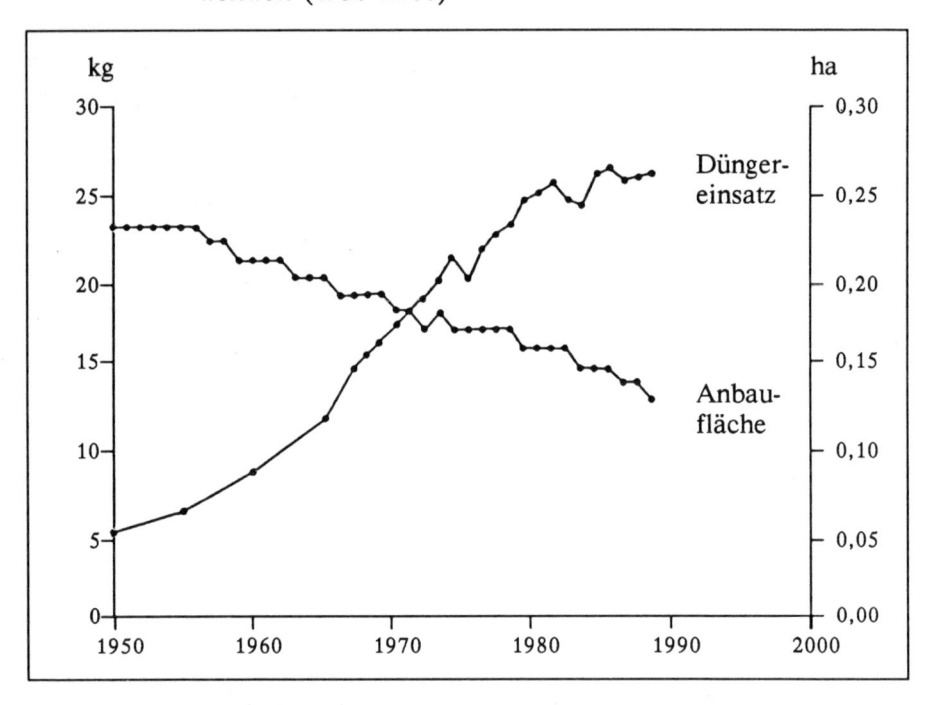

Quelle: nach *Brown* (1988: 33)

Insgesamt erzeugen die Industrieländer, insbesondere die Vereinigten Staaten und die EG, die grössten Agrarüberschüsse. Bei Weizen, Reis und Mais liegen die Hektarerträge in den USA und in Japan um das Zwei- bis Dreifache über dem Niveau der Entwicklungsländer. Besonders kritisch ist die Lage in Afrika. Wie aus Abbildung 30, Seite 94 hervorgeht, ist dort – im Gegensatz zu Lateinamerika und Asien – die Pro-Kopf-Nahrungsmittelversorgung gefallen.

Es waren also zwei strategisch entscheidende Faktoren, die es trotz rückläufiger Anbauflächen der Menschheit erlaubt haben, die Nahrungsmittelproduktion stärker zu steigern, als die Bevölkerung zunahm: erstens die Errungenschaften der beiden Grünen Revolutionen – also *Wissen*; zweitens der Einsatz von Düngemitteln und Maschinen – also *Energie*. Wissen und Energie sind somit die beiden Schlüsselfaktoren, für diese positive Entwicklung.[12] Wir werden im nächsten Kapitel auf den Faktor *Energie* näher eingehen.

Insgesamt besteht zwischen Mehrverbrauch an Energie und Kunstdünger in den Entwicklungsländern einerseits und Bevölkerungszunahme andererseits eine direkte Korrelation. Ohne den Mehreinsatz dieser beiden Faktoren

Abbildung 29: Brotgetreideanbau und Bevölkerungsentwicklung in Indien (1950 – 1983)

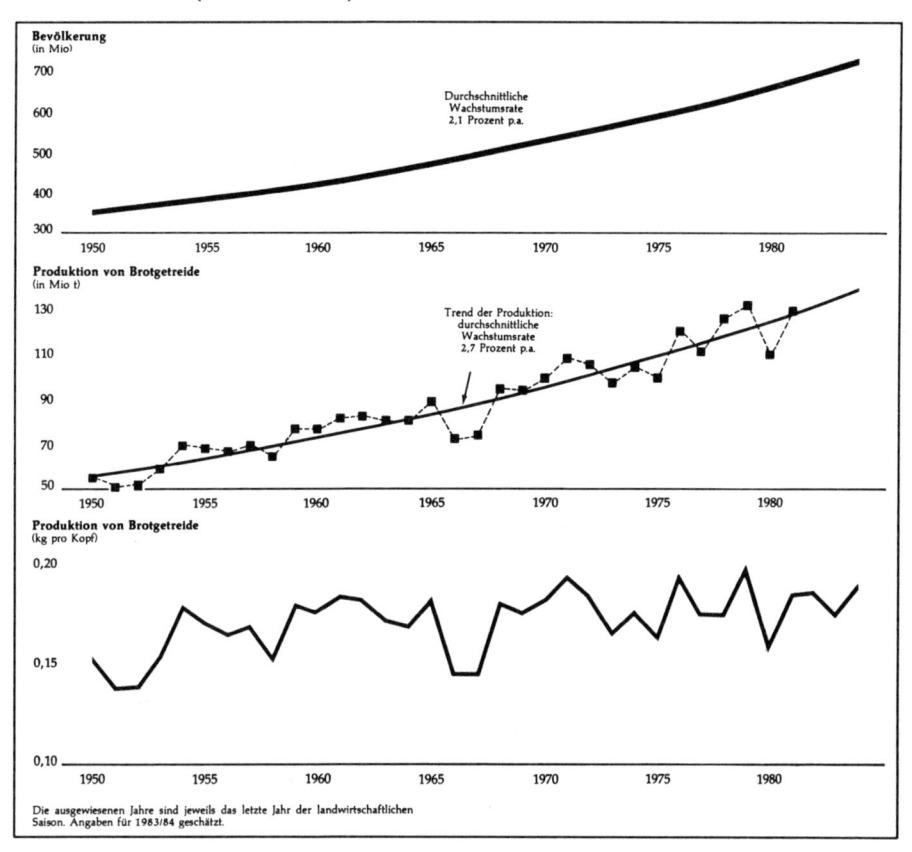

Quelle: Weltbank (1984: 109)

hätten in den letzten 30 bis 40 Jahren nicht nur in Afrika, sondern in der ganzen Welt permanent Hungersnöte geherrscht. Betrachtet man die beiden volkreichsten Länder, China und Indien, dann wird die Korrelation zwischen Bevölkerungszuwachs und Düngemitteleinsatz deutlich sichtbar. Abbildung 31 lässt jedoch noch einen weiteren Zusammenhang erkennen: Obwohl China eine geringere Bevölkerungszunahme zu verzeichnen hatte als Indien, stieg der Düngemitteleinsatz dort stärker an als in Indien. Diese Differenz erklärt sich aus der in China schon weiter vorangeschrittenen Erodierung der Böden und der damit verbundenen Umweltbelastung. China – dies sei vorwegneh-

---

12. *Straubhaar* (1989) gelangt aufgrund ähnlicher Überlegungen ebenfalls zu dem Schluss, dass es keine absolute malthusianische Grenze der Bevölkerung gibt.

Abbildung 30: Index der Pro-Kopf-Nahrungsmittelproduktion
(gemittelt für die Periode 1961 – 65 = 100)

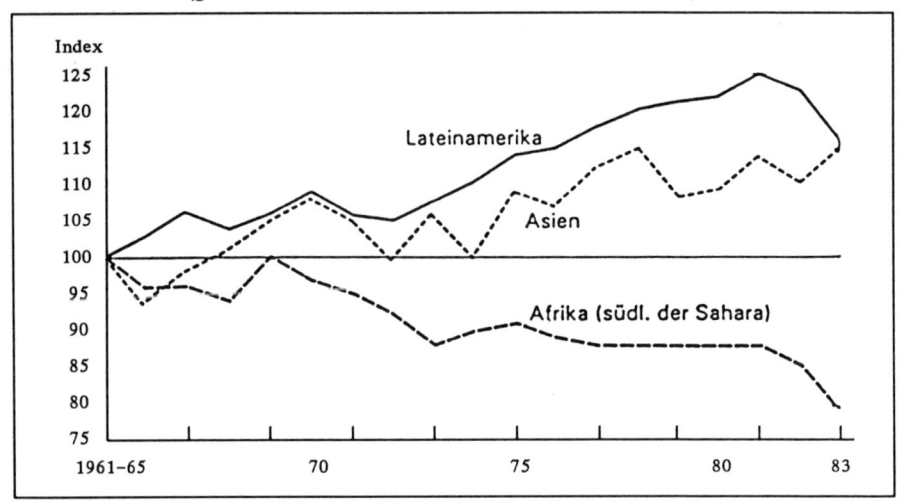

Quelle: Leisinger (1985: 15)

Abbildung 31: Anstieg des Düngemitteleinsatzes in Indien und China
zwischen 1952/53 und 1985/86

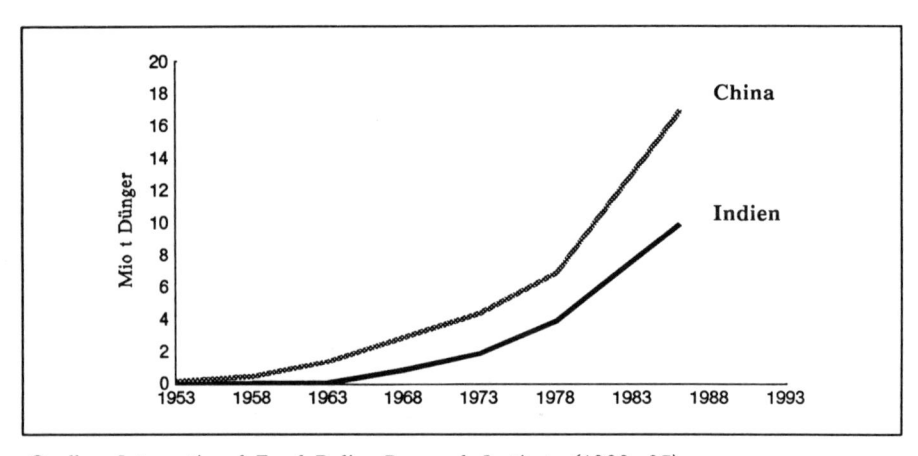

Quelle: *International Food Policy Research Institute* (1988: 27)

mend schon hier gesagt – ist die ökologische Zeitbombe dieser Welt: Nicht nur sind die Böden in vielen Regionen der Erosion ausgesetzt und "ausgelaugt"; China produziert mit gegenwärtig einer Milliarde Tonnen Kohleverbrennung pro Jahr den grössten SO_2- und CO_2-Ausstoss unter allen Entwicklungsländern.

Es ist üblich geworden und gehört fast zum guten Ton, Horrorvisionen an die Wand zu malen. Sie beruhen jeweils auf der "plausiblen" Argumentationskette: *"wenn – dann"*. Also: *Wenn* die bisherigen Entwicklungen so weitergehen wie bisher, *dann* wird die Tragfähigkeit des Ökosystems zusammenbrechen und die Produktion von Nahrungsmitteln für eine wachsende Menschheit schlicht nicht mehr möglich sein. Die Problematik liegt im Wörtchen *"wenn"* verborgen. Die Dinge ändern sich schnell, sehr schnell sogar. Man muss also nicht befürchten, *dass* alles so weitergeht.

Sinkende Anbauflächen sind in den Industrienationen zum Beispiel das Ergebnis bewusster Politik. Man hat eingesehen, dass es wenig Sinn macht, wenn die Landwirtschaft für die Produktion von Überschüssen und die Zerstörung der Umwelt, für die Vernichtung des Artenreichtums sowie für die Vergiftung von Grundwasser und Böden durch Nitrat und Schwermetalle (Klärschlamm) mit Subventionen prämiert wird. Wie oben bereits erwähnt, hat man in den Vereinigten Staaten aus diesem wie auch aus anderen Gründen etwa die Hälfte des bebaubaren Landes der landwirtschaftlichen Nutzung entzogen. In Westeuropa sind es rund 35 Prozent. Ausserdem werden jetzt endlich die Bauern bei uns dafür bezahlt, dass sie sich, statt Überschüsse zu produzieren, als Bewahrer des ökologischen Gleichgewichts betätigen.

8. Einfluss von Klimaveränderungen auf die Landwirtschaft

Zum Schluss dieses Abschnitts sei noch auf ein besonderes Problem hingewiesen, das wir in Kapitel V.4 noch näher erörtern werden, das aber auch an dieser Stelle in bezug auf einen ganz bestimmten Aspekt erwähnt werden muss: Es ist das CO_2-Problem und dessen mutmasslichen Auswirkungen auf die Agrarproduktion im 21. Jahrhundert.

Nach neuesten Erkenntnissen kommt die mit den Treibhausgasen in Verbindung zu bringende Erwärmung der Erdatmosphäre schneller und stärker als ursprünglich vermutet. Wenn dies stimmt (vgl. auch Kapitel V.4), dann steht zu vermuten, dass sich die Lage für die Agrarwirtschaft in den nördlichen Breitengraden dramatisch ändern wird. Man nimmt an, dass die Beringstrasse schon im 21. Jahrhundert voll schiffbar sein wird, dass in den nördlichen Teilen Alaskas und Sibiriens Getreide und Reis angebaut werden kann und dass die Schiffahrt nördlich des Nördlichen Polarkreises möglich sein wird. Die grossen "Gewinner" dieser dramatischen Klimaveränderung wären die Kanadier (Melvillesund, Lancastersund), dann die Vereinigten Staaten (Alaska) sowie die Sowjetunion (Barentssee, Kara-See, Laptew-See). Endlich würde der Nordhafen *Murmansk* das ganze Jahr über schiffbar sein.

In einer grossangelegten zweibändigen Studie des *International Institute for Applied Systems Analysis* (*IIASA*) ist der Einfluss eine gegenüber dem vorindustriellen Wert verdoppelten CO_2-Ausstosses auf die Oberflächentemperaturen sowie auf die Produktivität der Land- und Forstwirtschaft untersucht worden (*Parry/Carter* 1988). Die Autoren gelangen bei aller Vorsicht und unter den zahlreichen Einschränkungen, die eine wissenschaftlich einwandfreie Analyse nahelegt, zu dem Schluss, dass die infolge der Verdopplung des CO_2-Gehalts in der Atmosphäre zu erwartende Erwärmung in Kombination mit der ebenfalls dadurch verursachten Zunahme der Niederschläge eine Erhöhung der landwirtschaftlichen Erträge bewirkt: Die Erträge in der Weidewirtschaft Islands (Gras, Heu sowie Zunahme des Weidelandes) werden um 50 bis 70 Prozent steigen; die Erträge von Gerste und Hafer werden in Nordfinnland um 15 Prozent zunehmen; demgegenüber werden die Erträge in den nördlichen Zonen der UdSSR wegen übermässiger Niederschläge zurückgehen. Die Untersuchungen für die nördlichen Regionen beziehen sich auf Saskatchewan (Kanada), Island, Finnland, Leningrad, sodann auf Zentralregion der nördlichen UdSSR sowie auf Nordjapan. Die Berechnungen wurden mit Hilfe des *Goddard Institute for Space Studies General Circulation Model* (*GISS*) durchgeführt.

Um nicht in journalistische Vereinfachung zu verfallen, sei an dieser Stelle mit allem Nachdruck vermerkt, dass diese Resultate nicht definitiv sind und dass beim Übergang vom heutigen Klima zu wärmeren Temperaturen infolge zunehmender Niederschläge in einzelnen Regionen (z.B. in der nördlichen Sowjetunion) bei bestimmten Erträgen auch Rückgänge erwartet werden (z.B. bei Roggen in der Region *Leningrad*). Demgegenüber nehmen den Szenarien zufolge die Erträge von Frühjahrsweizen in der Region *Cheryn* um 20 Prozent zu.

9. Zusammenfassung

Wenn wir also in eine entfernte Zukunft (Zeitperioden von 50 bis 100 Jahren) blicken, so ergeben sich nach *heutigem* Wissensstand folgende Perspektiven: Einerseits wird die Bevölkerungszunahme zum Stillstand kommen, und andererseits dürfte sich die Basis für die Erzeugung von Nahrungsmitteln dank der zu erwartenden Erwärmung ganz erheblich vergrössern. Wie aus den genannten *IIASA*-Studien hervorgeht, gilt dies in noch höherem Masse für die Forstwirtschaft. Die Menschheit muss nicht befürchten, dass der Wald auf diesem Globus ganz verschwinden wird. Doch der Wald wird in Zukunft anders aussehen, und er wird an anderer Stelle, vermutlich in höheren Breitengraden, wachsen.

Nun sind diese ersten Ergebnisse keineswegs definitiv. Sie müssen vielmehr laufend ergänzt und überprüft werden. Unsicherheit besteht vor allem im Hinblick auf das *Anpassungspotential von Ökologie und* Mensch: Je schneller der Übergang zu höheren Temperaturen erfolgt, um so schwieriger wird sich der Prozess der Umstellung auf die neuen landwirtschaftlichen Regionen vollziehen. Zusätzliche Freisetzung von Methan und Kohlendioxid als Folge des Abschmelzens der Permafrostdecke sowie der Eisdecken können ihrerseits den Wärmeeffekt beschleunigen. Niemand weiss heute genau, wie sich das alles vollziehen wird. Wir wissen aber sehr wohl, dass besonders in der Dritten Welt Millionen von Menschen von den klimatischen Veränderungen, die unweigerlich ins Haus stehen, negativ betroffen sein werden. Hunderte von Millionen Menschen leben in Küstenregionen, die durch den erwarteten Anstieg des Meerwasserspiegels gefährdet sind. Für Hunderte von Millionen, wenn nicht gar Milliarden Menschen ist die klimabedingte Erhöhung der Agrarproduktion in den nördlichen Regionen der Welt – möglicherweise sogar – mit zusätzlicher Trockenheit in den südlichen Regionen verbunden. Es kann also durchaus sein, dass die in den nördlichen Breitengraden zu erwartende Steigerung der Agrarproduktion zeitlich und örtlich von der in den südlichen Breitengraden bis Ende des 21. Jahrhunderts erfolgten Bevölkerungszunahme so weit entfernt ist, dass die dann erforderlichen Umverteilungsmechanismen aus technischen sowie und vor allem politischen Gründen nicht ausreichen, um einen Ausgleich herzustellen. Was dies zur Folge haben könnte, liegt auf der Hand: Die sich schon heute abzeichnende Bevölkerungswanderung vom armen Süden in den vermeintlich reichen Norden würde lawinenartig zunehmen. Ein Vorgeschmack darauf wird in zahlreichen Studien gegeben, die in letzter Zeit zu diesem Thema erschienen sind. (Stellvertretend für viele sei auf zwei Übersichtsarbeiten hingewiesen: UNEP (1985) sowie *Jacobson* (1988).)

Politische Wirren als Folge ökologischer Katastrophen in den südlichen Regionen der Welt, kombiniert mit einer durch Satellitenfernsehen kreierten falschen Vorstellung über die Reichtümer des Nordens, werden Hunderte von Millionen von Menschen in Bewegung versetzen. Viele werden schon im Vorfeld, d.h. in den südlichen Regionen selbst, hängen bleiben. Eine durchorganisierte systematische Migration in den Norden wird es kaum geben. Dennoch werden Dutzende von Millionen "durchkommen" und unsere Behörden vor die schwierige Aufgabe stellen zu entscheiden, ob es sich bei den Flüchtlingen um Umweltflüchtlinge oder um Wirtschaftsflüchtlinge beziehungsweise um politisch Verfolgte handelt. Diese Unterscheidung wird deshalb zunehmend schwieriger, weil sich alle drei Faktoren – die ökologischen, die wirtschaftlichen und die politischen – heute mehr denn je gegenseitig beeinflussen.

Gegenwärtig gibt es rund 15 Millionen Flüchtlinge auf der Welt. Dies entspricht der Zahl der Flüchtlinge und Vertriebenen nach dem Zweiten Weltkrieg in Europa. Demgegenüber rechnet man heute mit mehreren hundert Millionen von potentiellen Umweltflüchtlingen.

Wir erinnern uns des eingangs Gesagten: Es gibt drei Reaktionen des Menschen auf Herausforderungen: die Flucht, den technischen "*Fix*" und die Änderung des Verhaltens. Im vorliegenden Fall werden wir vor die Entscheidung gestellt, *entweder* die Technologie – technischen Umweltschutz zwecks Verbesserung der Lebensbedingungen – vermehrt in die Länder der Dritten Welt zu transferieren *oder* uns auf einen verstärkten Zustrom von Umweltflüchtlingen aus der südlichen Hemisphäre gefasst zu machen. Vermutlich wird aber beides geschehen: Trotz unserer Bemühungen ist kaum eine Änderung des Verhaltens zu erwarten, wo es um Basisbedürfnisse geht, denn hungernde Menschen können sich das Essen nicht ganz abgewöhnen ...

III. Ressourcen, Energie, Wissen

1. Grundsätzliches

Wir verbrauchen keine Ressourcen, sondern Ordnungszustände. Durch exzessives Bevölkerungswachstum können diese Ordnungszustände erheblich gestört werden. Die einzige Möglichkeit, dieser Tendenz entgegenzuwirken, besteht im Aufbau funktionsfähiger technischer Strukturen. Damit solche Strukturen entstehen können, müssen sie ökonomisch realisierbar sein. Dazu bedarf es der Kapitalausstattung und der Ressourcenverfügbarkeit. Dies wiederum setzt eine genügende Versorgung mit Energie voraus.[13] Und um Energie ökologisch verträglich und gleichzeitig auch zu wirtschaftlich tragbaren Bedingungen verfügbar zu machen, bedarf es des Wissens.

Man kann also formulieren: Sobald sich die Lebensbedingungen verbessern, nimmt das Bevölkerungswachstum langsam ab. Haben wir das Energieproblem gelöst, können wir auch die Ressourcen- und Umweltprobleme weitgehend lösen und schrittweise ein ökologisch gleichgewichtiges Wirtschaftswachstum realisieren. Um aber all dies mit einiger Aussicht auf Erfolg vollbringen zu können, bedarf es der ständigen Aufarbeitung von neuem Wissen sowie der Förderung von Innovation und Kreativität. Wie die Armut von der *pauvreté* kommt, so kommt auch das Wissen von besserer Kognition. Die den heutigen und für die Zukunft relevanten Wissens- und Innovationsprozess stützenden gesellschaftlich-technischen Strukturen bedürfen eines hohen Grades an Varianz und Mobilität. Sie sind deshalb energieintensiv. Aus diesem Grund hat es wenig Sinn, durch Einschränkungen und Behinderungen von Mobilität und Energieverbrauch, namentlich der Produktion der Elektrizi-

---

13. Für das Verständnis der Ressourcen- und Umweltproblematik ist der Begriff der *Entropie* wichtig. Um eine bestimmte Konzentration eines Stoffes durch "Entmischung" (Extraktion) aus einer Menge umgebender, als Ressource nicht verwendeter Stoffe zu erreichen, muss Energie aufgewendet werden. Die Beziehung zwischen der für die Separation erforderlichen Energie, dem jeweiligen Konzentrationsgrad (bezogen auf die Gesamtzahl der in einem Stoff vorhandenen Atome) und der Temperatur ist exakt bestimmbar. Näheres dazu vgl. *Faber et al.* (1988).

tät, sowie durch Behinderungen der technischen Entwicklung die Umweltsituation verbessern und eine humane Gesellschaftsordnung herstellen zu wollen. Jede Begrenzung des Zugangs zu Energie, d.h. der Möglichkeit, Leistungspotentiale in Anspruch zu nehmen, impliziert auch Schwierigkeiten des Zugangs zu Wissen und erschwert dessen Umsetzung in technischen Fortschritt.

Energie- und mobilitätsbeschränkende Faktoren, seien sie das Resultat von Armut oder von gezielten Massnahmen, beeinträchtigen die Chancen für die Verwirklichung einer menschenwürdigen Zukunft. Die Begrenzung von Energieverbrauch und Mobilität garantiert keineswegs ein friedliches Zusammenleben der Menschen untereinander und mit der Natur, nach dem Wunschmotto "Frieden mit der Natur". Im Gegenteil: Eine solche Begrenzung erzeugt vor allem dann, wenn sie "von oben" verordnet wird, Apathie und/oder Aggression. Man braucht nur in die Länder der Dritten Welt zu gehen, um zu sehen, wie schnell armuts- und krankheitsbedingte Apathie in Agression umschlagen kann. Allerdings wird die Einschränkung der Energieverfügbarkeit sowie der Mobilität in der Dritten Welt in der Regel nicht "von oben" verordnet, sondern ist das Resultat von Armut.

Neuerdings beobachten wir in Osteuropa ein ähnliches Phänomen. Dort sind Energieknappheit und Umweltzerstörung nicht das Resultat absoluter Armut, sondern das Ergebnis einer langjährigen Bevormundung der Menschen durch selbsternannte Politbonzen, die bis vor kurzem ihre Privilegien auf dem Rücken des Volkes aufrechtzuerhalten vermochten. Nicht ohne Zufall sind diese Gesellschaftssysteme durch extrem niedrige Wirkungsgrade im Energiesektor sowie durch einen hohen Grad der Umweltzerstörung gekennzeichnet. Die Umwandlungsverluste und damit die Energieverschwendung sind z.B. in Rumänien fast so hoch wie in China. Gerade dort hat man den Zugang des Bürgers und der Wirtschaft zur Energie am stärksten beschnitten. Wie bei der Armut, die von *pauvreté* kommt, ist es auch hier: Die Ineffizienz kommt eben von niedrigen Wirkungsgraden ....[14] Die folgerichtige Fragestellung lautet also: Wie steht es mit den Ressourcen? Was ist überhaupt eine Ressource, und wie hängt die Ressourcenfrage mit dem Energieproblem und dieses wiederum mit der Erarbeitung von Wissen zusammen? Diesen Fragen soll in den folgenden Kapiteln nachgegangen werden.

---

14. Einen guten Überblick über die Energieeffizienzen der einzelnen Länder gibt *Chandler* (1986).

2. Ressourcen und Energie[15]

2.1. Verfügbarkeit von Ressourcen

Das allgemein sensitivisierte Umweltbewusstsein hat auch zu einer veränderten Einstellung der Öffentlichkeit gegenüber dem Umgang mit Rohstoffen geführt. Immer wieder wird die Gefahr einer Erschöpfung der Rohstoffe an die Wand gemalt. Ebenso populär wie falsch ist das sogenannte "Kuchenkonzept": Man stellt sich eine bestimmte Ressource wie einen Kuchen vor, von dem sich jeder etwas abschneidet, bis schliesslich nichts mehr da ist. Man schätzt also die Reserven eines Vorkommens, vergleicht sie mit der jährlichen Verbrauchsrate und gelangt dann zur "Lebensdauer" dieses Vorkommens. Mit dieser einfachen Methode ist man schlecht gefahren. So hat man die Lebensdauer der Ölvorkommen schon vor dem Zweiten Weltkrieg auf 30 bis 35 Jahre geschätzt. Diese Lebensdauer blieb über vierzig Jahre lang mehr oder weniger konstant und erhöhte sich in den letzten 8 Jahren auf über 50 Jahre. Wie aus Tabelle 13 ersichtlich ist, haben in der Zeit von 1967 bis 1987 die Reserven fossiler Energieträger zugenommen. Die jährliche Zunahme der

Tabelle 13: Zunahme der Reserven von 1967 – 1987 (in %)

	Öl	Gas	Kohle
Mittlerer Osten	66,0	28,6	
Lateinamerika	18,3	9,2	
Länder mit zentraler Planwirtschaft	9,1	43,5	
Westeuropa	4,1	6,2	
Andere	2,5	12,5	
China			49,3
USA			28,2
Afrika			22,5

Quelle: nach BP Statistical Review of World Energie (1988)

Weltreserven der genannten drei fossilen Energieträger geht aus Tabelle 14 hervor.

---

15. Kapitel III.2 stützt sich zum Teil auf einen Aufsatz, der unter dem Titel "Über partielle Substitution von Energie, Ressourcen und Wissen" in Band 108 (*Erschöpfbare Ressourcen*) der Arbeitstagung des Vereins für Socialpolitik erschienen ist. Vgl. *Fritsch* (1980).

Tabelle 14: Jährliche Zunahme der Weltreserven von
Öl, Gas und Kohle

Öl (in 10^9 *Barrel*)	1967:	418	
	1987:	896	Zunahme: 114,3 % = 3,9 % p.a.
Gas (in $10^{12}\,feet^3$)	1977:	2519	
	1987:	3797	Zunahme: 50,7 % = 4,2 % p.a.
Kohle (in 10^9 t)	1981:	884	
	1987:	1026	Zunahme: 16,1 % = 2,5 % p.a.

Quelle: nach BP Statistical Review of World Energie (1988)

Die Zunahme gilt auch für praktisch alle anderen heute verwendeten Ressourcen (vgl. z.B. *Simon/Kahn* 1984) und ist das kombinierte Ergebnis von Exploration und Wirtschaftlichkeit. Wenn die Preise steigen, lohnen sich vermehrte Prospektionen. Die Prospektions- und Fördertechniken haben in den letzten zwanzig Jahren einen ungeheuren Fortschritt verzeichnet. Ob ein bekanntes Vorkommen auch ökonomisch nutzbar ist und damit vom Status einer Ressource zu einem Vorrat wird, hängt ebenfalls von der Preisentwicklung sowie von den technisch möglichen Substitutionen ab.

Um diese Zusammenhänge besser zu veranschaulichen, bedient man sich häufig des von McKelvey entwickelten Schemas, das in Abbildung 32 wiedergegeben wird.

Die Tatsache, dass die Vorräte (*reserves*) heute bei fast allen Rohstoffen gestiegen sind, geht darauf zurück, dass die technische Prospektion bei einer gegebenen Verteilung der jeweiligen Stoffe in der Erdkruste das Vorhandensein von Rohstoffen schneller auszumachen vermochte, als die Nachfrage danach stieg. Deshalb sind auch die Preise auf breiter Front gefallen. Da aber einmal vorgenommene Substitutionen wie der Ersatz von Metall durch Kunststoff im Automobilbau wegen der damit verbundenen Veränderung der Produktionsstruktur nicht in beiden Richtungen kostenneutral verändert werden können, wird eine einmal mit Erfolg durchgeführte Substitution auch dann beibehalten, wenn der Preis des ursprünglich substituierten Rohstoffs sinkt.

Von der ökonomischen Theorie wurden diese Zusammenhänge schon vor vielen Jahrzehnten behandelt. Nach dem Theorem von *Hotelling* (1931) ist eine optimale Ausbeutung der Ressourcen dann gegeben, wenn der durch die Nutzung dieser Ressourcen erzielbare Ertrag gleich dem Zinssatz ist. Diese Theorie beruht auf einer Reihe von Annahmen, die nicht realistisch sind. Sie trägt vor allem den durch Dissipationen entstehenden dynamischen Externali-

Abbildung 32: Klassifikation der mineralischen Ressourcen nach McKelvey

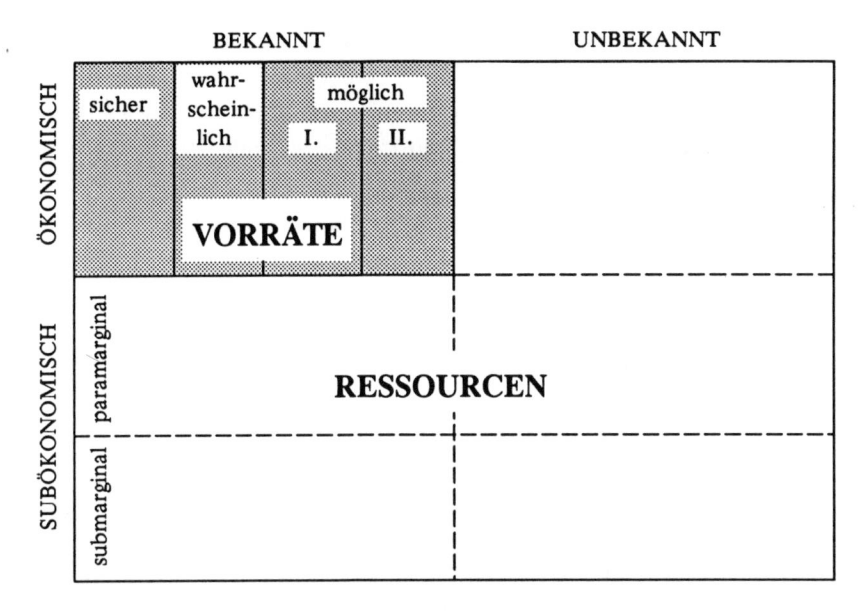

	BEKANNT			UNBEKANNT
ÖKONOMISCH	sicher	wahr-scheinlich	möglich I. II.	
		VORRÄTE		
SUBÖKONOMISCH paramarginal		RESSOURCEN		
SUBÖKONOMISCH submarginal				

Quelle: nach *US Geological Survey / US Bureau of Mines*

täten nicht genügend Rechnung. Das gleiche gilt für die Behandlung des Ressourcenproblems durch die heutige neoklassische Theorie (vgl. z.B. *Dasgupta/ Hegl* 1979; *Eichhorn (et al.)* 1982; *Siebert* 1988). Eine Auswertung dieser Veröffentlichungen sowie weiterer Untersuchungen führt bezüglich des Ressourcen- und Energieproblems zu folgenden Thesen:

1. Physikalisch stehen dem Menschen nahezu unbegrenzte Energiepotentiale zur Verfügung.
2. Wenn wir das Energieproblem gelöst haben, ist auch das Ressourcenproblem weitgehend gelöst.
3. Die Überführung der physikalisch vorhandenen in ökonomisch nutzbare Energie hängt u.a. von der Kapitalbildung der Wirtschaft ab.
4. Die Fähigkeit der Wirtschaft, durch geeignete Techniken den zukünftigen Energiebedarf zu decken, ist ihrerseits abhängig vom Wissen.
5. Ressourcen, einschliesslich der Energie, sind letzten Endes nichts anderes als in Wissen umgesetzte Information.
6. Es besteht ein Zusammenhang zwischen dem materiellen, dem biologischen und dem kognitiven Energie-/Informationsaustausch. Die aus dieser

Relation ersichtlichen Multiplikatoren zeigen, dass dem Menschen für seine Evolution ein praktisch unbegrenztes Informationspotential zur Verfügung steht. Begrenzungen des Wirtschaftswachstums sind deshalb nicht von den materiellen Ressourcen her gegeben, sondern hängen von der Schnelligkeit ab, mit welcher der Mensch Negentropie in Wissen zu transformieren vermag. Das Wachstumspotential der Wirtschaft ist also letzten Endes abhängig von der Lernfähigkeit der Gesellschaft.

7. Es gibt demnach zwei faktisch unerschöpfliche, komplementäre Quellen, aus welchen die für die Evolution des Menschen erforderliche Negentropie entsteht: *Energie* und *Wissen*.

2.2. Energie und Wirtschaftswachstum

Die vom System *Erde/Atmosphäre* empfangene Gesamteinstrahlung von der Sonne beläuft sich auf rund 175 000 TWa/a. Im Verhältnis dazu beträgt der anthropogene Energieverbrauch von 12 TWa/a lediglich etwas mehr als 14 Tausendstel der durch Sonneneinstrahlung empfangenen Energie. Wie wir gleich sehen werden, gibt es darüber hinaus noch weitere "Durchflussenergien" (*flows*) sowie grosse "Bestände" (*stocks*), die dem Menschen für den Aufbau und die Verwendung extrasomatischer Energiepotentiale zur Verfügung stehen.

Wenn nun Energie dennoch ein knappes Gut ist, so deshalb, weil zwischen denjenigen Investitionen, die wie Wasser- und Kernkraftwerke sowie thermische Kraftwerke Energie wirtschaftlich nutzbar machen, und solchen Investitionen, die das energieverbrauchende Wirtschaftswachstum bestimmen, vorläufig noch kein Gleichgewicht besteht. Dieses Ungleichgewicht ist während der letzten 30 Jahre insbesondere wegen des billigen Öls und der daraus resultierenden Energieverschwendung entstanden. Es spiegelt ein tieferliegendes Ungleichgewicht wider, dessen Struktur, wie wir im ersten Teil des Buches gesehen haben, durch das Zusammenwirken ökologischer und ökonomischer Prozesse bewirkt wird.

Die durch Photosynthese während Jahrmillionen aufgebauten Kohlenwasserstoffe werden seit rund 150 Jahren zwecks Energiegewinnung durch Verbrennung chemisch umgewandelt: CO_2 wird freigesetzt, Sauerstoff gebunden. Die fossilen Vorkommen an Öl, Gas und Kohle werden auf diese Weise "abgebaut". Gleichzeitig erhöht sich infolge der materiellen Durchsätze die Entropie (im Sinne von gleichmässiger Dispersion von Materie) des Systems: Es entsteht "Abfall" und Umweltbelastung. Gleichzeitig nehmen auch die natürlich vorkommenden Konzentrationen von Erz ab, weil auch sie abgebaut werden. Demgegenüber steigt die Produktion von Konsum- und Investitionsgütern, und die Bevölkerung nimmt – gegenwärtig noch weltweit – zu.

Es ist möglich, diese Ungleichgewichte bei positivem Materialdurchsatz (= Wirtschaftswachstum) und steigendem Gesamtenergieverbrauch schrittweise zu beseitigen, weil pro materiellen Umsatz tendenziell immer weniger Energie und immer mehr Information verwendet wird. Der Informationsgehalt der Güter nimmt, wie wir wissen, zu. Wichtig für die Interdependenz von Energie- und Wirtschaftswachstum ist die Tatsache, dass im Prozess der materiellen Umsätze nicht nur Energie verbraucht, sondern auch Energie produziert wird. Im Prinzip ist bei jeder gegebenen Technologie ein Gleichgewicht möglich zwischen der Wachstumsrate der Wirtschaft und der Schnelligkeit, mit welcher die dazu erforderlichen Energieträger verfügbar gemacht werden können. Die dem jeweiligen Wirtschaftswachstum entsprechende Relation zwischen Energieerzeugung und Energieverbrauch kann für jede Technologie berechnet werden.[16] Es liegt deshalb auf der Hand, dass der Energiesektor nicht ohne Verknüpfung der anderen Wirtschaftssektoren, zum Beispiel der Nicht-Energiesektoren, ins Uferlose wachsen beziehungsweise stagnieren kann. Eine vollständige Entkopplung von Energieverbrauch und Wirtschaftswachstum ist deshalb weder möglich noch für die Erlangung des Gleichgewichts von Energieproduktion und Energiebedarf erforderlich.

Wir wollen uns diesen Zusammenhang anhand folgender Überlegungen veranschaulichen: Unabhängig von der Wahl der Technologie verbraucht jedes System zur Erzeugung und Umwandlung von Energie auch im stationären Zustand seinerseits Energie. Zum einen wird Energie bei der Umwandlung von einer Energieform in eine andere, d.h. von Primärenergie in Sekundärenergie, verbraucht, und zum andern wird Energie indirekt im Wirtschaftssystem bei der Produktion von Investitionsgütern verbraucht. In einer wachsenden Wirtschaft mit zunehmendem Gesamtverbrauch an Primärenergie bewirken die langen Vorlaufzeiten für Investitionen im Energiesektor zudem, dass das Energieerzeugungs- und Umwandlungssystem einerseits und das Nicht-Energieproduktionssystem andererseits voneinander abhängen: Das eine System kann nicht unabhängig vom anderen ins Uferlose wachsen. Dieser Zusammenhang ist wie folgt darzustellen:

Betrachten wir die Variablen Y_0 = Ausgangseinkommen, Y_t = Einkommen im Jahre t, C_t = Verbrauch im Jahre t, I_1 = Investitionen in das Energiesystem,

---

16. Ein Ansatz dafür wurde im Rahmen des *ZENCAP*-Projekts unter meiner Leitung am Institut für Wirtschaftsforschung der Eidgenössischen Technischen Hochschule Zürich entwickelt. Vgl. dazu *Working Papers*, *ZENCAP*-Projekt No. 1 – 21 (1977–1987).

I_2 = Investitionen in das "Nicht-Energiesystem", I = Gesamtinvestition (= I_1 + I_2), K = Vorlaufzeit der Investitionen, E_t = Energieproduktion im Jahre t aufgrund der Investitionen zum Zeitpunkt $t-K$, α = für Konsum verwendeter Einkommensanteil, λ = Teil des nicht-konsumierten Einkommens, der in das Energiesystem eingeht, σ = Produktivität der Investitionen im Energiesystem (abhängig vom technischen Wissen), r = Wachstumsrate des Einkommens in % pro Jahr, r' = Wachstumsrate der Produktivität in % pro Jahr.

Das Verhältnis E_t/C_t wird dann durch folgende Relationen bestimmt:

$$C_t = \alpha Y_o \cdot e^{rt}$$
$$C_{t-K} = \alpha Y_o e^{r(t-K)}$$
$$I_2 = \lambda(1-\alpha)Y_o e^{r(t-K)}$$
$$E_t = \sigma_t I_2$$
$$\sigma_t = \sigma_o e^{r't}$$

Damit bestimmt der Anteil der Produktion, der in das Energiesystem eingeht, zusammen mit σ, der Produktivität der Investitionen im Energiesektor, sowie der Wachstumsrate der Volkswirtschaft und der Vorlaufzeit der Investitionen das Verhältnis E_t/C_t. Der wichtigste Einflussfaktor für das Verhältnis E_t/C_t ist die Produktivität und damit das Niveau des technischen Fortschritts.

Unter der Annahme, dass ein positiver Zusammenhang zwischen der Wachstumsrate der Volkswirtschaft und dem technischen Fortschritt besteht und dass λ eine abnehmende, σ eine zunehmende Funktion des technischen Fortschritts ist, kann der Gleichgewichtspunkt zwischen der zunehmenden Energienachfrage in einer wachsenden Wirtschaft einerseits und der erforderlichen Effizienz der Energieerzeugungs- und -umwandlungsprozesse andererseits bestimmt werden.

Die strategischen Faktoren für die Interdependenz von Energiebedarf und Wirtschaftswachstum sind also die folgenden:
- Investitionsquote
- Produktivität der Investitionen (Kapitalkoeffizient)
- technischer Fortschritt
- Anteil der Investitionen für das Energiesystem an den Gesamtinvestitionen
- Effizienz der Energieverwendung (W/$).

Ausserdem hängt die Relation von E_t/C_t mit der intertemporalen Allokation knapper Ressourcen zusammen. Effiziente Allokation setzt jedoch die Kenntnis des tatsächlichen Knappheitsgrades einer Ressource sowie eine operationale Identifikation der Diskontrate voraus. Beide Voraussetzungen sind nicht ohne weiteres gegeben. Deshalb bleibt die Ressourcennutzung unter dem allokationstheoretischen Aspekt in der Regel suboptimal.

Die Energieintensität der Produktion schwankt gegenwärtig zwischen 0,3 und 1,9 W pro Einheit *Sozialprodukt* (ausgedrückt in US-Dollar zu laufenden Preisen). Im Jahr 1977 betrug sie im Weltdurchschnitt 1,3 W pro Produktionseinheit, 1987 verbesserte sich dieser Wert auf 0,82. Bei einer Weltbevölkerung von rund 9 Mrd. im Jahr 2020 und einem durchschnittlichen Pro-Kopf-Einkommen von 3200 Dollar (bzw. einem Wachstum von nur 2 %) würde im Jahr 2020 das Weltsozialprodukt 28,8 x 10^{12} US-Dollar betragen. Unter Annahme eines mit 0.6 günstigen Wertes für die durchschnittliche Energieintensität, die auf globaler Ebene eine Einsparung beziehungsweise eine Erhöhung der Energieeffizienz von mehr als 30 % gegenüber dem heutigen Niveau bedeuten würde, beliefe sich der weltweite Energiebedarf auf ungefähr 17,3 TW.

2.3. Rohstoffe und Wirtschaftswachstum

Rohstoffe gehen nicht "an sich" zu Ende, sondern verändern infolge ihrer Einbeziehung in den zivilisatorisch-technischen Kreislauf ihre Konzentration, ihre Lage und ihre zeitliche Verfügbarkeit. Wenn ein Vorkommen "erschöpft" ist, dann bedeutet dies nur, dass sich der betreffende Rohstoff, beziehungsweise seine chemischen Komponenten, bezogen auf die jeweils gegebene Verwendungsart, zu einer falschen Zeit an einem falschen Ort und in einer falschen Zusammensetzung befindet. Einige Rohstoffe nehmen im Prozess ihrer Verwendung Formen an, die man mit den heutigen technisch chemischen Mitteln nicht ohne eine negative Energie- und Kapitalbilanz wieder in ihren ursprünglichen Zustand zurückbringen kann. Insofern ist es für praktische Bedürfnisse durchaus zweckmässig, die "Lebensdauer" einer Rohstoffreserve beispielsweise in Abhängigkeit vom Preis, der sowohl ein Knappheitsindikator als auch ein Indikator für einen bestimmten Monopolisierungsgrad auf der Angebotsseite sein kann, zu berechnen:

Bezeichnen wir mit g die Wachstumsrate des Verbrauchs (in % pro Jahr), den Gesamtvorrat mit X, die Verbrauchsmenge im Ausgangsjahr mit X_o und den kumulativen Gesamtverbrauch des Rohstoffs mit $\overline{X}$, dann gilt für

$$X_t = X_o e^{gt}$$
$$\overline{X} = \int_0^T X_o e^{gt} dt \quad \text{oder} \quad \overline{X} = \frac{X_o}{g}(e^{gT} - 1).$$

Daraus folgt für die Lebenszeit:

$$T = \frac{1}{g} \ln\left(\frac{g\overline{X}}{X_o} + 1\right).$$

Da bei normalen Preisreaktionen

$$\frac{\partial g}{\partial p} < 0 \qquad \text{gilt, folgt für die Lebensdauer:} \qquad \frac{\partial T}{\partial p} > 0 \ .$$

Mit anderen Worten: Bei steigendem Preis für den jeweiligen Rohstoff verlängert sich dessen Lebenszeit, weil einerseits weniger davon verbraucht wird und andererseits ein Teil der potentiell nutzbaren Ressource zur ökonomisch verwendbaren Reserve wird.

Die meisten mineralischen Rohstoffe weisen denn auch während der letzten zehn Jahre steigende Lebenszeiten auf (*Malenbaum* 1978; *Simon/Kahn* 1984).

Dies ist jedoch nur ein Aspekt des Rohstoffproblems. Anhänger der Erschöpfungstheorie argumentieren, dass auch dann, wenn infolge steigender Preise weniger verbraucht wird, grössere Funde gemacht werden und die wirtschaftlich abbaubaren Reserven zunehmen, jeder Rohstoff irgendeinmal zu Ende gehen muss, zumal – und diesem Argument kann man durchaus zustimmen – durch *Recycling* niemals die gesamte verwendete Rohstoffmenge dem Verbrauch wieder zugeführt werden kann. Streng genommen gilt die Erschöpfungsthese für diese Argumentation auch dann, wenn man den von *Malenbaum* (1978) vorgelegten Messungen zustimmt, denen zufolge der Anteil industrieller Rohstoffe am Bruttosozialprodukt in allen Industrieländern seit 1950 gefallen ist und weiterhin fallen wird.

Trotzdem ist die Erschöpfungstheorie falsch, und zwar aus drei Gründen:

1. Was als Rohstoff gebraucht werden kann, ist nicht vorgegeben, sondern bestimmt sich nach dem jeweiligen Wissensstand. Uran war im 19. Jahrhundert kein Rohstoff[17], Aluminium eine Kuriosität; für Eisen und Stahl gab es praktisch keine Substitute, und die Produkte unserer modernen Chemie – Kunstdünger, Polymere, synthetische Fasern usw. – waren noch gar nicht erfunden. Man wird einwenden, dass auch diese neuen Produkte ihrerseits der Grundrohstoffe bedürfen.

2. Im Zeitalter der technisch-chemischen Umwandlungen und der damit einhergehenden zunehmenden Artifizialität erhalten zahlreiche neue Produkte wiederum Rohstoffcharakter, und zwar nicht dadurch, dass man den ursprünglichen Rohstoff aus "Abfall" extrahiert, sondern weil das, was für die eine Verwendungsart Abfall ist, im System einer anderen Verwen-

---

17. Genau genommen ist Uran bereits seit 1789, also seit mehr als zweihundert Jahren, bekannt. Entdeckt wurde es durch M.H.Klaproth in Berlin. Vgl. dazu *Trueb* (1989).

dungsart als Rohstoff dienen kann. Schlacke kann zum Beispiel im Strassenbau Verwendung finden, Holzspäne werden zu Platten verarbeitet, aus bestimmten Schimmelpilzen können Antibiotika gewonnen werden, aus alten Autoreifen Rohstoff für Bodenbeläge usw.

3. Dies ist jedoch weniger wichtig als eine weitere Tatsache: Durch die beständige Dekomposition und Rekombination von zahlreichen Stoffen – nicht nur von Elementen – sind in der industriell-technischen Entwicklung der letzten zehn Jahre Tausende von neuen Werkstoffen entstanden, die eine Vielfalt von Verwendungsmöglichkeiten und damit eine hohe Substituierbarkeit aufweisen.

> In the automobile industry major materials substitutions are as follows: HSLA steels, aluminium and plastic are substituted for plain carbon steels; aluminium is substituted for cast iron; and aluminium and plastic are substituted for zinc. Further, the substitution of advanced composite materials for aluminium and steel is the subject of increasing interest (*Purcell* 1979: 149).

Der Informations- und Kapitalgehalt dieser Produkte ist heute um ein Vielfaches höher als der Wert der in der Natur vorkommenden Rohstoffe, die in diesen neuen Produkten (sofern überhaupt) enthalten sind.

Diese Entwicklung führt ganz eindeutig zunächst in das von *Goeller* und *Weinberg* (1978) beschriebene Zeitalter der Substitutionen. Wir müssen antizipieren, dass die Zeit des Bergbaus, d.h. der Ausnützung der uns von der Natur in einem bestimmten Konzentrationsgrad "geschenkten" Vorkommen, spätestens dann zu Ende geht, wenn wir die natürliche Negentropie (die räumliche Konzentration bestimmter Stoffe) in einen entropischen Zustand verwandelt haben, – in eine Dispersion, die bezüglich des räumlichen Auftretens von irgendwelchen Stoffen gleiche Wahrscheinlichkeiten aufweist. Spätestens in diesem Stadium werden wir in der Erdkruste eine gleichmässige, beinahe homogene Durchmischung aller Stoffe vorfinden. Nun gibt es schon seit geraumer Zeit zahlreiche Berechnungen über den steigenden Energieaufwand in Abhängigkeit vom abnehmenden Konzentrationsgrad eines Erzes. Wenn man zum Beispiel bei Kupfer auf die in der Erdkruste vorkommenden Konzentrationsgrade zurückgreifen müsste, würde sich der für die Kupfergewinnung erforderliche Energieaufwand um das 10- bis 20fache erhöhen.

In der Praxis wird es allerdings kaum je so weit kommen, weil – hier wird wiederum die Bedeutung der durch neue Werkstoffe und Erkenntnisse möglich werdenden Substitution deutlich – zum Beispiel an Stelle des Kupfers für Leitungen schon heute Glasfasern verwendet werden können und das Kupfer für anderweitige Verwendungen freigesetzt wird. Die künftigen Kupferminen liegen unter den heutigen Grossstädten.

Es soll hier nicht der Eindruck erweckt werden, als wäre dies alles leicht und problemlos. Im Prinzip jedoch haben *Goeller* und *Weinberg* mit ihrer These recht, dass – mit Ausnahme von Phosphor, einigen Spurenelementen für die Landwirtschaft und von fossilen Energieträgern – die menschliche Gesellschaft auch dann respektabel weiterleben kann, wenn das Zeitalter des Bergbaus und der fossilen Energieträger vorbei ist und die mineralischen Rohstoffe nach der heute gängigen Definition "erschöpft" sind. Voraussetzung dafür freilich ist, dass die Gesellschaft genügend Energie zur Verfügung hat, die dann ausschliesslich aus nichtfossilen Energieträgern zu gewinnen wäre. Wie sich dies auf den gesamten Energieaufwand auswirken wird, ist heute noch nicht exakt abzusehen, denn dem erhöhten Energiebedarf für die Extraktion minderwertiger Erze stehen schon heute zahlreiche Möglichkeiten der Energieersparnis – zum Beispiel zunehmender Einsatz von Mikroprozessoren – gegenüber.

Es scheint jedoch, dass der von *Goeller* und *Weinberg* in Anlehnung an *Bravard/Flora/Portal* geschätzte Mehraufwand an Energie für die Extraktion minderwertiger Erze zu niedrig angesetzt ist. Die Autoren rechnen gegenüber dem heutigen Aufwand maximal mit einer Verdopplung des Energieaufwands. In der Extraktion und im Abbau dürfte sich der Energiebedarf dafür mindestens verdreifachen. Bezogen auf den gesamten Energiebedarf der Volkswirtschaft wirkt sich dies wegen des relativ geringen Anteils des Bergbaus am gesamten Energiekonsum jedoch nicht stark aus.

2.4. Zur Substitution von Energie und Ressourcen durch Wissen

Das von *Goeller* und *Weinberg* prognostizierte *"Age of Substitutability"* basiert auf der Substitution von Energie und materiellen Ressourcen durch Wissen. Dazu stellen wir einige Vergleiche an: Die jährliche Sonneneinstrahlung auf das System *Erde/Atmosphäre* beträgt rund $1,6 \times 10^{15}$ MWh, was unter Berücksichtigung der Oberflächentemperaturen von Sonne und Erde einem "Negentropiefluss" von $3,2 \times 10^{22}$ Joule/(°K•Jahr) oder 10^{38} Bit pro Sekunde entspricht. Im Vergleich dazu beträgt der Welt–Energieverbrauch gegenwärtig 1.05×10^{11} MWh pro Jahr (12 TW), was einem Anteil $6,6 \times 10^{-5}$ der Gesamteinstrahlung gleichkommt (*Tribus/McIrvine* 1971). Der gesamte Informationsfluss der Menschheit beträgt 5×10^{13} Bit/s, was einem Anteil von 7.6×10^{-21} des Weltenergieverbrauchs entspricht. Mit anderen Worten: Nur ein winziger Bruchteil des anthropogenen Energieverbrauchs wird für Informationszwecke verwendet. Der kontinuierliche Negentropiefluss, den das System *Erde/Atmosphäre* dauernd empfängt, setzt dem für die menschliche Evolution erforderlichen Informationsbedarf praktisch keine physikalischen Grenzen.

Ähnlich verhält es sich mit dem Verhältnis von Muskelkraft zur in Anspruch genommenen Energie. *Tribus* und *McIrvine* beziffern den *"total muscle-*

power output" der Weltbevölkerung auf 3×10^8 MWh pro Jahr. Weltweit entspricht dies 3‰ des Gesamtenergieverbrauchs. Theoretisch wäre jedoch ein Verhältnis von körperlicher Kraft zu nutzbar zu machender Energie von 1 : 5 000 000 möglich.

Ähnlich kann man den *biologisch erforderlichen Energiebedarf* berechnen. Bei 3 000 kcal pro Kopf/Tag ergibt sich für die heutige Weltbevölkerung ein Gesamtbedarf von rund 0,6 TW (ungefähr 1/20 des gesamten Energiebedarfs).

Das Verhältnis zwischen diesen drei "Stoffwechselbereichen" – dem Informationsbereich, dem biologischen Bereich und dem Bereich der direkten materiellen Umsätze – beträgt, bezogen auf ihren spezifischen Energieverbrauch, 12 TW (gesamter Energieverbrauch) zu 0,6 TW (Nahrung) zu 3×10^{-3} TW (Information).

Aus diesen Relationen wird deutlich, welches Substitutionspotential dem Menschen noch zur Verfügung steht. Physikalisch bestehen praktisch keine Begrenzungen.

Die kritische Grösse bei der Überführung von Information in Wissen (die Transformation von Bits in "*wits*") bildet die Organisation des gesellschaftlichen Lernprozesses. Die daran anschliessende kritische Grösse in der Transformation von Wissen in Energie ist das Kapital. Anders ausgedrückt: Entscheidend für die Transformation des theoretisch nahezu unendlich grossen Informationspotentials in *Wissen* ist die Lernfähigkeit der Gesellschaft. Der kritische Engpass bei der Überführung des Wissens in *Energie* (und damit in jede beliebige Form von Ressourcen) ist die Fähigkeit der Gesellschaft, die für die Nutzung der theoretisch ebenfalls nahezu unendlichen Energiepotentiale erforderliche *Kapitalbildung* hervorzubringen.

2.5. Schlussfolgerungen

Das heute sowohl in den modernen Industriegesellschaften als auch in den Entwicklungsländern bestehende Ressourcen- und Energieproblem ist nicht ein Indiz für die absolute Knappheit von Energie und Ressourcen, sondern für die Diskrepanz zwischen Entropieerzeugung einerseits und Bereitstellung von Negentropie in Form nutzbarer Energiepotentiale andererseits.

Die praktische Überwindung dieses Ungleichgewichts besteht – und dies mag paradox anmuten – nicht nur in Massnahmen innerhalb des Energiesektors und auf dem Gebiet der Rohstoffgewinnung, sondern in einer *verstärkten* Konzentration auf die Erzeugung und den Einsatz von *Kapitalgütern mit hoher Informationsdichte*: Entwicklung neuer Informationssysteme, neuer Systeme im Bereich der Mikroprozessoren sowie Weiterentwicklung von *Software*, die sich zur Lösung komplexer Probleme, d.h. zur Reduktion von Komplexität, eignet (vgl. dazu *Deutsch/Fritsch* 1980).

Diese Entwicklung kann ihrerseits nur dann erfolgversprechend gefördert und weiterverfolgt werden, wenn es gelingt, die Lernfähigkeit einer informationsreichen Gesellschaft durch neuartige Lern- und Organisationsmethoden zu fördern (*Deutsch* 1979). Die "Multiplikatoreffekte" sind im Informationsbereich besonders gross, weil Information im Gegensatz zu materiellen Ressourcen durch "Verwendung" und Verteilung nicht verlorengeht. Im Gegenteil: Durch umfassende und gezielte Ausbreitung von Information entstehen neuartige Synergismen, die nach allem, was wir darüber heute wissen, den gesellschaftlichen Innovationsprozess fördern.

Auf der anderen Seite sollte nicht übersehen werden, dass die Steuerungsbedürfnisse einer informationsreichen Gesellschaft zunehmen: Neue Methoden der Prioritätenwahl sind als Ergänzung und zur Förderung des Marktmechanismus erforderlich. Dabei sind die unterschiedlichen Zeithorizonte zu beachten. Rund 95 % der Entscheidungen werden heute durch Unternehmungen und durch den Staat innerhalb eines Zeitraums von 5 bis 7 Jahren gefällt. Die Vorlaufzeit von Investitionen im Energie- und Bildungssektor beträgt jedoch 15 und mehr Jahre. Die Funktionsfähigkeit des Marktmechanismus ist u.a. von dem Verhältnis der drei folgenden Zeithorizonte abhängig:

– Zeithorizont der *Lernerfahrungen*
– "objektiver", durch Naturgegebenheiten bestimmter Zeithorizont
– Zeithorizont, der den am Markt Beteiligten für die Umsetzung ihrer Entscheidungen zur Verfügung steht.

Wenn die Lernfähigkeit der am Markt Beteiligten einen Zeithorizont aktualisiert, der mit den objektiven Gegebenheiten des ökonomisch-ökologischen Gesamtsystems übereinstimmt, wird der Marktmechanismus funktionieren: Die intertemporale Allokation knapper Ressourcen wird ohne spätere Störungen des ökonomisch-ökologischen Gleichgewichts möglich. Häufig wird dieser Allokationsprozess auf die Wahl der "richtigen" sozialen Diskontrate reduziert, ohne dass näher untersucht würde, wie es eigentlich zu einer solchen Diskontrate kommt (*Erdmann* 1988). Will man *diese* Frage angehen, kann man nicht umhin, das Verhältnis der Lerngeschwindigkeit der Gesellschaft zur Veränderungsgeschwindigkeit ihres materiellen Interaktionsprozesses mit ihrer physikalischen und biologischen Umwelt zu bestimmen.

Diese Überlegungen gelten *mutatis mutandis* auch für zentral geleitete, bürokratische Gesellschaften. Auch dort sind die Zeithorizonte der Planer historisch "erlernt", und auch dort können sie zu den objektiv gegebenen Zeithorizonten in Widerspruch geraten. Umweltzerstörung und Ressourcenerschöpfung sind die Folge. Daher ist das Umweltproblem in den zentral geplanten Gesellschaften besonders gravierend (*Fritsch* 1979). Auch da existiert das kritische Problem der *Lernrichtung* und *Lerngeschwindigkeit*. Probleme der sozialen Lernleistung sind aber im Wesen politisch, sozial und kulturell bestimmt, erfordern also die Einbeziehung von Fragen, welche die neoklassische Theorie bisher ignoriert hat.

Eine umfassende Theorie der politischen und sozialen Ökonomie, die sowohl die objektiven Probleme von Umweltbelastung und Ressourcenerschöpfung als auch die Frage der politischen und sozio-kulturellen Lernleistungen in einem konsistenten System vereinigt, gibt es (trotz der heute bestehenden Umweltökonomie) erst in Ansätzen. Sie würde uns zeigen, wie arbeitsteilige Gesellschaften unter sehr unterschiedlichen historischen Voraussetzungen und auf sehr ungleichen Aktivitätsniveaus das Prinzip *Freiheit durch Einsicht in Notwendigkeit* politisch zu realisieren vermögen (vgl. dazu die im Literaturverzeichnis angeführten Schriften von *Boulding* 1978a, b; *v. Hayek* 1977).

3. Das Energieproblem

3.1. Evolution und Energie[18]

Die in materiellen Systemen geltenden Gesetzmässigkeiten, insbesondere jene, die den Energiefluss zwischen und innerhalb der Systeme betreffen, sind ein wichtiger Objektbereich der Evolutionstheorie. Dies gilt sowohl für die biologische Evolutionstheorie als auch für die theoretische Ökologie (eine Disziplin, die sich mit den Makrophänomenen der biologischen Evolution befasst), nicht zuletzt aber auch für die Thermodynamik. Schon der Chemiker, Naturphilosoph und Nobelpreisträger *Ostwald* stellte im Jahr 1908 fest, dass alles Leben als ein Wettbewerb um die freie Energie, deren zugängliche Menge beschränkt ist (*Ostwald* 1923), aufgefasst werden kann. Wie alle komplexen Strukturen ist die Existenz von Lebewesen an die Zufuhr von Energie geknüpft, die den Stoffwechsel est ermöglicht. Für Lebewesen ist die Notwendigkeit der Energiezufuhr ein Resultat eines thermodynamischen Ungleichgewichts: Der Mensch zum Beispiel hat eine Körpertemperatur von 36,6 °C, während die mittlere Umgebungstemperatur in Mitteleuropa nur 10 °C beträgt. Eine weitere Ursache für den Energiebedarf eines Systems ergibt sich aus den Anforderungen des Reproduktionsprozesses. Er beruht nicht nur auf

---

18. Vgl. *Erdmann/Fritsch* (1989).

der Übertragung von Information, sondern auch auf der Akkumulierung der in organischen Substanzen gebundenen Energie (Wachstum der Biomasse). Die damit verbundenen Umwälzungen der organischen Materie bilden den Motor für die rasche Folge von Mutationen und Fluktuationen biologischer Strukturen, ohne die sich höhere Formen des Lebens in dem relativ beschränkten Zeitraum, der evolutionsgeschichtlich dafür zur Verfügung stand, nicht hätten herausbilden können. Schliesslich setzt die aktive und passive Abwehr von Bedrohungen, d.h. die Reaktion auf Herausforderungen infolge der sich ändernden Rahmenbedingungen, einen Energieeinsatz voraus.

Die Herstellung von geordneten Zuständen und Strukturen ist das Wesensmerkmal biologischen Lebens und damit der biologischen Evolution. Es war *Boltzmann*, der bereits im Jahr 1886 nachgewiesen hat, dass lebendige Strukturen ihrem Wesen nach darauf beruhen, freie Energie einzusetzen, um sich gegen die Gesetzmässigkeiten des Zweiten Hauptsatzes der Thermodynamik zu stemmen.

> Given that even a simple cell is a highly ordered structure, how is it possible for such a structure to avoid being thrown into disorder instantly by the inexorable Entropy Law? The answer of modern science has a definite economic flavor: a living organism is a *steady-going concern* which maintains its highly ordered structure by sucking low entropy from the environment so as to compensate for the entropic degradation to which it is continuously subject (*Georgescu-Roegen* 1971: 191f.).

Aus der Sicht des Gesamtsystems entsteht auf diese Weise ein komplexes Muster von Energieflüssen, dessen wesentliche Strukturmerkmale nur durch ein hohes Mass an Abstraktion und Vereinfachungen dargestellt und modelliert werden können. Dies ist einer der Gegenstandsbereiche der Ökologie. Abbildung 33 zeigt das Beispiel einer solchen Anlage, die auf Erhebungen im Marschland der Küste von Georgia, USA, beruht. Die in dieser Abbildung gezeigte Struktur ist zunächst rein statisch-deskriptiv; sie erklärt nicht, *wie* es zu dieser Struktur gekommen ist. Gleichwohl kann ein solches Schema als Ausgangspunkt für eine Fülle von dynamischen Analysen dienen. Typischerweise werden dabei extern vorgegebene Veränderungen (beispielsweise Klimaänderungen oder anthropogene Einflüsse) angenommen. So dass der Veränderungsprozess des Systems auf der Grundlage angenommener oder bekannter individueller Verhaltensreaktionen rechnerisch simuliert werden kann. Man erhält dann beispielsweise Aussagen darüber, wo sich Schadstoffe anreichern und wie sich die ökologische Struktur durch Selektion und Mobilität verändert. Die Rechenresultate können gegebenenfalls auch experimentell überprüft werden. Nicht antizipierbar hingegen sind Effekte der Mutation – oder, in der Spache der Oekonomie ausgedrückt, die Auswirkungen von Inno-

Abbildung 33: Energiefluss in einem Marschland in Georgia

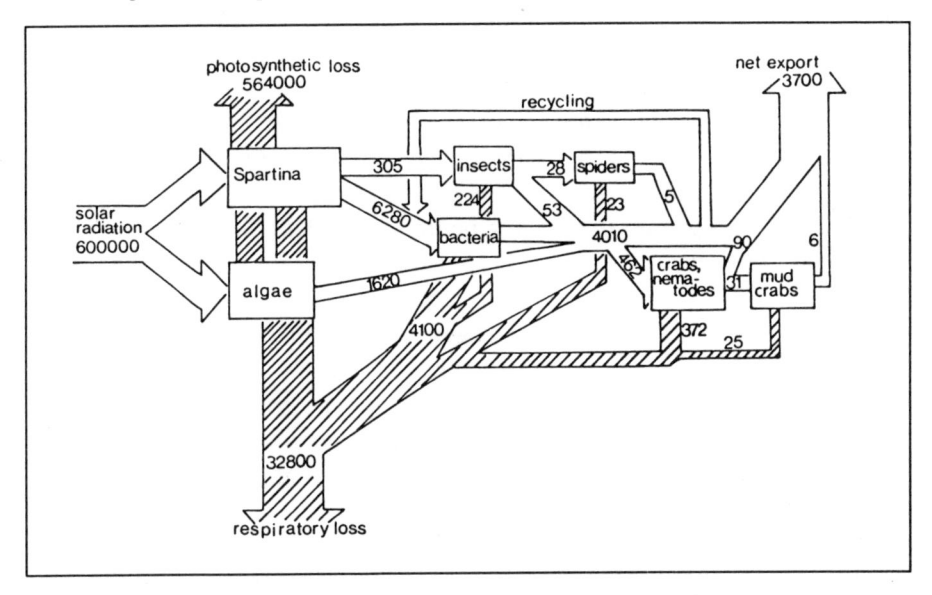

Quelle: *Fenchel* (1987: 26)

vation, Zeitpunkt und Richtung von "Verzweigungen". Insofern können wir die Evolution der Struktur eines Ökosystems nur sehr bedingt prognostizieren.

Die Sichtweise eines einzelnen Organismus gegenüber dem Energieproblem ist hingegen anders gelagert. Für ihn ist die Erschliessung des freien Energieangebots der Umgebung immer mit Aufwand, d.h. Kosten, verbunden; Energie ist somit – trotz des rein theoretisch im Überfluss vorhandenen Energiepotentials (vgl. Tabelle 15) – ein knappes Gut. Voraussetzung für die Aufrechterhaltung der Lebensfunktionen eines jeden Individuums ist es daher, den Energie- und Materieaustausch mit der Umgebung effizient, d.h. mit einem möglichst geringen Aufwand, zu gestalten.[19] Dazu gehört auch die langfristige Versorgungssicherheit, die durch eine allzu weitgehende Erschöpfung oder Zerstörung der vorhandenen Energieressourcen gefährdet sein kann. Versorgungssicherheit darf allerdings nicht als ein statisches Konzept angesehen werden. Versorgungssicherheit setzt entscheidend voraus, dass ein Individuum beziehungsweise die gesamte Gattung in der Lage ist, sich bei Verlust eines Nahrungs- und Energievorrats hinreichend flexibel auf andere

---

19. Im Fall der Ökonomie kann man die Effizienz durch die Kosten, d.h. den mit den Marktpreisen bewerteten *Input* beurteilen. Voraussetzung dafür ist, dass sich die Marktpreise im Wettbewerb unverfälscht bilden und nicht durch eine Fehlallokation von Eigentumsrechten und den damit verbundenen externen Kosten verfälscht sind.

Versorgungsquellen umzustellen. Hierbei ist Adaptabilität – Anpassungsfähigkeit in Verbindung mit Flexibilität und Mobilität in sogenannten ökologischen Nischen – die entscheidende strategische Fähigkeit, um Versorgungsproblemen und Schocks begegnen zu können. Nur in bescheidenem Umfang kommt in der Natur eine Strategie der Vorsorge (etwa die Lagerung von Nahrungsvorräten für Notzeiten) als Ergänzung und Streckung des Handlungs- und Reaktionsspielraums vor.

Es ist in diesem Zusammenhang bezeichnend, dass die von einem biologischen System jeweils angewendeten Methoden der Energiebeschaffung, Speicherung und Nutzung zu den zentralen Wesens- und Unterscheidungsmerkmalen der verschiedenen Gattungen gehören und den jeweiligen Entwicklungsstand in der Evolutionshierarchie bestimmen. Diese Tatsache verdeutlicht, dass die Entwicklung eines biologischen Systems wesentlich mit dem Wandel und der Entwicklung des jeweiligen Energie-Subsystems verbunden ist. Dabei ist gleichgültig, ob eine plötzliche Verknappung oder Erschöpfung der bisher genutzten Energiequelle auslösendes Element für Migration und Mutation ist oder ob andere Faktoren dabei mitspielen: Die sich ändernden Umwelt- und Rahmenbedingungen einschliesslich endogener Entwicklungen, wie das Wachstum der eigenen Population initiieren stets einen Such- und Experimentierprozess, um neu entstandene ökologische Nischen aufzuspüren, in denen ein relatives Optimum der Energieversorgung besteht, in die das Gesamtsystem bei Bedarf (d.h. Verknappung des ursprünglichen Energieangebots) nach Durchlaufen eines oder mehrerer Phasenübergänge ausdifferenzieren kann.

Typischerweise gelangen die individuellen Suchprozesse zu unterschiedlichen Ergebnissen, weil es zur Lösung von Versorgungsengpässen verschiedene Ansätze gibt. Welche langfristigen Chancen und Risiken in diesem *Ausdifferenzierungsprozess* liegen, lässt sich im Verlauf des Phasenübergangs noch nicht absehen. Manche Entwicklungen stellen sich im Nachhinein als ökologische Sackgasse heraus. Schon dies zeigt die Notwendigkeit der Heterogenität auf individueller Ebene: Die Überlebenschancen setzen das Versuchsexperiment mit dem Risiko seines Scheiterns voraus. Die Gattung als Ganzes wird durch die erfolgreich innovierenden Individuen weitergetragen.

Die evolutionstheoretische Sichtweise ist in besonderem Mass dazu geeignet, die Wechselbeziehungen eines offenen Systems zu seinem energetischen Subsystem zu beschreiben. Dies gilt auch für das Wirtschaftssystem. In dieser Interpretation weist die Entwicklung und Ausdifferenzierung des Wirtschaftssystems Analogien zu entsprechenden biologischen und ökologischen Abläufen auf. Auch hier handelt es sich um ein hochkomplexes System, welches sich mit seiner Umwelt im Ungleichgewicht befindet und daher nur durch

Tabelle 15: Natürliche und anthropogene Energieflüsse pro Jahr

	Input (TWa)	*Output* (TWa)
Sonneneinstrahlung	178 000	
Reflexion		53 000
Wärme		83 000
Wasserverdampfung		41 000
Wind, Wellen usw.		370
Photosynthese der Biosphäre*		100
Land- u. Forstwirtschaft		2,5
Bedarf d. Menschen		0,5
Geothermische Energie		35
Planetenbewegung (Gezeiten)		3
Technischer Energiefluss		10
* netto, d.h. nach einem Wirkungsgrad von ca. 1 %		

Quelle: nach *Häfele* (1981: 185 f.)

Energieeinsatz aufrechterhalten werden kann. Die Methoden der Energiebereitstellung und -nutzung sind deshalb ein wichtiges Charakteristikum für die Entwicklungschancen eines Wirtschaftssystems. Entscheidend ist, um es nochmals zu betonen, nicht die Knappheit von Energie, sondern der intelligente Umgang mit Energie – von der Bereitstellung bis zur Nutzung. Wie gross die verfügbaren Energiepotentiale sind, geht aus Tabelle 16 hervor.

Tabelle 16: Energiepotentiale (Energiespeicher) in der Evolution

	Potential (TWa)
Kurzzeitspeicher	
Wasserkraft	5
Wind, Wellen, Gezeiten	350
Biomasse	1 000
Langzeitspeicher	
fossile Energie	15 000
Uranspaltung konventionell	> 250
Uranspaltung mit Brüter-Technologie	14 000
Kernfusion	300 000

Quelle: Taube (1988: 260f.)

3.2. Prognosen des Weltenergiebedarfs

Seit der ersten Ölkrise werden Prognosen über den weltweiten Energieverbrauch sowie über die Weltvorräte an Energieressourcen – Kohle, Öl, Naturgas, Uran usw. – regelmässig und mit zunehmender Genauigkeit erstellt. Die ersten Prognosen über die Ölvorräte stammen aus den 30er Jahren. Einen wichtigen Meilenstein in der Analyse globaler und regionaler Energieprobleme bildet die Studie der *IIASA* (*International Institute of Applied Systems Analysis*). Wegen ihrer Detailliertheit und ihres Umfangs verzögerte sich die Publikation bis 1981, so dass andere Weltenergiestudien, die gleichfalls durch die erste Energiekrise angeregt beziehungsweise ausgelöst worden sind, etwas früher veröffentlicht wurden.

Wir wollen im folgenden einige Energieprognosen in Erinnerung rufen und uns dabei vor Augen halten, dass in fast jeder Energieprognose implizit oder explizit zwei Gruppen von Faktoren eine Rolle spielen: Zum einen sind es "objektive Fakten" wie Bevölkerungszunahme, plausible Annahmen über technisch mögliche beziehungsweise wahrscheinliche Entwicklungen, ökonomisch bedingte Substitutionen usw. Zum anderern handelt es sich um "normative Fakten": Wieviel Energie *soll* der Mensch verbrauchen? Wieviel *darf* er verbrauchen? Und vor allem: *Welche* Art von Energie soll oder darf er verwenden? Je stärker normative Elemente in die Prognosen einfliessen, um so mehr divergieren die Resultate – je nachdem, welches "Ethos" sich dahinter verbirgt. Normativ orientierte Prognosen werden oft mit grossem wissenschaftlichem Aufwand betrieben, nicht zuletzt in der Absicht, ihren unwissenschaftlichen Kern zu verbergen. Ein Musterbeispiel für eine normative Prognose (eine Projektion des Energiebedarfs im Sinne einer Vorgabe oder gar Forderung) sind die für möglich und für notwendig gehaltenen Zielvorgaben von *Lovins* (1976b). Als erklärter Kernenergiegegner und Anhänger von sogenannten "*soft technologies*" zeichnet er einen Pfad bis zum Jahr 2025. Bis dann sollen keine fossilen Energieträger mehr verwendet werden – eine Forderung, die man angesichts der CO_2-Belastung der Atmosphäre nur teilen kann. Interessant ist jedoch, dass an die Stelle der fossilen Energieträger ausschliesslich regenerative Energiequellen der sogenannten "weichen" Technologie, also beispielsweise keine Grossolaranlagen treten. Und weil diese Energiequellen (Wind, Biomasse, Solarenergie usw.) selbst bei äusserster Anstrengung nicht ausreichen, den im Jahr 2025 tatsächlich zu erwartenden Energiebedarf von mindestens 18 TW zu decken, wird der zulässige Bedarf im Jahr 2025 einfach auf 8 TW gesenkt. Eine solche Argumentation hat natürlich mit wissenschaftlicher Prognostik wenig zu tun. Dennoch gaben die *Lovin*'schen Thesen in der zweiten Hälfte der 70er Jahre viel Anlass zu Diskussionen und auch zur Verwirrung, insbesondere unter denjenigen, die ihrerseits den Wunsch hegten, die Menschheit möge mit so wenig Energie wie möglich, und zwar mit einer zunächst noch durch "weiche" Technik bereitgestellten Energie, auskommen.

Es gibt indessen eine ganze Reihe ernstzunehmender und wissenschaftlich seriöser Analysen des künftigen Weltenergiebedarfs[20] – zum Beispiel den von der Ford-Stiftung finanzierten, unter der Leitung des seinerzeitigen Direktors der IEA (Internationale Energieagentur) ausgearbeiteten Bericht *"Energy – The Next Twenty Years"* (*Landsberg* 1979). Im gleichen Jahr wurde der von *R. Stobaugh* und *D. Yergin* herausgegebene Band *"Energy Future"* (ein Bericht der *Harvard Business School*) veröffentlicht. Sodann ist in diesem Zusammenhang auch die Studie *"Global Prospects 1985-2000"* (*Wilson* 1977) zu erwähnen. Im Anschluss an die *IIASA*-Studie wurden darüber hinaus zahlreiche Berichte zur globalen Energiesituation veröffentlicht, so zum Beispiel *"Global Energy"* (*Edmonds/Reilly* 1985), *"World Energy Outlook"* (*IEA* 1982) sowie *"Energie 2000"* (Kommission der Europäischen Gemeinschaft). Ausserdem ist in diesem Zusammenhang ein von *Goldemberg* (1985) entwickelter Ansatz zu nennen, der auf dem *"end-use"*-Konzept der Energie beruht. *Goldemberg* geht von der Annahme aus, dass der Verbrauch von fossilen Energieträgern im Jahr 2020 etwa der gleiche sein wird wie im Jahre 1980 – eine kühne Annahme. Sein Angebotsszenarium gelangt zum Resultat, dass im Jahr 2020 nur 11,2 TW verfügbar sein werden. Die Annahmen, die diesem Szenarium zugrundeliegen, sind in Tabelle 17 angegeben.

Überblickt man die Weltenergiesituation der letzten 10 bis 15 Jahre, wird deutlich, wie grundlegend sich die internationale Energieproblematik gewandelt hat. Charakteristisch war dabei die Revision der Schätzungen des Weltenergieverbrauchs nach unten (vgl. *Baumberger* 1986): Die Prognosen für das Jahr 2020 wurden von 44 Milliarden Tonnen OE (WEC Istanbul 1977) bis auf eine Grössenordnung von 15 bis 20 Milliarden Tonnen OE (WEC Cannes 1986) revidiert (siehe Abbildung 34, S. 121). Die oft kritisierte *IIASA*-Studie liegt mit ihrem *Low Scenario* von 20 Milliarden Tonnen OE für das Jahr 2020 in derselben Grössenordnung (vgl. Abbildung 35, S. 122).

Insgesamt lässt sich unter den Fachleuten ein zunehmender Konsens hinsichtlich des im Jahr 2020 zu erwartenden *weltweiten* Energieverbrauchs feststellen. Weniger einig ist man sich in bezug auf die *regionale* Aufteilung des Energieverbrauchs.

---

20. Die folgenden Ausführungen stützen sich auf eine Studie von *Fritsch/Suter* (1987).

Tabelle 17: Szenarium des globalen Primärenergieangebots (in TW)

	1980	2020
Kernenergie[a]	0,22	0,75
Wasserenergie[a]	0,19	0,46
Wind- und photovoltaische Elektr.[a]	–	0,09
Fossile Energieträger		
Kohle	2,44	1,95
Erdöl	4,18	3,23
Erdgas	1,74	3,23
Zwischensumme	8,36	8,41
Biomasse		
Organische Abfälle		0,74[b]
Plantagen oder Holzfarmen		0,75[c]
Zwischensumme	1,49	1,49
Insgesamt	10,30	11,20

[a] Kernenergie als thermische Energie der Kernspaltung (das 2,5fache der Elektrizitätsproduktion im Jahre 2020); Wasser, Wind und photovoltaische Energie entsprechen der produzierten Elektrizität.

[b] Angenommene Produktion organischer Abfälle 1980: 2,8 TW; 2020: 4,4 TW; ein Sechstel der Produktion steht zur Energiegewinnung zur Verfügung.

[c] Bei einer mittleren Ausbeute von 10 Tonnen pro Hektar würden im Jahr 2020 etwa 130 Millionen Hektar an Plantagen gebraucht.

Quelle: nach *Goldemberg* (1985)

Dies hat folgende Gründe:

- Die Datenlage in den einzelnen Regionen ist sehr unterschiedlich. Unsicherheiten bestehen insbesondere in Ländern der Dritten Welt bezüglich der Energieelastizitäten sowie der für die Entwicklung eigener Energiesysteme erforderlichen Kapitalbildung.
- Die in Kilowatt berechneten Pro-Kopf-Werte in sozialistischen Volkswirtschaften sind erfahrungsgemäss hoch. Wie schnell sie zum Beispiel durch sinkende Energieelastizitäten[21] bei rückläufigem Bevölkerungswachstum zurückgehen werden, ist eine offene Frage.

---

21. Die Energieelastizität ist definiert als Veränderung des Energieverbrauchs pro Zeiteinheit (in Prozent) dividiert durch die prozentuale Veränderung des BIP pro Zeiteinheit (in der Regel 1 Jahr).

Abbildung 34: Prognosen des Weltenergieverbrauchs (WEC 1986)

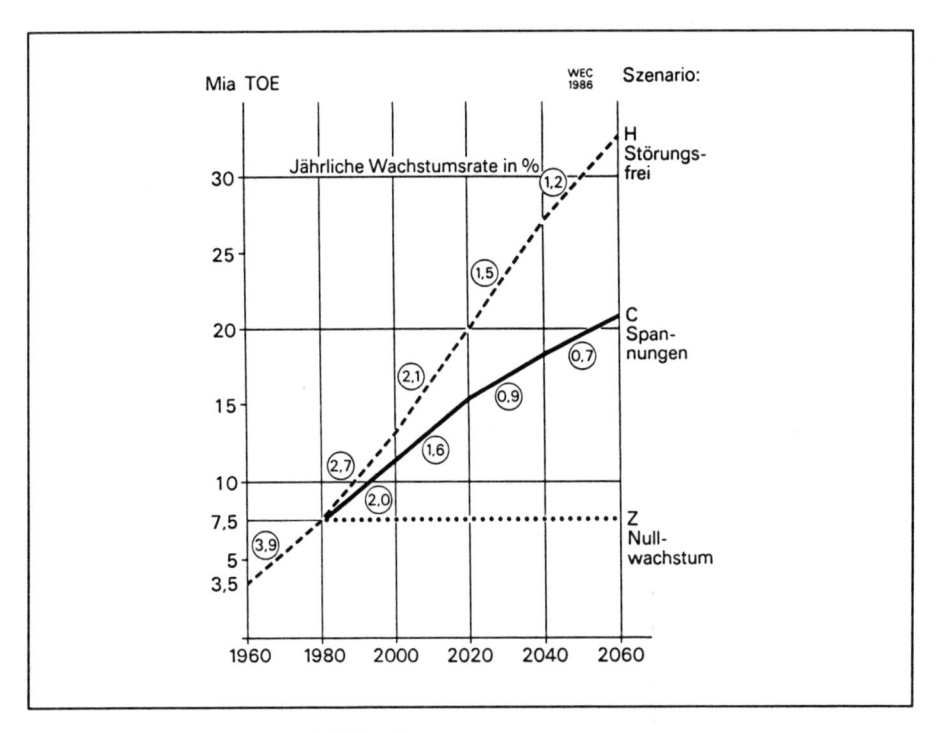

```
Mia TOE                         WEC
                                1986   Szenario:
                                       H
                                       Störungs-
 30   Jährliche Wachstumsrate in %  (1,2)  frei

 25                        (1,5)

 20                              (0,7)  C
                    (2,1)               Span-
 15                       (0,9)         nungen
              (2,7)  (1,6)
 10
              (2,0)
 7,5  ........................................ Z
  5   (3,9)                             Null-
 3,5                                    wachstum

      1960  1980  2000  2020  2040  2060
```

Quelle: nach *Baumberger* (1987: 6)

- Schliesslich muss auf den Unterschied hingewiesen werden, der zwischen der ökonomischen Schätzung des Energieverbrauchs und der Voraussage des Energiebedarfs liegt. Für Länder der Dritten Welt wird sinnvollerweise oft mit dem *impliziten Energiebedarf* operiert. Dieser Bedarf ist aus Annahmen über die Effizienz der Energieumwandlung und der geplanten Wachstumsraten des Pro-Kopf-Einkommens sowie der Bevölkerungszunahme abgeleitet. Teile dieses Bedarfs können ungedeckt bleiben, weil aufgrund ökonomischer Faktoren (z.B. Preisanpassungen oder Kapitalmangel) die angestrebten Wachstumsziele nicht erreicht werden.

Das grosse Verdienst der *IIASA*-Studie liegt u.a. darin, dass die Autoren den Versuch einer regionalen Aufteilung gewagt haben. Sie haben für sieben Weltregionen die Energiebilanzen kalkuliert. Es ist hier nicht der Ort, nochmals auf die Einzelheiten einzugehen, doch sei darauf hingewiesen, dass eine solche regionale Bilanzierung im Kontext der globalen Energiesituation in

Abbildung 35: Erwarteter Weltenergieverbrauch nach verschiedenen Studien (in TWa/a)

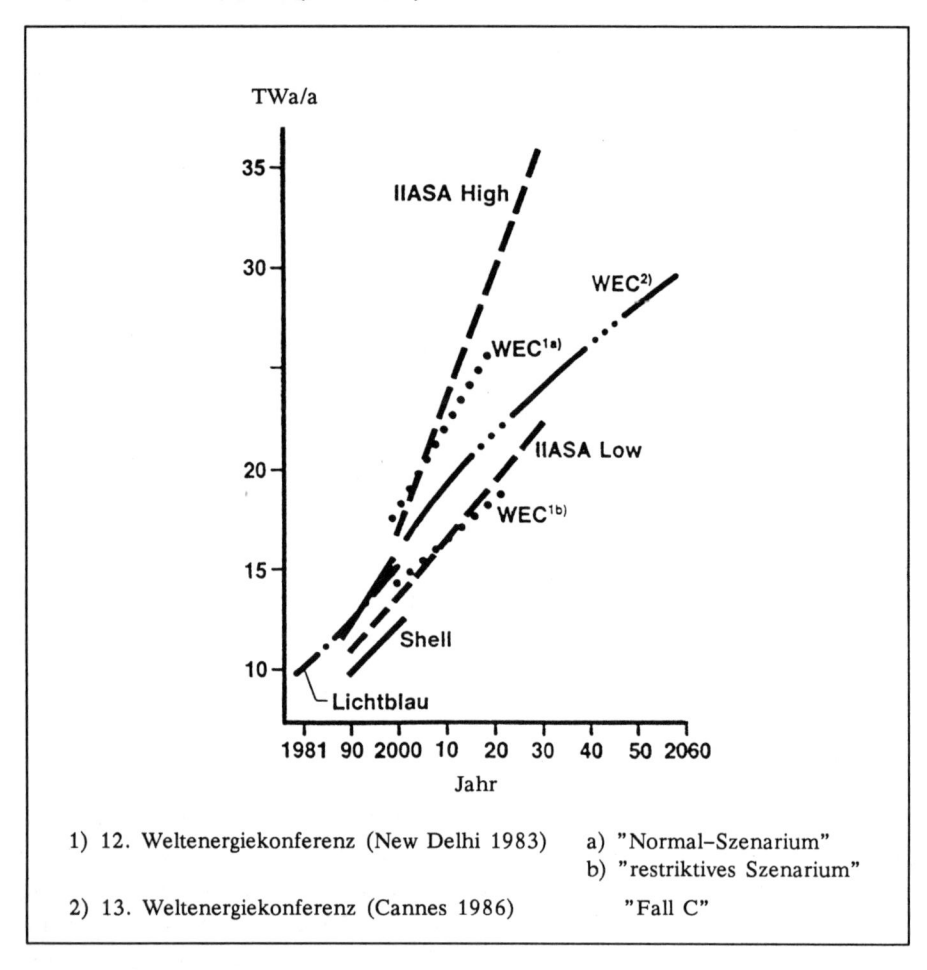

```
                    TWa/a
                     35 ┤      IIASA High
                     30 ┤                          WEC²⁾
                                       WEC¹ᵃ⁾
                                              IIASA Low
                     20 ┤                    WEC¹ᵇ⁾
                     15 ┤
                             Shell
                     10 ┤
                        └Lichtblau
                        1981 90 2000 10  20  30  40  50 2060
                                        Jahr
```

1) 12. Weltenergiekonferenz (New Delhi 1983)   a) "Normal-Szenarium"
                                                b) "restriktives Szenarium"
2) 13. Weltenergiekonferenz (Cannes 1986)   "Fall C"

Quelle: nach *Fritsch/Suter* (1988: 4)

später erschienenen Arbeiten nicht mehr in jener grundsätzlichen und detaillierten Weise erfolgt ist.

Wegen der starken Abnahme der Energieelastizität in den marktwirtschaftlichen Ländern (durchschnittliche Elastizität = 0,6) sinkt der Energiebedarf dieser Länder sowohl absolut als auch relativ, und zwar trotz einer angenommenen Steigerung des Pro-Kopf-Einkommens um 2 % pro Jahr (vgl. Abbildung 36). Die Verschiebung der relativen Anteile der Regionen am Weltenergiebedarf ist in Abbildung 37 festgehalten.

Abbildung 36: Entwicklung des Primärenergieverbrauchs pro BSP
für verschiedene Industrieländer

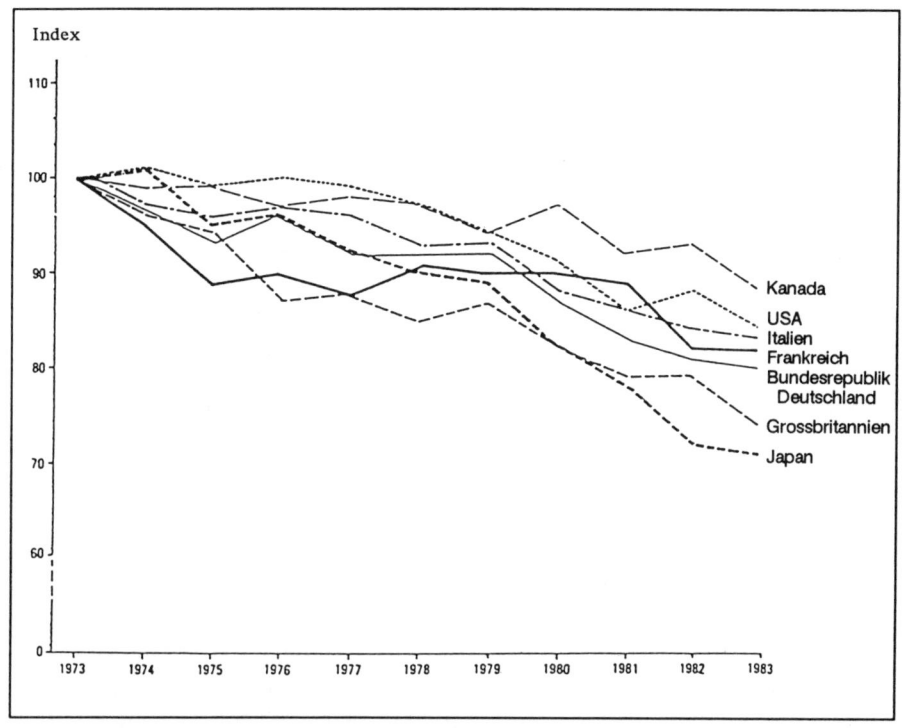

Quelle: *Fritsch/Suter* (1987: 6)

Abbildung 37: Relative Anteile der Regionen am Weltenergiebedarf
(abgeleitet aus Tabelle 18)

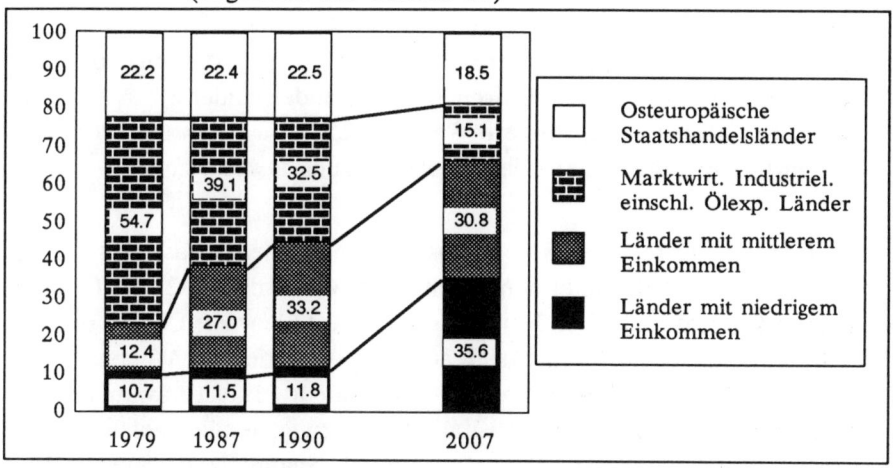

Quelle: *Fritsch/Suter* (1987: 7)

In Tabelle 18 wird die regionale Aufteilung des Energiebedarfs für die Jahre 1990 und 2007 angegeben, wobei wir uns einerseits auf die regionale Einteilung der Weltbank stützen und andererseits von gewissen Annahmen ausgehen, die an den jeweiligen Stellen der Tabelle in Fussnoten vermerkt sind.

Ergänzend dazu sind folgende Anmerkungen anzubringen:

- Die Bevölkerungszahlen sind ebenso wie die Schätzung der regional unterschiedlichen Wachstumsraten dem Weltentwicklungsbericht 1986 entnommen. Am Ende ergibt sich ein Gesamtzuwachs der Weltbevölkerung von 4,7 Milliarden im Jahre 1984 auf 7,1 Milliarden im Jahr 2007, was einer durchschnittlichen Wachstumsrate von 1,8 % pro Jahr entspricht.

- Der *Zuwachs* des Gesamteinkommens pro Region ergibt sich aus dem Ziel, das Pro-Kopf-Einkommen zu steigern. Diese Zielsetzung ist allen Regionen gemeinsam, wenn auch in unterschiedlichem Mass. Die Entwicklungsländer haben ihre diesbezüglichen Richtwerte in den Entwicklungsdekaden sowie in diversen Stellungnahmen der UNCTAD bekanntgegeben. Obwohl höhere Ziele angestrebt werden, haben wir für die Gruppe der Länder mit niedrigen beziehungsweise mittleren Einkommen eine Steigerung des Pro-Kopf-Einkommens von 2 % pro Jahr angenommen. Mit dieser Annahme liegen wir sogar unterhalb der international anerkannten Zielsetzung der Entwicklungsländer. Man hätte für die marktwirtschaftlichen Industrieländer eine Pro-Kopf-Einkommenserhöhung von weniger als 2 % pro Jahr annehmen können, doch erscheint eine solche Zunahme in Anbetracht der geringen Wachstumsraten der Bevölkerung eher an der unteren Grenze. Die übrigen Zuwachsraten des Pro-Kopf-Einkommens sind aus Spalte (5) zu ersehen. Für die ölproduzierenden Länder beträgt die angenommene Rate 3 % und für die osteuropäischen Staatshandelsländer 2,2 % pro Jahr. Wir haben absichtlich niedrigere Werte angenommen, um uns nicht dem Vorwurf einer dramatisierenden Hochschätzung auszusetzen.

Die insgesamt resultierende durchschnittliche Energieelastizität für die Welt als Ganzes beträgt unter den getroffenen Annahmen 0,92, das Gesamteinkommen im Jahr 2007 ist 30×10^{12} \$ (30000 Milliarden Dollar) und der Pro-Kopf-Energiebedarf beläuft sich auf 3,2 kW. Mit einem Weltenergiebedarf von 23 TWa/a (1 Milliarde Tonnen Öläquivalent = 1,34 Terawattjahre pro Jahr oder 1,34TW) liegt diese Plausibilitätsschätzung ziemlich genau auf der Linie der "störungsfreien" *WEC*-Prognosen; mit "Spannungen" läge der Wert um etwa 20 % tiefer.

Tabelle 18: Einkommen und Energieverbrauch in verschiedenen Ländergruppen

Ländergruppe[1]	Bevölkerung			Einkommen			Energieverbrauch					Energie-elastizität[8]	Energie-bedarf % Total
	1984 in 10⁶	Wachs-tumsrate % p.a.	2007 in 10⁶	1987[2] 10¹² $	2007 10¹² $	Wachs-tumsrate % p.a.	1987[3] TWa/a	1979[4] kW/cap.	1990[4] kW/cap.	2007 kW/cap.	2007 TWa/a		
	(1)	(2)	(3)	(4)	(6)	(5)	(7)	(8)	(9)	(10)	(11)	(12)	(13)
Länder mit niedrigem Pro-Kopf-Einkommen	2 389	2,1	3 900	0,7	1,6	4,1	1,43	0,43	0,60	2,1[5]	8,00	2,50	35,6
Länder mit mittlerem Pro-Kopf-Einkommen	1 188	1,7	1 755	1,7	3,6	3,7	3,35	1,13	3,75	4,0	7,00	1,00	30,8
Ölexportierende Länder	19	3,0	40	0,3	0,8	6,0	0,07	1,37	2,82	4,0	0,15	0,64	0,7
Marktwirtschaftliche Industrieländer	733	1,4	1 000	9,1	18,0	3,4	4,77	7,30	6,36	3,25[6]	3,29	0,60	14,4
Osteuropäische Staatshandelsländer	389	0,8	470	3,3	6,0	3,0	2,78	5,70	8,46	9,0	4,23	0,83	18,5
WELT	4 718	1,8	7 165	15,1	30,0	3,5	12,40	2,27	2,95	3,2	22,82	0,92	100,0
Mia toe/a							2,78				17,00		

1 Gemäss Weltentwicklungsbericht der Weltbank 1986
2 Schätzung gemäss Weltbank- und IMF-Daten 1987
3 Schätzungen aufgrund der Statistiken der WEC
4 Vgl. B. Fritsch (1982)
5 Annahme: Anhebung des kW/cap-Verbrauchs der Länder mit niedrigem Pro-Kopf-Einkommen auf 90% des Weltdurchschnitts von 1979
6 Annahme: Einsparungen der marktwirtschaftlichen Länder: 47% gegenüber (3) x (10)
7
8 Zunahme des Energiebedarfs, dividiert durch die Zunahme des Einkommens, jeweils für die Periode 1987 – 2007

Quelle: Fritsch/Suter (1987: 8)

3.3. Der Energiebedarf in Entwicklungsländern

Aus unseren Schätzungen geht hervor, dass der Anteil der Länder mit niedrigem Einkommen am Weltenergiebedarf von 11 % auf 36 % ansteigen wird. Dies mag auf den ersten Blick überraschen, ist jedoch bei näherer Betrachtung der Ursachen des zunehmenden Energiebedarfs einleuchtend.

Die folgenden, einander gegenseitig beeinflussenden Faktoren bewirken in den Entwicklungsländern mit niedrigem Einkommen - und teilweise auch in jenen mit mittlerem Einkommen - eine *überproportionale* Zunahme des Energiebedarfs:

- Bevölkerungszunahme
- Intensivierung der Landwirtschaft (steigender Düngerbedarf)
- Bewässerung (einschliesslich. Bekämpfung von Versalzung, Erosion, Versumpfung usw.)
- erhöhter Bedarf für Transportzwecke, insbesondere für den Strassentransport (Diesel)
- Notwendigkeit einer Anhebung des Pro-Kopf-Einkommens
- Aufbau von Industrien, die in der ersten Phase noch nicht mit energiesparenden Prozesssteuerungen ausgestattet sind
- zunehmende Urbanisierung (stark wachsende Agglomerationen)
- Ausbau der Infrastruktur.

Bei der Energiebilanzierung im Agrarsektor wird oft übersehen, dass im Prozess der Industrialisierung auch die *"energy ratio"* (Energierate), definiert als GJ/ha/a *Output*, dividiert durch GJ/ha/a *Input*, von 70 auf 0,1 und sogar bis 0,01 sinkt. Das heisst: Die hohe Produktivität pro Hektar und/oder pro Arbeitsstunde wird besonders in der Landwirtschaft durch einen hohen Aufwand an Energie erreicht, was - bezogen auf die Energiebilanz - zu einem Energie-*Output*-Defizit führt. Mit anderen Worten: Man steckt in die Produktion von Agrargütern, insbesondere von veredelten Nahrungsmitteln, mehr Energie hinein, als durch den Verzehr wieder herausgeholt wird. Dieser Umstand ist für eine reichhaltige Versorgung der Menschen mit Nahrungsmitteln, insbesondere bei rückläufiger Bodenqualität, von entscheidender Bedeutung. Daher kommt es, dass die nicht an Energiemangel leidenden Industriestaaten die grössten Agrarproduzenten sind und sogar erhebliche Agrarüberschüsse produzieren, während sogenannte Agrarstaaten Mühe haben, das Wachstum ihrer Agrarproduktion einigermassen über dem Wachstum ihrer Bevölkerungen zu halten. Dieser fundamentale Tatbestand geht aus den beiden Schaubildern in Abbildungen 38 und 39 deutlich hervor.

Vieles kommt nun auf die angenommene Energieelastizität an. Es finden sich darin sowohl Verhaltens- als auch Technologiekomponenten. Die Be-

Abbildung 38: Energierate (E_r) für Lebensmittelproduktion

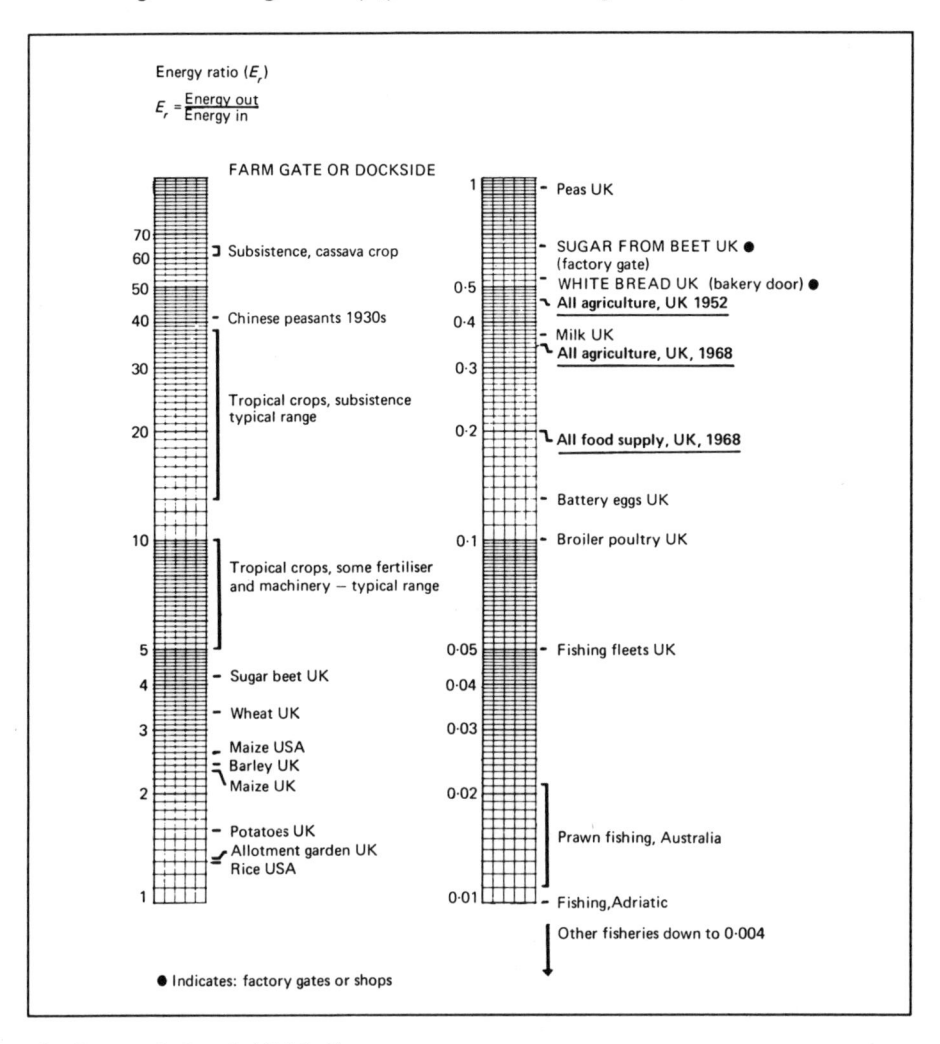

$$E_r = \frac{\text{Energy out}}{\text{Energy in}}$$

FARM GATE OR DOCKSIDE

- Peas UK
- SUGAR FROM BEET UK ● (factory gate)
- WHITE BREAD UK (bakery door) ●
- All agriculture, UK 1952
- Milk UK
- All agriculture, UK, 1968
- All food supply, UK, 1968
- Battery eggs UK
- Broiler poultry UK
- Fishing fleets UK
- Subsistence, cassava crop
- Chinese peasants 1930s
- Tropical crops, subsistence typical range
- Tropical crops, some fertiliser and machinery – typical range
- Sugar beet UK
- Wheat UK
- Maize USA
- Barley UK
- Maize UK
- Potatoes UK
- Allotment garden UK
- Rice USA
- Prawn fishing, Australia
- Fishing, Adriatic

Other fisheries down to 0·004

● Indicates: factory gates or shops

Quelle: nach *Leach* (1976: 8)

stimmung ihres relativen Anteils ist selbst bei guter Datenlage schwierig. Prognosen über die Grössenordnung der Energieelastizität auf zwanzig Jahre hinaus sind mit grossen Unsicherheiten behaftet. Die generelle Tendenz ist die folgende: Erfahrungsgemäss nehmen die Elastizitäten im Verlauf der ersten Industrialisierungsphasen zunächst zu (bei den Entwicklungsländern von 0,5 auf 2,5) um anschliessend graduell zu sinken. Darin spiegeln sich verschiedene, kombiniert auftretende Effekte wider: Zunächst erfolgt ein Anstieg im Übergang von der vorwiegend nicht–kommerziellen zur kommerziellen Nut-

Abbildung 39: Energie-"*Output*" und -"*Input*" für Lebensmittelproduktion

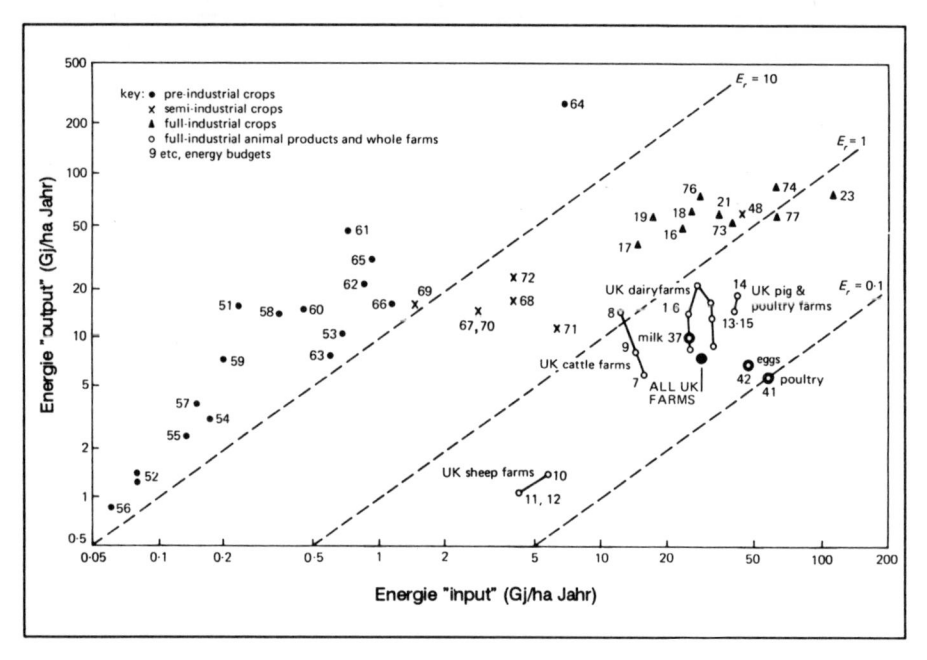

Quelle: nach *Leach* (1976: 11)

zung der Energie, der durch das zunehmende Gewicht des Industriesektors (Schwerindustrie) bewirkt wird. Beim Rückgang der Energieelastizität spielen sowohl der technische Fortschritt als auch das Vordringen des Dienstleistungssektors eine wichtige Rolle. Später – bei reichen Gesellschaften – kommen dann noch Spareffekte durch Verhaltensänderungen hinzu. Die zu beobachtende Entwicklung der Energieelastizität in Abhängigkeit von der Höhe des Pro-Kopf-Einkommens und des Strukturwandels (Übergang von der Agrar- zur Industrie- und Dienstleistungsgesellschaft) ist in Abbildung 40 wiedergegeben.

Die zu erwartende Zunahme des Energiebedarfs in den Ländern der Dritten Welt ist aus den genannten Gründen besonders hoch, und es ist deshalb kein Zufall, dass die Weltbank schon vor zehn Jahren dem Energieproblem in den Entwicklungsländern höchste Priorität eingeräumt hat – allerdings bis jetzt mit wenig konkreten Resultaten. Es steht ausser Frage, dass die Entwicklungsländer nicht in der Lage sind, die für diesen zusätzlichen Energiebedarf erforderlichen Energiesysteme aus eigener Kraft, d.h. durch eigene Kapitalbildung zu erstellen. Das gilt insbesondere für die Entwicklung regenerierbarer, umweltschonender Energiequellen und -träger. Sowohl die Solarenergie

Abbildung 40: Entwicklung der Energieelastizität (EL) in Abhängigkeit vom Pro-Kopf-Einkommen

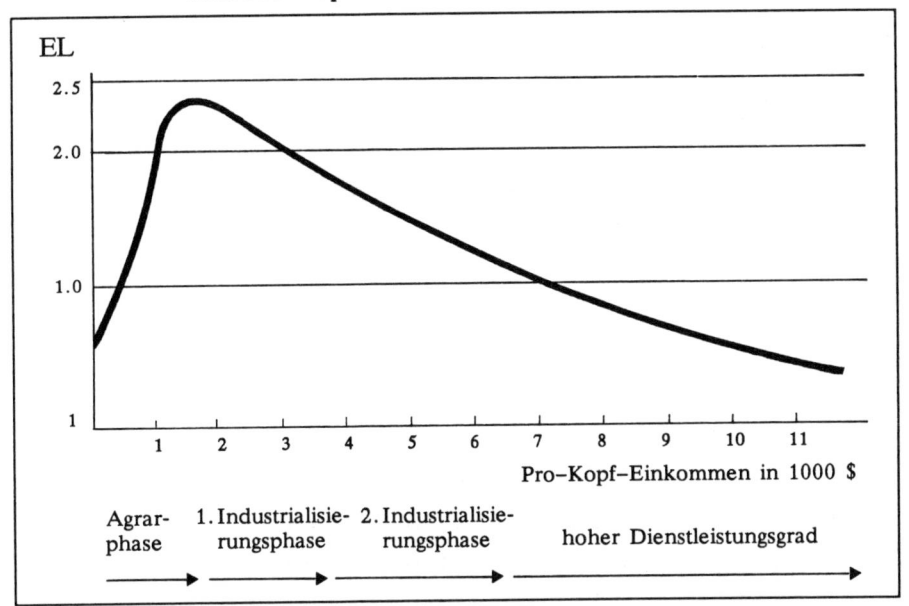

als auch die Windenergie sind teuer und technisch anspruchsvoll, während die Nutzung von Biomasse nur einen Bruchteil des Energiebedarfs der Entwicklungsländer zu decken vermag.

Besondere Bedeutung ist der zu erwartenden Zunahme der Treibstoffnachfrage in Entwicklungsländern (vgl. dazu insbesondere *Brockmann* 1988) sowie der vermehrten Nutzung von Kohle als Primärenergieträger insbesondere in grossen Ländern wie China und Indien, beizumessen. Aus diesem Grund kommt es in den nächsten Jahrzehnten vor allem darauf an, unsere neuentwickelten Techniken der Kohleverflüssigung und der Erzeugung von neuen Treibstoffen wie Methanol den Entwicklungsländern zugängig zu machen. Dem steigenden Bedarf an Energie in Entwicklungsländern steht somit die Fähigkeit der Industrieländer gegenüber, Techniken für eine umweltschonende Energieerzeugung und -nutzung zur Verfügung zu stellen.

Daraus ergibt sich eine *globale Interessengemeinschaft*: Die Industrieländer sind daran interessiert, dass die Kluft zwischen ihrer Entwicklung und derjenigen der Entwicklungsländer nicht weiter zunimmt, weil dies unabsehbare Konsequenzen für die politische Stabilität in der Welt hätte. Anderseits sind die Entwicklungsländer daran interessiert, ihren Energiebedarf mit finanzieller und technischer Hilfe der Industrieländer so zu decken, dass sie nicht ein weiteres Mal um die Früchte ihrer mühsam errungenen Fortschritte gebracht werden, wie dies infolge der von den OPEC-Staaten ausgelösten Ölkrise geschah. Dabei muss klar gesehen werden, dass die marktwirtschaftlichen Länder das grössere Technologiepotential und auch die grössere Flexibilität haben, weil sie reicher sind und deshalb über grössere Anpassungsspielräume verfügen als die Länder mit niedrigem Einkommen.

Die marktwirtschaftlichen Industrieländer haben in den vergangenen vierzehn Jahren, also seit der ersten Ölkrise, durch ihre Fähigkeit, Öl einzusparen, beziehungsweise Öl durch andere Energieträger zu substituieren, wesentlich zum Rückgang des Ölpreises beigetragen. Sie haben dadurch auch den Entwicklungsländern geholfen. In welchen Grössenordnungen sich diese indirekte Hilfe an die Entwicklungsländer bewegt, ist von *Fritsch* (1982) berechnet worden.

3.4. Übergang vom Ressourcen- zum Umweltproblem

Die Weltvorräte an konventionellen und nicht-konventionellen fossilen Energieträgern (ausser Kohle) werden heute auf rund 3,3 Tausend TWa geschätzt (*Masters et al.* 1987; *Häfele* 1987):

190 Mrd	m^3	Erdöl	=	230	TWa
230 Mrd	m^3	Erdgas	=	290	TWa
90 Mrd	m^3	nicht-konvent. Erdöl	=	120	TWa
70 Mrd	m^3	Bitumen	=	100	TWa
2200 Mrd	m^3	Schieferöle	=	2600	TWa

Bei einer durchschnittlichen Nutzung von 20 bis 22 TWa/a würden diese Vorräte für 150 bis 170 Jahre reichen. Nimmt man noch die heute bekannten weltweiten Kohlereserven (Steinkohle und Braunkohle) hinzu, deren Umfang auf 650 TWa geschätzt wird, würde sich die Nutzungsdauer um weitere 30 oder mehr Jahre verlängern. Mit anderen Worten: Die Vorräte an fossilen Energieträgern reichen nach heutigen Erkenntnissen selbst bei einer Verdopplung des gegenwärtigen Verbrauchs für mindestens 200 bis 250 Jahre aus. Demgegenüber wird der Verdopplungszeitraum für CO_2 gegenwärtig auf 50 bis 70 Jahre geschätzt. Wegen der erst vor einigen Jahren entdeckten Treibhauswirkung der Spurengase *Methan*, *Stickoxide* und *Fluorchlorkohlenwasserstoffe* dürfte der Treibhauseffekt schon früher wirksam werden. Die mit einer Verdopplung des atmosphärischen CO_2 von gegenwärtig rund 350 ppmv auf 700 ppmv verbundene Erhöhung der mittleren Temperatur von rund 2 °C am Äquator, 4 °C in unseren Breitengraden und etwa 8 °C auf den Polen (gemäss Berechnungen der *General Circulation Models*) dürfte demnach schon früher, d.h. in 40 bis 50 Jahren, eintreten. Dieser CO_2-Stoss kann aber nach neuesten Erkenntnissen zu einer zusätzlichen Instabilität des globalen Klimas führen: Es könnte besonders im Gefolge einer Änderung des ozeanischen Zirkulationssystems geschehen, dass in wenigen Jahrzehnten "Umklappungen" im regionalen Klima erfolgen, welche sonst Jahrtausende benötigen. Näheres dazu findet der Leser im Kapitel V.4.

Darüber hinaus muss mit Nachdruck darauf hingewiesen werden, dass es ausser dem Atmosphärenproblem noch weitere Umweltprobleme gibt, die nicht direkt durch die Energieverwendung verursacht werden. Sie betreffen vorrangig die Hydro- und die Litosphäre (Phosphate, Quecksilber, Cadmium, Abfälle jeder Art). In diesem Umweltbereich wird ein bedeutender zusätzlicher Energiebedarf entstehen, sei es zum Rezyklieren, zum Substituieren oder zum Entsorgen durch Einschliessen oder Umwandeln. Auch wenn vermehrt biologisch abbaubare Materialien oder umweltgünstigere Fabrikationsverfahren Anwendung finden, werden noch sehr viele Problemsubstanzen behandelt werden müssen.

3.5. Zur langfristigen Option eines umweltgerechten Energiesystems

Wie könnte ein umweltfreundliches globales Energiesystem in Zukunft aussehen? Es dürfte kein zusätzliches CO_2 in die Atmosphäre freisetzen, wie dies heute bei der Verbrennung der fossilen Brennstoffe geschieht. Dazu sollte es die Bedürfnisse der künftigen Weltbevölkerung nach Raumwärme, Prozesswärme, Mobilität sowie motorischen und informatorischen Dienstleistungen auf der Basis praktisch unerschöpflicher Ressourcen befriedigen. Als weitere Aufgabe kommt hinzu, dass gewisse Materialien, die wie Titan, Mangan, Phosphor und Quecksilber in absehbarer Zeit knapp werden könnten, durch andere ersetzt werden müssen, die in der Erdkruste häufiger vorkommen. Diese Substitution wird auch vermehrt Energie brauchen, ebenso die Entsorgung fester und flüssiger Abfälle.

Eine mögliche Lösung stützt sich auf die 3 Pfeiler *"Elektrizität, Wasserstoff und Methanol"*.

Elektrizität hat die Vorteile der Flexibilität, der leichten Transportierbarkeit und der ökologischen Unbedenklichkeit bei ihrem Einsatz, wobei der Transport durch die Supraleitung eventuell nochmals erleichtert werden kann. Wasserstoff weist ebenfalls gute Transportierbarkeit und – im Gegensatz zu Elektrizität – relativ gute Speichereigenschaften auf; bei seiner Verbrennung wird kein CO_2 frei. Das einzige Schadstoffproblem könnten Stickoxide verursachen, die aber durch Verbrennung mit reinem Sauerstoff oder durch katalytische Verbrennung mit Luft bei Temperaturen unter 800^0 C zu vermeiden sind.

Elektrizität und Wasserstoff lassen sich auch mit relativ gutem Wirkungsgrad in den jeweils andern Energieträger umwandeln – einerseits durch *Elektrolyse von Wasser*, andererseits durch *Brennstoffzellen*.

Neben den zwei Hauptpfeilern dürfte Methanol noch für längere Zeit im Sektor des Transports Verwendung finden, da seine Speicherdichte höher ist als diejenige von Wasserstoff; im Vergleich zu Benzin hat Methanol einen relativ kleinen C-Anteil (für gegebenen oberen Heizwert), produziert weniger polyzyklische krebsverdächtige Kohlenwasserstoffe im Abgas und kann in den Motoren ohne wesentliche Umkonstruktion eingesetzt werden.

Wie nun sollen diese drei Pfeiler der künftigen "Endenergien" aus praktisch unerschöpflichen Ressourcen hergestellt werden?

Elektrizität : – Photovoltaik
– Fusion (?)
– geothermische Kraftwerke

Wasserstoff : – aus Elektrizität via Elektrolyse von Wasser
– Photolyse von Wasser (?)
– biotechnische Wasserzerlegung (?)

Methanol : – aus Biomasse (landwirtschaftliche Abfälle)
– aus Kohle, Wasser und Prozesswärme

Bei den mit (?) bezeichneten Prozessen ist noch Grundlagenforschung zu leisten; die anderen Prozesse sind schon grosstechnisch erprobt, wobei die Photovoltaik aber noch wesentliche Entwicklungsschritte zur Verbilligung benötigt.

Die Umgestaltung des weltweiten Energiesystems erfordert aber viel Zeit. Dies war schon in der Vergangenheit der Fall (vgl. Abbildung 41), als der sukzessive Übergang von Holz zu Kohle und zum Erdöl jeweils mehr als 50 Jahre benötigte, obwohl die nächstfolgende Stufe beträchtliche Verwendungsvorteile und – gemessen in Stundenlöhnen – auch wesentliche Kosteneinsparungen bot. Beim Übergang zum *Elektrizität-Wasserstoff*-System treten nun für den Benutzer zwar keine wesentlichen Nachteile, aber auch keine grossen direkten Vorteile auf. Überdies sind in den Schlüsselsektoren (Photovoltaik, Fusion) noch jahrzehntelange Forschungsanstrengungen nötig. Zudem ist die von der Ökologie her gesetzte Zeitspanne (Vermeidung grosser klimatischer Veränderungen) eher kürzer als 50 Jahre.

Zweifellos ist somit noch eine *Zwischenphase* von etwa 50 Jahren nötig, in welcher der "*kluge Umgang mit dem C-Atom*" wesentlich ist, damit so wenig

Abbildung 41: Marktanteil *F* der verschiedenen Primärenergieträger

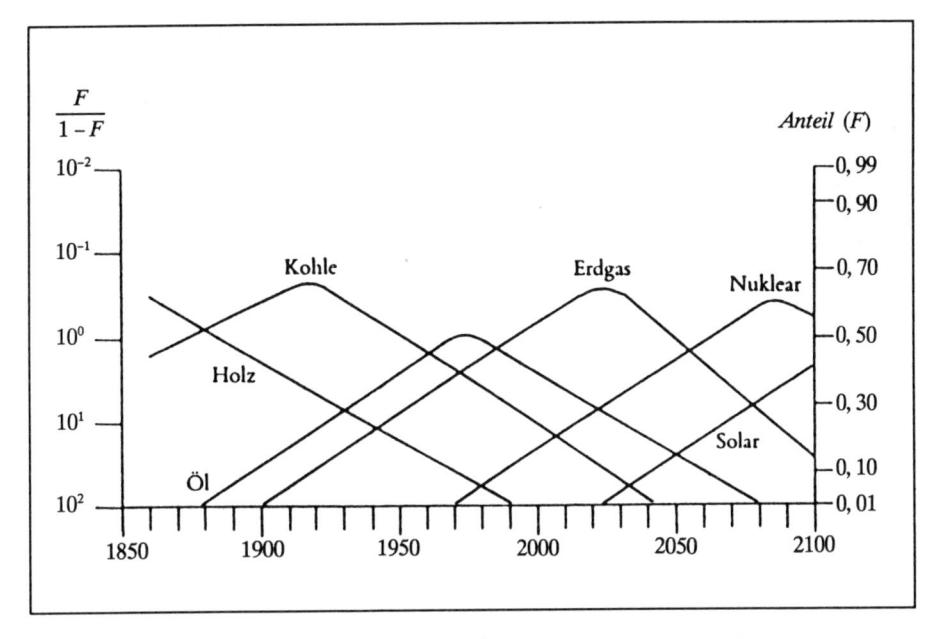

[Figure: Marktanteil der Primärenergieträger Holz, Kohle, Öl, Erdgas, Nuklear, Solar von 1850 bis 2100. Linke Achse: $\frac{F}{1-F}$ von 10^{-2} bis 10^2; rechte Achse: Anteil (F) von 0,01 bis 0,99.]

Quelle: nach *McDonald* (1981: 16)

CO_2 wie möglich aus fossilen Brennstoffen freigesetzt wird (vgl. auch Abbildung 43, S. 135).

Eine wesentliche Rolle spielt beim Übergang natürlich der effizientere Energieeinsatz, das sogenannte *Energiesparen*. Energiesparen als Selbstzweck wäre sinnlos, wenn Energie ohne Umweltbelastung verwendet werden könnte; da dies aber in der Übergangsphase nicht der Fall ist, sind Sparanstrengungen bei jeder Form der Energienutzung (Antriebe, Prozesse, Raumwärme) dringend. Allerdings ist zu beachten, dass ein gewisser Sparschritt nur einmal ausgeführt werden kann. Vollends sinnwidrig wäre es aber, eine erzielte Sparquote etwa zur Rücksubstitution auf fossile Brennstoffe, d.h. auf CO_2-Freisetzer, preiszugeben.

In diesem Wettlauf mit der Zeit kann die Meinung vertreten werden, dass keine umweltschonende Quelle vernachlässigt werden darf, und dazu gehört auch der Beitrag der Kernenergie, die einerseits zur Stromerzeugung genutzt wird, aber auch zur Erzeugung von Prozesswärme (im Hochtemperaturreaktor) mit dem Ziel aus der Kohle entweder "Wassergas H_2 + CO" und Methanol mit geringerem C-Anteil pro Heizwert zu produzieren. Deshalb kommt der Kernenergie eine wichtige Bedeutung zu, solange Forschung und Entwicklung im Bereich der Elektrizitätserzeugung aus Sonnenenergie noch nicht zu einer erheblichen Verringerung der mit dieser Umwandlungstechnik verbundenen Kosten geführt haben. Ein solcher Durchbruch ist aber beim heutigen Stand des Wissens noch nicht in Sicht. Angesichts der Kürze der Zeit, in der wegen des Umweltproblems gehandelt werden *muss*, ist ein Verzicht auf die nukleare Option (mit funktionierendem grosstechnischen Hochtemperaturreaktor und zuverlässiger Bestimmung seiner Kosten im Fall einer *Konvoi*-Herstellung) in der Hoffnung auf eine photovoltaische Zukunftslösung nicht zu verantworten.

Beim Übergang kann auch Erdgas eine wesentliche Rolle spielen (vgl. z.B. *Grübler* 1987): Seine Vorräte sind grösser, als früher angenommen wurde (vgl. Abbildung 42); es kann relativ günstig in Methanol umgewandelt werden

Abbildung 42: Entwicklung der Vorräte an Erdöl und Erdgas

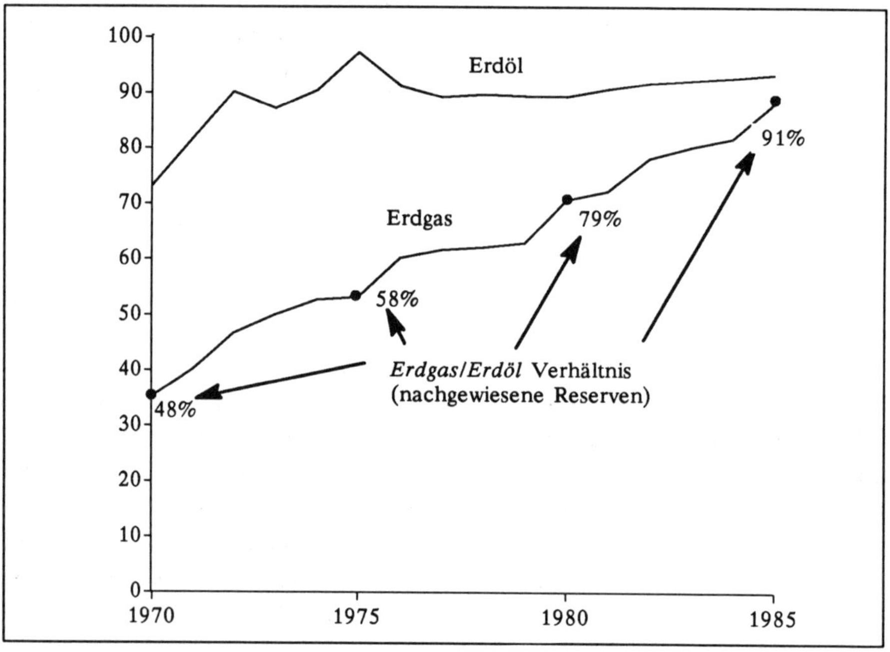

Quelle: nach *Grübler* (1983: 6)

kann; seine Infrastruktur ist möglicherweise ein guter Vorläufer für diejenige des Wasserstoffs (auch wenn andere Materialien die Dichtigkeit gewährleisten müssen); und schliesslich ist bei Erdgas der Anteil des Wasserstoffs im Verhältnis zum Kohlenstoff günstiger. So wird pro GJ Energie nur 55 kg CO_2 frei – gegenüber 75 kg bei Erdöl oder 91 kg bei der Kohle. Diese Verbesserungen sind zwar relativ bescheiden, daher kann Erdgas des Klimaproblem nicht lösen, wohl aber einen Beitrag in der Übergangsphase leisten kann.

Insgesamt ergibt sich also ein "zivilisatorisches Muster" des Übergangs, dessen Struktur im Zeithorizont der nächsten 100 Jahre in Abbildung 43 aufgezeigt ist.

Abbildung 43: Übergang vom heutigen auf ein zukünftiges globales Energiesystem

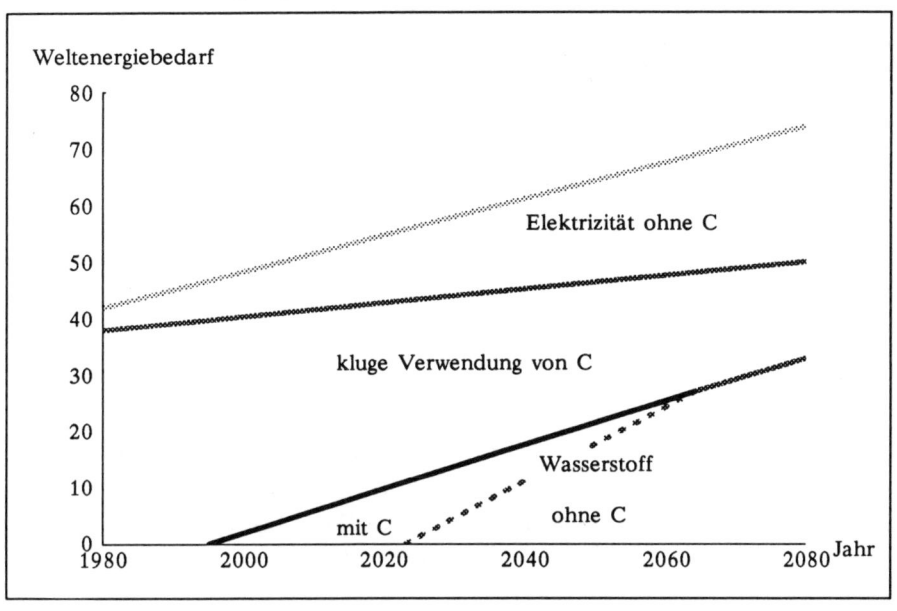

```
Weltenergiebedarf
  (Kurven: Elektrizität ohne C; kluge Verwendung von C; mit C; Wasserstoff ohne C)
  Jahre 1980 – 2080
```

Quelle: nach *Häfele* (1987)

Aus Abbildung 43 wird ersichtlich, dass auch in der zweiten Phase des fossilen Zeitalters noch CO_2 in die Atmosphäre emittiert wird. Wir wissen aus der Atmosphärenphysik, dass sich der CO_2-Gehalt der Atmosphäre nur sehr langsam abbaut. Nach heutigen Erkenntnissen dauert die Wiederherstellung des Gleichgewichts, das heute durch die Emissionen von CO_2 in die Atmosphäre empfindlich gestört wird, Tausende von Jahren (*Oeschger 1982*). Die zeitliche Dimension des fossilen Entsorgungsproblems ist also durchaus vergleichbar mit dem Zeithorizont der nuklearen Entsorgung. Der Unterschied liegt allerdings darin, dass die radioaktiven Abfälle genau definiert sind und unter menschlicher Kontrolle stehen, während die Auswirkungen der CO_2-Dissipation jeglicher Einflussnahme durch den Menschen entzogen bleiben.

Es erhebt sich die Frage, ob die Ressourcenlage die anvisierte Energiepolitik erlaubt. Bei der Photovoltaik ist dies schon jetzt zu bejahen, denn die entscheidenden Vorgänge spielen sich in sehr dünnen Schichten ab: Trotz des grossen Flächenbedarfs (10 % des heutigen Weltenergiebedarfs benötigen etwa 10^5 km^2) resultiert bei einer Schichtdicke von 1 μm eine aktive Schichtmasse von 0,5 Milliarden kg, was bei jeder Art von Material problemlos scheint. Bei der Kerntechnik kann auf die Ausführungen von *Häfele* (1981) oder *Baumberger* (1986) verwiesen werden: Für eine beschränkte Zeit (100 Jahre), also gerade für die schwierige Übergangsphase, sind genügend Uranvorräte vorhanden, um einen Beitrag zur Weltenergieversorgung (auch ohne Brüter) in der Grössenordnung von 10 % zu leisten. Wegen der relativ geringen Auswirkung der Brennstoff- auf die Stromgestehungskosten kann hier überdies auch auf schwieriger zu gewinnende Vorräte zurückgegriffen werden.

Für die globale Energieproblematik ergibt sich also nach heutiger Erkenntnis (gemäss *Häfele* 1987) die folgende Stufung von Zeithorizonten:

200 – 250	Jahre	Nutzung aller Vorräte an Kohlenwasserstoffen
150	Jahre	Substitution des Kohlenstoffatoms durch das Wasserstoffatom mittels moderner Energiesysteme
50 – 70	Jahre	Nutzung der konventionellen Vorräte an Wasserstoffen
50 – 70	Jahre	Verdopplung des CO_2-Gehalts der Atmosphäre[22]
ca. 2000	Jahre	Abbau eines erhöhten CO_2-Gehaltes der Atmosphäre z.B. durch die Endlagerung in der Tiefsee
ca. 2000	Jahre	Abklingen der Radioaktivität nuklearen Abfalls auf in der Natur vorkommende Werte

3.6. Sonderstellung der Elektrizität

Dass die Elektrizität eine besondere Energieform ist und dass von ihr strukturverändernde und damit gesellschaftsformende Wirkungen ausgehen, hat schon Lenin erkannt. Ihm wird das Zitat zugeschrieben: "Sowjetmacht und Elektrizität = Kommunismus". In Abwandlung dieses visionären Satzes können wir heute formulieren: "Demokratie und Elektrizität = humane Gesellschaft".

Lenin konnte nicht ahnen, wie entscheidend die Elektrizität in Anwendungsbereichen wie Elektronik, Computerentwicklung und moderne Lasertechnologie sein würde. Um so erstaunlicher ist sein Weitblick.

Man kann ohne Übertreibung sagen, dass die Verfügbarkeit und der Einsatz von elektrischer Energie für die gegenwärtigen strukturellen Veränderun-

---

22. Die mit einer Verdopplung des atmosphärischen CO_2-Gehalts verbundene Temperaturerhöhung (Treibhauseffekt) dürfte, wie bereits gesagt, wegen der vermuteten Synergiewirkung der Spurengase früher eintreten als bisher angenommen.

gen der Wirtschaft eine ähnliche, wenn nicht grössere Bedeutung besitzt wie die Verfügbarkeit von fossilen Energieträger, insbesondere von Kohle in den frühen Phasen der industriellen Revolution. Die *qualitativen Aspekte* von Elektrizität, auf die ihre strukturbildende Wirkung zurückzuführen ist, haben u.a. *Erdmann* (1989c), *Erdmann/Fritsch* (1989) sowie *Spreng* (1988; 1989b; 1989c) untersucht.

1. Elektrizität ist an keinen stofflichen Träger gebunden, sondern ist die Energie des elektromagnetischen Feldes. Am Ort der Nutzung der Elektrizität bleiben folglich keine Abfallstoffe zurück. Nur Fernwärme–Systeme und Sonnenkollektoren – beide Technologien basieren wie die Elektrizität auf dem Prinzip geschlossener Kreisläufe mit Hin- und Rückleiter – bieten vergleichbare Vorteile. Ein entsprechend "sauberer" Endenergieträger liegt nicht nur im Interesse des Umweltschutzes und der humanen Gestaltung der Arbeitsplätze, sondern ist auch eine unumgängliche Voraussetzung für die technische Verwirklichung der Informationsgesellschaft.

2. Im Gegensatz zu allen anderen Energieträgern ist die elektrische Energie darüber hinaus praktisch masse- und volumenlos und folglich rasch ein- und ausschaltbar. Damit zusammenhängend lässt sich Elektrizität bei allen Anwendungen genau dosieren und kontrollieren. Eine der Implikationen dieser Eigenschaft ist das besonders anwendungsfreundliche *switch on/ switch off*-Verhalten. Dieser Vorteil fällt bei Anwendungen ins Gewicht, wo es auf unmittelbare und exakte Steuerung und Regelung ankommt. Mikroprozessoren, Übertragungssysteme, rechnergestütztes Konstruieren, rechnergestützte Fabrikation und andere *High-Tech*-Applikationen sind ohne diese qualitativen Eigenschaften der elektrischen Energie undenkbar. Das heute besonders im Mittelpunkt des Interesses stehende Anwendungsgebiet sind "intelligente" Maschinen, die aus einer Kombination von mechanischen, sensorischen und mikroelektronischen Komponenten bestehen. Aber auch bei anderen Technologien sind die damit verbundenen Vorteile der Elektrizität von Bedeutung. Ein Beispiel: So mussten Dampflokomotiven früher Stunden vor ihrem Einsatz bereits eingeheizt werden, und noch heute müssen Flugzeugmotoren vor dem Start warmlaufen. Demgegenüber sind Elektro-Lokomotiven in Sekundenschnelle betriebsbereit.

3. Ein weiterer qualitativer Vorteil ist darauf zurückzuführen, dass die elektrische Energie ihre Wirkung ohne direkten unmittelbaren physischen Kontakt ausübt. Dies hat Kostenvorteile in Hinblick auf den reduzierten Verschleiss elektromechanischer Geräte (Motoren und *Relais*) und bietet zudem die bekannten Einsatzmöglichkeiten etwa in den Bereichen elektromagnetischer Wellen (Rundfunk), Ultraschall, Mikrowellen–Erwärmung, In-

duktionsheizung usw. Zukunftstechnologien mit einem heute noch kaum zu übersehenden Entwicklungspotential beruhen auf der elektromechanischen Verformung von Materialien, einer Technologie, mit deren Hilfe sich völlig neuartige Metallstrukturen herstellen lassen.

4. Gegenüber thermischen Interaktionen weisen elektrische Interaktionen mit Materie nur schwache unerwünschte Nebenwirkungen (z.B. Wärme, Magnetfeld) auf. Je geringer die unerwünschten Interaktionen sind, desto geringer sind im allgemeinen auch die zu deren Beseitigung beziehungsweise Kontrolle aufzuwendenden Kosten.

5 Während die Energiefreisetzung beim fossilen Verbrennungsprozess durch das zufällige ungeordnete Zusammenstossen planlos umherirrender Moleküle vor sich geht, basiert Elektrizität auf dem geordneten Zusammenwirken von Elektronen. Man spricht in diesem Zusammenhang von entropischer Qualität oder Exergie. In besonderer Weise gelangen diese Vorteile bei der Elektrolyse und der Lasertechnologie zum Tragen. Interpretiert man wie *Georgescu-Roegen* (1971) die Zivilisation als einen Prozess der Erzeugung gezielter Ordnung in einer amorphen Materie und bei einer unübersichtlichen Informationsflut, so wird die Bedeutung dieser Eigenschaft im Produktionsprozess klar erkennbar.

Besonders stürmisch verläuft derzeit die Marktdurchdringung der Lasertechnologie. Optische Laser haben mit rund 2 % einen nur sehr geringen Wirkungsgrad, was jedoch ihrer zunehmenden Anwendung keinen Abbruch tut: Wir haben uns an die *Compact-Disk* bereits gewöhnt. *Scanner/ Terminals* finden sich immer häufiger an den Kassen der Kaufhäuser. Der Laserdrucker ist ein beliebtes Ausgabegerät für Computer. Zu erwähnen sind auch die neuen Anwendungsmöglichkeiten in der Medizin (Laserstrahlen) sowie die unzähligen Anwendungen im Bereich industrieller Präzisionsfertigung (höhere Qualität), Laserchemie (neue Produkte), Distanzmessung, Markierung, Miniaturisierung (Materialeinsparung) und Datenübertragung (Glasfaserkabel) sowie die Materialbearbeitung mit Laserstrahlen.

6. Eine weitere wichtige Eigenschaft der Elektrizität besteht darin, dass die Konzentration der Energiedichte in einem Trägermedium nicht durch thermodynamische Grenzen eingeschränkt ist. Während bei fossilen Verbrennungsvorgängen die maximal erreichbare Temperatur von der adiabatischen Flamm-Temperatur der chemischen Reaktion abhängt und im allgemeinen 1650 °C nicht überschreitet, sind die mit elektrischer Energie erzeugbaren Temperaturen einzig durch die Temperaturresistenz des umschliessenden *Containment* beschränkt und können in gasförmigen Medien

einige 10000°C erreichen (elektrische Lichtbogenheizung). Diese Eigenschaft findet bereits heute bei der Entsorgung von Sondermüll durch Hochtemperaturverbrennung oder auch bei der Herstellung besonders reiner Metall-Legierungen Anwendung. Durch den magnetischen Einschluss von Plasma hofft man gar, Temperaturen von einigen 10 Millionen Grad erreichen zu können, um eines Tages die kontrollierte Kernfusion realisieren zu können.

7. Zu den Qualitäten der elektrischen Energie gehört schliesslich die technische Realisierbarkeit einer ausserordentlich hohen Produkthomogenität. In der Schweiz liegen die Netzschwankungen bei weniger als 5% bei der Spannung und bei weniger als 0,1% bei der Frequenz, wobei fortgeschrittene mathematische und technische Verfahren zur Steuerung komplexer Netzwerke eingesetzt werden. Erst diese Eigenschaft – sie ist nicht selbstverständlich und wird in vielen Ländern mit rückständigen Technologien nicht erreicht – bietet die Gewähr für den erfolgreichen Betrieb der modernen Hochleistungstechnologien.

Diesen Vorteilen der elektrischen Energie stehen die folgenden Nachteile gegenüber:

– *Unzureichende direkte Speicherbarkeit über lange Zeiträume und in den für die Stromversorgung erforderlichen grossen Mengen.* Dies bedingt, dass die Kapazität der Stromerzeugung auf die Spitzenbelastung ausgelegt sein muss, die während nur weniger Stunden im Jahr anfällt. Zwar können Pumpspeicherwerke für den Ausgleich von Tagesspitzen sorgen, indem das Wasser während der nächtlichen Lasttäler in hochgelegene Speicherbecken gepumpt wird, von wo es am Tag zur Deckung des Spitzenbedarfs wieder abgelassen wird; doch fehlen bislang wirtschaftliche Speichertechnologien, mit denen es möglich ist, jahreszeitliche Lastschwankungen auszugleichen, sieht man einmal von der aus Kostengründen vorerst nur theoretischen Option der Wasserstofftechnologie ab (vgl. *Winter/Nitsch* 1986).

– *Fehlende Möglichkeit, elektrische Energie billig über weite Strecken transportieren zu können.* Zwar gibt es keinen anderen Energieträger, der sich im Nahbereich bis etwa 300 km ähnlich kostengünstig transportieren liesse wie die Elektrizität, doch bei grösseren Entfernungen von beispielsweise 1000 km betragen die Leitungs- und Übertragungsverluste einer 380 kV-Fernleitung schon rund 10 %. Selbst bei der modernen Hochspannungs-Gleichstrom-Übertragung (HGÜ) betragen die Leitungsverluste auf diese Distanz noch rund 5 %, wobei zusätzlich die beträchtlichen Investitionskosten in die dafür erforderlichen HGÜ-Knoten in Rechnung zu stellen sind.

– *Gesellschaftliche und politische Akzeptanzprobleme.* In vielen Industrieländern stossen die wirtschaftlichen Verfahren zur Herstellung der Elektrizität auf gesellschaftliche und politische Widerstände. Dies gilt sowohl für fossil befeuerte *thermische Kraftwerke* (Lufthygiene, Beseitigung von Filterstäuben) als auch für *Kernkraftwerke* (Strahlenrisiken, Endlagerprobleme) und selbst für die *Wasserkraft* (Landschaftsschutz und technische Risiken von Talsperren). Offensichtlich beschränkt sich das politische *Handicap* der Elektrizität ausschliesslich auf einige vergleichsweise reiche Industrieländer. Schon in Industrieländern mit mittlerem Einkommen ist die öffentliche Meinung dem Kapazitätsausbau gegenüber wesentlich positiver eingestellt. Bei anhaltendem Druck seitens der Öffentlichkeit wird eine wesentliche Verteuerung dieses Energieträgers auf lange Frist nicht ausbleiben können.

Die qualitativen Vorzüge der elektrischen Energie treten weniger bei der Erzeugung dieses Energieträgers als vielmehr bei seiner Nutzung zutage und bringen dem Energieanwender eine Reihe von bedeutenden Vorteilen. Demgegenüber dürfen die genannten Nachteile der elektrischen Energie als eine wesentliche Ursache dafür angesehen werden, dass sich dieser Energieträger in absehbarer Zeit nicht zum alleinigen Energieträger der zukünftigen Dienstleistungsgesellschaft wird entwickeln können. Gleichzeitig stellen die genannten Nachteile eine Herausforderung an die technische Energieforschung dar, wo Themen wie Wasserstoff als virtueller Elektrizitätsspeicher, Hochtemperatur–Supraleitung, Hochenergie–Laser, sichere und wirtschaftliche Verfahren zur Erzeugung der Elektrizität aus Kernenergie und Sonnenenergie sowie Steigerung der Effizienz von Elektrizitätsanwendungen zu den grossen F&E-Aufgaben der Gegenwart gehören.

Als Zwischenresultat kann man also festhalten, dass es weniger die quantitativen Gesichtspunkte der Elektrizitätsversorgung sind, die der Elektrizität im Strukturwandel eine entscheidende Rolle zuweisen, als vielmehr die genannten *qualitativen* Aspekte. Dies bedeutet ein Umdenken für alle diejenigen, die Energie bislang in Steinkohleneinheiten oder Kilowattstunden gemessen haben und sich allenfalls noch für die dabei erzielten monetären Umsätze (Multiplikation der physischen Mengen mit den jeweiligen Preisen) interessieren.

Zur ökonomischen Charakterisierung von qualitativen Eigenschaften eines Energieträgers wurde in der amerikanischen Literatur der Begriff "*form value*" geprägt. *Schmidt*, der diesen Begriff als einer der ersten Autoren in seinen Forschungsarbeiten verwendet, macht den Vorschlag, den *form value* eines Gutes zu definieren als

> the inherent economic value of a commodity resulting from the exploitation of its unique intrinsic properties in the production process (*Schmidt* 1986: 200).

Eine Präzision dieses Begriffs ergibt sich aus folgender Überlegung (vgl. *Berg* 1986): Man betrachte zum Beispiel eine Technologie, die an den Einsatz eines bestimmten Energieträgers gebunden ist. Selbst bei optimaler Auslegung ist das auf dieser Technologie beruhende Produktionsverfahren immer mit energieträgerspezifischen irreduziblen Kosten verbunden. Diese Kosten lassen sich nur durch den vollständigen Übergang zu einer anderen Technologie unter Nutzung eines anderen Energieträgers beziehungsweise einer anderen Eigenschaft desselben Energieträgers[23] vermeiden. Der *form value* eines Energieträgers bestimmt sich damit einerseits durch die Aufgabe, die mit dem Energieeinsatz gelöst werden soll, sowie andererseits durch die technischen Alternativen, die unter Rückgriff auf Eigenschaften anderer Energieträger möglich, theoretisch bekannt und wirtschaftlich realisierbar sind. Ein F&E-Durchbruch hat demzufolge meist erhebliche Auswirkungen auf den *form value* von Energieanwendungen.

Ein Beispiel mag diese Überlegungen verdeutlichen. Die inzwischen schon historischen Dampflokomotiven bezogen ihre Kraft mittels Kohlefeuerung. Zu den spezifischen irreduziblen Kosten dieser Energieanwendung gehört, dass die Kessel bereits lange vor der Abfahrt vorgeheizt werden müssen, dass Wasser und Kohle mitgeführt, d.h. während der Fahrt laufend beschleunigt und wieder abgebremst werden müssen, dass es neben dem Lokführer den Heizer braucht und dass thermodynamische Gesetze und technische Grenzen einen nur geringen Wirkungsgrad (von unter 10 %) zulassen sowie aufwendige Konstruktionen erfordern. Ein Teil dieser Kosten entfällt bei der Umstellung auf Diesellokomotiven, womit die neue Technologie gegenüber der Kohlefeuerung einen *form value* aufweist. Noch weiter reduzieren lassen sich diese Kosten bei Anwendung des Elektromotors, wobei allerdings vorher beträchtliche Infrastrukturaufwendungen erforderlich sind.

In ökonomischer Interpretation stellt der *form value* einer Energieanwendung einen positiven externen Effekt dar. Der Preis eines Energieträgers kann immer nur den Opportunitätskosten einer einzigen Anwendungsform entsprechen. Bei dieser Energieanwendung ist der *form value* gerade gleich Null. Man spricht in diesem Zusammenhang von der marginalen Anwendung des Energieträgers. Demgegenüber gibt es etliche Energieanwendungen mit einem positiven *form value*, denn die mit einem Energieträger zu befriedigenden Bedürfnisse und Nutzen sind ausserordentlich vielgestaltig und heterogen. Dies gilt in ganz besonderem Masse für die Elektrizität.

---

23. Beispiel: Konventionelle Glühbirne gegenüber Halogen- oder Laserlicht.

Zur modellhaften Abschätzung der Höhe des *form value* einer Energieanwendung sei vereinfachend ein konstantes technisches Wissen unterstellt. In einer Welt ohne technischen Fortschritt führt der Konkurrenz- und Wettbewerbsprozess zu einer Optimierung des Technologieeinsatzes, bis die Bedingungen des neoklassischen Gleichgewichts erreicht sind. In dieser Situation ist der Preis eines Energieträgers identisch mit dem Grenznutzen seiner marginalen Anwendung sowie den Grenzkosten seiner Bereitstellung (*optimum optimorum*). Steigt der relative Preis dieses Energieträgers, so wird dessen marginale Anwendung unwirtschaftlich, und langfristig vom Markt substituiert. Demgegenüber laufen trotz Preisanstieg die anderen Anwendungen dieses Energieträgers zunächst weiter, und zwar so lange, bis sie zur marginalen Anwendung werden. Von diesem Moment an ist der *form value* dieser Energieanwendung verschwunden. Bei weiterem Preisanstieg wird auch diese Anwendung am Markt verdrängt.

Der *form value* einer Energieanwendung entspricht folglich der Differenz zwischen dem aktuellen Marktpreis und demjenigen Preis des Energieträgers, von dem an die Substitution dieser Energieanwendung am Markt einsetzt. Seinem Wesen nach ist der *form value* also ein Phänomen des Ungleichgewichts.

Die Rolle des *form value* von Energieanwendungen steht in Verbindung mit dem technischen Fortschritt, dessen zentrale ökonomische Funktion – wie oben bereits erwähnt – darin besteht, Produktionsfesseln zu beseitigen. Dies lässt sich an den historischen Beispielen verdeutlichen, die u.a. von *Devine* (1983) aufgearbeitet wurden. Nach *Devine* stehen die dramatischen Veränderungen der industriellen Produktion um das Jahr 1920 mit der Elektrifizierung und der damit möglich gewordenen Anwendung elektrischer Motoren in der industriellen Fertigung in Verbindung. Zuvor erfolgte die Kraftversorgung in den Fabriken von einem zentralen Heizwerk aus. Sie wurde über Wellen und Riemen an die einzelnen Arbeitsplätze verteilt, womit die räumliche Organisation durch die Geometrie der Energieverteilung eingeschränkt war. Darüber hinaus erforderten lokale Änderungen an einzelnen Arbeitsplätzen oft den kompletten Betriebsstillstand. Durch den um 1920 beginnenden Einsatz von Elektromotoren fielen diese Beschränkungen und Kosten fort, d.h. es kam zu einer wirtschaftlichen Ausbeutung des *form value* elektrischer Motoren. Kamen diese Vorteile zunächst nur einzelnen Pionier-Unternehmen zugute, so führte der Wettbewerb rasch zu einer Weitergabe an die Konsumenten sowie zum Entstehen neuer marktfähiger Produkte, die ohne die durch den Elektromotor ausgelösten Innovationen undenkbar wären. Das herausragende Beispiel dafür ist der Serien-PKW in Fliessbandfertigung.

In diesem Zusammenhang können einige Missverständnisse und Fehlschlüsse klargestellt werden, die im Rahmen der energiepolitischen Debatte immer wieder auftreten. Die soeben dargestellte Sprengung konfigurativer Produktionsfesseln hatte nicht in erster Linie etwas mit einem (quantitativ betrachtet) effizienteren Energieeinsatz zu tun. Sicher vermindern Elektromotoren die vorher bestehenden Reibungs-, Anfahr- und Abschaltverluste, so dass partiell Energie eingespart und durch Kapital und technisches Wissen substituiert wird. Ähnliche Effekte sind bei Elektrizitätsanwendungen wie Laserlicht, Ultraschall, Mikrowellen-Erwärmung, Lichtbogenheizung, Elektrolyse, Membran-Trennverfahren und vielen anderen modernen Technologien zu erwarten. Doch wäre es falsch, die energetischen Wirkungsgradgewinne als das entscheidende Element bei technischen und wirtschaftlichen Innovationen hinstellen zu wollen. Der Fortschritt besteht nicht nur in der Produktivitätssteigerung des Faktors *Energie*, sondern in der Produktivitätssteigerung *aller* Produktionsfaktoren: Arbeit, Kapital, Boden, Rohstoffe *und* Energie.

Nicht wenige Diskussionsbeiträge der letzten Zeit zum Thema *Energie* setzen das Postulat eines gesamtwirtschaftlich sparsamen Umgangs mit Energie gleich mit dem Ziel der "Energieeinsparung um jeden Preis", d.h. Unterordnung unter das Ziel der gesamtwirtschaftlichen Effizienz. Dies ist jedoch eine oberflächliche Betrachtungsweise. Der sparsame Umgang mit Energie besteht vielmehr darin, eine möglichst hohe *gesamtwirtschaftliche* Produktivität (Minimierung der zu Faktorkosten bewerteten *Inputs* in die Produktion je Einheit *Output* zu erreichen. Die zuvor angesprochenen historischen Beispiele und neuen Entwicklungen lassen erkennen, dass die wirtschaftliche Nutzung des *form value* eine wichtige Vorbedingung ist. Aus ökonomischer Sicht kann der reduzierte Einsatz von Energie – gerade auch unter dem Aspekt des Umweltschutzes – kein Ziel an sich sein. Die Energienachfrage übt vielmehr eine *Dienstleistungsfunktion* für die Realisierung anderer, mit dem Energieeinsatz verbundener Ziele aus, u.a. eben auch im Zusammenhang mit einem aktiven Umweltschutz. Die Präferenzen der Konsumenten sowie die Kosten der Energiebereitstellung, die nach Möglichkeit auch die externen Kosten der damit verbundenen Umweltbelastungen enthalten sollten, bestimmen aus ökonomischer Sicht den adäquaten Umgang mit der Energie.

Dabei spielt der Schumpeter'sche Pionierunternehmer eine zentrale Rolle. Für ihn bedeutet die mit einer Innovation verbundene Produktivitätssteigerung die Chance, durch Nutzung des *form value* zumindest während einer gewissen Zeit transitorische Differentialrenten zu erzielen. Der Energiekostenanteil in der Produktion mag zwar gering sein, doch wenn der *form value* innovativer Elektrizitätsanwendungen einem Mehrfachen der direkten Energiekosten entspricht, so beträgt das Gewinnpotential für den Erstanwender ebenfalls ein Mehrfaches der Energiekosten. Das Potential einer Energieanwendung mit positivem *form value* ist somit nicht durch die damit verbundenen Energiekosten beschränkt.

Die Besonderheit der Wechselwirkungen zwischen dem Strukturwandel und der Elektrizitätsnachfrage lässt sich also mit Hilfe der Theorie von Schumpeter erklären. Energie – und wegen ihrer qualitativen Eigenschaften besonders die Elektrizität – spielt dabei eine wichtige Rolle, aber in einer anderen Art, als man dies von der traditionellen Analyse her gewohnt ist. Bei der traditionellen Analyse spielen die quantitativen Gesichtspunkte die entscheidende Rolle. Der Zusammenhang zwischen Wirtschaftsstruktur und dem Energiesektor einer Volkswirtschaft reduziert sich dabei in den Augen vieler auf die Beantwortung der Frage, wie sich der Energie- beziehungsweise Elektrizitätsbedarf der Wirtschaft als Ganzes und speziell der Dienstleistungen entwickelt.

Während die Mehrheit der Energieökonomen noch bis zur Mitte der 70er Jahre von einem (gegenüber dem Wirtschaftswachstum) überproportional steigenden Elektrizitätskonsum ausging, wird dies heute anders gesehen, weil man beobachten kann, dass der Elektrizitätskonsum – bedingt durch den effizienteren Einsatz von Elektrizität, durch Strukturwandel, durch den Import elektrizitätsintensiver Güter sowie möglicherweise durch den Wandel der Konsumbedürfnisse (Einsparungen im engeren Sinne) – nicht mehr mit den Zuwachsraten früherer Jahre ansteigt. Daraus wird dann fälschlicherweise gefolgert, dass dem Elektrizitätsverbrauch künftig keine so grosse Bedeutung zukommen wird und wir – hier ist der Wunsch Vater des Gedankens – deshalb in Zukunft ohne Schwierigkeiten auf die Kernenergie verzichten können. Eine solche Betrachtungsweise des Elektrizitätsverbrauchs unterstellt eine einseitig gerichtete Kausalitätsbeziehung: Die Wirtschaftsstruktur schafft sich das ihr gemässe Energiesystem und bestimmt die Elektrizitätsnachfrage. Im Rahmen der vorliegenden Analyse wird hingegen die These vertreten, dass das Energiesystem einen direkten Einfluss auf den Wandel der Wirtschaftsstruktur ausübt und dass zum heutigen Zeitpunkt insbesondere der Elektrizität – dank ihrer qualitativen Eigenschaften für diesen Strukturwandel – die *Funktion eines Katalysators* zukommt. Ihre Bedeutung für die kommunikationsintensive Industriegesellschaft wird deshalb nicht abnehmen, sondern grösser werden.

In Anbetracht solcher Überlegungen kann es unter *quantitativem Aspekt* nicht überraschen, dass die Elektrizitätsintensität der entwickelten Industrienationen im Lauf der letzten Jahrzehnte stark zugenommen hat. Wie aus Tabelle 19 hervorgeht, ist der Anteil der Elektrizität am Endenergieaufkommen in praktisch allen OECD-Ländern deutlich gestiegen.[24]

Tabelle 19: Anteil der Elektrizität am Endenergieaufkommen (in %)

	1960	1970	1980	1985
USA	7,11	9,51	13,00	15,30
Kanada	12,96	14,28	16,92	21,69
Japan	13,73	13,51	17,80	20,26
Frankreich	8,03	8,49	12,63	16,64
Deutschland	7,96	10,07	13,66	15,23
Italien	11,52	10,17	12,85	14,44
Grossbritannien	8,00	12,17	14,63	14,90
Schweiz	18,87	14,13	17,16	18,84
OECD	8,22	10,48	14,11	16,28

Quelle: nach OECD (1988a)

Bei den hier dargestellten Werten ist zu berücksichtigen, dass Elektrizität ein Endenergieträger ist, der bereits die Umwandlungsstufe (ursprünglich Verbrennung fossiler Brennstoffe) hinter sich hat, welche die anderen Endenergieträger nach ihrer Ankunft beim Endverbraucher erst noch zu durchlaufen haben. Aus diesem Grund ist der Nutzwirkungsgrad der Elektrizität generell höher als der Nutzwirkungsgrad der anderen Endenergieträger (vgl. Tabelle 20). Dieser Vorteil der Elektrizität kompensiert zu einem grossen Teil die Wirkungsgradverluste bei der Elektrizitätserzeugung, die je nach verwendeter Technologie zwischen rund 30 % und 60 % liegen, sowie auch den bezogen (auf die Energieeinheit) bezogenen höheren Preis. Bei einer nur auf die Endenergieanteile gerichteten Analyse wird folglich die wirtschaftliche Bedeutung der Elektrizität stark unterschätzt. Auf der Stufe der Primärenergie muss man die in Tabelle 22 auf Seite 147 aufgelisteten Zahlenangaben etwa verdoppeln, um einen realistischeren Massstab zur Beurteilung der Rolle der Elektrizität zu erhalten.

Die wachsende Rolle der Elektrizität im Rahmen der volkswirtschaftlichen Entwicklung wird auch bei der Beobachtung der Energieintensitäten

---

24. Eine Ausnahme bildet die Schweiz, die schon früh ihre einzige Energieressource, die Wasserkraft, zur Erzeugung von elektrischem Strom einsetzte und daher bereits 1950 rund 20 % des heimischen Energieverbrauchs in Form von Elektrizität bereitstellte.

Tabelle 20: Nutzenergie-Wirkungsgrade (Grössenordnungen)

	fossile Energieträger	elektrische Energie
Licht	>1 %	10 %
Wärme (konventionell)	50 %	95 %
Wärme (fortgeschr. Brenner)	75 %	95 %
Kraft (Motoren)	20 %	90 %

Quelle: nach OECD (1988a)

deutlich. Während die Energieintensität, d.h. der Energieeinsatz pro Einheit *Sozialprodukt*, spätestens seit den beiden Energiekrisen 1973 und 1979 in den grossen OECD-Ländern sank (vgl. Tabelle 21), stieg der Elektrizitätskonsum

Tabelle 21: Energiekonsum pro Einheit *Bruttoinlandsprodukt* (in toe pro 1 Million US-$ zu Preisen und Wechselkursen von 1980)

	1960	1970	1980	1985
USA	635	653	566	474
Kanada	725	746	679	597
Japan	273	336	276	237
Frankreich	253	283	241	219
Deutschland	281	312	281	261
Italien	203	288	265	244
Grossbritannien	381	367	296	275
Schweiz	152	194	204	202
OECD	438	454	394	350

Quelle: nach OECD (1988a)

weiterhin proportional zum BIP an (vgl. Tabelle 22). Besonders stark ist die Zunahme des Elektrizitätsverbrauchs in den Entwicklungsländern. Dies äussert sich insbesondere im starken Anstieg des Verbrauchs in Haushalten. So hat sich der Elektrizitätsverbrauch in Haushalten während der Zeitspanne von 1970 bis 1987 in Taiwan von 160 auf über 600 kWh pro Kopf erhöht, in Brasilien fand im gleichen Zeitraum ein Anstieg von 210 auf 380 kWh pro Kopf und

Tabelle 22: Elektrizitätskonsum pro Einheit *Bruttoinlandsprodukt* (in toe pro 1 Million US-$ zu Preisen und Wechselkursen von 1980)

	1960	1970	1980	1985
USA	42	57	65	62
Kanada	82	93	98	104
Japan	33	40	42	40
Frankreich	19	22	27	30
Deutschland	21	29	34	35
Italien	21	27	30	30
Grossbritannien	28	40	38	36
Schweiz	24	24	30	33
OECD	33	43	49	49

Quelle: nach OECD (1988b)

in Mexiko von 100 auf 290 kWh pro Kopf statt (Näheres dazu vgl. *Schipper* 1989).

Eine detaillierte Betrachtung der letzten 10 Jahre zeigt, dass ohne die Mehrnachfrage der gewerblichen Kleinverbraucher[25] sowie der privaten Haushalte kaum noch Zuwächse im Elektrizitätskonsum zu verzeichnen wären (vgl. Abbildung 44).

Eine Untersuchung der KFA Jülich (vgl. *Jobsky* 1985) hat dies im Detail für die einzelnen Industriesektoren der Bundesrepublik Deutschland aufgeschlüsselt und bis ins Jahr 2000 hochgerechnet. Gemäss dieser Prognose wird die Industrie gegenüber 1985 eine Mehrnachfrage von nur noch 5 % aufweisen. Schon eine oberflächliche Analyse der nicht-industriellen Verbrauchergruppen *Haushalte* und *Kleinverbraucher* verdeutlicht, dass ein gesamtwirtschaftlich stagnierender Nachfragezuwachs kein realistisches Szenarium für die Bundesrepublik Deutschland darstellt, zumal das Wachstum der Elektrizitätsnachfrage dieser Verbrauchergruppen nach wie vor weitgehend ungebrochen ist.

Noch deutlicher zeigt sich dies in der schweizerischen Wirtschaft. Wie aus einer von *Spreng* (1989) veröffentlichten Darstellung (vgl. Abbildung 45)

---

25. Zu den gewerblichen Kleinverbrauchern zählen Handel und Gewerbe sowie die öffentliche Hand.

Abbildung 44: Wachstum des Elektrizitätskonsums
zwischen 1975 und 1986 (%)

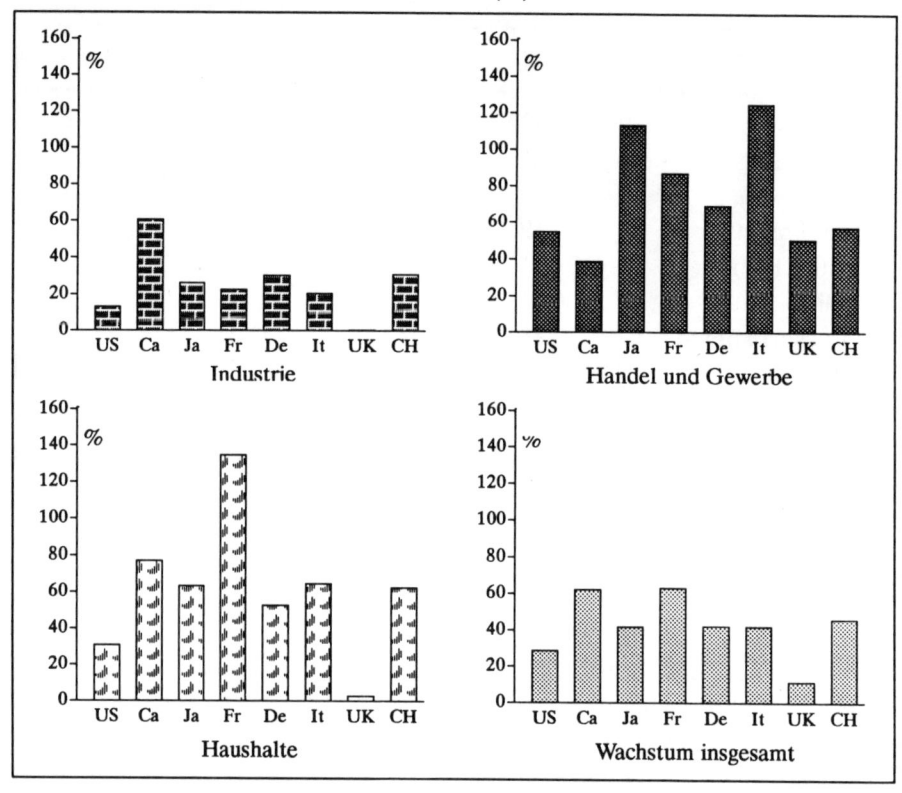

[Industrie – Balkendiagramm: US, Ca, Ja, Fr, De, It, UK, CH]
[Handel und Gewerbe – Balkendiagramm: US, Ca, Ja, Fr, De, It, UK, CH]
[Haushalte – Balkendiagramm: US, Ca, Ja, Fr, De, It, UK, CH]
[Wachstum insgesamt – Balkendiagramm: US, Ca, Ja, Fr, De, It, UK, CH]

Quelle: nach OECD (1988b)

hervorgeht, hat der Elektrizitätsverbrauch in der Schweiz von 1910 bis 1985 um den Faktor 40 zugenommen. Das entspricht einer jährlichen Wachstumsrate von mehr als 5 Prozent Dieser überproportionale Zuwachs bewirkte, dass der Anteil der Elektrizität am gesamten Endenergieverbrauch von 3 auf 21 % angestiegen ist.

> Würde man auf Stufe Primärenergie rechnen (wie es in den grossen Ländern üblich ist, in welchen die Wasserkraft nicht dominiert), käme man in der Schweiz auf einen Anteil von mehr als 40 %, welcher für die Produktion der im Inland gefragten Elektrizität eingesetzt wird (Spreng 1989b: 67).

Mit Recht weist *Spreng* darauf hin, dass jeder Schub im Elektrizitätsverbrauch bzw. der Elektrizitätseffizienz einen Anstieg der Gesamtproduktivität und damit auch einen Schub des Wirtschaftswachstums ausgelöst hat.[26]

Aufgrund dieser Überlegungen gelangt man zu folgendem Ergebnis: Zum einen besteht in Anbetracht der in voller Entwicklung befindlichen Informationstechnologien noch ein grosses Entwicklungspotential für Elektrizität. Der

Penetration der Elektrizität in alle Bereiche der modernen Technik sind in Anbetracht ihrer kurz dargelegten physikalischen Eigenschaften, die wir kurz dargelegt haben (hoher Exergiegrad, d.h. hohe thermodynamische Wertigkeit, Immaterialität, keine Stoffdissipationen beim Verbrauch usw.) so gut wie keine Grenzen gesetzt. Dass die Bedeutung der Elektrizität aus diesen Gründen nicht nur in ihrer quantitativen Zunahme gemessen werden sollte, liegt auf der Hand. Zum anderen – sozusagen komplementär dazu – sind alle Störungen, die den einmal erreichten Elektrifizierungsgrad beeinträchtigen, um so grösser und nachhaltiger, je höher der Elektrifizierungsgrad einer Gesellschaft ist. *Widrig* (1988) hat in einer viel beachteten Studie die Probleme und Konsequenzen einer Stromrationierung genau untersucht. Er weist in seiner umfangreichen Arbeit besonders auf die verheerenden Auswirkungen hin, die ein länger andauernder Stromausfall im Fernmeldewesen, im Bahnverkehr, im Bankenwesen, auf den Finanzmärkten, in Forschungslabors sowie in der Lebensmittelversorgung, einschliesslich Lagerhaltung (Kühlung), haben würde. Der Produktionsprozess, die Distribution sowie vor allem Dienstleistungen wie Informationsvermittlung durch Datenbanken, Datenverarbeitungsnetze, Belüftungssysteme usw. würden schrittweise zusammenbrechen. Nur 11 Prozent der vom Autor befragten Betriebe verfügen über eine Eigenstromversorgung. Die volkswirtschaftlichen Konsequenzen liegen auf der Hand. Die Stromkrise würde zum Auslöser für einen Konjunktureinbruch; Kurzarbeit und Arbeitslosigkeit wären die unmittelbaren Folgen.

Wenn die Wahrscheinlichkeit eines totalen Stromausfalls auch nicht sehr gross ist, so zeigt doch die Studie von *Widrig*, wie sehr unsere Gesellschaft vom Strom abhängig ist und wie verletzbar sie geworden ist. Die Studie lässt aber auch erkennen, in welches Hintertreffen eine Gesellschaft gerät, wenn sie sich bezüglich der Verstromung selbst Fesseln auferlegt. Statt die Installation von Strom für die Aufrechterhaltung einer bestimmten Raumtemperatur

---

26. Besonders stark ist der Anstieg des Stromverbrauchs im Computerbereich: "Der Stromverbrauch der Eidgenössischen Technischen Hochschule Zürich (ETHZ) stieg 1988 gegenüber dem Vorjahr um fast sieben Prozent von 68,1 Millionen Kilowattstunden auf 72,8 Millionen Kilowattstunden. Dieser Bedarf an elektrischer Energie entspricht etwa dem Jahreskonsum von 16000 Haushaltungen. Die weit überdurchschnittliche Verbrauchssteigerung von 7 % ist u.a. auf die 'massive Zunahme' von Computern zurückzuführen, wie die ETHZ in ihrem Jahresbericht schreibt. Dabei ist es nicht bloss der eigentliche Betrieb der Terminals, der eine Bedarfszunahme verursacht, sondern es sind vor allem die elektrisch betriebenen Kühlsysteme, die während des Sommers relativ viel Strom benötigen. Umgekehrt wird an der ETHZ die Computer-Abwärme im Winter zu Heizzwecken genutzt, wodurch Erdöl und Gas eingespart werden können. So sank laut Jahresbericht der ETHZ der Wärmebedarf von 1988 gegenüber 1987 um knapp sieben Millionen Kilowattstunden oder um 5 % auf 127 Millionen Kilowattstunden" (VSE 1989: 2). Näheres zum Verhältnis von Computereinsatz und Stromverbrauch vgl. *Spreng* (1989c).

Abbildung 45: Entwicklung des gesamten Energieverbrauchs und des Elektrizitätsverbrauchs in der Schweiz

Quelle: *Spreng* (1989b). Mit freundlicher Genehmigung des Autors.

(Heizung und/oder Kühlung) sowie den Einsatz von Elektrizität im Verkehrswesen aus Gründen des Energiesparens oder aus Angst vor Kernkraftwerken zu behindern, sollte die Elektrifizierung der modernen Industrie- und Dienstleistungsgesellschaft mit allen Mitteln gefördert werden. Wie sehr der Einsatz von Elektrizität auch zu einer Einsparung von Energie führt, geht aus einer Anmerkung von *Etienne* (1973) hervor, die zum Schluss dieses Kapitels über die Sonderstellung der Elektrizität wiedergegeben werden soll:

> Gegenüber dem Jahr 1913 mit praktisch ausschliesslichem Dampfbetrieb bewältigen die schweizerischen Eisenbahnen 50 Jahre später mit praktisch ausschliesslicher elektrischer Traktion eine dreifache Verkehrsleistung mit einem dreimal geringeren Energieaufwand (*Etienne* 1973: 10).

Das heisst: Durch den Einsatz von Elektrizität ist der Energieaufwand pro Leistungserbringung um den Faktor *Neun* gesunken – von der Entlastung der Umwelt ganz abgesehen.

Um es noch einmal hervorzuheben: Obwohl Elektrizität kein Primärenergieträger ist, und somit zunächst mit Hilfe von Wasser- oder Kernkraft beziehungsweise photovoltaisch erzeugt werden muss, erhöht sich mit ihrem Einsatz auf der Makroebene die energetische Gesamteffizienz. Je höher der Anteil der Elektrizität am Endenergieaufkommen ist, um so niedriger ist also in der Regel die gesamtwirtschaftliche Energieelastizität. Zu vermuten steht ferner, dass mit zunehmender Elektrifizierung der Gesellschaft auch ihr Selbstorganisationsgrad zunimmt.

3.7. Die Zukunft der Kernenergie

Ende 1988 standen in der gesamten Welt 428 Kernkraftwerke mit einer elektrischen Nettoleistung von 313.549 MW in Betrieb. Die Kernkraft trägt heute weltweit mit rund 17% zur Stromerzeugung bei. In der Zeit von 1980 bis 1988 ist der Leistungszuwachs um den Faktor 2,3 gestiegen, was einer jährlichen Wachstumsrate von rund 11% entspricht. Im Bau befinden sich gegenwärtig noch 113 Kernkraftwerke (WEC 1989). In Frankreich werden 70% des Stroms nuklear erzeugt, in Belgien 66%, in Korea 53%, in Schweden 45%, in Finnland 36%. In der Schweiz betrug der Stromanteil der Kernkraft 1988 ebenfalls 36%. In 15 Ländern liegt der Stromanteil der Kernkraft (Bezugsjahr 1988) über dem Weltdurchschnitt von 17%.

Weltweit lag Ende 1988 eine Betriebserfahrung von 5.041 Jahren (WEC 1989) vor. Über die meisten Kernkraftwerke verfügen die USA (108), die UdSSR (57), Frankreich (55) und Japan (36). Das sind die Tatsachen. Merkwürdigerweise steht diese Entwicklung im Gegensatz zur ablehnenden Haltung der Öffentlichkeit, die sich in verschiedenen Ländern – bei weitem nicht in allen – manifestiert. Dieser Widerspruch weist auf ein Dilemma hin: Auf der einen Seite besteht nicht der geringste Zweifel daran, dass Elektrizität *die* Schlüsselenergie des kommenden Jahrhunderts sein wird. Auf der anderen Seite gibt es ausser der Solar- und der Kernenergie keine umweltschonenden Energiequellen, mit welchen Elektrizität erzeugt werden könnte. Dem Einsatz von Wasserenergie sind wegen der damit verbundenen Eingriffe in die natürlichen Ökosysteme trotz des weltweit vorhandenen Hydropotentials Grenzen gesetzt. Sogar China hat auf die Errichtung der grossen Staudammsysteme am Jangtsekiang verzichtet. Die Solarenergie kann wegen ihrer geringen Energiedichte aus physikalischen Gründen nur einen geringen Anteil an der weltweiten Elektrizitätserzeugung erreichen. Es bleibt also nur die Kernenergie.

Sie hat die grösste Energiedichte und ist trotz aller Einwände, die man immer wieder gegen sie erhebt, die sicherste und umweltfreundlichste Energiequelle. *Wie* sicher sie ist, geht aus den jüngst aufgedeckten Vorfällen hervor, die sich in ostdeutschen Reaktoren zugetragen haben. Selbst die grösste Schlamperei und Inkompetenz führte nicht zu einer Katastrophe, obwohl – dies muss man fairerweise zugeben – eine solche Katastrophe durchaus hätte eintreten können. Nun ist gerade dies ein Beispiel mehr für die Tatsache, dass nicht die Nuklearenergie als solche, sondern die sie handhabenden Menschen und vor allem die gesellschaftlich-politischen Randbedingungen für die Beurteilung der Sicherheit dieser Energiequelle massgebend sind.

Will man sich über die Zukunft der Kernenergie ein Urteil bilden, wird man um die Akzeptanzproblematik nicht herumkommen. *Harding* (1988) bringt dies auf den Punkt, wenn er sagt:

> No argument in favour of nuclear power, whether it be based on economics, resource conservation, diversity of supply or whatever, will prevail if society concludes that nuclear energy is inherently too dangerous to be controlled (*Harding* 1988: 39).

Das *Worldwatch Institute*, eine profilierte antinukleare Institution, visualisiert den Rückgang der Akzeptanz in der in Abbbildung 48 wiedergegebenen Graphik:

Diese Ablehnung hängt, wie wir sogleich sehen werden, von der Art des perzipierten Risikos ab. Mit der Zahl der Toten kann es deshalb nichts zu tun haben, weil die Kernenergie trotz der eingetretenen Unfälle von allen Energieträgern die niedrigste Todesrate aufweist. *Inhaber* (1988) hat in einer sehr sorgfältig durchgeführten Untersuchung nachgewiesen, dass die "*occupational deaths*" pro MW/Jahr bei der Nuklearenergie weit unterhalb des Kohlenbergbaus liegen. Berücksichtigt man noch die ausserberuflichen, bei Drittpersonen verursachten Todesfälle, kommt die Wasserkraft besonders schlecht weg. Man erinnert sich, dass 1979 bei einem Staudammbruch in Indien 15000 Tote zu beklagen waren. Im zivilen Bereich müssen die kausal nachgewiesenen Nukleartoten von vermuteten Krebsinzidenzen nach dem linearen Dosis-Wirkungskonzept unterschieden werden. Direkt am Ort der Tätigkeit sind nach heutigem Kenntnisstand 2 Beschäftigte bei Kritikalitätsunfällen (1 in USA, 1 in Jugoslawien) 2 bis 5 Todesfälle an Bestrahlungseinrichtungen und rund 10 im Zweifel von Gerichten der Versorgungsansprüche wegen anerkannte Be-

Abbildung 46: Akzeptanz neuer Kernkraftwerke in den USA

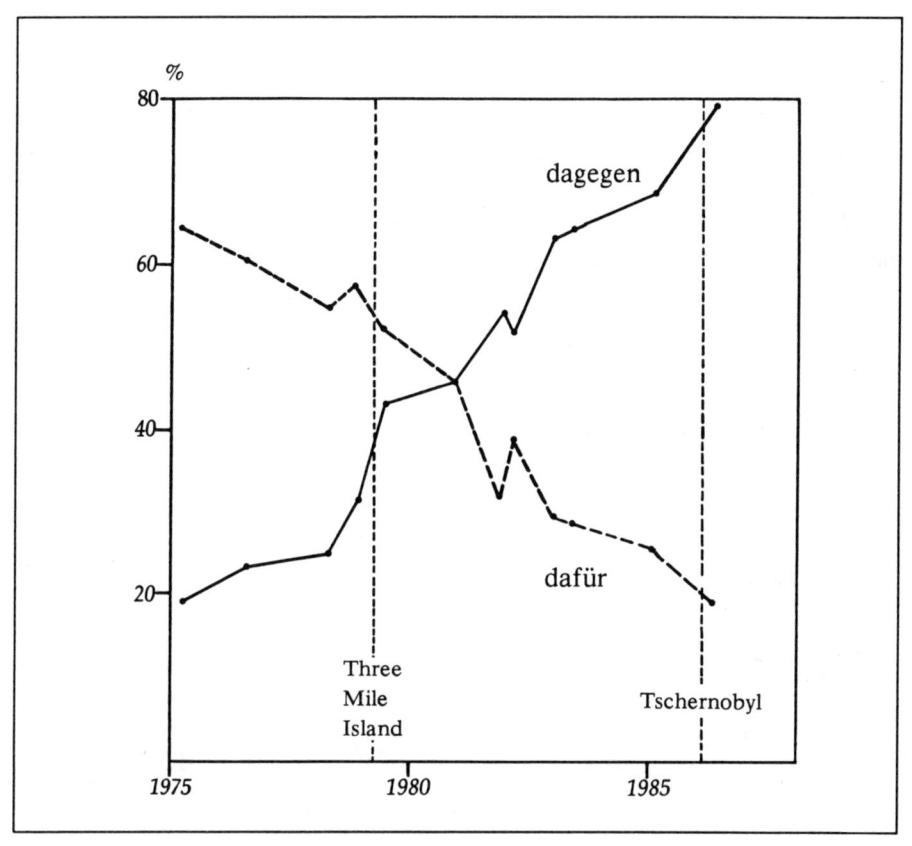

[Figure: Line chart showing percentage of acceptance ("dafür") and opposition ("dagegen") to new nuclear power plants in the USA from 1975 to 1985, with vertical markers at Three Mile Island (around 1979) and Tschernobyl (1986). The "dagegen" line rises from about 20% to nearly 80%, while the "dafür" line falls from about 65% to about 20%.]

Quelle: nach *Flavin* (1987)

rufsunfälle zu verzeichnen.[27] Dazu kommen noch 32 Tote von Tschernobyl. Diese Zahl wurde kürzlich nach oben revidiert. Man sprach zeitweise von 250 Todesopfern, wobei es sich um Arbeiter gehandelt haben soll, die sich zum Zeitpunkt des Unfalls auf dem Reaktorgelände aufhielten. Nach Angaben sowjetischer Quellen sollen bisher 86 Menschen an den Folgen der Strahlenexposition gestorben sein. Je nach Rechennahmen wird die Zahl der "probabilistischen" Toten als Folge von Tschernobyl mit 1800 bis 5000 beziffert. Dazu kommen 50 bis 1000 als Folge des Kyschtym-Unfalls im Ural und 10 bis 300 probabilistische Tote als Folge des Windscale-Unfalls.[28] Die bisher bekannten Todesfälle im Bereich der zivilen und militärischen Nutzung der Kernenergie dürften sich im Zuge von *Glasnost* noch erhöhen. Dennoch: Im Vergleich

---

27. Persönliche Mitteilung von W. *Stoll* (1989).

zu den Hunderten von Tausenden direkt im Kohlebergbau unmittelbar gestorbenen und durch Lungenleiden mittelbar ums Leben gekommenen Menschen sind diese Zahlen doch um Potenzen niedriger. Die immer noch vorhandene und durch die Medien geschürte Angst vor der Kernenergie muss also auf andere psychologische Faktoren zurückzuführen sein, die das Risikoverhalten des Menschen bestimmen. Diese Vermutung wird u.a. durch folgende Tatsachen und Beobachtungen gestützt.

Wie aus Tabelle 23 hervorgeht, "verliert" der Mensch durch Rauchen die meisten Tage seines Lebens, nämlich rund 1600 während einer mittleren Lebenserwartung von 72 Jahren. Die auf Kernenergie zurückzuführenden "*Lost Days of Life*" werden von der "*Union of Concerned Scientists*" (*UCS*) auf 1,5 Tage und von der *National Regulatory Commission* (*NRC*) auf 0,03 Tage ge-

Tabelle 23: "Verlorene Lebenstage"

	Tage
Rauchen (1 Packung Zigaretten am Tag)	1600
arm statt wohlhabend sein	1400
als Bergarbeiter tätig sein	1000
15 kg Übergewicht zu haben	900
Autounfälle	200
kleine statt grosse Autos	100
ermordet werden	90
Stürze	40
Ertrinken	40
Änderung der Geschwindigkeitsbegrenzung von 90 km/h auf 105 km/h	40
Gifte & Erstickung	37
Feuer	27
Schusswaffen	11
Kernkraft (*UCS*)	1,5
Kernkraft (*NRC*)	0,03

---

28. "Im militärischen Bereich gab es 22 Tote bei Kritikalitätsunfällen, 4 Tote beim SL-1-Unfall, 4 gesunkene von 9 beschädigten Atom-U-Booten mit je etwa 150 Toten, davon aber kaum einer durch Strahlung, sowie etwa 200 'probabilistische' Tote aus den Krebsfällen von Soldaten in USA, die an Atombombenübungen mitwirkten. Die Zahlen aus gleichem Anlass aus der UdSSR sind unbekannt, wahrscheinlich aber grösser" (*Stoll* 1989: Persönliche Mitteilung).

schätzt. Obwohl sich diese beiden Werte um den Faktor 50 unterscheiden, figurieren sie am Ende der Risikoskala. Mit anderen Worten: Das Rauchen ist für den Menschen 1000 bis 53000 Mal schädlicher als die Kernenergie. Dennoch verhält sich die Intensität der Kampagnen gegen das Rauchen umgekehrt proportional zur Intensität der Propaganda, die gegen die Kernenergie betrieben wird. Ähnliche Fehleinschätzungen werden bewusst oder unbewusst durch die Kernkraftgegner verursacht und auch durch die Medien gefördert. So wurde zum Beispiel das verstrahlte Molkepulver als so gefährlich eingestuft, dass es niemand in seiner Nähe haben wollte. Monatelang wurde die "Ware" auf Güterwagons Hunderte von Kilometern hin- und her verschoben. Dabei beträgt die Strahlenintensität des Molkepulvers nur einen Bruchteil der Strahlung, die beispielsweise von glasierten Badezimmerkacheln ausgeht. Abbildung 47 zeigt die Anteile der mittleren jährlichen Strahlenexposition der Bevölkerung in der Schweiz aufgeschlüsselt nach Quellen.

Abbildung 47: Mittlere jährliche Strahlenexposition der Bevölkerung in der Schweiz

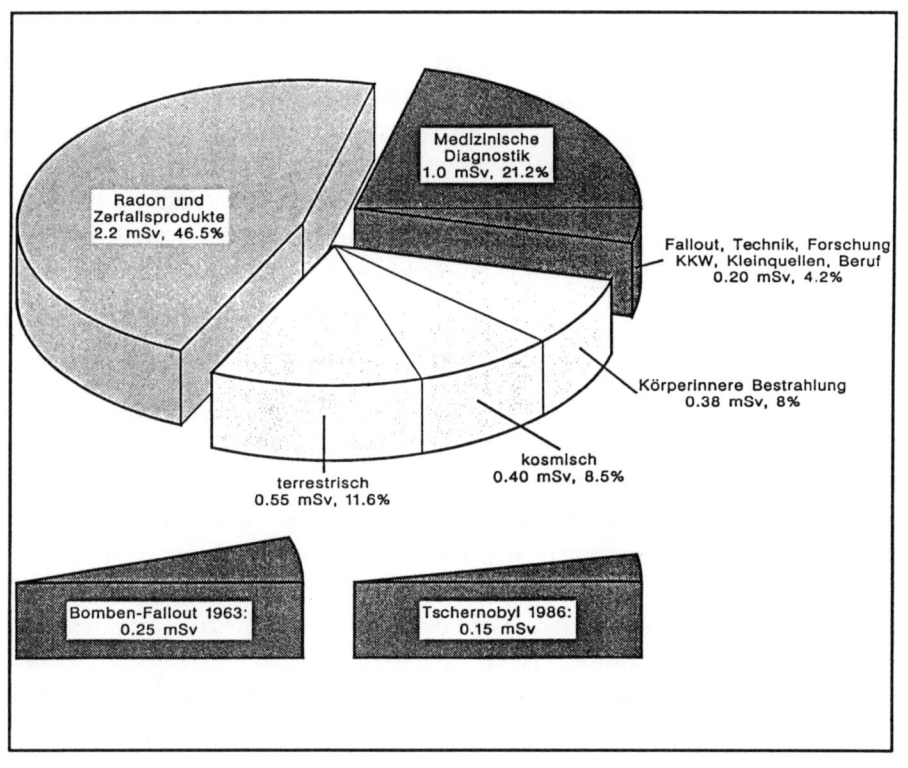

Quelle: PSI (1989: 19)

Wie der Graphik zu entnehmen ist, steht an erster Stelle mit 46,5 % die Strahlenexposition durch Radon und dessen Zerfallprodukte. Besonders hohe Radonkonzentrationen findet man in jenen Häusern und Wohnräumen, die schlecht durchlüftet und gut isoliert sind. Die kombinierte Wirkung der von der Technik, den AKWs und dem *Fallout* (gemessen am heutigen Nachklangwert) insgesamt ausgehende Strahlenbelastung beträgt 4,2 % der gesamten mittleren Strahlenexposition. In diesen Werten sind bereits die auf das Jahr 1988 berechneten Auswirkungen des Tschernobyl-Desasters von 1986 einbezogen. Das also sind die tatsächlichen Proportionen. Sie sprechen für sich. Trotzdem wäre es falsch, die Angst der Menschen vor Strahlung allein auf die Panikmache der Medien zurückzuführen.

Man hat im Lauf der letzten Jahre gelernt, dass das Risiko nicht nur eine rein statistische Grösse ist, die sich beispielsweise aus dem Produkt von Eintrittswahrscheinlichkeit und Schadensschwere ergibt. Wenn die Schadensschwere gross, die Eintrittswahrscheinlichkeit jedoch extrem klein ist, dann resultiert daraus ein kleines, in der Praxis vernachlässigbares "Restrisiko". Tritt ein *GAU* alle 10000 oder 100000 Jahre ein, ist damit noch nichts darüber ausgesagt, an welcher "Stelle" dieser Zeitspanne der *GAU* kommt; er kann ebenso morgen wie Jahrtausende später eintreten.

Hier wird der grundsätzliche, lange vernachlässigte Unterschied zwischen dem versicherungsmathematischen Risikobegriff und dem "extrapolativen" Risikobegriff deutlich. Die Versicherungsmathematik stützt die Abschätzung der Eintrittswahrscheinlichkeit auf vergangene Erfahrungen und auf das Gesetz der grossen Zahl. Sie bezieht sich ferner auf Vorgänge, deren Schadensumfang im Eintretensfall ebenfalls empirisch und damit aus früheren Erfahrungen bekannt ist.

Im Gegensatz dazu beruhen die probabilistischen Studien grosstechnischer Anlagen nicht auf dem Gesetz der grossen Zahl und damit auf statistisch signifikanten Werten des jeweiligen *Gesamt*systems; vielmehr wird die Verlässlichkeit der Einzelkomponenten des Systems getestet. Dies geschieht zum Beispiel durch künstliche Alterungsprozesse von Materialien, durch simulierte Korrosionsprozesse von Systemkomponenten usw. Der Grund für solche zweifellos notwendigen sicherheitsbezogenen Analysen von technischen Einzelkomponenten eines Grosssystems liegt ja gerade in der Absicht, Anhaltspunkte über die Verlässlichkeit des Gesamtsystems zu erarbeiten, das wie die erste *Shuttle*-Fähre ein Novum darstellt. Nur darf man eine Risikobemessung, die sich auf diese Verfahrensweise stützt, nicht mit dem versicherungsmathematischen Risikobegriff verwechseln. In der Wissenschaft wurde dies – von Ausnahmen abgesehen – auch nicht getan. Die Fachleute haben die Öffentlichkeit auf den fundamentalen Unterschied dieser beiden Risikobegriffe jedoch zu wenig hingewiesen. Heute sehen sich die Risikoexperten von technischen Grossanlagen, insbesondere die Reaktorbauer, dem Vorwurf ausgesetzt, sie hätten "falsch gerechnet". Dieser Vorwurf trifft kaum auf die Berechnungen als solche zu – wohl aber auf die Missverständnisse, die dadurch in der Öffentlichkeit entstanden sind.

In noch höherem Masse als für technische Grossprojekte gilt das Gesagte für die Umwelt. *Hohlneicher* stellt richtig fest:

> Der aus der Versicherungsmathematik stammende Begriff, der Risiko als das Produkt aus Eintrittswahrscheinlichkeit und Schadensumfang definiert, erweist sich für die zahlreichen Umweltrisiken als ungeeignet (Hohlneicher 1989: 285).

Ähnliche Schwierigkeiten wie bei der Ermittlung der Eintretenswahrscheinlichkeit eines Ereignisses pro Zeiteinheit, beispielsweise des Versagens einer bestimmten Komponente eines Systems beziehungsweise des Systems als Ganzen, bestehen bei neuen Systemen naturgemäss auch für die Ermittlung des Schadensumfangs, weil man über keine hinreichenden Erfahrungen verfügt. Die Auswirkungen von Ereignissen aus Eingriffen in feste Strukturen der unbelebten Materie (Atomkerne) beziehungsweise der belebten Materie (Gene) können langzeitig sein und mehrere Generationen umfassen. Weil darüber keine sicheren Aussagen möglich sind und unsere Sicherheitsansprüche mit dem schon erreichten Mass an Sicherheit zunehmen (*Lübbe* 1989) während der mögliche Nutzenzuwachs aus solchen Technologien in reichen Gesellschaften wegen des abnehmenden Grenznutzens von zunehmendem Wohlstand eher gering eingeschätzt wird, stellen wir in den reichen Ländern wesentlich höhere Sicherheitsansprüche an die neuen Technologien sowie an die Umweltqualität fest, als dies z.B. in den Entwicklungsländern der Fall ist. Das ist der Kern der Akzeptanzproblematik: Unsicheres Wissen bei abnehmendem Grenznutzen und zunehmender Sensitivität gegenüber Risiken. Im Grunde genommen handelt es sich um "Bremsmechanismen" reicher, technisch potenter Gesellschaften. Sie bewirken eine Verweigerungshaltung dem technischen Fortschritt gegenüber und können im Extremfall zu einer paradoxen Situation führen: Man stirbt aus Angst vor dem Tode...

Ein weiterer Aspekt der Akzeptanzproblematik, der für die zukünftige Entwicklung der Kernenergie wichtig ist, betrifft die Eigen- beziehungsweise Fremdbestimmung von Risiken. Früher fand sich der Mensch vorwiegend fremdbestimmten Risiken ausgesetzt: Infektionskrankheiten, schlechten Verhältnissen am Arbeitsplatz, frühem Siechtum und baldigem Tod. Dem eigenen Verhalten blieb wenig Einflussraum. Man konnte zwar weniger trinken und rauchen; an den ungesunden Wohn- und Arbeitsverhältnissen konnte der Einzelne jedoch nicht viel ändern.

Dies ist heute ganz anders. Der Bestimmungsgrad des Eigenrisikos hat stark zugenommen, weil im Zeitbudget des Menschen die Freizeit heute einen grösseren Raum einnimmt als die Arbeitszeit (siehe Kapitel IV). Der Einzelne kann sich heute entscheiden, ob er Leistungssport betreiben will oder nicht, ob er die Eiger-Nordwand hinaufklettern will oder nicht, ob er viel, wenig oder gar nicht raucht, ob er eine gesundheitsfördernde Diät zu sich nimmt (niemandem ist dies heute in den Industrieländern aus Einkommensgründen verwehrt), ob er sich impfen lässt oder nicht, usw. In dem Mass, wie diese Selbstbestimmung, die *Privatisierung des Risikomanagements*, zugenommen hat, ist auch unsere Sensitivität fremdbestimmten Risiken gegenüber gestiegen. Eigenbestimmte Risiken mit voraussehbaren Folgen wie Rauchen, riskantes Autofahren usw. werden akzeptiert. Fremdbestimmte Risiken hingegen, zumal dann wenn man ihre Folgen nicht absehen kann, werden in der Regel überbewertet und abgelehnt. Aus der Sicht des Einzelnen ist dies keineswegs unlogisch oder irrational. Auf der Makroebene der Gesellschaft kann ein solches Verhalten jedoch dazu führen, dass die Frage nach jenen Risiken gar nicht gestellt wird, die entstehen, wenn *nicht* gehandelt oder eine ganz bestimmte technische Entwicklung infolge der Ablehnungshaltung unterbunden wird.

Dieser Schwierigkeit beziehungsweise Gefahr kann man letzten Endes nur durch Abwägung aller Risiken, der technischen wie der gesellschaftlichen, begegnen. Dazu bedarf es einer systematischen Aufarbeitung aller Facetten des erweiterten Risikobegriffs, wie dies zum Beispiel von *Fritzsche* (1987), *Renn* (1984) und *Erdmann* (1990) geleistet worden ist. Die Ermittlung von technischen Risiken ist besonders im Fall der Kernenergie nur ein Teil der Risikowahrnehmung. Die Erweiterung des Risikoinhalts ist Ausdruck des Wertwandels, der eine eigene Dynamik aufweist (*Klages* 1988). Zwischen der Wertdynamik, der Technikakzeptanz und der Risikowahrnehmung bestehen zahlreiche Verknüpfungen, von denen noch viele unerforscht sind. Wahrnehmung, Bewertung und Akzeptanz von Risiken hängen also weitgehend davon ab, ob das jeweilige Risiko eigenbestimmt oder fremdbestimmt ist und ob die Folgen des Eintretens eines Schadensfalles bekannt oder unbekannt sind. Dies geht aus Abbildung 48 hervor, die in Anlehnung an eine Darstellung von *Slovic/Fischhoff* (1980) und *Haller* (1990) die Perzeption von Risiken veranschaulicht.

Letztlich mündet die Problematik in grundsätzliche Fragen nach dem inhaltlichen Wandel der Rationalität und der Entscheidung unter Unsicherheit. Dafür bestand bis vor kurzem ein unangefochtenes theoretisches Fundament. *John von Neumann* und *Oskar Morgenstern* haben auf der Grundlage der von ihnen schon 1944 veröffentlichten Theorie der Spiele ein Modell entwickelt, das erklärt, wie Entscheidungen unter Unsicherheit zustande kommen bezie-

Abbildung 48: Wahrnehmung, Bewertung und Akzeptanz von ausgewählten Risiken in der Öffentlichkeit

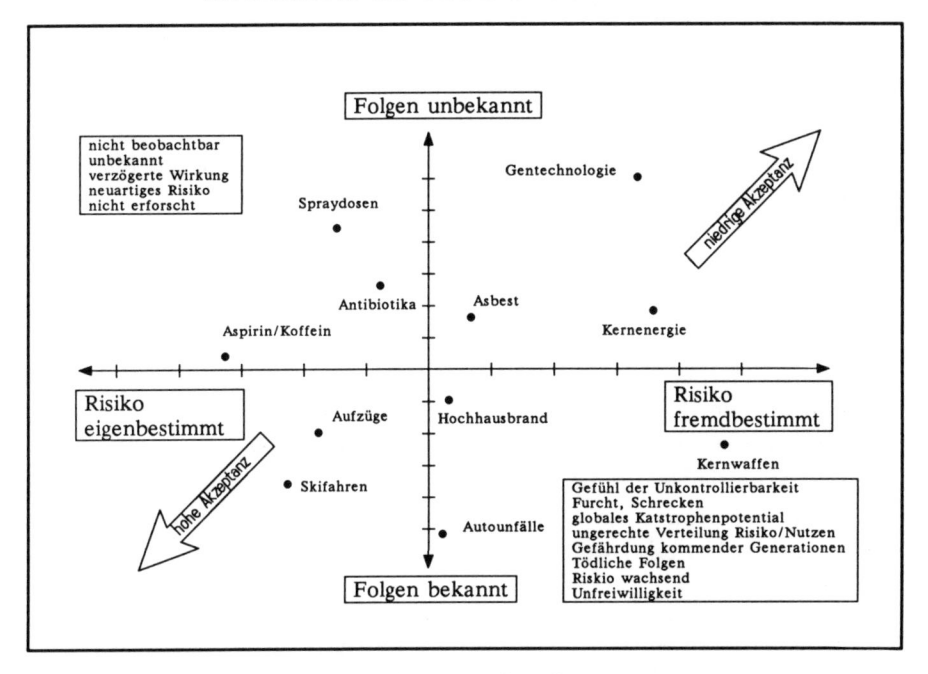

Quelle: nach Slovic/Fischhoff (1980); Haller (1990)

hungsweise wie sie getroffen werden müssen, um als "rational" zu gelten (*von Neumann/Morgenstern* (1944). Im Zentrum dieser Theorie steht die "Nutzenerwartungshypothese". Es wird normativ postuliert, dass jeder rational handelnde Mensch unter verschiedenen sich ihm bietenden Alternativen diejenige wählen wird, die den mathematischen Erwartungswert des Nutzens maximiert. Die Theorie der Maximierung der Nutzenerwartung dominierte lange Jahre das Feld der Entscheidungstheorie, bis Maurice *Allais* für eine bereits 1953 in der angesehenen Zeitschrift "*Econometrica*" erschienene Arbeit sowie für seine späteren Arbeiten auf diesem Gebiet 1988 den Nobelpreis erhielt. *Allais* wies empirisch nach, dass die Menschen nicht so handeln, wie es die Theorie nach *von Neumann/Morgenstern* verlangt. Bei Entscheidungen, die sehr seltene Ereignisse betreffen, strebt der Mensch nicht nach Maximierung des Erwartungswertes des Nutzens, sondern nach grösstmöglicher Sicherheit.

Es ist hier nicht der Ort, auf die Einzelheiten der sich daran anschliessenden Debatte einzugehen. Vielmehr soll diese Anmerkung auf eine neue Forschungsrichtung hinweisen, die sich mit den vermeintlichen "Irrationalitäten" beziehungsweise Anomalien im menschlichen Verhalten befasst. Es stellt sich heraus, dass eine rationale Theorie des irrationalen Verhaltens zum einen möglich und zum anderen alles andere als leicht oder gar trivial ist.

Was bedeutet all dies für die Zukunft der Kernenergie? Muss man sie aufgeben wegen mangelnder Akzeptanz, die schon vor Tschernobyl bestand, erst recht aber danach in zunehmendem Mass zu verzeichnen ist? Um diese Frage zu beantworten, muss man die Kernenergie in den evolutionsgeschichtlichen Kontext der Erschliessung von Energiequellen durch den Menschen stellen. Vom Pleistozän bis zur ersten industriellen Revolution, also im Verlauf von mehr als 10000 Jahren, erweiterte der Mensch seine Muskelkraft durch Nutzung von Wind (Segel) und Wasser (z.B. Mühlrad). Erst mit der Nutzbarmachung von Kohle gelang ihm ein qualitativer und quantitativer Sprung auf eine neue Ebene: von der Nutzung der *Massenkräfte* zur Nutzung der *Molekularkräfte*. Anfang der 50er Jahre erfolgte ein weiterer Sprung: von der Nutzung der Molekular- zur Nutzung der *Kernkraft*. Dieser grundlegende Zusammenhang ist in erster Näherung in Abbildung 49 verdeutlicht.

Wie gross die Unterschiede zwischen diesen drei Energieniveaus sind und in welcher Perspektive die sogenannten alternativen Energiequellen gesehen werden *müssen*, ist einer treffenden Formulierung von *Häfele* (1990) zu entnehmen:

> Die geringe Leistung der sogenannten alternativen Energiequellen hängt in vielen Fällen mit der geringen Grösse der Massenkräfte zusammen. So liegt die kinetische Energie eines Wassermoleküls, das eine Fallhöhe von 1 m durchläuft, bei 1 Mikroelektronenvolt. Demgegenüber ist die bei chemischen Umsetzungen (beispielsweise bei der Reaktion von Kohlenstoff und Sauerstoff) freigesetzte Energie in Grössenordnung von 1 Elektronenvolt zu suchen. Chemische Reaktionen, wie sie bei der Verwendung von fossilen Brennstoffen ablaufen, sind somit grössenordnungsmässig um den Faktor 10^6 ergiebiger als Energiefreisetzungen, die auf der Wirkung von Massenkräften wie Wind und Wasser beruhen.
> Kernreaktionen, bei der Spaltung wie bei der Fusion, ergeben pro Reaktion eines Nukleons (Proton oder Neutron) Energiefreisetzungen in der Grössenordnung von 1 Megaelektronenvolt. Sie sind damit wiederum grössenordnungsmässig um den Faktor 10^6 ergiebiger als die chemische Energiefreisetzung. Die kategoriale Bedeutung der Kernenergie ist damit klar umrissen (Häfele 1990: 6f.).

Eine Tabelle mit den spezifischen Energiedichten verschiedener Speichermedien findet sich im Anhang 1.7.

Die Kernkraft zeichnet sich durch eine Eigenschaft aus, die sie im Sinne des von Manfred *Eigen* in die Evolutionstheorie eingeführten Begriffs "*superiority*" allen anderen Energiequellen überlegen macht: Sie hat die höchste Energiedichte unter allen bisher bekannten Energieträgern. Der von der Menschheit vollzogene Schritt zur Nutzung der Kernenergie ist deshalb irreversibel, weil der Ausstieg aus der Kernenergie notwendigerweise mit einem Verzicht auf die Nutzung hoher Energiedichten verbunden wäre. Dies würde aber bedeuten, dass ein ganz entscheidender Vorsprung des *Homo sapiens* gegenüber anderen Arten verlorenginge und der Mensch Gefahr liefe, aus dem Evoluti-

Abbildung 49: Energieniveaus und gesellschaftliche Entwicklung

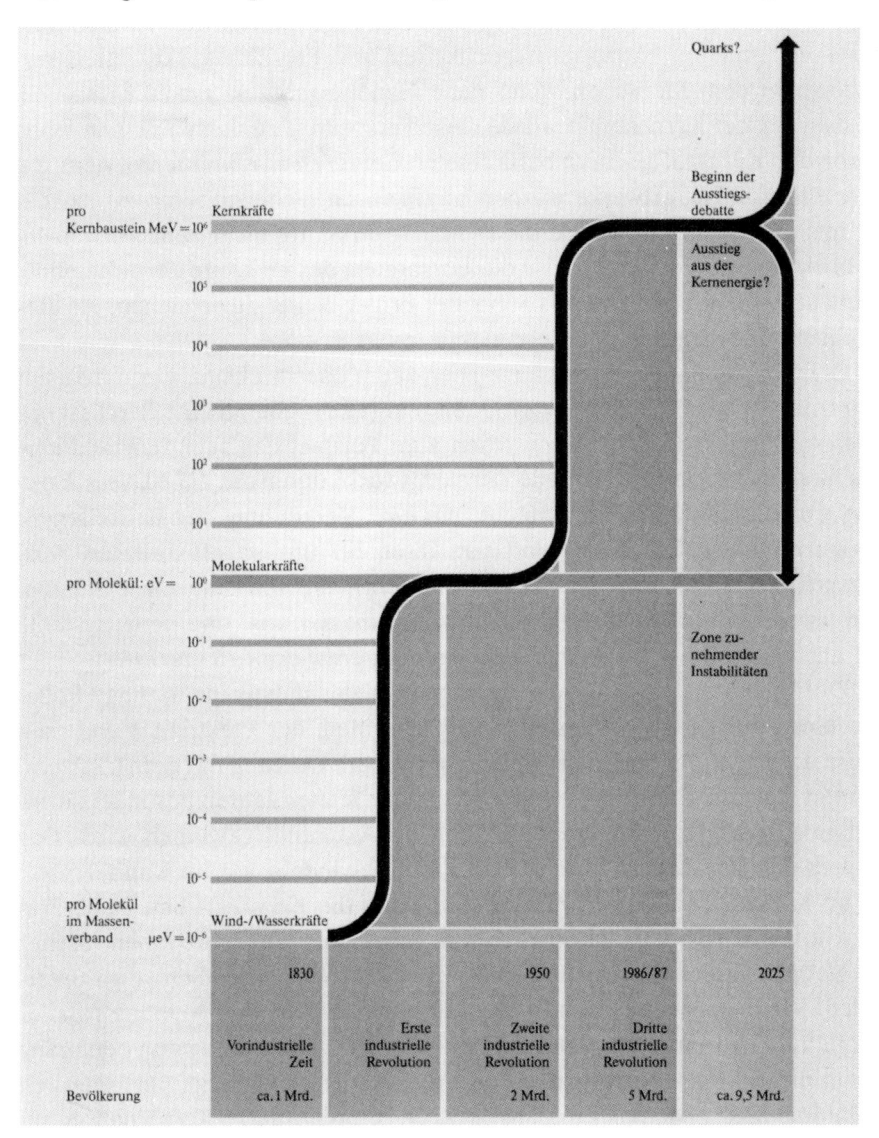

Quelle: nach Weltbank (1984)

onskorridor herauszufallen. Welche Risiken im Vorfeld dieses "Herausfallens" mit einem Verzicht auf die Nutzung der physikalisch höchsten Energiedichte, die überhaupt verfügbar ist verbunden wären, hat *Beckmann* (1976) im Detail aufgezeigt. Hinzu kommt, dass der evolutionshistorisch entscheidende Teil des Prozesses der Wissensmehrung eng mit der Nutzung hoher Energiedichten verbunden ist. Hier sind insbesondere die Elementarteilchenphysik sowie die Astrophysik zu nennen. Die Nutzung der Kernkräfte ist also aufs engste mit anderen Nutzungsmöglichkeiten und Forschungsaktivitäten verbunden, die dem Menschen völlig neue Handlungsräume erschliessen. Ein Ausstieg aus der Kernenergie würde diese Perspektive zunichte machen, ohne die von den Kernkraftgegnern befürchteten Gefahren zu eliminieren, denn die abgestellten Kernkraftwerke würden physikalisch nicht aufhören zu existieren, und ihre Stillegung würde die radioaktiven Stoffe nicht zum Verschwinden bringen. So ist beispielsweise die Entsorgung des im Laufe der Jahrzehnte angehäuften Plutoniums mittels Schneller Brüter besser zu erreichen, als dies bei einem Ausstieg aus der Kernenergie möglich wäre.

Es ist in Anbetracht dieser Tatsachen kaum überraschend, wenn man auf der letzten Weltenergiekonferenz in Montreal (1989) überall eine Renaissance der Kernenergie verspürte. So wurden zum Beispiel das sehr umständliche Genehmigungsverfahren für neue Kernkraftwerke durch die *US Nuclear Regulatory Commission* (*NCR*) vereinfacht, um eine Verkürzung der Bauzeiten zu ermöglichen. Die Schweden sind von ihrer bei uns so oft zitierten Ausstiegspolitik gerade noch rechtzeitig abgekehrt, die südasiatischen Staaten, allen voran Südkorea, bauen ihre Kernkraft massiv aus, und neue Systeme sind entweder bereits verfügbar oder werden entwickelt (SVA 1989).

Zwei miteinander verknüpfte Elemente spielen dabei eine wichtige Rolle: Zum einen die bereits dargestellte Sonderstellung der Elektrizität und zum andern der ebenfalls bereits erwähnte sparsamere Umgang mit dem C-Atom. Dahinter steht die CO_2-Problematik, die in den letzten Jahren besonders dringend geworden ist und vermutlich noch an Aktualität gewinnen wird. Das Problem der Veränderung der Atmosphäre behandeln wir im Kapitel V.4.

Im Kontext der CO_2-Problematik gewinnt die Kernkraft eine neue Perspektive. Sicher ist es nicht möglich, die gesamten CO_2-Emissionen fossiler Energieträger durch ein Umsteigen auf Kernkraft auf einen Schlag zu unterbinden. Vielmehr geht es darum, die mit der fortlaufenden Nutzung fossiler Energieträger verbundenen zusätzlichen CO_2-Emissionen teilweise oder ganz zu eliminieren. Bisher meinte man, dass dies weder möglich noch erforderlich sei. In dem Mass, wie das Problem der CO_2-Emissionen in Kombination mit den Emissionen anderer Spurengase für das globale Klima signifikant zu werden beginnt, ergibt sich eine völlig neue Situation. Einen guten Überblick über die heute verfügbaren Techniken zur Verminderung oder gar Eliminierung der CO_2-Emissionen fossiler Energieträger gibt *Seifritz* (1989b).

Die Kernenergie bleibt aus den genannten Gründen sowie auch im Zusammenhang mit der unausweichlichen CO_2-freien Nutzung fossiler Energieträger ein integrales Element eines jeden künftigen Energiesystems. Dies um so mehr, als wir mit grosser Wahrscheinlichkeit bis zum Ende des 21. Jahrhunderts an die Nutzung fossiler Energieträger gebunden bleiben. Darüber hinaus hat die Kernenergie auch wichtige Substitutionseffekte: Zum Beispiel hat das schweizerische Kernkraftwerk Beznau seit der Inbetriebnahme 1969 bis zum Jahr 1990, also in 31 Jahren, 100 Milliarden kWh produziert. Zur Erzeugung dieses Stroms hätte man in konventionellen Kraftwerken mehr als 35 Millionen Tonnen Steinkohle beziehungsweise 25 Millionen Tonnen Erdöl gebraucht, was einer Emission von 90 Millionen Tonnen CO_2 entspricht. Die Schweiz emittiert gegenwärtig rund 36 Millionen Tonnen CO_2 pro Jahr.

Auch wenn man die Rolle gewisser Medien nicht unterschätzen sollte, darf man bezüglich der langfristigen Perspektiven der Kernenergie optimistisch sein – nicht um ihrer selbst willen, sondern um der wirtschaftlichen und politischen Rolle wegen, die ihr im gesellschaftlichen Evolutionsprozess zukommt. Der eher zurückhaltende Energieprognostiker *Goldemberg* gelangt denn auch im vorsichtigen "*Global Electricity Scenario*" zum Schluss, dass der Anteil der Kernenergie an der Elektrizitätsproduktion von 1980 bis 2020 weltweit um den Faktor 3,75 ansteigen wird (Goldemberg 1985: 677).

Die Abklingzeiten des CO_2 in der Atmosphäre betragen Jahrtausende. Sie liegen damit, wie bereits an anderer Stelle ausgeführt, in der gleichen Grössenordnung wie die Abklingzeiten für nukleare Abfälle. Der Unterschied besteht nur darin, dass man das einmal in die oberen Schichten der Atmosphäre gelangte CO_2 nicht wieder herausholen kann, während die radioaktiven Abfälle mit heutiger Technik durchaus kontrollierbar und sicher sind.

Es geht deshalb keineswegs um die apodiktische Alternative *Kernenergie ja oder nein*, sondern um die Frage, wie der künftige "Energiemix" im *Übergang* aussehen wird. Als Orientierung dazu kann die Abbildung 50 dienen.

Der sprunghafte Anstieg in der Verfügbarkeit und Nutzung höherer Energiedichten ist nicht nur ein quantitatives Phänomen, sondern hat eine Reihe von qualitativen, gesellschaftspolitisch höchst relevanten Veränderungen zur Folge, die wir erst in jüngster Zeit zu erkennen beginnen. Mit der Nutzung eines jeden Energiedichte-Niveaus sind nämlich ganz bestimmte gesellschaftliche und technische Restrukturierungsanforderungen verknüpft. Sie beziehen sich u.a. auf die Regulierungsdichte, die Mobilität, die Entstehung und den Einsatz von Wissen. Es besteht ein Zusammenhang zwischen dem realisierten Energiedichte-Niveau und der Lernfähigkeit der Gesellschaft. Je schneller der Übergang in die Nutzung des nächstbesten Energiedichte-Niveaus erfolgt, um so deutlicher treten auch die Ambivalenzen der genannten Restrukturierungsanforderungen hervor. Welche Zusammenhänge zwischen gesellschaftlich organisierter Wissenserlangung, Innovationsfähigkeit und Kreativität bestehen, soll im kommenden Kapitel erörtert werden.

Abbildung 50: Entwicklung der verschiedenen Energiequellen

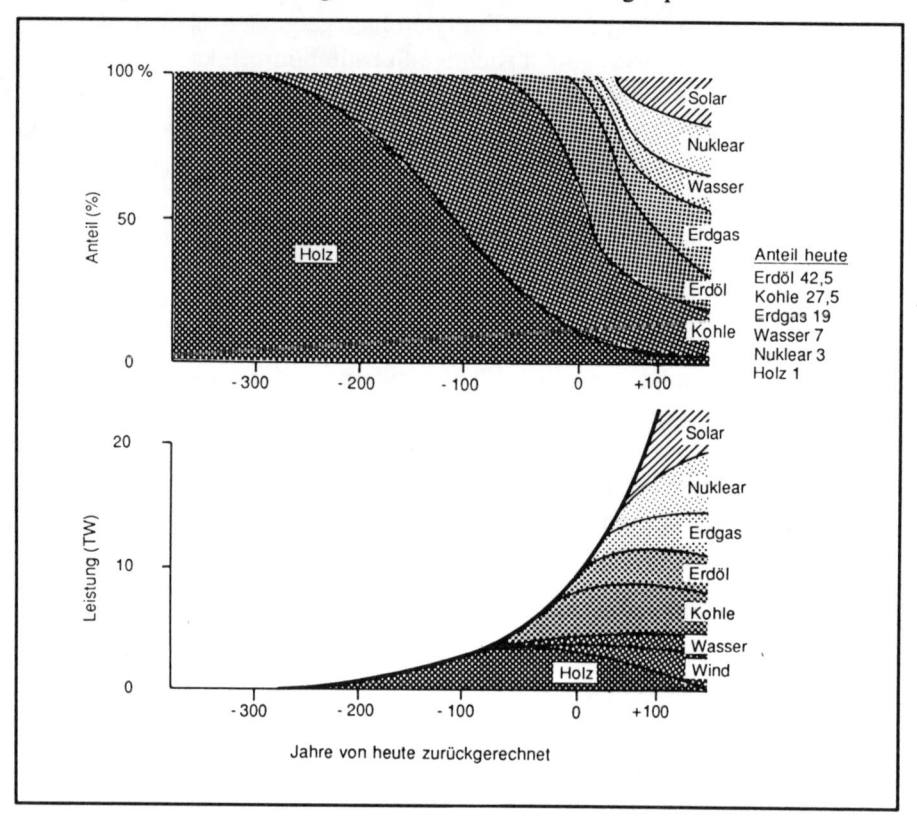

Anteil (%)

Solar
Nuklear
Wasser
Erdgas
Holz
Erdöl
Kohle

Anteil heute
Erdöl 42,5
Kohle 27,5
Erdgas 19
Wasser 7
Nuklear 3
Holz 1

Leistung (TW)

Solar
Nuklear
Erdgas
Erdöl
Kohle
Wasser
Holz
Wind

Jahre von heute zurückgerechnet

Quelle: *Taube* (1988: 217)

IV. Wissen, Innovation, Kreativität

1. Evolutionsgeschichtliche Aspekte der Innovation

Es geht hier nicht darum, den Erkenntnisprozess um seiner selbst willen nachzuzeichnen, sondern anhand qualitativ unterscheidbarer Entwicklungsstufen die Frage zu stellen: Wie innovativ, wie qualitativ hervorgehoben im Evolutionsgeschehen ist die gesellschaftliche Reflexion über Neues?

Wo von Innovation und Innovationsfähigkeit die Rede ist, wird vermutlich aus einer evolutionsgeschichtlich entscheidend neuen Phase heraus gedacht: Es ist der Überorganismus der Gruppe, das gesellschaftliche Hirn, das auf sich selbst, auf die Bedingungen seiner eigenen Evolutionsfähigkeit reflektiert.

Auf der Stufe des Gens entstehen durch das heute aufgeklärte genetische Replikationssytem der *DNA/RNA* replikationsfähige Muster. Erst beim Mehrzeller – insofern ist dies ein evolutionsgeschichtlich entscheidender "Qualitätssprung" – wird zur Verarbeitung von Aussensignalen zwecks Überlebens des Systems die Ausbildung von Neuronenzellen und damit Nervennetzen erforderlich. Informationsspeicherung erfolgt nicht mehr nur genetisch, sondern in Form von Engrammen. Das neurophysiologisch operierende Gedächtnis beruht auf der Speicherung von biochemisch erzeugten Potentialgefällen der durch die Sensoren des Systems von der Aussenwelt aufgenommenen Signale. Die zu einem gesellschaftlichen Verbund zusammengeschalteten individuellen Mehrzell-Neuronennetz-Systeme (das entwickeltste und bisher komplexeste System dieser Art ist die menschliche Gesellschaft) haben ihre eigenen Verschaltungs- und Replikationssysteme. Weitergabe von Information wird nicht durch Kopien auf der Molekularebene, auch nicht durch Engramme in den Neuronennetzen der Mehrzeller, sondern durch gesellschaftliche Interaktion der Individuen bewirkt – je nach Stufe der historischen Entwicklung entweder als Erzählung oder Sage, später über schriftliche Überlieferung bis hin zu Datenbanken. Man spricht deshalb heute zutreffend von "Neuroinformatik", einem auf der Simulation von Vorgängen in neuronalen

Netzen spezialisierten Teilgebiet der Künstlichen Intelligenz (*KI*). Der Vernetzung von Neuronenzellen im Hirn entspricht ansatzweise – und noch weit unterhalb des verfügbaren Vernetzungspotentials – die Vernetzung von Datenbanken. Auf dieser höheren Stufe der Integration entstehen neue Organisationsformen. Sie überlagern die auf der Mikroebene des Individuums genetisch fest "verdrahteten" Programme sowie die kongruent dazu entstandenen, das gesellschaftliche Verhalten der Individuen bestimmenden gesellschaftlichen Engramme (z.B. die durch Tradition und Religion geprägten Verhaltensmuster).

> Die Genetik des Überorganismus 'Gruppe' kehrt auf höherem Niveau zu Vorteilen des früheren Einzellers zurück. So ist die Gruppe im Prinzip wieder potentiell unsterblich geworden, ihre Vermehrung kann durch einfache Teilung erfolgen, wenn eine kritische Individuenzahl überschritten wird (*Bresch* 1983: 34).

Individuen einer Gruppe können den Tod finden, ohne dass die von ihnen getragene Information genetisch *und* intellektuell verlorengeht. Während auf der Stufe der genetischen und engrammatischen Informationsvermittlung die Evolution durch statistisch zufällige Änderungen (Mutation und genetische Rekombination) unter den "Zulassungsbedingungen" der Selektion bestimmt wird, entstehen auf der Stufe gesellschaftlich vernetzter "Neuronen" (Datenbanken, Künstliche Intelligenz) in der modernen Informationsgesellschaft neue Evolutionsprinzipien, die die alten zwar nicht ganz ausser Kraft setzen, jedoch entscheidend modifizieren.

Es ist dies in erster Linie das individuelle und *gesellschaftliche Lernen* aus bewusster Verarbeitung von systematisch betriebener Kausalanalyse. Die gesellschaftlich organisierte Speicherung von Engrammen durch computergestützte Vernetzungen von Datenbanken erfolgt antizipativ im Blick auf Kommendes, noch Unbekanntes.

> Vom Gedächtnis schliesslich führt ein Weg zur Neuheit. Denn das menschliche Gedächtnis ... konnte sich so entwickeln, dass es fähig wird zur Leistung der Dissoziation, also des Auseinandernehmens von Wissensmustern und der Rekombination, also der neuen Zusammensetzung von aus alten Wissensmustern abstrahierten Teilen. Das triviale Beispiel sind die Naturvölker, die bereits im Stande sind, in ihrer Einbildungskraft Flügel von den Körpern der Vögel zu trennen und sie [...] an Körper von Menschen [...] anzufügen. Wir bekommen dann die Engel, die Geister, die geflügelten Siegesgöttinnen der Griechen, wir bekommen die Vorstellung des menschlichen Fluges Jahrhunderte und Jahrtausende bevor das erste Flugzeug tatsächlich fliegt (*K. W. Deutsch* 1979: 11).

Auf der höheren Stufe der gesellschaftlichen Neuronenvernetzung kommt den Kategorien *Exploration, Kausalanalyse, Lernen, Innovation* und *Prognose* eine Schlüsselbedeutung zu. Doch selbst da bleiben – wenn auch modifiziert und in gewisser Hinsicht abgemildert – genetische Prinzipien gültig. Teile der Genetik des Ein- und Mehrzellers finden sich in der Genetik des Überorganismus *Gruppe* und sogar in der Informationsgesellschaft wieder. Rezessiven Neumutationen durch Inzucht muss mittels balancierter Durchmischung und Erweiterung des Genpools entgegengewirkt werden. Ob der durch gegenseitige Ausrottung innerhalb des *Genus homo* bewirkte grosse Selektionsdruck eine Ursache für die rasante Entwicklung des menschlichen Hirns war, wie *Bresch* (1983) meint, sei dahingestellt. Fest steht jedoch, dass sich das Volumen des menschlichen Hirns in der verhältnismässig kurzen Zeit von drei Millionen Jahren etwa verdreifacht hat. Demgegenüber brauchte die Entwicklung des Pferdefusses sechzig Millionen Jahre.

Platt (1979) gliedert den hier nur andeutungsweise skizzierten Evolutionsprozess in acht Evolutionssprünge (vgl. Tabelle 24). In unserem Zusammenhang ist vor allem die letzte Zeile "Mechanismen der Veränderung und des Wandels" von Interesse. Die Tabelle zeigt deutlich, wie die Entwicklung dieser Mechanismen – vom Zufall über die genetisch eingespeicherte Voraussicht – das Denken, Erfinden, die Forschung bis hin zur Systemanalyse verläuft. *Platt* hätte an Stelle des Begriffs "Systemanalyse" auch "Innovationsforschung mittels Systemanalyse" schreiben können.

Innovationsforschung stellt in der Tat das bisher komplexeste "Sensorsystem" dar, das von der Gesellschaft auf dem Weg zum vernetzten "Neuronensystem" entwickelt worden ist. Dank der materiellen Absicherung, die ihrerseits nur durch die Beherrschung und den Einsatz von Technik möglich wurde und noch keineswegs abgeschlossen ist, nahm die *Flexibilität* und *Elastizität* der Gesellschaft enorm zu. Sie kann es sich heute leisten, genetisch verankerte Instinkte abzubauen, sozialdarwinistische Mechanismen abzuschwächen (Sozialversicherung, Krankenversicherung, Schutz der Minderheiten usw.) darüber nachzudenken, ob eine bestimmte Technologie für die Gesellschaft als Ganzes ein Vorteil ist oder nicht (Technologiefolgen-Abschätzung).

Das "gesellschaftliche Hirn" kontrolliert weniger komplexe Systeme und unterwirft sie seinem Willen. Historisch findet dieser Vorgang in der uns bekannten Form von Domestizierungen statt. Der Mensch hat, wie in Kapitel I ausgeführt, im Herd – vorher in der Feuerstelle – das Feuer domestiziert, und er hat im Spiel – teilweise – den Zufall domestiziert. Die Zufälligkeit der Nahrungsaufnahme (Jagd und Sammeln von Früchten) hat er seiner Kontrolle in Form der Tierzucht sowie des Anbaus von Pflanzen unterworfen. Heute steht die bewusste Beherrschung der eigenen Vermehrung (Familienplanung) sowie der Aggression im Vordergrund. Ob die Sublimierung des Konflikts in Form des Sports dazu ausreicht, ist fraglich. Oft tritt das Gegenteil ein: Die Aggressionen werden nicht abgebaut, sondern eher verstärkt.

Auf dem Weg zu neuen Horizonten steht die innovationsintensive Informationsgesellschaft auch in einer anderen Hinsicht an der Schwelle einer neuen Evolutionsstufe: Es ist die Schaffung existenzsichernder Umwelten. Auch dieser Vorgang hat seine Vorgeschichte.

Tabelle 24: Klassifikation grosser Evolutionssprünge

Zeitalter / Funktionen	Frühformen des Lebens	Vielzeller	erstes Auftreten des Menschen	Nacheiszeit bis ca. 19. Jahrh.	Moderne	Gegenwart
genetische Durchmischung und Kontrolle	Sexualität	Migration	Migration	Domestizierung und Züchtung	Krankheitsbekämpfung, Empfängnisverhütung	Molekularbiologie *DNA* Gentransplantation
Energieumwandlung	Photosynthese	Heterotrophie	Feuer	Landwirtschaft, Wind, Wasser	Kohle Dampf Elektrizität	Kernfission Sonnenenergie (photovoltaisch) Kernfusion
Einkapselung	Zellen Nischen (im Ozean)	Gehäuse Haut Rinde	Bekleidung (in allen Klimazonen)	Siedlungen, Befestigungen (in allen Kontinenten)	Städte	Raumstationen
Fortbewegung	Drift	Flossen Füsse Flügel	Füsse Boote	Pferde Rad Schiffe	Eisenbahn Auto Flugzeug	Raketen
Angriff, Kampf, Arbeit, Verteidigung, Umweltgestaltung	chemisch	Zähne Krallen	Waffen Werkzeuge	Metall	Maschinen Explosivstoffe	Automation Nuklearwaffen
Erkennen und Signalisieren	chemisch	Gehör Sicht	Sprache	Schrift	Druck Telephon Radio, TV	elektromagnet. Spektrum (Radar, Laser, Satellitenfernsehen)
Problemlösung und Informationsspeicherung	*DNA*-Kette	Nervensysteme Ausbildung von Hirnen	mündliche Überlieferung	Mathematik Logik Wissenschaft	Wissenschaft und Technologie	elektr. Datenverarbeitung, Rückkopplungskontrolle
Mechanismen der Veränderung und des Wandels	Zufall und Selektion	genetisch eingespeicherte Voraussicht	Denken	Erfinden	Forschung und Entwicklung (F & E)	Systemanalyse

Quelle: nach *Platt* (1980; 1981)

Der Mensch schafft sich seit jeher seine eigenen Sekundärsysteme. Städte sind besonders wichtige Sekundärsysteme. Die Raumfahrt eröffnet neue Möglichkeiten zur Schaffung solcher Sekundärsysteme, die evolutionsgeschichtlich nichts anderes als Nischen sind. In Zukunft werden solche Systeme vor allem im exterrestrischen – vorerst erdnahen – Raum positioniert sein. Voraussetzung dafür ist das Eindringen in bislang feste, konstante und "unantastbare" Strukturen: Zum einen in die Elementarteile der Materie und zum andern in die biologisch bisher konstanteste Struktur – das Gen. In beiden Bereichen stehen wir mitten in Entwicklungen, deren Folgen für die konkreten Existenzbedingungen des "gesellschaftlichen Hirns" und seiner Bestandteile (*Genus homo*) aus erkenntnistheoretischen Gründen grundsätzlich nicht voraussagbar sind.

2. Kognitive und materielle Akzelerationen

Wissenschaft und Technik haben nicht nur unsere äusseren Lebensumstände, sondern auch unser Weltbild fundamental verändert. Drei äusserlich unzusammenhängende, für den Wandel unseres Weltbildes jedoch gleichermassen bedeutende Ereignisse mögen in diesem Kontext nochmals in Erinnerung gerufen werden:
- Übergang vom geozentrischen zum heliozentrischen Weltbild (Kopernikus)
- Einbindung des Menschen in den Evolutionsprozess der Natur (Darwin)
- die Freud'sche Theorie des *Über-Ich*.

Kopernikus, Darwin und Freud markieren Nodalpunkte des historisch irreversiblen Prozesses auf dem Wege zur "Entthronung" des Menschen. Paradoxerweise erwies sich diese Entthronung jedoch keineswegs als Entmachtung, sondern vielmehr als Befreiung von den einengenden Erkenntnisbedingungen des anthropozentrischen Weltbildes und damit auch als Voraussetzung für eine bewusst reflektierende Einbindung des Menschen in die evolutionshistorische Konvergenz von Natur und Kultur. Von nun an ist der Mensch nicht mehr vermeintlicher Mittelpunkt allen Geschehens, sondern mitwirkender Teilhaber am Evolutionsprozess (die Theologen würden sagen: am Schöpfungsprozess).

Dank der Leistungen des Neokortex hat der Mensch durch lernenden Umgang mit der ihn umgebenden Lebenswelt Erkenntnismethoden entwickelt, die ihn in Gestalt der konkreten Anwendung dessen, was sich als technischer Fortschritt manifestiert, von der Fron der Arbeit, von der Qual des frühen

Siechtums und von der Unterordnung unter einen dämonischen, unerklärlichen Gott befreit haben.

Es gibt Wissenschafter, die die These vertreten, der technische Fortschritt werde sich nicht mehr beschleunigen, zumindest was seine wirtschaftiche Nutzung angehe. *Mensch* (1977) ist einer der Verfechter dieser These. Ob und in welchem Mass die Umsetzung wissenschaftlicher Erkenntnisse in die wirtschaftliche Nutzung auf dem Weg über Erfindungen und Innovationen Schwankungen unterliegt, sei dahingestellt. Dass im Bereich der Entwicklung neuer wissenschaftlicher Theorien und Entdeckungen seit dem 19. Jahrhundert eine in der ganzen Menschheitsgeschichte noch nie dagewesene, also vorher buchstäblich inexistente Beschleunigung eingetreten ist, steht ausser Frage. Wir wollen dies an zwei oder drei Indikatoren veranschaulichen.

Der erste dieser Indikatoren bezieht sich auf die beschleunigte Erweiterung des dem Menschen zugänglichen elektromagnetischen Spektrums (vgl. Abbildung 51). Hier sind in knapp hundertfünfzig Jahren Potenzbereiche in der Grössenordnung von 10^{22} gegenüber den vorher zugänglichen Bereichen von 10^3 der wissenschaftlichen Analyse neu erschlossen worden. Das entspricht einer Zunahme des Beobachtungsraums in der Grössenordnung von 10^{19} (bezogen auf Schwingungen pro Sekunde).[29]

Einen weiteren und, wie mir scheint, sehr eindrücklichen Hinweis auf die Existenz von Akzelerationen nicht nur im kognitiven, sondern auch im technischen Bereich bildet die Entwicklung der Packungsdichte von *Chips*. Die Zahl der auf einem *Chip* "montierten" Bauelementfunktionen betrug

1972	1 000
1974	4 000
1978	16 000
1981	64 000
1984	256 000
1986	1 000 000
1988	4 000 000

Das entspricht einer durchschnittlichen Wachstumsrate von rund 68% pro Jahr. Kaum ist der Wettlauf um das *Megachip* beendet, schon spricht man vom *Gigachip*.

Es besteht kein Zweifel daran, dass mit der dadurch möglich werdenden Erhöhung der Leistungsfähigkeit von Computern sehr schnell neue Anwendungsgebiete (z.B. Turbulenzforschung, dreidimensionale Darstellung von

---

29. Zum Grössenvergleich von Potenzen sei angeführt, dass das angenommene Alter des Universums von 20 Milliarden Jahren gleich $6,3 \times 10^{17}$ Sekunden (!) ist.

Abbildung 51: Erweiterung des empirisch zugänglichen elektromagnetischen Spektrums

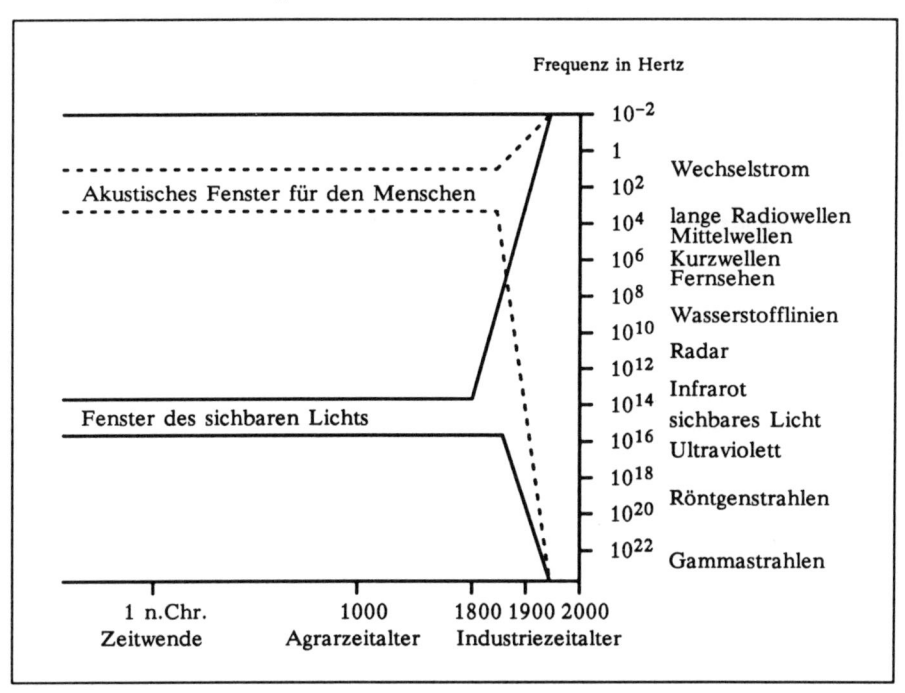

Frequenz in Hertz	
10^{-2}	
1	
10^2	Wechselstrom
10^4	lange Radiowellen / Mittelwellen
10^6	Kurzwellen / Fernsehen
10^8	
10^{10}	Wasserstofflinien
10^{12}	Radar
10^{14}	Infrarot / sichtbares Licht
10^{16}	Ultraviolett
10^{18}	
10^{20}	Röntgenstrahlen
10^{22}	Gammastrahlen

Zeitachse: 1 n.Chr. (Zeitwende) – 1000 (Agrarzeitalter) – 1800 1900 2000 (Industriezeitalter)

Akustisches Fenster für den Menschen

Fenster des sichtbaren Lichts

Quelle: nach *McHale (1976)*

Molekülen usw.) erschlossen werden. In Anhang 4.2 findet sich eine Aufstellung von wichtigen Theorien und Entdeckungen, die seit der Jahrhundertwende zu verzeichnen sind. Diese Aufstellung ist keineswegs vollständig.

Der kognitiven Akzeleration entspricht auch eine materielle Akzeleration. In Tabelle 25 sind einige wichtige Veränderungen mit den dazugehörenden Veränderungsraten aufgeführt.

Dabei zeigt sich, dass die Wachstumsraten vor allem im Kommunikations- und Transportbereich sehr hoch sind. Die Wachstumsrate der nuklearen Zerstörungskraft ist etwa halb so hoch wie die der Speicherdichte von *Chips*.

Kognitiv wie materiell sind in kürzester Zeit völlig neue Welten erschlossen worden. Die Preise sind sowohl für Informationsverarbeitung und -speicherung als auch für Transportleistung drastisch gefallen. Der *Apex*-Tarif pro Flugkilometer beträgt gegenwärtig rund 3 US Cents. Bei einem Durchschnittslohn von 20 $ kauft ein amerikanischer Facharbeiter mit seiner Arbeitsstunde rund 670 Kilometer Flugdistanz. Die relative Verbilligung der Flugreisen ist nicht nur eine Folge der momentan niedrigen Öl- und damit Treibstoffpreise.

Tabelle 25: Wichtige Veränderungen seit dem Zweiten Weltkrieg

	Nach dem 2. Weltkrieg	Gegenwart (Mitte '87)	Wachstum pro Jahr (%)	Zunahmefaktor
Bevölkerung	2,2	5	2,0	2,2
Bruttosozialprodukt (Billionen $)	2	13	4,8	6,5
Energie (TW)	2	12,4	4,7	6,2
Staaten	51	175	3,1	3,4
Nukleare Zerstörungskraft	12,5 kt	25 Mt	21	2000
Staaten mit Nukleartechn.	2	30	7,0	15
Geschwindigkeit von Passagierflugzeugen (km/h)	280	950	3,1	3,4
Beförderte Luftfracht (Milliarden Tonnen–km)	1	100	12,2	100
Erhöhung d.verfügbaren Informationsspeicherkapazität seit 1960			ca. 40	49 000
Zunahme der Speicherdichte seit 1960			ca. 46	248 000
Erzeugte Roboter sei 1968	200	154 000	30,4	770

Sie ist vielmehr das Ergebnis einer Reihe von ineinandergreifenden technisch–organisatorischen Neuerungen, die grosse Rationalisierungsfortschritte ermöglichten. Nach den Statistiken der *IATA* wurden im vergangenen Jahr (ohne Sowjetunion) mehr als eine Milliarde Fluggäste registriert. Auch wenn Mehrfachzählungen zu berücksichtigen sind, so kann doch gesagt werden, dass gegenwärtig rund ein Fünftel der Menschheit zu irgendeinem Zeitpunkt des vorigen Jahres das Flugzeug als Transportmittel benutzt hat. Die Tendenz ist steigend; gleiches gilt für den Telekommunikationsbereich.

3. Erlangung von Orientierungswissen durch Komplexitätsreduktion

Innerhalb dieser neugewonnenen kognitiven und materiellen Disponibilitätsräume vollziehen sich nun zwei ähnlich strukturierte, jedoch gegenläufige Prozesse: Während sich im Freiraum der Kognition ein auf die Vereinheitlichung des wissenschaftlichen Weltbildes tendierender Prozess als Ergebnis einer höchst anspruchsvollen und auch die Messgenauigkeit immer wieder neu fordernden Reduktion von Komplexität abzeichnet, entfaltet sich im Bereich der sensualen "Nutzung" der Freiräume (besser: Beliebigkeitsräume) eine Vielfalt von erlebnisbedingten Weltverständnissen. Beiden Prozessen – dem der wissenschaftlichen *Vereinheitlichung* des Weltbildes wie dem sensualen, die *Vielfalt erlebter Welten* begründenden Weltverständnis – ist gemeinsam, dass sie sich in voneinander isolierten, monadenähnlichen Formierungen vollziehen.

Die Zweiteilung in einen sensual-autistischen und einen kognitiv-autistischen Erfahrungsbereich ist das bestimmende Merkmal für die Ambivalenz des technischen Fortschritts. Beide Bereiche hängen insofern zusammen, als sich die in ihnen vollziehenden Ausdifferenzierungen zueinander kongruent verhalten: Spezialisierung innerhalb der Wissenschaften mit dem Resultat eines einheitlichen Weltbildes gegenüber "Vereinheitlichung" der Sensualität im Sinne der Forderung nach Selbsterfüllung – mit dem Resultat einer Vielzahl von einander teilweise ausschliessenden, untereinander praktisch inkommunikablen Erlebniswelten. Die Ausdifferenzierung von Erlebniswelten vollzieht sich in Form von Sekten, Hobbygruppen usw., die dank der modernen Kommunikationstechnologie in globalen Netzwerken miteinander verbunden sind: Die *Surfer* der Welt werden in Zukunft über Satellitenfernsehen einen "Welt*surfer*-Kanal" haben. Gegenwärtig fordert man in der Schweiz einen "Nationalen Sport-Kanal", und auch den Anhängern des islamischen Glaubens wird demnächst ein besonderer Kanal über Satellit zur Verfügung stehen. Im Endstadium des "totalen Kommunikationsverbundes" werden über Hunderte von Kanälen rund um die Uhr beliebige Weltverständnisse und Inhalte zwischen beliebigen Personen in beliebiger Form (Text, Bild, mathematische Symbole usw.) zu autistischen Gruppen verknüpft werden. Die Ausdifferenzierung im sensualen Bereich erfolgt – vom Hobby bis zu real erlebbaren Ersatzwelten – nicht zufallsbedingt, sondern hängt bei den Beteiligten davon ab, wie sie die Befreiung von Fron, Krankheit und Plage durch den technischen Fortschritt an sich selbst konkret erlebt haben.

Die Tatsache, dass dem einheitlichen Weltbild der Wissenschaft eine Vielfalt von Welterfahrungen und damit Weltbildern ausserhalb der Wissenschaft gegenübersteht und dass der technische Fortschritt die Entstehung der Pluralität von Erlebniswelten fördert, impliziert das Auseinanderfallen von empirischer und gesellschaftlicher Evidenz. Die Technologiefolgen-Abschätzung ist ein Versuch, die in diesem Spannungsfeld auftretenden Widersprüche abzubauen und in politikfähige Entscheidungen umzusetzen. Diesem Bemühen sind – wie die Forschungsresultate über die Sozialverträglichkeit von Energiesystemen zeigen – gewisse natürliche Grenzen gesetzt (siehe Abbildung 52).

Abbildung 52: Empirische Evidenz und gesellschaftliche Perzeption

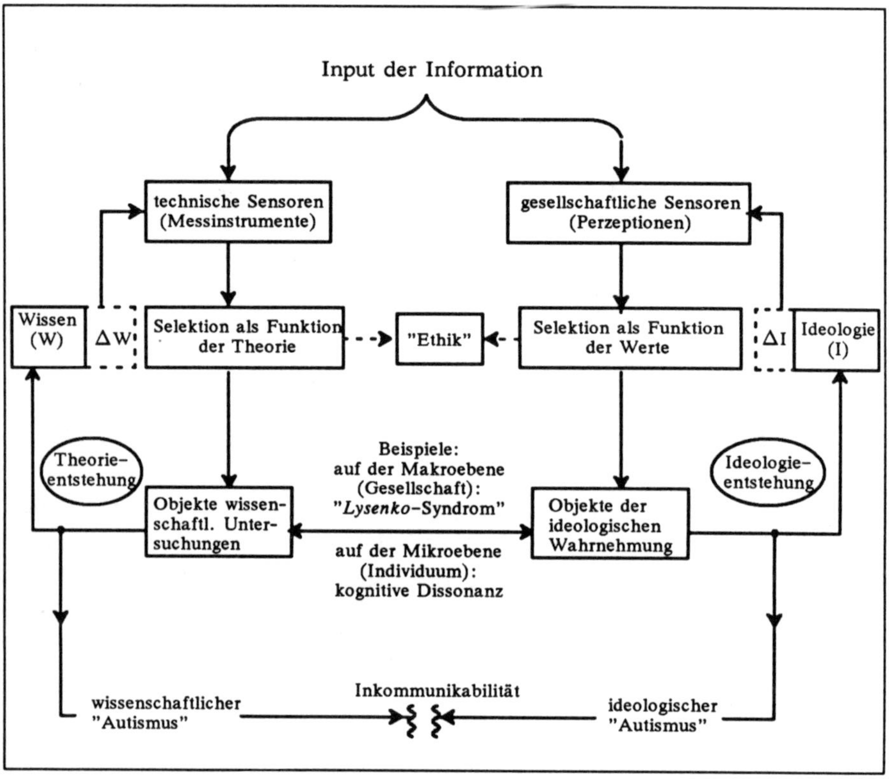

Etwas vereinfacht kann man das Verhältnis zwischen empirischer Evidenz und gesellschaftlicher Perzeption wie folgt darstellen: Sowohl die technischen als auch die gesellschaftlichen Bereiche sind mit Sensoren ausgestattet. Der Wahrnehmungsbereich der technischen Sensoren ist durch die jeweilige Messgenauigkeit der Messinstrumente gegeben. Gesellschaftliche Sensoren nehmen selektiv wahr, wie übrigens auch die biologischen Systeme auf der Mikroebene. Im Gegensatz zur individuellen Wahrnehmung ist die selektive

Wahrnehmung auf gesellschaftlicher Ebene jedoch nicht durch evolutionsgeschichtlich gewachsene Programme in den Genen verankert, sondern das Ergebnis eines vorher zustandegekommenen und oft institutionalisierten Bewertungsvorgangs. *Häfele* (1990) spricht in diesem Zusammenhang von "Ab- und Aufblendung". Die Objekte wissenschaftlicher Wahrnehmung und die Objekte der gesellschaftlichen Perzeption sind in der Regel nicht identisch. Auf individueller Ebene entsteht als Folge dieser Differenz kognitive Dissonanz. Auf gesellschaftlich-politischer Ebene äussert sich der Konflikt zwischen wissenschaftlicher Feststellung und parteipolitischer Ideologie je nach Machtverhältnissen entweder in einer Unterwerfung des Wissenschaftlers unter das Diktat der Partei (*Lysenko*-Syndrom) oder in Form einer Anpassung der Resultate ideologischer Wahrnehmung an die empirischen Evidenzen. Beispiele für eine solche Anpassung der Ideologie an empirische Evidenzen sind die lange nach dem Tod von Giordano Bruno erfolgte Anerkennung des heliozentrischen Weltbildes durch die Kirche oder die Anerkennung der Existenz von Arbeitslosigkeit, Inflation, Umweltzerstörung und Kriminalität durch die totalitären Staaten des Ostens heute.

Will man die Kluft zwischen diesen beiden Evidenzen verringern, also Orientierungswissen schaffen, muss eine Minimalabstimmung von Lernfähigkeit *und* Lernbereitschaft auf die Schnelligkeit der Veränderungen angestrebt werden. Dabei kommt den Lerninhalten grosse Bedeutung zu:

- Umgang mit grosse *Datenmengen*
- Erlernen des Erkennens von *Strukturen* und des Umgangs mit *Systemen*
- davon abgeleitet: Erlernen der Unterschiede von *Mikro-* und *Makroebene* für Implikationsanalysen
- Erlernen des Umgangs mit grossen Zahlen und Dimensionsunterschieden. (Die heute empirisch zugängliche Welt umfasst im *MKS*-System einen Dimensionsbereich von 10^{-24} bis zu 10^{24} Masseinheiten.)
- Erlernen der Befähigung, den Charakter von Schwellenwerten - systemar wie historisch - einzuschätzen
- Erlernen der Befähigung, *Nichtwissen* im Kontext des Gewussten zu erkennen. (Die Erkenntnis dessen was wir noch nicht wissen, erlaubt uns, auf Distanz zu gehen gegenüber verführerisch sich anbietenden Machbarkeiten: Schärfung des Bewusstseins für das Phänomen des *"counter-intuitive behaviour of systems"* (*Forrester*)).

Eine Übersicht über die in der Wissenschaft gebräuchlichen Methoden zur Analyse von Systemstrukturen in Abhängigkeit von verfügbaren Daten (Ereignishäufigkeit) haben *K.W. Deutsch* und *B. Fritsch* (1980) gegeben.

Es ist hier nicht der Ort, auf die einzelnen Methoden im Detail einzugehen. Soviel sei jedoch festgestellt: Jeder Organismus – von den einfachsten Mehrzellern bis zum menschlichen Körper – muss die von aussen kommenden Signale filtrieren. Die Evolution hat genau jene Stimmigkeit zwischen filtrierenden Sensoren und der lebenserhaltenden Informationsaufnahme "herausmutiert", die für das Überleben des Organismus im Sinne einer notwendigen, jedoch nicht hinreichenden Bedingung erforderlich ist.[30]

Der "Überorganismus" *Gesellschaft* verfügt über kein biologisch abgestimmtes Sensorium einer automatischen Komplexitätsreduktion. Die vom Neuronenverbund der Informationsgesellschaft ausgehenden kognitiv begründeten Veränderungen, einschliesslich der durch neue Kommunikationsmittel verfügbar gemachten Datenmengen, müssen ebenfalls kognitiv aufgearbeitet werden. Das Finden des jeweils richtigen Verfahrens der Komplexitätsreduktion zur Erlangung von Orientierungswissen ist deshalb für den "Überorganismus" *Gesellschaft* – zumal im Stadium der Informationsgesellschaft – lebenswichtig. Systemtheoretisch abgestützte Verfahren der Komplexitätsreduktion sind deshalb ein wichtiger Bestandteil des Innovationsvermögens der informationsintensiven Industriegesellschaft.

4. Soziale und technische Innovation

Der gegenwärtig zwischen den Vereinigten Staaten, Japan und Westeuropa ausgetragene Wettlauf auf verschiedenen Gebieten der Spitzentechnologie hat zu einer nicht unproblematischen Verkürzung des Zeithorizonts sowie zu einer Fokussierung der Aufmerksamkeit auf eine bestimmte Klasse von Technologien (*High-Tech*) geführt. Schlagworte wie *Megachip, Laser, Biotronik, Gentechnologie* usw. bezeichnen einige Schwerpunkte dieser zukunftsweisenden Technologiebereiche.

Nun sollte man – gerade bei uns in Europa – die historische Dimension des Innovationsphänomens ob dieser Fokussierung auf den *High-Tech*-Bereich nicht ganz aus dem Auge verlieren. In historischer Perspektive wird nämlich deutlich, dass sich das Phänomen der Innovation nicht auf die technische Dimension reduzieren lässt. Es gibt ausser der technischen Innovation die soziale, die politische und die kulturelle Innovation. Technische Innovation kann in Schwierigkeiten geraten, wenn sie für sich allein betrachtet und betrieben wird. Dies haben die jüngsten Erfahrungen mit dem Management komple-

---

30. Ob dieser Vorgang teleologisch zu interpretieren oder aus inhärenten Systemzwängen abzuleiten ist, bleibt eine Streitfrage, deren Beantwortung davon abhängt, unter welchen erkenntnistheoretischen Prämissen man das Phänomen der Ratiomorphie sieht.

xer technischer Systeme gezeigt. Ein Grund – neben vielen anderen – für das *Shuttle*-Desaster war die mangelnde, der Komplexität des Problems nicht gemässe Organisationsstruktur der *NASA*; ein anderer Grund war offenbar der Zeitdruck und die Überlastung der Techniker. Dieser aus vielfältigen Ursachen entstandene Termindruck (u.a. eine Folge der Konkurrenz zwischen zivilen und militärischen Bedürfnissen auf dem Gebiet der Satellitentechnologie) führte zu Nachlässigkeiten, die katastrophale Folgen hatten.

Was sich hier sozusagen auf der Mikroebene ereignet hat, kann auch für die Gesellschaft als Ganzes Bedeutung haben. Wenn zum Beispiel als Folge des rasanten technischen Fortschritts psychische Anpassungsschwierigkeiten zu überwinden sind, dann kann es durchaus innovativ sein, Lebensbedingungen zu schaffen beziehungsweise zu erhalten, die eine bessere Abstimmung zwischen Innenbefindlichkeit und Aussenbefindlichkeit gestatten.[31]

Technische und soziale Innovationen hängen also aufs engste zusammen. Einige Bespiele aus der Vergangenheit mögen diese an sich triviale Tatsache verdeutlichen. Zum Beispiel sind die verschiedenen Kalendarien zu nennen, die das Phänomen der Periodizität mit der Ordnung gesellschaftlicher Abläufe verknüpfen. Liessen sich eindeutige Periodizitäten im Umlauf der Planeten feststellen, wären auch Voraussagen möglich.

> Die Ordnung des Kosmos ist Grund und Vorbild der menschlichen Ordnungen, diese ein Spiegel jener (*Jaspers* 1962).

Die Erfindung des Geldes, genauer gesagt, die Ausbildung eines bestimmten Gutes zum allgemein anerkannten Tausch- und Schuldentilgungsmittel, hat die Zahl der nötigen Transaktionen drastisch reduziert und dadurch die Arbeitsteilung in der Gesellschaft erst möglich gemacht. Beträgt beispielsweise in einer 10-Güter-Gesellschaft die Zahl der Tauschrelationen $n(n-1)/2$, d.h. 45, reduziert sich diese Zahl auf 9, wenn eines der zehn Güter zum allgemein anerkannten Tausch- und Schuldentilgungsmittel (Geld) wird. Das elektronische Geld stellt eine weitere Vereinfachung dar, die jedoch technisch erst auf Grund jener Arbeitsteilung möglich wurde, die mit der Einführung des Geldes in Form des Bargelds begann. Die Banknote, ihrerseits eine wichtige soziale Innovation, ist ein Glied in dieser Kette ineinandergreifender sozialer und technischer Neuerungen.

Es liessen sich noch weitere Beispiele anführen – etwa die Entwicklung der Bewässerungssysteme in alten Kulturen sowie in den heutigen Entwicklungsländern oder die Einführung des Genossenschaftswesens in Kombinati-

---

31. Eine sehr instruktive und tiefschürfende Analyse dieser übergeordneten Zusammenhänge gibt *Barnett* (1953). Leider hat dieses grundlegende Werk in der heutigen Innovationsdiskussion kaum Beachtung gefunden.

on mit der Ersten und Zweiten Grünen Revolution. Nur selten wird neben der zu Recht hervorgehobenen Bedeutung der Impfungen darauf hingewiesen, dass die weltweite Verbreitung von Teer für Strassenbeläge die respiratorischen Krankheiten insbesondere in Entwicklungsländern in hohem Mass eingedämmt hat.

Soziale Innovationen, die noch gar nicht so lange zurückliegen und unsere gesellschaftlichen wie auch politischen Existenzbedingungen nachhaltig beeinflusst haben, sind zum Beispiel das Konzept der sozialen Marktwirtschaft, der Eigentumsschutz, die von den medizinischen Akademien erlassenen Richtlinien für Euthanasie, die Institution *Ombudsmann*, die Flexibilisierung des Arbeitsmarktes und nicht zuletzt auch die Trennung von Kirche und Staat in fast allen entwickelten Demokratien.

Man könnte mit solchen Beispielen beliebig fortfahren. Wenn man Innovationen in ihrem historischen Kontext betrachtet, wird deutlich, dass die Sicherung einer menschenwürdigen Existenz nicht nur im *High-Tech*-Bereich liegt, auch wenn die von dort kommenden Impulse besonders wichtig sind. Nur sollte man das Phänomen *High-Tech* nicht isoliert betrachten und zur allgemeinen Richtschnur einer vermeintlich zukunftsorientierten Förderungspolitik machen – eine Einsicht, die besonders für Kleinstaaten gilt.

Wohin geht die Entwicklung? Sicher werden die Fortschritte in den genannten Bereichen der Spitzentechnologie andauern und sogar immer stärker vernehmbare Impulse auslösen. Doch je schneller der technische Wandel erfolgt, um so dringender wird der Bedarf an sozialer Innovation, an institutioneller, organisatorischer und psychischer Anpassung. Wie schon in früheren geschichtlichen Epochen, haben auch diesmal die Chinesen mit der Schaffung von *Sonderzonen* die Grundlage für eine Innovation gelegt, die für die Zukunft unserer Gesellschaft eine vermutlich wichtige Rolle spielen wird. Da es unmöglich ist, wissenschaftliche Aussagen über Vor- und Nachteile eines bestimmten sozialen Systems zu machen, dürfte das "soziale Mega-Experiment *Sonderzonen*" in Zukunft eine besonders wichtige Rolle spielen. Die Naturwissenschaft hat es da in vielerlei Hinsicht einfacher: Sie kann – und muss – unter exakt definierten Randbedingungen wiederholbare Experimente anstellen, um theoretisch begründete Hypothesen in der Praxis, also durch das Experiment, zu verifizieren beziehungsweise zu falsifizieren. Sozialexperimente sind im Vergleich dazu sehr viel schwieriger. Das Experiment der Sonderzonen in China hat im positiven wie im negativen Sinn ein grosses Zukunftspotential. Eine andere zukunftsorientierte Sozialinnovation ist der heute erst in den Anfängen steckende Versuch, das Verhältnis zwischen Staat und Privatwirtschaft – zwischen Staats- und Privatsektor – fortlaufend neu zu bestimmen.

In noch weiter Ferne liegt indessen eine soziale Innovation, die sich als logische Fortsetzung der Gewaltentrennung angesichts zunehmender Bürokratisierung und polit-ökonomischer Verfilzung geradezu aufdrängt: die *persönliche* Haftung der in der Exekutive tätigen Beamten für Fehlentscheidungen und/oder Unterlassungen. Gewiss, die praktische Implementation dieser Neuerung wird auf grosse Schwierigkeiten stossen. Es gibt jedoch bereits Vorläufer dieses Haftungsprinzips: die Haftung des Arztes für Kunstfehler. Auch er ist – wie der Beamte – von der Öffentlichkeit für seinen Beruf zugelassen (Staatsexamen), auch er übernimmt an einem Individuum oder an mehreren Patienten "ausführende Funktionen". Es soll hier nicht verschwiegen werden, dass die praktische Implementation dieses Haftungsprinzips insbesondere in den Vereinigten Staaten, wo es gegenwärtig wohl am konsequentesten praktiziert wird, mit Nachteilen verbunden ist: Beispielsweise werden hohe Versicherungsprämien in Form von hohen Honoraren auf die Patienten abgewälzt.

Schliesslich sei noch auf eine Innovation hingewiesen die eigentlich nicht so neu ist, weil sie – wenn auch ohne grossen Erfolg – in den Schriften der judaisch-christlichen Religionen schon vor Tausenden von Jahren postuliert wurde: die Vergebung, das Vergessen, die Versöhnung. Auch im genetischen *Code* werden Informationen "vergessen", während neue hinzukommen. Ohne "Vergessen" ist ein System nicht evolutionsfähig. Wenn man sieht, was sich gegenwärtig im Mittleren Osten oder in Nordirland abspielt, dann wird deutlich, wie wichtig die Entwicklung von sozialen Mechanismen wäre, die das Vergessen und Vergeben (was nicht dasselbe ist) zu einer verinnerlichungsfähigen und damit verhaltensrevelanten Kategorie machen.

Innovation hat also auch eine Dimension, die mit Wertwandel zu tun hat. Davon soll im folgenden die Rede sein.

5. Innovation und Wertwandel

Kern der Innovation ist die wissenschaftliche Neuentdeckung. Die Übertragung der Ergebnisse der Grundlagenforschung in die Bereiche des praktischen Lebens erfolgt in der modernen Industriegesellschaft durch eine Vielzahl von Mechanismen – beispielsweise durch privatwirtschaftlich initiierte Schaffung von neuen Märkten für neue Produkte, die mit neuen Produktionsverfahren erzeugt sind, oder durch die militärische Nutzung der Raumfahrt, um nur zwei Beispiele zu nennen. Indikatoren sind u.a. die Zahl der registrierten Patente, die Zahl der verkauften Lizenzen, die Anzahl der in Forschung und Entwicklung (F+E) tätigen Wissenschafter, die Ausgaben für Forschung und Entwicklung, der Technologieexport und neuerdings in vermehrtem Mass auch die Computerdichte (bezogen z.B. auf die Bevölkerung sowie auf die

Umsätze im Bereich der *Software*). Diese Indikatoren beziehen sich jedoch nur auf die technisch-wirtschaftliche Dimension des Innovationsprozesses.

Wie wir gesehen haben, umfasst Innovation aber wesentlich breitere und auch tieferliegende Bereiche des gesellschaftlichen Entwicklungsprozesses. Innovation bedeutet auch die Fähigkeit der Gesellschaft, ihre organisatorischen, politischen und kognitiven Strukturen den technisch-wirtschaftlichen Primärimpulsen laufend anzupassen, um entwicklungsfähig zu bleiben. Entscheidend sind in diesem Kontext die wissenschaftlich-technischen Primärimpulse, die durch Menschen möglich gewordene *partielle Freisetzung von Produktionszwängen*, der gewonnene *Freiraum* beziehungsweise *Beliebigkeitsraum*, das veränderte Zeitbudget des Menschen sowie der dadurch induzierte fundamentale *Wertwandel*.

Eine der markantesten und zugleich universellsten Auswirkungen des wissenschaftlich-technischen Fortschritts manifestiert sich in der Erhöhung der Lebenserwartung der Menschen. Sie korreliert direkt mit dem allgemeinen technisch-ökonomischen Entwicklungsgrad einer Gesellschaft. In Mitteleuropa betrug die mittlere Lebenserwartung eines männlichen Neugeborenen um die Jahrhundertwende 49 Jahre, 1980 hingegen 72 Jahre. Obwohl die Lebensdauer des Menschen in diesem Zeitraum um rund 76% gestiegen ist, fiel die von ihm während seiner aktiven Berufszeit geleistete Lebensarbeitszeit von 99 Tausend auf 71,4 Tausend Stunden. Bezogen auf die jeweilige Lebensdauer fiel der Anteil der Arbeitsstunden von 23,5 auf 11,3 Prozent. Unter Berücksichtigung von 8 Stunden Schlaf und zwei Stunden für Essen stieg die Zahl der dem Menschen heute zur freien Disposition stehenden Stunden von insgesamt 146,3 Tausend auf 296,3 Tausend. Dies enspricht einer Verdopplung in 80 Jahren. Die wichtigsten Komponenten dieses Wandels sind in Tabelle 26 wiedergegeben:

Die Verdopplung der frei disponiblen Stunden innerhalb von nur 80 Jahren ist als solche schon ein bemerkenswertes Faktum. Die volle Bedeutung dieses Tatbestandes wird aber erst deutlich, wenn man die wichtigsten materiellen und immateriellen Faktoren betrachtet, mit welchen diese zusätzlich verfügbare Zeitdauer "ausgestattet" ist:

- Trotz der relativ und absolut gesunkenen Arbeitszeit stehen dem Menschen heute rund 11mal mehr *materielle Güter* zur Verfügung als um die Jahrhundertwende.
- Das Volumen an frei abrufbarer Information hat sich infolge der Entwicklung der Informationstechnologie (Speicherung, Transformation, Abruf usw.) allein während der letzten 30 Jahre um den Faktor 40 erhöht. Wollte man die dann freilich problematisch werdende Relation auf das Jahr 1900

Tabelle 26: Veränderung der Lebenserwartung und des Zeitbudgets zwischen 1900 und 1980

	1900	1980
durchschnittliche Lebenserwartung eines männlichen Neugeborenen (in Jahren)	49	72
Ausbildung (Schule; in Jahren) Aktive Berufszeit (in Jahren) Ruhestandsjahre	15 33 0 48	20 42 10 72
Lebensdauer (in Stunden) Arbeitsstunden	420 480 99000 (3000x33)	630 720 71400 (1700x42)
in Prozent d. Lebensdauer	23,5	11,3
disponible Stunden unter Berücksichtigung v. 8 Stunden Schlaf und 2 Stunden Essen	136280	296520
	Verdopplung in 80 Jahren = 0,9 % p.a.	

beziehen, käme man – je nach Berechungsart – auf eine Zunahme um den Faktor 1000 bis 2000.
- Der Mensch verfügt in diesem neu gewonnenen Beliebigkeitsraum heute über rund 10mal mehr Fremdenergie als um die Jahrhundertwende, wobei die technische Fremdenergie mit 500 MJ das 250fache seiner eigenen Muskelkraft beträgt.

Was sind die Folgen dieser historisch völlig neuen Situation? Wie die aufschlussreichen Untersuchungen von *Klages* (1988) und anderen gezeigt haben, findet unter dem Eindruck dieser Entwicklung ein fundamentaler *Wandel der Werte und des Lebensstils* statt. So ist eine Verschiebung von den Pflicht- und Akzeptanzwerten zu sogenannten Selbstverwirklichungswerten festzustellen. In den Hintergrund treten Werte wie Disziplin, Gehorsam, Ordnung, Treue, Unterordnung und Pflichterfüllung; stattdessen gelangen neue Werte wie Emanzipation, Ungebundenheit, Nichtkonformität und Antiautorität mehr und mehr zur Geltung.

Die Entlastung vom materiellen Druck, eine die Privatkultur und Freizeit betonende Werbung und die Tendenz, die Lebensrisiken des Einzelnen im Sozialstaat zu vergesellschaften, sind sowohl Ursachen als auch Folgen dieses Wertwandels. Die Charakteristiken dieser Befindlichkeit, worin der Mensch die neu gewonnenen Beliebigkeitsräume auf der Suche nach Freiheit erlebt, sind:
- Realitäts-und Orientierungsverluste
- Mangel an Sinnevidenz
- Dichotomisierung von Hingabebedürfnis und Gleichgültigkeit
- Pluralisierung der Lebensstile auf der Grundlage einer universellen Vereinheitlichung technisch-organisatorischer Normen.

Während die meisten auf Arbeit angewiesenen Menschen um die Jahrhundertwende kaum eine Eigenbestimmung hatten und nur über eine Grundschulausbildung mit wenig beruflicher und so gut wie keiner ausserberuflichen Weiterbildung verfügten, ändert sich diesbezüglich die Lage in den 60er Jahren: Die Ausbildungsanforderungen vor und während des Berufslebens nehmen zu, und eine gewisse Eigenbestimmung ist zumindest nach Erreichung des Ruhestandsalters möglich. Im Vergleich zu 1900 hat sich die für Ehepartnerschaft verfügbare Zeitspanne um 25 Jahre verlängert, die für die Geburt von Kindern wahrzunehmende Zeitperiode ausbildungsbedingt um 10 Jahre verkürzt.

Diese Tendenzen verstärkten sich in den 80er Jahren bei einer mittleren Lebenserwartung von rund 72 Jahren: Die Grund-, Sekundar- und Hochschulausbildung sowie die berufliche Weiterbildung umfassen jetzt einen viel grösseren Lebensabschnitt, während sich die für die Partnerschaftsbeziehungen verfügbare Zeit bei weiterer Verkürzung der für Zeugung von Nachkommenschaft wahrgenommenen Zeitperioden über eine Spanne von mehr als einem halben Jahrhundert ausdehnt. Dieses Phänomen reflektiert die zunehmende Einbeziehung der Frau ins Berufsleben und den damit zusammenhängenden Wunsch, durch eine möglichst knapp gehaltene "Familienpause" die Chancen des Wiedereintritts ins Berufsleben voll wahrzunehmen – mit weitreichenden Folgen für Kindererziehung und Familienstruktur.

Wichtig an der Situation der 80er Jahre ist der Umstand, dass infolge der verkürzten Arbeitszeit schon während des Berufslebens eine gewisse Eigenbestimmung möglich wird und dass mit tendenziell vorgezogenem Ruhestandsalter dem Menschen nunmehr rund fünfzehn und mehr Jahre seines Lebens zu einer sehr weitgehenden Eigenbestimmung zur Verfügung stehen. Sie äussert sich zunächst in einer Pluralisierung der Lebensstile, keineswegs aber in einer auf die konkreten Bedingungen dieser neuen Befindlichkeit gerichteten

Analyse. Der gewonnene Freiraum verleitet zur Illusion, die Befreiung von Produktionszwängen sei bereits vollzogen.

Die durch Erkenntnis bewirkte verhaltensrelevante Verinnerlichung von Zwängen nimmt infolge dieser Illusion schneller ab als die Zwänge selbst. Der hierin begründete Realitäts- und Orientierungsverlust äussert sich konkret in einem beständigen *Vorgriff auf die Zukunft*. Die gegenwärtig von den Gewerkschaften in verschiedenen Industrieländern Westeuropas erhobene Forderung nach einer möglichst schnellen Einführung der 35-Stundenwoche ist ein solcher Vorgriff auf eine heute noch nicht einlösbare Zukunft. Eine übereilte, die technischen und ökonomischen Realitäten missachtende Erzwingung der Freisetzung des Menschen aus seiner Eingebundenheit in bestehende ökonomisch-technische Randbedingungen würde mit grosser Wahrscheinlichkeit in eine gesellschaftspolitisch problematische Veränderung des Wirtschaftssystems ausmünden und damit von einem auf Innovation, Eigenverantwortung, individueller Leistung und Risikobereitschaft beruhenden System – dem System der freiheitlichen Gesellschaft – zu einem sozialistisch nivellierenden, die eigenverantwortliche Leistung negierenden kollektivistischen Staatssystem führen. Das Resultat wäre aber dann nicht die Befreiung des Menschen von Produktionszwängen, nicht eine Verkürzung der Lebensarbeitszeit bei gleichzeitiger Vermehrung der verfügbaren Güter, sondern das Gegenteil: Die Folge wäre ein System, in dem jegliche Motivation zur Eigenleistung mangels Einforderungsmöglichkeit schnell erlöschen würde. Die Praxis des sogenannten realen Sozialismus bestätigt diese These millionenfach: Der reale Sozialismus wurde zur grössten Vernichtungsmaschine von Mensch und Umwelt.

Wir befinden uns heute insofern in einer kritischen Phase, als der Mensch gerade infolge der ihm verfügbar gewordenen Freiheitsräume Orientierungs- und Realitätsverluste erleidet, die ihrerseits jene Randbedingungen zerstören können, die eine schrittweise Befreiung des Menschen aus den Produktionszwängen in der Vergangenheit überhaupt erst ermöglicht haben. Was durch Vorgriffe auf die Zukunft in der Arbeitswelt bewirkt wird, ist nicht die wahre, echte Befreiung des Menschen aus den Zwängen der Produktion, sondern die unechte, ungewollte "Befreiung", genannt Arbeitslosigkeit.

Unter den skizzierten Randbedingungen finden in den neu gewonnenen Disponibilitäten *Verwechslungen* statt, die für die Qualität der Politik von entscheidender Bedeutung sind: Unverbindlichkeit wird verwechselt mit kritischem Pluralismus, Gleichgültigkeit mit Toleranz, Werturteil mit empirischer Evidenz. Die Kongruenz von Rechten und Pflichten wird schrittweise aufgelöst: Man pocht stets auf seine Rechte, tendiert indessen dazu, die mit jeder Ausübung von Rechten notwendigerweise verbundenen Pflichten zu negieren. Weil die Interdependenzen zwischen Technik-Wirtschaft-Umwelt einerseits und politischem Bewusstsein andererseits komplexer geworden sind und weil es schwieriger geworden ist, Kausalzusammenhänge und Verantwortlichkeiten mit hinreichender Sicherheit zu identifizieren, erhält die Legitimationsproblematik der Regierungen in den demokratisch regierten Staaten eine neue Qualität. Politik findet mehr und mehr im Spannungsfeld von ratlosen Experten auf der einen und fundamentalistischen Sektierern auf der anderen Seite statt. Was kann beziehungsweise könnte die Wissenschaft zur Verbesserung dieser Situation leisten?

6. Zwei Methoden zur Analyse von Wissen und Innovation

Es gibt im wesentlichen zwei Ansätze, die – nicht nur in der Sozialwissenschaft – die Erarbeitung von Erkenntnissen gestattet. Der eine Ansatz betrachtet das zu untersuchende Objekt sozusagen "von oben". Erkenntnisgegenstand dieser Betrachtungsweise, die in der Literatur oft mit dem anschaulichen Begriff "*top down*" bezeichnet wird, sind Makrostrukturen. Wie wichtig dieser Ansatz ist, zeigen uns Erfahrungen mit der Satellitenphotographie. Beim anderen Ansatz spricht man von "*bottom up*". Hierzu ein Beispiel: Man kann den Waldbestand eines Subkontinents (z.B. Indien) auch durch "Zählen" der Bäume, also von der Mikroebene aus, ermitteln. Natürlich wird man nicht jeden Baum zählen können, sondern nach einem Stichprobensystem verfahren. Schliesslich macht man eine Hochrechnung. Bei Bestandsaufnahmen und Mustererkennungen erweist sich die "*top down*" Methode oft als überlegen. So konnte man im oben erwähnten Fall feststellen, dass die Zählungen der Förster des indischen Ministeriums für Forst-und des Landwirtschaft hinter der Realität zurückblieben. Die Satellitenaufnahmen gestatteten eine viel genauere Bestandsaufnahme und boten darüber hinaus noch wertvolle Aufschlüsse über die Verteilungsmuster des schrumpfenden Waldbestandes von Indien. Wollte man jedoch herausfinden, welche forsttechnischen oder forstwirtschaftlichen Methoden am besten dazu geeignet sind, der Entwaldung entgegenzuwirken, würden die Satellitenaufnahmen wenig helfen. Sie sagen nichts über die sozialen Verhältnisse aus, über die Armut, die die Menschen zwingt, den Wald abzuholzen. Sie sagen auch nichts über die Schädlinge aus, die den Wald in bestimmten Gebieten befallen haben könnten. Um solches herauszufinden, bedarf es der "Mikroanalyse", also des "*bottom up*" -Ansatzes. Beide Verfahrensweisen ergänzen einander.

Häfele (1985) hat die für die beiden Ansätze massgebenden Orientierungen wie folgt charakterisiert:

Bottom up	*Top down*
. Preise als treibende Kräfte	. Preise als Ergebnis
. Markt in operativer und kognitiver Funktion	. Markt in strukturellen Bedingungen
. Marktdaten in festen Strukturen	. eigenständige Dynamik von Strukturen
. Ökonometrie als Ausmessen dieser Strukturen	. Innovationszyklen?
. kurz- und mittelfristige Perspektiven	. mittel- und langfristige Perspektiven
. Fakten	. Erwartungen

Es sei darauf hingewiesen, dass diese Unterscheidungsmerkmale nicht deckungsgleich mit denjenigen sind, die von Ökonomen zur Charakterisierung des Unterschiedes zwischen Mikro- und Makroökonomie gemacht werden. Der Grund liegt darin, dass die "top down"-Methode nicht in allen Punkten identisch ist mit der Makroökonomie, in der die Aggregationen von Mikroerhebungen zu Makrogrössen nach bestimmten Regeln erfolgen, die eine systematische Beziehung zwischen Mikro- und Makroökonomie sicherstellen.

Ein prominenter Vertreter der *"top down"*-Methode ist *Marchetti* (1983). Grundlage seiner Analysen ist das von *Fisher* und *Pry* (1971) entwickelte Modell für Marktpenetration. Das Modell operiert mit der bekannten logistischen Kurve, die sich gut dazu eignet, Sättigungsphänomene, also auch Sättigungen in der Marktpenetration, abzubilden.[32]

Der methodische Vorteil dieses Ansatzes besteht nicht nur in seiner Anschaulichkeit, sondern auch darin, dass er sich sowohl für die Darstellung von Substitutionen auf Märkten als auch für die Analyse von Innovationsschüben und ihrer Auswirkung auf wirtschaftliche Auf- und Abschwünge verwenden lässt. Insbesondere wurde ein Zusammenhang zwischen sogenannten Basisinnovationen und langen Zyklen festgestellt. *Marchetti* hat mit seinen Arbeiten

---

32. Die logistische Funktion beschreibt den Übergang vom exponentiellen Wachstum zum Nullwachstum. Das Tempo des Übergangs lässt sich mit Hilfe einer Zeitkonstante r charakterisieren. Die Hälfte des Sättigungswertes ist jeweils beim Wert 1 erreicht. Der Vorteil dieser Darstellungsweise liegt darin, dass $\ln F/(1-F)$ exakt eine Gerade ergibt. Je steiler sie verläuft, um so schneller ist ein bestimmter Sättigungswert erreicht. Die formalen Zusammenhänge sowie die empirischen Befunde dieses Ansatzes sind in Anhang 2.1. dargelegt.

die heute wieder vermehrt diskutierte Problematik der langen Wellen (*Kondratieff-Zyklen*) durch eine Anzahl origineller Beiträge bereichert. Er hat – was in unserem Zusammenhang von besonderem Interesse ist – die Erfindungs- und Innovationsschübe näher untersucht und dabei herausgefunden, dass erstens sowohl der Verlauf der Erfindungs- als auch derjenige der Innovationsschübe von Schub zu Schub schneller wird (grössere Steilheit der Geraden) und dass zweitens das Verhältnis der Verkürzung der Zeitkonstanten dieser beiden Phänomene (Erfindungs- und Innovationsschübe) ungefähr dem Wert von 2 entspricht.

Marchetti (1983) zeigt sich von der Strukturkonstanz dieses Prozesses (*extreme stability of behavior*), die eine Gesetzmässigkeit widerzuspiegeln scheint, beeindruckt und auch erstaunt. Er sagt voraus, dass in den nächsten zwanzig Jahren ein grosser Erfindungsschub kommen wird, gefolgt von einem Innovationsschub. Danach wären wir jetzt am Ende einer Abschwungphase. Die Erfindungen haben bereits voll eingesetzt und werden spätestens in den Jahren zwischen 2000 und 2010 den vorhergesagten Innovationsschub auslösen.

Wir stehen vor einem Dilemma: Auf der einen Seite gibt es zahlreiche Versuche, das den *Kondratieff-Zyklen* zugrunde liegende Geschehen zu verstehen und daraus eine Theorie zu formulieren. Wie man weiss, ist dieser Versuch bisher nicht sehr erfolgreich verlaufen. Es gibt Ökonomen, darunter so berühmte wie Paul Samuelson, die solche Bemühungen schlichtweg als Zeitverlust abtun.

Auf der anderen Seite sehen wir, wie mit relativ einfachen mathematischen Mitteln und durch geschickte Parametrisierung eine ganz erstaunliche Strukturkonstanz nachgewiesen werden kann, ohne dass diese theoretisch zu erklären wäre. (Auch *Marchetti* gelingt dies nicht). Das Dilemma lautet also: Existenz einer Voraussagemöglichkeit ohne Theorie gegenüber einer theoretisch begründbaren Unmöglichkeit einer Voraussage.

Die Wirklichkeit hat bisher *Marchetti* Recht gegeben. So gehörte er zu jenen wenigen, die schon Mitte der 70er Jahre einen Zusammenbruch der Ölpreise vorhersagten. Doch wer weiss: *He may have been right for the wrong reasons*. Die Gründe für das Eintreten seiner Prognosen sind relativ einfach: Die Entwicklung muss so kommen, weil es für den langfristigen "*fit*" der Daten in die extrapolierten Kurven so erforderlich ist ...

Auf dem Gegenpol, dem "*bottom up*"-Ansatz, sind jene Methoden angesiedelt, die von der Betriebsebene aus den Innovationsprozess durchleuchten. Wenn man sich als Laie ein Urteil darüber bilden will, was Innovation auf der technisch-betrieblichen Ebene heisst, gelangt man schnell in eine verwirrende Vielfalt von Details. Beispielhaft für diese Mannigfaltigkeit ist der von *Bullinger* und *Warnecke* (1985) herausgegebene Sammelband "*Toward the Factory of the Future*". Was in diesem 960 Seiten umfassenden Bericht über die *Achte Internationale "Conference on Production Research*" sowie der *Fünften "Working Conference*" des Fraunhofer Instituts für Arbeitswirtschaft und Organisation zusammengefasst wurde, macht eines deutlich: Der technische Innovationsprozess findet in den Betrieben statt – nicht einmal unbedingt in den grössten und kapitalintensivsten. Wie nun diese Vielfalt an Daten auf die von *Marchetti* untersuchte Makroebene projiziert werden kann, ist heute noch offen. Dennoch – oder gerade deswegen – liegt der wissenschaftlich interessante Bereich zwischen diesen beiden Betrachtungsweisen. Dazu scheint es erforderlich, die beiden Ansätze aufeinander hin zu entwickeln. Nur so besteht die Hoffnung, sowohl übergeordnete Strukturen zu erkennen als auch ihre Entstehung besser zu verstehen.

V. Möglichkeiten und Grenzen eines umweltverträglichen Wirtschaftswachstums

1. Problemstellung

Spätestens seit der Veröffentlichung des bereits in dieser Studie verschiedentlich erwähnten Buches von Donella und Denis Meadows ("Grenzen des Wachstums") wird immer wieder die Frage erörtert, ob Wirtschaftswachstum und ökologisches Gleichgewicht miteinander vereinbar sind. Im Lauf der vergangenen Jahre haben sich dazu zwei gegensätzliche Positionen herausgebildet: Die eine Position geht davon aus, dass das Wirtschaftswachstum grundsätzlich die Umwelt zerstört und der beste Weg zur Vermeidung einer solchen Entwicklung eben darin besteht, das Wachstum zum Stillstand zu bringen – wobei zu Recht darauf hingewiesen wird, dass ein Wachstum von Null nicht gleichbedeutend ist mit Stillstand, sondern die Aufrechterhaltung eines bestimmten, bereits erreichten Niveaus bedeutet und deshalb Energie- und Materialaufwand impliziert. Die andere Position behauptet demgegenüber, dass Umweltschäden am besten im Rahmen einer sich entwickelnden, wachsenden Wirtschaft und der damit einhergehenden Entfaltung der Technik vermieden werden können und dass demzufolge wirtschaftliches Wachstum und ökologisches Gleichgewicht keineswegs grundsätzlich unvereinbar sind. Möglich sei vielmehr ein dynamisches Gleichgewichtswachstum, was im Sinne eines Fliessgleichgewichts die Entfaltung der Wirtschaft gestattet und eben dadurch auch die Umwelt besser schützt.

Wir wollen im folgenden versuchen, uns schrittweise an die eigentliche Problematik heranzutasten, um herauszufinden, worauf es in dieser keineswegs einfachen Frage letzten Endes ankommt.

Dabei müssen wir uns noch einmal in Erinnerung rufen, dass wegen der Gültigkeit des 2. Hauptsatzes die Herstellung von Ordnungszuständen innerhalb eines bestimmten Teilsystems notwendigerweise mit einer Zunahme von

"Unordnung" in den umliegenden Systemen verbunden ist. Diese Tatsache bedingt, dass die Herstellung von geordneten, technisch kontrollierten Zuständen, zum Beispiel in der Wirtschaft, notwendigerweise Unordnung und damit eine Entropiezunahme in den umliegenden Teilsystemen, zum Beispiel in der Umwelt, zur Folge haben muss. Dies aber heisst nichts anderes, als dass das Wirtschaftswachstum als strukturierender Vorgang die Umwelt im Sinne der Schaffung von "Unordnung" (Entropiezunahme) eben doch belastet.

Genau an diesem Punkt der Argumentation ist es wichtig, aufzuzeigen, dass dieser Vorgang nicht notwendigerweise zu einer Umweltzerstörung führen muss. Wenn es gelingt, die Stoffströme insgesamt so zu beherrschen, dass eine Dissipation in umliegende Teilsysteme der Umwelt nicht stattfindet – (beispielsweise durch die Vermeidung solcher Dissipationen oder durch Einrichtung von nichtdissipierenden Senken), dann entsteht als Folge eines solchen Vorgangs zwar ebenfalls "Unordnung" in den umliegenden Systemen: Sie würde sich jedoch – durchaus im Einklang mit dem 2. Hauptsatz – lediglich in der Abwärme manifestieren, die am Ende der Nutzungskette von hochwertiger Energie zu niederwertiger Energie übrig bleibt. Noch sind wir von einem so organisierten Wirtschaftsprozess weit entfernt. Aber möglich ist er. Wir brauchen dazu: *mehr Energie*, *mehr Wissen* und *mehr Kapital*.

Wie wir dargelegt haben, darf diese Abwärme nicht mit dem Treibhauseffekt verwechselt werden. Der Treibhauseffekt wird bekanntlich durch eine Veränderung in der Zusammensetzung der Atmosphäre, insbesondere infolge einer Anreicherung mit CO_2, verursacht und geht auf andere physikalische Eigenschaften zurück. Der Energieverbrauch im Sinne der Leistungsinanspruchnahme geht von der Nutzung höherer Energiedichten in Richtung niederwertiger Energien und endet letztlich in nicht mehr nutzbarer Abwärme. Die Relation zwischen der in Watt ausdrückbaren Leistungsinanspruchnahme und der abwärmebedingten Erhöhung der Temperatur beträgt etwa 3000 Terawatt zu 1 °C (siehe Berechnung im Anhang 2.c). Gegenwärtig verbrauchen wir aber nur 12 Terawatt pro Jahr, d.h. wir haben physikalisch die Möglichkeit, unsere Stoff- und Energieströme der Wirtschaft so zu regeln, dass bei einem nur mässigen oder sogar auch konstanten Energieverbrauch durch entsprechende organisatorische und technische Massnahmen wirtschaftliches Wachstum ohne Umweltzerstörung möglich bleibt. Eine abwärmebedingte Zunahme der Temperatur um 1 °C würde erst bei einer Zunahme des heutigen Weltenergieverbrauchs um das 250fache (!) eintreten – eine Entwicklung, die kaum zu erwarten ist. Daraus folgt, dass das Wirtschaftswachstum nicht durch die unbestrittene Gültigkeit des 2. Hauptsatzes begrenzt wird, sondern in erster Linie durch unsere Fähigkeit, die Stoffströme umweltneutral zu handhaben.

An dieser Stelle müssen wir uns noch einmal vor Augen führen, dass die von den Stoffströmen ausgehenden Auswirkungen auf die Umwelt heute eine Grössenordnung erreicht haben, die in manchen, wenn auch nicht allen Bereichen den natürlichen Stoffströmen im globalen Naturhaushalt quantitativ nahekommen oder sie sogar übertreffen. Wir haben die entsprechenden Grössenordnungen im ersten Kapitel dieses Buches dargelegt. Die Aufgabe, die nun vor uns liegt, besteht darin, jene Umweltauswirkungen, die sich infolge der vom Menschen ausgelösten Stoffströme auf seine eigenen Lebensbedingungen negativ auswirken, zu vermeiden.

In diesem Zusammenhang wird oft von der Herstellung eines Fliessgleichgewichts gesprochen. Dieser aus der Naturwissenschaft stammende Begriff bietet zwar eine gewisse Annäherung an die Problematik, erfasst sie jedoch nicht ganz. Wenn zum Beispiel ein bestimmter chemischer Stoff zur Zunahme eines Substrats beiträgt, während ein anderer Stoff dasselbe Substrat mit gleicher Rate abbaut, so dass die ursprüngliche Menge des Substrats unverändert bleibt, spricht man in der Chemie oder in der Physik von einem Fliessgleichgewicht. Die Gesamtmenge des Substrats bleibt konstant, auch wenn die Moleküle dieses Substrats nicht identisch geblieben sind. Im stationären Fall des Wirtschaftswachstums verhält es sich ähnlich, denn dort findet eine Nettokapitalbildung nicht statt: Durch die jeweiligen Reinvestitionen werden nur die verbrauchten Teile des Kapitalstocks ersetzt. Ähnlich wie das Substrat verändert sich auch der Kapitalstock nicht in seiner Gesamtmenge, aber die Elemente, aus welchen er sich zusammensetzt, verändern sich laufend. Das wichtigste und anschaulichste Beispiel für ein Fliessgleichgewicht ist die Sonneneinstrahlung und -abstrahlung des Planeten *Erde*. Mit Ausnahme des durch die Photosynthese gebundenen Teils der eingestrahlten Energie wird von der Erde genausoviel abgestrahlt wie empfangen. Nur ist die Abstrahlung gegenüber der empfangenen Einstrahlung weniger dicht, d.h. sie stellt "niederwertige" Energie dar (vgl. dazu die Ausführungen im Kapitel I). Man sieht gleich, dass es sich auch hier immer um *offene* Systeme handelt. Fliessgleichgewichte sind also nur in offenen Systemen möglich, die mit der Umwelt in einem Stoff- und Energieaustausch stehen.

Auf der Stufe lebender Systeme ist das Problem der Erhaltung des Fliessgleichgewichts wesentlich komplizierter. Es geht da insbesondere um die Fähigkeit des Organismus, jene Stoffkonzentrationen zu nutzen, beziehungsweise herzustellen, die für den lebenserhaltenden Stoffwechsel eben dieses Organismus erforderlich sind. Durch die Abgabe von Stoffen an die Umwelt dürfen dann keine Reaktionen ausgelöst werden, die das Leben dieses Organismus selbst gefährden. Das geschieht aber immer wieder, wie zahlreiche Beispiele aus der Geschichte der Ökologie belegen.

Auf der gesellschaftlichen Ebene der Wirtschaftssysteme verhält es sich ähnlich, wenn auch die Herstellung und Bewahrung eines Fliessgleichgewichts da noch um einiges schwieriger ist, weil wir in einem solchen System – wie in jedem gesellschaftlichen System – mitwirkende, auf die Bedingungen dieses Systems mit ihrem Bewusstsein reagierende Akteure haben. *Lester Brown* und *Pamela Shaw* (1982) sprechen in diesem Zusammenhang nicht von einem Fliessgleichgewicht, sondern von einer *"sustainable society"*. Eine solche Gesellschaft besteht aus vielen miteinander gekoppelten Fliessgleichgewichten *und* Ungleichgewichten. Sie muss die Fähigkeit zur Autopoese haben, d.h. sie muss ihre Struktur wandeln können, um zwischen der Umwelt und sich selbst ein die eigene Existenz ermöglichendes Fliessgleichgewicht aufrechtzuerhalten. Die Existenz eines *einzelnen* Fliessgleichgewichts bedeutet also auf der Makroebene der Gesellschaft beziehungsweise der Volkswirtschaft noch keineswegs eine umweltkonsistente Verstetigung im Sinne der *"sustainable society"*.

Drei Stufen zu einem solchen System sind denkbar: Auf der *ersten* Stufe bestehen vorgegebene, nicht überschreitbare Grenzen des Wachstums: Das Wachstum bewegt sich bis zu einem bestimmten Niveau und hat sich dann an dieses Niveau anzupassen. Die *zweite* Stufe besteht darin, sich innerhalb dieser Grenze besser einzurichten, indem man zunächst das verlorengegangene Terrain wieder aufarbeitet, d.h. die Altlasten beseitigt und darüber hinaus nicht-dissipierende Konsum- und Produktionsmuster entwickelt. Die *dritte*, eigentlich komplizierteste, aber auch zugleich interessanteste Stufe des Verhältnisses zwischen Umwelt und Ökologie, besteht darin, ein evolutives Gleichgewicht zwischen Wissen, Technik und dem Management von Stoffströmen herzustellen. Erst auf dieser dritten Stufe erschliesst sich die Möglichkeit einer Transformation der Grenzen des Wachstums zum Wachstum der Grenzen: Ein solches Wachstum der Grenzen schliesst die Entfaltung des Menschen als zentrales Element ein.

Wir sehen also, dass die Frage, ob und inwieweit ein umweltverträgliches Wirtschaftswachstum möglich ist und wo seine Grenzen liegen, keinesfalls einfach zu beantworten ist. Es liegt deshalb nahe, dieses Problem zunächst heuristisch anzugehen und gewisse Schritte oder Stufen der Konkretisierung dieser allgemein und abstrakt gehaltenen Überlegungen vorzunehmen.

2. Stufen der Konkretisierung

In der Umweltökonomie wird häufig von der Internalisierung externer Effekte gesprochen. Damit sind im Sinne des Verursacherprinzips jene Effekte gemeint, deren Externalisierung dem Verursacher Vorteile verschafft, die jedoch für die Umwelt und damit auch für den Menschen nachteilige Folgen haben und deshalb behoben werden müssen. Die dadurch entstehenden Kosten müssen dem Verursacher, der sie zunächst auf die Allgemeinheit abgewälzt und damit externalisiert hat, angelastet werden. Um einer Abwälzung generell entgegenzuwirken, müssen im Hinblick auf den Verursacher Massnahmen getroffen werden, die ihn von vornherein daran hindern, umweltbelastende Effekte auf die Allgemeinheit abzuwälzen und für entstandene Schäden aufzukommen. Man darf generell annehmen, dass durch die Internalisierung externalisierter Kosten nicht nur den Betroffenen Gerechtigkeit widerfährt, sondern auch der Umwelt ein Dienst erwiesen wird, weil die Vermeidungskosten in der Regel niedriger sind als die Behebungskosten und die Verursacher deshalb letztlich dazu neigen werden, Schäden dieser Art gar nicht erst entstehen zu lassen, sondern durch entsprechende Vermeidungsmassnahmen dafür zu sorgen, dass ihnen nicht nachträglich Schadensersatzforderungen ins Haus flattern, die viel höher sind als die Vermeidungskosten.

Der Leser wird bemerkt haben, dass hier von "Verursachern" und nicht von "Unternehmen" die Rede ist. Verursacher sind in gewissem Sinn wir alle – oft in Doppelfunktion – als Produzenten, als Konsumenten, als Sportler usw.. Auch der Staat verursacht Umweltschäden. Das Verursacherprinzip hat also eine generelle Gültigkeit. Daraus ergeben sich aber auch Probleme. Einige davon werden wir in Kapitel V.1 bei der Behandlung der ökonomischen Grundlagen der Umweltpolitik benennen.

An dieser Stelle kommt es uns zunächst darauf an, darzulegen, dass die Bemessung dessen, was in der Umweltökonomie auch als "Schadensfunktion" bezeichnet wird, möglichst konkret sein sollte, denn es gilt, die Entstehungs- und Ausbreitungsmechanismen solcher Schäden im Kontext der Umwelt und ihrer Segmente möglichst genau zu erfassen.

Auf einer ersten, einfachsten Stufe der Abstraktion lässt sich die weiter oben dargelegte These, dass Wirtschaftswachstum auch zur Umweltentlastung führen kann, in einer Skizze (Abbildung 53) darstellen. Umwelt*be*lastung wäre dann gleich der Umwelt*ent*lastung. Dies ist jedoch viel zu abstrakt. In Abbildung 54 wird dieser Tatbestand konkretisiert, indem das Energiesystem als zentrales Element in den Prozess der Entsorgung einbezogen wird. In der Tat bedarf es zur Vermeidung von unerwünschten Dissipationen wie auch zu ihrer Behebung (zur Einrichtung nicht-dissipierender Senken) eines zu-

Abbildung 53: Wirtschaftswachstum, Umweltbe- und -entlastung

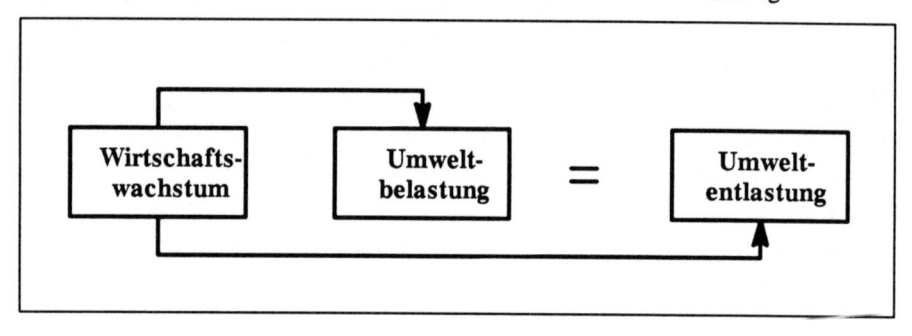

```
┌─────────────────────────────────────────────────────────────┐
│   ┌──────────────┐      ┌──────────┐         ┌──────────┐   │
│   │ Wirtschafts- │ ───▶ │ Umwelt-  │   =     │ Umwelt-  │   │
│   │  wachstum    │      │belastung │         │entlastung│   │
│   └──────────────┘      └──────────┘         └──────────┘   │
│          └──────────────────────────────────────▲           │
└─────────────────────────────────────────────────────────────┘
```

sätzlichen Energieaufwands. Nun kann sowohl die Bereitstellung als auch die Nutzung von Energie ihrerseits mit unerwünschten Dissipationen verbunden sein. Dadurch wird das Problem komplizierter. Viele sagen, dass der Einsatz von zusätzlicher Energie zwecks Behebung von Umweltschäden darauf hinauslaufe, den Teufel durch den Belzebub auszutreiben. Dass dies jedoch nicht stimmt, haben wir im vorangehenden Kapitel dargelegt.

In Abbildung 54 ist der erste grundlegende Schritt zur Herstellung eines umweltverträglichen Wirtschaftssystems dargestellt. Daraus wird die zentrale Rolle des Energiesystems deutlich: In einer umweltverträglichen Wirtschaft bedarf es der Energie nicht nur zur Erstellung von Produktion, sondern auch zur umweltgerechten Aufarbeitung der Ausgangsstoffe und zur Entsorgung der Produkte nach ihrem Gebrauch.

Abbildung 54: Produktion, Energie und Umwelt

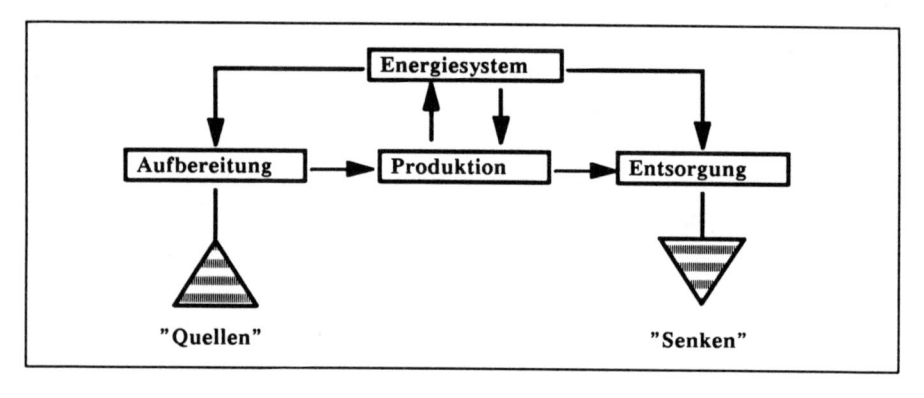

```
┌──────────────────────────────────────────────────────────┐
│                    ┌─────────────┐                       │
│         ┌──────────│ Energiesystem│──────────┐           │
│         │          └─────────────┘           │           │
│         ▼              ▲     ▼               ▼           │
│   ┌───────────┐    ┌──────────┐       ┌───────────┐      │
│   │Aufbereitung│──▶│Produktion│─────▶│ Entsorgung │      │
│   └───────────┘    └──────────┘       └───────────┘      │
│         ▽                                    ▽           │
│      "Quellen"                            "Senken"       │
└──────────────────────────────────────────────────────────┘
```

Auf der Grundlage dieser Überlegung können wir noch einen weiteren Schritt zur Konkretisierung tun (vgl. Abbildung 55).

Abbildung 55: Energie, Rohstoffe und Abfall

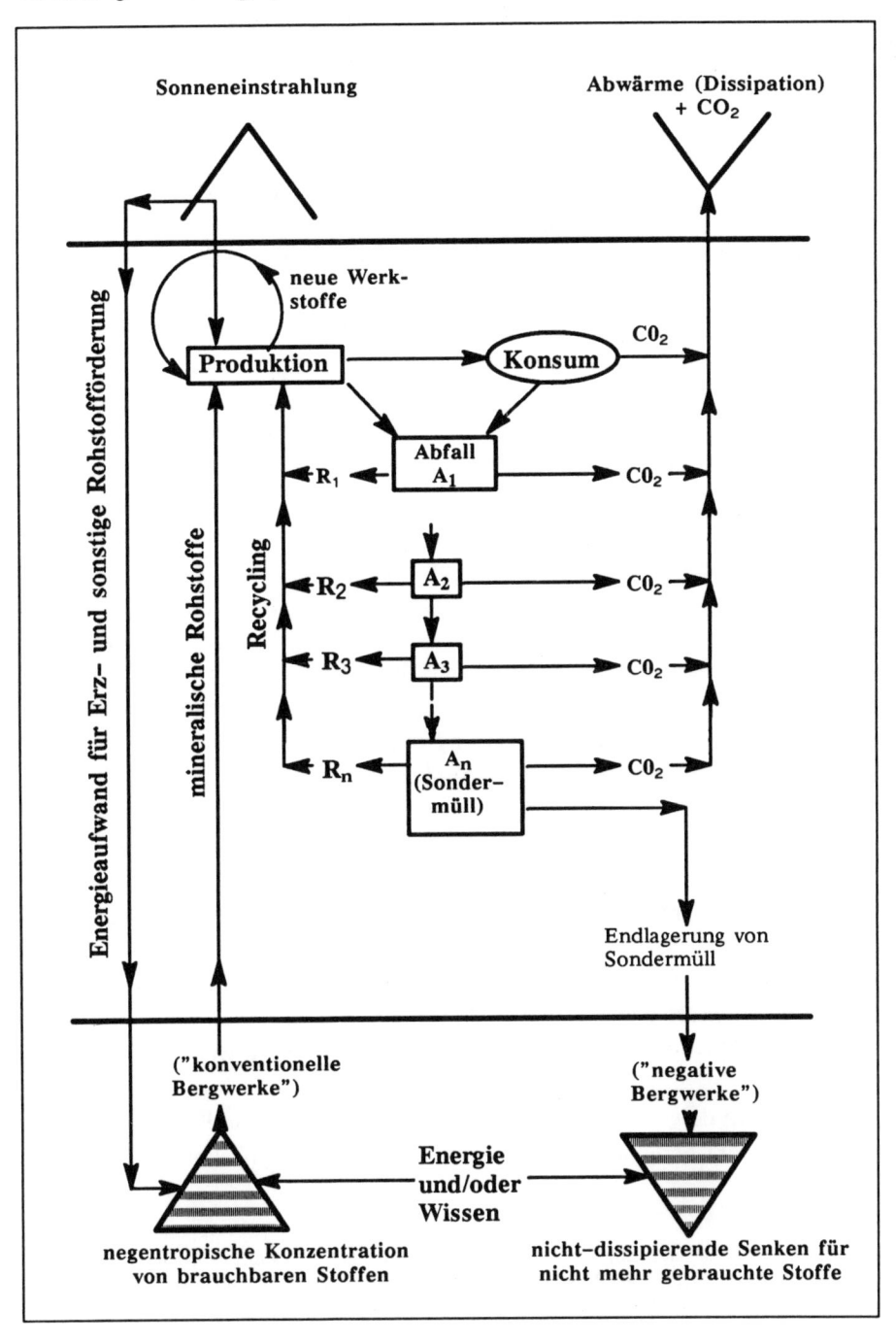

Darin wird angedeutet, wie aus der Förderung von "brauchbarem Material" zunächst die in einer bestimmten Konzentration auftretenden Stoffe gewonnen und der Produktion zugeführt werden. Dies geschah und geschieht im Bergbau. Am Anfang einer solchen Nutzung standen Erzbergwerke. Zur Förderung von Erzen, Mineralien usw. ist auch dann Energie erforderlich, wenn die gesuchten Stoffe in hoher Konzentration vorkommen. Im Produktionsprozess entstehen neue Werkstoffe und Produkte, die schliesslich als Investitions- und Konsumgüter Verwendung finden. Auch dafür benötigen wir Energie. Sowohl bei der Produktion als auch beim Konsum entstehen Abfälle. Das sind Stoffe, die, bezogen auf die jeweiligen Bedürfnisse des Systems "Produktion" und "Konsum", zur falschen Zeit am falschen Ort und in der falschen Konzentration "anfallen". Früher, als Produktion und Konsum noch nicht solche Ausmasse hatten wie heute, der Materialdurchsatz also noch gering war, liess man diese Stoffe im wahrsten Sinne des Wortes "fallen". Das Wort "Abfall" charakterisiert also treffend die Situation. Was "Abfall" für *ein* System ist, kann aber durchaus brauchbarer Aufbaustoff für ein *anderes* System sein. So sind – um nur ein Beispiel zu nennen – die bei einem Streik der Müllabfuhr in Grossstädten sehr schnell anwachsenden Abfallberge für die Gesundheit des Menschen eine reale Gefahr. Für das "System *Ratte*" sind diese Abfälle hingegen eine durchaus willkommene Bereicherung des Lebensraumes.

Heute werden immer größere Teile des Abfalls durch *Recycling* wieder der Produktion zugeführt. Übrig bleibt der nicht mehr weiter verwendbare Abfall in Form von Sondermüll. Dafür gibt es zwei Lösungen. Eine davon, die Endlagerung in nicht-dissipierende Senken, ist in Abbildung 55 angedeutet. Die andere Lösung besteht in der Verbrennung. Sie bewirkt eine Zerlegung der grossmolekularen Stoffe (Plastik, Kunstharze, Klebemittel usw.) in die Ausgangsprodukte der anorganischen Chemie, die dann ihrerseits entweder der Produktion zugeführt oder in nicht-dissipierende Senken eingelagert werden. Die dabei entstehenden Schadstoffe können so besser unter Kontrolle gebracht werden. Bei Verbrennungstemperaturen zwischen 1 200 und 1 600 °C ist der Energieaufwand für diese Art von Entsorgung hoch und kommt nur dort in Frage, wo es darum geht, problematische Stoffe wie Dioxin "aufzuknacken".[33]

Geht man davon aus, dass alle Kategorien von potentiellen Schadstoffen entweder direkt endgelagert oder durch Verbrennung in elementare Grund-

---

33. In den USA werden nur 1 % der Abfälle verbrannt. 67 % werden in Deponien "versorgt", 22 % gehen über Abwässer oder direkt in Flüsse, 10 % werden in der Industrie teils in Hochtemperaturöfen, teils mittels chemischer Verfahren, beseitigt, und 1 % wird biologisch abgebaut (*Postel* 1987).

stoffe zerlegt werden können, entsteht bei der heutigen Technik immer noch Kohlendioxid, das in die Atmosphäre entweicht. Der Hauptgrund dafür ist auf die Tatsache zurückzuführen, dass die Verbrennungsanlagen vorwiegend mit fossilen Energieträgern betrieben werden. Im Idealfall müsste man den Sondermüll in elektrischen Öfen (in speziellen Fällen sogar in Lichtbogenöfen) verbrennen, deren Elektrizität durch CO_2-freie Energieträger – mit Wasserkraft oder mit Kern- beziehungsweise Solarenergie – erzeugt wird.

Das in Abbildung 55 dargestellte Schema zeigt also nur den mit heutiger Technik möglichen Entsorgungsmodus. Eine vollständige Schliessung der Massenströme findet noch nicht statt. Dies wäre erst dann der Fall, wenn man auch das entstehende CO_2 zurückhalten könnte. Dafür gibt es, wie wir in Kapitel V.4 sehen werden, technische Lösungen. Ihre Weiterentwicklung und Anwendung wird mit zunehmender Aktualität des CO_2-Problems immer dringender. Es besteht kein Zweifel daran, dass wir in den kommenden Jahren in erster Linie solche Energiesysteme entwickeln müssen, die, obwohl immer noch weitgehend auf dem Einsatz fossiler Energieträger beruhend, stark oder gar auf Null reduzierte CO_2-Emissionen aufweisen.

Noch einmal sei unterstrichen, dass es völlig emissionsfreie, von der Aussenwelt vollständig isolierte Systeme nicht geben kann. Im Idealfall entsteht, wie bereits ausgeführt, Abwärme.

3. Emissionen und Dissipationen

Die von einem System ausgehenden Stoff- und Energieemissionen können in bezug auf die eigene Emissionsdichte grundsätzlich drei Relationen aufweisen: Erstens kann die Abgabe von Stoffen gegenüber der Quelle eine Verdünnung aufweisen. Das bei der Verbrennung fossiler Energieträger entstehende Kohlendioxid diffundiert in die Atmosphäre, erfährt also gegenüber der Quelle eine Verdünnung. Zweitens kann es aber auch zu einer Konzentration der von aussen aufgenommenen Stoffe im emittierenden System kommen. Verschiedene biologische Systeme akkumulieren in sich die in verdünnter Form in der Aussenwelt vorhandenen Stoffe und geben sie in konzentrierter Form an die Aussenwelt wieder ab. Dabei sind oft komplizierte chemische und physikalische Prozesse im Spiel, wie zum Beispiel beim Laserlicht emittierenden System oder bei Pflanzen beziehungsweise Pilzen, deren Stoffe in der von ihnen vollzogenen Konzentration für den Menschen giftig sind. Drittens schliesslich ist eine konzentrationsneutrale beziehungsweise konstante Abgabe von Stoffströmen des emittierenden Systems an die Umwelt denkbar: Ist das Konzentrationsmuster der vom System aufgenommenen Stoffe gleich dem Konzentrationsvektor der emittierten Stoffe, bleibt die Konzentrationsstruktur der gesamten Stoffströme zwischen Aussen(um)welt und System konstant; es besteht also ein Fliessgleichgewicht.

Generell nimmt jedes System – sei es ein Organismus oder ein Wirtschaftssystem – aus dem in der Umwelt vorhandenen "*Mix*" von konzentrierten *und* dissipierten Stoffen eine für geeignet gehaltene *Teilmenge* heraus (Umweltzustand Z_1) und transformiert sie in jenen "*Mix*", der für die Aufrechterhaltung der eigenen Existenzbedingungen erforderlich ist. Nach erfolgtem Stoffdurchsatz gibt das System seinerseits einen bestimmten "*Mix*" (Vektor) von teils konzentrierten und teils dissipierten Stoffen an die Umwelt ab. Es ist möglich, jedoch keineswegs sicher, dass dieses neue Verhältnis von konzentrierten zu dissipierten Stoffen im Zustand Z_2 des Umweltsystems schädliche Rückwirkungen auf das verursachende System "*Mensch–Technik*" hat. Abbildung 56 deutet diesen Zusammenhang an.

Abbildung 56: Wirkung des Systems "*Mensch–Technik*" auf die Umwelt

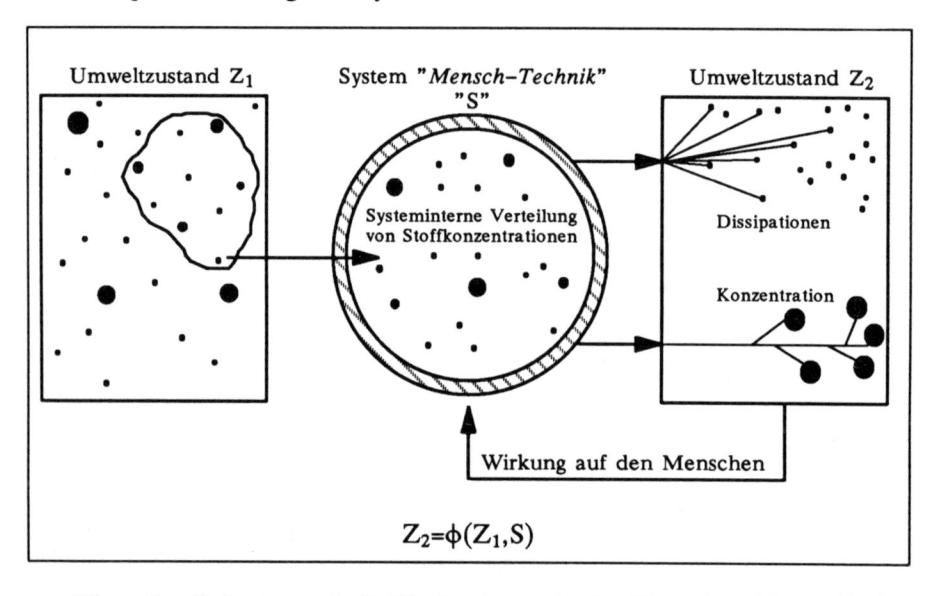

Einer der Gründe, weshalb Dissipationen in der Umweltproblematik eine grössere Rolle spielen als Konzentrationen, liegt darin, dass der Umgang mit konzentrierten Stoffen einfacher und kontrollierbarer ist. Ob und wie sich dissipierte Stoffe durch physikalische Prozesse in den einzelnen Sphären (Lithosphäre, Hydrosphäre und Atmosphäre) ohne Zutun des Menschen akkumulieren und von zunächst unentdeckten "*Depots*" aus auf lebenswichtige Prozesse des ursprünglich verursachenden Systems zurückwirken können, ist wesentlich schwieriger festzustellen und zu kontrollieren, als dies bei konzentrierten, lagerfähigen Stoffen, wie bei der Endlagerung radioaktiver Abfälle, der Fall ist. Deshalb wird heute beispielsweise auf die Zugabe von Fluor ins Trinkwasser verzichtet. Bekanntlich erfolgte dies seinerzeit in einigen Städten – so zum Beispiel in Basel –, um vor allem bei Kindern eine Härtung des Zahnschmelzes und damit eine grössere Resistenz gegenüber Kariesbefall zu erreichen. Da jedoch nur ein verschwindend kleiner Teil des Wassers für Trinkzwecke verwendet wird, ist es wenig zweckmässig, diese "Verteilungsmethode" zu wählen, weil man nicht weiss, ob auf dem Weg über die Bewässerung Fluor in die Nahrungskette gelangt und irgendwo toxische Konzentrationen erreicht werden. Ähnliches gilt für die nach dem Krieg vorgenommene Verteilung von *DDT*. Hier muss allerdings gesagt werden, dass durch *DDT* Tausende von Menschen vor Infektionen geschützt wurden, während man bis heute keinerlei nachteilige Spätfolgen für den Menschen feststellen konnte. Demgegenüber wurde festgestellt, dass *DDT* offenbar eine hemmende Wirkung auf die Bildung von Eierschalen bei gewissen Raubvögeln hat.

Komplizierter ist die Dissipation von Plutonium. Dazu hat die *GSF* mbH, München vor kurzem eine sehr instruktive Studie herausgegeben, der wir die Graphik in Abbildung 57 entnehmen:[34]

Abbildung 57: Deposition von Plutonium

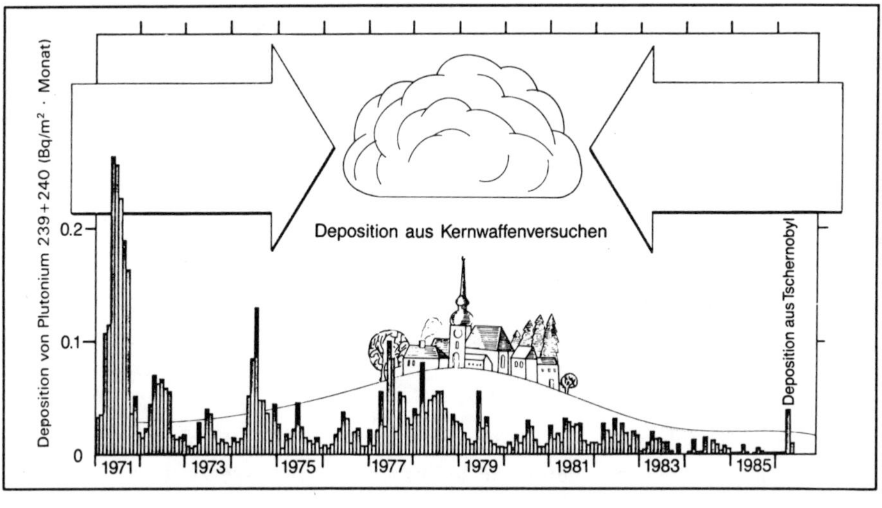

Quelle: *GSF* (1989: 16)

Auf welchen Wegen das in die Atmosphäre freigesetzte Plutonium durch Prozesse, die in der Biosphäre ablaufen, über Trinkwasser, Nahrung und Atmung zum Menschen gelangen kann, wird in Abbildung 58 dargestellt.

Glücklicherweise sind die durch Kernwaffenversuche verursachten Depositionen von Plutonium 239 und 240 weltweit sehr gering. Gemäss Angaben der *GSF* betrugen die Aktivitäten von Plutonium 239 und 240 am Sitz der

Gesellschaft (Neuherberg bei München) zwischen 1976 und 1981 in bodennaher Luft 0,4 Mikrobecquerel je Kubikmeter, im Niederschlag 0,35 Millibecquerel je Liter und im Ackerboden 200 Millibecquerel je Kilogramm (*GSF* 1989: 17). Zum Vergleich sei darauf hingewiesen, dass in der Bundesrepublik Deutschland, zum Beispiel für Trinkmilch eine Aktivität von 3700 Bq pro Liter zugelassen ist.

Abbildung 58: Inkorporation von Plutonium

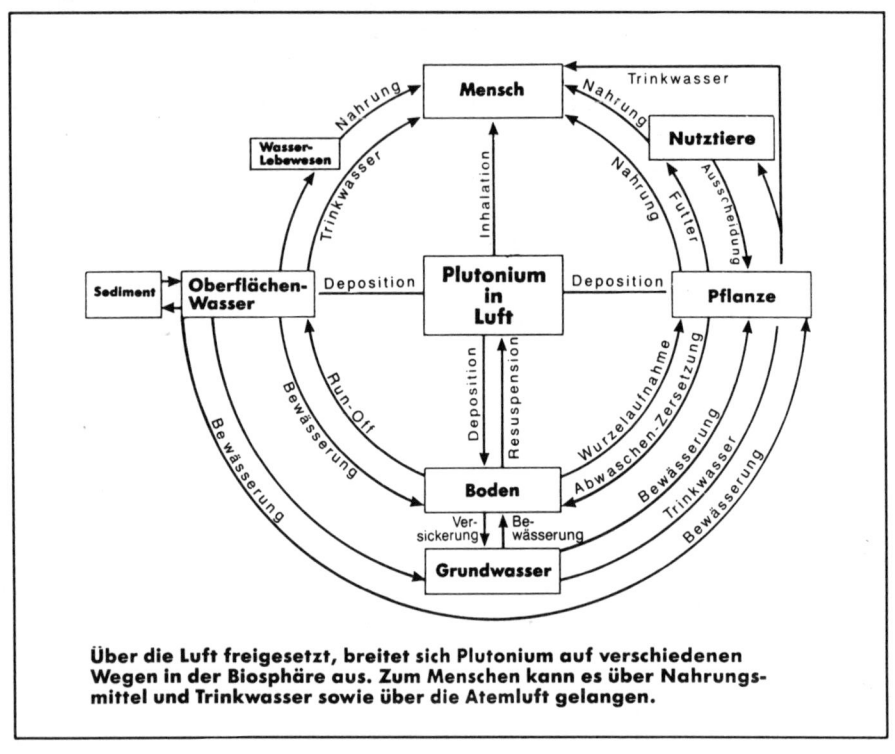

Über die Luft freigesetzt, breitet sich Plutonium auf verschiedenen Wegen in der Biosphäre aus. Zum Menschen kann es über Nahrungsmittel und Trinkwasser sowie über die Atemluft gelangen.

Quelle: GSF (1989: 16)

Es ist also gelungen, die weitere Dissipation von Plutonium zu stoppen. Darüber hinaus bestehen heute die technischen Voraussetzungen dafür, das

---

34. "... Insgesamt sind seit dem ersten Kernwaffentest der USA im Juli 1945 in der Wüste von New Mexico bis zum derzeit letzten Test, dem der Volksrepublik China im Oktober 1980 in Lop Nor, 423 oberirdische Kernwaffenexplosionen bekannt geworden" (*GSF* 1989: 16). Dadurch wurden weltweit etwa 3 Tonnen Plutonium 239 freigesetzt. Hinzu kommt noch Reaktorplutonium, so dass die Gesamtmenge des weltweit dissipierten Plutoniums etwa 4 Tonnen beträgt. Durch das internationale Abkommen über das Verbot von oberirdischen Kernwaffentests konnte ein grosser Teil dieses unerwünschten Dissipationsvorgangs gestoppt werden.

heute vorhandene Plutoniuminventar in Schnellen Brütern in die üblichen Fissionsfragmente umzuwandeln.

Viel schwieriger ist es der ebenfalls weltweiten Dissipation von CO_2 und anderen Gasen in die Atmosphäre Einhalt zu gebieten. Wir werden dazu in Kapitel V.4 Näheres ausführen.

Die durch stoffliche Belastungen verursachten Umweltprobleme müssen in den Kontext der gesamten Umweltbelastungen sowie der wichtigsten Umweltstraten gestellt werden. *Altschuh* und *Levi* (1989) haben dafür ein anschauliches und auch übersichtliches Schema vorgeschlagen (siehe Abbildung 59):

Abbildung 59: Systematik der Umweltprobleme

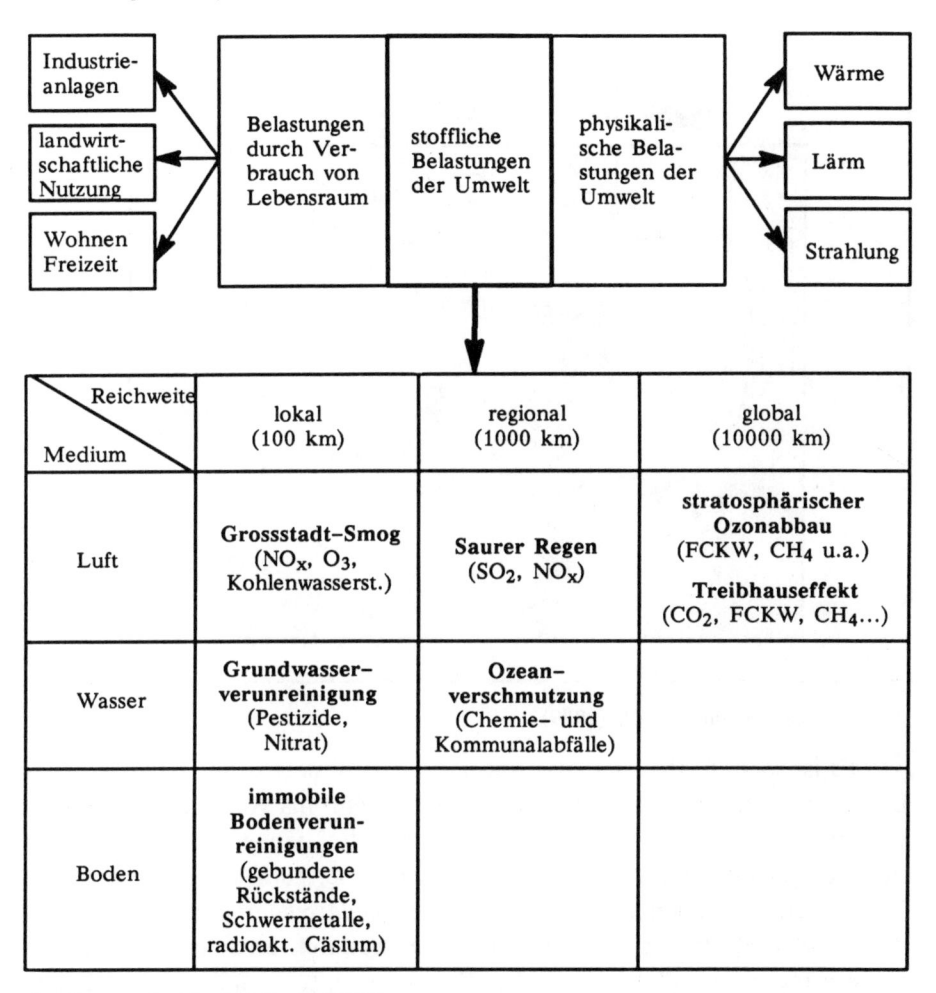

Medium \ Reichweite	lokal (100 km)	regional (1000 km)	global (10000 km)
Luft	Grossstadt-Smog (NO_x, O_3, Kohlenwasserst.)	Saurer Regen (SO_2, NO_x)	stratosphärischer Ozonabbau (FCKW, CH_4 u.a.) Treibhauseffekt (CO_2, FCKW, CH_4...)
Wasser	Grundwasserverunreinigung (Pestizide, Nitrat)	Ozeanverschmutzung (Chemie- und Kommunalabfälle)	
Boden	immobile Bodenverunreinigungen (gebundene Rückstände, Schwermetalle, radioakt. Cäsium)		

Quelle: nach *Altschuh/Levy* (1989)

Abbildung 60: Ökofluxe des reaktiven Stickstoffs in den Kompartimenten eines terrestrischen Umweltsystems

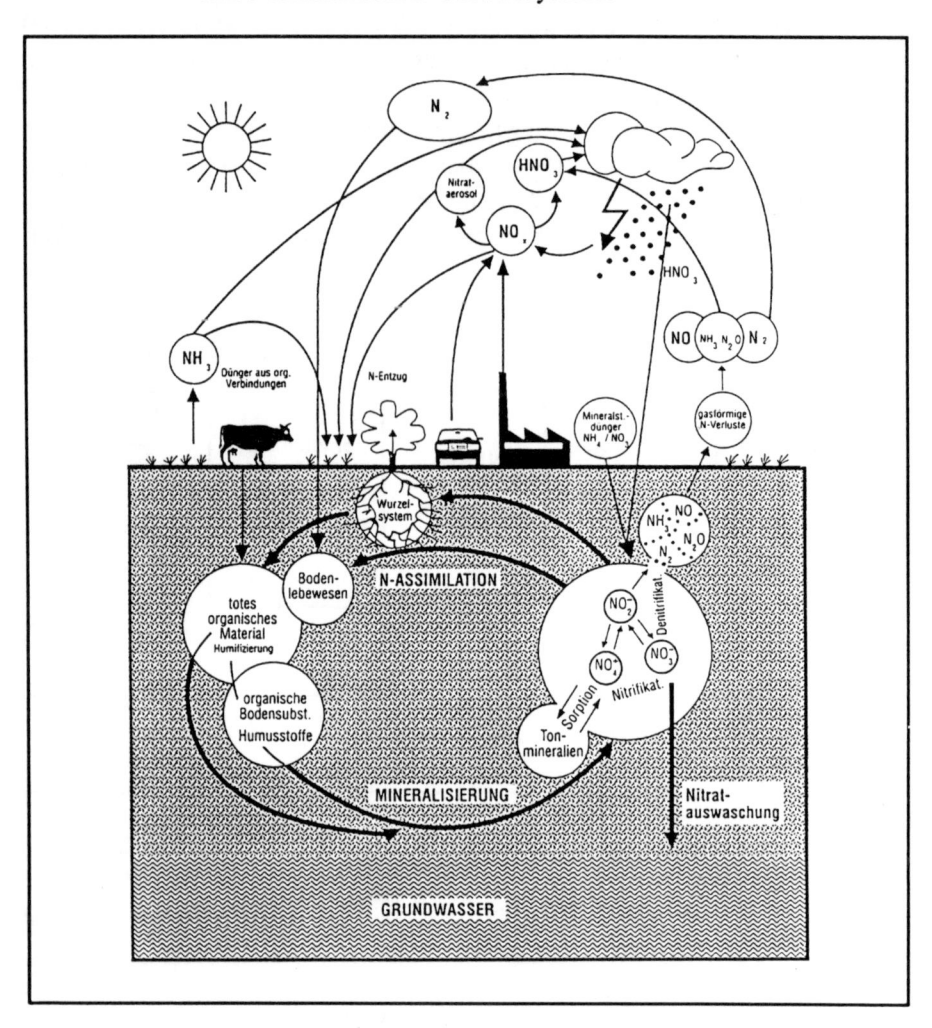

Quelle: nach *Höhlein et al.* (1989)

Es ist wichtig, sich stets vor Augen zu halten, dass es in der Regel nicht bei einer einfachen Primäremission eines Stoffstroms von einem System in ein anderes bleibt, sondern dass zwischen den drei genannten Sphären nicht nur Stoffverfrachtungen, sondern auch chemische, zumeist photochemische Reaktionen stattfinden, aus welchen dann *Sekundärschadstoffe*, wie Ozon, Aldehyde, Stickstoffoxide usw. entstehen. Die Reaktion von Schwefeldioxid unter Mitwirkung von photochemischer Oxidation zu schwefeliger Säure lenkte im Zusammenhang mit dem Waldsterben besondere Aufmerksamkeit auf sich (vgl. u.a. *Höhlein et al.* (1989) sowie *Riemer et al.* (1986). Zur Veranschaulichung eines Typs von Reaktionen sind in Abbildung 60 (S. 202) die Ökofluxe des reaktiven Stickstoffs dargestellt.

Wir werden uns im folgenden auf *einen* Teilaspekt der Emissionen – die in die Atmosphäre emittierten Stoffströme – beschränken. In bezug auf die beiden anderen stofftransportierenden Sphären, die Lithosphäre (Boden) sowie die Hydrosphäre (Wasser), sei auf die einschlägige Literatur (z. B. Stumm 1985, 1988) und die darin vermerkten Quellen verwiesen.

4. Veränderung der Atmosphäre: physikalische Aspekte und politische Implikationen

Es besteht kein Zweifel daran, dass das Problem der Veränderung der Atmosphäre und der sich daraus ergebenden Folgen im Rahmen eines solchen Buches nicht ausgeklammert werden darf. Mehr als bei allen anderen Kapiteln besteht das Dilemma hier jedoch darin, dass der im Rahmen einer solchen Gesamtübersicht zur Verfügung stehende Platz für eine vollständige Darlegung der Gesamtproblematik nicht ausreicht. Andererseits sollen hier nicht oberflächliche Pauschalurteile und Behauptungen wiedergegeben werden, die sich heute in jeder Zeitung finden und mit denen wir in zunehmendem Mass besonders durch die Medien überschwemmt werden. Das gängige Muster ist das des Katastrophenszenarium: Die Menschheit treibt wegen der durch die Emissionen von CO_2 und anderen Treibhausgasen verursachten globalen Erwärmung einer Klimakatastrophe entgegen. Wenn nichts getan wird, wenn insbesondere die reichen Länder der Welt sich nicht einschränken, dann wird der Meeresspiegel um viele Meter ansteigen (die Anstiegszahlen variieren zwischen 1,5 und einigen Dutzend Metern), Milliarden von Menschen werden ihre Lebensgrundlagen verlieren, und ein Massensterben sowie globale Migrationen werden die Begleiterscheinungen dieser Weltklimakatastrophe sein. Wer kennt nicht diese in der öffentlichen Perzeption bereits zur Gewissheit gewordene Zukunftsvision?

Das Ziel der folgenden Ausführungen besteht darin, eine Übersicht über den gegenwärtigen Wissensstand zu vermitteln und aufzuzeigen, was heute als gesichert gelten darf und wo noch Unsicherheiten bestehen. Für jene Leser, die sich mit einzelnen Aspekten dieser komplizierten Problematik beschäftigen möchten, ist dem allgemeinen Teil der Bibliographie ein spezieller Literaturteil angefügt, in welcher sich eine Auswahl von Publikationen zur CO_2- und zur Klimaproblematik findet. Darüber hinaus sei dem interessierten Leser die Lektüre von Kapitel 4 des von *Häfele* (1990) herausgegebenen Buches *"Energiesysteme im Übergang"* empfohlen. Ausserdem sei auf die Übersichtsbeiträge der *Deutschen Meteorologischen Gesellschaft* und der *Deutschen Physikalischen Gesellschaft* (1987), der *Schweizerischen Physikalischen Gesellschaft* (*Gassmann/Weber* 1989), ferner auf die Artikel von *Sassin/Jäger* (1988) und *Oeschger* (1986) sowie auf den ebenfalls sehr guten Übersichtsartikel von *Krafft* (1989) hingewiesen.

Im Bestreben, eine möglichst objektive, vollständige und den heutigen Wissensstand korrekt wiedergebende Darstellung zu präsentieren, wollen wir wie folgt vorgehen: Zunächst kommt ein kurzer Hinweis darauf, wann und wie man die Veränderungen der Atmosphäre als ein Umweltproblem zu erkennen begann. Sodann wollen wir uns nochmals die wichtigsten Komponenten des Systems *Erde–Atmosphäre* sowie die jetzige Zusammensetzung der Atmosphäre in Erinnerung rufen und auflisten, welche Stoffströme in die Atmosphäre gehen und welchen Anteil der Mensch an diesen Strömen hat. Daran anschliessend werden wir uns im Sinne einer Einschränkung der Problematik auf jene zwei Treibhausgase konzentrieren, die unter Berücksichtigung des spezifischen Treibhauspotentials, der Verweilzeit in der Atmosphäre und Biosphäre sowie des Konzentrationsanstiegs den grössten Anteil am Treibhauseffekt haben: das CO_2 und das Methan (CH_4). Die nächste Frage gilt den mutmasslichen Folgen, insbesondere der Temperaturerhöhung und ihren Auswirkungen. Zum Schluss wollen wir uns mit den politischen Vorgaben sowie den technischen und ökonomischen Möglichkeiten zur Einhaltung dieser Vorgaben befassen und dann noch kurz auf die Frage eingehen, ob es angesichts der Situation nicht schon zu spät ist, und man sich deshalb besser auf Anpassungs– statt auf Vermeidungsstrategien konzentrieren sollte.

Die Untersuchung des Klimas geologischer Epochen hat eine lange, bis ins 18. Jahrhundert reichende Geschichte. Aus Veränderungen und aus der Abfolge von Sedimentschichten, heute besonders aus der Auswertung von Eisbohrkernen, können wertvolle Informationen über die Entwicklung der Gaszusammensetzung der Atmosphäre seit der Entstehung der Erde und damit über einen wichtigen Aspekt der Evolution des Lebens auf diesem Planeten gewonnen werden. In diesem Zusammenhang wird insbesondere auf die Forschungen russischer Wissenschaftler wie *Gerasimov* (1976) und *Budyko et al.* (1988) hingewiesen.

Als erster Wissenschaftler hat S. Arrhenius (Nobelpreisträger für Chemie, 1903) die Treibhauswirkung von CO_2 erkannt. Seither ist im Prinzip bekannt, dass die Atmosphäre Wärme speichert, weil die von der Erde reflektierten Strahlen teilweise von den sogenannten Treibhausgasen absorbiert und zur Erde zurück reflektiert werden. Abbildung 61 veranschaulicht dies:

Abbildung 61: Die Energiebilanz der Erde

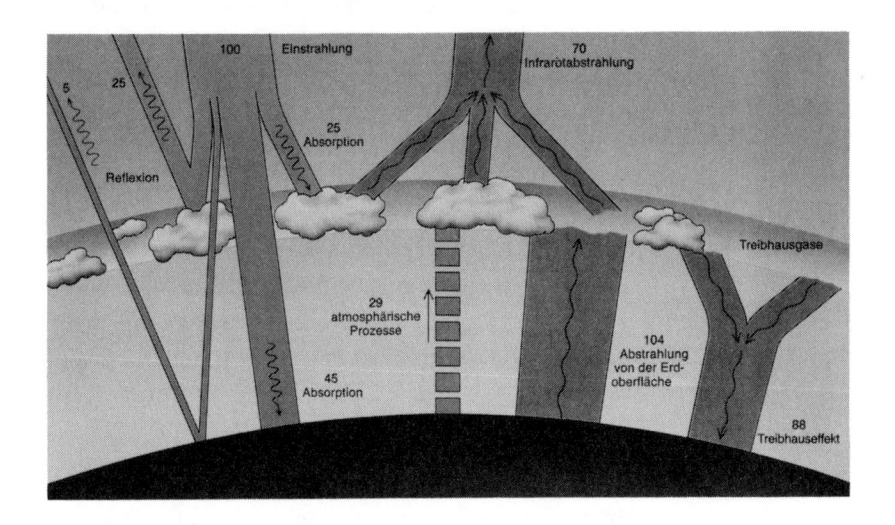

Quelle: *Schneider* (1989: 72). Mit freundlicher Genehmigung des Verlags.

Ohne diesen Treibhauseffekt wäre die Oberflächentemperatur unseres Planeten heute um rund 15°C niedriger. Im Zusammenhang mit dem Globalklima sowie mit energiepolitischen Problemen spielte der Treibhauseffekt ausserhalb der Wissenschaft, d.h. in der öffentlichen Perzeption, bis in die zweite Hälfte der 70er Jahre, fast keine Rolle. Die frühen, grundlegenden Arbeiten von *Flohn* und *Oeschger* aus den 60er Jahren sowie die parallel dazu und im Anschluss daran veröffentlichten Ergebnisse beispielsweise von *Keeling* (1973), *Bolin* (1975) und *Mitchell* (1977) fanden zwar in der "*scientific community*" Beachtung, drangen aber kaum über die jeweiligen Fachkreise hinaus. In der breiten Öffentlichkeit wurde das CO_2-bedingte Treibhausproblem erst nach der Überwindung der zweiten Ölkrise wahrgenommen.

Die Meinung war zunächst keinesfalls einheitlich. Für eine steigende Zahl von Klimaforschern und Atmosphärenphysikern verdichteten sich jedoch die Vermutungen über den Zusammenhang zwischen zunehmenden CO_2-Emissionen und global ansteigender Temperatur zur empirischen Evidenz. Die Medien nahmen sich des Problems mit immer grösserer Intensität an. Das Schlagwort von der *Klimakatastrophe* machte die Runde. Die öffentliche Meinung scheint wissenschaftlich erhärtete Hypothesen sozusagen zu "überrunden". Heute sind es vor allem die mit den Messungen und ihrer Auswertung befassten Wissenschaftler, die vor voreiligen Schlüssen warnen. Sie haben, wie wir sogleich sehen werden, einigen Grund dazu.

Im Spannungsfeld zwischen dem Bemühen um wissenschaftlich erhärtete Evidenzen und den Reaktionen einer verängstigten Öffentlichkeit um die Ursachen und Folgen einer globalen Klimaveränderung ist eine zunehmend intensiver geführte Diskussion entstanden. Sie löste eine Flut von Publikationen aus. Die Palette reicht von wissenschaftlich-technischen Spezialabhandlungen bis zu reisserisch aufgemachten Horrorvisionen. Es ist nicht leicht, sich darin zurechtzufinden. Eines der Probleme besteht darin, dass nur die wenigsten unter uns – den Autor dieses Buches eingeschlossen – die Möglichkeit haben, die von den Fachleuten gelieferten Messdaten nachzuprüfen. Dennoch gibt es durchaus Indizien, die sich bei systematischer Aufarbeitung zu einem Gesamtbild zusammenfügen lassen. Darin finden sich Elemente, die nach dem Stand unseres *jetzigen* Wissens als einigermassen gesichert gelten dürfen, aber auch solche, deren Evidenz mit erheblichen Unsicherheiten behaftet ist.

4.1. Struktur des Wirkungsgefüges

In erster Näherung geht es um den Zusammenhang zwischen den durch natürliche und anthropogene Stoffströme in die Atmosphäre gelangenden Stoffen und deren Auswirkungen auf das Klima. Sodann stellt sich die Frage, wie diese Veränderungen wahrgenommen und vom politischen System in Entscheidungen umgesetzt werden, die dann ihrerseits auf den anthropogenen Teil der Verursachungen rückkoppeln. Zwei Skizzen mögen dieses Wirkungsgefüge in vereinfachter Form veranschaulichen (Abbildungen 62 und 63):

Sassin (1988) hat den Zusammenhang zwischen den natürlichen und den vom Menschen ausgehenden Impulsen sowie den dadurch ausgelösten primären, sekundären und tertiären Folgen in einem Schema skizziert, das wir in leicht modifizierter Form in Abbildung 63 wiedergeben.

4.2. Nicht anthropogene Veränderungen der Atmosphäre

Wie wir in Kapitel I.3 gezeigt haben (vgl. Abbildung 6, S. 32), hat sich auf unserer Erde seit dem Übergang von anaeroben zu aeroben Lebensformen die Zusammensetzung der Atmosphäre fundamental verändert. Der Sauerstoffgehalt stieg in rund vier Milliarden Jahren um den Faktor 10 000, während der CO_2-Gehalt der Atmosphäre im gleichen Zeitraum von rund 90 % auf den heutigen Anteil von 0,035 % sank.

Gerasimov (1979) gibt für die letzten 240 Millionen Jahre einen Verlauf von CO_2-Konzentrationen der Erdatmosphäre an wie er in Abbildung 64 (S. 208) wiedergegeben ist.

Daraus wird ersichtlich, dass der CO_2-Gehalt der Atmosphäre in den letzten 90 Millionen Jahren von 0,25 % auf 0,035 % des Atmosphärenvolu-

Abbildung 62: Ursachen für Klimaänderungen

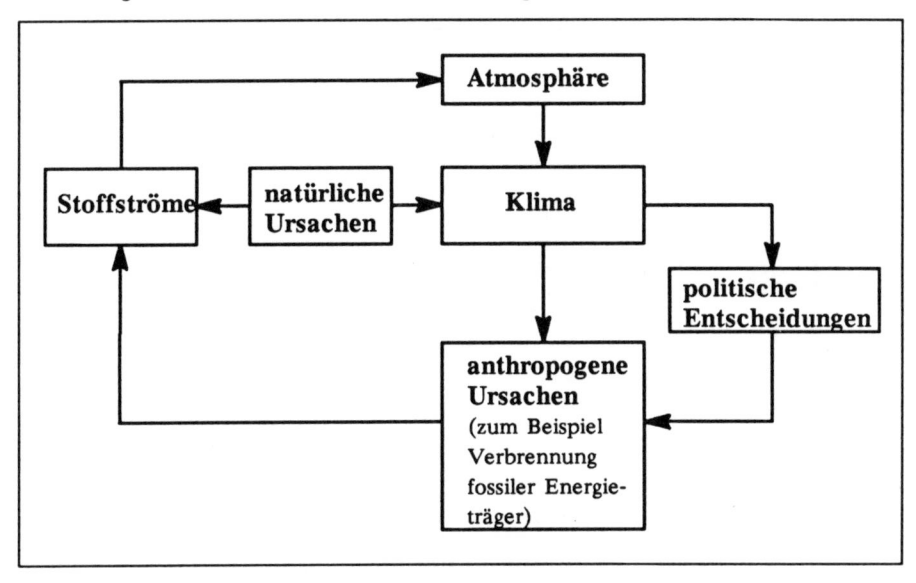

Abbildung 63: Störungen und deren Folgen im globalen Klimasystem

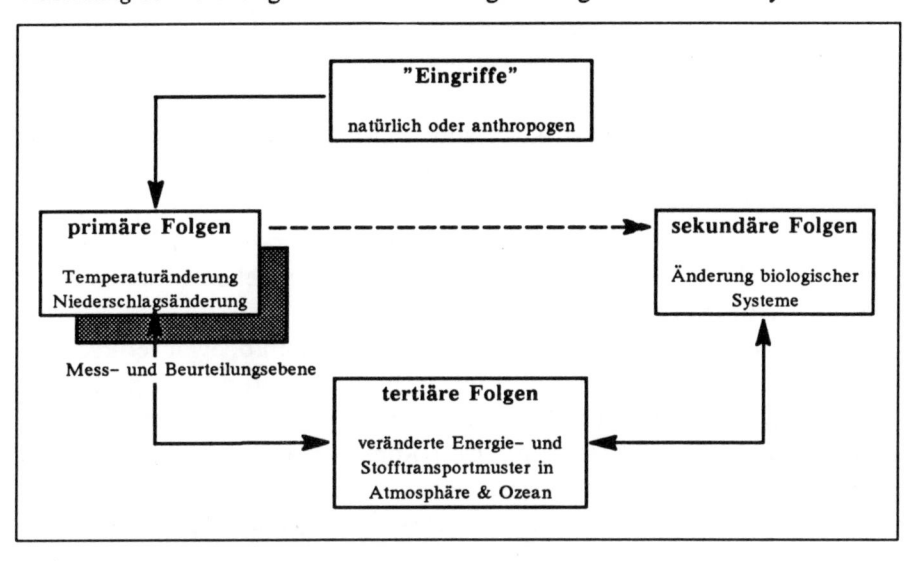

Quelle: nach *Sassin* (1988)

mens, also um den Faktor 8,3, sank. Auf Jahresbasis bezogen entspricht dies einer sehr langsamen Reduktion von $2,3 \times 10^{-6}$ % pro Jahr.

Abbildung 64: Entwicklung der Gaszusammensetzung der Atmosphäre

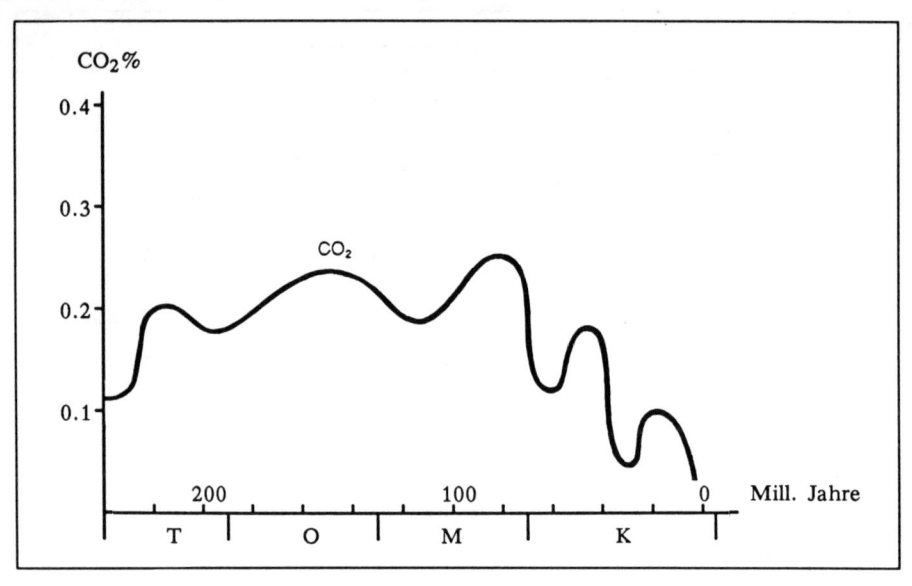

[Diagramm: CO$_2$-Konzentration (%) über Mill. Jahre, mit Zeitabschnitten T, O, M, K]

Quelle: *Gerasimov* (1979: 94).

Besonders aufschlussreich ist der von *Gassmann/Weber* (1989) präsentierte Verlauf der CO$_2$-Konzentration der Atmosphäre und der Temperaturverlauf auf der Eisoberfläche während der letzten 160 000 Jahre (vgl. Abbildung 65).

Daraus wird eine positive Korrelation zwischen CO$_2$- und den Temperaturvariationen ersichtlich. Sicher ist dies ein gewichtiges, physikalisch erklärbares Phänomen, wenn man in Rechnung stellt, dass die Erdatmosphäre zwar für fast das gesamte Wellenspektrum der Sonneneinstrahlung durchlässig ist, die Rückstrahlung jedoch nur durch ein "Fenster" für Wellenlängen zwischen 9 und 12 µm erfolgen kann.

Es ist naheliegend, dass man aus diesen nicht-anthropogen verursachten CO$_2$-Variationen und den damit verbundenen Temperaturschwankungen auf die gegenwärtige Situation schliesst. Die Schwierigkeit, von der heutigen anthropogen bewirkten Erhöhung der CO$_2$-Konzentration auf die gegenwärtig gemessenen Temperaturveränderungen zu schliessen, besteht aber darin, dass dieser Effekt von zahlreichen anderen Faktoren überlagert wird. Dazu gehören u.a. auch die Auswirkungen von Emissionen fester Partikel (Aerosole) in die Atmosphäre sowie von Meeresströmungen (z.B. das plötzliche Auftreten von warmem Ozeanwasser) auf die Temperatur der Erdoberfläche. So war der warme Winter 1982/83 im Osten der Vereinigten Staaten und der extrem trockene Sommer 1983 in weiten Teilen Europas nach dem heutigen

Kenntnisstand nicht CO_2-induziert, sondern, wie *Gassmann/Weber* (1989) ausführen, eine Folge des aussergewöhnlichen Auftretens von warmem Ozeanwasser vor der Küste Perus (*El Niño*-Phänomen). Die Gefahr besteht, dass wir Signale falsch deuten. Die Wissenschaft warnt deshalb vor voreiligen Schlussfolgerungen.

Abbildung 65: CO_2 Konzentration der Atmosphäre und Eistemperatur

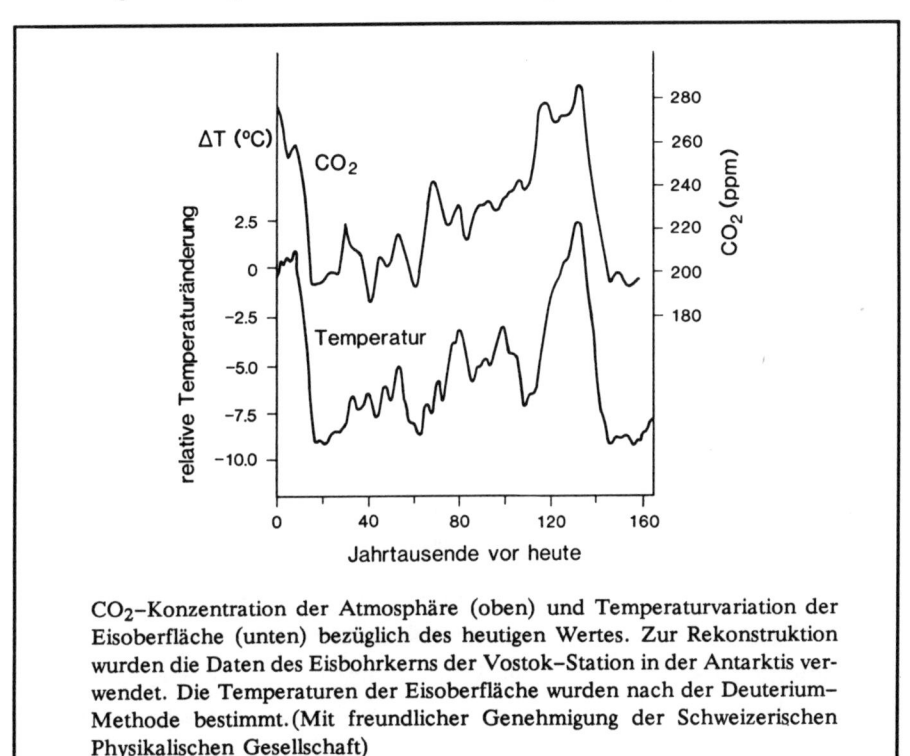

CO_2-Konzentration der Atmosphäre (oben) und Temperaturvariation der Eisoberfläche (unten) bezüglich des heutigen Wertes. Zur Rekonstruktion wurden die Daten des Eisbohrkerns der Vostok-Station in der Antarktis verwendet. Die Temperaturen der Eisoberfläche wurden nach der Deuterium-Methode bestimmt. (Mit freundlicher Genehmigung der Schweizerischen Physikalischen Gesellschaft)

Quelle: *Gassmann/Weber* (1989: 11).

4.3. Die heutige Zusammensetzung der Erdatmosphäre

Will man die Bedeutung der in die Atmosphäre gelangenden festen und gasförmigen Stoffe beurteilen, ist es zweckmässig, die Grössenordnung ihrer Komponenten in Betracht zu ziehen. Dafür eignet sich sehr gut eine von *Taube* (1988) vorgelegte Aufstellung, die wir in Tabelle 27 wiedergeben.

Die Erdatmosphäre verliert einerseits – allerdings in eher geringfügigen Mengen – Wasserstoff und Helium, sie "empfängt" aber auch – und dies in viel grösserem Ausmass – Stoffe sowohl in festem als auch gasförmigem Ag-

Tabelle 27: Die einfache Zusammensetzung der Atmosphäre

Volumen (relativ)	Volumen (%)			Masse (relativ)	Masse (in kg)
1 — 100 %	100 %		Atmosphäre		$5.13 \cdot 10^{18}$ kg
	78.084%		Stickstoff	75.52%	$3.93 \cdot 10^{18}$ kg
10^{-1} — 10 %	20.946%		Sauerstoff	23.14%	$1.19 \cdot 10^{18}$ kg
			Wasserdampf (obere)		
10^{-2} — 1 %			Wasserdampf (mittlere)		
	0.934%		Argon	1.29%	$6.62 \cdot 10^{16}$ kg
10^{-3} — 1000 ppm					
		340 ppm	Kohlendioxid	500 ppm	$2.57 \cdot 10^{15}$ kg
10^{-4} — 100 ppm					
		18 ppm	Neon		
10^{-5} — 10 ppm		5 ppm	Helium		
		2 ppm	Ozon		
10^{-6} — 1 ppm		1.5 ppm	Methan		

Quelle: *Taube* (1988: 151). Mit freundlicher Genehmigung des Autors.

gregatzustand. Die Bedeutung der festen Stoffe haben wir bereits in Kapitel I.4 (Tabelle 4, S. 42) dargestellt. Daraus wird ersichtlich, dass rund 66 % der in die Atmosphäre gelangenden Aerosole nicht-anthropogenen Ursprungs sind, (z.B. Waldbrände durch Blitzschlag, Zersetzung von Biomasse (Sulfate), Staub (Vulkane) usw.). Der vom Menschen verursachte Teil – immerhin mehr als ein Drittel der gesamten Emissionen – weist steigende Tendenz auf, ist also keineswegs vernachlässigbar. Der Einfluss dieser Emissionen auf die Bodentemperatur ist im Detail noch ungeklärt. Vermutlich bewirkt ein Teil der Aerosole – die Staubpartikel – eine Erhöhung der Albedo (Verhältnis von diffus abgestrahltem zu direkt eingestrahltem Licht), so dass sich ein Abkühlungseffekt ergibt.

Greift man die Treibhausgase als Untergruppe der insgesamt in die Erdatmosphäre gelangenden Stoffströme heraus, dann zeigt sich, dass bis auf das Schwefeldioxid (SO_2) die vermutete und/oder nachgewiesene Wirkung in Richtung einer Temperaturerhöhung geht, also den Charakter eines Treibhauseffekts hat. Die Tabellen 28 und 29 geben einen guten Überblick über die wichtigsten Spurengase, ihre Quellen, ihr Gewicht, die mittlere Verweilzeit usw...

Tabelle 28: Zusammenstellung umweltrelevanter Informationen über die wichtigsten Spurengase (Auswirkungen)

Gas	Treib-haus-effekt	Zerstörung des Ozons in der Stratosphäre	saure Deposition	Smog	Korrosion	Lufttrübung
Kohlenmonoxid (CO)						
Kohlendioxid (CO_2)	+	+/−				
Methan (CH_4)	+	+/−				
Stickstoffmonoxid (NO) Stickstoffdioxid (NO_2)		+/−	+	+		+
Distickstoffmonoxid (N_2O)	+	+/−				
Schwefeldioxid (SO_2)	−		+		+	+
Fluorchlorkohlen-wasserstoffe	+	+				
Ozon (O_3)	+			+		

Quelle: Graedel/Crutzen (1989: 63).

Die Enquête-Kommission des 11. Deutschen Bundestages hat in ihrem Zwischenbericht *"Vorsorge zum Schutz der Erdatmosphäre"* (1988) den Anteil der einzelnen am Treibhauseffekt beteiligten Gase berechnet. Dabei hat sie die Konzentration, die Verweilzeit in der Atmosphäre und Biosphäre, den Konzentrationsanstieg sowie das spezifische Treibhauspotential, bezogen auf ein CO_2-Molekül, berücksichtigt. Tabelle 28 zeigt die Auswirkungen der wichtigsten Spurengase.

Aus dieser Tabelle wird auch ersichtlich, dass der Anteil von CO_2 und Methan am gesamten Treibhauseffekt fast 70 % beträgt. Es ist deshalb naheliegend, diese beiden Spurengase näher zu betrachten. Damit soll die Wirkung der Fluorchlorkohlenwasserstoffe (FCKW) auf das Ozon in keiner Weise unterschätzt werden. Dies wäre schon deshalb unangebracht, weil der Konzentrationsanstieg dieser Gase immerhin 5 % pro Jahr beträgt und die Ozonschicht in Höhenbereichen zwischen 15 und 45 km, also in der Stratosphäre, offenbar von den dorthin diffundierenden Fluorchlorkohlenwasserstoffen zer-

Tabelle 29: Zusammenstellung umweltrelevanter Informationen über die wichtigsten Spurengase (Entstehung)

Gas	hauptsächliche anthropogene Quellen	anthropogene Gesamtemissionen in Mio Tonnen pro Jahr	mittlere Verweilzeit in der Atmosphäre	mittlere Konzentration vor 100 Jahren in Milliardstel	ungefähre derzeitige Konzentration in Milliardstel	voraussichtliche Konzentration im Jahr 2030 in Milliardstel
Kohlenmonoxid (CO)	Verfeuerung fossiler Brennstoffe, Biomasse	700/2000	Monate	Nordhalbkugel ? Südhalbkugel 40 bis 80 (saubere Atm.)	Nordhalbkugel 100 bis 200 Südhalbkugel 40 bis 80 (saubere Atm.)	vermutlich steigend
Kohlendioxid (CO_2)	Verfeuerung fossiler Brennstoffe, Entwaldung	5500/-5500	100 Jahre	290000	350000	400000 bis 550000
Methan (CH_4)	Reisanbau, Viehzucht, Müllkippen, Förderung fossiler Brennst.	300 bis 400/550	10 Jahre	900	1700	2200 bis 2500
NO_x-Gase	Verfeuerung fossiler Brennstoffe und Biomasse	20 bis 30/ 30 bis 50	Tage	0.001 bis ? (sauber, industriell)	0.001 bis 50 (sauber, industriell)	0.001 bis 50 (sauber, industriell)
Distickstoffmonoxid (N_2O)	Stickstoffdünger, Entwaldung, Biomasseverbrennung	6/25	170 Jahre	285	310	330 bis 350
Schwefeldioxid (SO_2)	Verfeuerung fossiler Brennstoffe, Erzverhüttung	100 bis 130/ 150 bis 200	Tage bis Wochen	0.03 bis ? (sauber, industriell)	0.03 bis 50 (sauber, industriell)	0.03 bis 50 (sauber, industriell)
Fluorchlorkohlenwasserstoffe	Treibgase, Kühlmittel, Füllgase in Schaumstoffen	1/1	60 bis 100 Jahre	0	ungefähr 3 (Chloratome)	2.4 bis 6 (Chloratome)

Quelle: *Graedel/Crutzen* (1989: 63)

stört wird. Diese Wirkung beruht im wesentlichen auf zwei chemischen Reaktionen: Unter Einfluss von Ultraviolettstrahlen zerfällt das $CFCl_3$–Molekül (CFC-11), wobei das Chloratom mit Ozon (O_3) Chloroxid (ClO) bildet und molekularer Sauerstoff entsteht (O_2). In der anderen Reaktion bildet sich aus Chloroxid und atomarem Sauerstoff (O) ein Chloratom (Cl) und ein Sauerstoffmolekül (O_2). Das nunmehr "freie" Chloratom sucht nach Verbindung mit dem reaktionsfreudigen O_3. Es entsteht wieder ClO und O_2. Beide Reaktionen bauen die Ozonschicht ab – eine Beobachtung, die man erst 1974 gemacht hat. Da mit der Reduktion der Ozonschicht eine Intensivierung der auf die Erdoberfläche einfallenden UV-Strahlung verbunden ist, befürchtet man für den Menschen Strahlenschäden, die sich inbesondere in einer Zunahme von Hautkrebs äussern könnten.

Inzwischen sind Massnahmen zur Einstellung der Produktion von Treibgasen eingeleitet worden. Im Gegensatz zu den Bemühungen um die Reduktion des CO_2-Ausstosses dürfte ein Stopp der Produktion von Treibgasen deshalb leichter zu realisieren sein, weil es bei den vermuteten Auswirkungen nur Verlierer und keine Gewinner gibt. Ausserdem werden die CO_2-Emissionen im wesentlichen durch die Nutzung fossiler Energieträger verursacht, von denen man nicht so schnell loskommt. Da die mittlere Verweilzeit der Fluorchlorkohlenwasserstoffe in der Atmosphäre 60 bis 100 Jahre beträgt, dürfte der Abbau der Ozonschicht selbst bei sofortiger Einstellung der Produktion noch rund 100 Jahre andauern. Allerdings sind die Reaktionsprozesse in der Stratosphäre noch nicht vollständig erforscht.

Wir wissen jedoch genau, dass die zunehmende Konzentration von Chlorfluorkohlenstoffen sich negativ auf die Stabilität der Ozonschicht auswirken wird (*Taube* 1988: 162).

Die *World Meteorological Organization* (WMO) hat dazu festgestellt:

Analysis of data from ground-based Dobson instruments, after allowing for the effects of natural geophysical variability (solar cycle and quasi-biennial oscillation), shows measurable decreases from 1969 to 1986 in the annual average of total column ozone ranging from 1.7 to 3.0 % at latitudes between 30 and 80 degrees in the northern hemisphere (*WMO* 1988).

Diese Aussage ist insofern interessant, als das sogenannte Ozonloch zuerst über der Antarktis und nicht in der nördlichen Hemisphäre festgestellt wurde. Die ersten Messungen fanden 1956 statt. Über den Auf- und Abbau von Ozon in früheren Zeitperioden bestehen keine Messdaten. Es fehlen uns also Referenzwerte. Nichtsdestoweniger scheint nunmehr festzustehen, dass trotz der beobachteten Schwankungen in der Grösse des sogenannten Ozonlochs in der Antarktis – im September/Oktober 1988 ist es sogar etwas geschrumpft – der Abbau der stratosphärischen Ozonschicht auf die vom Menschen freigesetzten ozonabbauenden Substanzen, insbesondere Treibgase und Bromverbindungen von Halonen, zurückzuführen ist.

4.4. Emission von CO_2 und CH_4 in die Atmosphäre

Die wichtigsten Kohlenstoffreservoire und -flüsse weisen Grössenordnungen auf, wie sie in Abbildung 66 dargestellt sind.

Abbildung 66: Kohlenstoffreservoire in Gigatonnen C (10^9 t) und Kohlenstoffflüsse in Gt pro Jahr

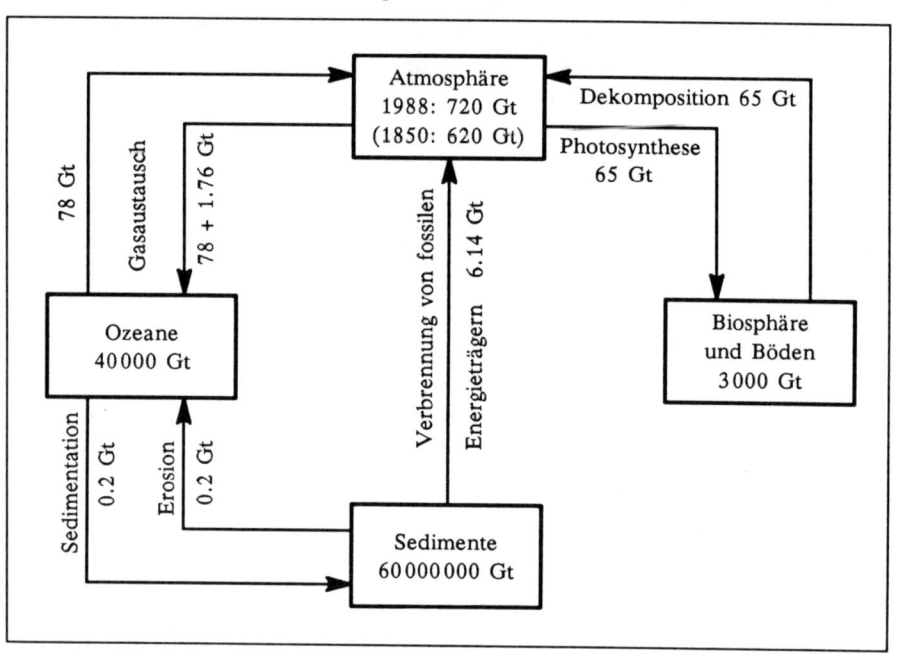

```
                    Atmosphäre
                    1988: 720 Gt        Dekomposition 65 Gt
                    (1850: 620 Gt)
                                        Photosynthese
                                        65 Gt

    Ozeane                              Biosphäre
    40 000 Gt                           und Böden
                                        3 000 Gt

                    Sedimente
                    60 000 000 Gt
```

(Flüsse: Gasaustausch 78 Gt; 78 + 1.76 Gt; Verbrennung von fossilen Energieträgern 6.14 Gt; Sedimentation 0.2 Gt; Erosion 0.2 Gt)

Der Gesamtbestand des Kohlenstoffs in der Atmosphäre wird für 1980 mit 720 Gt beziffert. 1850 belief er sich auf 620 Gt. Seit 1980 hat sich der C-Gehalt der Atmosphäre von 720 auf 765 Gt erhöht. Das entspricht einer jährlichen Zunahme von 0,75 % und liegt somit in den 80er Jahren etwas höher als die bisher angenommenen 0,5 % pro Jahr. Anders ausgedrückt: Von 1980 bis 1988 sind durch anthropogene Aktivitäten, insbesondere durch Verbrennung fossiler Stoffe, rund 45 Gt Kohlenstoff in die Atmosphäre gelangt.

1988 wurden durch Nutzung fossiler Energieträger rund 22,5 Gt CO_2 freigesetzt. Das entspricht einem Gewicht von 6,14 Gt Kohlenstoff. Die durch den Entwaldungsprozess freigesetzte Kohlenstoffmenge wird für das Jahr 1980 mit netto 1,66 Gt beziffert (*Postel/Heise* 1988). Insgesamt beliefen sich die globalen Kohlenstoffemissionen 1988 auf 7,8 Gt. Davon gelangten rund 6,14 Gt in die Atmosphäre, während 1,7 Gt durch die Ozeane absorbiert wurden. Der Gasaustausch zwischen den Ozeanen und der Atmosphäre - in Abbildung 66 mit 78 Gt beziffert – spielt im gesamten Wirkungsgefüge eine wichtige Rolle. Mit zunehmender Messgenauigkeit und Dichte der Messpunkte wird immer deutlicher, dass die Absorptionsfähigkeit der Ozeane mit grossen Unsicherheiten behaftet ist, denn Ozeane fungieren nicht ausschliesslich als Senken, sondern können bei zunehmender Erwärmung auch CO_2 emittieren.

Für 1985 geben *Walbeck/Wagner* (1987) folgende Aufstellung der CO_2-Emissionen nach Energieträgern und Ländergruppen an:

Tabelle 30: Jährlicher CO_2-Ausstoss nach Energieträger und Ländergruppen 1985 (in Millionen Tonnen und in %)

	Steinkohle	Braunkohle	Erdöl	Erdgas	Total	%
Westeuropa (ohne sozial. Länder)	807	172	1 704	473	3 156	15,4
Nordamerika	1 725	81	2 852	1 103	5 761	28,0
Mittel-/Südamerika	83	–	705	151	939	4,6
Afrika	254	–	296	42	565	2,8
Naher Osten	48	–	394	76	518	2,6
Süd-/Ostasien Australien	875	117	1 306	173	2 471	12,0
Ostblockländer (ohne China)	1 119	713	1 410	1 212	4 454	21,6
China	2 186	29	426	33	2 674	13,0
Total	7 097	1 112	9 066	3 263	20 538	100,0
%	34,6	5,4	44,1	15,9	100	

Quelle: *Walbeck/Wagner* (1987: 4)

Die in dieser Tabelle für 1985 aufgeführte Gesamtemission von 20,538 Gt ist im Jahre 1988 auf rund 22,5 Gt angestiegen.

Eine länderweise Auflistung zeigt, dass 1977 51 % des Gesamtausstosses von Kohlenstoff aus der Nutzung fossiler Energieträger auf drei Länder entfällt: die Vereinigten Staaten, die UdSSR und China. *Kübler* (1988) gelangt für diese drei Länder zu einem Wert von 53 %. Allerdings variieren die Pro Kopf-Anteile zwischen 5,03 t (USA) und 0,03 t (Zaire).

Tabelle 31: Kohlenstoffemissionen aus der Nutzung fossiler Brennstoffe für ausgewählte Länder (1960 und 1987)

Land	Kohlenstoff (10^6 t)		Kohlenstoff pro Dollar BSP (g)		Kohlenstoff pro Kopf (t)	
	1960	1987	1960	1987	1960	1987
USA	791	1224	420	276	4,38	5,03
Kanada	52	110	373	247	2,89	4,24
Australien	24	65	334	320	2,33	4,00
UdSSR	396	1035	416	436	1,85	3,68
Saudiarabien	1	45	41	565	0,18	3,60
Polen	55	128	470	492	1,86	3,38
BRD	149	182	410	223	2,68	2,98
Grossbritannien	161	156	430	224	3,05	2,73
Japan	64	251	219	156	0,69	2,12
Italien	30	102	118	147	0,60	1,78
Frankreich	75	95	290	133	1,64	1,70
Südkorea	3	44	274	374	0,14	1,14
Mexiko	15	80	446	609	0,39	0,96
China	215	594	–	2024	0,33	0,56
Ägypten	4	21	688	801	0,17	0,41
Brasilien	13	53	228	170	0,17	0,38
Indien	33	151	388	655	0,08	0,19
Indonesien	6	28	337	403	0,06	0,16
Nigeria	1	9	78	359	0,02	0,09
Zaire	1	1	–	183	0,04	0,03
Welt	2547	5599	411	327	0,82	1,08

Quelle: nach *Flavin* (1989)

Sollte sich die Welt als Ganzes in zwei bis drei Jahrzehnten auf einen Pro-Kopf-Mittelwert von 3 t einpendeln, würde dies bei dann zu erwartender Bevölkerung von rund 9 Milliarden Menschen eine Emission von 27 Gt/a Kohlenstoff ergeben. Das ist das Vierfache des heutigen C-Ausstosses. Wir werden weiter unten prüfen, wie gross die Wahrscheinlichkeit ist, dass es je so weit kommt. Eine wichtige Rolle dabei spielt die Frage, wie schnell man vom heutigen, vorwiegend auf der Nutzung fossiler Energieträger beruhenden Energiesystem wegkommt und andere Verfahren entwickeln beziehungsweise Energiequellen nutzen kann, die weniger oder gar kein CO_2 emittieren.

Über die Emissionen von Methan liegen bis jetzt weniger detaillierte Angaben vor, als dies für CO_2 der Fall ist. Methan (CH_4) ist eine stabile, chemisch träge Verbindung. Methan-Emissionen sind mit der Bevölkerungszunahme deshalb positiv korreliert, weil Methan beim Reisanbau und bei der Viehhaltung (Umwandlung von Zellulose durch anaerobe Bakterien im Rindermagen) entsteht. Rinder, Pferde, Kamele, Ziegen usw. sind Methan-Erzeuger. Desgleichen entsteht Methan durch mikrobiologische Fäulnisprozesse in Mülldeponien sowie bei der Förderung fossiler Brennstoffe (Grubengas, Erdgasquellen der Ölfelder). Die Methan-Konzentration der Atmosphäre beträgt heute etwas mehr als 1,5 ppm (Volumenprozent). Wie aus Abbildung 67 hervorgeht, betrug die atmosphärische Methan-Konzentration vor rund 300 Jahren lediglich 0,7 ppm(v), d.h. 700 Milliardstel des Atmosphärenvolumens.

Abbildung 67: Methan-Konzentration in der Atmosphäre

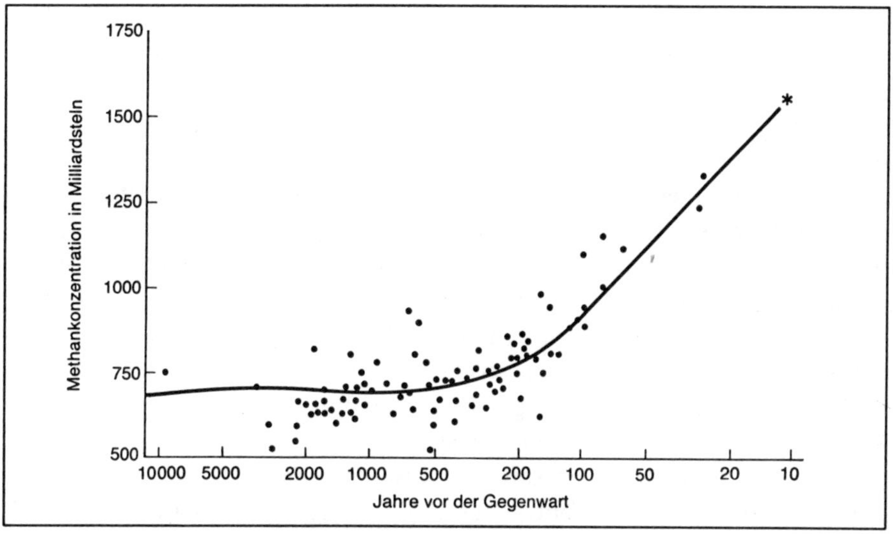

Quelle: Graedel/Crutzen (1989: 64)

Der Anstieg hat sich seither beschleunigt und dürfte sich möglicherweise mit dem wärmebedingten Auftauen des Permafrostes infolge zunehmender Verrottungsvorgänge in Zukunft noch weiter beschleunigen. Methan weist zwar nur 1/10 der mittleren Verweilzeit von CO_2 auf, nämlich rund 10 Jahre 9 (s. Tabelle 29, S. 212), hat aber im Vergleich zu CO_2 ein 32 mal so hohes Treibhauspotential. Man wird diesem Spurengas in Zukunft deshalb sicher noch grössere Aufmerksamkeit widmen müssen.

4.5. Unsicherheiten, Modelle und Szenarien

Wir sprachen eingangs von primären, sekundären und tertiären Folgen natürlicher und anthropogener Eingriffe. Im folgenden wollen wir zwei mögliche Auswirkungen behandeln, die sich aus einer Erhöhung der Konzentration von Treibhausgasen in der Atmosphäre ergeben: Zum einen ist es der Einfluss dieser Gase auf die Temperatur in der Atmosphäre und am Boden; zum anderen wollen wir die Folgen erörtern, die eine Temperaturerhöhung und die damit in Verbindung gebrachten Klimaänderungen für den Menschen haben können. Dabei denken wir vor allem an mögliche Auswirkungen auf die Landwirtschaft und auf die Küstengebiete.

Die gängige Meinung ist, dass eine Verdopplung des CO_2-Gehaltes der Atmosphäre zu einer Temperaturerhöhung von 2°C am Äquator, um 4°C in unseren Breitengraden und bis zu 8°C in den nördlichen Breitengraden führen wird. Dadurch wird es zu einem Anstieg des Meeresspiegels um 1 - 1,5 m kommen. Viele Inseln werden verschwinden, etwa 1/5 der heutigen Landfläche von Bangladesh wird unter Wasser stehen. Die vom Menschen verursachte Klimakatastrophe zeichnet sich ab. – Das ist etwa die "Botschaft", die wir täglich durch Zeitungen, Rundfunk und Fernsehen zu lesen, zu hören oder zu sehen bekommen.

Während dieses Szenarium für die interessierte Öffentlichkeit nach und nach zur Gewissheit geworden ist, warnen die mit diesen Dingen vertrauten Wissenschafter vor voreiligen Schlussfolgerungen. Sie sehen die Dinge naturgemäss differenzierter. Aber auch in der Fachzunft der Atmosphärenphysiker scheint sich in den letzten 5 Jahren hinsichtlich der zu erwartenden Temperaturerhöhungen ein gewisser Konsens herausgebildet zu haben. Wir wollen im folgenden versuchen, den heutigen Stand des Wissens in der hier gebotenen Kürze möglichst korrekt wiederzugeben.

Bei allen Unsicherheiten kann *ein* Zusammenhang als sicher gelten: die parallele Zunahme von Weltbevölkerung und Energieverbrauch. Und weil weltweit mehr als 80 % der Energie immer noch aus fossilen Energieträgern gewonnen werden, nimmt auch der CO_2-Ausstoss in die Atmosphäre zu. Wie sich Weltbevölkerung, Energieverbrauch und CO_2-Gehalt der Atmosphäre seit Anfang des 18. Jahrhunderts entwickelt haben, geht aus Abbildung 68 hervor.

Ebenso fest stehen die durch Verbrennungsprozesse emittierten CO_2-Mengen, deren Grössenordnung sich aus dem Kohlenstoffgehalt der jeweils genutzten Energieträger ergibt. Wie aus Abbildung 66 (S. 214) hervorgeht, handelt es sich um rund 6,14 Gt pro Jahr. Dazu kommen noch die Nettoemis-

Abbildung 68: Weltbevölkerung, CO_2-Konzentration in der Atmosphäre und Weltenergieverbrauch

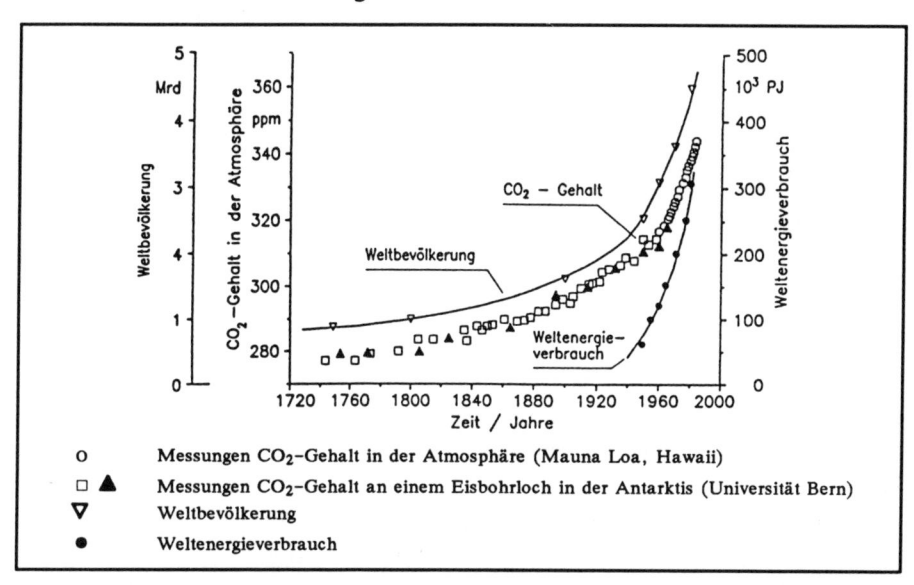

o	Messungen CO_2-Gehalt in der Atmosphäre (Mauna Loa, Hawaii)
□ ▲	Messungen CO_2-Gehalt an einem Eisbohrloch in der Antarktis (Universität Bern)
▽	Weltbevölkerung
●	Weltenergieverbrauch

Quelle: *Raschke* (1989: 26)

sionen von CO_2 aus der Entwaldung. Ihre Grössenordnung wird für 1980 mit 1,66 Gt angegeben (*Postel/Heise* 1988) dürfte jedoch heute etwas höher liegen.

Über diese Grössenordnungen und Relationen gibt es so gut wie keine Kontroversen. Dasselbe gilt für die physikalischen Vorgänge, die den Treibhauseffekt verursachen. Unsicherheiten bestehen in bezug auf

- die Rolle der Ozeane
- die Bedeutung der Wolken
- die Rolle der (nicht-konstanten) Solarkonstanten
- die Überlagerung durch andere temperaturrelevante Prozesse
- die Störeffekte durch regionale und lokale Einflüsse
- die Kompatibilität und Vergleichbarkeit von Messmethoden
- die Struktur der Rückkopplungsmechanismen (insbesondere im Hinblick darauf, ob auf mittlere und lange Sicht die negativen (stabilisierenden) oder die positiven (destabilisierenden) Rückkopplungen überwiegen).

Durch diese Unsicherheiten entstehen Abweichungen zwischen den erwarteten und den gemessenen Veränderungen der Temperatur. Dass eine Zunahme des CO_2-Gehaltes der Atmosphäre langfristig zu einem Anstieg der Temperatur führen muss, ist aus physikalischen Gründen zu erwarten. Die chemischen und physikalischen Prozesse sind bekannt, die Verursachungen und deren Grössenordnungen ebenfalls. Darüber ist man sich also einig. Aber auch andere Indizien sowie neuere Messdaten weisen immer deutlicher in Richtung einer Temperaturerhöhung. Es scheint, als ob wir entweder schon jetzt oder in den nächsten zwei bis fünf Jahren endgültig aus dem Rauschen der Nebenwirkungen herauskommen werden.

Als Indizien für eine langfristige Erhöhung der Temperatur in der Atmosphäre sowie in Bodennähe werden genannt:
- weltweit zu beobachtender Schwund der Gebirgsgletscher seit rund 120 Jahren
- Abnahme der Temperatur in der oberen Stratosphäre (*Taubenheim et al.* 1988)
- Umverteilung der Niederschläge von den trockener werdenden Subtropen in die feuchter werdenden Gebiete nördlicher Breitengrade.

Im wesentlichen gibt es zwei Kategorien von "Signalen", die uns helfen, die Temperaturentwicklung vergangener Jahrhunderte oder gar Jahrtausende zu bestimmen: Zum einen sind es die oben erwähnten Indizien, zum anderen sogenannte Proxidaten, die wir zum Beispiel aus der Analyse von Eisbohrkernen (Messungen der Isotopenverhältnisse von Sauerstoff und Kohlenstoff), Pollen und Jahresringen alter Bäume sowie aus Sedimenten ermitteln können. Direkte Temperaturmessungen sind erst seit 1750 verbürgt (*Raschke* 1989). Sie sind mit Fehlern behaftet und müssen deshalb mit Vorsicht gedeutet werden. Versucht man, die Entwicklung der beobachteten Lufttemperatur für den Zeitraum von 1850 bis 1980 (Abbildung 69) zu interpretieren, stösst man zunächst auf die Schwierigkeit, die Abweichung der Temperaturentwicklung in den Jahren 1850 bis 1940 von dem für den Zeitraum von 1850 bis 1900 berechneten Mittelwert zu erklären: Gegenüber dem genannten Mittelwert erhöhte sich die Abweichung der Lufttemperatur zwischen 1885 und 1940 von von -0.7 K auf $+0.15$ K. Sodann sank die beobachtete Temperatur – immer als Abweichung vom Mittelwert 1850 bis 1900 – bis in die 70er Jahre dieses Jahrhunderts parallel zu der weltweit sich ausbreitenden Industrialisierung und der damit einhergehenden Zunahme des Energieverbrauchs, der besonders während der genannten Zeitperiode zu rund 90 % auf der Nutzung fossiler Energieträger beruhte, und somit eine erhöhte CO_2-Emission zur Folge haben musste. Zwar läge am Ende der betrachteten Periode die berechnete Temperatur ohne den CO_2-Faktor nicht signifikant höher als zu Beginn dieser Periode um 1850. Dieser mittels einer multivarianten Regressionsanalyse von Klimaelementen von *Schönwiese* und *Runge* (1988) "herausfiltrierte" Nettoeffekt des CO_2 kann aber nicht den Rückgang der Temperatur erklären, der während einer Periode zunehmender CO_2-Emissionen, also von 1940 bis 1970, stattfand.

Abbildung 69: Entwicklung der beobachteten Lufttemperatur (1850-1980)

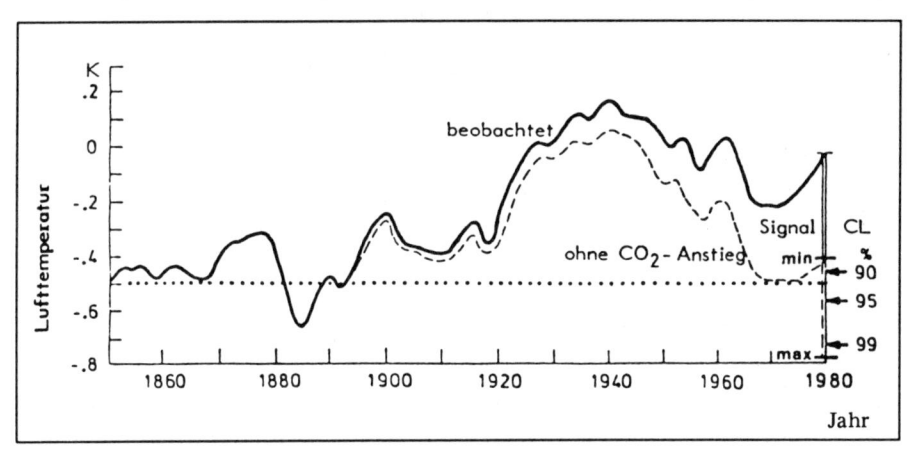

Quelle: *Raschke* (1989: 169).

Eine wichtige Rolle spielt die Veränderung der Sonneneinstrahlung. Dazu bemerken *Hansen et al.* (1988: 9358):

> We emphasize that as yet greenhouse gas climate forcing does not necessarily dominate over other global climate forcings. For example, measurements from *Nimbus* 7 satellite show that solar irradiance decreased by about 0.1 % over the period 1979 to 1985 [...]. This represents a negative climate forcing of the same order of magnitude as the positive forcing due to the increase of the trace gases in the same period.

Die sogenannt Solarkonstante ist offenbar nicht konstant. Auf diesen Umstand hat bereits vor 14 Jahren der berühmte Klimaforscher *Flohn* hingewiesen:

> Haben wir tatsächlich eine Solarkonstante, oder, wie kürzlich formuliert, eine 'Solarinkonstante'? (*Flohn* 1976: 4).

Wilson et al. (1986) fanden für die Zeit von 1980 bis 1985 einen nach unten gerichteten Trend der Solarkonstanten:

> The first 5 years (from 1980 to 1985) of total solar irradiance observation by the first Active Cavity Irradiance Monitor (ACRIM I) experiment on board the Solar Maximum Mission spacecraft show a clearly defined downward trend of – 0.019 % per year (*Wilson et. al.* 1986: III.4).

Innerhalb dieser Zeitspanne gibt es, wie *Fröhlich* (1987) nachgewiesen hat, Schwankungen mit einer Frequenz von weniger als einem Jahr. Insgesamt zeigen die Daten im Zeitraum von 1967 bis 1985 zunächst einen leichten Anstieg der Solarkonstante mit einem Maximum im Jahr 1980. Von 1980 an folgt dann der bereits erwähnte Abfall. *Fröhlich's* Ergebnisse stimmen für diese Zeitperiode mit denjenigen von *Wilson et al.* überein. Beide Autoren messen den Variationen der Solar-"Konstante" für die Entwicklung des globalen Klimas grosse Bedeutung bei.

Eine weitere Quelle von Unsicherheiten bildet das noch nicht vollständig geklärte Verhalten der Ozeane. Sie beinhalten ungefähr 60 mal mehr CO_2 als die Atmosphäre. Eine Erhöhung der Oberflächenwassertemperatur um nur 1°C würde nach *McLean* (1978) zu einer Erhöhung der CO_2-Konzentration der Atmosphäre um 4.2 Prozent führen. Wenn Ozeane nur 5 % des in tiefen Gewässern befindlichen CO_2 in die Atmosphäre abgeben würden, käme dies einer Erhöhung des CO_2-Gehalts der Atmosphäre um rund 25 Prozent gleich (*McLean* 1978: 405).

Die Sachlage wird durch die weitgehend noch unbekannte Struktur der Rückkopplungsmechanismen kompliziert. Überwiegen die positiven oder die negativen Rückkopplungen? Negative Rückkopplungen stabilisieren die Prozesse, positive destabilisieren sie. Da ist zum Beispiel die Frage der Reflexion der Sonneneinstrahlung durch die Wolken. Man kann sich gut vorstellen, dass bei einem Temperaturanstieg die Bildung von Wasserdampf und damit von Wolken gefördert wird. Dies könnte dann zu einer Erhöhung der *Albedo*, der Reflexion der Sonneneinstrahlung, führen, was wiederum eine Abkühlung und damit eine negative, stabilisierende Rückkopplung zur Folge hätte. Nun haben Messungen gezeigt, dass nicht alle Wolken diese Eigenschaft haben. Monsunwolken bewirken eine Erhöhung des Treibhauseffekts, während *"low level" Stratocumuli* (Haufenschichtwolken im unteren Wolken-Stockwerk) die *Albedo* erhöhen. Wenn tropische Wälder verschwinden, wird die *Albedo* grösser. Umgekehrt wird die Abstrahlung der Erde geringer, wenn zugleich die reflektierenden Eiskappen der Pole kleiner werden. Sodann sind Vorgänge zu berücksichtigen, durch die einerseits die Absorptionsfähigkeit der Biomasse für CO_2 reduziert (*"bio mass crash"*) und andererseits infolge Verrottung (*"forest die back"*) mehr Methan erzeugt wird. Das gleiche könnte geschehen, wenn infolge der Temperaturerhöhung Teile des Permafrostes auftauen und Methan in grossen Mengen in die Atmosphäre gelangt.

Fast jeder Vorgang, ob es sich um die Veränderung der *Albedo* durch Sandstürme und Vulkanausbrüche oder um die Veränderung der polaren Eisdecken usw. handelt, lösen sowohl positive, den Treibhauseffekt verstärkende Prozesse als auch negative, den Treibhauseffekt reduzierende Prozesse aus. Wie das Gesamtsystem dieser Rückkopplungsmechanismen strukturiert ist und welche Prozesse schliesslich die Oberhand gewinnen werden, ist im einzelnen noch nicht bekannt. Nach gegenwärtigem Wissensstand verdichten sich jedoch die Anhaltspunkte dafür, dass die positiven, den Treibhauseffekt verstärkenden Rückkopplungen stärker sind.[35]

Es überrascht angesichts dieser Schwierigkeiten nicht, wenn selbst sehr detaillierte und komplexe Klimamodelle, wie die heute eingesetzten *General Circulation Models* (*GCM*) bezüglich der Auswirkungen von Kohlendioxidemissionen auf das Klima zu sehr unterschiedlichen Resultaten gelangen. In der Regel werden die Auswirkungen einer Verdopplung der CO_2-Äquivalente aller am Treibhauseffekt beteiligten Spurengase auf die Temperatur der Atmosphäre untersucht. Abbildung 70 zeigt die Resultate von drei Modelltypen, die auf der Annahme einer Verdopplung des CO_2-Gehalts der Atmosphäre beruhen. Dabei sind Verzögerungen des Temperaturanstiegs von 10 bis 20 Jahren infolge der Wärmespeicherung der Ozeane berücksichtigt.

Abbildung 70: Schwankungsbreite der Vorhersagen für die erwartete Temperaturerhöhung bei CO_2-Verdopplung

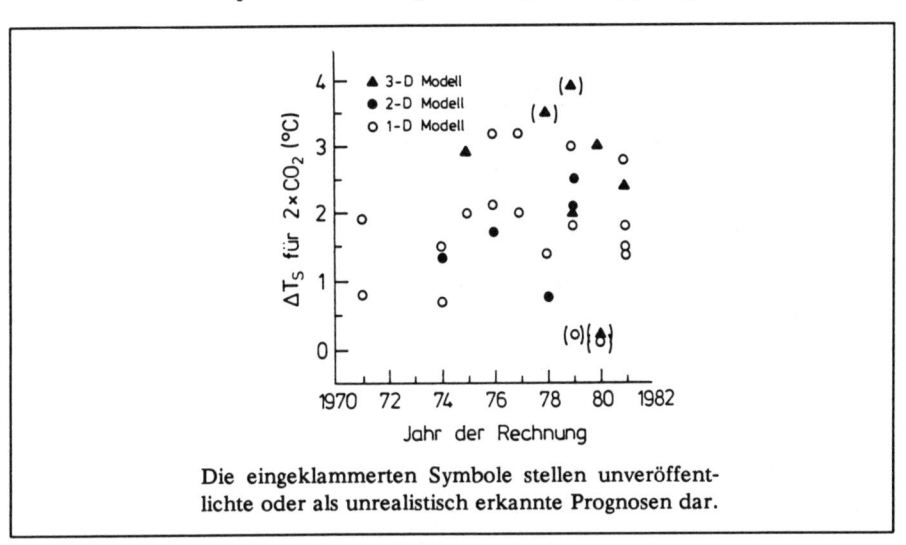

Die eingeklammerten Symbole stellen unveröffentlichte oder als unrealistisch erkannte Prognosen dar.

Quelle: *Volz* (1983: 20)

Die Werte schwanken zwischen + 1°C und + 4°C. Es handelt sich um Mittelwerte. Die Temperaturerhöhung ist abhängig vom Breitengrad. In nördlichen Breitengraden kann sie bis zu 8°C betragen. Die Relation zwischen Temperaturerhöhung und Breitengrad geht aus Abbildung 71 hervor:

---

35. Einen guten Überblick über die temperaturerhöhenden und temperatursenkenden Faktoren gibt *Hansen et al.* (1981). Darunter kommt den in der Stratosphäre befindlichen Aerosolen die grösste "Kühlwirkung" zu.

Abbildung 71: Abhängigkeit der spurengasbedingten Temperaturerhöhung vom Breitengrad

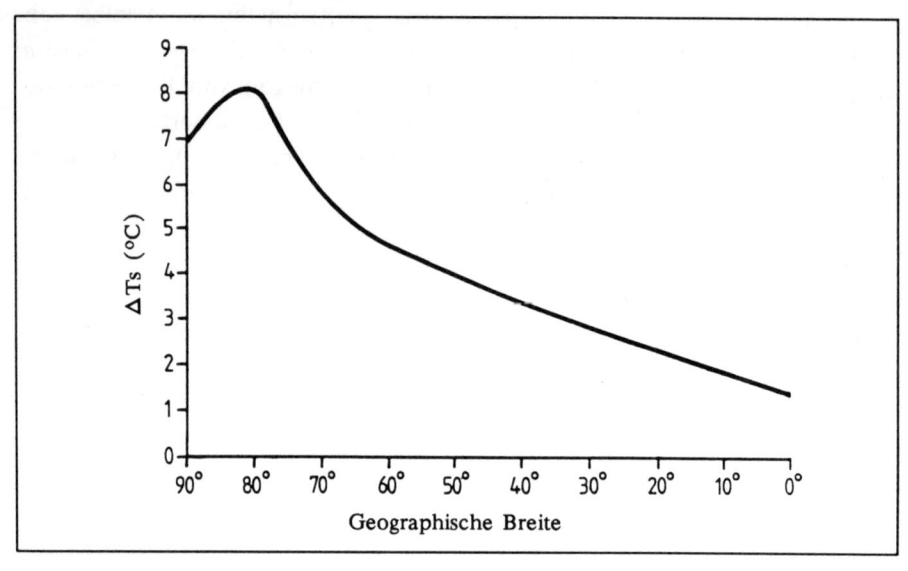

Quelle: *Volz* (1983: 21)

Unter Einbeziehung aller Spurengase, die den CO_2-Effekt noch verdoppeln, ergibt sich ein Unsicherheitsbereich von 1,5°C (Abbildung 72).

Die Differenzen der Modellrechnungen gehen im wesentlichen auf folgende Ursachen zurück:
- Unterschiede in der Struktur der Modelle
- Unterschiede in bezug auf die ihnen zugrunde liegenden Annahmen über die Sensitivität des globalen Luftgleichgewichts an der Erdoberfläche (*global mean surface air equilibrium sensitivity*)
- unterschiedliche Modellierung der Rückkopplungsvorgänge.

Man muss also den "Struktureffekt" der Modelle vom "Hypotheseneffekt" unterscheiden. Trotz dieser Unterschiede scheint sich im Verlauf der Weiterentwicklung und ständigen Verfeinerung der *General Circulation Models* (*GCM*) die Evidenz herauszukristallisieren, dass die im komplexen Rückkopplungssystem "*Atmosphäre–Hydrosphäre–Biosphäre*" gegenwärtig aktiven Antriebe in Richtung einer Erwärmung der Atmosphäre wirken. Sollte die seit 1980 festgestellte Abnahme der Solarkonstante zum Stillstand kommen oder wieder die Werte von 1960 erreichen, dürfte der treibhausbedingte Erwärmungseffekt noch stärker zum Vorschein gelangen. Diese Möglichkeit schliessen *Hansen et al.* (1988) keineswegs aus.

Abbildung 72: Kumulative Temperaturerhöhung infolge von CO_2 und Spurengasen

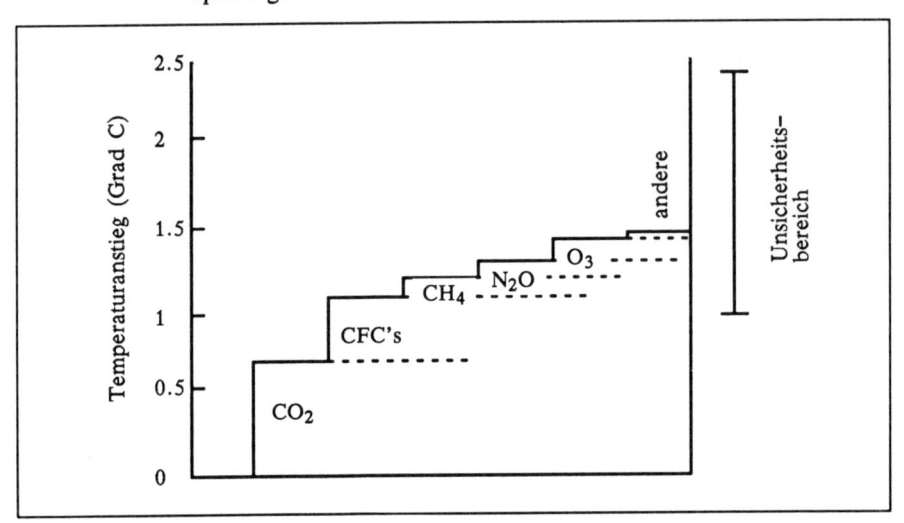

Quelle: Oeschger (1986: 8)

Die Diskussion über die Zuverlässigkeit der *GCM* ist international voll im Gang. Einen guten Überblick über die Eigenschaften und Unsicherheiten verschiedener Klimamodelle geben *Volz* (1983), *Ramanathan et al.* (1985) und *Reilly et al.* (1987). Im Rahmen der Beratungen über den *Energy Security Act* von 1980 hat der US Kongress die *National Academy of Sciences* aufgefordert, den Einfluss des durch Verbrennung fossiler Energieträger emittierten CO_2 auf das Klima zu untersuchen. Daraufhin wurde ein "*Carbon Dioxide Assessment Committee*" gebildet, das sich dieser Problematik annahm und einen Bericht veröffentlichte (*National Research Council* 1982), in welchem die Sensitivität des globalen Klimas gegenüber CO_2-Emissionen sowie die Rolle der Klimamodelle untersucht wird. Obwohl dieser Bericht heute durch andere Arbeiten in vielem ergänzt worden ist, stellt er dennoch einen Meilenstein in der wissenschaftlichen Erarbeitung dieser komplexen Materie dar. Es findet sich darin auch ein Überblick über die Ergebnisse der numerischen Simulationen verschiedener Klimamodelle. Unter Berücksichtigung dieser Resultate sowie weiterer Forschungsergebnisse hat die Arbeitsgruppe III der 1985 in Villach abgehaltenen internationalen CO_2-Konferenz einen Bericht über die Ursachen und Konsequenzen der Unsicherheiten unterbreitet, die in bezug auf die Abschätzung der Wirkungen der Treibhausgabe bestehen. Die Arbeitsgruppe kommt zum Schluss:

> Although quantitative uncertainty in model results persists it is highly probable that increasing concentration of greenhouse gases will produce significant climatic changes (WMO 1986: 57).

Diese noch ziemlich unverbindliche Formulierung wurde auf der Villach-Konferenz im September 1987 (Villach II) sowie auf der anschliessenden Konferenz in Bellagio im November des gleichen Jahres in Form von drei Szenarien präsentiert, die jeweils die oberen, mittleren und unteren Werte der erwarteten Temperaturerhöhung angeben. Nach Meinung der an dieser Ausarbeitung beteiligten Wissenschaftler werden die tatsächlichen Temperaturwerte innerhalb dieser Ober- und Untergrenze liegen. Abbildung 73 zeigt die drei Szenarien:

Abbildung 73: Globale Temperaturänderung (in °C)

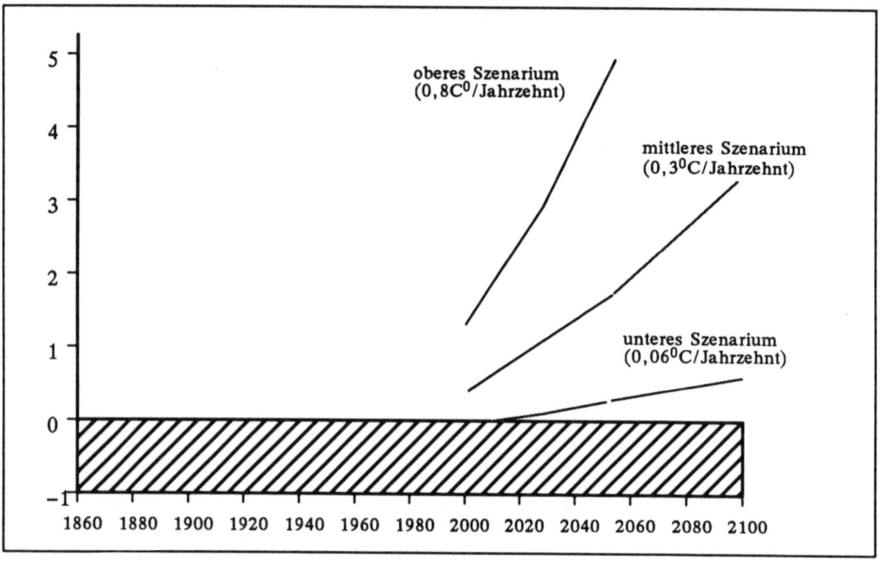

Quelle: nach *WMO* (1988, No. 419)

Das obere Szenarium geht von einer weiter anhaltenden Emission der Treibhausgase aus und nimmt eine hohe Sensitivität des Klimasystems an. Das Ergebnis ist eine Erhöhung der mittleren Oberflächentemperatur von 0,8°C pro Jahrzehnt. Das mittlere Szenarium geht davon aus, dass die bisherigen Emissionen andauern, die Emissionen von FCKW jedoch gemäss dem Ozonprotokoll von Montreal eingeschränkt werden und das Klimasystem eine mässige Sensitivität gegenüber exogenen Antrieben aufweist. In diesem Fall würde die mittlere Temperaturerhöhung 0,3°C pro Jahrzehnt betragen. Bei starker Reduktion der Emission von Treibhausgasen sowie bei angenommener geringer Sensitivität des Klimasystems würde der Temperaturanstieg im "unteren Szenarium" lediglich 0,06°C pro Jahrzehnt betragen.

Die Differenzen zwischen dem "oberen" und dem "unteren" Szenarium sind so gross, dass eine Projektion über mehr als 100 Jahre eine Bandbreite ergibt, die so gut wie alles in sich "aufnimmt". Der praktische Wert einer so grossen Varianz ist nahezu Null. Blieben wir auf diesem Niveau der Unsicherheit stehen, hiesse das nichts anderes, als dass in 100 Jahren die mittlere Temperatur der Erde gegenüber dem heutigen Wert von 15°C entweder 23°C oder auch 15,6°C betragen kann. Es besteht jedoch guter Grund zu der Annahme, dass sich dieser Unsicherheitsbereich in den kommenden Jahren erheblich verkleinern wird.

So unsicher zum gegenwärtigen Zeitpunkt jede Aussage über den konkreten numerischen Wert der in den nächsten Jahren zu erwartenden Temperaturerhöhung ist, so unsicher sind auch die zu erwartenden Auswirkungen beispielsweise auf die Höhe des Meeresspiegels oder auf die Vegetation. Was wir mit einiger Sicherheit wissen, ist, dass die Lufttemperaturen nahe der Erdoberfläche in der Zeit von 1860 bis 1960 um einen Wert gestiegen sind, der zwischen 0,5 und 0,9°K liegt. Danach gab es einen weiteren Anstieg von 0,4°K, allerdings in nur 30 Jahren (*Raschke* 1989). Damit steht ein Anstieg des Meeresspiegels um 2 bis 3 mm pro Jahr fest. Während der letzten Eiszeit vor 20000 Jahren lag der Meeresspiegel um 100 bis 150 m unter dem heutigen Niveau, vor 120000 Jahren hingegen 5 bis 7 m darüber.

Die Schätzungen bezüglich des treibhausbedingten Anstiegs des Meeresspiegels gehen weit auseinander. Dies hängt u.a. mit den unterschiedlichen Annahmen über das Abschmelzen des Eises in der West- und Ostantarktis zusammen. Aufgrund physikalischer Gesetze lässt sich zeigen, dass die erwärmungsbedingte Ausdehnung des Wassers nur zu einem geringen Teil – es handelt sich um einige Zentimeter – zum Anstieg des Meeresspiegels beiträgt. Schwankungen des Meeresspiegels, die Jahrtausende oder gar Jahrmillionen zurückliegen, sind zwar für die Analyse erdgeschichtlicher Prozesse wichtig, für die heutige Problematik jedoch insofern nicht direkt relevant, als der Faktor *Mensch* damals nicht im Spiel war und es keine Bevölkerungen gab, die durch solche Vorgänge hätten gefährdet werden können. Dass ein Anstieg des Meeresspiegels von mehreren Metern innerhalb eines Zeitraums von nur hundert Jahren sicherlich zu grossen Problemen insbesondere für die in Küstengebieten lebenden Menschen führen würde, liegt auf der Hand. Die Medien thematisieren natürlich solche Horrorszenarien mit besonderer Vorliebe. Nach heutigem Kenntnisstand ist jedoch, wie wir gesehen haben, mit einem eher langsameren Temperaturanstieg und deshalb wohl auch nur mit einem langsamen Anstieg des Meeresspiegels zu rechnen. Es handelt sich pro Dekade um Grössenordnungen von Millimetern bis Zentimetern, keinesfalls um Meter.[36] Dennoch werden Küstenschutzmassnahmen in Bangladesh, Indonesien usw. in Milliardenhöhe erforderlich sein. Wer diese Ausgaben finanzieren soll, und mit welchem "Know-how" vor Ort die gewaltigen Schutzdämme errichtet werden können, ist eine offene Frage.

Eine zweite Kategorie von Auswirkungen betrifft den Einfluss steigender CO_2-Gehalte sowie der dadurch bewirkten Temperaturerhöhung auf die Vegetation. Das *International Institute for Applied Systems Analysis (IIASA)* hat 1988 eine zweibändige Studie über den Einfluss von Klimavariationen auf die Landwirtschaft veröffentlicht (*Parry/Carter/Konijn* 1988). An diesen beiden Bänden haben rund 60 Wissenschaftler aus 16 Ländern mitgearbeitet. Der erste Band untersucht an Hand von Fallstudien die möglichen Auswirkungen von Klimaveränderungen auf nördliche Gebiete; der zweite Band untersucht die Auswirkungen auf semiaride Regionen. Es ist unmöglich, die Resultate dieser beiden umfangreichen Bände hier wiederzugeben. Insgesamt ist jedoch – mit allen Vorbehalten – festzustellen, dass der Erwärmungseffekt eine Steigerung der Erträge zur Folge haben wird. Dies ist an sich nicht überraschend, da das Wachstum von Pflanzen sowohl durch den höheren atmosphärischen CO_2-Gehalt als auch durch Wärme und mehr Niederschläge gefördert wird. Andererseits kann sich

> [...] die Resistenz gegen Trockenheit erhöhen, da sich die Spaltöffnungen wegen des erhöhten CO_2-Angebots weniger öffnen werden (*Gassmann/Weber* 1989: 19).

Diese allgemeine Feststellung wird in der erwähnten *IIASA*-Studie bestätigt. Von besonderem Interesse sind diese Wirkungen natürlich für die UdSSR. Man könnte sich ohne grosse Schwierigkeiten Szenarien vorstellen, in welchen Murmansk ganzjährig eisfrei und die Beringstrasse sowie die Küsten Nordsibiriens (Sewernaja Semlja, die Barentssee, Kara-See, Laptaw-See, Ostsibirische See, Tschuktschen-See usw.) während des ganzen Jahres schiffbar bleiben. Es sind auch Szenarien denkbar, die unter akzeptablen Annahmen über die Auswirkungen der Erwärmung auf das Wachstum von Pflanzen neue fruchtbare Anbaugebiete für Weizen und sogar für Reis im west- und nordsibirischen Tiefland als durchaus möglich erscheinen lassen.

Den Zusammenhang zwischen Temperaturanstieg und Wachstumszunahme zeigt die folgende Abbildung:

Ist es in Anbetracht dieser Aussichten verwunderlich, dass man dem CO_2-Problem gegenüber nicht nur negativ eingestellt ist? Der Sowjetrusse

---

36. Dies war auch das Ergebnis, zu welchem rund 4000 Wissenschaftler anlässlich der vom 4. bis 8. Dezember 1989 in San Francisco durchgeführten Konferenz der *American Geophysical Union (AGU)* gelangt sind. Vgl. den Bericht darüber im *"Global Environmental Change Report"* Vol. I, No. 3, S. 5.

Abbildung 74: Einfluss einer Temperaturerhöhung auf das Wachstum von Pflanzen

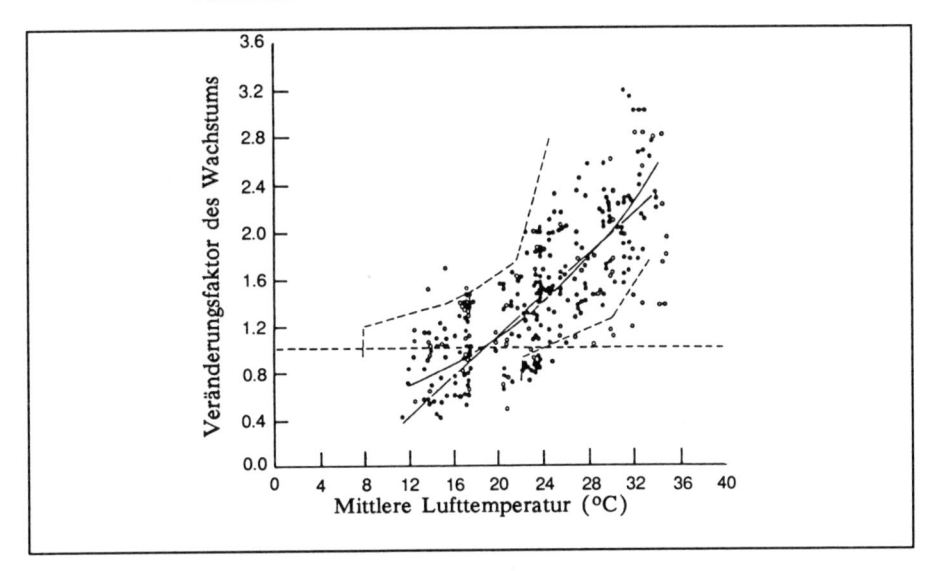

[Diagramm: Veränderungsfaktor des Wachstums (0.0 bis 3.6) gegen Mittlere Lufttemperatur (°C) (0 bis 40)]

Quelle: nach *Idso/Kimball/Anderson* (1989: 9)

Budyko, einer der prominentesten Klimatologen und Ökologen der Gegenwart, begrüsst sogar ausdrücklich den CO_2-bedingten Erwärmungseffekt als einen Vorgang, der insgesamt der Menschheit nur Vorteile bringen wird. Er kann sich dabei auf die Analysen seines sowjetischen Kollegen *Gerasimov* stützen, der die CO_2-induzierte Temperaturerhöhung als partielle Kompensation der durch die heutige Zwischeneiszeit tendenziell angelegten Temperatursenkung ansieht (vgl. Abbildung 75).

Niemand kann heute sagen, inwieweit es sich dabei um Wunschdenken oder um Prognosen handelt, die mit einiger Sicherheit eintreffen werden. Zu viele Unsicherheiten sind miteinander verkettet: Wieviel des emittierten CO_2 gelangt in die Atmosphäre, und wie werden sich die Ozeane in Zukunft verhalten? Welchen Einfluss wird das in die Atmosphäre gelangte CO_2 unter Berücksichtigung der nicht durch CO_2 induzierten Temperaturveränderungen schliesslich auf den (Netto-)Temperaturanstieg haben? Welche Auswirkungen wird dieser Anstieg sodann auf die Höhe des Meeresspiegels und auf die Agrarwirtschaft haben, wie perzipieren die davon betroffenen Länder ihre Interessenslage und wie werden sie sich in den nächsten Jahren verhalten? Man darf nicht vergessen, dass sich diese Unsicherheiten genauso wie Wahrscheinlichkeiten beziehungsweise Unwahrscheinlichkeiten potenzieren. Am Ende gelangt man in die Nähe der Feststellung, dass wir mit grosser Sicherheit wissen – und es auch begründen können –, dass wir nichts Genaues aussa-

Abbildung 75: Veränderung der mittleren weltweiten Temperatur (in °C)

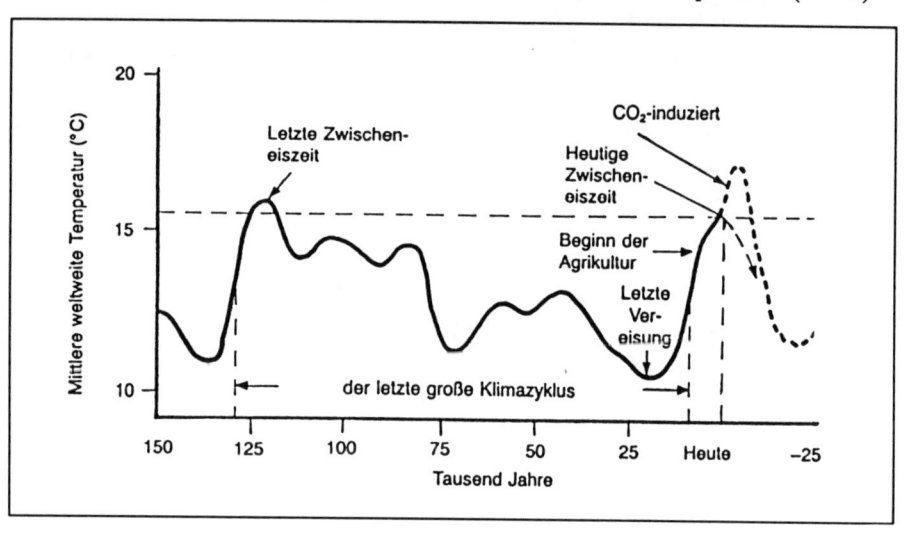

Quelle: *Gerasimov* (1979: 107)

gen können. Trotz dieser platonischen Einsicht sind praktisch anwendbare Orientierungen möglich.

4.6. Politische Implikationen und realistische Zielsetzungen

Theoretisch gibt es in Anlehnung an die Spieltheorie drei mögliche Situationen, die das Resultat eines Vorgangs (Spiels) für die daran Beteiligten charakterisieren:

A: Es gibt Verlierer und Gewinner. Im Idealfall sind die Verluste des einen Spielers gleich den Gewinnen des anderen ("Nullsummen-Spiel").

B: Es gibt vorwiegend Verlierer beziehungsweise nur Verlierer. In der Spieltheorie spricht man dann von einem "Negativsummen-Spiel".

C: Es gibt vorwiegend oder nur Gewinner. Man spricht dann von einem "Positivsummen-Spiel".

Das Interessante an der heutigen Situation ist, dass die internationale Gemeinschaft als Ganzes die CO_2-Problematik und den damit in Zusammenhang gebrachten Treibhauseffekt vorwiegend als "Negativsummen-Spiel" perzipiert, also davon ausgeht, dass die Menschheit als Ganzes darunter zu leiden haben wird. In der *Resolution 43/53 der Vereinten Nationen* vom 27. Januar 1989 wird ausdrücklich festgehalten, dass die Vereinten Nationen das Problem der Klimaänderung als *"common concern of mankind"* betrachten. Alle

Konferenzresolutionen, Deklarationen, Positionen, Forderungen, Vorgaben und Richtlinien, die in den letzten Jahren von internationalen Organisationen, den *International Governmental Organizations (IGO)* wie den *International Non-Governmental Organizations (INGO)* proklamiert worden sind, unterstellen implizit die "Negativsummen-Spiel"-Situation.[37]

Den konkretesten Niederschlag fand diese Besorgnis in den Vorgaben der Toronto-Konferenz vom Juni 1988. In diesem sogenannten *"Toronto Target"* wird gefordert, dass die CO_2-Emissionen bis zum Jahr 2005 gegenüber dem Niveau von 1988 um 20 % reduziert werden. Das würde bedeuten, dass wir statt der rund 22 Gt CO_2-Emissionen des Jahres 1988 siebzehn Jahre später nur noch 17,6 Gt CO_2 emittieren dürften. Um dieses Ziel zu erreichen, sind zusätzliche Forschungsanstrengungen erforderlich. Es wird deshalb die Errichtung eines *"World Atmosphere Fund"* gefordert, der teilweise durch eine Besteuerung des Verbrauchs fossiler Energieträger finanziert werden soll. Ausserdem sei im Licht der akuten CO_2-Problematik eine Neubewertung der Kernenergie erforderlich (siehe Anhang 3a).

Schon in Toronto sind tiefgreifende Meinungsunterschiede zwischen den Ländern zu Tage getreten. So haben sich zum Beispiel sowohl Indonesien als auch Brasilien gegen jegliche Einmischung in ihre Ressourcen- beziehungsweise Abholzungspolitik, gewandt. Es ginge nicht an, dass die Industrieländer zunächst die Atmosphäre mit CO_2 anreichern und dann die Entwicklungsländer unter dem Aspekt des Umweltschutzes daran hindern, ihre Ressourcen so zu nutzen, wie sie es für erforderlich und richtig halten. Die waldreichen Entwicklungsländer – wiederum im wesentlichen Brasilien und Indonesien – argumentieren ferner, dass sie zum jetzigen Zeitpunkt dank ihrer grossen Waldflächen immer noch Nettoabsorber von CO_2 seien und deshalb gar nicht in die Reduktionspolitik einbezogen werden dürften. Ausserdem weisen viele Entwicklungsländer, durchaus mit einigem Recht, auf die grossen Pro-Kopf-Unterschiede in den CO_2-Emissionen hin. Sodann versprechen sich die Staaten mit grossen, in hohen Breitengraden gelegenen Territorien vom Treibhauseffekt greifbare Vorteile für ihre Landwirtschaft sowie für die Schiffahrt. Sie

---

37. *Kübler* (1990) hat im Januar 1990 eine Zusammenstellung der wichtigsten Konferenzen vorgenommen, die sich seit 1988 unter vorwiegend politischen Aspekten mit der Klimaproblematik befasst haben. Wir geben diese Zusammenstellung, worin auch die wichtigsten Thesen, Forderungen und Vorgaben aufgeführt sind, mit freundlicher Genehmigung des Autors in Anhang 3 wieder. – Es sei in diesem Zusammenhang noch vermerkt, dass diesen Konferenzen zwei bedeutende, mehr wissenschaftlich orientierte internationale Zusammenkünfte, nämlich Villach I (1985) und Villach II (1988) vorangegangen sind. 1990 sind folgende Konferenzen vorgesehen: Bergen-Konferenz (8. – 16. Mai), Weltwirtschaftsgipfel in Houston (9. – 11. Juli) und 2. Weltklimakonferenz in Genf (12. – 23. November).

sehen also keinen Grund, sich zum jetzigen Zeitpunkt aktiv an der Reduktion von CO_2-Emissionen zu beteiligen.

Schliesslich ist noch China zu nennen. China verbrennt gegenwärtig fast Tausend Millionen Tonnen Steinkohle, die teilweise einen hohen Schwefelgehalt hat und dementsprechend stark umweltbelastend ist. Bis zum Ende dieses Jahrhunderts, also in zehn Jahren, wird sich dieser Verbrauch auf 1500 bis 1700 Millionen Tonnen (= 1,5 bis 1,7 Gt) erhöhen. Dies entspricht einer CO_2-Emission von 14 bis 17 Gt. Während China 1985 mit 13 % am globalen CO_2-Ausstoss beteiligt war, dürfte sein Anteil im Jahr 2000 auf über vierzig Prozent ansteigen. Es ist deshalb nicht übertrieben, wenn man heute gelegentlich sagt, China sei die Umweltzeitbombe des 21. Jahrhunderts.

An der Ministerkonferenz über *"Atmospheric Pollution & Climatic Change"*, die im November 1989 im holländischen Noordwijk stattfand, haben die USA, das Vereinigte Königreich, Japan, die UdSSR und China eine Konkretisierung der internationalen Reduktionsziele für CO_2-Emissionen blockiert. Diese Länder sind zusammen mit über 60 % am globalen CO_2-Ausstoss beteiligt. Man konnte sich nur auf die allgemeine Formel einigen, dass es an der Zeit sei,

[...] to investigate quantitative emission targets to limit or reduce CO_2 emissions (siehe Anhang 3.8).

Die Zurückhaltung gewisser Länder wird noch grösser, wenn – wie auf der Internationalen Umweltkonferenz in Den Haag im März 1989 oder auf dem Weltwirtschaftsgipfel im Juli 1989 in Paris beziehungsweise in Noordwijk im November 1989 – zusätzliche Hilfeleistungen an die Entwicklungsländer im Sinne eines *"burden sharing"* gefordert werden. Es ist zu befürchten, dass solchen *"burden sharing"*-Konzepten unter dem Eindruck der zusätzlichen finanziellen Belastungen, die durch die Befreiung Osteuropas auf die westlichen Industrieländer in Zukunft zukommen, noch engere Grenzen gesetzt sein werden.

Was also tun? Muss man resignieren? Sollte man dafür plädieren, die Treibhausfrage von der Agenda internationaler Konferenzen überhaupt zu streichen – teils deshalb, weil ohnehin kein Erfolg zu erwarten ist, teils auch deshalb, weil wir ja möglicherweise mit einem etwas wärmeren Klima gar nicht so schlecht fahren dürften? Die Antwort lautet: nein.

Um eine breitere Basis für international tragfähige Kompromisse zu finden, sollte man weniger die möglichen Vor- und Nachteile einer CO_2-bedingten Erwärmung der Erdatmosphäre diskutieren, als vielmehr die Rolle der *Impulsphänomene* im Ökosystem beachten. Die in der Vergangenheit nachgewiesenen Veränderungen des CO_2-Gehalts der Atmosphäre vollzogen sich sehr langsam. Im Vergleich dazu erfolgt die anthropogen verursachte Anreicherung der Atmosphäre mit CO_2 geradezu explosionsartig. *Sassin* (1988) bemerkt dazu:

> Die derzeit gemessene Anstiegsrate des CO_2-Gehalts überschreitet die beobachteten natürlichen Veränderungsraten um den Faktor 100 (Sassin 1988: 7).

Die wichtigste und zugleich "jüngste" uns heute bekannte Ausnahme von dieser Regel ist der bereits erwähnte Temperaturanstieg von rund 7°C vor 10 700 Jahren. Er vollzog sich in nur 50 Jahren und ist mit Sicherheit nicht anthropogenen Ursprungs. Die Ursachen für dieses Phänomen sind unbekannt. Weiter zurückliegende Temperaturschwankungen und rapide Änderungen der Atmosphäre gehen auf *"impacts"* von Asteroiden und/oder auf Vulkanausbrüche zurück. Man kann nun versuchen, die Grösse der Temperaturveränderung mit ihrer Veränderungsrate zu vergleichen. *Sassin* (1988) hat diesen Vergleich angestellt und in einem Schema abgebildet (vgl. Abbildung 76):

Abbildung 76: Temperaturvariabilität in den letzten 850 000 Jahren

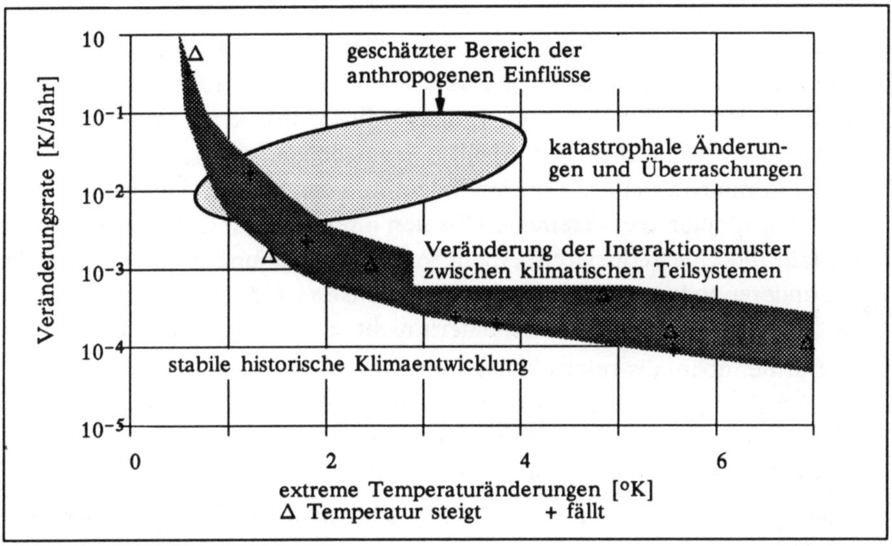

Quelle: *Sassin* (1988: 7)

Eine solche Darstellung ist – auch wenn gewisse Unschärfen darin enthalten sein mögen – insofern aufschlussreich, als daraus deutlich wird, wie sehr der anthropogene Faktor bereits heute in den Bereich der *"catastrophic change and surprise"* hineinreicht. Mit einer an Sicherheit grenzenden Wahrscheinlichkeit wird das System *Atmosphäre-Biosphäre* dadurch destabilisiert. Unvorhersehbare Reaktionen des Klimasystems sind dann wahrscheinlich. Dabei muss man sich nochmals vor Augen halten, dass das Klimasystem hochgradig nicht-linear ist und deshalb in ein instabiles *"Flip-Flop"*-Verhalten geraten kann. Solche Phänomene sind in der Natur nicht unbekannt. Denken wir zum Beispiel an die periodisch auftretende Umpolung des Erdmagnetfeldes. Ein ähnliches Phänomen im Klimasystem kann nicht ausgeschlossen werden. Die Folgen wären jedoch unvergleichlich weitreichender als die der Umpolung des Magnetfeldes der Erde. Es liegt deshalb nahe, dieser Gefahr durch eine De-Eskalation zu begegnen, d.h. die Emissions*raten* von CO_2 zu reduzieren. Dies kann grundsätzlich in drei Stufen (kurz-, mittel- und langfristig) geschehen:

A: Unmittelbare und kurzfristige Massnahmen
- Die erste Massnahme betrifft die Reduktion des Energieverbrauchs. Nehmen wir die Vereinigten Staaten. Der jetzige Pro-Kopf-Verbrauch könnte dort zum Beispiel den heutigen 12 kW ohne Einbusse an Lebensqualität auf den europäischen Durchschnittswert von 6 kW reduziert werden. Dies würde eine Reduktion des CO_2-Ausstosses von gegenwärtig 1,3 Gt/a auf rund 0,8 Gt/a ermöglichen.
- Die zweite Massnahme, die ebenfalls kurzfristig verwirklicht werden kann, ist der *Fuel Switch* – das Umsteigen von Kohle auf Erdgas. Bei Verbrennung von Kohle entstehen pro Tonne SKE 2,683 t CO_2; bei Erdgas sind es 1,545 Tonnen. Das Umsteigen auf Erdgas würde also eine Reduktion des CO_2-Ausstosses um rund die Hälfte ermöglichen.

Bei Kombination dieser beiden Faktoren – des Spareffekts und des *Fuel Switch* – könnten die Vereinigten Staaten ihren jetzigen CO_2-Ausstoss von 1,3 auf 0,4 Gt/a reduzieren. Ähnliche Grössenordnungen gelten auch für die anderen Industrieländer, wobei zu bedenken ist, dass das "Sparpolster" in den europäischen Industrieländern nicht so gross ist wie in den USA.
- Die dritte, ebenfalls relativ schnell greifende Massnahme ist nach wie vor die Erhöhung der Wirkungsgrade bei der Energieumwandlung und Energienutzung. Hier gibt es insbesondere bei der Kraft-Wärme-Kopplung in vielen Ländern noch ungenutzte Potentiale.

Alle diese Massnahmen sind verhältnismässig billig und greifen relativ schnell.

B: Mittelfristige Massnahmen
- Hier bieten sich insbesondere Rückhalte- und Entsorgungstechniken an. Über die Entsorgungsmöglichkeiten von Kohlendioxid gibt es eine umfassende Literatur. Einen guten Überblick findet der interessierte Leser bei *Seifritz* (1989b). Als einer der ersten hat *Marchetti* (1988) eine Lösung vorgeschlagen, die sich auf eine direkte Anwendung (Westukraine) bezieht. Dabei kommt der Kernenergie in doppelter Hinsicht neue Bedeutung zu. Erstens gilt Kernenergie als Substitutionsenergie für fossile Energieträger. Die These, dass infolge des dadurch notwendig werdenden Zubaus von

Kernkraftwerken wiederum mehr CO_2-Emissionen entstünden, ist bereits Mitte der 70er Jahre widerlegt worden. Die energetische Amortisationsdauer eines Kernkraftwerks beträgt 2,2 Monate (Siemens, SG-Nr. 949 vom 14.12.1989). Dennoch wird immer wieder das Gegenteil behauptet.
- Zweitens ergibt sich eine neue Verwendung von Kernenergie im Kontext der CO_2-Entsorgung. Der beste Weg dazu besteht in der effizienten Allokation (der sogenannten *"cost effectiveness"*). Dort, wo sie trotz guten Managements nicht erreicht werden kann, hilft nur der technische Fortschritt weiter, und der ist wiederum von der Forschung abhängig, die ihrerseits Geld und Zeit benötigt. Damit wird der duale Charakter des ökonomischen Fortschritts deutlich: mehr Kapital, mehr Technik, mehr Wissen. Alles dies braucht Zeit, "kauft" aber auch Zeit und schafft dadurch neue Optionen.
- Die De-Eskalation und damit die Entschärfung des CO_2-Problems ist also sinnvoll und möglich. Die Stichworte dafür lauten:
  - Einsparung durch Verhaltensänderung
  - Erhöhung der Wirkungsgrade durch technischen Fortschritt
  - *Fuel Switch*
  - Integration der Kernenergie in den Entsorgungsprozess
  - Rückhaltung durch neue Verfahren auf der Grundlage heute verfügbarer und weiter zu entwickelnder Techniken.

Trotzdem bleibt die Toronto-Vorgabe mit grosser Wahrscheinlichkeit unerreichbar. Da die CO_2-Emissionen der Entwicklungsländer weiterhin steigen werden, müssten die Industriestaaten ihre Emissionen bis zum Jahr 2005 um mehr als die im *Toronto-Target* genannten 20 % reduzieren. Dies übersteigt jedoch sowohl die technischen als auch die finanziellen Möglichkeiten selbst der reichsten Länder.

C: *Langfristige Massnahmen*
- In der hier relevanten Perspektive bedeutet "langfristig" etwa 50 Jahre. Es darf als sicher gelten, dass weder die Industrieländer noch die Länder der Dritten Welt ihre Energieversorgung in diesem Zeitraum völlig von den fossilen auf andere CO_2-freie Energieträger umgestellt haben werden – fossile Energieträger werden wohl weltweit bis in das 22. Jahrhundert eingesetzt (*Runge/Hoffmann* 1990). Sollte es sich erweisen, dass ein weiteres Anwachsen des CO_2-Gehaltes der Atmosphäre entweder für sich allein oder in Kombination mit der Emission weiterer Spurengase schon innerhalb der nächsten Jahrzehnte tatsächlich zu einer Erhöhung der Temperatur der Atmosphäre und damit zu einer zunehmenden Instabilität des Klimasystems der Erde führt, dann müsste selbst bei völliger Ausschöpfung aller Sparpotentiale eine CO_2-freie Nutzung fossiler Stoffe angestrebt wer-

den. Dafür gibt es heute schon zahlreiche Lösungen. Seifritz (1988b, 1989b,d) hat eine vergleichende Analyse dieser heute verfügbaren Verfahren vorgenommen. Dabei hat er sowohl die energetische Effizienz als auch die Finanzierbarkeit der Verfahren untersucht. Das Schema *eines* dieser Verfahren ist in Abbildung 77 wiedergegeben. Es zeigt sich, dass ein CO_2-freies fossiles Energiesystem wegen der erforderlichen exogenen Bereitstellung von Wasserstoff aus stöchiometrischen Gründen auf die Einbeziehung von Kernenergie angewiesen ist.

> Wenn man also von einem *Ausstieg aus der Kernenergie* spricht, darf man nicht vergessen, das ohne sie auch ein "CO_2-Management" der fossilen Brennstoffe [...] kaum möglich sein wird (Seifritz 1988d: 4).

- Eine der wichtigsten langfristigen Massnahmen im Energiebereich dürfte die Weiterentwicklung technisch und wirtschaftlich effizienter Systeme sein, die kostengünstig eine Entsorgung, d.h. im wesentlichen eine Deponierung des beim Verbrennungsprozesses entstehenden CO_2 in nicht-dissipierende Senken erlauben. Aus der Perspektive von mehreren Jahrhunderten gesehen, dürfte dies eine wichtige, wenn nicht gar *die* wichtigste, Zwischenstufe auf dem Wege zur Erstellung eines Energiesystems sein, das auf keine Nutzung fossiler Energieträger mehr angewiesen ist. Ein solches System dürfte einerseits auf der Bereitstellung von solar gewonnenem Wasserstoff und andererseits, ergänzend dazu, auf der CO_2-neutralen Nutzung von Biomasse

- Auf dem Wege zu dieser langfristig tragfähigen technischen Lösung gilt es möglichst alle Möglichkeiten auszuschöpfen, die eine Reduktion der CO_2-Emissionen erlauben. Dabei sollte man jedoch vor unbedachten und utopischen Zielsetzungen Abstand nehmen, weil ihre Nichteinhaltung zu Frustrationen und gegenseitigen Schuldzuweisungen führt, wodurch das internationale Klima eine Verschlechterung erfährt. Erste Anzeichen dafür (z.B. die Commonwealth-Konferenz) vom Herbst 1989 in Kuala Lumpur – sind bereits deutlich sichtbar. Viele Hoffnungen knüpfen sich deshalb an die Arbeiten des im November 1988 von der *World Meteorological Organization* (*WMO*) und dem *United Nations Environmental Program* (*UNEP*) ins Leben gerufenen "*Intergovernmental Panel on Climate Change* (*IPCC*). Es ist dies die erste international institutionalisierte Gruppe von hochrangigen Experten, die in drei Arbeitsgruppen wissenschaftliche Information zur Klimaproblematik erarbeiten, die sozialökonomischen Auswirkungen von Klimaveränderungen erörtern und schliesslich die Durchführbarkeit von entsprechenden Strategien ("*response strategies*") prüfen. Am Ende dieses sicher langwierigen Prozesses und vieler Umweltkonferenzen könnte eines Tages der von vielen geforderte "Umweltsicherheitsrat" stehen. Um wirk-

Abbildung 77: Zukunft der Kernenergie

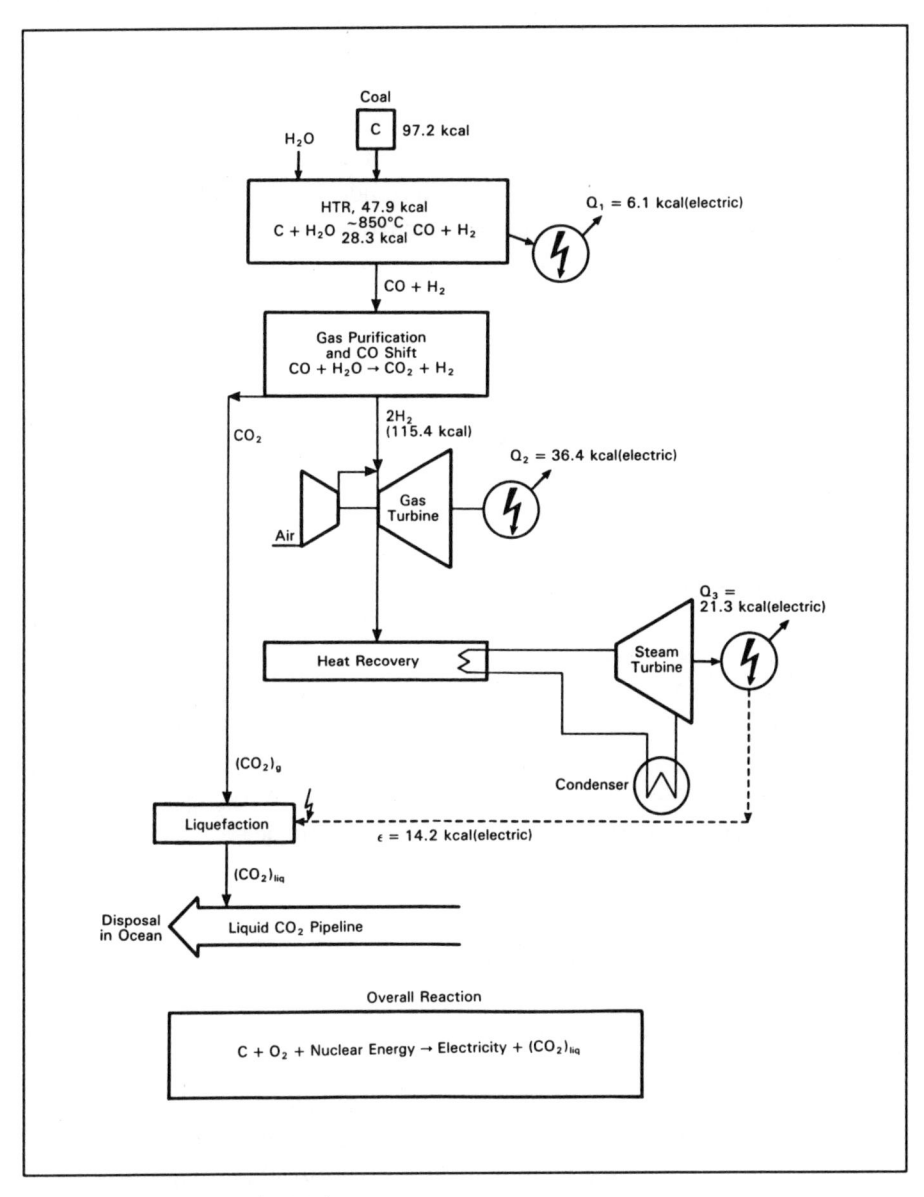

```
                    Coal
          H₂O     ┌─────┐
                  │  C  │  97.2 kcal
                  └─────┘
          ┌──────────────────────┐
          │    HTR, 47.9 kcal    │       Q₁ = 6.1 kcal(electric)
          │      ~850°C          │
          │ C + H₂O ──── CO + H₂ │
          │      28.3 kcal       │
          └──────────────────────┘
                  CO + H₂
          ┌──────────────────────┐
          │   Gas Purification   │
          │     and CO Shift     │
          │ CO + H₂O → CO₂ + H₂  │
          └──────────────────────┘
                      2H₂
            CO₂      (115.4 kcal)
                                         Q₂ = 36.4 kcal(electric)
                     ┌─────┐
                     │ Gas │
                     │Turb.│
              Air    └─────┘

                                         Q₃ = 21.3 kcal(electric)
              Heat Recovery    Steam Turbine

                               Condenser

           (CO₂)g
          ┌──────────────┐
          │ Liquefaction │    ε = 14.2 kcal(electric)
          └──────────────┘
           (CO₂)liq
    Disposal
    in Ocean    Liquid CO₂ Pipeline

                   Overall Reaction
          ┌──────────────────────────────────────┐
          │ C + O₂ + Nuclear Energy → Electricity + (CO₂)liq │
          └──────────────────────────────────────┘
```

Quelle: nach *Seifritz* (1989d)

sam operieren zu können, müssten ihm jedoch grössere Kompetenzen übertragen werden, als dies beim heutigen Sicherheitsrat der Vereinten Nationen der Fall ist, in dem bekanntlich jedes Mitglied ein Vetorecht hat.

Der künftige "Umweltsicherheitsrat" wird sich deshalb nicht auf die Schlichtung von Umweltkonflikten beschränken dürfen, sondern muss Lösungen erarbeiten, die in der Perzeption der Beteiligten von gegenseitigem Vorteil sind. So könnte man zum Beispiel das global durchaus relevante CO_2-Problem Chinas dann in den Griff bekommen, wenn diesem Land Umweltschutzmassnahmen im Energiesektor angeboten würden, die geeignet sind, lokal und regional stark auftretende Umweltbelastungen (SO_2, Staub, Asche) zu mildern und dabei gleichzeitig eine geringere CO_2-Emission erlauben. Näheres dazu führen *Kappel/Staub* (1989) aus.

- Da man sich in absehbarer Zeit kaum darüber einigen wird, ob eine CO_2-bedingte Erhöhung der Temperaturen für die Welt gut ist oder nicht, wäre es vernünftiger, statt dessen an die tatsächlich bestehenden Unsicherheiten anzuknüpfen und von der nicht auszuschliessenden Destabilisierung des Klimasystems auszugehen. Man könnte dann das ganze Problem aus der Perspektive der *Risikoabdeckung* angehen und die De-Eskalation von CO_2-Emissionen über Versicherungsprämien finanzieren. Die Höhe der von den verschiedenen Ländern zu erbringenden Prämien müssten dann auf der Grundlage eines ständig nachgeführten Netto-Emissionskatasters berechnet werden. Dadurch könnte man dann auch die *"burden sharing"*-Problematik etwas entschärfen.

Was sich im Wechselspiel von Atmosphäre und Biosphäre ereignet, ist bis in die letzte Einzelheit noch nicht aufgeklärt und dürfte auch kaum aufklärbar sein. Dennoch sind gewisse Trends schon heute erkennbar. Zusätzliche Informationen über dieses sehr komplexe Wirkungsgefüge erhalten wir durch die Einbeziehung der Wandlungen der Siedlungsstruktur. Dies soll im folgenden geschehen.

5. Veränderung der Siedlungsstruktur

Im wesentlichen gibt es drei ökologisch relevante Komponenten der Raumnutzung:
- Gewinnung von Lebensraum durch Brandrodung
- Nutzung des Raumes für Siedlungen und Agrarproduktion
- Entstehung von Agglomerationen. (Sie sind im größeren Umfang erst möglich geworden, nachdem es dem Menschen gelang, durch Domestizierung von Pflanze und Tier eine positive Energiebilanz zu erwirtschaften.)

Erst um die Mitte des 19. Jahrhunderts zeichnen sich in Europa die ersten Konturen einer systematischen, auf konkurrierende Nutzungen des Raumes bezogenen Ordnungsstruktur ab: Die durch Heinrich *Cotta* 1832 verfasste

Schrift *"Grundriss der Forstwirtschaft"* wird in späteren Jahrzehnten zur Grundlegung forstwirtschaftlicher Massnahmen, insbesondere in der Forstgesetzgebung. Sie entwickelt sich parallel zu der weiträumigen Verkehrserschliessung durch Strassen, Kanäle und später durch Eisenbahnen. Aus einer Kombination von zunehmendem Mobilitätsbedürfnis der Menschen und zunehmendem Bedarf an Verkehrsmöglichkeiten für den Transport von Gütern sowie der für ihre Produktion erforderlichen leitungsgebundenen Ver- und Entsorgungssysteme (Energie, Kanalisation) entstand ein immer dichter werdendes Netz einer der Versorgung des Menschen mit Gütern dienenden Verkehrsinfrastruktur. Zu den traditionellen Nutzungen für Besiedlung und Agrarproduktion, einschliesslich der zunächst nach rein ökonomischen Gesichtspunkten ausgelegten Waldnutzung (Forstwirtschaft) sowie später der Industrieproduktion, kam diese Infrastruktur verstärkt als konkurrierendes Element der Raumnutzung hinzu.

Die verschiedenen miteinander konkurrierenden *Nutzungsformen des Raumes* lassen sich in erster Näherung wie folgt systematisieren:

5.1. Nutzungsformen und Infrastrukturbedarf

Produktion:
- Landbedarf für Agrarproduktion (einschliesslich Lagerhaltung)
- für Industriebetriebe (einschliesslich Lagerhaltung)
- für Energieproduktion (Kraftwerke – fossil-betriebene Kraftwerke wie auch Kernkraftwerke sowie (neu) Flächenbedarf für sogenannte alternative Energiequellen wie Wind- und Solarenergie).
- für Dienstleistungen (Bank- und Versicherungswesen sowie auch für Entsorgungszwecke (z.B. Deponien).

Siedlungsraum:
- sehr unterschiedlicher Landbedarf je nach Siedlungsstruktur (zum Beispiel Hochbauten im Gegensatz zu Streusiedlungen)

Freizeitbedingte Raumnutzung:
- Hotels für den Tourismus, Tennisplätze, Golfplätze, Stadien, Rennbahnen, Skipisten, Flugplätze für Sportflieger, Gewässer für Segler usw.

Aus diesen drei wichtigsten Nutzungsformen leitet sich ein Bedarf an vernetzungsbedingter Infrastruktur ab, deren Erstellung ihrerseits raumbeanspruchend ist.

Verkehr:
- Strassen, Schienen, Kanäle
- Raum für den Luftverkehr in Form sowohl von Luftraum als auch von Flugplätzen
- Häfen usw.

Kommunikation:
- Leitungsgebundene Systeme (Telefon, Telex, Kabelfernsehen usw.)
- raumnutzende, auf elektromagnetischen Wellen beruhende Systeme wie Satelliten, Empfangsanstennen usw.

Energieversorgung:
- Raumbedarf für leitungsgebundene Energieträger (Überlandleitungen für Elektrizität, Rohrleitungen für Öl und Gas)
- schienen- und strassennutzende Zubringerdienste (relevant vor allem bei Kohle, teilsweise aber auch bei Öl).

Dieser *Nachfrage* steht ein *Angebot* an Raum gegenüber, das sich bei uns in Europa im wesentlichen aus zwei Prozessen ergibt:
- Stillegung von Anbauflächen infolge von Überproduktion sowie aus Umweltgründen
- Freisetzung von Industrieland (sogenannte "Industriebranche") aus zwei Gründen: (a) relative Rückbildung des Industriesektors zugunsten des tertiären Sektors (Dienstleistungssektor), und (b) geringerer Flächenbedarf der Industrie infolge erhöhter Automatisierung sowie optimierter Produktions-, Lager- und Verteilungsprozesse.

Von den angeführten Komponenten der Nachfrage nach Raumnutzung nehmen insbesondere der Bedarf für *Siedlungsraum* und vermutlich noch stärker der Bedarf für *freizeitbedingte Raumnutzung* zu.So hat sich die pro Kopf genutzte Wohnfläche in der Schweiz in den letzten 25 Jahren rund verdoppelt. Da die vernetzungsbedingte Infrastruktur im wesentlichen eine quadratische Funktion der zu vernetzenden Komponenten ist [$n(n-1)$], steigt auch dieser Bedarf ausserordentlich stark an.

Einer vermehrten Nachfrage nach Raumnutzung stehen also Freisetzungen gegenüber. Generell überwiegt in Agglomerationsgebieten die Nachfrageseite, was sich u.a. in steigenden Landpreisen äussert. Zugleich nehmen Nutzungsvielfalt, die Zahl der "Umwidmungen" (Veränderung der Nutzungsstruktur) sowie *Komplexität und Stringenz der Randbedingungen*, unter welchen diese Prozesse stattfinden, zu.

5.2. Neue Randbedingungen und veränderte Prozessstrukturen

Die wichtigste neue Randbedingung bildet das Umweltproblem: In dem Mass wie konkurrierende Raumnutzungen die Umwelt verändern, verschärft sich das *Problem der Externalitäten*. Es geht nun nicht mehr wie bisher um die Verteilung eines gegebenen Raumes auf unterschiedliche Nutzungen, sondern um die Vermeidung negativer Auswirkungen sowohl auf die eigene Nutzung als auch auf diejenige der anderen. Dabei entstehen sowohl Gewinner als auch Verlierer, was den politischen Entscheidungsprozess erheblich erschwert. Besonders die negativ Betroffenen fordern aus naheliegenden Gründen die "Erhaltung der Natur".

Es stellt sich dann die Frage, ob es eine "natürliche Natur" überhaupt gibt. Streng genommen hat es "unberührte Natur" nur zu einer Zeit gegeben als der heute noch existierende *Homo sapiens* nicht existierte. Eingriffe in die Natur und die Korrektur der unliebsamen Nebenwirkungen solcher Eingriffe beziehen sich also auf den Menschen selbst. Wollte man die Auswirkungen solcher Eingriffe auf die Natur als solche beziehen, müsste man wissen, ob die "Natur" etwas "will" beziehungsweise "wollen kann". Erkenntnistheoretisch ist diese Frage nicht beantwortbar.

Das Ökosystem ist, wie wir gesehen haben, ein hochgradig vermaschtes, aus Teilsystemen bestehendes Gesamtsystem, dessen Komponenten und Rückkopplungen das Resultat langer evolutionsgeschichtlicher Prozesse sind. Es weist einen hohen Grad an Stabilität auf. Teilsysteme können sich verändern, ohne dass das Gesamtsystem zusammenbricht. Umgekehrt weist das Ökosystem aber auch eine hohe Sensitivität gegenüber gewissen schnellen Veränderungen auf. Natürlich entstandene Ökosysteme werden in der Regel weniger durch die Störung eines Teilsystems destabilisiert als vielmehr durch Veränderungen, die sich zu schnell zutragen. Gerade dies trifft heute für eine Anzahl von anthropogen beeinflussten Prozessen zu: Einerseits nimmt die Zahl der Menschen zu, andererseits steigt zugleich der Energie- und Materialdurchsatz.

Ein weiterer Faktor besteht darin, dass das Subsystem *Mensch* ein selbstrekursives System ist: Der Mensch hat im Verlaufe seiner Geschichte eine Reflexion über dieses Geschehen entwickelt. Das geht so weit, dass der Mensch als erste Spezies andere Arten schützt, und zwar auch solche, die mit seinem eigenen Überleben direkt nichts zu tun haben. (Zur Theorie selbstreferenzieller Systeme vgl. *Hofstadter* 1985 und *Markley* 1976.)

Daraus folgt, dass der Mensch mit jeder konsumtiven und produktiven Leistung neue Ver- und Entkopplungen verursacht. Es entstehen beständig neue Konzentrationsvektoren, die mit dem Aufbrechen beziehungsweise Schliessen von *Massenströmen* zu tun haben (vgl. dazu *Fritsch* 1986).

Systemtheoretisch handelt es sich um eine besondere Art der Morphogenese. Die schnellen Variablen, zum Beispiel der Verbrauch von fossilen Stoffen im Vergleich zu ihrer Entstehung, wirken zurück auf die langsamen Parameter, beispielsweise über CO_2, und verändern damit, wie im vorangehenden Kapitel dargelegt, das Gesamtsystem *Atmosphäre*.

In sozialen Systemen gibt es eine ähnliche Situation: Wenn zum Beispiel die Preise rapid steigen (Inflation), dann verändert diese "schnelle Variable" die langsamen Variablen des Systems – die Wertvorstellungen der Menschen. Die Raum- und Strukturplanung ist der Versuch, eine Morphogenese des Gesamtsystems zu bewirken, und zwar nach Ziel- und Mittelkategorien unter den Randbedingungen von Demokratie. Dies ist eine ausserordentlich schwierige Sache.

Wie der Mensch sich in der Natur einrichtet, ist der Natur als solcher gleichgültig. Die Gestaltung des Raumes durch den Menschen in einer Weise, dass seine Entfaltungsmöglichkeiten unter den Bedingungen einer humanen Existenz gewahrt bleiben, ist für den *Menschen*, nicht aber für die Natur ein Überlebensproblem. Dabei entsteht ein Dilemma: Einerseits handelt es sich bei den verschiedenen Raumnutzungen um die planerische und durch Regelungen angestrebte Gestaltung des Lebensraumes unter den Randbedingungen ökologischer Stabilität. Andererseits gelangen Vorstellungen darüber zum Ausdruck, wie die sogenannte "schöne Natur" eigentlich aussehen soll: Ist ein ungepflegter Naturpark nach der Art des *Yellowstone*-Parks "besser" als ein gepflegter Hochwald, wie wir ihn im Schwarzwald vorfinden? Ist eine gelbe Brachwiese der sattgrünen, aber artenarmen Intensivnutzwiese vorzuziehen? Wieviel Biotope, Radwege usw. brauchen wir?

Es gibt durchaus objektivierbare Kriterien für eine lebenserhaltende Nutzung des Lebensraumes. Als *erste Grundregel* sollte gelten, dass irreversible Dissipationen unterbleiben sollten, und zwar ohne Rücksicht darauf, ob sie nach dem Stand unseres heutigen Wissens schädlich sind oder nicht. Dies betrifft insbesondere die bereits erwähnte Emission von CO_2 in die Atmosphäre, die Immission von Schwermetallen in den Boden sowie generell alle Abfälle.

Wie wir bereits in Kapitel I gesehen haben, handelt es sich um die *Schliessung von Stoffströmen*, die nicht identisch ist mit der Schliessung von Kreisläufen. Die Schliessung von Massenströmen kann mittels Zerlegung komplexer Moleküle der organischen Chemie durch Verbrennung bei hohen Temperaturen in einfachere Moleküle der anorganischen Chemie erfolgen (Beispiel: Dioxin). Das Ziel besteht in jedem Fall darin, zu einer nicht-dissipierenden Deponie zu gelangen. Dies gilt für chemische Abfälle ebenso wie für radioaktive Abfälle. Beachten wir die Regel, *irreversible Dissipationen zu vermeiden*, haben wir festen Boden unter den Füssen. Man kann die Dissipationen messen. Nichtdissipation bedeutet zunächst Nullwirkung auf den Lebensraum. Problematisch sind solche Dissipationen, die irreversibel sind und bei denen es nach jeweiligem Wissensstand (perzipiert oder real) Gewinner *und* Verlierer gibt. Dies ist zum Beispiel (siehe vorangehenden Abschnitt) beim CO_2-Problem der Fall.

Als *zweite Grundregel* gilt, dass die Vermeidungskosten ausnahmslos niedriger sind als die Reparaturkosten. Umweltpolitisch bedeutet dies, dass man den Zeitbedarf der Umsetzung des jeweiligen Wissens in praktische Massnahmen möglichst niedrig halten muss.

Unsere Vorstellungen über die Art und Weise, wie die Natur aussehen soll, erschweren die umweltverträgliche Nutzung des Kulturraumes. Hier konkurrieren Konzepte, die Biotope, "natürlichen" Waldwuchs, artenreiche Wiesen, saubere Bäche usw. fördern wollen, mit solchen, die beispielsweise einer umweltverträglichen Nutzung des Raumes für sportliche Zwecke (Golfplätze, Seen usw.) den Vorzug geben.

Unsere Perzeptionen vom Wünschbaren, bekundet durch Präferenzen und demokratisch umgesetzt in Form von Kompromisslösungen, führen in der Regel zu Lösungen, die vom Standpunkt der Ökologiedynamik nicht jene Ergebnisse liefern, die mehrheitlich beschlossen worden sind. Mit anderen Worten: *Die Natur funktioniert nicht nach den Spielregeln der Mehrheitsbestimmungen.* Wenn Demokratie und Ökologie nicht völlig deckungsgleich sind – und nichts spricht zwingend dafür, dass dies so sein müsste –, dann könnte dies bedeuten, dass es eines Abwägens ("trade-off") zwischen demokratischer Entscheidungsfindung und ökologischer Stabilität bedarf. Die Schwierigkeit besteht jedoch darin, dass eine Einschränkung demokratischer Entscheidungsregeln keineswegs einen Gewinn an Umweltqualität bedeutet (siehe osteuropäische Länder); ebensowenig führt eine Zunahme an demokratischer Mitbestimmung automatisch zu einer Gefährdung der ökologischen Stabilität.

Viele unliebsame Auswirkungen einer umweltschädigenden Nutzung des ländlichen Raumes auf unsere Lebensqualität sind u.a. auch deswegen kaum zu vermeiden, weil die politischen Zuständigkeiten nicht deckungsgleich sind mit den grenzüberschreitenden Wirkungen von Umweltbelastungen der Atmosphäre und der Gewässer.

Eine besondere Form und Weiterentwicklung ökologisch relevanter Raumnutzung ist die Bildung von *Sekundärsystemen*. Sekundärsysteme sind vom Menschen geschaffene begrenzte Lebensräume. Sie haben den Vorteil der relativen Beherrschbarkeit, weil man *in der Regel* die Dynamik eines solchen Systems einigermassen kennt. Das beginnt bei der Klimatisierung und geht bis hin zur Korrosionskontrolle, zur Kontrolle der Lebensdauer der Komponenten eines Sekundärsystems und zur Beeinflussung der Zusammenhänge im *Interface* von Raum, Mensch und Technik. Solche Sekundärsysteme finden sich heute bereits in Grossagglomerationen. Es kommt dann vor allem auf die Form der *Nodalpunktvernetzung* zwischen diesen Sekundärsystemen an. Man könnte hier die These aufstellen: In dem Mass, wie es gelingt, die Nutzung der ländlichen Räume und der Agrarproduktion nach dem Prinzip der Sekundärsysteme zu gestalten, entstehen freie Disponibilitäten und neue Variabilitätsmuster der Raumnutzung. Gleichzeitig entstehen größere Räume für die Beherrschbarkeit der Systeme nach innen.

Eine weitere These würde demnach lauten: Variabilität und Vielfältigkeit der Nutzung der Freiräume zwischen den Sekundärsystemen sind um so grösser, je

- klarer ein Sekundärsystem von seiner "natürlichen" Umwelt abgegrenzt ist und
- je kontrollierter der interne Energie- und Materialdurchsatz der Einzelsysteme ist.

Dissipationserzeugende Aktivitäten, einschliesslich des Verkehrs zwischen den Sekundärsystemen, können so besser beherrscht werden. Dabei kommt der bereits erwähnte Doppelcharakter der Energie besonders deutlich zum Vorschein: Einerseits erzeugt Energie zusätzliche Probleme, indem gewisse Formen ihrer Erzeugung irreversible Dissipationen verursachen (CO_2-Problem); andererseits ist auch für die Vermeidung und das Rückgängigmachen von Dissipationen Energie erforderlich (zum Beispiel Verbrennung und Zerlegung von organischen zu anorganischen Molekülen). Die Umwandlung des "natürlichen" Raumes in einen die Entfaltung des Menschen als Kulturwesen fördernden *Kulturraum* ist evolutionsgeschichtlich stets mit einer Erhöhung der Energiedichte verbunden. Das wird auch in Zukunft so sein. Insbesondere zeigt sich dies im Zusammenhang mit der weltweit zunehmenden Urbanisierung. Davon soll im letzten Abschnitt dieses Kapitels die Rede sein.

6. Ökologisch relevante Aspekte der Urbanisierung

Der erste ökologisch signifikante Eingriff des Menschen in die vorgegebenen Vegetationsstrukturen der Erde war die Folge der neolithischen Revolution und der nunmehr möglich gewordenen Nutzung des Landes für Anbau- und Siedlungszwecke. Die Bildung von Siedlungen während des Übergangs von der Jäger- und Sammlerkultur zur Domestizierung von Tieren und Pflanzen setzte eine positive Energiebilanz – einen Energieüberschuss – voraus. Naturgemäss konnte dieser Überschuss zunächst nur aus der Agrarproduktion kommen. *Mumford* (1957) formuliert diesen Tatbestand in seiner grundlegenden Studie *"The Natural History of Urbanization"* wie folgt:

> The emergence of the city from the village was made possible by the improvements in plant cultivation and stock-breeding that came with Neolithic culture; in particular, the cultivation of the hard grains that could be produced in abundance and kept over from year to year without spoiling *(Mumford* 1957: 383).

Der Autor weist damit zu Recht auf den sehr wichtigen Faktor der Energiespeicherung hin. Später kam dann noch die Nutzung von Energiequellen mit höherer Energiedichte (zum Beispiel Kohle) hinzu. Drei energie- und damit auch umweltrelevante Faktoren haben also grössere Siedlungen überhaupt erst möglich gemacht und sowohl die globale Expansion als auch die Struktur des Verstädterungsprozesses vom Neolithikum bis auf den heutigen Tag massgebend bestimmt:

– das Vorhandensein eines Energieüberschusses

– die Möglichkeit der Speicherung von Energie (z. B. mittels Saatgut)

– die Nutzung erhöhter Energiedichten.

Der weltweite Urbanisierungsprozess ist zweifellos ein Vorgang, der unsere Umwelt auf das nachhaltigste beeinflusst, und seinem Wesen nach die Interaktion zwischen Mensch und Umwelt im Kern zum Ausdruck bringt. Im Gegensatz zu den zahlreichen Sekundäreffekten, die von den verschiedenen Tätigkeiten des Menschen auf die Umwelt ausgehen und entweder unterlassen oder mittels technischer Massnahmen korrigiert werden können, ist die Verstädterung seit der neolithischen Revolution mit der Entwicklungsgeschichte des Menschen untrennbar verknüpft; sie repräsentiert das Grundmuster, worin die Spezies *Homo sapiens* sich räumlich ausbreitet. Es kann infolgedessen nicht um die Frage gehen, ob der Mensch im Interesse eines für ihn günstigeren Umgangs mit der Umwelt auf Agglomerationen verzichten sollte oder nicht. Vielmehr geht es um die Frage, wie und in welchen Formen sich im Prozess der zunehmenden Urbanisierung Strukturen entwickeln lassen, die zumindest mittelfristig ökologisch stabil sind.

Um einer Klärung dieser wichtigen Frage wenigstens einen Schritt näher zu kommen, ist es nützlich, einen Blick in die Frühgeschichte der Städtebildung zu werfen. Dabei kann es sich freilich nicht um einen städtebauhistorischen Exkurs handeln, sondern nur um die Auflistung einiger Faktoren, die in der einschlägigen Literatur als einigermassen gesichert gelten und von denen angenommen werden darf, dass sie im Kontext der Grundthematik *Mensch–Umwelt–Wissen* wichtig sind.

Geht man davon aus, dass die Erwirtschaftung eines Energieüberschusses sowie die Möglichkeit der Energiespeicherung zwei wichtige, wenn nicht sogar entscheidende Voraussetzungen für das Entstehen von Siedlungen sind, dann überrascht es nicht, wenn die frühesten Siedlungen in die Jungsteinzeit fallen und somit von jenem Zeitpunkt an nachweisbar sind, zu dem die sogenannte neolithische Revolution einsetzt. Erst durch Viehhaltung und Feldbau wurde es möglich, Zeit auch für andere Tätigkeiten als das Jagen und Sammeln einzusetzen. Wie Abbildung 78 ausweist musste der Mensch zu Beginn des Neolithikums für die Erzeugung von 2000 kg Korn rund 1150 Arbeitsstunden aufwenden. Diese Menge Korn entspricht 6700 Mcal. Das ist ungefähr

Abbildung 78: Energie – Input und – Output pro Hektar in der Getreideproduktion

	neolithische Landwirtschaft (mexikanischer Farmer)	moderne Landwirtschaft (amerikanischer Farmer)
Zeit	1150 h	17 h
Energie		
Arbeit	115 Mcal	
Maschinen	15 Mcal (Axt, Hacke)	1500 Mcal
Saatgut	36 Mcal (10 kg)	140 Mcal
Treibstoff		2100 Mcal
Nitrogen		2500 Mcal
Phosphor, Kalium, Pestizide		500 Mcal
Bewässerung		780 Mcal
Elektrizität und Trocknen		700 Mcal
Transport		180 Mcal
Sonstige		200 Mcal
Gesamtenergie-Input	166 Mcal	8600 Mcal
Getreideertrag	6700 Mcal (2000 kg)	18700 Mcal (5400 kg)
Umwandlungseffizienz (Energie-Output/ Energie-Input)	40	2.16

Quelle: nach *Pimentel* (1977)

das Sieben- bis Achtfache des täglichen Kalorienbedarfs eines Individuums. Geht man davon aus, dass diese Ernte 4 bis 5 Menschen ernähren musste, ergibt sich immer noch ein Überschuss von 140 bis 200 Prozent. Unterstellt man für diese frühe Zivilisationsstufe eine Proportionalität von Zeit- und Energiebedarf, dann folgt, dass der Mensch in der Jungsteinzeit, also im Neolithikum, zum ersten Mal in seiner Evolutionsgeschichte über die Möglichkeit verfügte, Zeit und Kraft, d.h. seine Arbeit, auch für andere Zwecke als die der Nahrungsbeschaffung einzusetzen. Was tat er? Er bemühte sich zunächst, sich selbst, seine Tiere und die Ernte vor den Unbilden der Natur zu schützen –

durch Einzäunungen, Gräben und feste, aus Lehm oder Stein zusammengefügte, relativ nahe aneinanderstehende Gebäude.

> [...] within the shelter of which man found for the first time a world of his own, relatively secure from the immediate pressure of raw, external nature (*Mumford* 1957: 384).

Die im Mittleren Osten (Jericho, Lagas, Umma und Khafaje) meistens von Engländern vorgenommenen archäologischen Ausgrabungen haben gezeigt, dass diese ersten menschlichen Siedlungen, gemessen an unseren heutigen Massstäben, klein waren. Die Zahl der Bewohner von Jericho wird im siebten Jahrtausend, also vor neun Tausend Jahren, auf rund drei Tausend Menschen geschätzt. Lagas soll im dritten Jahrtausend 19 000 und Khafaje 12 000 Einwohner gehabt haben (*Mumford* 1957: 384). Die in Anatolien entdeckte, zwischen 1961 und 1964 ausgegrabene Siedlung *Catal Hüyük* aus dem siebten Jahrtausend v. Chr. war etwa dreimal grösser als Jericho.

Die grössten Agglomerationen des Altertums sind bekanntlich Babylon und Rom. Beide Städte sind im Vergleich zu den ersten Siedlungen der neolithischen Zeit "jung". Schon im dritten Jahrtausend v.Chr. existent, erlangte Babylon unter Hammurapis um 1700 v. Chr. eine Einwohnerzahl von mehreren Hundertausend Menschen. Seine Fläche war rund 100 mal grösser als die Jerichos. Das im ersten Jahrhundert v. Chr. gebaute Theater des Pompejus in Rom bot Sitzplätze für 27 000 Zuschauer; das ist 9 mal so viel wie die gesamte Bevölkerung des historischen Jericho. Im ersten Jahrhundert v. Chr., also schon neunhundert Jahre nach der ersten Besiedlung des Hügels *Palatin*, ist die Einwohnerzahl von Rom auf 800 000 Menschen angestiegen.

Im Vergleich zu den kleinen Siedlungen des Neolithikums stellten diese Bevölkerungsballungen etwas qualitativ völlig Neues dar. Beide Städte verfielen bekanntlich. Roms Bevölkerung sank im achten Jahrhundert als Folge der Einfälle der Westgoten und Wandalen zeitweise auf unter vierzig Tausend. Sein neuerlicher Aufstieg begann eigentlich erst Ende des 14. Jahrhunderts, nachdem das Papsttum seinen Sitz von Avignon nach Rom zurückverlegt hatte. Babylon versank um die Zeitenwende zur Ruine und wurde erst 1616 von *Pietro della Valle*, einem italienischen Orientreisenden, entdeckt. Erste Ausgrabungen begannen erst Mitte des vorigen Jahrhunderts.[38]

Agglomerationen dieser Grösse blieben in der Geschichte die Ausnahme. Jahrtausende hielt sich die typische Siedlungsgrösse in Europa im Bereich

---

38. 1895 veröffentlicht Arthur Schneider eine erste Karte von Babylon. Daraus geht hervor, dass in der damaligen Fläche von Babylon die Städte Rom, Tarentum, Jerusalem, Karthago, Sparta, Alexandria und Tyre bequem Platz finden könnten. "... with almost as much open space between these cities as they occupied in their own right" (*Mumford 1957*: 385).

zwischen zwei Tausend und zwanzig Tausend Menschen. Erst im siebzehnten Jahrhundert begannen sich Städte mit hundert Tausend und mehr Einwohnern zu formieren; das war lange vor dem industriellen Einsatz von Kohle und lange vor der Dampfmaschine.

Wie sich das Hineinwachsen der Menschen in Siedlungen von mehr als 2000 Einwohnern über die Jahrtausende vollzog, geht aus Abbildung 79 näherungsweise hervor.

Abbildung 79: Anteil der Weltbevölkerung die in Ortschaften mit über 2000 Einwohnern leben

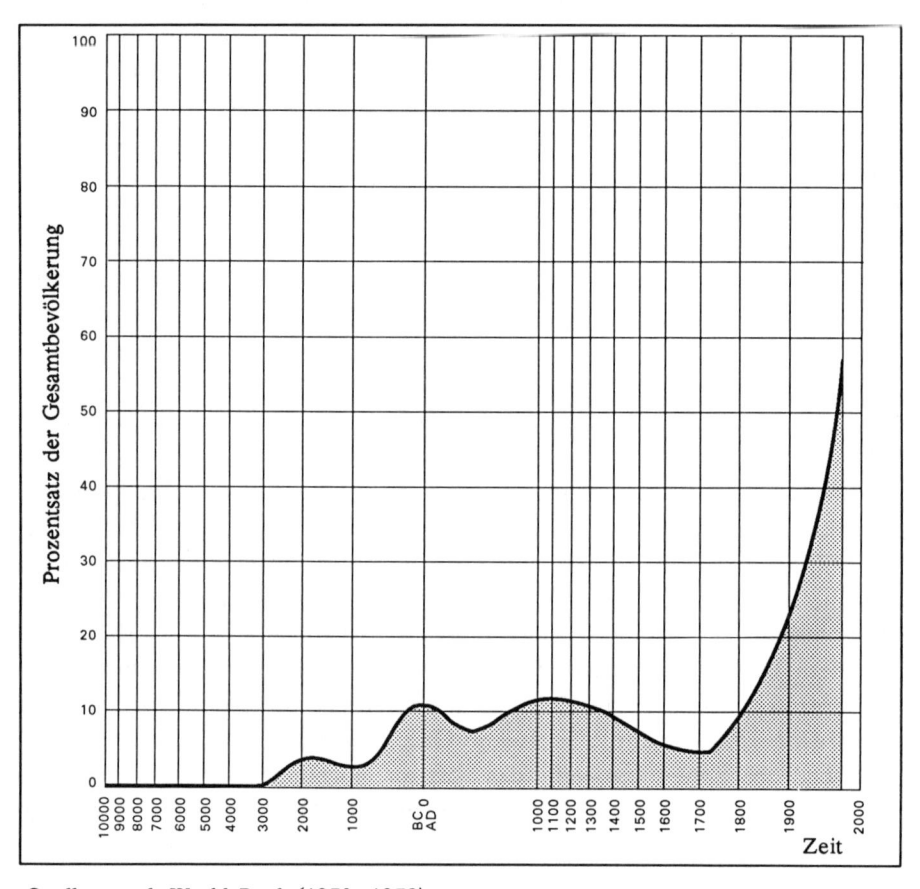

Quelle: nach *World Bank* (1972, 1979)

Man sieht, dass der eigentliche Urbanisierungsprozess erst im dritten vorchristlichen Jahrtausend einsetzt. Jericho und Catal Hüyük sind also nach unserem heutigen Kenntnisstand singuläre Vorläufer dieses Vorgangs. Um die Zeitenwende lebten erst 10 Prozent der Menschen in Siedlungen über 2000

Einwohnern. Dass der vom 11. bis zum 17. Jahrhundert zu verzeichnende Rückgang kaum auf eine einzige Ursache, sondern eher auf das Zusammenwirken von mehreren Faktoren zurückzuführen ist, darf als sicher gelten. Hygienische Faktoren, die u.a. zur Ausbreitung der Pest geführt haben, dürften ebenso wichtig gewesen sein wie die Kreuzzüge und Kriege, insbesondere der Dreissigjährige Krieg.

Die Frage stellt sich, ob es überhaupt möglich ist, für so lange Zeiträume bestimmte Muster (*patterns*) des Urbanisierungsprozesses herauszufinden. Unwichtig wäre dies deshalb nicht, weil der Verstädterungsvorgang zugleich das bestimmende Element im entwicklungsgeschichtlichen Prozess der Menschheit überhaupt ist und weil die noch lange nicht entschiedene Frage, ob es uns dereinst gelingen wird, eine mit der von uns mitgeschaffenen Umwelt vereinbare Lebensweise zu entwickeln, nicht auf dem Land entschieden wird, sondern in den Städten – in den Megalopolen der Zukunft. Trotz grosser Schwierigkeiten und methodologischer Probleme lassen sich dennoch gewisse Muster im weltweiten Urbanisierungsprozess zumindest andeuten.

Man muss sich dabei vor Augen halten, dass die ursprüngliche Agglomerationsursache das Schutzbedürfnis vor den rohen Gewalten der Natur war – ein Schutzbedürfnis, das erst befriedigt werden konnte, als der dafür erforderliche Arbeitseinsatz energetisch möglich wurde. Dank dieser ersten "Abkopplung" von der Natur wurden Valenzen für die Herstellung von Gütern und die Erbringung von Dienstleistungen frei. Die in der vorneolithischen Zeit beim Jagen von Grosstieren ansatzweise bestehende Arbeitsteilung konnte nunmehr in den durch ein agrarisches Umland abgesicherten Siedlungen auf die Herstellung von Gütern und Diensten ausgedehnt werden. Freie Valenzen innerhalb geschlossener Siedlungsräume schaffen Interessenspositionen und sind deshalb konfliktträchtig. Konflikte und kriegerische Verwicklungen zwischen Siedlungen gibt es denn auch von Anbeginn der Verstädterung. Schon Lagas lag mit dem nordwestlich gelegenen Umma – beides "Ursiedlungen" – in dauernder Fehde.

Eine einmalige Kombination von Faktoren wirkte in gleicher Richtung: Mit der teilweisen Befreiung von den unmittelbaren Unbilden und Unvorhersehbarkeiten der Natur gelangten strukturierende Ordnungsprozesse – erste Ansätze der Infrastruktur sowie der zur Aufrechterhaltung ihrer Funktionsfähigkeit erforderlichen Organisationen – mehr und mehr zur Geltung. Permanenz und Kontinuität wurden zu neuen, das Verhalten der Menschen bestimmenden Erlebnisinhalten. Dieses "*displacement of natural conditions with a collective artifact of urban origin*" (*Mumford* 1957: 387) ermöglichte und erzwang – in Kombination mit den Produkten der Arbeitsteilung – nach innen die Entwicklung politischer Entscheidungsmechanismen und nach aussen den Ausbau von Kontakten zwischen den Städten auf zunehmend grössere Distanzen hin. Dies förderte sowohl den friedlichen Austausch von Waren als auch die Tendenz, sich Begehrtes gewaltsam anzueignen, zumal sich im kommunikationsintensiven Beziehungsgeflecht zwischen den Mitgliedern der Polis urbane Eigenidentitäten herausbildeten, die, bis hin zum Kult, je eigene Weltverständnisse hervorbrachten und dadurch zu einer gegenseitigen Verstärkung von Feindbildern beitrugen, oft getragen von der Illusion der Autarkie und der Fähigkeit, andere, ferne Zentren zu beherrschen. Die Geschichte alter Kulturen von den Phöniziern über die Perser, die Griechen und die Römer bis hin zu den norditalienischen Stadtstaaten ist denn auch geprägt von permanenten Konflikten zwischen urbanen Zentren. Das agrarische Hinterland hatte Versorgungsfunktionen wahrzunehmen und diente allenfalls zu teilweise sehr ingeniösen Umgehungsmanövern (Hannibal).

Die urbane Eigendynamik stiess in der Zeit zwischen dem 11. und dem 17. Jahrhundert auf vier endogene Grenzen: (1) auf die Versorgungsgrenze, (2) auf Grenzen der Befestigungsfähigkeit gegenüber äusseren Angriffen, (3) auf Grenzen der Erbringbarkeit von verkehrsrelevanten Infrastrukturen, die annähernd im Quadrat mit der Zahl der zu verbindenden Subsysteme innerhalb einer Agglomeration zunehmen, und (4) – damals sehr wichtig – auf die Grenzen der Energieverfügbarkeit. Energienutzung war bis zum Anbruch des Kohlezeitalters auf die Massenkräfte, also auf Wind und Wasser, beschränkt. Wie aus Abbildung 49 auf Seite 161 zu ersehen ist, beträgt die Energiedichte der Wind- und Wasserkraft jedoch nur ein Millionstel der Energiedichte der Molekularkräfte, auf denen die Nutzung fossiler Energieträger beruht. Dieser neue Energieträger kam auf breiter Basis jedoch erst im 19. Jahrhundert zur Anwendung.

Sobald der Agglomerationsprozess an Grenzen stösst, entsteht zunächst das Phänomen des *"overcrowding"* und die damit verbundenen sozialen Probleme. Zugleich werden Überwindungsstrategien aktiviert: horizontale und vertikale Ausdehnung der Siedlungs- und Wohnflächen, Schaffung neuer Verkehrswege zur Verbesserung der Ver- und Entsorgungslage. Der eigentliche Durchbruch kam in europäischen Städten mit der Einführung von Kanalisation, Wasserleitung und Strassenbeleuchtung. Die Einwohnerzahl Londons hat bereits 1810 die Millionengrenze überschritten. Vor der Einführung der Kanalisation Mitte des 19. Jahrhunderts starben in London jährlich rund 20000 Menschen an Cholera und Typhus.

Die Nutzung des neuen Energieträgers *Kohle* hat in Kombination mit der Dampfkraft neue Expansions- und Attraktionskräfte mobilisiert. Die in städtischen Agglomerationen während der frühen Industrialisierungsphasen konzentrierten Industriebetriebe haben vor allem im damaligen England nicht nur zu schrecklichen sozialen Problemen geführt, sondern darüber hinaus die Umwelt – Gewässer, Böden und die Luft – so weit belastet, dass direkte Gesundheitsschädigungen daraus erwuchsen. Das war die "*natural penalty of overconcentration*". Noch im Jahr 1952 sind im giftigen Smog Londons in einer Woche fünftausend Menschen gestorben.

Die Geschichte des Wachstums von Agglomerationen vollzieht sich also im Spannungsfeld von äusserer Bedrohung durch die Natur, dem Schutz vor Feinden, dem Konflikt der Menschen mit seinesgleichen und dem Konflikt mit der Umwelt. Jede Krise löst Bewältigungsstrategien aus: Wohnungsprobleme, Umweltbelastung, Versorgungsengpässe, Energieknappheit, Epidemien usw. lösen Konflikte aus und mobilisieren politische Kräfte, die schliesslich zu organisatorischen und technischen Lösungen führen. Wie sonst könnte man sich die Tatsache erklären, dass die Verstädterung weltweit immer noch zunimmt?

1950 gab es 6 Städte mit mehr als 5 Millionen Einwohnern, 1980 waren es 26. Für das Jahr 2000 rechnet man mit 60 Städten dieser Grössenordnung. Im Weltentwicklungsbericht der Weltbank von 1983 wird die Zahl der Städte mit

Abbildung 80: Anzahl der Städte mit mehr als einer Million Einwohnern, 1960 bis 2000

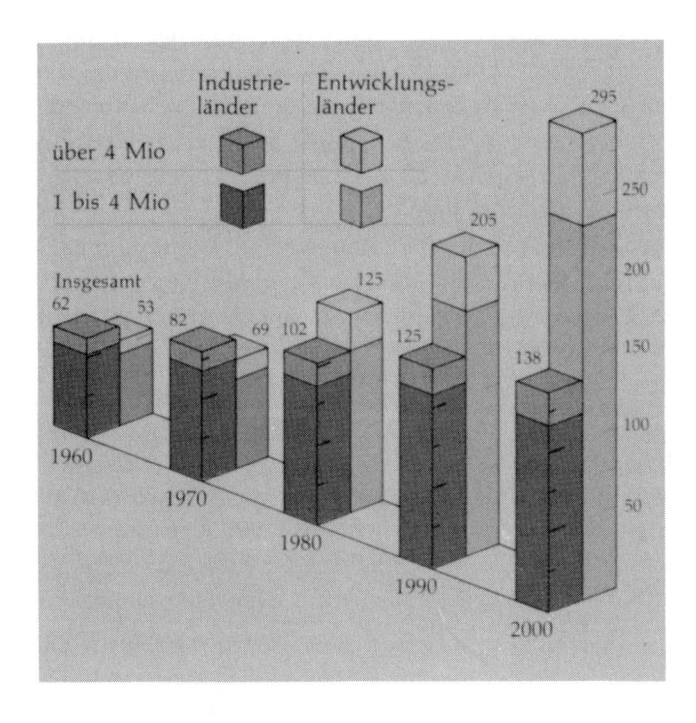

Quelle: nach *World Bank* (1983)

über 4 Millionen Einwohnern im Jahre 2000 in der Dritten Welt auf 295 geschätzt. Wie aus Abbildung 80 (S. 251) hervorgeht, ist die Zunahme der Verstädterung in den Entwicklungsländern wesentlich höher als in den Industrieländern.

Es scheint, als würde es dem Menschen immer wieder gelingen, die agglomerationsbegrenzenden Faktoren zu überwinden. Zwei früher wichtige Begrenzungen sind in der Tat überwunden worden: der limitierende Einfluss der Energieverfügbarkeit sowie die periodisch auftretenden Epidemien als Folge fehlender Kanalisation und unzulänglicher Hygiene. Noch nicht überwunden sind jedoch die durch Umweltbelastung gesetzten Grenzen sowie die Grenzen der psychischen Belastbarkeit. Die von *Mitscherlich* (1965) in einer heute noch sehr lesenswerten Studie beklagte Unwirtlichkeit unserer Städte hat zweifellos zugenommen. Die steigende Kriminalität ist nur eines von vielen Indizien dafür.

Vorläufig überwiegen jedoch noch die agglomerationsfördernden Kräfte. Aus Tabelle 32 geht hervor, dass die Wachstumsraten der Agglomerationen im Zeitraum von 1960 bis 1980 in *allen* Weltregionen über derjenigen der Gesamtbevölkerung lagen.[39]

Wie aus Abbildung 81(S. 254) ersichtlich wird, nahm diese weltweit feststellbare Tendenz zur Verstädterung geradezu eine explosionsartige Entwicklung. Die Bevölkerung "implodierte" in die Ballungszentren.

Allerdings, und dies ist die zweite, ebenfalls weltweit zu beobachtende Tendenz, verlangsamt sich dieser Prozess. Abbildung 82 (S. 255) lässt ein Sättigungsniveau erkennen das zwischen 80 und 90 Prozent Stadtbevölkerungsanteil an der Gesamtbevölkerung liegt.

Gegenwärtig beträgt die weltweite Verstädterungsrate im Durchschnitt 40 Prozent. Man rechnet damit, dass bereits kurz nach der Jahrhundertwende mehr als die Hälfte der Erdenbürger in städtischen Agglomerationen leben wird. Was dies für die Ver- und Entsorgungsproblematik in organisatorischer und ökologischer Hinsicht bedeutet, lässt sich anhand der heutigen Grossagglomerationen wie beispielsweise Mexico City ermessen.

Der in den einzelnen Weltregionen feststellbare Weg zu diesem Sättigungsniveau ist allerdings recht unterschiedlich. Dies wird zum Beispiel an der Entwicklung der Agglomerationen von mehr als 500000 Einwohnern sichtbar. Wie aus Abbildung 83 (S. 256) ersichtlich wird, nehmen diese "mittleren" Agglomerationen vor allem in jenen Ländern am schnellsten zu, die (a) über grosse Landflächen verfügen (zum Beispiel Australien, Kanada, Nige-

---

39. Die statistische Auswertung findet sich in Anhang 2.5.

Tabelle 32: Jährliche Wachstumsraten der Gesamtbevölkerung und der Stadtbevölkerung im Zeitraum von 1960 bis 1980 (in %)

Region/Land	Zunahme der Gesamtbevölkerung 1960-1980 in % p.a.	Zunahme der Stadtbevölkerung 1960-1980 in % p.a.
China	2.2	2.3
Indien	2.3	3.9
übrige Länder mit niedrigem Einkommen	2.6	4.8
Länder mit mittlerem Einkommen		
untere Einkommenskategorie	2.5	3.8
obere Einkommenskategorie	2.1	3.9
Afrika südl. d. Sahara	2.7	5.5
Ostasien	2.3	3.1
Südasien	2.4	4.0
Europa, Naher Osten u. Nordafrika	2.0	3.5
Lateinamerika u. Karibik	2.5	3.9
Länder mit hohem Einkommen	0.9	1.4

Quelle: nach World Bank (1983 - 1989)

rien und USA) und (b) ein wirtschaftliches Entwicklungspotential aufweisen, das noch nicht voll ausgeschöpft ist. Sicher spielt dabei auch der Bevölkerungsdruck eine gewisse Rolle. Er kann entweder durch Einwanderung oder durch endogenes Wachtsum verursacht sein (Abbildung 83).

Dies sind allerdings zunächst nur Vermutungen. Wie schwierig es ist, die ökonomischen, politischen und kulturellen Bestimmungsfaktoren städtischer Konzentrationen zu ermitteln, geht u.a. aus einer Untersuchung von *Petrakos* und *Brada* (1989) hervor. In teilweiser Übereinstimmung mit anderen Untersuchungen gelangen die Autoren zum Ergebnis, dass die städtische Konzentration, gemessen am Anteil der jeweils grössten Stadt an der Gesamtbevölkerung, zunächst wächst und dann wieder abnimmt (*Petrakos/Brada 1989*: 578). Besonders schwierig ist es, die politischen und kulturellen Faktoren zu quantifizieren und ihre Rolle im Prozess der Verstädterung zu bestimmen. Ob dies je gelingen wird, ist fraglich.

Abbildung 81: Zunahme der Stadtbevölkerung in sechs Ländern

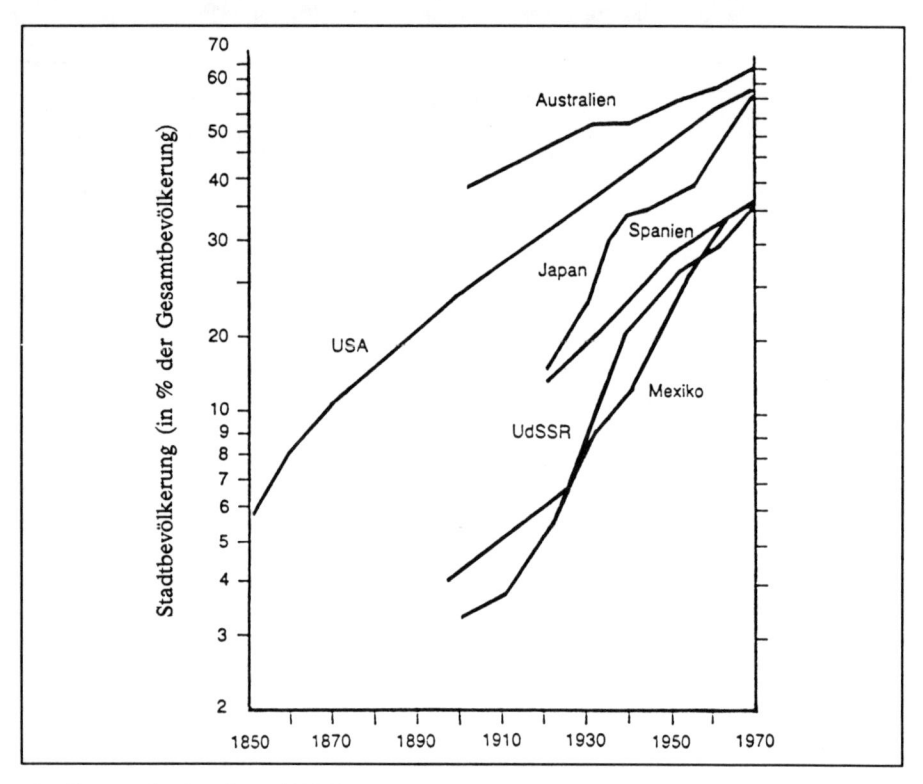

Quelle: nach *Marchetti* (1980)

Wie aus Abbildung 83 hervorgeht, findet in den flächenmässig relativ kleinen beziehungsweise bereits dicht bevölkerten "alten" Industriestaaten (Belgien, Niederlande, Grossbritannien, Bundesrepublik Deutschland) ein *Rückgang* des Anteils der in Städten von mehr als 500 000 Einwohnern lebenden Menschen an der Gesamtbevölkerung statt. Dies kann ebenso mit der Entwicklung des tertiären Sektors und den modernen Kommunikationstechnologien zu tun haben wie auch mit den Nachteilen, die sich aus der Zunahme der negativen externen Effekte wie Lärm, Kriminalität, Luftverschmutzung und Verkehrsbehinderung usw. ergeben.

In der Literatur werden insbesondere die folgenden negativen Auswirkungen des überbordenden Agglomerationsprozesses genannt: "Verslumung", steigende Gewalttätigkeit, hohe Arbeitslosigkeit, Alkoholismus, Konsum von harten Drogen, schlechte hygienische Verhältnisse, Unterernährung, Verwahrlosung der Kinder usw. Darüber hinaus wird auf die Gefahren hingewiesen, die für das agrarische Hinterland bestehen. Da es vor allem die jungen

Abbildung 82: Verhältnis von Verstädterungsgrad und Pro-Kopf-Einkommen

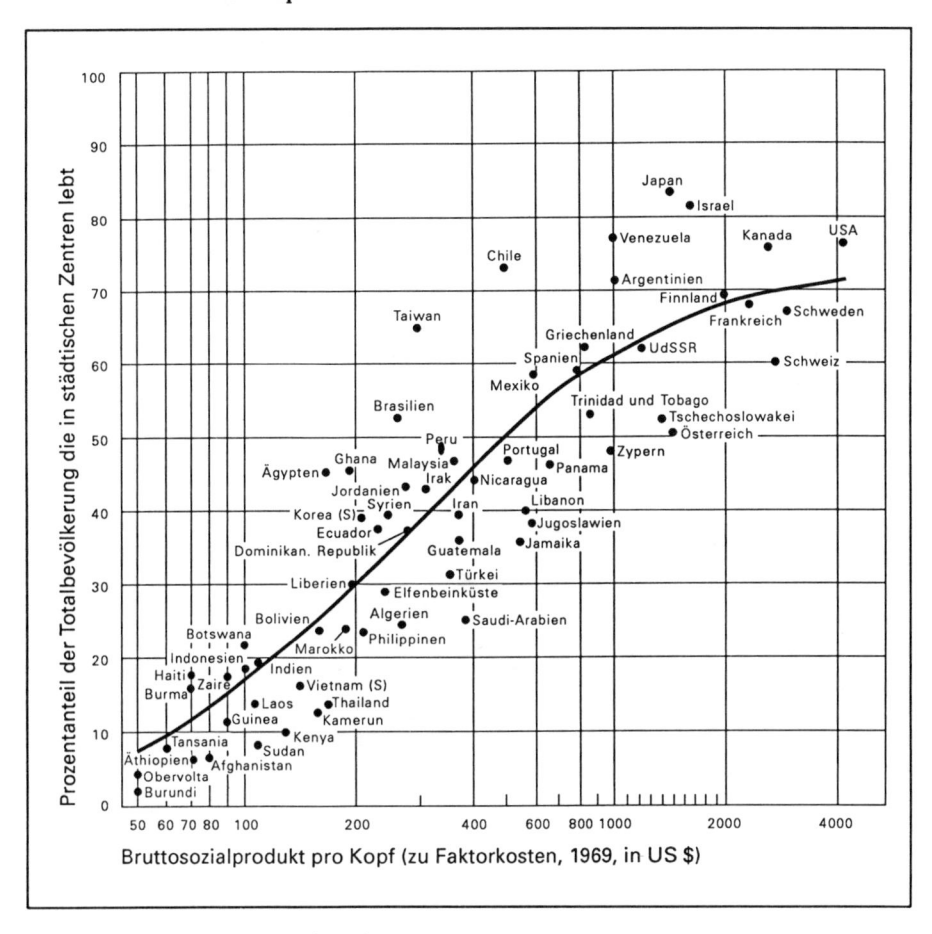

Quelle: nach *World Bank* (1972)

Menschen sind, die vom Land weggehen, verändert sich die Altersstruktur der Landbevölkerung, und dies hat zur Folge, dass die Agrarproduktivität sinkt. Dadurch wird die Versorgungsbasis der Städte, besonders in den Entwicklungsländern, vor allem in Zeiten prekärer Erntesituationen gefährdet. Der Verlust von umliegendem Agrarland durch die Ausdehnung der Städte kann ausserdem zu ökologischen Zerstörungen führen.

Die ungleiche Einkommensverteilung in den Städten wird durch die Zuwanderung der Armen vergrössert; die erhöhten Lebensmittelpreise führen zu einer überproportionalen Schlechterstellung der Armen mit Nahrungsmitteln. Nach Schätzungen der Weltbank leiden mehr als 60 Millionen Menschen in

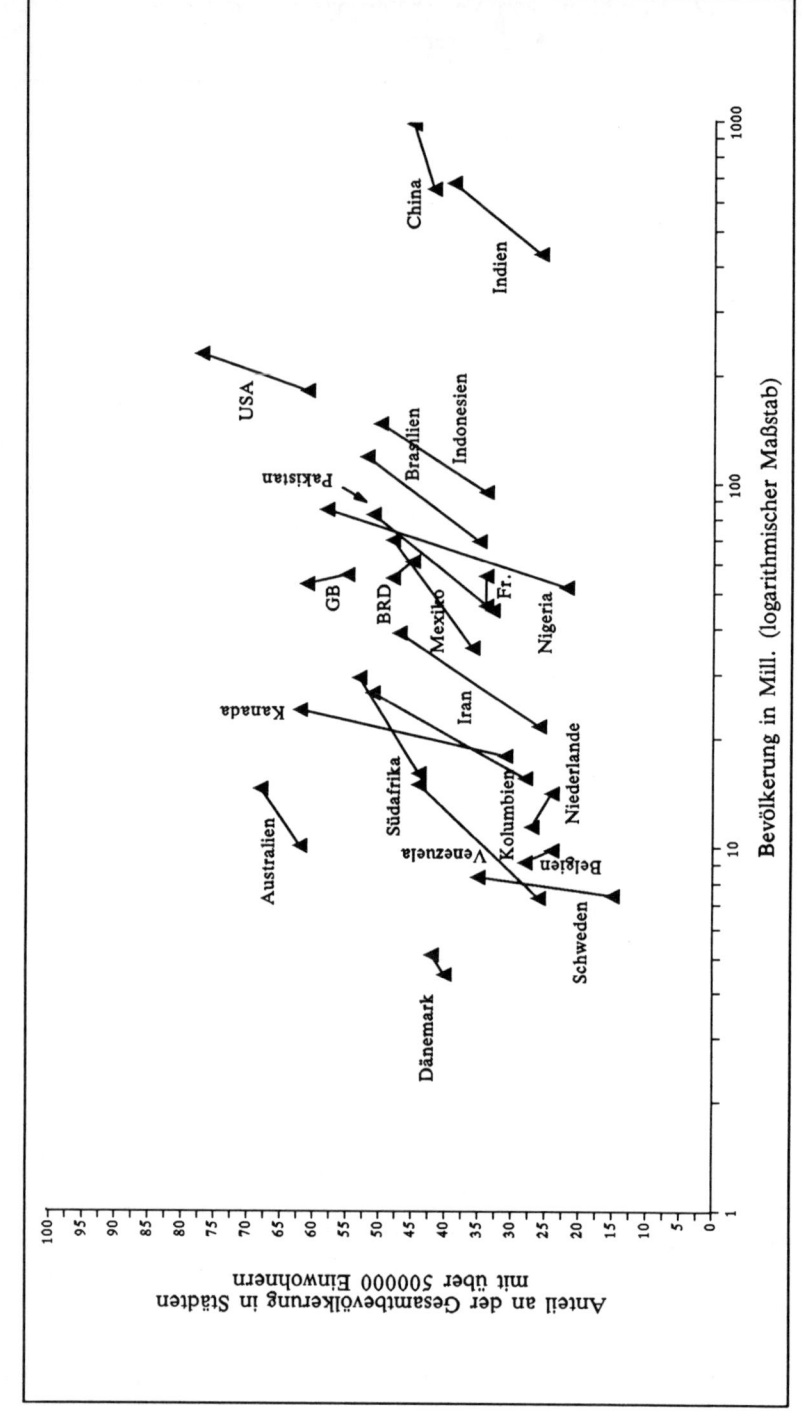

Abbildung 83: Bevölkerungszunahme und Verstädterung zwischen 1960 und 1980

Quelle: nach Weltbank (1983–1989); durch den Autor zusammengestellt

den Städten der Entwicklungsländer unter einem chronischen Kaloriendefizit. Dieses Defizit soll in den Städten grösser sein als auf dem Land, obwohl die Armen und Ärmsten der Städte sich pekuniär immer noch besser stehen als die Armen auf dem Land.

Die Gefahr der Zerstörung der ökologischen Basis und damit der Agrarstruktur durch die Städte hat besonders in Entwicklungsländern Konsequenzen für das Gleichgewicht zwischen Ökonomie und Ökologie. Wie das agrarische Hinterland einer Stadt nach und nach "aufgebraucht" werden kann, sieht man zum Beispiel in Kathmandu. Dort entstehen überall um die Stadt herum Ziegeleien, die sowohl fruchtbares Land als auch – schlimmer noch – kostbares Holz verbrauchen. Dadurch werden die beiden wichtigsten Voraussetzungen für eine gleichgewichtige *Stadt/Land*-Entwicklung gefährdet: Es geht Land für agrarische Zwecke verloren, und ausserdem wird durch vermehrte Abholzung das ökologische Gleichgewicht nachhaltig gestört.

Unter diesen Umständen erscheint es widersinnig, dass die Menschen – insbesondere in der Dritten Welt – seit Jahrzehnten mit ungebrochener Kraft in die Städte streben. Es ist wohl kaum anzunehmen, dass sich weltweit Hunderte von Millionen Menschen jahrzehntelang – evolutionsgeschichtlich über Jahrtausende hinweg – immer wieder irren und nie aus der Erfahrung lernen. Es muss also selbst in der heutigen Zeit immer noch positive Effekte geben, die die negativen überwiegen, und zwar real, nicht in der Einbildung der Menschen. Sie gibt es in der Tat. Eigentlich gab es sie schon immer, nur wird ihnen erst seit kurzem mehr Beachtung geschenkt.

Die in der Stadt lebenden Menschen sind besser organisiert, sie sind zu politischen Entscheidungen gezwungen, es bestehen bessere Voraussetzungen für die Übertragung von Informationen, was sowohl Folge als auch Ursache für die höherere Mobilität der Menschen ist. Die in den Städten konzentrierte Industrie gestattet den Ausbau eines "informellen" Sektors, der seinerseits die Basis für die Entwicklung von zahlreichen neuen, teilweise recht innovativen und vor allem arbeitsintensiven Beschäftigungen ermöglicht. Auf die Bedeutung des "informellen" Sektors, der in einzelnen Städten zwischen 40% und 70% der städtischen Bevölkerung umfasst, wird neuerdings in zahlreichen Untersuchungen hingewiesen. In der Tat ist der "informelle" Sektor eine wichtige Quelle innovativer kleinunternehmerischer Tätigkeiten, die sich komplementär zum "offiziellen" Sektor verhalten. Darüber hinaus erfolgt im "informellen" Sektor ein fast vollständiges *Recycling* aller möglichen Abfälle, die zum grossen Teil aus dem "offiziellen" Sektor kommen.

Die arbeitsteiligen Produktionsanlagen im sekundären Sektor weisen einen höheren technischen Konzentrationsgrad auf als diejenigen des tertiären oder sogar des quartären Sektors. Diese beiden letztgenannten Sektoren sind an eine sehr intensive Kommunikationsinfrastruktur gebunden. Die in diesen Sektoren entstehenden neuen Berufe (Informatiker, Systemingenieure, Medienschaffende usw.) haben einen Konsum- und Freizeitbedarf, der vorwiegend in Verdichtungsräumen befriedigt werden kann und deshalb stark an die Stadt gebunden ist.

Eine weitere positive Folge der Verstädterung ist die Tatsache, dass einige der in die Städte Zuwandernden trotz aller Schwierigkeiten doch einen Arbeitsplatz finden. Geht man davon aus, dass diejenigen, die vom Land in die Stadt kommen, auf dem Land überhaupt keine Arbeit hatten, dann verbessert sich dadurch trotz zunehmender städtischer Arbeitslosigkeit die gesamtwirtschaftliche Beschäftigungslage dennoch.

Ein weiterer Faktor kommt hinzu: Während die Ausbeutungs- und Repressionslage in den Dörfern durch wohletablierte Machtverhältnisse festgeschrieben ist und deshalb nur auf gewaltsame Weise, zum Beispiel durch Bauernaufstände wie im Kolumbien der beginnenden 50er Jahre, überwunden werden kann, ist in der Stadt immer Politik am Werk. Auf dem Land ändern sich die Repressions- und Machtstrukturen zunächst nicht; in den Städten besteht hingegen eine physische wie soziale Mobilität, an der auch der ärmste Zuwanderer vom Land teil hat: Er kann sowohl untergehen als auch die Chance finden, sich selbst von einem Ausgebeuteten zu einem Kleinausbeuter hinaufzuarbeiten; diese Chance hat er auf dem Land nicht.

Schliesslich gibt es noch einen weiteren positiven Effekt: Die in den Ballungsgebieten lebenden Menschen sind wegen des dichteren Informationsnetzes und wegen des besseren Zugangs zu Informationen in der Lage, die Vorteile der Familienplanung besser zu nutzen. Die Familienplanung ist in den Städten erfahrungsgemäss erfolgreicher als auf dem Land. Die ländliche Bevölkerung wächst mit 2 bis 3 %, die städtische Bevölkerung nimmt vor allem wegen der Zuwanderung zu. Dagegen nimmt die endogene Wachstumsrate der Stadtbevölkerung in den meisten Grosstädten der Entwicklungsländer allmählich ab.

Die anfangs der 50er Jahre diskutierte Frage, inwieweit die Städte auf die gesamte Volkswirtschaft parasitär wirken oder ob sie durch die Heranziehung von Kapital und neuen Technologien einen entwicklungsfördernden Effekt auf die Gesamtwirtschaft haben und somit als Metropolen des Fortschritts zu bezeichnen sind, ist heute immer noch nicht endgültig entschieden und wird wohl auch in Zukunft nicht so leicht zu entscheiden sein, zumal vermutlich beide Faktoren wechselseitig miteinander verknüpft sind. Wir wollen zwei Aspekte dieser Frage untersuchen – zum einen den Zusammenhang zwischen dem prozentualen Anteil der Stadtbevölkerung an der der Gesamtbevölkerung und der Höhe des Pro-Kopf-Einkommens(vgl. Abbildung 81, S. 254), und zum andern die Korrelation zwischen Urbanisierungsgrad und Exportanteil in Entwicklungsländern.

Es zeigt sich, dass auf globaler Basis ein signifikanter ($R^2 = 0.7048$) Zusammenhang zwischen der Höhe der in den urbanen Gebieten lebenden Bevölkerungszahl einerseits und der Höhe des Pro-Kopf-Einkommens andererseits besteht (*Fritsch* 1981). Das überrascht insofern nicht, als die Städte in der Regel Zentren kapitalintensiver, produktiver und damit auch einkommensschaffender Aktivitäten sind, während der Anteil der Landwirtschaft am Bruttoinlandsprodukt in fast allen Ländern sinkt. Der Zustrom der Arbeitsuchenden vom Land in die Stadt überschreitet die Absorptionsfähigkeit des städtischen Arbeitsmarktes. Da jedoch einige der Arbeitsuchenden in den Städten dennoch Arbeit finden, verbessert sich beschäftigungsmässig die gesamte Lage der Volkswirtschaft. In den meisten Entwicklungsländern sind die in den Städten angesiedelten Wirtschaftssektoren arbeitsteiliger und kapitalintensiver als diejenigen auf dem Land. Daher finden wir in städtischen Regionen höhere Arbeits- und Kapitalproduktivitäten, deshalb auch mehr Einkommen, aber auch grössere Einkommensungleichheiten als auf dem Land. Es zeigt sich, dass Länder mit einem sehr hohen Urbanisationsgrad (z.B. die Vereinigten Staaten, die Bundesrepublik Deutschland, Australien usw.) auch bezüglich des Pro-Kopf-Einkommens in der oberen Gruppe liegen, während Länder mit einem niedrigen Pro-Kopf-Einkommen in der Regel geringere Verstädterungsgrade aufweisen.

Es ist wichtig, zwischen dem Prozentsatz der Stadtbevölkerung an der Gesamtbevölkerung und dem Konzentrationsgrad der urbanen Agglomerationen zu unterscheiden: Der Anteil der in den Städten lebenden Menschen ist in den Industrieländern höher als in den Entwicklungsländern; die Konzentration der Bevölkerung auf wenige Zentren ist hingegen bei einer immer noch überwiegenden Agrarbevölkerung in den Entwicklungsländern höher. Mit anderen Worten: Es ist durchaus möglich, dass sich zum Beispiel 90 % der städtischen Bevölkerung in einem bestimmten Entwicklungsland auf eine Metropole konzentrieren, dass aber trotzdem die Mehrheit der Bevölkerung immer noch auf dem Land lebt. Es muss also nicht unbedingt ein Widerspruch bestehen zwischen einer hohen Konzentration der Bevölkerung in einem einzigen urbanen Zentrum auf der einen Seite und einem niedrigen durchschnittlichen Urbanisierungsgrad auf der anderen Seite.

Die städtischen Agglomerationen in den Entwicklungsländern ziehen in- und ausländisches Kapital, neue Technologien und qualifizierte Arbeitskräfte aus dem Ausland an. In den Städten der Entwicklungsländer werden aber auch Verhaltensmuster ausgebildet, die nicht immer dem Entwicklungsprozess förderlich sind. Kritiker dieses Vorgangs behaupten, dass die Menschen in den Metropolen der Entwicklungsländer "westlichen" Verhaltens-(Konsum-)gewohnheiten anhängen und dem agrarischen Hinterland Ressourcen entziehen, die für die Entwicklung des Landes dringend erforderlich wären. Wegen ihrer besseren Organisationsfähigkeit sind die Stadtbewohner in der Lage, das agrarische Hinterland organisatorisch und politisch zu "entmündigen".

Der Zusammenhang zwischen einem höheren Pro-Kopf-Einkommen und dem Urbanisationsgrad lässt sich weltweit nachweisen. Ob deshalb auf eine positive Funktion der Stadt für den makroökonomischen Entwicklungsprozess geschlossen werden darf, ist indessen fraglich.

In der genannten Studie (*Fritsch* 1981) konnte hingegen kein eindeutiger Zusammenhang zwischen dem Verstädterungsgrad einerseits und dem Exportanteil am Bruttoinlandsprodukt andererseits nachgewiesen werden. Mit anderen Worten: Besonders in den Entwicklungsländern ist ein und derselbe Aussenhandelsanteil mit unterschiedlichen Urbanisationsgraden vereinbar und umgekehrt. Städte wie Hongkong und Singapur sind Sonderfälle. Diese Städte leben in Ermangelung eines ausreichenden agrarischen Hinterlandes fast gänzlich vom Aussenhandel.

Makroökonomisch dürften also die von den Metropolen ausgehenden Effekte insgesamt positiv zu beurteilen sein. Das bedeutet jedoch nicht, dass die Mechanismen, über welche diese Effekte wirksam werden, nicht ihrerseits nachteilige Wirkungen auf die Umwelt und damit langfristig auch auf den Menschen haben. *Petrakos* und *Brada* (1989) gelangen in der bereits genannten Untersuchung u.a. zu dem interessanten Ergebnis, dass in den Entwicklungsländern die unter ökonomischen Gesichtspunkten gerechtfertigte Grösse der Agglomerationen weitaus geringer ist als die tatsächlich realisierte:

> In vielen Entwicklungsländern haben diese nicht-ökonomischen Faktoren zu Städten geführt, die bei weitem diejenige Grösse überschreiten, welche unter ökonomischen Gesichtspunkten noch gerechtfertigt wäre (*Petrakos/Brada* 1989: 578).

Unter den nicht-ökonomischen Faktoren führen die Autoren das Fehlen von Demokratie und Regierungsstabilität sowie die religiöse und ethnische Homogenität der Bevölkerung an. Ob dies die einzigen Faktoren sind, die für ökonomisch überdimensionierte Agglomerationen verantwortlich sind, ist eine offene Frage. Plausibel erscheint indessen, dass die wie auch immer zustandegekommene Grösse beispielsweise von Sao Paulo oder von Mexiko City ökonomisch keinen Sinn mehr gibt und ökologisch insofern bedenklich ist, als in Konzentrationen solchen Ausmasses die Tragfähigkeit des regionalen Ökosystems mit Sicherheit überschritten wird. Das lässt sich am Beispiel von Mexiko City (geschätzte Einwohnerzahl: 20 Millionen) oder irgendeiner Agglomeration vergleichbarer Grösse veranschaulichen. Man schätzt die Stoff- und

Energiedurchsätze pro Kopf und Tag in ökonomisch "fortgeschrittenen" Agglomerationen auf folgende Grössen:
- Wasserverbrauch   300 Liter   (in den USA fast 500 l)
- Nahrungsmittel   1,5 kg
- fossile Brennstoffe   2,5 kg
- Abwasser   60 Liter
- Müll   1,0 kg
- Luftschadstoffe   6,0 kg.

Diese Werte liegen unterhalb derjenigen "hochentwickelter" Städte wie New York. Man muss diese Zahlen jeweils mit 365 x (20 x 10^6) multiplizieren, um zu den entsprechenden Jahreswerten zu gelangen. Danach würde Mexiko City jährlich rund 44 Millionen Tonnen Schadstoffe in die Luft emittieren und einen Abfallberg von rund 7,3 Millionen Tonnen "produzieren" – all dies auf einer Fläche von rund 1200 km^2.

Es überrascht deshalb nicht, dass heute, nachdem die Begrenzungen der Energieverfügbarkeit weitgehend weggefallen sind und die sozialen Probleme trotz der immer wieder neu entstehenden Slums auf lange Sicht erträglicher werden, nunmehr die ökologische Begrenzung ganz stark in den Vordergrund tritt. Menschen, die mit ihrer Umwelt in Konflikt leben, können erfahrungsgemäss auch keinen konfliktfreien Umgang untereinander entwickeln. Waren es früher die sozialen Konflikte, sind es heute die durch die ökologischen Belastungen ausgelösten Interessenskonflikte zwischen Individual- und Massenverkehr, zwischen Wohn- und Industriestandorten, zwischen Industrie- und Dienstleistungsbetrieben, zwischen jenen, die umweltbelastende Energieträger wie Kohle und Öl nutzen wollen beziehungsweise nutzen müssen und solchen, die (meist theoretisch) umweltschonenden Energieträgern wie der Solarenergie das Wort reden, usw.

Seit dem Wegfall der Seuchengefahr und der physischen Energiebegrenzung sind der Siedlungsdichte praktisch keine technischen oder ökonomischen Grenzen gesetzt. Im Gegenteil: Man hat Anlass zu vermuten, dass zwischen den technisch immer grösser werdenden Möglichkeiten (neue Generation von Wolkenkratzern) und den ökonomischen Anreizen eine positive Rückkopplung besteht, so dass sich diese beiden Komponenten bis zu einem gewissen Grad gegenseitig aufschaukeln. Die Begrenzungen von Agglomerationen kommen heute deshalb weniger von der technisch-ökonomischen Seite, sondern liegen vielmehr eindeutig im Umweltbereich sowie in der Fähigkeit des Menschen, die Unwirtlichkeit der Städte (*Mitscherlich* 1965) auszuhalten.

Deshalb stellt sich nun die Frage, ob und gegebenenfalls wie es möglich ist, die Grösse und Struktur sowie das Wachstum von Agglomerationen so zu lenken, dass sie mit den Umwelterfordernissen konsistenter und für die Psyche des Menschen erträglicher werden. Es geht nicht darum, die Urbanisierung aufzuhalten. Das ist in keinem Land gelungen – nicht einmal in China. Es kann sich wohl nur darum handeln, den Urbanisierungsprozess in gesellschaftlich, politisch und vor allem ökologisch geordnetere Bahnen zu lenken. Dazu bedarf es in erster Linie einer Raumentwicklungspolitik, die den heute bestehenden und sich teilweise noch verstärkenden Interessenskonflikt zwischen Land und Stadt in eine Interessensgemeinschaft transformiert. Dies ist auf nationaler Ebene, d.h. ohne internationale Arbeitsteilung, nur begrenzt möglich.

Um auf diese komplexen Prozesse in gewünschter Weise Einfluss nehmen zu können, müssen wir eine Vorstellung von den Beweggründen haben, die die Menschen veranlassen, in die Städte zu ziehen. Soweit wir wissen, spielen dabei Erwartungen über eine wirtschaftliche Besserstellung eine wichtige Rolle. In der Tat stellt man fest, dass die Einkommensverhältnisse der Ärmsten in den Städten immer noch um einiges besser sind als diejenigen auf dem Land. Durch den Zuzug in die Stadt verbessert sich in der Regel die Einkommenslage des landlosen Bauern, so dass der Urbanisierungsprozess ingesamt eine Verbesserung der Einkommensverhältnisse bewirkt. Eine Studie, die unter dem Titel *"Urbanization and Poverty: Sharing of Experience Among Developing Countries"* auf der im März 1980 in Genf stattgefundenen Konferenz über technische Zusammenarbeit zwischen den Entwicklungsländern vorgelegt wurde, geht auf diesen Aspekt des Problems ein (UN 1980):

> Bei einem Einkommen, das oft dreimal höher ist als auf dem Land, bietet die Stadt den Zuzüglern Aussicht auf höheres Einkommen und auf ein besseres Leben oder auf eine Ausbildung für sich und ihre Kinder, die ihnen sonst gar nicht zugänglich wäre. Wie verzweifelt seine Situation auch erscheinen mag, der Zugezogene betrachtet seine Lage in der Stadt als eine Verbesserung gegenüber dem Leben, das er vorher kannte. (UN 1980: 4, übersetzt von B.F.).

Nur wer die Situation auf dem flachen Land in Brasilien oder auch in Bihar (Indien) selbst gesehen hat, kann erahnen, welche versteckten Terrorsysteme in einer Dorfgemeinschaft existieren und wie völlig aussichtslos, ohne jede Chance, ein Leben in einem armen Dorf sein kann. Es sind vermutlich die unternehmungsfreudigeren, risikobereiteren und beweglicheren Menschen unter der Landbevölkerung, die den Sprung in die Stadt und ihre Gefahren, aber auch ihre Chancen, wagen.

Will man eine Urbanisierungspolitik mit Aussicht auf Erfolg in Angriff nehmen, muss man, wie bereits erwähnt, die Struktur und Funktion des "informellen" Sektors näher untersuchen. In diesem Zusammenhang müssen wir genauere Kenntnisse über die Art der Arbeitsteilung und Spezialisierung in diesem Sektor, die Kommunikationsdichte und die neu entstandenen Risiken erlangen und die Einkommens- und Altersverteilung der Bevölkerung ermitteln. Ferner brauchen wir bessere Daten zur sozialen Mobilität sowie zur vermögens- und einkommensrechtlichen Position der Neuzuzügler. Vor allem aber sollten wir Daten zu den neu entstehenden Abhängigkeiten, in die sich die Zugezogenen begeben, sowie zur Mobilität, die ihnen ein Herauskommen aus diesen Abhängigkeiten gestattet, systematisch sammeln und auswerten. Es geht darum, einerseits die innere Dynamik des Urbanisationsprozesses näher zu kennen und andererseits den Metabolismus zwischen Stadt und Land besser zu erfassen. Dazu benötigen wir auch genauere Kenntnisse über die Energiebilanzen der einzelnen Sektoren und Schichten. Gerade diese Daten haben wir aber nicht. Dabei zeigt sich, dass der Urbanisierungspolitik aufgrund unserer immer noch erheblichen Wissenslücken engere Grenzen gesetzt sind, als den Stadtplanern bewusst ist. Wir stehen also noch ganz am Anfang. Kein Land – vielleicht mit Ausnahme Englands der späten 40er Jahre (*New Towns Act,* 1947) – kann von sich behaupten, den Verstädterungsprozess unter Kontrolle zu haben.

Gegenwärtig bahnt sich in vielen Ländern der Dritten Welt ein Interessenskonflikt zwischen den Bauern und den Stadtbewohnern an. Seinen drastischen Ausdruck fand dieser Konflikt in der Austreibung der Bewohner von Phnom-Penh durch die Roten Khmer. Eine Entschärfung dieses latenten Antagonismus ist nur möglich, wenn es gelingt, die von den Agglomerationen ausgehenden destabilisierenden Auswirkungen auf die lebenserhaltenden Ökosysteme des Umlandes (Abholzung, Vernichtung von Agrarland usw.) zu vermeiden. Zu diesem Zweck müssen wir mehr über die Zusammenhänge wissen. Wir wissen zum Beispiel immer noch nicht genügend über die Ausbeutungsstrukturen: Ist die Ausbeutung auf dem Land oder in der Stadt grösser? Mit hoher Wahrscheinlichkeit ist sie auf dem Land unentrinnbarer als in der Stadt, aber sie ist dort nicht notwendigerweise grösser. Wie steht es mit der Wasserversorgung auf dem Land? Es wird häufig gesagt, dass es im Gegensatz zur Situation auf dem Land in den Slums keine Wasserversorgung gäbe. Das ist eine Generalisierung, die nicht zulässig ist. Auf dem Land gibt es besonders in Trockenregionen wie in Bihar oder Radjastan, aber auch in der Sahelzone, monatelang so gut wie kein Wasser, weil viele Brunnen versiegt sind. Im Vergleich dazu ist die mittlere Distanz der Wasserstellen in Slumregionen geringer als auf dem Land. Wir verfügen noch immer nicht über international vergleichbare Daten zur technischen und sozialen Struktur der Wasserversorgungssysteme von Land und Stadt.

Was wissen wir über die Administration? Wir vermuten, dass zumindest die Organisationsfähigkeit der neu zugezogenen Slumbewohner in den Randgebieten der Städte besser (effizienter) ist als auf dem Land. Auf dem Land haben es die ausgebeuteten *Campesinos* schwer, sich zu organisieren. Wenn sie es trotzdem versuchen, werden sie von den Grossgrundbesitzern in der Regel brutal daran gehindert.

Wie es mit der Einkommensverteilung aussieht, wissen wir im einzelnen auch nicht so genau. Wir vermuten, dass auf dem Land noch grössere Unterschiede bestehen als in der Stadt. Welchen Anteil die einzelnen Einkommensgruppen (zum Beispiel in 20 %-Gruppen eingeteilt) am BSP haben, wissen wir nicht. Wir vermuten jedoch, dass die Einkommensungleichheit in den unteren Einkommensgruppen und zwischen diesen in den Städten grösser ist als auf dem Land, weil dort ohnehin nicht so viele Klassen zu unterscheiden sind. Wir vermuten auch, dass diese Einkommensungleichheiten in den Städten in den unteren Einkommensgruppen insgesamt auf einem höheren Einkommensniveau auftreten als auf dem Land. Es gibt also in der Stadt Menschen, die sich – gemessen an den oberen Einkommensschichten – *relativ* schlechter stellen als die analogen Einkommensschichten auf dem Land; trotzdem beziehen sie *absolut* ein höheres Einkommen. Mit anderen Worten: Die Ärmsten der Armen in den Städten sind vermutlich immer noch materiell etwas besser gestellt als die Ärmsten der Armen auf dem Land.

Ein weiteres Problem, über das wir bis jetzt noch zu wenig wissen, ist die Energieversorgung. Die Energiepreiserhöhung trifft die Dritte Welt viel stärker als die Industrieländer. In den Entwicklungsländern verteilt sich die Last ungleicher. Vermutlich ist die Energieversorgung in den Städten wegen der erhöhten Kerosin- und Holzkohlepreise prekärer, zumal die Städter, im Gegensatz zu den Landbewohnern, nicht die Möglichkeit haben, in die Waldgebiete zu gehen, um sich Brennholz zu holen. Während der Slumbewohner in der Trockenzeit näher am Wasser ist als der Landbewohner, ist er bei der Brennholzversorgung weiter weg vom nächsten Wald. Er ist deshalb auf den Markt und damit auf Zwischenhändler angewiesen, wobei er seinen Energiebedarf weniger mit Feuerholz als vielmehr mit Kerosin, Holzkohle und Dieselöl decken muss. Die Preise für diese Energieträger sind in den letzten Jahren besonders in den höher gelegenen Grossstädten der Entwicklungsländer (z.B. in Quito, Addis Abbeba, Mexiko City, Nairobi und Kathmandu) stark gestiegen. Wegen mangelnder Substitutionsmöglichkeiten leidet der Stadtbewohner unter der Preiserhöhung für Kerosin vermutlich mehr als der Landbewohner, der immer noch die Möglichkeit hat, wenn auch auf langen Anmarschwegen, sich Holz aus dem Busch zu besorgen. Demgegenüber nützt der Stadtbewohner die Energie etwas effizienter als der Landbewohner. Es ist also ein ganzes Bündel von sich durchdringenden, zum Teil gegenläufigen Faktoren, über die wir im einzelnen noch nicht genügend Bescheid wissen. Es wäre zu wünschen, dass uns über jede grössere Stadt Daten vorlägen, wie wir sie über Hongkong haben (*Newcombe et al.* 1978). Es wäre nämlich wichtig zu wissen, wie sich die rapide Urbanisation auf die Ressourcenlage und insbesondere auf die Energiesituation eines Landes auswirkt, denn es ist nicht auszuschliessen, dass die Wissensbilanz – je nach Auswirkung der Urbanisation auf die Technologieeffekte und den Technologietransfer – selbst bei einer negativen Energiebilanz positiv ist und die Ressourcenbilanz eines Landes dadurch langfristig verbessert werden kann.

Alles in allem müssen wir also feststellen, dass uns noch viel Wissen fehlt und dass vermutlich deshalb der weltweite Urbanisierungsprozess in keinem Land der Welt in sozial, psychologisch oder ökologisch gewünschte Bahnen gelenkt werden konnte. Daran können auch die zwar lobenswerten, jedoch im Globalmassstab völlig unbedeutenden Ökologiesiedlungen wie Arcosanti (Arizona) wenig ändern.[40]

Fassen wir unsere Betrachtungen zur Urbanisierung im Kontext unseres Themas "*Mensch–Umwelt–Wissen*" zusammen:

1. Die städtische Bevölkerung nimmt mit rund 6 % pro Jahr etwa dreimal so schnell zu wie die Weltbevölkerung.
2. 1950 gab es 6 Städte mit mehr als 5 Millionen Einwohnern. 1980 waren es 26 Städte; für das Jahr 2000 rechnet man mit 60 Städten von dieser Grösse. Mexiko City hat heute 20 Millionen Einwohner; im Jahre 2000 werden es wahrscheinlich 35 Millionen sein.
3. 1920 lebten rund 14 % der Weltbevölkerung in Städten ("urban areas"), 1980 waren es 41 %. Bis spätestens 2010 wird zum ersten Mal in der Menschheitsgeschichte die Zahl der Stadtbewohner grösser sein als die der Bauern.
4. In der Literatur wurden bis vor kurzem insbesondere die negativen Folgen dieses weltweiten Verstädterungsprozesses hervorgehoben: "Verslumung", steigende Gewalttätigkeit, hohe Arbeitslosigkeit, Drogenkriminalität, schlechte hygienische Verhältnisse, Unterernährung, Verwahrlosung der Kinder usw.
5. Daneben gibt es aber – neuerdings mehr beachtet – auch positive Effekte: Die in der Stadt lebenden Menschen sind besser organisiert, sie sind zu politischen Entscheidungen gezwungen, es besteht eine bessere Kommunikation und Information und damit zusammenhängend, eine höhere Mobi-

---

40. In England wurden bereits Anfang dieses Jahrhunderts zwei privatwirtschaftlich finanzierte experimentelle Gartenstädte (*Letchworth*, 1903, und *Welwyn*, 1919) gegründet. Die dort gesammelten Erfahrungen wurden im sogenannten *Berlow Report* (1940) ausgewertet und fanden ihren Niederschlag im *New Towns Act* von 1947.

lität. Die in den Städten konzentrierte Kleinindustrie gestattet die Ausbildung eines "informellen" Sektors, der seinerseits die Basis für die Entwicklung von zahlreichen neuen, teilweise recht innovativen und vor allem arbeitsintensiven Beschäftigungen ermöglicht. In der Stadt ist der vom Land kommende Zuzügler dem hoffnungslosen Terror des Dorfes und oft auch der Ausbeutung durch den Grossgrundbesitzer entronnen. In der Stadt bietet sich ihm beides: die Chance, sich selbst als Kleinausbeuter und Kleinunternehmer zu etablieren, aber auch die Gefahr unterzugehen.

6. Die Motivation für die Migration in die Städte ist vornehmlich ökonomischer Art. In der Tat stellt man fest, dass die Einkommensverhältnisse der Ärmsten in den Städten immer noch um einiges besser ist als die der Ärmsten auf dem Land.

7. Trotz der möglichen Benachteiligung des agrarischen Umfeldes durch eine ungestüme Urbanisation gehen von den Städten die wichtigsten Impulse für die wirtschaftliche Entwicklung der Länder der Dritten Welt aus.

8. Es besteht in den meisten Ländern ein positiver Zusammenhang zwischen dem Verstädterungsgrad und dem Pro-Kopf-Einkommen. Länder mit einem hohen Urbanisationsgrad weisen in der Regel auch einen hohen Anteil des Aussenhandels am Sozialprodukt auf.

9. In keinem Land – nicht einmal in China – ist es bisher gelungen, den Drang zur Stadt aufzuhalten. Es kann nicht darum gehen, den Urbanisierungsprozess zu stoppen, sondern nur darum, ihn zu steuern. Dazu bedarf es einer Raumentwicklungspolitik, die den bestehenden Interessenskonflikt von Land und Stadt in eine Interessensgemeinschaft transformiert. Dies ist auf nationaler Ebene nur teilweise möglich.

10. Gegenwärtig bahnt sich eine Konfliktsituation zwischen den Bauern und den Stadtbewohnern in der Dritten Welt an. Eine Entschärfung dieses latenten Antagonismus ist nur möglich, wenn es gelingt, die von den Agglomerationen ausgehenden destabilisierenden Auswirkungen auf die lebenserhaltenden Ökosysteme (Abholzung, Vernichtung von Agrarland usw.) zu vermeiden.

11. Die Implosion der Bevölkerung in Ballungsräume wird sich spätestens in der zweiten Hälfte des kommenden Jahrhunderts verlangsamen und schliesslich auf einem bestimmten Niveau stabilisieren. Diese Gesamtstabilisierung schliesst grosse regionale Umschichtungen von Agglomerationsräumen nicht aus. In den USA stellen wir gegenwärtig eine solche Umschichtung vom Nordosten nach Südwesten fest.

12. Um ein Fliessgleichgewicht zwischen dem "System *Mensch*" und dem von ihm immer mehr mitgestalteten Ökosystem auf globaler Ebene zu errei-

chen, muss sich die Weltbevölkerung stabilisieren, so dass der Agglomerationsprozess – auf welchem Niveau auch immer – zum Stillstand kommt. Beide Bevölkerungskategorien, die Gesamtbevölkerung wie die Stadtbevölkerung, streben einem Stabilitätsniveau zu. Es wird jedoch frühestens in 80 bis 100 Jahren erreicht sein. Bis dahin bleibt die globale Ökologieproblematik trotz der für ihre Lösung schon heute vorhandenen materiellen und kognitiven Ressourcen offen.

13. Zur Steuerung des weltweiten Urbanisierungsprozesses bedarf es nicht der getrennten Spezialarbeit von Städteplanern, Architekten, Ökonomen, Verkehrsfachleuten oder Soziologen, sondern des integrativen Zusammenwirkens von Ökologie, Biologie, Anthropologie und Sozialpsychologie. Dieser holistische Ansatz findet sich u.a. verkörpert in den Bemühungen von *Buckminster Fuller* (1975), *Unsöld* (1983) und *Campbell* (1975).

Im Prozess der Realisierung grossräumiger Urbankulturen – von den ersten Grossstädten über metropolitane Konzentrationen wie die sich entlang der Ostküste der Vereinigten Staaten von Boston bis Washington (BOSWASH) abzeichnende Grossagglomeration (Dynapolis) – bis hin zur weltumspannenden Stadtkultur (Ecumenopolis) vollzieht sich die evolutionsgeschichtlich zentrale Dialektik zwischen der steten Überwindung und dem steten Neuentstehen von Grenzen:

> Having thrown off natural controls and limitations, modern man must replace them with an at least equally effective man–made pattern (*Mumford* 1957: 395).

Der vor uns liegende Weg ist lang. Er kann nicht in Jahrzehnten beschritten werden. Wir brauchen dafür wahrscheinlich noch ein bis zwei Jahrhunderte. Ob wir je zu einer ökologisch stabilen und zugleich materiell abgesicherten *Weltstadtkultur* von 9 bis 11 Milliarden Menschen gelangen werden, ist in Anbetracht der Nichtlinearitäten des Ökosystems und der damit verknüpften Möglichkeit von plötzlichen, überraschenden Phasenübergängen keineswegs sicher. Hingegen steht fest, dass die strategisch wichtigen Entscheidungen im Prozess der Realisierung eines Fliessgleichgewichts von ökonomischen, ökologischen und kognitiven Strukturen nicht auf dem Land, sondern in den Städten gefällt werden.

VI. Konsequenzen für die Politik

1. Ökonomische Grundlagen der Umweltpolitik

Solange die Ökonomie in ihren Denkmodellen die Existenz von "freien Gütern" als gegeben annahm, konnte sie weder theoretisch noch wirtschaftspolitisch einen Beitrag zur Umweltproblematik leisten. Noch heute werden in Lehrbüchern als Beispiel für freie Güter Luft und Wasser angeführt, also zwei besonders wichtige Komponenten des Umweltsystems: die Atmosphäre und die Hydrosphäre. Die Ökonomen denken sich dabei nichts Böses. In der Tat ist der Hinweis auf "freie Güter" insofern theoretisch und auch didaktisch wichtig, als er zu veranschaulichen hilft, was *nicht* Gegenstand wirtschaftstheoretischer und damit auch wirtschaftspolitischer Überlegungen ist: Güter, die "frei" sind, haben in der Ökonomie den Preis *Null* und sind deshalb nicht Gegenstand der ökonomischen Analyse. Man hätte als Beispiele statt Luft und Wasser – der Boden wurde in der ökonomischen Theorie nur in Grenzfällen als freies Gut betrachtet – ebensogut den Sand in der Sahara oder das Eis auf Grönland nehmen können.

Da nun die Ökonomie, aus welchen Gründen auch immer, Luft und Wasser als Beispiele für freie Güter nahm und lange genug auch unterstellen durfte, dass es eben diese freien Güter tatsächlich gibt, hat sie sich von der Umwelt und damit auch von den realen Bedingungen ihres eigentlichen Anwendungsgebietes entfernt beziehungsweise abgekoppelt. Es ist deshalb nicht überraschend, dass die praktischen Anwendungen der Nationalökonomie zunächst auf den Gebieten der Fiskal- und Geldpolitik, dann der Konjunktur-, Beschäftigungs- und Wachstumspolitik und erst später auf den die qualitativen Aspekte einschliessenden Gebieten wie der Bildungs- und der Entwicklungspolitik lagen.

Um so erstaunlicher ist, dass der Umweltaspekt, den die heute einigermassen etablierte Umweltökonomie zum Gegenstand hat, auf einen Ansatz zurückzuführen ist, der bereits mehr als dreissig Jahre zurückliegt. Im Vorwort zur zweiten Auflage seines grundlegenden Werkes über die volkswirtschaftlichen Kosten der Privatwirtschaft schreibt *Kapp* (1963):

Increasingly national and international agencies have investigated the consequences of such phenomena as air and water pollution, the avoidable exhaustion of renewable resources, the premature destruction of non-renewable resources, the impairment of the human factor by occupational diseases and industrial accidents, and the effect of automation and technical change in general (*Kapp* 1963: VII).

Hier ist im Prinzip bereits die ganze Problematik angesprochen: die Tatsache, dass es keine freien Güter gibt, die Einwirkung der Technik auf die Arbeitsbedingungen des Menschen und die Gefahr der vorzeitigen Erschöpfung nichterneuerbarer Ressourcen. Zögernd, jedoch unaufhaltsam, entwickelte sich aus diesem Ansatz, der zunächst dem allgemeinen Phänomen der volkswirtschaftlichen Kosten galt, die Umweltökonomie als eine spezielle Teildisziplin der Volkswirtschaftslehre (vgl. Frey 1985).Dennoch besteht nach wie vor ein erheblicher theoretischer und empirischer Nachholbedarf der traditionellen Ökonomie in ökologischen Belangen, wenn sie als nützliches Instrument der Umweltpolitik dienen, d.h. Entscheidungshilfen für umweltpolitische Massnahmen liefern will.

Die Ökonomie als Wissenschaft tendiert naturgemäss dazu, alle Vorgänge – seien sie physikalisch-technischer oder psychologischer Natur – in ihre eigene Sprache umzusetzen. Technische und verhaltensorientierte Faktoren werden in Form von Produktions- beziehungsweise Verhaltensfunktionen abgebildet und den daraus ableitbaren nachfrage- und angebotswirksamen Entscheidungssequenzen, die der Maximierung der Zielfunktionen der am Marktgeschehen Beteiligten dienen, zugrunde gelegt. Es werden insbesondere solche Entscheidungen analysiert, die die Maximierung einer oder mehrerer Zielfunktionen unter restriktiven Nebenbedingungen (zum Beispiel Unvollständigkeit der Information, Zeitbedarf von Anpassungen usw.) zum Gegenstand haben. Veränderungen der Technik erscheinen in den jeweiligen Parametern der *Produktionsfunktionen*, psychologische Faktoren manifestieren sich in *Verhaltensfunktionen*, wobei sowohl bei den Produktionsfunktionen als auch bei den Verhaltensfunktionen zunächst das Gesetz abnehmender Ertrags- beziehungsweise Nutzenzuwächse gilt; eine Eigenschaft (Konvexität), die, wie wir wissen, Lösungen des Allokationsproblems zulässt, die besonders gut geeignet sind, kompliziertere Situationen besser zu verstehen.

Aus dieser Perspektive erscheinen denn auch die heute so dringend gewordenen Umweltprobleme in der Wirtschaftstheorie nicht als ein naturwissenschaftliches, primär ökologisches (physikalisch-chemisches) Problem, sondern als ein ökonomisches Phänomen. Man kann ökologische Phänomene in die ökonomische Sprache übersetzen: Die Umwelt wird von den Nachfragern als freies Gut behandelt, obwohl sie es heute nicht mehr ist. Da das Ausschlussprinzip praktisch nicht durchgesetzt werden kann, handelt es sich bei den Umweltgütern um kollektive Güter. An Stelle des Preises *Null* müssen positive Preise zur Anwendung gelangen, die die realen Knappheitsverhältnisse widerspiegeln. Erst wenn Knappheitspreise als Signale wirksam sind, wird es – immer aus der Sicht der Ökonomie – möglich, die Umweltzerstörung in Grenzen zu halten oder gar zu vermeiden. Wird die Umwelt "knapp", steigt ihr Preis. Dies bewirkt einerseits, dass die Nachfrager von Umweltgütern weniger Umwelt verbrauchen und andererseits die Anbieter von Umwelt – auch dies ist möglich – vermehrt Umweltgüter anbieten. Im klassischen Modell entspricht dann die Grenzrate der Substitution von Umwelt- und Nicht-Umweltgütern dem Preisverhältnis dieser beiden Gütergruppen, d.h. die Grenznutzen der letzten Ausgabeneinheit für diese beiden Güterkategorien sind einander gleich. Dass unter solchen Bedingungen die Umwelt als Ganzes erhalten bleibt, wird zwar nicht behauptet, jedoch oft unterstellt.

Es erhebt sich die Frage, wie man für kollektive Güter zu Preisen gelangt, die die tatsächlichen Knappheitsverhältnisse widerspiegeln, und nach welchen Prinzipien man dabei vorgeht. Wird ein Gut als "frei" betrachtet und deshalb mit dem Preis *Null* bewertet, obwohl es nicht in beliebigen Mengen zur Verfügung steht und deshalb nicht verschwendet werden darf, gibt es grundsätzlich drei Wege, das Verhalten der Verbraucher mit dem Tatbestand der Knappheit in Einklang zu bringen:
- Appelle an die Vernunft (zum Beispiel Masshalten)
- Kontingentierung des Verbrauchs
- marktwirtschaftliche Lösungen.

Appelle – dies haben alle bisherigen Erfahrungen gezeigt – nützen wenig. Quantitative Kontrollen durch den Staat führen erfahrungsgemäss zu einer Bürokratisierung und zu grossen Ineffizienzen. Bleiben also marktwirtschaftliche Lösungen. Sie können ihrerseits durch flankierende Massnahmen des Staates unterstützt werden, die in unterschiedlichem Mass regulativ sind. Dabei kann man sich nach vier Prinzipien orientieren:
- Verursacherprinzp
- Gemeinlastprinzip
- Vorsorgeprinzip und
- Kooperationsprinzip.

Das *Gemeinlastprinzip* tritt dann in den Vordergrund, wenn die früheren Verursacher von heute festgestellten Schäden (Altlasten, Deponien) nicht mehr ermittelt werden können. – Das *Vorsorgeprinzip* geht davon aus, dass wir wissen, welche Auswirkungen heutige Emissionen auf das gesamte Ökosystem und auf die Lebensbedingungen jetziger und künftiger Generationen haben werden. – Das *Kooperationsprinzip* beruht auf der Förderung des Umweltbewusstseins durch Aufklärung.

Wir wollen im folgenden das *Verursacherprinzip* näher betrachten. Beim Verursacherprinzip geht man davon aus, dass durch geeignete Internalisierungsmassnahmen sowohl bei den Konsumenten als auch bei den Produzenten ein "kostengerechtes", den tatsächlichen Knappheitsverhältnissen entsprechendes Entscheidungskalkül erreicht wird. Eine Internalisierung externer Effekte liegt immer dann vor,

> [...] wenn durch die jeweils betrachtete wirtschaftspolitische Massnahme erreicht wird, dass der Verursacher dieser externen Effekte deren Wirkungen in ein einzelwirtschaftliches Optimierungskalkül einbezieht (*Luckenbach* 1986: 157).

Man kann dabei wiederum zwei Methoden anwenden: die Steuer-Subventionsmethode und die Markt- beziehungsweise Verhandlungsmethode. Bei der Steuer-Subventionsmethode Methode werden Steuern und Subventionen eingesetzt, um bestimmte Aktivitäten und/oder Unterlassungen zu bewirken. Dieses Instrumentarium umfasst auch "Strafen" - entweder als Strafsteuern oder einfach als Bussen. Tabelle 33 gibt einen Überblick über die gebräuchlichsten Anwendungen.

Tabelle 33: Steuer- und subventionsorientierte Instrumente der Umweltpolitik

Anreize \ Verhalten	für Aktivitäten	für Unterlassungen
positiv	Subventionen von umweltschonenden Produktions- und Konsumaktivitäten	finanzielle Stützung des Verzichts auf umweltbelastende Praktiken (zum Beispiel Nitratimmissionen in die Lithosphäre infolge Überdüngung)
negativ	Steuern und/oder Bussen für umweltbelastende Aktivitäten	Konsum- und Investitionsgüter werden mit einer "*Recycling-Gebühr*" je nach entstehenden *Recycling-Kosten* belastet (zum Beispiel Einwegflasche)

Die *Markt- beziehungsweise Verhandlungslösung* beruht auf der Annahme, dass es möglich ist, zwischen zwei Kontrahenten eine freiwillige Internalisierung herbeizuführen, wobei auf die Selbstregulierungsmechanismen des Marktes vertraut wird. Diesem auf *Coase* (1960) zurückgehenden Konzept liegt die These zugrunde, dass bei nicht-internalisierten Effekten eine für die Beteiligten suboptimale Allokation ihrer knappen Ressourcen vorliegt. Geschädigte und Nutzniesser können ihren gemeinsamen Gewinn dadurch erhöhen, dass entweder der Geschädigte durch Zahlungen an den Schädiger die Einstellung der Emissionen bewirkt oder dass der Schädigende dem Geschädigten etwas zahlt, um letzteren für den "Diskomfort" zu entschädigen, beziehungsweise ihm den Wegzug aus dem Emissionsgebiet zu finanzieren. *Coase* hat aufgezeigt, dass unter gewissen Bedingungen beide Lösungen zu einer Verbesserung der Situation beitragen, also sozusagen "richtungsunabhängig" funktionieren.

In der Literatur der Umweltökonomie wurde dieses aus der allgemeinen Theorie der Sozialkosten stammende *Coase*-Theorem immer wieder als Grundlage für umweltpolitische Massnahmen zitiert, obwohl es – wie man sofort sehen kann – mit der Umweltproblematik als solcher, mit dem Ökologieproblem, recht wenig zu tun hat. Selbst in der allgemeinen Theorie der Sozialkosten findet dieses Theorem als Grundlage für wirtschaftspolitische Massnahmen nur begrenzt Anwendung, weil es u.a. klar definierte Eigentums- und Verfügungsrechte voraussetzt.

Generell fällt auf, dass in der Umweltökonomie bei den Internalisierungsverfahren zunächst auf das Interesse der Beteiligten abgestellt wird – in der (impliziten) Meinung, dass die jeweiligen Lösungen (a) *Pareto*-optimal[41] und (b) umweltschonend sind. Dem ist nicht so, weil effiziente Allokationen zwar eine notwendige, jedoch nicht hinreichende Bedingung für die Erreichung eines ökonomisch-ökologischen Fliessgleichgewichts sind.

Wir haben darauf hingewiesen, dass Umweltgüter zwar öffentliche Güter sind, weil sie von jedermann *gratis* genutzt werden können, jedoch keine freien Güter, weil sie nicht beliebig zur Verfügung stehen. Solange die Umwelt trotz Knappheit keinen Preis hat, haben sowohl Produzenten als auch Konsumenten die Möglichkeit, ihre Aktivitäten gewinn- beziehungsweise nutzenmaximierend ohne Einbeziehung der Umwelt, d.h. ohne Rücksicht auf Umweltprobleme, zu gestalten. Die Umweltökonomie hat aus historischen Gründen vorwiegend die Produzenten als mögliche Verursacher von Umweltschäden in Betracht gezogen. Grundsätzlich gilt jedoch, dass auch Konsumenten umweltbelastende Aktivitäten ausüben können: der Konsument als Sportler (Skipisten)

---

41. Unter *Pareto*-Optimalität wird ein Zustand verstanden, bei dem durch eine Veränderung der Güterkombination der Nutzen eines Individuums nicht gesteigert werden kann, ohne gleichzeitig den Nutzen eines anderen Individuums zu reduzieren.

oder als "Erzeuger" von Müll (Verpackungen, Batterien usw.). Auch der Staat ist als Produzent und Konsument an der Umweltbelastung beteiligt.

Zwischen den beiden oben genannten Möglichkeiten – der Steuer- und Subventionsmethode und der Verhandlungslösung *(Coase)* – gibt es einen "mittleren Weg", der seinerseits auf zwei Prinzipien beruhen kann: Der Staat kann für die Umweltbelastungen entweder *Festpreise* ansetzen oder eine *Kontingentierung* nach Emissionsgrenzen vornehmen. Der erste Weg führt zu Umweltabgaben (Lenkungsabgaben, Umweltsteuern aller Art), der zweite kann über *Zertifikate* beschritten werden, die zu einem Marktpreis übertragbar sind, der sich auf dem freien Markt aus Angebot und Nachfrage nach "Emissionsberechtigungen" ergibt. Der letztgenannte Weg wird vor allem von *Bonus* (1987a) befürwortet.

Die Lösung mit Hilfe von Umweltabgaben setzt quantitative *Emissionsauflagen* sowie Kontrollmechanismen voraus, und zwar sowohl organisatorische als auch technische. Wird bei den Emissionen ein bestimmter Grenzwert überschritten, werden Abgaben erhoben. Es gibt gewichtige Nachteile dieser Methode: Erstens führt sie zu grossem bürokratischem Aufwand. Zweitens setzt sie die Kenntnis der synergetischen Wirkungen voraus, d.h. ein Wissen darüber, wer an einer Schädigung – nehmen wir zum Beispiel das Waldsterben – zu welchen Teilen (Verkehr, Haushalte oder Industrie) beteiligt ist und mit welchen Abgaben die Beteiligten demzufolge zu belasten sind. Drittens sind Umweltabgaben politische Preise; sie werden zwischen ungleich starken Partnern ausgehandelt und entsprechen nur zufällig den Schattenpreisen der Umweltgüter.

Es ist deshalb nicht überraschend, dass insbesondere jene Ökonomen, die dirigistischen Massnahmen abgeneigt sind, die zweite Methode vorziehen. Sie beruht auf der Festlegung von Emissionskontingenten. Sie können der jeweiligen Umweltsituation angepasst und, in Zertifikate "gestückelt", entweder von einzelnen Unternehmungen oder im Regionalverbund (Glockenlösung) auf dem Markt erworben werden. Jedem Kauf eines solchen Zertifikats entspricht ein bestimmtes Recht auf "Nutzung der Umwelt". Teure Kontrollen wären überflüssig. Der am Markt zustande gekommene Preis kommt der Funktion eines echten Knappheitsindikators noch am nächsten. Die Befürworter der Zertifikatslösung machen geltend, sie sei ökonomisch und ökologisch in dem Sinne "effizient", als sie die jeweilige Knappheitssituation bei gegebener Nachfrage korrekt wiedergibt.

Aber auch diese Methode hat ihre Nachteile: Erstens ist sie in den meisten Industriestaaten mit den jeweiligen Rechtsgrundlagen nur schwer zu vereinbaren. Zweitens beruht sie, wie die Abgabenlösung auch, letzten Endes auf einer "Rationierung" der Umweltbelastung, und diese setzt ein Wissen über die tatsächlich noch verfügbaren Spielräume voraus, die in den einzelnen Segmenten der Umwelt hinsichtlich der Aufnahme von Schadstoffen noch bestehen; schliesslich können auch spekulative Missbräuche sowie Verunsicherungen besonders dann nicht ausgeschlossen werden, wenn infolge notwendig werdender Verschärfungen der Umweltschutzmassnahmen die rationierten Segmente der Umwelt verringert und damit die Emissionsrechte abgewertet werden müssen. Völlig ungelöst bleibt sowohl für diese Methode als auch für die Methode der Abgaben die Frage, wie grenzüberschreitende Emissionen behandelt werden sollen.

Wir können an dieser Stelle zusammenfassend festhalten, dass die Umweltökonomie als Teil der Volkswirtschaftslehre zunächst und vorwiegend mit dem traditionellen Instrumentarium der effizienten Allokation knapper Güter arbeitet. Dazu bedarf es der Information über Preise und Kosten, über Konsum- und Produktionsfunktionen sowie über Marktstrukturen und Stabilitätsbedingungen. Nur wenig davon ist sozusagen in "Reinkultur" vorhanden: Preise müssen mit Hilfe von indirekten Methoden zunächst "hergestellt" werden, eine Produktionsfunktion des Systems *Umwelt* gibt es nicht, und die Stabilitätsbedingungen des Ökosystems, insbesondere im Zustand der Interaktion mit technischen und ökonomischen Systemen, sind nicht bekannt.

Die einer ökonomischen Behandlung des Umweltproblems entgegenstehenden Schwierigkeiten lassen sich am besten verdeutlichen, wenn man sich einige wichtige naturwissenschaftlich-technische sowie einige evolutionsgeschichtliche Dimensionen dieses Problems vor Augen führt.

2. Möglichkeiten und Grenzen der Ökologiepolitik

Evolution bedeutet immer auch Wandel der Rückkopplungs- und Kreislaufstrukturen. Es geht nicht um die Stillegung dieses Strukturwandels, sondern um dessen Beherrschung, soweit sie für die *Weiterentfaltung des Menschen* erforderlich ist. Genau dies sollte Sinn und Zweck der Umweltpolitik sein. Dazu sind vier interdependente "Ressourcen" erforderlich: Energie, Wissen, Technik und politische Steuerung.

Zur Beherrschung der Kreisläufe und insbesondere zur Schliessung von Massenströmen (*Häfele* 1989) – sofern und soweit eine solche Schliessung nötig ist – bedarf es eines offenen Systems, dem von aussen Energie zugeführt wird. Unsere Erde ist ein solches System.

Energiezufuhr, Entfaltung des an Energieverfügbarkeit gebundenen Wissens sowie praktische Umsetzung dieses Wissens in Form von angewandter Technologie bilden das für eine erfolgreiche Umweltpolitik notwendige Potential. Die Industrieländer verfügen über dieses Potential – ganz im Gegensatz zu den Entwicklungsländern und den sozialistischen Planwirtschaften. Dennoch gibt es auch in Industrieländern zahlreiche *Schwierigkeiten*. Im folgenden wollen wir sie in sechs Punkten zusammenfassen:

1. Infolge der quantitativen Zunahme der Materialdurchsätze (Zunahme der Weltbevölkerung seit Kriegsende um den Faktor 2.5, Zunahme des weltweiten Energieverbrauchs um den Faktor 5 sowie Steigerung des Welt-Sozialprodukts um den Faktor 6) sind neue Synergismen aufgetreten, die es schwierig machen, die Einwirkungen des Menschen auf die Natur von solchen Veränderungen zu unterscheiden, die in der natürlichen Umwelt auch ohne Zutun des Menschen ablaufen.

2. Die Nichtlinearität des "Ökologie-Ökonomie-Systems" impliziert plötzliche Systemeinbrüche (Phasenübergänge) bei gleichzeitigem Verzögerungsverhalten (Hysterese). Zunächst geschieht lange nichts, jedenfalls nichts, was Anlass zu Besorgnis gäbe; plötzlich kippt das System um und geht schlagartig in einen neuen Zustand über. Für politische Systeme ist es schwierig, wenn nicht gar unmöglich, darauf angemessen, d.h. antizipierend, zu reagieren.

3. Die Messgenauigkeiten haben in den letzten Jahren um den Faktor *Tausend* bis *eine Million* zugenommen. Fortschritte in der Gaschromatographie und die Entwicklung hochempfindlicher Massenspektrometer erlauben heute den Nachweis von einigen Tausend Atomen in einer Umgebung von 10^{15} bis 10^{18} Atomen benachbarter Isotope. Heute können Konzentrationen von einigen *ppt* (*parts per trillion*), d.h. Relationen von 1 zu 10^{12}, gemessen werden. Wir wollen das an einem Beispiel veranschaulichen: Nehmen wir ein Haus von 1000 m^3; das entspricht ungefähr der Grösse eines komfortablen Einfamilienhauses. Mit den heute verfügbaren Messmethoden könnte man in diesem Haus ein Körnchen von einem Volumen von nur einem mm^3 feststellen. So willkommen die Fortschritte in der Messgenauigkeit sind, so sehr haben sie auch dazu beigetragen, die Menschen zu verwirren und zu verunsichern. Man muss sich an die neuen Dimensionen nicht nur erst gewöhnen, sondern - was noch wichtiger ist - auch lernen, die praktische Bedeutung von Veränderungen in solchen Dimensionen richtig zu beurteilen.

Wir stellen also einerseits eine ganz grosse Erhöhung der Messgenauigkeiten fest, entdecken aber andererseits, dass der Bereich unseres Nichtwissens noch sehr gross ist. Oft ist der *Verlust an Orientierung*, der sich im Verkennen von Grössenordnungen, Relationen sowie Risiken äussert, schädlicher als die durch neue Messmethoden entdeckten Schadstoffe. Soziologen und Psychologen weisen darauf hin, dass nach den heute vorliegenden empirischen Ergebnissen kleinere Wahrscheinlichkeiten überschätzt und grosse Wahrscheinlichkeiten unterschätzt werden (vgl. *Opp* 1985).

4. Die Umweltpolitik muss in einem "zeitverschränkten" Raum operieren, weil die *Zeitdimensionen* ökologischer, ökonomischer und politischer Prozesse stark voneinander abweichen. In der Ökologie haben wir es mit Zeitspannen von Hunderten und Tausenden von Jahren zu tun; in der Politik hingegen sind Zeitperioden massgeblich, die auf die Wiederwahl der Volksvertreter bezogen sind, während ökonomische Vorgänge in der Regel einen Zeithorizont von höchstens 20 Jahren aufweisen. Heute hat sich diese Zeitspanne unter dem Einfluss eines verstärkten Risikobewusstseins auf 5 bis 8 Jahre verkürzt.

5. *Verzögerungswirkungen* in der Umweltpolitik: Wir haben es mit einer Kombination von drei Verzögerungen zu tun: dem Zeitbedarf der *Erkenntnis*, dem Zeitbedarf von *Handlungen* und dem Zeitbedarf von *Wirkungen*. Die Summe dieser drei Verzögerungen impliziert in der Regel einen Zeitbedarf, der grösser ist als jene Zeitspanne, die für Korrekturen von Umweltzerstörungen tatsächlich zur Verfügung steht. Die Umweltpolitik muss deshalb zwischen kurzfristig reaktiven und langfristig präventiven Massnahmen abwägen: Sie muss die steigenden Kosten der Wartezeit (Verzögerungskosten) mit den abnehmenden Irrtumskosten, die eine Funktion des zunehmenden Wissens sind, in Beziehung setzen. Da jedoch auch die Erlangung von Wissen (Kausalanalyse) Zeit beansprucht, besteht ein Optimierungsproblem (vgl. Abbildung 84).

Da wir jedoch in der Regel nicht wissen, wann und wo ein wissenschaftlicher oder technischer Durchbruch bevorsteht, ist eine solche kostenminimierende Optimierung politisch so gut wie niemals zu erreichen. Es kommt noch hinzu, dass diejenigen, die in Politik und Wirtschaft etwas bewirken wollen, die Beweislast für die Richtigkeit ihres Konzepts tragen, während diejenigen, die am *status quo* festhalten, die normative Beweiskraft des Faktischen auf ihrer Seite haben.

6. Der Wirkungsbereich von Umweltprozessen ist grösser als der Legitimationsbereich der Entscheidungsträger: Umweltprozesse sind heute in vermehrtem Mass grenzüberschreitend global, die politischen Entscheidungsträger sind immer noch vorwiegend national. Deshalb ist es bisher weder im westeuropäischen noch im gesamteuropäischen Rahmen möglich gewesen, für alle Staaten gleichermassen verbindliche Grenzwerte für Immissionen von Schadstoffen festzulegen, zumal der kombinierte Einsatz von Verursacher-, Gemeinlast-, Vorsorge- und Nutzniesserprinzip eine Reihe von

wirtschaftspolitisch höchst sensiblen Bereichen berührt (zum Beispiel die Fiskalpolitik), deren internationale Koordination selbst unter Staaten gleicher oder ähnlicher Wirtschaftsordnung schwierig ist.

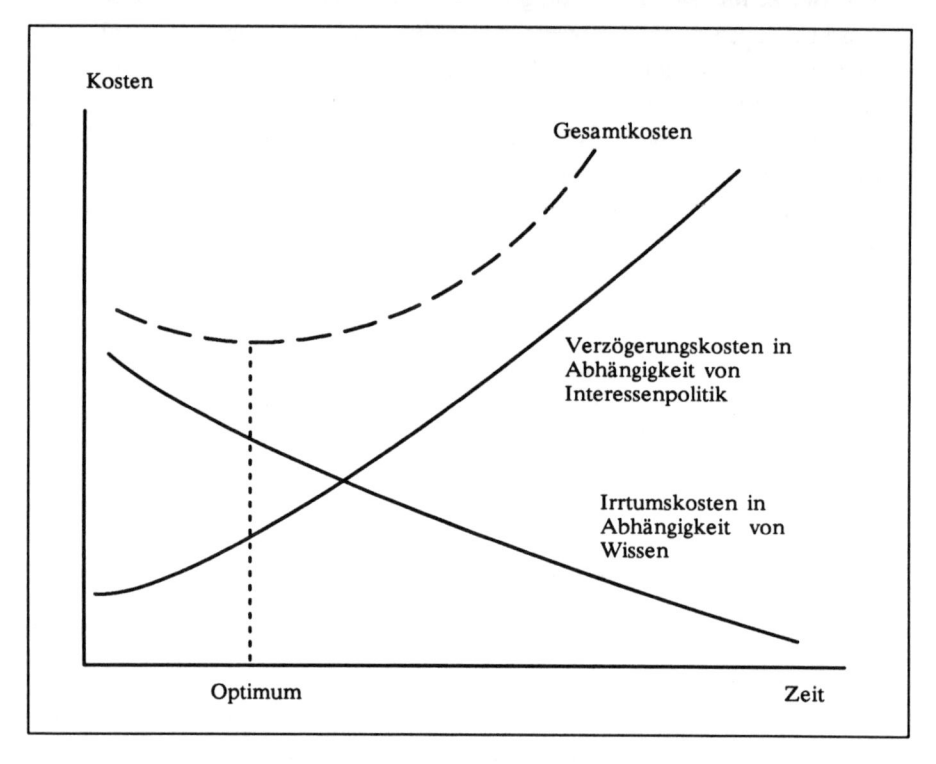

Abbildung 84: Gesamtkosten, Verzögerungskosten und Irrtumskosten

Daraus ergeben sich wichtige *Konsequenzen für die Umweltpolitik.* Schon *Tinbergen* (1956) hat im Zusammenhang mit der klassischen Wirtschaftspolitik darauf hingewiesen, dass kein Zusammenhang zwischen den Ursachen eines Zustandes und den Mitteln zu dessen Behebung bestehen muss. So kann ein Rückgang der Beschäftigung auf Einwirkungen aus dem Ausland zurückzuführen sein. Da man auf diese nur selten Einfluss nehmen kann, müssen binnenwirtschaftlich orientierte Expansionsprogramme eingesetzt werden. In der quantitativen Wirtschaftspolitik sind die numerischen Werte der Instrumentalvariablen die Unbekannten, die der Zielvariablen sind bekannt. Im Zusammenhang mit der Umweltpolitik bedeutet dies: Wir wissen, welche Umweltziele wir erreichen wollen; ob sie mit dem allgemeinen Fliessgleichgewicht tatsächlich kompatibel sind, steht auf einem anderen Blatt. Die Instrumente, mit denen diese Werte zu erreichen sind, glauben wir zu kennen. In Wirklichkeit sind sie jedoch nur teilweise bekannt, weil der Einsatz fast jeden Instruments seinerseits Auswirkungen auf die Umwelt hat. Theoretisch geht es auch in der Umweltpolitik darum, jene Werte der Instrumentalvariablen zu finden, die eine bestimmte Wohlfahrtsfunktion maximieren. An die Stelle der allgemeinen Wohlfahrtsfunktion, die sich in der traditionellen Wirtschaftspolitik an Faktoren des materiellen und geistigen Wohlergehens, wie der Verfügbarkeit von Gütern und Dienstleistungen, ihrer Verteilung usw. orientiert (*Tinbergen* 1968: 51), tritt der Einfluss der Umweltqualität auf diese traditionellen Faktoren der Wohlfahrtsfunktion. Dadurch wird das Problem um einige Grade schwieriger.

Schon die Anforderungen an die traditionelle Wirtschaftspolitik sind von der Theorie her gesehen hart genug:

- Die Instrumentalvariablen müssen in der Regel gewissen Nebenbedingungen gehorchen.
- Die Ziele sind mit Mitteln zu verfolgen, die untereinander unabhängig sind.
- Nicht alle Ziele können gleichzeitig verfolgt werden, besonders dann nicht, wenn sie zueinander im Widerspruch stehen. So können in der traditionellen Wirtschaftspolitik in der Regel Zinssatz und Geldmenge nicht unabhängig voneinander festgesetzt werden. Vollbeschäftigung und Preisstabilität können oft nicht gleichzeitig erreicht werden.
- Widersprüchlichkeiten können auch bei der Anwendung der Instrumente der Wirtschaftspolitik bestehen: Subventionen und Freihandel sind als Instrumente unvereinbar.
- Schliesslich kann auch ein Widerspruch zwischen Zielen und Mitteln bestehen. Das Ziel der Verteilungsgerechtigkeit ist sehr oft mit dem Mittel der Effizienzsteigerung nicht erreichbar – und umgekehrt.

Alle diese Schwierigkeiten – es liessen sich noch viele weitere anführen – sind bekannt.

In der *Umweltpolitik* sind diese Probleme zahlreicher und schwieriger, weil wir über das Gesamtsystem *Ökonomie–Ökologie* noch zu wenig wissen. Vor allem treten die bereits erwähnten Nichtlinearitäten des Gesamtsystems so stark in Erscheinung, dass sie im Gegensatz zur traditionellen Wirtschaftspolitik nicht mehr vernachlässigt werden können. Nicht-lineare Systeme lassen sich selbst auf der relativ einfachen Ebene technischer Systeme nur schwer beherrschen. Im politischen Raum kommen weitere Schwierigkeiten dazu – zum Beispiel das Verzögerungsverhalten (Hysterese), ungenügende Kenntnis der Parameter, Unsicherheit über das sogenannt rationale Verhalten der Wirtschaftssubjekte und vieles mehr. Über einige Charakteristika nicht-linearer Systeme haben *Erdmann* und *Fritsch* (1985) Untersuchungen angestellt. Ein systematischer Überblick über die Veränderungsmodi ökonomischer und ökologischer Systeme findet sich im Anhang 4.3.

Unter den heute herrschenden Bedingungen gerät die *Politik* in zunehmendem Mass unter Zugzwang, während die von der Wissenschaft gelieferten Analysen insbesondere über grundsätzliche Probleme in ihren Ergebnissen entweder diametral voneinander abweichen und/oder ständig wechseln. Es bestehen also von beiden Seiten Begrenzungen hinsichtlich des Machbaren: Zum einen infolge der Überforderung des Staates und zum anderen infolge der Unsicherheit wissenschaftlicher Analysen. Letzteres soll an einigen Beispielen verdeutlicht werden:

1972 sind den Politikern Wachstumsbegrenzungen empfohlen worden (*Meadows* 1972). Knapp zwei Jahre später plädierten *Mesarovic* und *Pestel* (1974) für das Konzept des organischen Wachstums. 1975 ist eine lateinamerikanische Forschergruppe zum Ergebnis gelangt, dass die Erfüllung der Grundbedürfnisse nur mit mehr Wachstum möglich sei, und schliesslich hat *Leontief* (1977) mit seinem Team in einer umfangreichen Studie, die er im Auftrag der Vereinten Nationen erstellt hat, gezeigt, dass die schon damals zunehmende Kluft zwischen den Industrienationen und den Entwicklungsländern bis zum Jahr 2000 nur dann halbiert werden könnte, wenn die Weltwirtschaft sowie die einzelnen Volkswirtschaften kräftig wüchsen. Alle diese Empfehlungen beruhten auf zum Teil sehr komplexen und elaborierten Modellen. Sie erbrachten in einer Zeitspanne von nur fünf Jahren *diametral entgegengesetzte* Schlussfolgerungen und politische Empfehlungen: vom Wachstumsstopp bis zum Konzept des kräftigen Wachstums. Da diese Modellarbeiten zumindest in gewissen Teilen der politisch interessierten Öffentlichkeit einen wesentlich breiteren Bekanntschaftsgrad genossen als die traditionellen ökonometrischen Modelle, deren Leistungsfähigkeit hinsichtlich der langfristigen Prognosen im übrigen nicht sehr viel besser war, stellt sich in der Tat die Frage, wie eine moderne Industriegesellschaft, beziehungsweise die Politik überhaupt mit der offenbar zunehmenden Disparität zwischen wachsendem Handlungsbedarf und der nur mühsam erlangbaren Wissenszunahme im Spannungsfeld von gesellschaftlich perzipierter Evidenz und wissenschaftlich gesicherter Erkenntnis umgeht und auf welche Weise sie aus der angestrebten Kongruenz dieser beiden Realitätsbereiche – dem der gesellschaftlichen Perzeption und dem der wissenschaftlichen Evidenz – Konsensfähigkeit zu erlangen vermag. Die folgenden Beispiele mögen diese Schwierigkeiten illustrieren.

Die Öffentlichkeit perzipiert
- einen direkten Zusammenhang zwischen Bevölkerungszunahme und Hunger
- das Vorhandensein von Energieknappheit
- die Endlichkeit der Ölvorräte und aller übrigen Ressourcen
- die Umweltschädlichkeit der Kernenergie
- die Zerstörung der Wälder durch Abgase
- die Zerstörung der Umwelt durch die Industriestaaten.

Die Wissenschaft gelangt bezüglich dieser Punkte jedoch zu anderen Resultaten:
- Sie zeigt, dass das Bevölkerungsproblem primär kein Ernährungsproblem, sondern ein kulturelles Problem und ein Problem der besseren Verteilung der landwirtschaftlichen Produktionsmittel (Landreform) und Produkte ist. Ernährungstechnisch können wir zehn und mehr Milliarden Menschen ernähren. Ob für diese Menschen dann auch genügend Schulen, medizinische Betreuung, Wohnraum, sauberes Wasser usw. bereitgestellt werden könnten, damit sie auch als kulturelle Wesen und nicht nur als "Kalorienmenschen" zu leben in der Lage wären, ist eine ganz andere Frage (vgl. Kapitel II.7).
- Die Wissenschaft zeigt ferner, dass wir physikalisch keineswegs eine Energieknappheit auf der Welt haben – eher das Gegenteil ist der Fall. Knapp – im Sinne von "relativ knapp" – ist das für die Erstellung von Energiesystemen erforderliche *Kapital*. Da es sich um Energiesysteme handeln muss, die sowohl effizient als auch umweltfreundlich sind und ausserdem sozial akzeptiert werden, besteht die Knappheit nicht an sich, sondern ist gesellschaftlich bedingt und kann deshalb auch gesellschaftspolitisch (zum Beispiel durch Aufklärung) überwunden werden (vgl. Kapitel III).
- Die Endlichkeit von Ressourcen scheint als Erfahrungstatbestand einleuchtend. Dennoch ist es nicht die absolute Endlichkeit, auf die es ankommt, sondern es sind die Zustandsweisen der Elemente, die eine Ressource verwendbar machen. Wenn ein Rohstoff zu Ende geht, dann bedeutet dies wegen der Gültigkeit des Erhaltungssatzes zunächst nichts anderes, als dass die Elemente dieses Rohstoffs sich in ungeeigneter Konzentration (Dissipation) am ungeeigneten Ort zur ungeeigneten Zeit befinden. Man könnte sogar Öl chemisch herstellen. Die Energiebilanz wäre jedoch negativ; dennoch ist es möglich. Man kann gewünschte Konzentrationen von Stoffen und ihre verwendungsorientierte Verfügbarkeit in Raum und Zeit herstellen. Dazu bedarf es "nur" zweier Dinge: Energie und technisches *Know-how* (vgl. Kapitel III.2).

- Viele – nicht alle – Wissenschaftler sagen, dass das Problem der radioaktiven Abfälle gelöst sei. Bald würde man aufgearbeitete (verglaste) "Pakete" radioaktiven Abfalls per *Shuttle* aus dem Orbit der Erde herausschiessen. Damit wäre die Kernenergie auf lange Sicht vermutlich umweltfreundlicher als hybride (photovoltaische und/oder thermische) Sonnenenergiesysteme oder als die erst in 50 oder mehr Jahren verfügbare Fusionstechnologie.
- Satellitenaufnahmen zeigen, dass die Walddecke des Planeten und damit ein wesentlicher Teil seiner Biomasse keineswegs generell abgebaut wird, sondern sich von Region zu Region verlagert und in ihrer Struktur verändert.
- Die Wissenschaft ist sich auch darin weitgehend einig, dass die Industriestaaten ihre Umwelt besser instand zu halten vermögen als die Entwicklungsländer, weil sie dazu das erforderliche Kapital und das technische *Know-how* haben. Die grösste Umweltzerstörung erfolgt nicht durch die Industrie, sondern infolge von Armut.

Was soll der Politiker von all dem halten? Wie soll er entscheiden? Er steht zwischen einer zur Vorsicht neigenden Wissenschaft – einer Wissenschaft, deren prominente Exponenten (nicht nur die der Sozialwissenschaft) sich oft in eklatanter Weise getäuscht haben[42] – und einer durch mediengestützte Untergangsphilosophen verängstigten Öffentlichkeit. Politik findet unter diesen Umständen zwischen wissenschaftlich begründeter Unsicherheit und psychologisch erklärbarer Verängstigung der Öffentlichkeit statt. Diese neigt zu einem kleinen Teil zu "Direktaktion" und tendiert damit zu sogenannten "gordischen Lösungen". Die Mehrheit der Menschen in den wohlhabenden Industriestaaten zieht sich jedoch in jene Freiräume der politischen Abstinenz zurück, die zusätzlich jetzt offenstehen und in denen sie ihre jeweilige "alternative Selbstverwirklichung" zumindest kurzfristig realisieren können.

Darin liegen die Grenzen der Ökologiepolitik. Wir müssen einen optimalen Pfad anstreben, der zwischen dem Zwang zur Handlung und dem Mass an Zurückhaltung liegt, das uns unsere Unkenntnis über die Zusammenhänge auferlegt. Die Fähigkeit, mit Nichtwissen politisch umzugehen, könnte sich als wichtiger erweisen als manche *High-Tech*-Innovation.

Je weiter die gesellschaftliche Lerngeschwindigkeit von der Veränderungsrate der Lebensbedingungen abweicht, je mehr also die Verunsicherung zunimmt, um so geringer ist die politische Handlungsfähigkeit. Diesen Zu-

---

42. Der berühmte Lord Kelvin hat zu seinen Lebzeiten das Alter des Universums auf 3,5 Mill. Jahre geschätzt. Im Index des Buches von *Kahn* und *Wiener "The Year 2000"*, erschienen 1968, also nur 5 Jahre vor der ersten Ölkrise, findet sich kein Hinweis auf Energie oder auf Öl.

sammenhang kann man (zumindest heuristisch) anhand der Graphik in Abbildung 85 verdeutlichen.

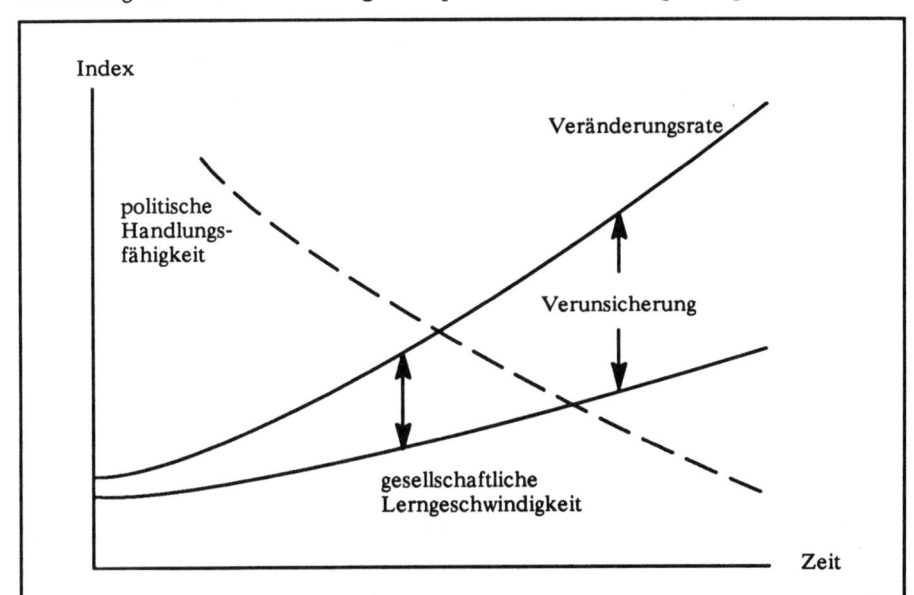

Abbildung 85: Verunsicherung und politische Handlungsfähigkeit

Vor dem Hintergrund solcher Betrachtungen lässt sich unschwer erkennen, dass die Möglichkeiten und Grenzen einer zukunftsorientierten Ökologiepolitik nicht nur darin bestehen, ein ökologisch verträgliches Gleichgewicht zwischen dem Angebot von vermeintlich knappen materiellen Ressourcen und der Nachfrage danach herzustellen. Es geht darüber hinaus auch darum, Verunsicherungen abzubauen. Dies geschieht am besten durch eine "Ethik der Zurückhaltung", wodurch eine bessere Anpassung der gesellschaftlichen Lerngeschwindigkeit an das Tempo der Veränderungen erzielt wird. Beide Veränderungsraten hängen insofern zusammen, als eine etwas geringere Veränderungsgeschwindigkeit die kognitiven Anpassungen erleichtert und damit die Lernfähigkeit der Menschen erhöht. Zwischen dem Fliessgleichgewicht der Stoffströme und dem der Kognition bestehen also Verbindungen. Verknüpft man diese beiden Aspekte, wird deutlich, dass Wissen von der *Natur* und von der *Gesellschaft* die zentrale Kategorie ist. Wissen über die wichtigen Relationen zwischen dem stofflichen Fliessgleichgewicht und der damit korrespondierenden, verhaltensrelevanten Erkenntnis lässt sich jedoch nur in einer forschungs- und kommunikationsintensiven sowie mobilen und damit energieintensiven Gesellschaft erlangen. Hier existiert eine Klammer von evolutionsgeschichtlicher Bedeutung: Das Wissen um die Kongruenz von Erkenntnis und Tun kraft Einsicht in die Notwendigkeit kann sich nur auf der Grundlage einer freien Gesellschaft entfalten – einer Gesellschaft, in welcher keine Einzelpersonen oder Gruppen von Menschen das Monopol auf Wahrheit in Anspruch nehmen.

Im folgenden soll anhand einiger Beispiele gezeigt werden, dass der Versuch Wissen um diese Dinge zu erlangen selbst ein Suchprozess ist und oft zu Plausibilitäten führt, die sich bei näherem Zusehen als trügerisch erweisen. Zum Schluss wollen wir dann einige Bedingungen für eine menschenwürdige Zukunft benennen.

3. Die Gefahr trügerischer Plausibilitäten

Unser "unbewaffneter Hausverstand" ist in mancherlei Hinsicht den Erkenntnisanforderungen der modernen Zeit nicht gewachsen. Während wir uns früher, als die Akzelerationen noch nicht so ausgeprägt waren, auf unsere Erfahrung verlassen konnten, erleben wir heute als Folge dieser Akzelerationen eine Verkürzung der Zeitspanne, über die hinweg gesammelte Erfahrungen auch als Richtlinie für zukünftiges Handeln gelten könnten. Die Erfahrung der Alten kann den Jungen bei der Bewältigung ihrer Probleme nur wenig nützen – jedenfalls in den sich schnell entwickelnden, technisch hochstehenden Gesellschaften. Dementsprechend ist der Rat der Alten, ganz im Gegensatz etwa zu den Verhältnissen in der Dritten Welt, bei uns kaum gefragt.

Nun neigt unser Denken schon seit jeher zu gewissen Eigenheiten – zum Beispiel zu Verallgemeinerungen, zur Verwechslung von Korrelationen mit Kausalzusammenhängen, zu linearen Extrapolationen usw. Wenn ein Bekannter einen Haupttreffer in der Lotterie zieht, fragen wir uns, weshalb dieses Glück nicht auch uns zuteil werden könnte, und schon ist ein Los gekauft, ohne Besinnung auf die geringe Wahrscheinlichkeit, mit der ein solcher Treffer zu erwarten ist.

Wir assoziieren Attribute mit Fähigkeiten. Davon macht die Werbung – nicht ohne Erfolg – regen Gebrauch. Eine sportliche Kleidung, ein sportlicher *Look* wird mit der Fähigkeit verknüpft, Sport erfolgreich betreiben zu können, und bietet die Chance, einen diesbezüglichen Anschein Dritten gegenüber glaubwürdig zu erwecken, was wiederum dem *Ego* guttut.

Wir sind oft Zahlen gegenüber dort gläubig, wo wir eigentlich Anlass hätten, ihnen Skepsis entgegenzubringen, und wir sind umgekehrt häufig nicht bereit, Grössenordnungen anzuerkennen, wenn sie unseren Ängsten und Voreingenommenheiten nicht entgegenkommen.

Der Übergang von *Curie* (Ci) zu *Becquerel* (Bq) hat zu weiteren Verunsicherungen geführt.[43] Dies äusserte sich u.a. darin, dass nach Tschernobyl die maximal zugelassenen Aktivitätswerte zum Beispiel für mit Cäsium 137 verseuchte Milch in Österreich mit 370 Bq pro Liter, in der Schweiz hingegen mit 3700 Bq pro Liter festgelegt wurden, und das ist immerhin ein Unterschied von 1:10 (vgl. *Flavin* 1987)!

Wir tendieren dazu, "natürliche" Stoffe für gesünder zu halten als "künstliche". Wie aus Tabelle 34 ersichtlich wird, ist zum Beispiel das in verdorbenen Lebensmittel-Konserven bakteriell entstehende Botulinus-Toxin dreiunddreissigtausendmal und das Tetanus-Toxin zehntausendmal giftiger als das chemisch zustande gekommene Dioxin. Hier geht es um Grössenordnungen und weniger um mögliche prozentuale Ungenauigkeiten.

Tabelle 34: Giftigkeit ausgewählter Substanzen

Substanz	Herkunft	tödliche Mindestdosis µg/kg	Molekulargewicht g/mol	Anz. Moleküle pro Mensch (70 kg)
Botul.-Toxin	bakt.	0.00003	120000	1053857875
Tetan.-Toxin	bakt.	0.0001	150000	2810287669
Ricin	pflanzl.	0.02	66000	1277403484000
Diphth.-Toxin	bakt.	0.3	72000	17564297000000
Dioxin,TCDD	chem.	1	320	$1,88 \times 10^{15}$
Tetrod.-Toxin	Fisch	10	319	$1,88 \times 10^{16}$
Saxitoxin	Muschel	20	300	$4,02 \times 10^{16}$
Bufotoxin	Frosch	390	674	$2,44 \times 10^{19}$
Curarin	pflanzl.	500	696	$3,03 \times 10^{19}$
Sarin	chem.	750	140	$2,26 \times 10^{20}$
Nikotin	pflanzl.	1000	162	$2,60 \times 10^{20}$
Cyankali	chem.	10000	27	$1,56 \times 10^{22}$
Ph.barbital	med.	100000	232	$1,82 \times 10^{22}$

Quelle: nach *Forth, Henschler, Rummel* (1987: 741)

---

43. *1 Becquerel* = 1 Zerfall pro Sekunde.
Die Aktivitätseinheit *1 Curie* (*Ci*) entspricht $3,7 \times 10^{10}$ Bq.

Die Werbung macht sich unsere (irrationale) Vorliebe für "Natürliches" zunutze, indem sie Produkte mit den Adjektiven "biologisch", "natürlich", "bio-rhythmisch" usw. versieht. "Naturprodukte" haben Hochkonjunktur, auch wenn zu ihrer Produktion und Vermarktung (einschliesllich Transport) durchaus "harte" und weniger natürliche Methoden benutzt werden.

Aus dieser Perspektive erscheint die Zuwendung zu sogenannten "natürlichen" Produkten als Teil einer neuen Lebenshaltung, die den "Frieden mit der Natur" begründet und zur "Erhaltung der Schöpfung" beiträgt. Die Forderung nach vernetztem Denken in überschaubaren Dimensionen ("*think globally, act locally*"), ferner die Bevorzugung der "sanften Chemie", des Kleinen ("*small is beautiful*"), der "natürlichen" (alternativen) Medizin, das Streben nach innerem Einklang und Gleichgewicht zwischen der Innen- und der Aussenwelt usw. – all dies signalisiert eine neue Wertordnung, die denjenigen, die sie sich zu eigen gemacht haben, das bestehende Wirtschaftssystem, die Dynamik der Technologie und der Märkte, die Mobilität von Gütern und Menschen, den Energieverbrauch usw. grundsätzlich als verfehlt, als eine Sünde wider die heiligsten Werte unserer Existenz, erscheinen lassen muss.

Nun haben wir aber im vorangegangenen Kapitel gezeigt, dass ein Fliessgleichgewicht zwischen den ökonomischen Aktivitäten und dem Ökosystem durchaus möglich ist. Wir haben ferner gezeigt, dass ein solches Fliessgleichgewicht nicht durch eine blosse Reduktion des Energie- und Stoffdurchsatzes zu erreichen ist, sondern im Gegenteil einen höheren Energieeinsatz zwecks Schliessung der Massenströme erfordern kann. Vor dem Hintergrund dieser Tatsachen und Überlegungen scheint es zweckmässig, einige in der Ökologiepolitik immer wieder vorgebrachte Schlagworte und Behauptungen kritisch zu beleuchten. Dies wollen wir jedoch nicht in Form von Antithesen oder Gegenbehauptungen tun, sondern in Form von Fragen, die – wie ich hoffe – zum Nachdenken anregen; denn nur so können die verhärteten Fronten wieder aufgelockert werden. Wo Meinungen "gemacht" sind, wie es in der Politik leider immer wieder vorkommt, ist dies ein Hinweis auf einen Verlust an gesellschaftlicher Dialog- und damit auch Lernfähigkeit. Mit anderen Worten: Es geht mir nicht darum, einer These eine Gegenthese unvermittelt entgegenzustellen, sondern um den Versuch, durch vernünftiges Fragen und auch Infragestellen zum Nachdenken anzuregen und damit die Dialog- und Lernfähigkeit von uns allen zu verbessern.

1. *Raumschiff* Erde: Dieses anschauliche Gleichnis dient oft dazu, unsere Eigenverantwortung hervorzuheben und anzudeuten, dass wir uns innerhalb dieses Raumschiffs, sozusagen auf uns allein gestellt, einzurichten haben. Es wird damit auch unterstrichen, dass wir mit den in und auf diesem

"Raumschiff" vorhandenen Ressourcen auszukommen haben – ohne jede Hoffnung, sozusagen "von aussen" mehr dazu zu bekommen.

Ein solches Gleichnis ist sehr anschaulich und einleuchtend. Nichtsdestoweniger erweist es sich bei näherem Hinsehen als nicht ganz zutreffend. Zunächst ist die Erde, wie wir gesehen haben, kein geschlossenes System. Sie empfängt eine Sonneneinstrahlung von 175 Tausend TW, was 14000-mal mehr ist als wir heute an Energie "verbrauchen". Sodann fallen laufend Meteorite auf die Erde und erhöhen damit – wenn auch nur geringfügig – ihre Masse. Andererseits verlassen immer noch leichte Gase wie Helium die Erdatmosphäre, und zudem umkreisen im erdnahen Weltraum mehr als 6 000 Objekte unseren Planeten. Das sind Satelliten sowie Reste von Raketen und Satelliten, die seit dem *Sputnik* im Jahr 1957 in den erdnahen Weltraum befördert worden sind.

Der wichtigste Unterschied zwischen der Erde und einem Raumschiff liegt aber darin, dass die Erde nicht vom Menschen gemacht worden ist, sondern ein Glied des auf diesem Planeten stattfindenden Prozesses der Evolution belebter Materie ist. Ein Raumschiff hingegen ist ein klassischer Fall eines Sekundärsystems, das der Mensch gemacht hat und das er bis ins letzte Detail auch verstehen und beherrschen muss, um es als Raumschiff zu gebrauchen. Die komplizierten Zusammenhänge, die im Ökosystem der Erde vor sich gehen, beginnen wir erst zu verstehen und können sie keineswegs so beherrschen, wie dies im Fall eines Raumschiffs möglich und auch notwendig ist. In welchem Sinn und inwieweit ist die Erde also ein Raumschiff, und was bedeutet es, wenn sie es nicht ist?

2. *Die Ressourcen dürfen nicht heute verbraucht, sondern müssen für künftige Generationen aufgespart werden.* Auch diese Forderung klingt plausibel, zumal sie aus unserer individuellen Alltagserfahrung ableitbar ist: Ein vorsorglicher Familienvater verprasst nicht sein Vermögen, sondern hinterlässt den Kindern möglichst viel Sparkapital. Überträgt man dieses Sparkonzept auf die globale Ressourcenproblematik, wird es bei näherem Hinsehen fragwürdig. Wir haben gesehen, dass der Mensch nicht Ressourcen verbraucht, sondern Ordnungszustände. Was eine Ressource ist und was nicht, ist – wie wir gesehen haben – eine Frage des Wissens. Unsere Vorfahren haben uns zum Beispiel Obsidian hinterlassen, doch vermutlich nicht aus Sorge um unsere Existenz; es ergab sich so. Früher war Obsidian wegen seiner scharfen Bruchkanten sehr wichtig als Material für Schneidezwecke und zur Herstellung von Werkzeugen. Man wird wohl kaum behaupten können, dass wir in unseren heutigen Lebensverhältnissen sehr behindert wären, wenn es dieses Material auf der Welt nicht mehr gäbe.

Daraus wird eine Eigenschaft des Verhältnisses von Ressourcen zu Wissen ersichtlich: Der Wissens- und Entdeckungsfortschritt geht in der Regel schneller voran als der Verbrauch vorhandener Ressourcen. Daher kommt es, dass frühere Generationen jeweils zur Nutzung beziehungsweise Entwicklung einer neuen Ressource übergingen, noch *bevor* die alte ganz aufgebraucht war. Dies gilt insbesondere für fossile Energieträger. Wie aus Abbildung 42, S. 134 in Kapitel III hervorgeht, ist der Mensch noch lange vor Erschöpfung aller Holzvorräte zur Nutzung von Kohle übergegangen, und noch lange vor der Erschöpfung der Kohle ist die Nutzung von Erdöl in den Vordergrund gerückt. Das gleiche gilt für Erdgas. Es ist damit zu rechnen, dass wir analog zu diesem Substitutionsmuster noch lange vor einer Erschöpfung der Uranreserven zur Fusionsenergie übergehen und mittels einer Kombination von Kern- und Solarenergie eine tragfähige Wasserstoffwirtschaft aufbauen werden. Dies wird keineswegs zu einem völligen Stillstand des Erdgas- oder Erdölverbrauchs führen, und auch die Kohle wird weiterhin genutzt werden. Doch dies wird mit stark abnehmenden Raten geschehen.

Die Frage ist, ob die an und für sich lobenswerte Sorge um die Zukunft der späteren Generationen sich auf die Konservierung von Stoffen konzentrieren soll, mit denen unsere Nachfahren dank besserer Technologien ohnehin nichts werden anfangen können. Liegt das, was wir tun müssten, nicht auf einer ganz anderen Ebene? Ist die Zukunftssicherung für künftige Generationen nicht vielmehr auf dem Feld des *Wissens* zu suchen? Dann ginge es um die Erhaltung jener Voraussetzungen, die der Wissenserlangung förderlich sind. Selbstverständlich sollte den künftigen Generationen die Entsorgung von Altlasten erspart bleiben. Wir Heutigen befinden uns in dieser unangenehmen Situation. Dank unserer besseren Kenntnisse über mögliche Auswirkungen von Umweltkontaminationen müssen wir heute Altdeponien sanieren, die vor kaum 25 Jahren – also vor rund einer Generation – von ahnungslosen Menschen, Konsumenten wie Produzenten, in die Landschaft gesetzt worden sind. Dazu gehören auch viele Wohnsilos, die jetzt nach und nach abgetragen werden. Das verursacht zusätzliche Kosten und läuft im Endeffekt darauf hinaus, dass wir heute Rechnungen bezahlen müssen, die eigentlich jene Leute begleichen müssten, die sich heute im Ruhestand befinden oder vielleicht nicht mehr leben.

Wir haben also aus unserer heutigen Erfahrung in bezug auf die Vorsorge und die Verantwortung hinsichtlich möglicher Belastungen gelernt, die sich für kommende Generationen aus unserem heutigen Wirtschaften ergeben können. Dazu gehört auch und in erster Linie das CO_2-Problem und die damit zusammenhängende (wahrscheinliche) Erwärmung der Atmosphäre mit allen möglichen Folgen, die wir erst jetzt zu erkennen beginnen. Hier ist es geboten, sparsamer mit dem C-Atom umzugehen, wie es in Kapitel III und IV.4 angedeutet worden ist. Die Aussicht, dass wir angesichts der globalen Abhängigkeit von fossilen Energieträgern und der (zum Beispiel für die Chinesen) schieren Unmöglichkeit einer Loslösung von diesem System Erfolge erzielen werden, ist eher gering. Doch man sollte auch da nicht in Panik verfallen. Niemand weiss, ob es den künftigen Generationen nicht sogar gelegen kommt, wenn die ansonsten zu erwartende Abkühlung des Klimas durch den CO_2-Effekt etwas herausgezögert wird.

Den grössten Schaden für die künftigen Generationen würden wir aber letztlich dann anrichten, wenn wir ihnen eine Gesellschaftsordnung hinterliessen, in welcher die Erlangung von Wissen erschwert und die Möglichkeit, Erkenntnisse in eine weitere Verbesserung der globalen Lebensumstände umzusetzen, gar unmöglich gemacht würde. Das Vorsorgeproblem ist also nicht ein Ressourcenproblem, sondern auch ein Problem der Bewahrung und Ausweitung des offenen Zugangs zu Wissen, und das heisst auch: Stärkung aller Abwehrkräfte gegen Ideologien.

3. *Im Frieden leben mit der Natur:* Diese Forderung ist in den letzten Jahren beinahe zum Dogma erhoben worden. Sie ist – ähnlich wie der Begriff *Gleichgewicht* – mit vorwiegend positiven Assoziationen verknüpft. Wer könnte schon etwas gegen den Frieden mit der Natur haben? Ist dieser Frieden nicht auch Voraussetzung für den Frieden mit uns selbst? Gelangen wir eigentlich nicht erst auf diesem Wege zu uns selbst, und finden wir nicht im Frieden mit der Natur unsere eigene Identität?

Doch auch da sind die Dinge bei näherem Hinsehen komplizierter, als man annimmt, besonders dann wenn man sie aus evolutionsgeschichtlicher Perspektive betrachtet. Jedes Lebewesen – auch der Mensch – ist, um zu überleben, auf Energiezufuhr angewiesen. Im Nahrungskreislauf steht der Mensch am Ende der Nahrungskette. Die Frage ist, wieviel "Ordnungszustände" in Form von pflanzlichen und tierischen Systemen er für die Aufrechterhaltung seiner Existenz sich selbst "einverleiben", d.h. dem "Ordnungszustand *Mensch*" unterordnen muss.

Der Mensch kann von der Natur lernen; er tut es, indem er Sekundärsysteme – Städte, Agrarwirtschaft, technische Einrichtungen usw. – schafft, die es ihm erlauben zu existieren. Es ist noch nicht lange her, als man auf dem Weg in unwirtliche Gegenden der Natur Lebensraum abrang: *"the frontier"* war der Ort dieses "Abringens". Heute geht es, wie wir im vorangegangenen Abschnitt gesehen haben, um die Herstellung eines globalen Fliessgleichgewichts, weil man nirgendwohin ausweichen kann und weil die Grösse der Energie- und Materialdurchsätze im Verhältnis zu den natürlichen nicht mehr in allen Komponenten vernachlässigbar ist. Voraussetzung dafür, dass ein Fliessgleichgewicht je erreicht werden kann, ist eine Stabilisierung der Bevölkerung. Dabei ist weniger das Niveau wichtig, auf welchem dies geschieht, sondern die Stabilisierung als solche. Wenn mit dem Slogan "Friede mit der Natur" ein solches Fliessgleichgewicht gemeint ist, kann man dem durchaus zustimmen. Wenn damit aber – was eben auch in diesen Satz hineininterpretiert wird – ein Verzicht auf die aktive Auseinandersetzung mit den Naturgewalten gemeint ist, dann liefe eine solche Verhaltensweise schliesslich auf eine Preisgabe der Existenz des Menschen hinaus. Und hier stellt sich dann die von *Beckermann* (1972) gestellte Frage: Ist der Mensch für die Fische oder sind die Fische für den Menschen da?

4. *Bewahrung der Schöpfung:* Friede mit der Natur und Bewahrung der Schöpfung sind Forderungen von hohem ethischem Anspruch. Kann die Schöpfung wirklich bewahrt werden, und ist der Mensch tatsächlich ihr Bewahrer? Diese Frage hat einen theologischen Aspekt und einen tatbeständlichen Inhalt. Der Theologe Rendtorff meint, dass es anmassend sei, wenn sich der Mensch zum Statthalter Gottes erhebe und an dessen Stelle die Schöpfung – ein Werk Gottes, dessen Teil wir sind – glaubt bewahren zu können, als ob Gott hier versagt hätte und der Mensch ihm stellvertretend zur Hilfe kommen müsste, um ein Versäumnis oder eine Nachlässigkeit Gottes zu korrigieren – sicherlich ein für Theologen wichtiges Thema.[44]

Der tatbeständliche Aspekt der Forderung nach Bewahrung der Schöpfung beinhaltet einen Widerspruch: Agiert der Mensch weiterhin so, dass er nach Massgabe seines jeweiligen Wissensstandes weiterhin am Leben bleibt – als Einzelner wie als Spezies – dann kann er den dafür physikalisch erforderlichen Energie- und Stoffdurchsatz nicht vermeiden. Dadurch verändert er aber die Natur, in der Sprache der Theologen also die Schöpfung. Es ist etwa so, als wenn man sagen würde: "Springe ins Wasser, schwimme, aber mache keine Wellen"; dies aber ist eine Unmöglichkeit. Würde der Mensch hingegen auf jeglichen Stoff- und Energieaustausch mit der ihn umgebenden Natur verzichten, hörte er auf zu existieren. Wäre dann die Schöpfung bewahrt? Es zeigt sich, dass dieses gerade heute sehr oft zitierte Wort von der Bewahrung der Schöpfung ebenso einleuchtend wie widersprüchlich und letzten Endes unlogisch ist.

---

44. Einen guten Überblick über den Stand der diesbezüglichen Diskussion gibt die von der Landessynode der Evangelisch-Lutherischen Kirche in Bayern herausgegebene Schrift *"Bewahrung der Schöpfung"* (1989).

5. *Small is beautiful:* Dieser von *Schumacher* (1973) geprägte Begriff erfreut sich heute immer noch grosser Beliebtheit und Popularität. Das mag mit der impliziten Forderung nach einem menschengerechten Mass der Dinge zusammenhängen. Aber dieser Begriff ist ebenfalls irreführend. Wir stellen gerade in den Entwicklungsländern bei vielen Projekten einen gewissen Hang zur Gigantomanie fest. Insofern ist die implizite Kritik von *Schumacher* richtig. Aber es gibt technische Werke, die unterhalb einer gewissen Grösse nicht realisiert werden können. Man steht dann vor der Wahl, entweder zum Beispiel eine Staumauer von 100 und mehr Metern Höhe zu bauen, um ein bestimmtes Gebiet mit Elektrizität zu versorgen, oder darauf ganz zu verzichten. Will man einen Satelliten in die geostationäre Umlaufbahn schiessen, dann muss die Rakete eine bestimmte Grösse aufweisen. Gemessen an der physischen Grösse eines Menschen ist sie keineswegs *"small"* und deswegen in der Wertung von *Schumacher* wohl auch nicht *"beautiful"*. Wie klein muss etwas sein, damit es schön ist? Darüber kann man streiten. Offenbar hatten die alten Ägypter dieses Problem nicht; denn sonst hätten sie keine Pyramiden gebaut. Dennoch finden wir sie heute in einem gewissen Sinne schön. Umgekehrt ist ein *Minichip* sehr klein. Ob er deswegen schöner ist als der Kölner Dom? Wir sehen: Plausibilitäten können trügerisch sein. Dennoch geht von Formulierungen, wie der oben zitierten, eine grosse Signalwirkung aus.

6. *Denken in vernetzten Systemen:* Diese Forderung ist ebenso beherzigenswert wie schwierig zu erfüllen. Man nehme das einfachste "vernetzte" System: zwei lineare Gleichungen mit zwei Unbekannten. *Morgenstern* (1963) gibt dazu ein numerisches Beispiel. Im ersten Beispiel haben die beiden Gleichungen folgende Werte:

$$x - y = 1$$
$$x - 1{,}00001y = 0$$

Die Lösung: $x = 100001, \quad y = 100000$

Im zweiten Fall haben die beiden Gleichungen folgende Werte:

$$x - y = 1$$
$$x - 0{,}999999y = 0$$

Die Lösung: $x = -99999, \quad y = -100000.$

Man sieht: Die Koeffizienten unterscheiden sich nur durch zwei Einheiten in der fünften Dezimalstelle, aber die Lösungen differieren um einen Wert von 200 000.

Wer dies im Kopf rechnen kann, der kann auch vernetzt denken. Noch komplizierter wird es bei linearen und gar bei nicht-linearen Differentialgleichungen. Schon kleine Änderungen in den numerischen Ausgangswerten sowie in den Parametern führen zu völlig anderen Gleichgewichten – stabilen und instabilen. Einzelne Prozesse führen von den Gleichgewichten weg.

Nun wird gefordert, man soll in vernetzten Systemen denken. Diese Forderung ist zwar begrüssenswert, aber in den meisten Fällen schlicht nicht erfüllbar. Unser "unbewaffneter Hausverstand", von dem schon einmal die Rede war, reicht dafür nicht aus. Wir müssen uns deshalb verschiedener Hilfsmittel bedienen. Eines davon ist die numerische Simulation. Sie lehrt uns u.a., mit äusserlich plausibel erscheinenden Schlussfolgerungen vorsichtig zu sein.

Sicher ist richtig, dass es oftmals sehr gut sichtbare Querverbindungen gibt, die es zu beachten gilt. So hat der indonesische Minister für *"Population and Environment"* E. Salim an der im Juni 1988 in Montreal stattgefundenen internationalen Konferenz *"The Changing Atmosphere"* deutlich formuliert (sinngemässe Wiedergabe): Indonesien hat zwei Haupteinnahmequellen: Rohöl und Holz. Mit jedem Dollar Preissenkung am Ölmarkt müssen wir die kommerzielle Nutzung unseres Waldes erhöhen, und niemand wird uns daran hindern. Im Klartext heisst dies, dass der Rückgang der Ölnachfrage, den die Industrieländer dank sparsamerem und effizienterem Umgang mit Öl auf dem Weltmarkt zu erzielen in der Lage waren, die Waldrodung in Indonesien ungewollt gefördert hat. Wenn man unter "Denken in vernetzten Systemen" solche relativ einfachen Dinge meint, dann ist dagegen sicherlich nichts einzuwenden.

7. *Man darf nicht immer alles tun, was technisch machbar ist.* Dies ist eine ebenso plausible wie problematische Forderung. Würde man sie konsequent durchführen, liefe dies auf die Preisgabe eines jeden Experiments und damit jeglichen technischen Fortschritts hinaus. Etwas aus Sorge um mögliche negative Folgen nicht zu tun, was getan werden könnte, impliziert eine Ahnung darüber, was dieses Nichtstun für Folgen hat und wie sich die Kosten dieser Folgen zu den Kosten und/oder Vorteilen des Tuns verhalten. Wie soll man aber, ohne es ausprobiert zu haben, *in abstracto* darüber etwas aussagen? Erst wenn man mit irgendeiner Technik oder einem Stoff schlechte Erfahrungen gesammelt hat, kann man begründeterweise auf den Einsatz verzichten. Asbest ist ein solches Beispiel. Es gibt weitere Beispiele wie Contergan, Röntgenapparate in Schuhläden usw.

Die Forderung, man solle nicht alles tun, was getan werden kann, müsste deshalb umformuliert werden in den Leitsatz: Man möge Dinge unterlassen, von denen man erfahrungsgemäss weiss, dass sie schädlich sind, und man möge die Kosten und/oder Gewinne des Verzichts auf eine bestimmte technische Lösung oder den Gebrauch eines Werkstoffs, Medikaments usw. mit den Kosten beziehungsweise Nutzen des Einsatzes dieser Neuerung vergleichen. Eine solche doppelte Kosten-Nutzen-Analyse lässt sich jedoch nur experimentell und nicht abstrakt beziehungsweise prophylaktisch durchführen. Wir können nur durch Erfahrung lernen. Der Verzicht auf eine Tat kann das Risiko steigern. Anders formuliert: Nichthandeln kann grössere Risiken implizieren als Handeln.

8. *Das Wirtschaftswachstum muss vom Energieverbrauch entkoppelt werden.* Nach den Ausführungen im vorangehenden Abschnitt dürfte diese in der Öffentlichkeit immer noch für plausibel gehaltene Forderung nicht mehr verfangen. Wir wissen, dass eine Entkopplung im wahren Sinn des Wortes nicht möglich ist. Man kann - und soll - durch sparsamen und effizienten Einsatz von Energie pro Umwandlungs- und Einsatzeinheit möglichst viel Sozialprodukt "herausholen". Dies ist unbestritten und wird auch getan. Wir sehen es an den fallenden Energieelastizitäten. Die Hervorbringung von Produkten (Produktion) sowie Stoffumwandlungen können aus physikalischen Gründen ohne Einsatz von physischer Arbeit - das heisst aber immer auch Energie (Leistungsinanspruchnahme) - nicht erfolgen. Und da wir trotz des voranschreitenden Dienstleistungssektors auch in Zukunft materielle Güter zum Leben brauchen, wird auch jedes Wirtschaftssystem Energie brauchen. Eine totale Entkopplung ist deshalb aus physikalischen Gründen unmöglich; sie zu fordern, erweist sich daher als unsinnig.

Ausser den genannten Forderungen, die oft ethisch-imperativen Charakter haben, gibt es auch Behauptungen, die auf den ersten Blick einleuchten, jedoch im Grunde genommen falsch sind. Zwei seien zum Schluss als Beispiele genannt:

9. *Die alternativen Energien sind in der Lage, unser Energieproblem zu lösen.* Wenn man damit Wind, Wasser, Biogas, Gezeitenenergie, nicht-hybride Solarenergie usw. meint, dann ergibt sich aus der physikalischen Betrachtung, dass die verfügbaren Grössenordnungen dieser Energiequellen nicht ausreichen, um den gegenwärtigen Energieverbrauch im Umfang von rund 12 TWa/a auch nur annähernd zu decken. Zwar wird global Biomasse im Äquivalent von rund 40 TWa pro Jahr gebildet, doch darin ist auch die maritime Flora einbezogen, deren energetische Nutzung so gut wie nicht möglich ist.

10. *Die Umwelt kann durch Einsatz von Energie nicht in Ordnung gebracht werden, weil jeder Gebrauch von Energie die Entropie und damit die Unordnung erhöht.* Diese auf den ersten Blick plausible Behauptung ist deshalb falsch, weil sie den strukturbildenden Effekt des Einsatzes von Energie übersieht. Wir haben gesehen, dass zur Herstellung fliessgleichgewichtiger Wirtschaftsstrukturen Energie erforderlich ist. Dass dabei am Ende schliesslich doch Abwärme und damit eine Entropiezunahme entsteht, ist kein Widerspruch zu der Tatsache, dass nur durch Einsatz von Energie – kombiniert mit Wissen – Ordnungszustände herstellbar sind. Folgerung: Um ein umweltgerechtes Wirtschaftssystem aufzubauen, bedarf es heute sehr wahrscheinlich nicht weniger sondern mehr Energie, weil wir ein solches System noch nicht haben und es erst aufbauen müssen. Wer also den Energieverbrauch an sich auf ein bestimmtes Niveau beschränken will, behindert den Aufbau umweltgerechter Wirtschaftssysteme. Weshalb dabei der Elektrizität eine ganz besonders wichtige Rolle zukommt, haben wir in Kapitel III.3 dargelegt.

Es ist wichtig, sich mit solchen Argumenten und Forderungen vertraut zu machen, weil sie in der politischen Auseinandersetzung um die Umweltpolitik eine wichtige Rolle spielen. Viele Dinge sehen auf den ersten Blick einfach und plausibel aus. Wir sollten ein Wort beherzigen, das Einstein zugeschrieben wird: Man soll die Dinge so einfach als möglich darstellen, aber nicht einfacher.

4. Bedingungen einer menschenwürdigen Zukunft

Die Frage nach den Bedingungen einer menschenwürdigen Zukunft bedeutet heute, da die Welt ein interdependentes Ganzes geworden ist, zweierlei: Zum einen müssen wir danach fragen, wie wir jene vielen Millionen Menschen einer lebenswerten Existenz näherbringen, die immer noch unter menschenunwürdigen Verhältnissen leben; zum anderen richtet sich die Frage auch an uns, die wir zur überwiegenden Mehrheit die Fortschritte von Wissenschaft und Technik in wirtschaftlichen Wohlstand und soziale Sicherheit umzusetzen in der Lage waren. Werden wir uns dieser Fortschritte auch in Zukunft erfreuen dürfen, und wenn ja, unter welchen Bedingungen wird dies möglich sein?

Eine wichtige Voraussetzung und auch Bedingung für die Gestaltung einer menschenwürdigen Existenz war, wie wir gesehen haben, das graduelle Herauslösen des Menschen aus seiner Anthropozentrizität und damit seine schrittweise Einfügung in den Gesamtzusammenhang des evolutionären Geschehens. *Kopernikus, Darwin* und *Freud* sind die hervorragenden Meilensteine auf diesem schwierigen Weg: Nicht mehr die Erde ist der Mittelpunkt der Welt, der Mensch nicht ihr einzigartiger Beherrscher, hervorgehoben durch göttliche Fügung von allen anderen Lebewesen, und nicht das selbstbestimmende *Ich* ist des Menschen wahrer Kern. Erst als der Mensch seine "Entthronung" zu akzeptieren und zu verinnerlichen im Stande war, vermochte er seine evolutionsgeschichtliche Einmaligkeit zu erfassen: Sie besteht darin, dass er sich seiner Eingebundenheit in das Gesamtgeschehen bewusst wurde und auf dieses Bewusstsein denkend zu reflektieren begann. Erst von da an konnte jener Wertewandel einsetzen, dessen Zeugen wir heute sind. Die Feststellung, dass sich die Welt, in der wir heute leben, fundamental von derjenigen unserer Vorväter unterscheidet, ist eine Trivialität. Aber worin besteht die Essenz dieses Wandels, und welche Lehren können wir daraus für die Zukunft ziehen? Blenden wir zurück: Die Weltbevölkerung hat sich in den letzten vier bis fünf Jahrzehnten verdreifacht, das Sozialprodukt und der Energieverbrauch haben sich versechsfacht. Noch nie konnten weltweit so viele Menschen lesen und schreiben wie heute; aber auch umgekehrt gilt, dass es noch nie so viele des Schreibens und Lesens unkundige Menschen gab wie heute. Immerhin dürfen wir feststellen, dass etwa seit dem Ende der 50er Jahre mehr als die Hälfte der Menschen auf dieser Welt alphabetisiert ist. Noch nie hatten die Menschen so viel zu essen wie heute – und doch gab es noch nie vorher so viele Hungernde wie heute. In weiten Teilen der Welt bestehen nach wie vor Versorgungsprobleme. Bei uns hat sich das *Versorgungs-* zum *Entsorgungsproblem*, die Ressourcenfrage zur Umweltfrage gewandelt. In vielen Ländern der Dritten Welt sind die Grenzen der Erträglichkeit des Elends erreicht oder gar überschritten. Bei uns werden Grenzen der Sättigung und der Aufnahmefähigkeit von technischem Fortschritt sichtbar, und die Reichen und die Armen stehen in Anbetracht der steigenden Weltbevölkerung und der zunehmenden Umweltzerstörung vor der Tatsache, dass der Belastbarkeit des globalen Ökosystems Grenzen gesetzt sind.

Spätestens seit 1972, als *D. Meadows* und seine Frau zusammen mit *J. Randers* und *W. Behrens* auf Initiative des Gründers des *Club of Rome* (A. Peccei) das Buch "*Grenzen des Wachstums*" veröffentlichten, ist sehr vieles zu diesem Thema geschrieben worden. Es stellte sich schon bald heraus, dass die Autoren den Faktor *Wissen* unterschätzt haben. Es war das Verdienst von *E. Basler* (1972), in seinem Buch "*Strategie des Fortschritts*" wichtige neue Gedanken in diese Diskussion eingebracht zu haben. Langsam aber sicher hat sich die Einsicht durchgesetzt, dass die wahren Grenzen nicht (ausschliesslich) physischer Natur sind, sondern in uns selbst liegen – in unserer Fähigkeit, Wissen zu erwerben und zu lernen, *wie* man lernt.

In dem Mass, in dem die Gesellschaft Wissen zu erlangen und der praktischen Problemlösung dienstbar zu machen in der Lage ist, in dem Mass erweitert sie den Möglichkeitsraum ihrer physischen Existenz. Was eine Ressource ist, hängt vom Wissen ab. Das Wissen und dessen Umsetzung in technische, aber auch in gesellschaftlich politische Anwendungen ist die eigentliche machtbegründende Ressource. Dies haben die Autoren des Bestsellers "*Grenzen des Wachstums*" übersehen.

Die Herrscher taten sich im Umgang mit Wissen seit jeher schwer: Die Lehre der aristotelischen Physik und Metaphysik war im 13. Jahrhundert an der Pariser Universität verboten. Die Philosophie Descartes durfte seinerzeit in Marbach nicht gelehrt werden. Giordano Bruno und Galilei waren also nicht die einzigen Fälle. Noch 1925 entschied man im sogenannten Dayton-Prozess (Tennessee), dass die Evolutionstheorie von *Darwin* in den Schulen des Staates nicht gelehrt werden darf. Seither steht die mit dem Wort "*Creationism*" bezeichnete Lehre an vielen Schulen Amerikas gleichberechtigt neben – und oft an Stelle – der Evolutionslehre *Darwin*s. Die Relativitätstheorie *Einstein*s wurde unter den Nazis als "jüdische Physik" diffamiert, und Stalin verbannte die Input-Output-Theorie von *Leontief* von den sowjetischen Universitäten, weil sie in seiner Einschätzung die Ausgeburt bourgeoisen Denkens war – nicht ahnend, dass ausgerechnet diese Theorie ihm ein nützliches Instrument für die Beherrschung der sowjetischen Planwirtschaft in die Hand hätte legen können. Dafür spornte er Lysenko an, die Theorie von der genetischen Veränderungsmöglichkeit des Menschen zu einem sozialistischen Wesen weiter zu entwickeln. Diese Beispiele liessen sich beliebig vermehren.

Heute ist bei uns die Wissenserlangung und auch die Vermittlung von Wissen uneingeschränkt – jedenfalls politisch. Wir haben gelernt, Freiheit und Zweifel als Produktionsbedingungen des Wissens zu erkennen. Wir haben erfahren, dass die Umsetzung von Wissen in Erfindungen und Innovationen nicht nur mehr Konsum und Reichtum bringt, sondern insgesamt bessere Lebensbedingungen ermöglicht – trotz der in modernen Wohlstandsgesellschaften stärker empfundenen Risiken, die damit verbunden sein können. Aber die Technik hat vieles schnell, zu schnell verändert – schneller jedenfalls, als wir es psychisch zu verkraften vermögen. Daraus ergeben sich Abwehrreaktionen. Wir sehen sie heute allenthalben in der sich artikulierenden Technikfeindlichkeit – zumeist von seiten jener geäussert, die schon materiell genügend versorgt sind . . . Wir erfreuen uns heute einer noch nie dagewesenen Freiheit von Forschung und Lehre. Aber wir beginnen, uns hinsichtlich der möglichen Risiken der Anwendung von Forschungsergebnissen mental einzuigeln. Angelangt auf jenem hohen Lebensstandard, den uns Wissenschaft und

Forschung erst ermöglicht haben, beginnen wir die Risiken der Anwendung höher einzuschätzen als die der Nichtanwendung. *K. Deutsch* hat einmal gesagt:

> Jede bloss mögliche Gefahr für wahrscheinlich zu halten, ist nicht Vorsicht, sondern Paranoia (Deutsch 1987: 10).

Die heute überall aus dem Boden schiessenden Technikfolgestudien (*"Technology Assessment"*-Berichte usw.) könnten so gedeutet werden. Ich meine jedoch, dass darin auch die Chance liegt, einen von weniger Ängsten belasteten Umgang mit dem Neuen, ein besseres Verständnis der Wirkungen von Wissen, ein Wissen über die Entäusserung von Wissen also, zu erlangen. Dies ist deshalb wichtig, weil wir heute in besonders hohem Mass vor der Notwendigkeit stehen, sowohl uns selbst zu wandeln, als auch die Bedingungen für die Entfaltung der Möglichkeiten unseres Lebensraumes durch Wissenschaft und Technik zu verbessern. In dem Mass, in dem uns dies – Selbstwandlung und Veränderung der Umwelt – gelingt, werden wir unsere Identität bewahren und damit eine menschenwürdige Zukunft gewährleisten.

Für diesen Vorgang von besonderer Bedeutung ist die Offenheit der Wahrheitsfindung. Sie wird gewährleistet durch den offenen Zugang zu konkurrierenden Informationsquellen sowie durch die Offenheit des Wettbewerbs um Macht. Vor diesem Hintergrund vollzieht sich Politik im Spannungsfeld von drei interdependenten "Bedarfskategorien":

- Handlungsbedarf
- Wissensbedarf
- Legitimitätsbedarf.

Es scheint, dass heute der Handlungsbedarf schneller zunimmt als das für verantwortbare Entscheidungen notwendige Wissen. Entscheidungen bei Unsicherheit sind im ökonomisch-sozialen und wohl auch im politischen Bereich die Regel. Je grösser jedoch die Divergenz zwischen Handlungsbedarf – oft auch Handlungszwang – und Wissenszunahme wird, um so grösser wird die Gefahr des Auseinanderfallens von gesellschaftlich perzipierter Evidenz und empirisch validierbaren Hypothesen, d.h. wissenschaftlich gesicherten Aussagen über die Realität. Je mehr gesellschaftliche Evidenz und empirisch gesicherte Realitätserfassung auseinanderklaffen, um so grösser die Gefahr der *Ideologisierung* und die Tendenz zur Bevorzugung "gordischer Lösungen". Um diese Gefahren für die Demokratie zu verringern, muss eine Kongruenz zwischen Handlungsbedarf und Wissenszunahme angestrebt werden.

Der Handlungsbedarf ist eine Funktion zunehmender Komplexität im Interaktionsfeld *Mensch–Umwelt–Technik*. Zu glauben, man könnte diesen Handlungsbedarf durch Verlangsamung des technischen Fortschritts verringern, ist ein Irrtum. Wohl kann man auf gewisse Akzelerationen mässigend einwirken;

insgesamt jedoch wird die Kongruenz von Wissenszuwachs und Handlungszwang vermehrt durch die Verknüpfung solcher Faktoren zu erreichen sein, die die Lern- und Bildungsfähigkeit des Menschen fördern. Es sind dies:
- Verknüpfung von Begabung und Leistungsanforderung
- Verknüpfung von konkreten Erlebnisinhalten und abstrakten Denkleistungen
- Verknüpfung von Geschichtsbewusstsein und Zukunftsorientierung
- Verknüpfung von naturwissenschaftlichem Wissen und Philosophie, d.h. die Verknüpfung von Allgemein- und Spezialwissen
- Verknüpfung von Phantasie und Logik, von Wissenschaft und Kunst.

Dazu kurz einige Anmerkungen:
1. Die auf vordergründige Effizienzkriterien abstellende Bildungspolitik führte bekanntlich in einigen Industrieländern der freien Welt zum Verlust der für die Zukunft jeder Industriegesellschaft lebensnotwendigen Mittelschicht von qualifizierten Technikern und Handwerkern. Die Zukunft einer Industriegesellschaft kann nicht auf dem brüchigen Fundament der Dichotomie von hochqualifizierten, abstrakt hinterfragenden Theoretikern auf der einen und ungelernten Arbeitern auf der anderen Seite beruhen. Erst wenn es gelingt, Ausbildung und Bildung mit Begabung und Leistungsanforderung in Übereinstimmung zu bringen, bietet sich die Chance, Orientierungen zu erlangen und die Fähigkeit zu praktizieren, technologische Entwicklungen innovativ aufzunehmen. Dieser Prozess bildet sich im *Mittelfeld* der Gesellschaft heraus. Er findet nicht statt, wenn eine Polarisierung zwischen einer kopflastigen "Akademia" und ungelernten Arbeitern besteht. Vermutlich ist diese Polarisierung eine Ursache für die heute feststellbare Technikfeindlichkeit sowie für die weitverbreitete Ablehnung des Leistungs- und Elitegedankens.
2. Bildung und Weiterbildung sollten verstärkt auf eine engere Verknüpfung konkreter Erlebnisinhalte abstellen und die theoretische Reflexion, und damit das abstrakte Denken fördern. Die Fähigkeit, vom Besonderen auf das abstrakt Allgemeine zu schliessen, lässt sich am besten am konkreten Erlebnis vollziehen. In der Praxis heisst dies: Lernen durch zeitweilige Arbeit in einem Betrieb.
3. Unsere Fähigkeit, Antworten auf die Fragen nach einer menschenwürdigen Zukunft zu finden, gründet in der Beschäftigung mit unserer Geschichte. Die Vernachlässigung des Geschichtsunterrichts dürfte mit eine der Ursachen für die fortschreitenden Ortienterungsverluste sein, die wir heute beobachten. Plakativ formuliert: Eine Gesellschaft ohne Geschichtsbewusstsein vermag ihre Zukunft nicht sinnevident zu gestalten.

4. Allgemeinwissen und Spezialkenntnisse schliessen einander nicht aus. K. Poppers "*The Logic of Scientific Discovery*" (1961) bietet in dieser Hinsicht zahlreiche Orientierungen, die in konkrete Bildungsziele umsetzbar sind. Die Offenheit der Philosophie steht heute in einem kongruenten Verhältnis zur Offenheit des naturwissenschaftlich begründbaren Wissens in klassische Wissenschaften wie Mathematik, Physik, Chemie, Astronomie, Geologie usw. In jedem Wissenschaftsbereich gibt es Grundprinzipien, die, auf das jeweilige Vorbildungs- und Begabungsniveau abgestuft, vermittelt werden können. Die Möglichkeiten der Didaktik sind in unserem Bildungswesen noch lange nicht ausgeschöpft.

5. Wir sind heute in der glücklichen Lage, schon mit Hilfe von *PCs* (*Personal-Computers*) komplexe mathematische Zusammenhänge graphisch darzustellen. Der Einsatz dieses Hilfsmittels zur Förderung der Phantasie steht noch ganz am Anfang; auch da besteht ein sich ständig vergrösserndes und bisher noch wenig genutztes Potential. Die mit Hilfe dieses neuen Instrumentariums visualisierbaren Kombinationen übersteigen bei weitem unser Vorstellungsvermögen und fördern das Verständnis im Umgang mit scheinbar einfachen Systemen. Sie sensitivieren unseren Verstand für die Ästhetik formaler Zusammenhänge – man denke nur an die herrlichen Bilder, die sich aus den Mandelbrotschen Iterationen erzeugen lassen –, schützen uns vor voreiligen Schlussfolgerungen, beflügeln die Phantasie und erziehen uns schliesslich zur Toleranz.

> The power that man has over nature and himself [...] lies in his command of imaginary experience. He alone has the symbols which fix the past and play with the future (*Bronowski* 1967: 272).

Philosophie, Wissenschaft und Kunst sind heute nicht mehr in sich abgeschlossene, unvermittelbare Entitäten, sondern Teile eines Ganzen, das schrittweise über alle Bildungsstufen hinweg zumindest tentativ vermittelbar ist.

Um das Verständnis dieser Zusammenhänge zu fördern, sollten wir bemüht sein, die durch die Schnelligkeit des technischen Fortschritts entstandenen materiellen und kognitiven Dissonanzen zu überwinden. Darin liegt, so scheint mir, eine der wichtigsten Bedingungen für die Erhaltung und Weiterentwicklung einer menschenwürdigen Zukunft. Wie könnte dies geschehen? Sicher nicht durch einen Verzicht auf die Anwendung von Technik oder gar durch eine abermalige Zensur des Prozesses der Wissenserlangung – ein Zustand, den wir (hoffentlich endgültig) historisch überwunden haben. Unser Bemühen gilt vielmehr der Ebene der Herstellung – wohl auch der Wiederherstellung – von *Verhältnismässigkeiten*, von "Stimmigkeiten":

1. Wir müssen bestrebt sein, die gesellschaftliche Lernbereitschaft und Lernfähigkeit mit der durch technische und ökonomische Prozesse bedingten Veränderungsrate in Einklang zu bringen. Unter den heute gegebenen Umständen der allgemeinen Verunsicherung und des Vertrauensschwunds der Bürger sowohl der Wissenschaft als auch der Politik gegenüber kommt es wohl vor allem darauf an, *Vertrauen* wiederzugewinnen. Wir müssen klarstellen, dass niemand im Vollbesitz der Wahrheit ist, dass niemand – auch nicht der Wissenschaftler – mit letzter Sicherheit alles je wissen *kann,* dass aber trotzdem gehandelt werden *muss*. Das bedeutet, dass wir uns nach allen Richtungen hin offen halten und auch jene Positionen ernst nehmen müssen, die vielleicht nicht in das Konzept des etablierten Wissenschafts- und Politikbetriebs passen. Es bedeutet auch, dass es kein Handeln ohne Risiko geben kann.

2. Dies erfordert – und hier greife ich einen Gedanken des bekannten Theologen Rentdorff auf – einen neuen *Konsens* darüber, wie man politisch mit *Dissens* umgeht. Weder die althergebrachte Mehrheitsabstimmung noch eine mechanische Überbewertung von Minderheitsvoten führt da automatisch zum Erfolg. Hier ist, so meine ich, die Politikwissenschaft mehr gefordert als die Technik.

3. Damit in engem Zusammenhang steht die Entwicklungs- und Anpassungsfähigkeit unserer Rechtsordnung. Die Veränderungs- und Anpassungsgeschwindigkeit dieser Ordnungsstruktur ist aus wohlüberlegten Gründen durch vielerlei Hürden, die ein neues Gesetz in unserer Demokratie überwinden muss, begrenzt. Die Durchsetzbarkeit bestehender Gesetze wird durch – wiederum wohlbegründete – Einsprach- und Rekursrechte verzögert. Insgesamt folgt daraus, dass die Hauptlast der Anpassung heute auf relativ niedriger Implementationsstufe, auf dem Niveau von Verordnungen, angesiedelt ist. Dies bewirkt eine *zunehmende Regelungsdichte,* die Inflexibilitäten schafft und den Optionsspielraum der Politik einengt.

4. Ferner geht es um die Neubestimmung des Verhältnisses von Grundlagenforschung und Anwendungsbezug. Dazu sagt der Politologe *K. Deutsch*:
   > Als Galileo Galilei die Gesetze des Falles studierte, waren diese noch nicht hinreichend anwendungsbezogen, und so verdiente Galileo Galilei seinen Lebensunterhalt an der Universität Padua durch einen anwendungsbezogenen Kurs. Er lehrte die Studenten der Medizin das Stellen von Horoskopen über das Schicksal ihrer Patienten. Ähnlich ging es Johannes Kepler in Prag. Er berechnete die Bahnen der Planeten, die aber leider für die Politik des Habsburger Reiches nicht anwendungsbezogen waren. Und Kaiser Rudolf II wünschte von ihm eben anwendungsbezogene Wissenschaft – direkt relevant für die Probleme der Entscheidungsträger. Und Kepler lieferte sie. Er stellte seiner Kaiserlichen Majestät Horoskope. Heute müssen die Universitäten nicht mehr Horoskope verkaufen, aber man spricht noch gelegentlich von "strategischen Studien" (*Deutsch* 1978a: 4).

Innovationsforschung und methodologisch sauber durchgeführte Technikfolgeabschätzungen können uns helfen, das Problem des Anwendungsbezugs besser zu verstehen.
5. Ein Teil des Anwendungsbezugs von Forschung ereignet sich im Schnittbereich von Wissenschaft und Wirtschaft. Die heute geförderte – vor einigen Jahren noch verpönte – Zusammenarbeit von universitärer Forschung und Wirtschaft impliziert auch eine beständige Neudefinition des Verhältnisses von Staat und Privatwirtschaft. Nicht alle Funktionen, die im Laufe der Jahre der Staat übernahm, müssen ewig in seiner Hand bleiben. Umgekehrt kommen dem Staat gerade im Umweltbereich neue Aufgaben zu, die er nur in Zusammenarbeit mit der Wirtschaft (und nicht gegen sie) zum Wohle der Allgemeinheit zu lösen vermag.

Worin bestehen also die Bedingungen einer menschenwürdigen Zukunft? Ich glaube, in unserer Fähigkeit, die oben genannten Stimmigkeiten herzustellen und aufrechtzuerhalten. Dazu bedarf es einer ausreichenden materiellen Basis, die es uns erlaubt, durch Ausprobieren zu lernen. Im Gegensatz zur immer noch vorherrschenden Meinung besteht weder heute noch in absehbarer Zukunft die Gefahr einer drastischen Verknappung oder gar einer Erschöpfung materieller Ressourcen, einschliesslich der Energieressourcen. Die entscheidenden Knappheiten, Knappheiten höherer Ordnung sozusagen, sind vielmehr:
– Wissen über die Bedingungen der Wissenserlangung
– Kongruenzen (Verhältnismässigkeiten) sowie Identität des Menschen mit sich selbst.

Wir sind mit materiellen Gütern reichlich ausgestattet. Von den 168 Stunden, die eine Woche hat, arbeiten wir heute im Durchschnitt nur noch 42 Stunden, das sind 25% der Wochenstunden. 70 Stunden stehen uns pro Woche zur freien Verfügung – die 8 Stunden pro Tag für Schlaf und Essen nicht mit eingerechnet! Wie nutzen wir diese 70 Stunden? Die Wohlstandsgesellschaft liefert zahlreiche konkurrierende Freizeitangebote. Viele davon erweitern den Bildungshorizont und bieten so die Chance eines Gegengewichts zum Materiellen. Aber es gibt auch zahlreiche Freizeitnutzungen, die den Charakter einer Flucht vor sich selbst haben und so die Identitätsfindung nicht erleichtern, sondern erschweren. Wie könnte man in einer freiheitlichen Gesellschaft dieser Tendenz begegnen – einer Tendenz, von der wir vermuten dürfen, dass sie zumindest potentiell jene Bedingungen untergräbt, die für die Erhaltung einer menschenwürdigen Zukunft wichtig sind? Ich fürchte, dass es darauf keine Patentantwort gibt. Die erwähnten "Produktionsbedingungen", die drei knappen Ressourcen *Wissen*, *Kongruenzen* und *Identität*, sind in hohem Masse interdependent: Identität entsteht aus verinnerlichtem Wissen, und die Herstellung von Verhältnismässigkeiten ist ihrerseits ein wichtiges Element für die Erlangung von Identität.

Man liefe jedoch Gefahr, sich Illusionen hinzugeben, würde man gerade hier den Bezug zu den wirtschaftlichen Randbedingungen übersehen. Die Herstellung solcher Stimmigkeiten ist nämlich u.a. auch davon abhängig, wieviel Kapital einer Gesellschaft zur Verfügung steht.

Das Kapital wird weltweit knapper, weil zunehmende Lasten getragen beziehungsweise abgebaut werden müssen. Es handelt sich u.a. um folgende Faktoren:

- Umstrukturierung der Produktion vom *"front end"* zur Einbeziehung auch des *"back end"*, d.h. der Entsorgung; teilweise kostspielige Einrichtung von nichtdissipierenden Senken;
- Entsorgung von Altlasten;
- Entwicklung neuer Energietechniken, mit deren Hilfe sowohl die Bereitstellung als auch die Inanspruchnahme von Energie umweltschonend erfolgt; schrittweise *Ablösung fossiler Energieträger durch andere Energiequellen mit hoher Energiedichte* (voraussichtlich neue Generation von inhärent sicheren Reaktoren als integraler Bestandteil der zukünftigen Wasserstofftechnologie);
- Strukturanpassung sowohl regional (zum Beispiel im EG-Raum als auch weltweit; Finanzierung der Soziallasten; grundsätzliche, langfristig tragbare Regelung des Verschuldungsproblems;
- Finanzierung jener Soziallasten, die sich aus der besonders in den Industrieländern schnell voranschreitenden Überalterung der Bevölkerung ergeben.
- zunehmende Anforderungen der Dritten Welt und jetzt auch Osteuropas für Umweltschutz, für die Entwicklung umweltschonender Energiesysteme, für die Entwicklung der Infrastruktur:
- Zusätzliche Anforderungen im Bereich von *F&E* im Zusammenhang sowohl mit der verschärften Konkurrenz im Technologiebereich als auch im Zusammenhang mit der Überwindung neuer Bedrohungsformenim Waffensektor wie auch im Bereich der Gesundheitsvorsorge (AIDS-Forschung).

Wenn wir für uns eine menschenwürdige Zukunft gewährleisten wollen, dann dürfen wir also nicht übersehen, dass wir nicht allein auf der Welt sind und dass die Globalisierung jener technischen und wirtschaftlichen Errungenschaften, deren wir uns heute erfreuen, den sorgfältigen Umgang mit knappen Gütern – und dazu gehört heute auch die Umwelt – erfordert. Diese Globalisierung hat noch nicht stattgefunden, und es ist noch ein weiter Weg bis dahin – auch wenn wir uns von vornherein darüber im klaren sein müssen, dass sie sich ohnehin nicht homogen und uniform vollziehen lässt. Aber es sollte möglich sein, die sich heute noch erweiternden Divergenzen zwischen Arm und Reich nicht noch weiter wachsen zu lassen, sondern abzubauen. Dies geht nicht auf dem Weg des Verteilungskommunismus – eine Einsicht, die schon *Marx* hatte –, sondern nur durch die Internationalisierung des technischen Fortschritts und die Einbindung der Dritten Welt in den sich nunmehr globalisierenden marktwirtschaftlichen Allokationsprozess.

Der Umstand, dass wir uns über solche Dinge Gedanken machen, ist als solcher schon Grund genug für eine gewisse Zuversicht. Wir können uns diesen Luxus leisten, weil uns dafür die materielle Ausstattung zur Verfügung steht und weil wir das Glück haben, frei denken, forschen und reden zu können. Die politischen Errungenschaften der französischen Revolution, deren zweihundertsten Jahrestag wir vergangenes Jahr begingen, haben die Voraussetzungen für die Entwicklung und Umsetzung von Wissen in neue gesellschaftliche Strukturen geschaffen. Den Umgang mit Neuem müssen wir stets neu erlernen. Ein offener, furchtloser Umgang mit Neuem und Unbekanntem wird vor allem dann einen Beitrag zur Weiterentwicklung menschenwürdiger Lebensbedingungen leisten, wenn er zur Einsicht führt, dass nichts im Leben zum "Nulltarif" und ohne jegliches Risiko zu haben ist; zur Einsicht auch, dass technisch hochentwickelte, ökonomisch leistungsfähige und damit energie- und wissenschaftsintensive Gesellschaften insgesamt bessere Chancen haben, potentiellen Bedrohungen wirksam zu begegnen, als ressourcen- und energiearme Gesellschaften. Deshalb ist es in unserem wohlverstandenen Eigeninteresse, Aufklärung, Wissenschaft, Forschung und technisch-ökonomischen Fortschritt nach Kräften zu fördern und zu seiner weltweiten Ausbreitung beizutragen. Die Einsicht, dass solches am besten unter marktwirtschaftlichen Bedingungen erreichbar ist, hat sich im letzten Fünftel dieses Jahrhunderts weltweit durchgesetzt. Die Chancen für eine globale Ausbreitung menschenwürdiger Verhältnisse waren deshalb noch nie so gross wie heute. Die Probleme, die sich auf dem Weg dahin stellen, darf man sicher nicht unterschätzen – ebensowenig aber unsere Fähigkeit, diese zu meistern.

Epilog

Als ich 1985 das Buch *"Das Prinzip Offenheit"* veröffentlichte, hätte ich mir nicht träumen lassen, dass dieses Prinzip in einer so kurzen Zeit eine so rasante Verwirklichung in einem wichtigen Teil unserer Welt – in Osteuropa sowie ansatzweise sogar in der Sowjetunion selbst – finden würde.

Das Jahr 1989 wird, ähnlich wie das Jahr 1789, als *Jahr des Aufbruchs in ein neues Zeitalter* in die Geschichte eingehen. Während dieses Buch entstand, hat sich die Welt tiefgreifender verändert als in allen Jahren seit dem Beginn des Kalten Krieges. Weitere, ebenso tiefgreifende Veränderungen stehen bevor. Die 90er Jahre dürften ein Jahrzehnt der Turbulenzen und Umbrüche, der Widersprüche und Aufstände werden, aber auch ein Jahrzehnt, in welchem sich die den neuen politischen und technischen Realitäten angemessenen Denk- und Staatsstrukturen erst noch herausbilden müssen.

Der Versuch, das Leben der Menschen einer Ideologie gemäss zu gestalten – sei es durch Überredung, sei es durch Zwang, List oder Lüge –, ist gescheitert. Das durch Stalin und seine Nachfolger Hunderten von Millionen von Menschen aufgezwungene System des sogenannten realen Sozialismus erwies sich als ebenso barbarisch, menschenverachtend und grausam wie das nazistische System Hitlers. Lange geleugnet und als blasphemisch abgetan, wird heute die inhärente Wesensverwandtschaft beider Systeme offengelegt. Strukturell sind diese Systeme eng verwandt. Ihre Bespitzelungsapparate – *Gestapo, Stasi, KGB* usw. – wie auch die Denkweise ihrer Träger, der nutzniessenden Ideologen, sind identisch. Unter grossen Opfern ist dies nun als Tatsache durch die Geschichte bewiesen worden. Der Umstand, dass das System des realen Sozialismus in Osteuropa 40 und in der Sowjetunion 70 Jahre gedauert hat, während die Hitlerdiktatur nur 12 Jahre währte, hatte zur Folge, dass die vernichtenden Auswirkungen des realen Sozialismus auf Mensch, Natur und Geist unvergleichlich grösser waren als die des Hitlersystems. Am schlimmsten sind jene Völker getroffen worden, die das Opfer sowohl der nationalsozialistischen Herrschaft als auch des Stalinismus geworden sind: die Völker Osteuropas. Das Leben zweier Generationen ist ihnen gestohlen worden.

Václav Havel, der Präsident der nun nicht mehr sozialistischen tschechoslowakischen Republik hat in seiner Neujahrsansprache gesagt:

> Das frühere Regime, bewaffnet mit seiner stolzen und intoleranten Ideologie, hat den Menschen zu einem Produktionselement und die Natur zu einem Produktionsfaktor reduziert. Auf diese Weise verstiess es gegen das Wesen von Mensch und Natur und ihre grundlegenden Beziehungen zueinander.

Heute, zweihundert Jahre nach der französischen Revolution, stellen wir fest, dass der durch dieses Ereignis ausgelöste Prozess seine weltweite Verwirklichung erst noch finden muss. Die Ereignisse im Europa des Jahres 1989 sind ein entscheidender Schritt auf diesem Weg. Aber täuschen wir uns nicht: Noch gibt es Fundamentalismen aller Art, noch ist der Mensch in vielen Teilen der Welt nicht von Not, Elend und Angst befreit und bleibt deshalb fundamentalistischen Versuchungen ausgeliefert. Der universelle Befreiungsprozess des menschlichen Geistes ist noch lange nicht vollendet. Rückschläge wie in China sind nicht auszuschliessen. Freiheitsbedrohende Ideologien werden – von steinzeitkommunistischen Nischen abgesehen – in Zukunft jedoch kaum mehr in der primitiven Form stalinistischer Systeme vorkommen, sondern viel eher in Gestalt von antiwissenschaftlichen, antirationalen, mythologischen und parareligiösen Weltverbesserungsdoktrinen. Dass das komplexe Verhältnis von Mensch und Natur nicht mehr mit den Mitteln der deterministischen Kausalanalyse begriffen werden kann, ist nirgends klarer erkannt worden als in der Wissenschaft selbst. Es gibt eine Komplementarität zwischen der Offenheit des Erkenntnisprozesses und der Offenheit der gesellschaftlichen Strukturen. Sie entspringt der über evolutionsgeschichtliche Zeiträume hinweg wirksamen Grundbefindlichkeit des Menschen: seiner Würde, seiner Neugierde, seines Freiheitsdranges. Ausgedrückt in den Denksystemen der jüngeren Geistesgeschichte bedeutet dies: Nicht Hegel, sondern Kant, nicht Marx, sondern Jefferson, nicht das *Kommunistische Manifest*, sondern die Grundprinzipien der amerikanischen Verfassung, nicht Robert Jungk, sondern Karl Popper repräsentieren die universellen historisch evolutionsfähigen und damit auch zukunftsträchtigen Bewusstseinsinhalte des *Genus homo* im Prozess der drei Grundkategorien *Mensch–Umwelt–Wissen*.

Die heutigen und künftigen Generationen junger Naturwissenschaftler und Ingenieure sind, ohne sich allzu viele Gedanken um die geisteswissenschaftlichen Konsequenzen dieser Problematik zu machen, infolge der ideologieüberwindenden Kraft des praxisorientierten Wissens das kognitive Freiheitspotential unserer stets von Fundamentalismen bedrohten Gesellschaft. An sie wendet sich dieses Buch – ihnen ist es zugedacht.

April 1990

Anhang

1. Umrechnungstabellen und Definitionen

1.1. Ausgewählte Umwandlungsfaktoren

Objekt	Einheit	Multipliziere mit	um zu erhalten
Energie	1 eV (Elektronenvolt)	$1{,}602 \ 10^{-19}$	J (Joule)
	1 eV/Atom (eV pro Atom)	96'484,5	J/Mol (Joule pro Mol)
	1 J (Joule)	$6{,}242 \ 10^{18}$	eV
Masse	1 Mol	$6{,}022 \ 10^{23}$	Atome, Moleküle
	1 Elektronenmasse	$9{,}109 \ 10^{-31}$	kg
	1 Protonenmasse	$1{,}672 \ 10^{-27}$	kg
Masse-Energie-Äquivalent	1 kg (Kilogramm)	$9 \ 10^{16}$	J (Joule)
	1 Joule	$1{,}111 \ 10^{-17}$	kg
	1 Protonenmasse	938,259	MeV (Megaelektronenvolt)
Temperatur, Elektromagnetische Wellen	1 eV	11'605	K (Kelvin)
	1 eV	$1{,}241 \ 10^{-6}$	m (Wellenlänge)
	1 eV	$2{,}418 \ 10^{14}$	Hertz (Frequenz)
	k (Boltzmann-Konstante)	$8{,}615 \ 10^{-5}$	eV/K
Naturkonstanten	**Symbol**	**Dimension**	**Wert**
Gravitationskonst.	g	$N \ m^2/kg^2$	$6{,}673 \ 10^{-11}$
Plancksche Konst.	h	Js	$6{,}626 \ 10^{-34}$
Lichtgeschwindigk.	c	m/s	$2{,}988 \ 10^8$
Elementare elektrische Ladung	e	C (Coulomb)	$1{,}602 \ 10^{-19}$

Quelle: nach *Taube* (1988: 19)

1.2. Einheiten und Definitionen

1 Barrel (Öl) ...	= 1 bbl ..	= 42,0 US-Gallonen ..	= 0,1589873 m³
1 Exajoule	= 1 EJ ...	= 278 TWh	
1 Terawattstunde	= 1 TWh .	= 1 x 10⁹ kWh	= 3,6 PJ
		= 0,123 Mio t SKE	
1 Volumenprozent	= 1 Vol. %		
		= 1 ml des gelösten Stoffes in 100 ml Lösung	

1.3. Heizwerte von Brennstoffen

Heizöl EL	42'000–45'000 kJ/kg
Heizöl S	39'800–44'800 kJ/kg
Erdöl	39'000–43'500 kJ/kg
Steinkohlenkoks	29'000–33'500 kJ/kg
Steinkohle	29'000–35'600 kJ/kg
Braunkohlenbriketts	16'000–20'000 kJ/kg
Holz	11'700–16'000 kJ/kg
Torf	9'000–16'300 kJ/kg
Rohbraunkohle	7'500–12'600 kJ/kg
Erdgas	29'000–33'500 kJ/m³
Stadtgas, Koksofengas ...	14'000–18'500 kJ/m³

Mittlere Heizwerte von Primärenergieträgern

Erdöl	42'200 kJ/kg
Steinkohle	29'300 kJ/kg
Rohbraunkohle	8'200 kJ/kg
Holz	14'650 kJ/kg
Torf	12'600 kJ/kg
Erdölgas	40'730 kJ/m³
Erdgas	32'230 kJ/m³

1.4. Weitere Umrechnungen

	electron Volt (eV)	Joule (J)	kWh	energetisches Masseäquivalent (g)
thermale Neutronen	10^{-1}	10^{-20}		
	1	10^{-19}		
langsame Neutronen	10	10^{-18}		
	10^2	10^{-17}		
	10^3	10^{-16}		
intermediäre Neutronen	10^4	10^{-15}		
1 MeV	10^5	10^{-14}		
	10^6	10^{-13}		
schnelle Neutronen	10^7	10^{-12}		
Fissionsenergie U_{235} $1,6 \cdot 10^{-12}$ J	10^8	10^{-11}		
	10^9	10^{-10}		
		10^{-9}		
		10^{-8}		
1 ERG		10^{-7}		
		10^{-6}		
		10^{-5}		
		10^{-4}		
		10^{-3}		
		10^{-2}		
		10^{-1}		
1 Joule		1		
1 Cal = 4,184 J		10		
		10^2		
1 BTU = $1,055 \cdot 10^3$ J		10^3		
		10^4		
		10^5		
1 kWh = $3,6 \cdot 10^6$ J		10^6	1	
		10^7	10	
		10^8	10^2	
1 t TNT = $4,2 \cdot 10^9$ J		10^9	10^3	
		10^{10}	10^4	
		10^{11}	10^5	
		10^{12}	10^6	
Fissionsenergie von 1 g Materie $9 \cdot 10^{13}$ J		10^{13}	10^7	1
		10^{14}	10^8	10
		10^{15}	10^9	10^2
		10^{16}	10^{10}	10^3
		10^{17}	10^{11}	10^4
täglicher technischer Weltenergieumsatz $1,1 \cdot 10^{18}$ J		10^{18}	10^{12}	10^5
		10^{19}	10^{13}	10^6
		10^{20}	10^{14}	10^7
		10^{21}		10^8
tägliche Sonneneinstrahlung $1,49 \cdot 10^{22}$ J		10^{22}		10^9
		10^{23}		10^{10}
		10^{24}		10^{11}
		10^{25}		10^{12}
		10^{26}		10^{13}
		10^{27}		10^{14}
		10^{28}		10^{15}
		10^{29}		10^{16}
		10^{30}		10^{17}
		10^{31}		10^{18}
tägliche Energiefreisetzung der Sonne $3 \cdot 10^{32}$ J		10^{32}		10^{19}

Energiekonversionstabelle

	Joule	BTU	kcal	kWh	MWd	Tcal	TWy	Quad	tce	toe	m³ Erdgas
Joule, J=(Ws)	1,00 +00	9,47 −04	2,39 −04	2,78 −07	1,16 −11	2,40 −13	3,17 −20	9,47 −19	3,42 −11	2,39 −11	2,49 −08
BTU, Brit. Ther.	1,06 +03	1,00 +00	2,52 −01	2,93 −04	1,22 −08	2,52 −10	3,35 −17	1,00 −15	3,61 −08	2,53 −08	2,64 −05
kcal	4,19 +03	3,96 +00	1,00 +00	1,16 −03	4,84 −08	1,00 −09	1,33 −16	3,96 −15	1,43 −07	1,00 −07	1,04 −04
kWh	3,60 +06	3,41 +03	8,60 +02	1,00 +00	4,17 −05	8,60 −07	1,14 −13	3,41 −12	1,23 −04	8,62 −05	8,96 −02
MWd	8,64 +10	8,18 +07	2,06 +07	2,40 +04	1,00 +00	2,06 −02	2,74 −09	8,18 −08	2,96 +00	2,07 +00	2,15 +03
Tcal	4,19 +12	3,96 +09	1,00 +09	1,16 +06	4,84 +01	1,00 +00	1,33 −07	3,96 −06	1,43 +02	1,00 +02	1,04 +05
TWy (TWa)	3,15 +19	2,99 +16	7,54 +15	8,76 +12	3,65 +08	7,54 +06	1,00 +00	2,99 +01	1,08 +09	7,55 +08	7,85 +11
Quad (Q)	1,06 +18	1,00 +15	2,52 +14	2,93 +11	1,22 +07	2,52 +05	3,35 −02	1,00 +00	3,61 +07	2,53 +07	2,64 +10
tce (t SKE)	2,92 +10	2,77 +07	6,98 +06	8,12 +03	3,38 −01	6,98 −03	9,26 −10	2,77 −08	1,00 +00	7,00 −01	7,27 +02
toe (t OE)	4,18 +10	3,96 +07	9,98 +06	1,16 +04	4,83 −01	9,98 −03	1,32 −09	3,96 −08	1,43 +00	1,00 +00	1,04 +03
m³ Erdgas	4,02 +07	3,80 +04	9,60 +03	1,12 +01	4,66 −04	9,64 −06	1,28 −12	3,80 −11	1,38 −03	9,60 −04	1,00 +00

Quelle: nach CRC Handbook of Chemistry and Physics, edition 53; OECD Energy Prospects to 1985. Berechnet von Dr. Staub.

1.5. Vorsätze und Symbole

Faktor	Vorsatz	Symbol
10^{18}	exa	E
10^{15}	peta	P
10^{12}	tera	T
10^{9}	giga	G
10^{6}	mega	M
10^{3}	kilo	k
10^{-1}	deci	d
10^{-2}	centi	c
10^{-3}	milli	m
10^{-6}	micro	μ
10^{-9}	nano	n
10^{-12}	pico	p
10^{-15}	femto	f
10^{-18}	atto	a

1.6. Kohlenstoffgehalt der Energieträger

	SKE-Faktor	t CO_2 / t SKE	Relation
Braunkohle	0,276	3,25	100
Steinkohle	1,013	2,68	82,5
Erdöl	1,454	2,3	72,5
Erdgas	1,083 (t SKE/1000 m³)	1,5	47,5
C (gasförmig)	1,12	3,27	
Holz	1 m³=0,7 SKE	2,9	

Quelle: nach *Wagner et. al.* (1987)

1.7. Spezifische Emissionsfaktoren

Steinkohle: 0,33 kg CO_2/kWh Heizwert = 2.683 t CO_2/t SKE
Braunkohle: 0,4   kg CO_2/kWh Heizwert = 3,252 t CO_2/t SKE
Der ungünstigere Wert der Braunkohle gegenüber der Steinkohle erklärt sich aus dem effektiv niedrigeren Heizwert infolge des Wassergehalts
Erdöl: 0,29 kg CO_2/kWh Heizwert = 2,357 t CO_2/t SKE
Erdgas: 0.19 kg CO_2/kWh Heizwert = 1.545 t CO_2/t SKE

Quelle: nach *Wagner et. al.* (1987)

1.8. Energiedichten

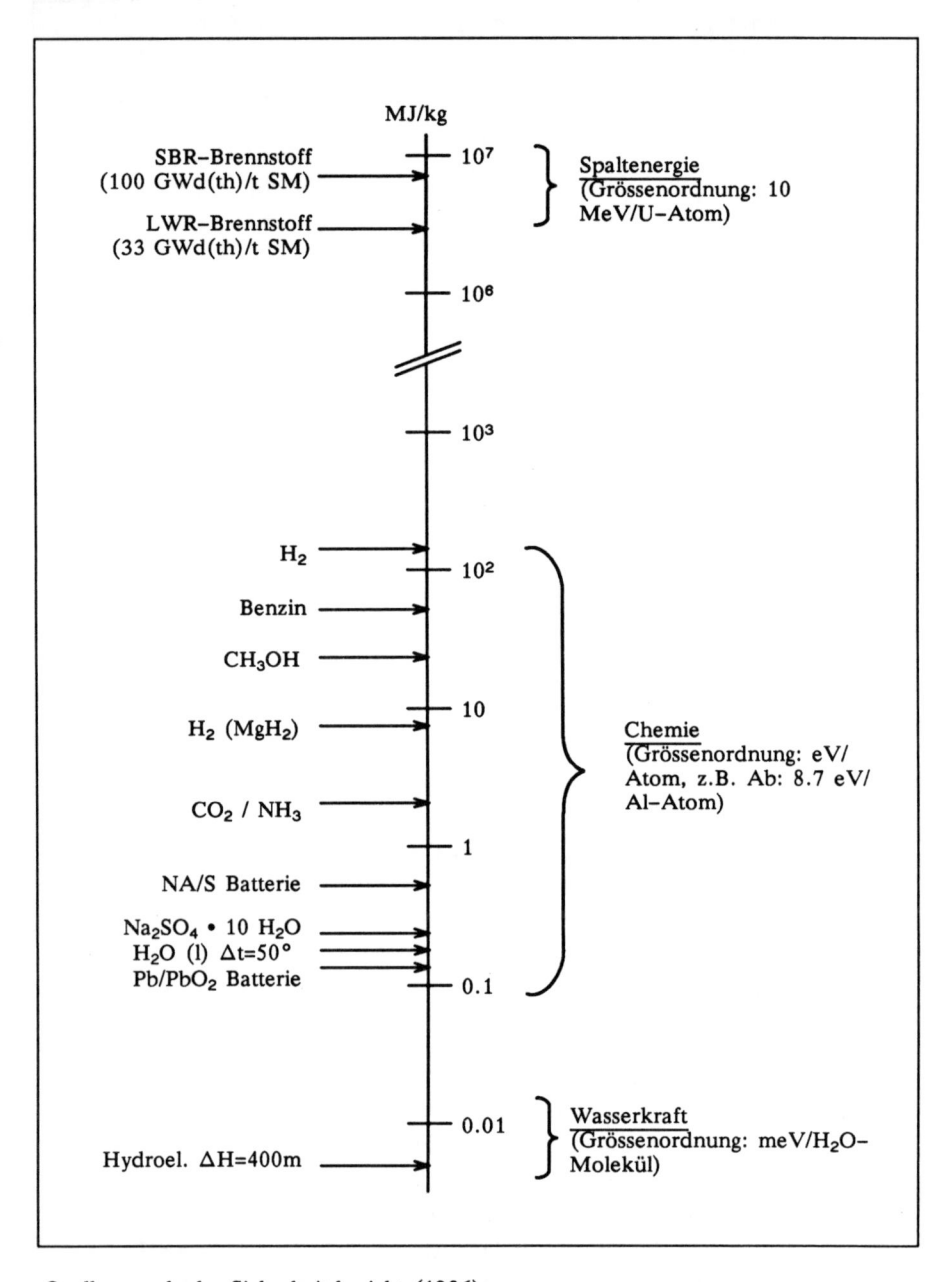

```
                          MJ/kg
   SBR-Brennstoff  ─────▶  ┤ 10⁷  ⎫ Spaltenergie
   (100 GWd(th)/t SM)      │      ⎬ (Grössenordnung: 10
   LWR-Brennstoff  ─────▶  │      ⎭ MeV/U-Atom)
   (33 GWd(th)/t SM)       │
                           ┤ 10⁶
                           ≠
                           ┤ 10³

              H₂  ─────▶   ┤ 10²   ⎫
          Benzin  ─────▶   │       ⎪
          CH₃OH  ─────▶    │       ⎪
                           ┤ 10    ⎪
       H₂ (MgH₂) ─────▶    │       ⎬ Chemie
                           │       ⎪ (Grössenordnung: eV/
        CO₂ / NH₃ ─────▶   │       ⎪ Atom, z.B. Ab: 8.7 eV/
                           ┤ 1     ⎪ Al-Atom)
      NA/S Batterie ──▶    │       ⎪
   Na₂SO₄ · 10 H₂O ──▶     │       ⎪
   H₂O (l)  Δt=50° ──▶     │       ⎪
   Pb/PbO₂ Batterie ─▶     ┤ 0.1   ⎭

                           ┤ 0.01  ⎫ Wasserkraft
                           │       ⎬ (Grössenordnung: meV/H₂O-
   Hydroel. ΔH=400m ─▶     │       ⎭ Molekül)
```

Quelle: nach shr-Sicherheitsbericht (1986)

1.9. Strahlenbelastung

Durchschnittliche jährliche Personendosis aus allen natürlichen Quellen: 2,4 Millisievert = 240 Millirem (=0,24 rem)
Aktuelle Dosis aufgrund der menschlichen Anwendung der Kernenergie: 0,0002 Millisievert = 0,02 Millirem (=0,000002 rem).

Quelle: nach Wissenschaftliches Komitee der Vereinten Nationen über Effekte der Kernstrahlung (UNSCAER)

1.10. Dimensionslose physikalische Klimaparameter

Strahlung:	Oberflächen-Albedo	$a_S = \dfrac{R}{S+H}$	(kurzwellig)
	Ångström-Ratio	$Å = \dfrac{E_S - G}{E_S}$	(langwellig)
Wärmehaushalt:	Bowen-Ratio	$Bo = \dfrac{U_L}{U_V}$	
	Verdunstungsenergieanteil	$VE = \dfrac{U_V}{Q}$	
	Budyko-Ratio	$(Bu)^{-1} = \dfrac{LN}{Q}$	
Wasserhaushalt:	Abflussverhältnis	$RR = \dfrac{A}{N}$	
Dynamik:	Oberflächen-Rossby-Zahl	$Ro_g = \dfrac{v^*}{z_0 f}$	

Legende: R = reflektierte Strahlung, S + H = Globalstrahlung, E_S = Ausstrahlung der Erdoberfläche, G = atmosphärische Gegenstrahlung, U = turbulente Wärmeströme, (U_L = fühlbare Wärme, U_V = latente Wärme beziehungsweise Verdunstung = L·V), Q = S + H - R - (E - G) = Strahlungsbilanz, L = Kondensationswärme, A = Abfluss, N = Niederschlag, v^* = charakteristische Windgeschwindigkeit, z_0 = Rauhigkeitshöhe, f = 2 Ω sin φ (Coriolis-Parameter)

Quelle: nach *Flohn* (1973: 89)

2. Formalisierungen und Berechnungen

2.1. Die logistische F-Kurve. Exponentielles Wachstum in Begrenzung.

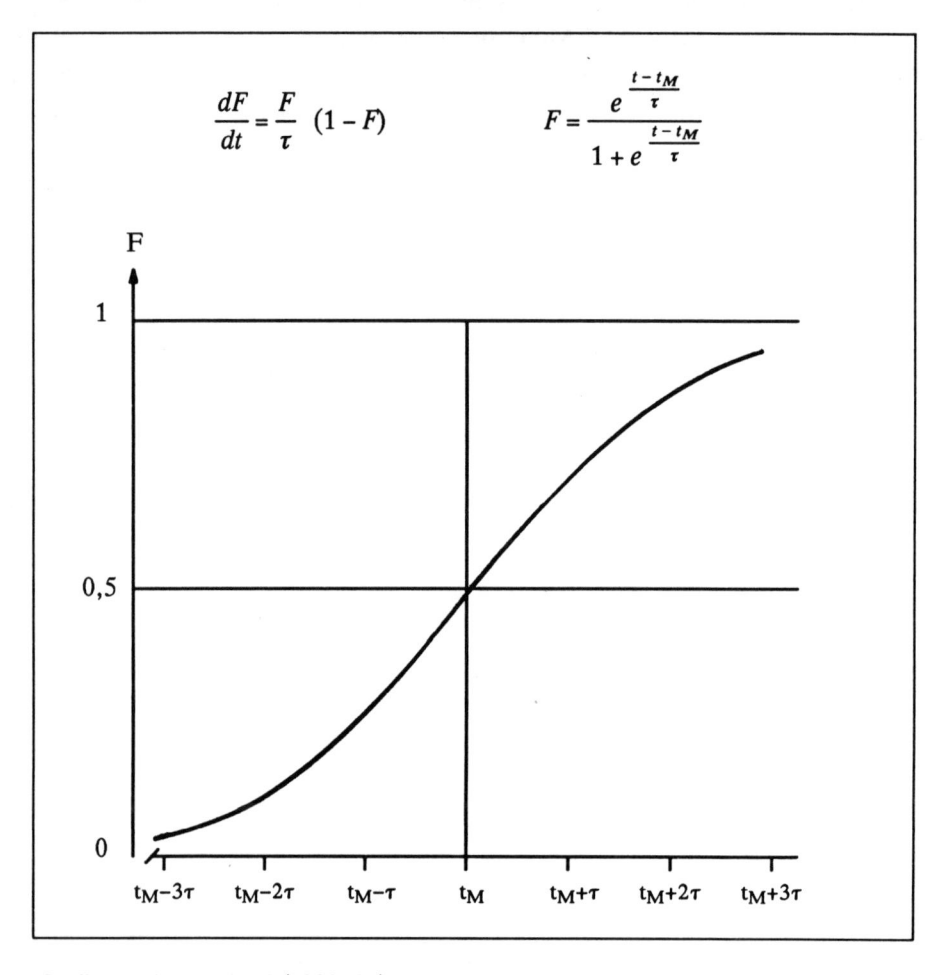

$$\frac{dF}{dt} = \frac{F}{\tau}(1-F) \qquad F = \frac{e^{\frac{t-t_M}{\tau}}}{1+e^{\frac{t-t_M}{\tau}}}$$

Quelle: nach *Marchetti* (1983: 85)

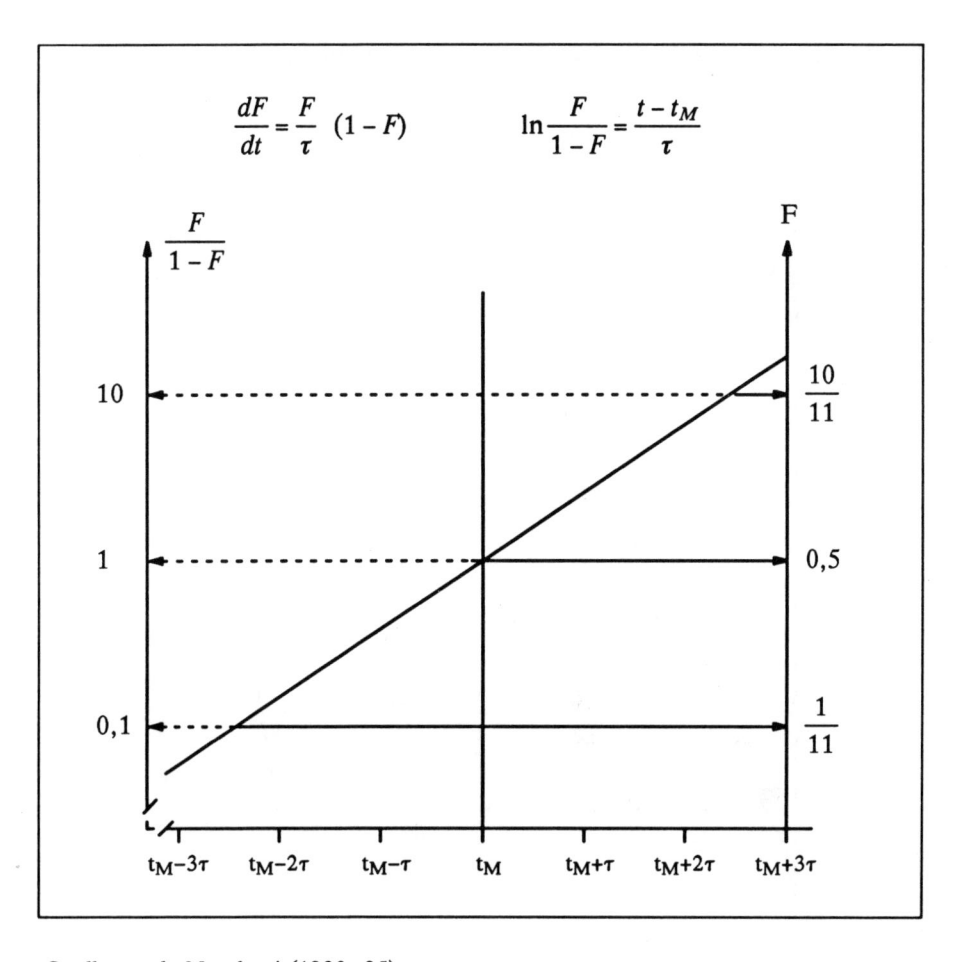

$$\frac{dF}{dt} = \frac{F}{\tau}(1-F) \qquad \ln\frac{F}{1-F} = \frac{t-t_M}{\tau}$$

Quelle: nach *Marchetti* (1983: 85)

2.2. Erfindungs- (1,3,5,7) und Innovationsschübe (2,4,6,8)

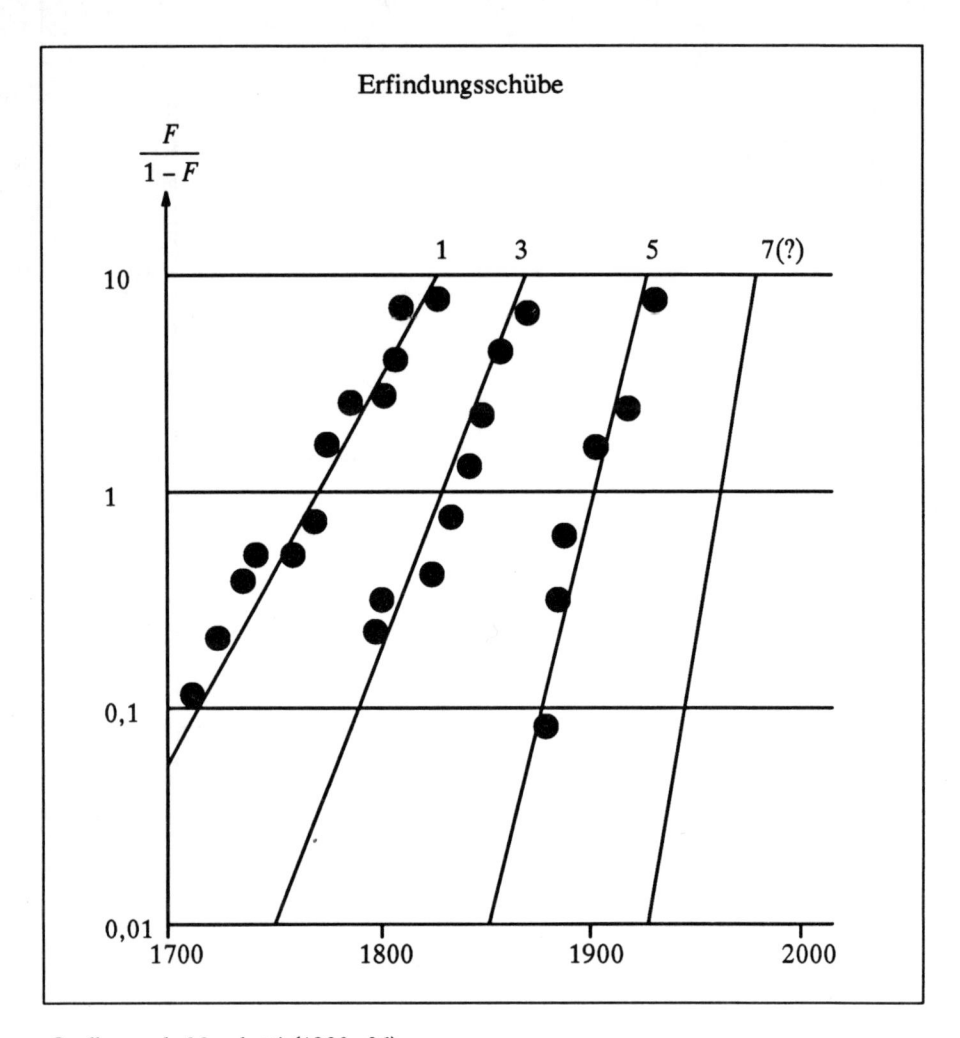

Erfindungsschübe

$\frac{F}{1-F}$

1   3   5   7(?)

Quelle: nach *Marchetti* (1983: 86)

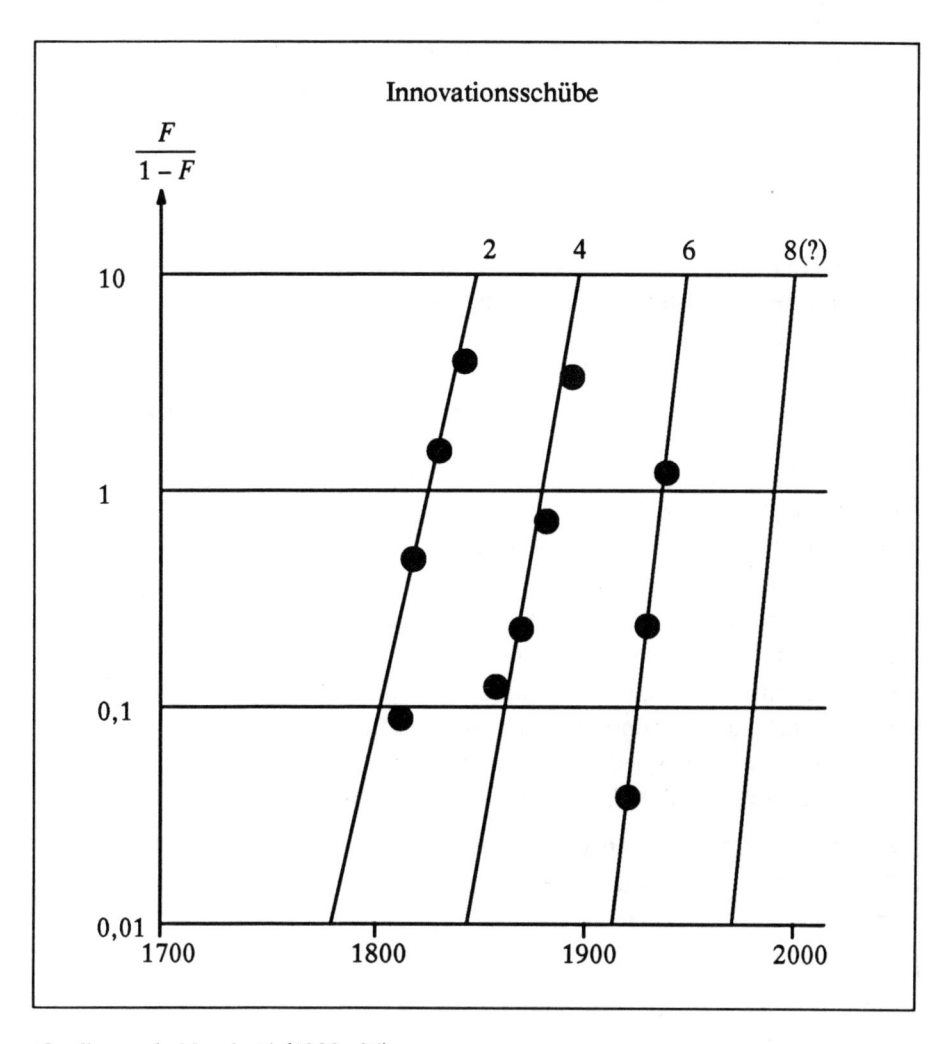

Innovationsschübe

$\frac{F}{1-F}$

Quelle: nach *Marchetti* (1983: 86)

2.3. Zum Verhältnis zwischen steigender Energieproduktion und der daraus resultierenden weltweiten Temperaturerhöhung

Um das Verhältnis von vergrösserter Energieproduktion und der daraus resultierenden weltweiten Temperaturerhöhung zu errechnen, muss man von folgender Überlegung ausgehen: Die Erde ist ein Subsystem des Weltalls und steht als solches in konstantem Energieaustausch mit diesem. Die Form, in der dieser Austausch vor sich geht ist Strahlung (Licht, IR, UV, Radioaktivität). Jener Teil der einfallenden Strahlung, der an der Erdoberfläche (inklusive Lufthülle) absorbiert wird, wird als Energiezufuhr aus dem Weltall bezeichnet. Diese zugeführte Energie wird auf der Erde fast vollständig in Wärme umgewandelt. Wärme kann aber auch durch Umwandlung chemischer Energie (Öl, Kohle, Gas ...) oder nuklearer Energie an der Erdoberfläche erzeugt werden. Die gesamte Wärmezufuhr an die Erdoberfläche wird im Gleichgewicht ans Weltall in Form von Wärmestrahlung abgegeben. Zur Beschreibung eines solchen Gleichgewichtszustands wählen wir folgende Grössen:

E_A^0 = Jährliche Energieabsorption der Erde (nur Wärmeanteil)
E_P^0 = Jährliche Energieproduktion auf der Erde (fossil, nuklear)
E_S^0 = Jährliche Energieabstrahlung der Erde
T_0 = Mittlere absolute Temperatur der Erdoberfläche (°K)

Zwischen diesen Grössen gelten folgende Beziehungen:

$E_T^0 = E_A^0 + E_P^0$ (gesamter Energieanfall) (1)

$E_T^0 = E_S^0$ (Energiebilanz oder Gleichgewicht) (2)

$E_S^0 = S_0 \, t \, F$ (Energieabstrahlung) (3)

mit: S_0 = Energieabstrahlung pro Zeit und Flächeneinheit
 t = 1 Jahr = $3{,}15 \cdot 10^7$ s
 F = Erdoberfläche = $5{,}1 \cdot 10^8$ km² = $5{,}1 \cdot 10^{18}$ cm²

Die spezifische Abstrahlung S_0 wird durch das Stefan-Boltzmannsche-Gesetz mit der Oberflächentemperatur in Zusammenhang gebracht:

$S_0 = \sigma \, (T_0)^4$ (4)

wobei: σ = Boltzmann Konstante

$$\sigma = 5{,}7 \; 10^{-12} \frac{J}{cm^2 \; s \; (°K)^4}$$

J = Joule

Fortsetzung:

> Durch Einsetzen von (4) in (3) erhält man:
>
> $$E_S^0 = \sigma\, t\, F\, (T_0)^4 = 9{,}157 \cdot 10^{14} \frac{J}{(^\circ K)^4} (T_0)^4 \qquad (5)$$
>
> Wird die auf der Erde produzierte Energie E_P^0 um ΔE erhöht, so erhöht sich damit nach (1) der Energieanfall um den gleichen Betrag. Im Gleichgewicht muss nun nach (2) $E_S = E_S^0 + \Delta E = E_T^0 + \Delta E$ werden. Nach (5) wird sich also eine neue Gleichgewichtstemperatur T einstellen:
>
> $$E_S = E_S^0 + \Delta E = 9{,}157 \cdot 10^{14} \frac{J}{(^\circ K)^4} (T)^4 \qquad (6)$$
>
> oder nach ΔE aufgelöst:
>
> $$\Delta E = 9{,}157 \cdot 10^{14} \frac{J}{(^\circ K)^4} [(T)^4 - (T_0)^4] \qquad (7)$$
>
> Setzt man für $T = T_0 + \Delta T$ (mit ΔT=Temperaturerhöhung), so gilt:
>
> $$T^4 = T_0^4 + 4 T_o^3 \Delta T + 6 T_0^2 (\Delta T)^2 + 4 T_0 (\Delta T)^3 + (\Delta T)^4 \qquad (8)$$
>
> In diesem Ausdruck können unter der Annahme $\Delta T \ll T_0$ die Glieder mit höherer als der ersten Potenz von ΔT vernachlässigt werden, womit gilt:
>
> $$T^4 \simeq T_0^4 + 4 T_0^3 \Delta T \qquad (9)$$
>
> Gleichung (9) in (7) eingesetzt ergibt:
>
> $$\Delta E = 9{,}157 \cdot 10^{14} \frac{J}{(^\circ K)^4} [4 (T_0)^3 \Delta T] \qquad (10)$$
>
> Gleichung (10) kann nun nach ΔT aufgelöst werden:
>
> $$\Delta T = 2{,}73 \cdot 10^{-16} \frac{(^\circ K)^4}{J} \frac{\Delta E}{(T_0)^3} \qquad (11)$$
>
> Um eine Abschätzung für ΔT zu erhalten, wird $T_0 = 300^\circ K$ (=27°C) gesetzt. Damit wird aus (11):
>
> $$\Delta T = \Delta E \cdot 10^{-23} \frac{(^\circ K)}{J} \qquad (12)$$
>
> Das heisst: die Oberflächentemperatur der Erde erhöht sich um 1°C, wenn zusätzlich aus fossilen oder nuklearen Energiequellen ca. 10^{23} J = 10^{11} TJ Energie produziert werden. Dies entspricht 3000 TWa/a.

Quelle: nach *Fritsch* (1981: 322)

2.4. Umwandlung von Masse in Energie

Gedankenexperiment: Vergleich des theoretischen Energieinhalts der Erde mit dem Weltenergieverbrauch, wobei ein jährliches Wachstum von 7 % unterstellt wird.

Herleitung:
1. theoretischer Energieinhalt der Erde:

nach Einstein:	$E = m c^2$
Masse der Erde:	$m = 6 \cdot 10^{24}$ kg
Lichtgeschwindigkeit:	$c = 3 \cdot 10^8$ m/s
$\Rightarrow$	$c^2 = 9 \cdot 10^{16}$ (m/s)^2
Energieäquivalent der Erdmasse:	$\Rightarrow E = 5.4 \cdot 10^{41}$ J

jährlicher Welt-Primärenergieverbrauch:

im Jahr 1980	$f_0 = 2.2 \cdot 10^{20}$ J/Jahr
im Jahr 1980 + t	$f(t) = f_0 \, e^{t \ln(1+z)}$
	(bei linearer Wachstumsrate z)

nach T Jahren verbrauchte Energie:

$$E(T) = f_0 \int_0^T e^{t \ln(1+z)} \, dt \simeq f_0 \, e^{T \ln(1+z)} \, \frac{1}{\ln(1+z)}$$

Mit $E(T) = E = 5.4 \cdot 10^{41}$ J = Energieäquivalent der Erde folgt:

$$T = \frac{1}{\ln(1+z)} \cdot \ln\left(\frac{E \, \ln(1+z)}{f_0}\right)$$

Bei einer Wachstumsrate des Primärenergieverbrauchs von **7%** ist das Energieäquivalent der Erde nach **688** Jahren aufgebraucht

Die Anzahl der Jahre, bis irgendeine Grenze erreicht ist, hängt im Endeffekt ausschliesslich von der Wachstumsrate ab. Damit kann dieses *Gedankenexperiment* als Beispiel dafür verwendet werden, wie *unsinnig Langzeituntersuchungen* sind, bei denen mit konstanten Wachstumsraten in dieser Weise operiert wird.

Quelle: Berechnet von Dr. Peter Staub.

2.5. Verhältnis der Zunahme der städtischen Bevölkerung zur Zunahme der Gesamtbevölkerung nach Regionen und Ländern

	Berechnungsgrundlage für Abbildung 83			
	Bevölkerung (in Mio)		Anteil der Bevölkerung in Städten mit über 500000 Einwohnern an der Gesamtbevölkerung in %	
	1960	1980	1960	1980
Bangladesh	50,9	88,5	10	51
China	647,2	976,7	42	45
Indien	430,6	673,2	26	39
Pakistan	44,8	82,2	33	51
Indonesion	95,0	146,6	34	50
Kolumbien	15,5	26,7	28	51
Mexiko	35,4	69,8	36	48
Südafrika	16,0	29,3	44	53
Brasilien	69,2	118,7	35	52
Venezuela	7,3	14,9	26	44
Nigeria	51,6	84,7	22	58
Iran	21,6	38,8	26	47
Grossbritannien	52,7	55,9	61	55
Australien	10,1	14,5	62	68
Belgien	9,1	9,8	28	24
Niederlande	11,4	14,1	27	24
Bundesrepublik	54,8	60,9	48	45
Dänemark	4,5	5,1	40	42
Schweden	7,4	8,3	15	35
Kanada	17,9	23,9	31	62
USA	181,1	227,7	61	77
Frankreich	46,1	55,6	34	34

Quelle: *Weltbank* (1988: 322–323)

Einfache Regression zwischen Zunahme der städtischen Bevölkerung und Gesamtbevölkerungswachstum nach Regionen und Ländern (Daten siehe Tabelle 32, S. 253)

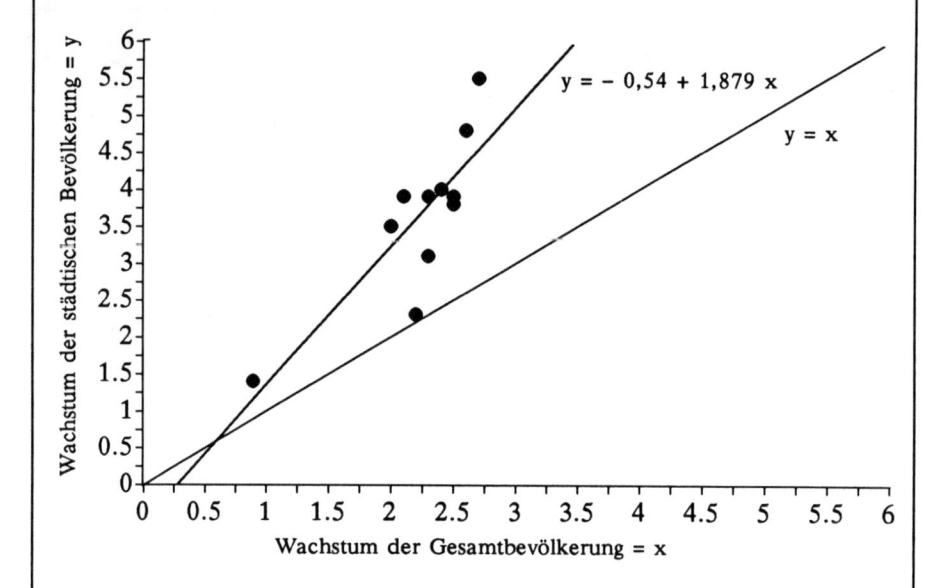

Wachstum der städtischen Bevölkerung = y

y = – 0,54 + 1,879 x

y = x

Wachstum der Gesamtbevölkerung = x

Regressionsparameter: y = – 0,54 + 1,879 x

R^2 = 0,685

t–Wert = 4,421

F–Wert = 19,542

Freiheitsgrade = 10

Quelle: nach *Weltbank* (1983 – 1989)

3. Konferenzen und Resolutionen

3.1. Toronto-Konferenz 27./30.Juni 1988

- Ziel der Energiepolitik: Reduktion von CO_2 und anderen Gasen.
- Bis zum Jahr 2005 sollen die CO_2 Emissionen bis auf 20 % des Wertes von 1988 vermindert werden.
- Gründung einer weltweiten Konvention. Arbeitsgruppe mit speziellen Programmen.
- Überdenken der Anwendung von Kernenergie.
- Unterstützung der Forschung für erneuerbaren Energieformen.
- Gründung eines Welt-Atmosphären-Fonds: Geldquelle: Steuer auf fossile Energieträger in den Industrienationen.

3.2. Resolution 43/53 der Vereinten Nationen: "Protection of Global Climate for Present and Future Generations of Mankind", 27. Januar 1989

- Wir erkennen, dass die Klimaveränderungen durch die Menschheit verursacht wurden.
- Es ist dringend nötig, dass innerhalb eines globalen Netzwerkes Massnahmen ergriffen werden müssen, um der Klimaveränderung zu begegnen.
- Die Regierungen, zwischenstaatliche und regierungsunabhängige Organisationen werden dringend ersucht, die Klimaveränderungen in erster Priorität zu behandeln.

3.3. Internationale Umweltkonferenz in Den Haag, 11. März 1989

- Das Umweltproblem verlangt eine neue Strategie, indem neue völkerrechtliche Grundsätze einschliesslich neuer, wirksamer Entscheidungs- und Durchsetzungsmechanismen entwickelt werden.
- Es müssen neue institutionelle Befugnisstrukturen geschaffen werden, die auch dann wirksam sind, wenn in bestimmten Fällen kein Einvernehmen erzielt worden ist (Kontrolle durch den Internationalen Gerichtshof).
- Eine Institution soll den Austausch wissenschaftlicher und technologischer Information (einschliesslich Erleichterung des Zugangs zu den benötigten Technologien) sicherstellen.
- Diejenigen Länder, denen zum Schutz der Erdatmosphäre aussergewöhnliche Lasten auferlegt werden, sollen eine angemessene Unterstützung erhalten.
- Industriestaaten haben die besondere Pflicht, die Entwicklungsländer zu unterstützen.

3.4. IEA-Ministerrat, 30. Mai 1989

- Betont die wichtigen Zusammenhänge zwischen Energie und Umwelt.
- Fordert aufmerksame, ernsthafte und realistische Einschätzung des Beitrags auf globaler Ebene, den Energiepolitik zur Überwindung dieser Herausforderungen leisten kann.
- Plädiert dafür, dass die Mitglieder nicht warten, bis alle Unsicherheiten aufgeklärt sind, sondern schon jetzt ihre energiepolitischen Massnahmen danach ausrichten, diese Probleme umgehend anzugehen.
- Betont die Notwendigkeit für ein integriertes, ausgeglichenes, realistisches, implementierbares Bündel von Massnahmen in Energiebereich und in anderen Bereichen, ohne die Notwendigkeit der Energieversorgungssicherheit aus den Augen zu verlieren.

3.5. EG-Umweltrat, 8./9.Juni 1989

- Die *EG* fordert internationales Übereinkommen über die Klimaänderungen.
- Die *EG* und ihre Mitgliedsstaaten müssen bei ihren politischen Entscheidungen einer potentiellen Klimaänderung gebührend Rechnung tragen.
- Die *EG* ersucht die Mitgliedsstaaten dringend, Massnahmen zur Energieeinsparung, Erhöhung des Energiewirkungssgrades sowie zur Entwicklung und Nutzung anderer Energiequellen als fossile Brennstoffe zu ergreifen.
- Die *EG* begrüsst die Initiative, ein umfangreiches Programm zur Untersuchung politischer Optionen einzuleiten.
- Die *EG* ersucht die Kommission, bis spätestens Ende 1990 einen Zwischenbericht mit Vorschlägen für konkrete Massnahmen vorzulegen.

3.6. Weltwirtschaftsgipfel in Paris, Juli 1989

- Um das ökologische Gleichgewicht der Erde verstehen und schützen zu können, sind einschneidende Massnahmen dringend erforderlich.
- Alle Staaten sind nachdrücklich aufzufordern, der wissenschaftlichen Forschung neue Impulse zu verleihen, die erforderlichen Technologien zu entwickeln und die wirtschaftlichen Kosten und Vorteile der Umweltpolitik realistisch abzuwägen.
- Um Entwicklungsländer zu umweltpolitisch wünschenswerten Massnahmen zu ermutigen, können wirtschaftliche Anreize den Einsatz von Hilfsmechanismen und einen gezielten Technologietransfer umfassen.
- Wir sprechen uns entschieden für gemeinsame Bemühungen zur Begrenzung der Emissionen von Kohlendioxid und anderen, den Treibhauseffekt hervorrufenden Gasen aus.
- Die zunehmende Komplexität macht innovative Lösungen erforderlich. Unserer Ansicht nach ist der Abschluss einer Rahmenübereinkunft über Klimaveränderungen dringend erforderlich. Einzelne Protokolle mit konkreten Verpflichtungen könnten in das Rahmenabkommen eingefügt werden.

3.7. Toronto, 17./22. September 1989

- Nicht die Ressourcen-Basis, sondern die Ökologie und die Finanzierung werden in absehbarer Zeit zum Engpass der Energieversorgung werden.
- Besondere Bedeutung kommt dem Energiesparen im Sinne einer verbesserten Effizienz zu. Energiesparen allein reicht jedoch nicht aus! (Jeder von uns dürfte nur noch 20% seines heutigen Energiebedarfs beanspruchen).
- Für die Sicherung einer ausreichenden, bezahlbaren und umweltgerechten Energieversorgung gibt es keine Patentrezepte!
- Auch die Kernenergie wird nicht als Alleinlösung angeboten. An ihrer Nutzung ist jedoch festzuhalten, und in Zukunft kann und muss sie einen wachsenden Versorgungsbeitrag leisten.
- Die Technologie kann helfen, die Energieprobleme zu lösen, aber die Grundprobleme sind institutioneller Natur.

3.8. Ministerkonferenz "Atmospheric Pollution & Climatic Change" in Noordwijk 6./7. November 1989

- Initiate actions and develop and maintain effective and operational strategies to control, limit or reduce emissions of greenhouse gases.
- Industrialized countries have specific responsibilities, e.g. they should set an example by initiating domestic action.
- Stabilizing the atmospheric concentrations of greenhouse gases is an imperative goal...Some currently available estimates indicate that this would require a reduction of global anthropogenic greenhouse emissions by more than 50 %.
- Urges all countries to take steps individually and collectively, to promote better energy conservation and efficiency and the use of environmentally sound energy sources.
- Agrees that it is timely to investigate quantitative emission targets to limit or reduce CO_2 emissions.
- Agrees that developing countries will need to be assisted financially and technically.

4. Verschiedenes

4.1. Zeitskala

				10^6 Jahre vor Chr.
Quartär		Holocaen		
		Pleistocaen		0,008
				1,8
Kaenozoikum / Tertiär	Jungtertiär	Pliocaen		
				5
		Miocaen		
				22,5
	Alttertiär	Oligocaen		
				38
		Eocaen		
				55
		Paleocaen		
				65
Mesozoikum	Kreide	obere / mittlere / untere		
				141
	Jura	Malm / Dogger / Lias		
				195
	Trias	Keuper / Muschelkalk / Buntsandstein		
				230
Palaeozoikum	Perm			
				280
	Karbon			
				345
	Devon			
				395
	Silur			
				435
	Ordovizium			
				500
	Kambrium			
				570
Präkambrium	Proterozoikum			
				2600
	Archaikum			

4.2. Auswahl wichtiger Theorien und Entdeckungen (1903-1986)

1903	M. Curie, Entdeckung der radioaktiven Elemente Polonium und Radium
1909	Max Planck, Die Einheit des physikalischen Weltbildes
1911	Ernest Rutherford, Erste Elementumwandlung
1915	Kontinentalverschiebungstheorie von Otto Wegener (die Entstehung der Kontinente und Ozeane)
1916	Albert Einstein's allgemeine Relativitätstheorie
1925/26	Werner Heisenberg, Paul Dirac, Pascual Jordan, Max Born, Niels Bohr, Erwin Schrödinger und andere, Quantenmechanik
1927	Heisenbergsche Unschärferelation
1928	Sir Alexander Fleming, Penicillin
1931	Kurt Gödel, Unvollständigkeit von Axiomensystemen (Gödelscher Beweis)
1934	Frédéric und Irène Joliot-Curie, Künstlich erzeugte Radioisotope
1938	Otto Hahn, Spaltung des Urans
1938	A. Oparin, Biologisch fundierte Theorie der Entstehung des Lebens
1943	John v. Neumann und Oskar Morgenstern, Mathematische Spieltheorie
1947	G. B. Dantzig, L. Kantorovich, R. Dorfmann, Lineare Programmierung
1947	Ludwig v. Bertalanffy, Allgemeine Systemtheorie
1948	Norbert Wiener, Kybernetik
1948	Informationstheorie von Claude Shannon
1950	J. Piaget, Genetische Psychologie
1950	A. M. Turing, Automatentheorie, künstliche Intelligenz
1953	J. D. Watson, F. H. C. Crick und M. H. F. Wilkins, Doppelhelix
1956	A. Newell und H. A. Simon, The Logic Theory Machine
1965	Noam Chomsky, Theorie der Syntax
1966	John v. Neumann, Theorie der selbstreproduzierenden Automaten
1972	René Thom, Katastrophentheorie

Fortsetzung:

1974	Sam Ting, Entdeckung der "Charm Quarks"; Beginn einer neuen Physik
1977	M. Eigen, P. Schuster, Hyperzyklus
1977	Ilya Prigogine, Theorie der dissipativen Strukturen, Theorie der Selbstorganisation
1983/84	Mark M. Davis, Stephen M. Hendrick und Tak W. Mak, Molekularbiologische Aufklärung der Funktionsweise des Immunsystems
1984	Carlo Rubbia und andere, Entdeckung der intermediären Bosonen der schwachen Wechselwirkung
1984/85	N. Karmarkar, New Algorithm for Linear Optimization of Very Large Systems
1986	A. K. Müller und J. G. Bednorz, Hochtemperatursupraleitung

4.3. Veränderungsmodi unterschiedlich strukturierter Systeme

Veränderungsmodus \ Objektbereich	Ökonomie	Ökologie	ökonomisch-ökologisches Gesamtsystem
statisch	Analogie zur klassischen Mechanik – stabiles Gleichgewicht – labiles Gleichgewicht	–	–
stationär (impliziert erste Ableitung nach der Zeit = 0)	ungeplante Grössen gleich Null; z.B. Marktgleichgewicht	–	–
dynamisch z.B. neoklassische Gleichgewichtspfade	zeitabhängig Phasenübergänge Hysterese	Nichtlinearität komplexer Systeme, z.B. *Systems Dynamics*	Simulationen
evolvierend	Strukturwandel	Selbstorganisation Morphogenese Autopoesis *Chaos*-Theorie	neuere Forschungen z.B. Theorie der ökopolitischen Systeme

Bibliographie

1. Allgemeiner Teil: *Mensch – Umwelt – Wissen*

Abelson, P.H. and Hammond, A.L. (Eds.) (1976) *Materials: Renewable and Nonrenewable Resources.* Science Compendia Series, No. 4. American Association for the Advancement of Science, Washington D.C.

Aetschuk, J. et al. (1989) *Umweltprobleme.* Internes Arbeitspapier des Fachbereiches des Deutschen Museums München.

Afifi, A.A. and Sagan, A. (1978a) *Energy Consumption as an Indicator of Longevity.* IIASA Professional Paper PP-78-7, August 1978.

Afifi, A.A. and Sagan, A. (1978b) *An Index of Health Development.* IIASA Professional Paper PP-78-7, August 1978.

Allais, M. (1953) Le comportement de l'homme rationnel devant le risque: Critique des postulats et axioms de l'Ecole Americaine. In: *Econometrica.* Vol. 21.

Alsen, C. und Wassermann, O. (1986) *Die gesellschaftspolitische Relevanz der Umwelttoxikologie.* IIUG, Berlin.

Altschuh, J. und Levi, H.W. (1990) Internes Papier zu Handen des Deutschen Museums. Arbeitstitel: *Raumschiff Erde.* München.

Amaya, S. (1979) Why do People Migrate to the City? In: *Development Directions.* Vol. 2, No. 3.

Anderson, P.W., Arrow, K.J., Pines, D. (Eds.) (1988) *The Economy as an Evolving Complex System.* The proceedings of the evolutionary paths of the global economy workshop, held September 1987 in Santa Fe, New Mexico. Addison-Wesley Publishing Company, Inc., Redwood City, Ca.

Ang, B.W. (1987a) Energy-Output Ratios and Sectoral Energy Use. The Case of Southeast Asian Countries. In: *Energy Policy,* June 1987.

Ang, B.W. (1987b) A Cross-Sectioned Analysis of Energy-Output Correlation. In: *Energy Economics.* October 1987.

Arbeitstagung des Vereins für Socialpolitik, Gesellschaft für Wirtschafts- und Sozialwissenschaften (1979) *Erschöpfbare Ressourcen.* Duncker & Humblot, Berlin.

Arber, W. (1987) *Erbgut – der Schlüssel zum Reichtum der belebten Natur.* Referatsrede, gehalten an der Jahresfeier der Universität Basel. Habig & Lichtenhahn, Basel.

Arrow, K.J. (1983) *Social Choice and Individual Values.* Rev. Ed. Yale University Press, New York.

Banks, F.E. (1977) Natural Resource Availability, In: *Resource Policy,* March 1977.

Barkley, P.W. and Seckler, D.W. (1972) *Economic Growth and Environmental Decay.* New York.

Barnett, W. (1983) *Innovation: The Basis of Cultural Change*. McGraw-Hill, New York.

Basler E. (1972) *Strategie des Fortschritts*, Frauenfeld.

Bates, M. (1956) Man as an Agent in the Spread of Organisms. In: *Man's Role in Changing the Face of the Earth*. The University of Chicago Press, Chicago.

Baumberger, H. (1987) Globale Energieversorgungsengpässe? In: *Schweiz. Nationalkomitee der Welt-Energie-Konferenz. Energie: Bedürfnisse und Erwartungen*. Sonderdruck aus Bulletin SEV/VSE Nr. 2, Januar 1987.

Baumgartner, A. und Reichel, E. (1975) *Die Weltwasserbilanz*. R. Oldenburg Verlag, München.

Beckerman, W. (1972) Economists and Environmental Catastrophe. In: *Oxford Economic Papers*. November 1972.

Beckmann, P. (1976) *The Health Hazards of NOT going nuclear*. The Golem Press, Boulder, Colorado.

Bell, D. (1974) *The Coming of Post-Industrial Society*. London.

Berg, C.A. (1986) Productivity and Electrification. In: *Electricity Use, Productive Efficiency, and Economic Growth*. Electric Power Research Institute (EPRI), Palo Alto.

Bergedorfer Gesprächskreis (1987) *Die Modernität in der Industriegesellschaft – und danach?* Körber-Stiftung, Hamburg.

Bergedorfer Gesprächskreis (1989) *Globale Umweltproblematik als gemeinsame Überlebensfrage – neue Kooperationsformen zwischen Ost und West*. Körber-Stiftung, Hamburg.

Biswas, A.K. (1979) World Models, Resources and Environment. In: *Environmental Conservation*. Vol. 6, No. 1.

Blankart, Ch.B. und Pommerehne, W. (1985) Zwei Wege zur Privatisierung öffentlicher Dienstleistungen. In: Milde, H. und Monissen, H.G. (Hrsg.) *Rationale Wirtschaftspolitik in komplexen Gesellschaften*. Kohlhammer, Stuttgart, Köln, Mainz.

Blaseio, H. (1986) *Das Kognos-Prinzip*. Duncker & Humblot, Berlin.

Blumenfeld, L.A. (1981) *Problems of Biological Physics*. Springer Verlag, Berlin, Heidelberg, New York.

Blueprint for Survival (1972) In: *The Ecologist*. Vol. 2, No. 1, January 1972.

Bonus, H. (1985) Warnung vor den falschen Hebeln. In: *Die Zeit*, Nr. 21, Mai 1985.

Bonus, H. (1987a) Marktwirtschaftliche Umweltsteuerung. In: *Volkswirtschaftliche Korrespondenz der Adolf-Weber-Stiftung* Nr. 8/1987.

Bonus, H. (1987b) *Illegitime Transaktionen, Abhängigkeit und institutioneller Schutz*. Sonderdruck aus Hamburger Jahrbuch für Wirtschafts und Gesellschaftspolitik. 32. Jahrg. Hamburg.

Borst, W.L. und Fircke, J. (1979) Unsere Energiesituation – gestern, heute, morgen. In: *Physik in unserer Zeit*. 10. Jahrgang. Nr. 2.

Bossel, H. (1987) *Systemdynamik – Grundwissen, Methoden und BASIC-Programme zur Simulation dynamischer Systeme*. Friedr. Vieweg & Sohn, Braunschweig.

Boulding, K.E. (1978a) *Ecodynamics*. Sage Publications, Beverly Hills & London.

Boulding, K.E. (1978b) Anxiety, Uncertainty and Energy. In: *Society*, Vol. 15, No. 2, January/February 1978.

Boyden, S. (1987) *Western Civilization in Biological Perspective – Patterns in Biohistory*. Clarendon Press, Oxford.

Boyle, S.T. et al. (1989) *Energy, Environment and the Market*. Surrey Energy Economics Centre, SEeds 47, September 1989.

BP (1987) *Die schweizerische Energiewirtschaft 1987*. BP (Schweiz) AG – Public Relations, Zürich.

Brand, S. (1989) *Erschöpfbare Ressourcen und wirtschaftliche Entwicklung – Theoretische Analyse und empirische Untersuchung anhand von 42 ressourcenreichen Ent wicklungsländern.* Verlag Weltarchiv GmbH, Hamburg.

Bravard, H.B., Flora, H.B. and Portal, C. (1972) *Energy Expenditures Associated with the Production and Recycle of Metals.* ORNL-NSF-EP-24, Dak Ridge National Laboratory, Dak Ridge, Tennesse.

Bresch, C. (1977) *Zwischenstufe Leben – Evolution ohne Ziel?* Fischer Taschenbuch Verlag, Frankfurt am Main.

Bresch, C. (1983) Evolution aus Alpha-Bedingungen, Zufalls-Türmen und Systemzwängen. In: Riedl, R.J., Kreuzer, F. (Hrsg.) *Evolution und Menschenbild.* Campe, Hamburg.

Brochmann, B. (1988) Fuel Demand in Road Transportation in the LDCs. *Asia and Pacific Conference on Energy and Economic Development,* Taipei, Taiwan. Nov. 7-9, 1988.

Bronowsky, J. (1967) The Reach of Imagination. In: *American Scholar,* Spring 1967.

Brown, L.R. (1979) *Resource Trends and Population Policy: A Time for Reassessment.* Worldwatch Paper 29. Worldwatch Institute, Washington D.C.

Brown, L.R. (1980) *The Urban,Prospect: Re-Examining the Basic Assumptions.* Presented to the Habitat Forum, United Nations Conference on Human Settlements. Vancouver B.C. Canada, June 2, 1976.

Brown, L.R. (1983) *Population Policies for a New Economic Era.* Worldwatch Paper 53. Worldwatch Institute, Washington D.C.

Brown, L.R. (1989) *State of the World 1989* – A Worldwatch Institute Report on Progress Toward a Sustainable Society. W. W. Norten & Co., New York, London.

Brown, L.R. and Shaw, P. (1982) *Six Steps to a Sustainable Society.* Worldwatch Paper 48. Worldwatch Institute, Washington D. C.

Brown, L.R. and Jacobson, J.L. (1986) *Our Demographically Divided World.* Worldwatch Paper 74. Worldwatch Institute, Washington D. C.

Brown, L.R. and Jacobson, J.L. (1987) *The Future of Urbanizations Facing the Ecological and Economic Constraints.* Worldwatch Paper 77, Worldwatch Institute, Washington D. C.

Buckminster Fuller, R. (1975) *Synergetics.* McMillan Publishing Company Inc., New York, London.

Budyko, M.I. (1980) *Global Ecology.* Progress Publishers, Moscow.

Bullinger, H.J. and Warnecke, H.J. (Eds.) (1985) *Toward the Factory of the Future.* Springer Verlag, Berlin Heidelberg, New York.

Bundesministerium für Forschung und Technologie (1988) *Biologische Sicherheit.* Forschung, Biotechnologie. BMFT, Bonn.

Bundesministerium für Forschung und Technologie (1989) *Programmreport Biotechnologie* – Bericht über Schwerpunkte aus dem Programm der Bundesregierung "Angewandte Biologie und Biotechnologie" (1985-1988). BMFT, Bonn.

Bundesministerium für Wirtschaft (1986) *Daten zur Entwicklung der Energiewirtschaft in der Bundesrepublik Deutschland im Jahre 1985.* BMWI, Bonn.

Burwell, C.C. (1985) *The Role of Electricity in American Industry:* Update. U.S. Committee for Energy Awareness. Washington D.C.

Burwell, C.C. (1986a) *The Role of Electricity in Agriculture.* (With contributions from E.B. Sigmon.) Oak Ridge Associated Universities ORAU/IEA-85-5(M) February 1986.

Burwell, C.C. (1986b) *Roles for Electricity in Transportation.* ORAU/IEA-86-2(M) , May 1986.

Cambel, A.B. and Koomanoff, F. A. (1988) High-Temperature Superconductors and CO_2 Emissions. In: *Energy* Vol. 14, No. 6.

Cambel, A.B., Fritsch, B., Keller, J.U. (1989) *Dissipative Strukturen in Integrierten Systemen*. Nomos Verlagsgesellschaft, Baden Baden.

Campbell, D.T. (1975) On the Conflicts Between Biological and Social Evolution and Between Psychology and Moral Transition. In: *American Psychologist*. Vol. 30, No. 12, December 1975.

Carson, R. (1962) *Silent Spring*. Houghton Miffin, Boston.

CCA (1987) *Klima – unsere Zukunft?* Kümmerly + Frey, Bern.

Chandler, W.U. (1985) *Investing in Children*. Worldwatch Paper 64. Worldwatch Institute, Washington D.C.

Chandler, W.U. (1986) *The changing Role of the Market in National Economics*. Worldwatch Paper 72. Worldwatch Institute, Washington D.C.

Coase, R. (1960) The Problem of Social Costs. In: *Journal of Law and Economics*. October 1960.

Cohen, G.N. (1975) The Manipulation of Genes. In: *Scientific American*, July 1975.

Cohen, M.N. (1977) *The Food Crisis in Prehistory – Overpopulation and the Origins of Agriculture*. Yale University Press, New Haven, London.

Commission of the European Communities: Guilmot, J.-F. et al. (1986) *Energy 2000*. Cambridge University Press, Cambridge, London, New York.

Comittee on Electricity in Economic Growth (1986) *Electricity in Economic Growth*. National Academic Press, Washington D.C.

Commoner, B. (1971) *The Closing Circle Confronting the Environmental Crisis*. Jonatan Cape Thirty Bedford Square, London.

Cotta, H. (1932) *Grundriss der Forstwirtschaft*. Arnoldische Buchhandlung, Dresden und Leipzig.

Crameri, R. und Burkart, W. (Hrsg.) (1989) *Radon und Strahlenbiologie der Lunge*. Zusammenstellung der Vorträge anlässlich einer strahlenbiologischen Fortbildungstagung am Paul Scherrer Institut, 25.11.88. PSI, Würenlingen, Villigen.

Dasgupta, P.S. und Heal, G.M. (1979) *Economic Theory and Exhaustible Resources*. Cambridge University Press. Cambridge, Mass.

Delahaye, C. and Grenon, M. (1983) *Conventional and Unconventional World Natural Gas Resources*. Proceedings of the fifth IIASA Conference on Energy Resources, June 1980. International Institute for Applied Systems Analysis, Laxenburg, Austria.

Deudney, D. (1981) *Rivers of Energy: The Hydropower Potential*. Worldwatch Paper 44. Worldwatch Institute, Washington D.C.

Deutsch, K.W. (1973) Nerves of Government. Free Press. In: Deutsch: Politische Kybernetik – Modelle und Perspektiven. Rombach, Freiburg 1976.

Deutsch, K.W. (1976) Toward an Interdisciplinary Model of World Stability and Change: Some Intellectual Preconditions. In: *Journal of Peace Science*. February 1976.

Deutsch, K.W. (1978a) *Die Aufgabe der Universität im Wandel der Zeit*. IIVG–Paper RV/78–3. Veröffentlichungsreihe des internationalen Instituts für vergleichende Gesellschaftsforschung, Wissenschaftszentrum Berlin.

Deutsch, K.W. (1978b) *Trends of Social Change in the U.S.: Towards an Information Rich–Society*. IIVG – Paper PV/78–16. Publication Series of the International Institute for Comparative Social Research. Wissenschaftszentrum Berlin.

Deutsch, K.W. (1978c) *Das Wachstum des Wissens und die Lernfähigkeit des Menschen*. IIVG–Paper PV–78/2. Wissenschaftszentrum Berlin.

Deutsch, K.W. (1979) *Technologie und sozialer Wandel: Grundlegende Änderungen in Wissen, Technik und Gesellschaft*. Vortrag am Soziologentag Berlin, April 1979.

Deutsch, K.W. und Fritsch, B. (1980) *Zur Theorie der Vereinfachung: Reduktion von Komplexität in der Datenverarbeitung für Weltmodelle*. Athenäum Verlag, Königstein / Ts.

Development and Environment (1972) Report and Working Papers of a Panel of Experts Convened by the Secretary General of the United Nations Conference on the Human Environment. Founex Switzerland, Paris, The Hague.

Devine Jr., W.D. (1983) From Shafts to Wires: Historical Perspective on Electrification. In: *Journal of Economic History*, Vol. 43.

Devine Jr., W.D. (1986) Historical Perspective on Electrification in Manufacturing. In: Schurr, S.H. and Sonnenblum, A., (Eds.) *Electricity Use, Productive Efficiency and Economic Growth*. Electric Power Research Institute (EPRI), Palo Alto.

Dunham, K. (1978) *World Supply of Non-Fuel Minerals. The Geological Constraints*. London.

Eckholm, E. (1975) *The Other Energy Crisis: Firewood*. Worldwatch Paper 1. Worldwatch Institute, Washington D.C.

Eckolm, E. (1976) *Losing Ground*. W.W. Norton & Co. Inc., New York.

Eco, U. (1982) *Der Name der Rose*. Carl Hanser Verlag, München, Wien.

Edmonds, J.A. (1985) Book Review of Jill Jäger. Climate and Energy Systems. A Review of Their Interactions. In: *Bulletin of the American Meteorological Society* 66(7), July 1985.

Edmonds, J.A. and Reilly, J.M. (1985a) *Uncertainty in Carbon Emission 1975-2075*. For U.S. Department of Energy, February 1985.

Edmonds, J.A. and Reilly, J.M. (1985b) *Global Energy. Assessing the Future*. Oxford University Press, New York, Oxford.

Eichhorn, W., et al. (1982) *Economic Theory of Natural Resources*. Physica-Verlag, Würzburg, Wien.

Eidg. Departement des Innern (1984) *Waldsterben und Luftverschmutzung*. EDI, Bern.

Eigen, M. (1971) Selforganization of Matter and the Evolution of biological macromolecules. In: *Naturwissenschaft* 58,.

Eigen, M. (1982) Ursprung und Evolution des Lebens auf molekularer Ebene. In: Haken, H. (Hrsg.) *Evolution of Order and Chaos*. Springer Verlag, Berlin, Heidelberg, New York.

Eigen, M. (1983) Evolution und Zeitlichkeit. In: Peisel, A. und Mohler A. (Hrsg.) *Die Zeit*. München und Wien.

Eigen, M. und Winkler, R. (1975) *Das Spiel*. R. Piper und Co. Verlag, München.

El-Hinnawi, E. (1985) *Environmental Refugees*, UNEP.

Energieforum Schweiz (1989) *Energiemanagment im Betrieb*. EF-Dokumentation 47d. Energieforum Schweiz, Bern.

Energy: *Global Prospects 1985-2000 (1977)*. Reports of the Workshop on Alternative Energy Strategies. Mc Graw Hill, New York.

Enquête-Kommission des 11. Deutschen Bundestages (1988) *Schutz der Erdatmosphäre – Eine internationale Herausforderung*. Deutscher Bundestag, Bonn.

Eppler, R. (1989) *Energetische Gesetze*. Helbig & Lichtenhahn, Basel, Frankfurt/M.

EPRI (1976) *Plutonium, Facts and Inferences*. EPRI EA-43-SR, Palo Alto, Ca.

Erdmann, G. (1988) *Die Bedeutung der Diskontrate für die Planung mittel- bis langfristiger Projekte im Energiebereich*. ETH-Institut für Wirtschaftsforschung, Zürich; KFA Jülich, .

Erdmann, G. (1989a) *Wechselwirkungen zwischen Dienstleistungsgesellschaft und zukünftiger Energienachfrage* (in Vorbereitung).

Erdmann, G. (1989b) *Evolutionäre Ökonomik als Theorie ungleichgewichtiger Phasenübergänge*. Arbeitspapier des ETH-Instituts für Wirtschaftsforschung, Zürich.

Erdmann, G. (1989c) *Quantitative und qualitative Muster zwischen Strukturwandel und Elektrizitätsnachfrage*. Arbeitspapier des ETH-Instituts für Wirtschaftsforschung, Zürich.

Erdmann, G. (1989d) Synergismen in sozialen Systemen, ein Anwendungsbeispiel. In: Cambel, A.B., Fritsch, B. und Keller J.U. (Hrsg) *Dissipative Strukturen in integrierten Systemen. Schriftenreihe zur gesellschaftlichen Entwicklung*, Bd. II, Vomos Verlag, Baden-Baden.

Erdmann, G. (1990) *Rationale Risikoaversion: Sicherheit in technischer und wirtschaftlicher Sichtweise.* NZZ Nr. 25, 31.1.90, Zürich.

Etienne, E.H. (1973) *Die Verantwortung des Ingenieurs und Architekten im Spannungsfeld zwischen Energie und Umwelt.* Vortrag SIA, Sektion Zürich.

Expertengruppe Energieszenarien (1988) *Risiken von Enegieversorgungssystemen.* Schriftenreihe Nr.21. Eidgenössische Drucksachen- und Materialzentrale, Bern.

Faber, M. et al. (1988) The Thermodynamic Heuristic. In: *Entropy, Environment and Resources: An Essay in Physico-Economics - Critical Appraisal and Notes for further Development.* Diskussionsschriften. Universität Heidelberg, Wirtschaftswissenschaftli che Fakultät. Heidelberg.

Faber, M. und Stephan, G. (1988) *Volkswirtschaftliche Betrachtungen zum Materialrecycling.* Diskussionsschriften. Universität Heidelberg. Heidelberg.

Faber, M. und Wagenhals, G. (1988) Towards a Long-Term Balance between Economic and Environmental Protection. In: Salomons, W. und Förstener, U. (Hrsg.) *Environmental Management of Solid Waste, Dredged Material and Mine Tailings.* Springer Verlag, Heidelberg, New York.

Fenchel, T. (1987), *Ecology - Potentials and Limitations.* Ecology Institute Nordbünte 23, D-2124 Oldendorf/Luhe.

Fisher, J.C. and Pry, R.H. (1971) A Simple Substitution Model of Technological Change. In: *Technological Forecasting and Social Change.* No. 3.

Flavin, C. (1985) *World Oil: Coping with the Dangers of Success.* Worldwatch Paper 66, Worldwatch Institute, Washington D.C.

Flavin, C. (1986) *Electricity for a Developing World: New Directions.* Worldwatch Paper 70. Worldwatch Institute, Washington D.C.

Flavin, C. (1987) *Reassessing on Nuclear Power: The Fallout from Chernobyl.* Worldwatch Paper 75. Worldwatch Institute, Washington D.C.

Flavin, C. and Durning A. B. (1988) *Building on Success: The Age of Energy Efficiency.* Worldwatch Paper 82. Worldwatch Institute, Washington D.C.

Forth, W., Henschler, D., Rummel, W. (1987) *Pharmakologie und Toxikologie*, B.I.W.-Verlag, Mannheim.

Fox, R.W. (1981) Latin America to the Year 2000: Population and Urbanization Trends. In: *World Future Society Bulletin.* January/February 1981.

Frei, D. (1984) *Assumptions and Perceptions in Disarmament.* United Nations, New York.

Frei, D. und Ruloff, D. (1988) *Handbuch der weltpolitischen Analyse - Methoden für Praxis, Beratung und Forschung.* Verlag Rüegger, Grüsch, Schweiz.

French, H.F. (1990) *Clearing the Air: A Global Agenda.* Worldwatch Paper 94, Worldwatch Institute, Washington D.C.

Frey, B.S. (1985) *Umweltökonomie.* 2. erw. Auflage. Vandenhoeck & Ruprecht, Göttingen.

Frey, B.S. (1988) *Ein ipsatives Modell menschlichen Verhaltens.* Sonderdruck Nr. 111. Institut für empirische Wirtschaftsforschung, Universität Zürich.

Frey, B.S. und Eichenberger, R. (1989) *Zur Bedeutung entscheidungstheoretischer Anomalien für die Ökonomik.* Sonderdruck Nr. 114. Institut für empirische Wirtschafts forschung, Universität Zürich.

Freyer, H. (1956) *Theorie des gegenwärtigen Zeitalters.* Stuttgart.

Fritsch, B. (1976) *Growth Limitation and Political Power.* Cambridge, Mass.

Fritsch, B. (1977) *Future Capital Requirements of Alternative Energy Strategies – Global Perspectives.* Fifth World Congress of the International Economic Association, Tokyo.

Fritsch, B. (1979) Die Überforderung des Staates. In: Bohley, P. und Tolkemitt, G. (Hrsg.). *Wirtschaftswissenschaft als Grundlage staatlichen Handelns.* Festschrift zu Ehren von Heinz Haller. Tübingen.

Fritsch, B. (1980) Über die partielle Substitution von Energie, Ressourcen und Wissen. In: Erschöpfbare Ressourcen, Schriften des Vereins für Sozialpolitik, Neue Folgen, Band 108, Duncker & Humblot, Berlin.

Fritsch, B. (1981a) Wirtschaftliche und politische Aspekte des Urbanisierungsprozesses in Entwicklungsländern. In: *Stadtprobleme in der Dritten Welt – Möglichkeiten zur Verbesserung der Lebensbedingungen.* Institut für wissenschaftliche Zusammenarbeit mit Entwicklungsländern. Tübingen.

Fritsch, B. (1981b) *Wir werden überleben.* Günter Olzog Verlag, München, Wien.

Fritsch, B. (1982) *Der Energiebedarf in Industrie- und Entwicklungsländern bis 1990.* KYKLOS, Vol. 35, Facs. 4.

Fritsch, B. (1985) *Das Prinzip Offenheit.* Olzog, München.

Fritsch, B. (1986) Ökologie und Ökonomie: Gesellschaftliche Herausforderungen des 21. Jahrhunderts. In: Wildenmann, R. (Hrsg.) *Umwelt, Wirtschaft, Gesellschaft – Wege zu einem neuen Verständnis.* Staatsministerium Baden-Würtemberg, Stuttgart.

Fritsch, B. (1987) *Innovative Schweiz – Energiewirtschaft.* Arbeitspapier des ETH-Instituts für Wirtschaftsforschung, April, 1987, WIF-ETH, Zürich.

Fritsch, B. (1988) Welchen Beitrag kann die Volkswirtschaftslehre zur Umweltpolitik leisten. In: *Praxisorientierte Volkswirtschaftslehre.* Festschrift für Prof. Francesco Kneschaurek, Verlag Stämpfli & Cie AG, Bern.

Fritsch, B. und Suter, P. (1987) *Die Bedeutung der internationalen Rahmenbedingungen für die schweizerische Energiepolitik.* Expertengruppe Energieszenarien (EGES) Schriftenreihe Nr. 16. EVED, Bern.

Fritz, M. (1981) *Future Energy Consumption of the Third World.* Pergamon Press, Oxford.

Fritzsche, A.F. (1986) *Wie sicher leben wir?* Verlag TÜV Rheinland GmbH, Köln.

Gardels, A. (1988) *Die Elektrizität in der schweizerischen Energiewirtschaft.* Abschlussvorlesung an der ETH Lausanne. Aktion für vernünftige Energiepolitik Schweiz (AVES), Wettingen.

Georgescu-Roegen, N. (1971) *The Entropy Law and the Economic Process.* Harvard University Press, Cambridge.

Gerwin, R. (1980) *Die Welt-Energieperspektive. Analyse bis zum Jahr 2030 nach dem IIASA-Forschungsbericht "Energy in a finite World".* Deutsche Verlags-Anstalt, Stuttgart.

Gilpin, R. (1981) *War and Change in World Politics.* Cambridge University Press, Cambridge.

Gleick, J. (1987) *Chaos – Making a new Science.* Viking Penguin Inc., New York.

Glenn, J.C. (1989) *Future Mind: Artificial Intelligence. Merging the Mystical and the Technological in the 21st Century.* Acropolis Books, Washington D.C.

Goeller. H.E. and Weinberg, A.M. (1978) The Age of Substitutability. In: *The American Economic Review,* Vol. 68, No. 6.

Goldemberg, J. (1985) An End-User oriented Global Energy Strategy. In: *Annual Rev. Energy* 10.

Gool, W.V. (1978) *Constraints on Energy Conservation,* Oak Ridge Assoc. Universities Report EY-76-C-05-0033, ORAU/IEA-78-17(m) Research Memorandum.

Govetti, G.J.S. and Govetti M. H. (Eds.)(1976) *World Mineral Supplies, Assessment and Perspective.* Amsterdam, Oxford, New York.

Grade, R.P. (1976) *Metals Recycling. A Comparative National Analysis.* London.

Grübler, A. (1983) *Vom Erdöl zum Methanzeitalter.* IIASA, Laxenburg.

Grübler, A. und Nakicenovic N.(1987) The Dynamic Evolution of Methane Technologies. Working Paper, International Institute for Applied Systems Analysis (IIASA) WP-87-002, Laxenburg, January 1987.

Grübler, A. (1989) *Langfristaussichten der Energieversorgung und die potentielle Rolle von Erdgas.* Referat und Diskussion der 40. Sitzung der Studiengruppe Energieperspektiven, 18. Mai 1989, Baden.

Guilmot, J.F. et al. (1986) *Energy 2000.* Directorate General for Energy. Commission of the European Communities. Cambridge University Press, Cambridge.

Haber, W. (1983) Tragende Prinzipien in der Organisation des Naturhaushalts. In: Glück, A., Huttner, K. (Eds.), *Ökonomie und Ökologie in der sozialen Marktwirtschaft.* Hanns-Seidel-Stiftung e.V., München.

Haber, W. (1989) *Globale Umweltproblematik als gemeinsame Überlebensfrage – neue Kooperationsformen zwischen Ost und West.* Referat gehalten am 87. Bergedorfer Gesprächskreis in Dresden im Januar 1989, Protokoll Nr. 87, Körber Stiftung, Hamburg.

Häfele, W. (1976) *Energy Systems: Global Options and Strategies.* International Institute for Applied Systems Analysis (IIASA), Laxenburg.

Häfele, W. (Program Leader) (1981) *Energy in a finite World. A Global Systems Analysis.* Report by the Energy Systems Group of the International Institute for Applied Systems Analysis, Laxenburg. Ballinger Publ. Co., Cambridge, Mass.

Häfele, W. (1985) *Innovationsschübe – Langfristzyklen von soziotechnischen Einrichtungen.* Vortrag anlässlich der 6. Hochschultage, 25./26. September 1985, Essen.

Häfele, W. (1987) *Zum Zeitrhythmus der Entwicklung des Energieproblems.* Beitrag zur Festschrift anlässlich des 75. Geburtstags von Prof. Leopold Bauer, KFA Jülich.

Häfele, W. (1989) *Energy Systems under Stress.* Invited Paper, World Energy Conference, Montreal, September 1989.

Häfele, W. (Hrsg.) (1990) *Energiesysteme im Übergang.* MI – Poller, Stuttgart.

Häfele, W. and Sassin, W. (1977) The Global Energy System. In: *Annals Review Energy.* Vol. 2.

Häfele, W. et.al. (1984) *Das Konzept der Neuartigen Horizontal Integrierten Energiesysteme – der Fall der Null-Emission.* Kernforschungsanlage Jülich, Jülich.

Härter, M. (1988) *Energieprognostik auf dem Prüfstand.* TÜV Rheinland, Köln.

Härter, M. und Mattis, M. (1988) *Umweltschutz – Neue Determinante für die Energiepolitik.* TÜV Rheinland, Köln.

Hahn, E. (1986) *Ökologischer Stadtumbau. Wendepunkt in der Stadtentwicklungsplanung.* Internationales Institut für Umwelt und Gesellschaft (IIUG) Wissenschaftszentrum Berlin, Berlin.

Haken, H. (Ed.) (1987) *Evolution of Order and Chaos.* Springer Verlag. Berlin, Heidelberg, New York.

Haller, M. (1990) Der "Risikodialog" als Chance. Gruppenspezifische Wahrnehmung von Gefahren. In: *Technologie und Gesellschaft,* Neue Zürcher Zeitung, Nr. 25, 31. Januar 1990.

Harborth, J.-J. (1989) *Dauerhafte Entwicklung. Zur Entstehung eines neuen ökologischen Konzepts.* Wissenschaftszentrum Berlin, Berlin.

Harding, C. (1988) The Future of Nuclear Energy in Western Industrialized Nations. In: *World Energy Conference Journal,* December 1988.

Hauptmann, U., Herttrich, M., Werner, W. (1987) *Technische Risiken – Ermittlung und Beurteilung.* Springer Verlag. Berlin, Heidelberg, New York.

Hayek, F.A. von (1977) *The New Studies in Philosophy – Politics, Economics and the History of Ideas.* Rutledge and Kegan Paul, London.

Hayes, D. (1977) *Energy for Development: Third World Options.* Worldwatch Paper 15. Worldwatch Institute, Washington D.C.

Heitland, H.H. und Hoffmann, H.J. (1989) *Der Weg zum Methanolmotor.* Jül–Bericht 2267, Jülich.

Heitland, H. (im Druck) Methanol: Eine Option als Kraftstoff für den Verkehr der Zukunft. Erster Entwurf zum Buchkapitel *"Flüssige Sekundärenergieträger".* KFA Jülich, Jülich.

Hesse, G. (1988) *Das Konzept "Handeln in der Zeit" als analytische Basiseinheit der evolutorischen Ökonomik.* Arbeitstagung: Evolutorische Ökonomik, Freiburg.

Höhlein, B. et al. (1989) *Ausgewählte Schadstoffströme aus Energieketten und ihre Bedeutung für die Umwelt.* KFA, Interner Bericht, Jülich.

Hoel, M. (1978) *Resource Extraction – Uncertainty and Learning.* Memorandum from the Institute of Economics, University of Oslo.

Hoffman, T. and Johnson, B. (1981) *The World Energy Triangle. A Strategy for Cooperation.* Ballinger Publ. Co., Cambridge, Mass.

Hofstadter, et al. (1985) *Ein endloses geflochtenes Band.* Verlag Klett, Stuttgart.

Hohlneicher, G. (1989) Schlussbetrachtung. In: Hohlneicher, G. und Raschke, E. (Hrsg.) (1989) *Leben ohne Risiko?* Verlag TÜV, Rheinland GmbH, Köln.

Hohlneicher, G. und Raschke, E. (Hrsg.) (1989) *Leben ohne Risiko?* Verlag TÜV, Rheinland GmbH, Köln.

Hoselitz, B. (1959) The Cities of India and Their Problems. In: *Annals of the Association of American Geographers,* Vol. 49, No. 2.

Hotelling, H. (1931) The Economics of Exhaustible Ressources. In: *Journal of Political Economy,* 39.

Hsü, K.J. (1986) *The Great Dying.* Harcourt Brace Jovanovich, Publishers, San Diego, New York, London.

Huber, B. et al. (1979) *Urbanisationsprobleme in der Ersten und in der Dritten Welt.* Festschrift für Walter Custer. Zürich.

Huber, J. (1982) *Die verlorene Unschuld der Ökologie.* S. Fischer Verlag GmbH, Frankfurt/M.

Ide, T.R. (1979) The Future of Communications. In: *Revue de l'Ingenieure.* April 1979.

Imbrie, J. und Palmer, K. (1981) *Die Eiszeiten.* Econ–Verlag, Düsseldorf, Wien.

Inhaber, H. (1988) *Energy Risk Assessment.* Gordon and Bareech Science Publishers, New York, London, Paris.

International Association for Energy (1989) *Economics, Proceedings.* 11th Annual International Conference, June 1989, Caracas.

International Energy Agency (1982) *World Energy Outlook.* OECD, Paris.

International Energy Agency (1987a) *Energy Conservation in IEA Countries.* OECD, Paris.

International Energy Agency (1987b) *Renewable Sources of Energy.* OECD, Paris.

International Energy Agency (1987c) *Energy Balances of OECD Countries 1970–1985.* OECD, Paris.

International Energy Agency (1988) *Energy Policies and Programmes of IEA Countries.* 1987 Review. OECD / IEA, Paris.

International Energy Agency (1989) *Energy Policies and Programmes of IEA Countries.* 1988 Review. OECD / IEA, Paris.

International Food Policy Research Institute (1988) *Report 1987.* IFPRI, Washington D.C.

International Institute for Environment and Development and World Resources Institute (1987) *World Resources 1987.* Basic Books, Inc., New York.

International Institute for Strategic Studies (1988) *The Military Balance 1988 – 1989.* IISS, London.

International Institute for Strategic Studies (1989) *Strategic Survey 1988 – 1989*. Brasseys for IISS, London.

Jäckle-Sönmez, Y. (1985) Mehr Umweltschutz durch bessere wirtschaftspolitische Instrumente? In: *Der Bürger im Staat*, 35. Jahrgang, Heft 3, September 1985.

Jacobson, J.L. (1987) *Planning the Global Family*. Worldwatch Paper 80. Worldwatch Institute, Washington D.C.

Jacobson, J.L. (1988) *Environmental Refugees: A Yardstick of Habitability*. Worldwatch Paper 86. Worldwatch Institute, Washington D.C.

Jantsch, E. (1979) *Die Selbstorganisation des Universums*. Carl Hanser Verlag, München, Wien.

Jaspers, K. (1962) *Der philosophische Glaube angesichts der Offenbarung*. Piper, München, Zürich.

Jobsky, Th. (1985) *Elektrizität im Industriellen Energiemarkt. Eine sektorale Analyse der Gründe und Ursachen der Elektrizitätsanwendung unter Berücksichtigung der Kraft – Wärme – Koppelung. Angewandte Systemanalyse*, Heft 44. Kernforschungsanlage Jülich, Jülich.

Jobsky, Th. und Pohlmann M. (1987) *Der Industrielle Strombedarf im Jahre 2000. Eine Analyse und Prognose des Strombedarfes in den einzelnen Wirtschaftszweigen des Verarbeitenden Gewerbes (inkl. Übriger Bergbau)*. Spezielle Berichte der Kernforschungsanlage Jülich, Nr. 398, Jülich.

Johnston, R.J. (1989) *Environmental Problems: Nature, Economy and State*. Belhaven Press, London and New York.

Jonas, H. (1984) *Das Prinzip Verantwortung*. Suhrkamp Taschenbuch, Frankfurt/M.

Jovanovich, J.V. and Rotty, R.M. (1985) *A Plausible Future of Rapid Energy Growth in China*. For U.S. Department of Energy, December 1985.

Kahn, H. und Wiener, A.J. (1968) *Ihr werdet es erleben. Voraussagen der Wissenschaft bis zum Jahre 2000*. Wien, München.

Kaiser, R. (Hrsg.) (1980) *Global 2000. Der Bericht an den Präsidenten*. Zweitausendeins, Frankfurt.

Kanari, F. (1985) Japanese Baby-Boom Generation and the Aging Society. In: *the wheel extended*. Vol. XV, Nr. 3.

Kapp, K.W. (1950) *Social Costs of Business Enterprise*. Asia Publishing House, New York. Deutsche Uebersetzung 1958 von B. Fritsch: *Volkswirtschaftliche Kosten der Privatwirtschaft*. Mohr (Siebeck) Tübingen, Zürich 1958.

Kappel, R. und Kübler, K. (1987) Wirtschaftlichkeit künftiger Energiesysteme. Möglichkeiten und Grenzen von Modellanalysen. KFA Jülich, Jülich.

Kellogg, W.W. and Schware, R. (1981) *Climate Change and Society Consequences of Increasing Atmospheric Carbon Dioxide*. Westview Press, Boulder, Colorado.

Keppler, E. (1988) *Die Luft, in der wir leben – Physik der Atmosphäre*. Piper, München, Zürich.

KFA (1988) Themes and Tasks of Risk Communication. Proceedings of the International Workshop on Risk Communication held at the Kernforschungsanstalt Jülich, October 17 – 21. KFA Jülich, Jülich.

KFA (1983) *Studie über die Auswirkungen von Kohlendioxidemissionen auf das Klima*. KFA Jülich, Jülich.

Kiser, M. (1988) *Trends in der Entwicklung des Stromverbrauches beim Einsatz von Grossrechnern*. Semesterarbeit. ETH-Institut für Wirtschaftsforschung, Zürich.

Klages, H. (1988) Wertedynamik – *Über die Wandelbarkeit des Selbstverständlichen*. Edition Interfrom, Zürich.

Kloepfer, M. (Hrsg.) (1989) *Umweltstaat*. Springer Verlag, Heidelberg, New York, London.

Konetzke, G.W. et al. (1984) *Krebserzeugende Faktoren in der Arbeitsumwelt.* Zweite überarbeitete und erweiterte Auflage. VEB Verlag, Berlin.

Kornwachs, K. (Hrsg.) (1984) *Offenheit, Zeitlichkeit, Komplexität – Zur Theorie der offenen Systeme.* Campus Verlag, Frankfurt, New York.

Korselli, P. and Just, P. (1984) *Metropolitan Growth and Population Development at the National Level.* International Institute for Applied Systems Analysis (IIASA), Laxenburg.

Krelle, W. (1985) *Theorie des wirtschaftlichen Wachstums.* Berlin, Heidelberg.

Krelle, W. (1986) Konflikt von Ethik und Ökonomie beim Umweltproblem? Beitrag zum Buch *"Die Welt für Morgen". Ethische Herausforderungen im Anspruch der Zukunft.* Körsch Verlag, Kempten.

Krenz, J.H. (1974) Energy per Dollar Value of Consumer Goods and Services. In: *IEEE Transactions on Systems, Man and Cybernetics.* Vol. SMC-4, No. 4, July 1974.

Krippendorff, K. (1975) Some Principles of Information Storage and Retrieval in Society. In: *General Systems,* Vol. XX.

Kühne, K. (1982) *Evolutionsökonomie – Grundlagen der Nationalökonomie und Realtheorie der Geldwirtschaft.* Gustav Fischer Verlag, Stuttgart, New York.

Kümmel, R. (1982) Energy, Environment and Industrial Growth. In: Eichhorn, W. and Henn, R. (Eds.) *Economic Theory of Natural Resources.* Physika-Verlag, Würzburg.

Kummert, R. und Stumm, W. (1989) *Gewässer als Oekosysteme.* Verlag der Fachvereine, Zürich, B.G. Teubner, Stuttgart.

Kursunoglu, B.N. et al. (1983) *Energy for Developed and Developing Countries,* Lexington Books, D.C. Heath Co.

Landessynode der Evang.-Luth. Kirche in Bayern (1989) *Bewahrung der Schöpfung.* Claudius Verlag, München.

Landsberg, H.H. (Chairman) (1979) *Energy – The Next Twenty Years.* Report by a Study Group, Sponsored by the Ford Foundation and Administered by Resources for the Future. Ballinger Publ. Co., Cambridge, Mass.

Laszlo, E. (1989) *Globaldenken – Die Neugestaltung der vernetzten Welt.* Horizonte Verlag, Rosenheim.

Leach, G. (1976) *Energy and Food Production.* IPC Science and Technology Press Ltd., Guildford, Surrey, England.

Ledent, J. (1978a) *The Dynamics of Two Demographic Models of Urbanization.* IIASA, Research Memorandum 78-56, Laxenburg.

Ledent, J. (1978b) *The Factors and Magnitude of Urbanization under Unchanged Natural Increase and Migration Patterns.* IIASA, Research Memorandum 78-57, Laxenburg.

Ledent, J. (1978c) *The Forces of Urbanization under Varying Natural Increase and Migration Patterns.* IIASA, Research Memorandum 78-58, Laxenburg.

Leger Sivard, R. (1989) *World Military and Social Expenditure.* World Priorities. Box 25140, Washington D.C.

Leisinger, K.M. (1985) Soziale Voraussetzungen für kleinere Familien in der Dritten Welt. Determinanten für die Verminderung des Bevölkerungswachstums in Entwicklungsländern. In: *Social Strategies – Forschungsberichte* Universität Basel, Vol. 1, No. 1, Basel.

Leisinger, K.M. (1988) *Tun oder Lassen – Grenzen unternehmerischen Handelns. Ein Plädoyer für angewandte Unternehmensethik.* Ein Separatum aus HRV Hannover Rechtsschutz, Hannover.

Leisinger, K.M. (1989) *Hoffnung als Prinzip – Analysen und Thesen zum Bevölkerungswachstum.* Schweizerisches Komitee für UNICEF, Zürich.

Lendi, M. (1988) *Lebensraum, Technik, Recht.* Schriftenreihe zur Orts-, Regional- und Landesplanung. Nr. 38.

Lendi, M. (1989) Bodenfunktionen als Fragen an die Politik und an das Recht. In: *Festschrift zum 70. Geburtstag von Prof. Hans-Peter Friedrich. Blätter für Agronomie.* Heft 2/3,

Leube, K.R. (1989) Friedrich August von Hayek zum 90. Geburtstag. In: *Reflexionen* Nr. 19. Liberales Institut, Zürich.

Livingston, R.S. (Ed.) (1985) *Proceedings of the Workshop on Intrinsically Safe and Economic Reactors.* Oak Ridge Tennessee, August 14-15, 1985. Institute for Energy Analysis, Oak Ridge Associated Universitites, December 1985.

Lorenz, K. (1973) *Die Rückseite des Spiegels.* R. Piper und Co. Verlag, München.

Lovins, A.B. (1976a) Long-Term Constraints on Human Activity. In: *Environmental Conservation,* Vol. 3, No. 1.

Lovins, A.B. (1976b) Energy Strategy. The Road not taken? In: *Foreign Affairs.* October 1976.

Luckenbach, H. (1986) *Theoretische Grundlagen der Wirtschaftspolitik.* Franz Vahlen, München.

Lübbe, H. (1983) *Zeit-Verhältnisse. Zur Kulturphilosophie des Fortschritts.* Verlag Styria, Graz, Wien und Köln.

Lübbe, H. (1986) Politisches System als ökologisches Problem. In: Wildenmann, R. (Hrsg.) *Umwelt, Wirtschaft, Gesellschaft – Wege zu einem neuen Grundverständnis.* Herausgegeben im Auftrag des Staatsministeriums Baden-Württemberg.

Lübbe, H. (1988a) Dialektik, Gesellschaftssystem und die Zukunft der wissenschaftlich-technischen Zivilisation. In. Hoyningen-Huene, P. und Hirsch, G. (Hrsg.) *Wozu Wissenschaftsphilosophie?* Walter de Gruyter, Berlin und New York.

Lübbe, H. (1988b) Über Gründe schwindender Risikoakzeptanz. In: *"Aktuelles", 1988, Meinungen, Gedanken, Bilder,* Siemens Aktiengesellschaft, München, 1989.

Lübbe, H. (1989) Akzeptanzprobleme. Unsicherheitserfahrung in der modernen Gesellschaft. In: Hohlneicher, G. und Raschke, E. (Hrsg.) (1989) *Leben ohne Risiko?* Verlag TÜV, Rheinland GmbH, Köln.

Lutz, W. (1987) *The Concentration of Reproduction: A Global Perspective.* Working Paper. International Institute for Applied Systems Analysis, Laxenburg.

Machlup, F. (1972) *The Production and Distribution of Knowledge in the U.S* Princeton.

Machlup, F. (1980) *Knowledge and Knowledge Production. Vol. 1: The Changing Structure of Knowledge-Producing Labor Force.* Princeton University Press and Kagan, Princeton.

Madden, C.H. (1976) Toward a New Concept of Growth: Capital Needs of a Post-Industrial Society. In: *U.S. Economic Growth from 1976 to 1986: Prospects, Problems and Patterns.* Studies prepared for the use of the Joint Economic Comitee Congress of the United States. 94th Congress, 2nd Session, Washington.

Mainauer Gesprächskreis (1989) *Mensch und Familie in ihrer Umwelt. Zustand, Chancen, Prognosen.* Die Mainauer Gespräche 1979 bis 1981. Schriftenreihe der Lennart-Bernadotte Stiftung, Insel Mainau.

Makhijani, A. and Poole A. (1975) *Energy and Agriculture in the Third World.* Ballinger Publishing Company, Cambridge, Mass.

Malenbaum, W. (1978) *World Demand For Raw Material In 1985 and 2000.* E/MJ Mining Informational Services, McGraw-Hill, Inc., New York.

Marchetti, C. (1976) Primary Energy Substitution Model: On the Interaction between Energy and Society. In: Nordhaus, W.D. (Ed.), *Proceedings of the Workshop on Energy Demand.* Report CP761, IIASA, Laxenburg.

Marchetti, C. (1980) The Evolution of the Energy Systems and the Aircraft Industry. In: *Chemical Economy & Engineering Review,* May 1980.

Marchetti, C. (1983) *Innovation, Industry and Economy. A Top-Down Analysis.* IIASA Profess. Paper PP-83-6, December 1983.

Markl, H. (1985) *Evolution, Genetik und menschliches Verhalten. Zur Frage der wissenschaftlichen Verantwortung.* Piper, Zürich, München.

Markley, O.W. (1976) Human Consciousness in Transformation. In: Jantsch, E. and Waddington, C.H. (Eds.) *Evolution and Consciousness.* Addison-Wesley Publishing Company, Reading, Massachusetts.

Marland, G., Rotty, R.M., Treat, N. (1985) CO_2 Fossil Fuel Burning: Global Distribution of Emissions. In: *Tellus 37B*, March 1985.

Marshak, J. (1974a) *Entropy, Economics, Physics.* Working Paper No. 221, Western Management Science Institute (presented at Econometric Society Meeting, December 1974).

Marshak, J. (1974b) *Economic Information,* Decision and Prediction. Selected Essays, Vol. II, Dordrecht.

Marshak, J. (1974c) Information, Decision and the Scientist. In: Cherry, C. (Ed.) *Pragmatic Aspects of Human Communication.* Dordrecht.

Maturana, H.R. und Varela, F.J. (1987) *Der Baum der Erkenntnis.* Scherz Verlag, Bern, München, Wien.

May, R.M. (1976) *Theoretical Ecology – Principles and Applications.* Blackwell Scientific Publications, Oxford, London, Edinburgh, Boston, Melbourne.

McDonald, A. (1981) *Energy in a Finate World.* Executive Summary, Executive report No. 4. International Institute for Applied System Analysis (Ilasa) Laxemburg, Austria, 1982.

McHale, J. (1976) *The Changing Information Environment.* Boulder, Colorado.

Meadows, D.H. (1972) *The Limits to Growth.* Universe Books, New York.

Mensch, G. (1977) *Das technologische Patt.* Fischer-TBV, Frankfurt/M.

Mesarovich, M. and Pestel, E. (1974) *Mankind at the Turning Point.* New York.

Meyer-Albich, K.M. und Schefold, B. (1986) *Die Grenzen der Atomwirtschaft.* Beck, München.

Mitscherlich, A. (1965) *Die Unwirtlichkeit unserer Städte.* Edition Suhrkamp, Suhrkamp Verlag. Frankfurt/M.

Mohr, H. (1983) Synposium, Ökologisches Gleichgewicht und Umweltnutzung. In: *Umweltprobleme als Herausforderung der Marktwirtschaft – Neue Ideen jenseits des Dirigismus.* Hans Martin und Schleyer Stiftung, Walter Eucken-Institut.

Moravec, H. (1988) *Mind Children – The Future of Robot and Human Intelligence.* Harvard University Press, Cambridge, Mass., London, England.

Morgenstern, O. (1963) *On the accuracy of economic observations,* 2. Aufl. Princeton, New York.

Mumford, L. (1957) The Natural History of Urbanization. In: *Man's Role in Changing the Face of the Earth.* The University of Chicago Press, Chicago.

National Academy of Sciences (NAS) (1974) *Long Term Worldwide Effects of Multiple Nuclear Weapons Deformations.* NAS, Washington.

Nei, M. and Roychoudhury, A.K. (1982) Genetic Relationship and Evolution of Human Races. In: Hecht, M.K. et al. (Eds.) *Evolutionary Biology.* Plenum Press, New York, London.

Neirynck, J. (1986) *Le huitieme Jour de la Creation.* Presses Polytechniques Romandes, Lausanne.

Neumann, J. von and Morgenstern, O. (1953) *Theory of Games and Economic Behaviour.* Princeton University Press, Princeton.

Newcombe, K. et al. (1978) The Metabolism of a City: The Case of Hong Kong. In: *Ambio,* Vol. VII, No. 1.

Newland, K. (1980) City Limits: Emerging Constraints on Urban Growth. *Worldwatch Paper* 38. Worldwatch Institute, Washington D.C.
Nijkamp, P. (1978) *A Spatial Complex Analysis of Agglomeration and Settlement Patterns*. IIASA, Research Memorandum 78-8, Laxenburg.
Nuclear Energy Policy Study Group (1977) *Nuclear Power Issues and Choices*. Cambridge, Mass.
NZZ (1989) *Technokultur?* Eine Sonderschau im Rahmen von Computer 89 in Lausanne. Nr. 92, 21.4.89, Zürich.
Odell, P.R. (1986) *Oil and World Power*. Penguin Books Ltd., Harmondsworth Middlesex, England.
Odum, H.T. (1971) *Environment,* Power and Society. New York.
OECD (1979) *Macro-Economic Evaluation of Environmental Programmes*. OECD.Paris.
OECD (1985) *The State of the Environment*. OECD, Paris.
OECD (1986) *Energy and Cleaner Air – Costs of Reducing Emissions*. OECD, Paris.
OECD (1987) *Environmental Data. Compendium 1987*. OECD, Paris.
OECD (1988a) *Energy in non OECD Countries. Selected Topics*. OECD, Paris.
OECD (1988b) *Transport and the Environment*. OECD, Paris.
OECD (1988c) *Energy Balances of OECD Countries 1985/86*. OECD und IEA, Paris.
OECD (1989) OECD *Environmental Data, Compendium 1989*. OECD, Paris.
Oeschger, H. (1982) *Energie und Umwelt: Herausforderung an Gesellschaft, Technik, Wissenschaft*. Dokumentation Nr. 3 der Studiengruppe Energieperspektiven, Würenlingen.
Oparin, A.I. (1961) *Life. Its Nature, Origin and Development*. Oliver and Boyd, Edinburgh and London.
Ophuls, W. (1977) *Ecology and the Politics of Scarcity*. W.H. Freeman and Company, San Francisco.
Opp, K.D. (1985) Sociology and Economic Man. *Zeitschrift für die gesamte Staatswissenschaft*, 141.
Otto, P. (1978) Technologie und Rohstoffe. Betrachtungen zu ihrer Bedeutung auch in einigen Weltmodellen. *IIVG-Papers PV/78-13. Veröffentlichungsreihe des Internationalen Instituts für Vergleichende Gesellschaftsforschung*. Wissenschaftszentrum Berlin.
Ostwald, W. (1908) *Die Energie*. Verlag von J.A. Barth, Leipzig.,
Parikh, J.K. (1986) Capital Goods for Energy Development: Power Equipment for Developing Countries. In: *Annual Review of Energy,* Vol. 11.
Parry, M.L. and Carter, T.R. (Eds.) (1988a) *The Impact of Climatic Variations on Agriculture*. Vol. 1: Assessment in Cool Temperate and Cold Regions. Kluwer Academic Publishers, Dordrecht, Boston, London.
Parry, M.L. and Carter, T.R. (Eds.) (1988b) *The Impact of Climatic Variations on Agriculture*. Vol. 2: Assessment in Semi-Arid Regions. Kluwer Academic Publishers, Dordrecht, Boston, London.
Paul, J. (1986) *Zur politischen Durchsetzungsfähigkeit einer ökologisch stimulierten Marktwirtschaft*. Dissertation Nr. 959, Hochschule St. Gallen.
Pena-Taveras, M.S. and Cambel, A.B. (1989) *Nonlinear, Stochastic Models for Energy Investment in Manufacturing*. School of Engineering and Applied Science. The George Washington University, Washington D.C.
Petrakos, G. and Brada, J.C. (1989) Metropolitan Concentration in Developing Countries. In: *Kyklos,* Vol. 42, Fasc. 4.
Phillips, W.G.B. (1977) Statistical Estimation of Global Mineral Resources. In: *Resources Policy.* Vol. 3, No. 4, December 1977.
Pimentel, D. (1977) Energy Use in Cereal Production. In: *Proceedings of the International Conference on Energy Use Management*. Pergamon Press, Oxford.

Platt, J.R. (1979) *Eight Major Evolutionary Jumps Today.* IIVG-Preprint 79-8. Wissenschaftszentrum Berlin. Auch in: Markovits, A.S. and Deutsch, K.W. (Eds.) (1980): Fear of Science – Trust in Science. Oelschlager, Gunn und Hain, Chap. 13. Reprinted as: The Acceleration of Evolution. In: *The Futurist* 15 (1) February 1981.

Pollock-Shea, C. (1988) Protecting Life on Earth: Steps to Save the Ozone Layer. *Worldwatch Paper* 87. Worldwatch Institute, Washington D.C.

Popper, K.R. (1961) The Logic of Scientific Discovery. Basic Books, New York.

Popper, K.R. (1974) *The Open Society and its Enemies. Vol. II, Hegel, Marx and the Aftermath.* London.

Popper, K.R. (1984) *Objektive Erkenntnis. Ein evolutionärer Entwurf.* Hoffmann und Campe Verlag, Hamburg.

Porat, M.U. (1978) Emergence of an Information Economy. In: *Innovations in Communications.* Washington D.C.

Postel, S. (1984) Air Pollution, Acid Rain and the Future of Forests. *Worldwatch Paper* 58. Worldwatch Institute, Washington D.C.

Postel, S. (1985) Conserving Water: The Untapped Alternative. *Worldwatch Paper* 67. Worldwatch Institute, Washington D.C.

Postel, S. (1987) Defusing the Toxics Threat: Controlling Pesticides and Industrial Waste. *Worldwatch Paper* 79. Worldwatch Institute, Washington D.C.

Postel, S. (1989) Water for Agriculture: Facing the Limits. *Worldwatch Paper* 93. Worldwatch Institute, Washington D.C.

Postel, S. and Heise, L. (1988) Reforesting the Earth. *Worldwatch Paper 83.* Worldwatch Institute, Washington D.C.

Preston, S.H. (1978) Urban Growth in Developing Countries: A Demographic Reappraisal. In: *Population and Development Review.* June 1978.

PSI (Paul Scherrer Institut) (1989) *Strahlenhygiene,* Villigen, Januar 1989.

Purcell, A.H. (1979) Challenge of Materials Substitution. In: *Resources Policy,* June 1979.

Ramos, J. (1984) Urbanization and the Labour Market. In: *Cepal Review* Nr. 24.

Rapoport, A. (1980) *Mathematische Methoden in den Sozialwissenschaften.* Physica Verlag, Würzburg und Wien.

Rat von Sachverständigen für Umweltfragen (Hrsg.) (1985) *Materialien zur Umweltforschung.* Stuttgart, Mainz.

Rechenberg, I. (1973) *Evolutionsstrategie. Problemata.* Friedrich Fromman Verlag, Stuttgart, Bad Cannstatt.

Reilly, J.M. and Edmonds, J.A. (1985a) Changing Climate and Energy Modelling: A Review. In: *The Energy Journal* 6 (3), September 1985.

Reilly, J.M. and Edmonds, J.A. (1985b) *Energy Markets in the Longer Term: Planning Under Uncertainty.* Proceedings of the IMACS Second International Symposium, Upton N.Y. August 26-29, 1984. Elsevier/North Holland, New York.

Reister, D.B. (1984) *A Simple Model of the Greenhouse Effect. In: Energy Industries in Transition 1985-2000.* Proceedings of the International Association of Energy Economists, San Francisco. November 5-7, 1984. Part I. San Fancisco.

Remmert, H. (1978) *Ökologie – Ein Lehrbuch.* Springer Verlag, Berlin, Heidelberg, New York.

Renn, O. (1984) *Risikowahrnehmung der Kernenergie.* Campus, Frankfurt/New York.

Renner, M. (1989) National Security: The Economic and Environmental Dimensions. *Worldwatch Paper* 89. Worldwatch Institute, Washington D.C.

Richardson, J. (Ed.)(1984) *Models of Reality – Shaping Thought and Action.* Lomond Books, Mt. Airy.

Ridker, R.G. (1963) On the Economics of Post-World War III. In: *Journal of Political Economy*. Vol. 71, No. 4.

Ridker, R.G. (1973) To Grow or not to Grow: That is not the Relevant Question. In: *Science*, Vol. 182.

Riedl, R. (1976) *Die Strategie der Genesis*. R. Piper und Co. Verlag, München.

Riemer, H. et al. (1986) *Stoffsysteme, Ökonomie und Umwelt. Ein Diskussionspapier*. Interner Bericht KFA-STE-IB-2/86, Jülich.

Rogers, A. and Willekens, F. (1978) *Migration and Settlement: Measurement and Analysis*. IIASA Research Report 78-13. IIaSA Laxenburg.

Rotty, R.M. (1985a) *A Study of Global Electrification and Implications for Atmospheric CO_2*. For U.S. Department of Energy, January 1985.

Rotty, R.M. (1985b) Electrification: A Prescription for the Ills of Atmospheric CO_2. In: *Nuclear Science and Engineering* 90(4), August 1985.

Runge, H.C. und Hoffmann, H.-J. (1990) Die zukünftige Rolle fossiler Energieträger. In: *VDI-Berichte* Nr. 807, 1990.

Sagan, C. (1983) Nuclear War and Climatic Catastrophe: Some Policy Implications. In: *Foreign Affairs*. Vol. 62, No. 2, Winter 1983/84.

Sawai, H. (1988) Man's Last Enemy on a Microscopic Battlefield. In: *the wheel extended*, Vol. XVIII, No. 2, Tokyo, 1988.

Schefold, B. (1977) Energy and Economic Theory. In: *Zeitschrift für Wirtschafts- und Sozialwissenschaften*. 97. Jahrgang, Heft 3.

Schipper, L. (1989) *Energy Efficiency in an Era of Rising Temperatures: Progress, Plateau, or Passee?* Paper presented to the Conference of the American Chapter of the International Association of Energy Economists (IAEE) in Los Angeles, Oct.

Schmidt, P.S. (1986) The Form Value of Electricity: some Observations and Cases. In: Schurr, S.H. and S. Sonnenblum, W. (Eds.) *Electricity Use, Productive Efficiency and Economic Growth*. Electric Power Research Institute (EPRI), Palo Alto.

Schönwiese, C.D. und Runge, K. (1988) *Der anthropogene Spurengaseinfluss auf das globale Klima*. Berichte des Instituts für Meteorologie und Geophysik der Universität Frankfurt/M.

Schuhmacher, E.F. (1973) *Small is Beautiful: Economics As If People Mattered*. Harper and Row, New York.

Schurr, S.H., Sonnenblum, W., Wood, D.O. (Eds.) (1983) *Energy, Productivity and Economic Growth*. Oelschlager, Gunn & Hain Publ. Inc., Cambridge, Mass.

Schurr, S.H. and S. Sonnenblum (Eds.) (1986) *Electricity Use, Productive Efficiency and Economic Growth*. Electric Power Research Institute (EPRI), Palo Alto.

Schuster, H.G. (1984) *Deterministic Chaos: An Introduction*. Physik Verlag, Weinheim.
Schweiz. Akademie der Geisteswissenschaften (1988) Jahresbericht 1988.

Schweiz. Nationalkomitee der Welt-Energie-Konferenz (1987) *Energie: Bedürfnisse und Erwartungen*. Sonderdruck aus Bulletin SEV/VSE Nr. 2, Januar 1987.

Schweiz. Vereinigung für Atomenergie (SVA) (1989) *Moderne Kernkraftwerke*. Informationstagung Zürich-Oerlikon. Oktober 1989.

Seifritz, W. (1987) Wachstum, Rückkopplung und Chaos. Eine Einführung in die Welt der Nichtlinearität und des Chaos. Carl Hanser Verlag, München, Wien.

Seifritz, W. (1990) *Entsorgungsmöglichkeiten für Kohlendioxid*. Studie angefertigt für die Enquete-Kommission "Vorsorge zum Schutze der Erdatmospäre" des Deutschen Bundestages, Bonn.

Shoemaker, E.M. (1983) Asteroid and Comet Bombardment on Earth. *Annual Review Earth Planet Science* 11.

Siebert, H. (1973) *Das politische Chaos. Ökonomie und Umwelt*. Verlag W. Kohlhammer, Stuttgart, Berlin, Köln, Mainz.

Siebert, H. (Hrsg.) (1980) *Erschöpfbare Ressourcen.* Verhandlungen des Vereins für Socialpolitik in Mannheim 1979. Berlin.

Siebert, H. (1983) *Ökonomische Theorie natürlicher Ressourcen.* Tübingen.

Siebert, H. (Hrsg.) (1988) Umweltschutz für Luft und Wasser. In: *Studies in Contemporary Economics.* Springer Verlag. Berlin, Heidelberg, New York.

Sievert, D. (Hrsg.) (1987) *Zukünftiger Strombedarf - Bedeutung der Einsparmöglichkeiten.* Verlag TÜV Rheinland GmbH, Köln.

Simen, R.H. (Hrsg.)(1989) *Optionen für Morgen. Die Kernforschungsanlage Jülich im Spiegel der Forschung.* Verlag Deutscher Forschungsdienst, Bonn - Bad Godesberg.

Simon, R.H. (1981) *The Ultimate Ressource,* Princeton University Press, Princeton, New Jersey.

Simon, J.H. and Kahn, H. (1984) *The Ressourceful Earth.* Basil Blackwell, New York.

Simonis, U.E. (Hrsg.) (1988a) *Lernen von der Umwelt - Lernen für die Umwelt. Theoretische Herausforderungen und praktische Probleme einer qualifizierten Umweltpolitik.* Wissenschaftszentrum Berlin. Edition Sigma, Berlin.

Simonis, U.E. (1988b) *Ökologische Orientierungen. Vorträge zur Strukturanpassung von Wirtschaft, Technik und Wissenschaft.* Edition Sigma, Berlin.

Simonis, U.E. (1988c) *Ökonomie und Ökologie. Auswege aus einem Konflikt.* 5. ergänzte Auflage. Verlag C.F. Müller, Karlsruhe.

Simonis, U.E. (Hrsg.) (1988d) *Präventive Umweltpolitik.* Campus Verlag, Frankfurt/M.

Singer, D.A. (1977) Long Term Adequacy of Metal Resources. In: *Resources Policy.* Vol. 3, No. 2.

Singer, M. (1987) *Passage to a Human World.* Hudson Institute, Indianapolis.

SIPRI (1988a) *World Armaments and Disarmament.* Stockholm International Peace Research Institute Yearbook 1988. Oxford University Press, Oxford.

SIPRI (1988b) *Yearbook 1988.* Oxford University Press, Oxford.

Slesser, M. (1978) *Energy Analysis: Its Utility and Limits.* International Institute for Applied Systems Analysis Research. Memorandum RM-78-46. IIASA, Laxenburg.

Slovic, P. Fischhoff, B. and Lichtenstein, S., (1980) Informing People about Risk. In: Mazis, M., Morris, L. and Barofsky, B. (Eds.). *Product Labeling and Health Risks.* Banbury Report 6, Cold Spring Harbors, New York.

Snow, D.M. (1979) Current Nuclear Deterrence Thinking - An Overview and Review. In: *International Studies Quarterly.* Vol. 23, No. 3.

Sonntag, P. (1987) *Verhinderung und Linderung atomarer Katastrophen.* Osang, Bonn.

Spiewak, I. and Weinberg, A.M. (1985) Inherently Safe Reactors. In: *Annual Review of Energy* 10.

Spillmann, W. (1975) *Knappheit natürlicher Ressourcen. Theoretische Ansätze für eine systematische Umwelt- und Wirtschaftspolitik.* Dissertation der Rechts- und Staatswissenschaftlichen Fakultät der Universität Zürich.

Spreng, D.T. (1978) *On Time, Information and Energy Conservation.* ORAU/IEA-78-22 (R). Research Institute for Energy Analysis, Oak Ridge Ass. University Oak Ridge.

Spreng, D.T. (1988) *Net-Energy Analysis and the Energy Requirements of Energy Systems.* Praeger, New York, Westport, Connecticut, London.

Spreng, D.T. (1989a) *Wieviel Energie braucht die Energie? Energiebilanzen von Energiesystemen.* Verlag der Fachvereine, Zürich.

Spreng, D.T. (1989b) Ein Zeitalter der Elektrizität? In: *NZZ,* Nr. 200.

Spreng, D.T. (1989c) *Personal Computer und ihr Stromverbrauch.* INFEL Forschungsbericht im Auftrag der Kommission für rationelle Elektrizitätsanwendung (KRE), Zürich.

Spreng, D.T. und Hediger, W. (1987) *Energiebedarf der Informationsgesellschaft.* Verlag der Fachvereine, Zürich.

Sprenger, R.U. (1984) Kriterien zur Beurteilung umweltpolitischer Instrumente aus der Sicht der wissenschaftlichen Politikberatung. In: *IFO-Studien zur Umweltökonomie* 4, IFO-Institut, München.

Statistisches Bundesamt (Hrsg.) (div. Jahrgänge) *Statistisches Jahrbuch der Bundesrepublik Deutschland*. Kohlhammer, Stuttgart, Mainz.

Steen, A.L. (1988) The Science of Patterns. In: *Science*, Vol. 240.

Stephan, G. (1989) *Pollution Control, Economic Adjustment and Long-Run Equilibrium. A Computable Equilibrium Approach to Environmental Economics*. Springer, Berlin, Heidelberg, New York.

Stobaugh, R. and Yergin, D. (Eds.) (1979) *Future Energy. Reports of the Energy Project*. Random House, New York.

Stockes, B. (1980) Men and Family Planning. *Worldwatch Paper* 41. Worldwatch Institute, Washington D.C.

Stöhr, W.B. (1981) *Die Grossstadt als innerstaatlicher Wirtschaftsfaktor*. Diskussionsgrundlage für die Arbeitsgruppe "Die Stadt als Wirtschaftsfaktor" beim 2. Tübinger Gespräch zu Entwicklungsfragen über "Stadtprobleme in der Dritten Welt – Möglichkeiten zur Verbesserung der Lebensbedingungen", Institut für Wissenschaftliche Zusammenarbeit mit Entwicklungsländern, Tübingen, 22./23. Mai 1981.

Stoll, W. (1988) *Plutonium – das schlimmste Gift?* Internes Papier, Hanau, März 1988.

Stoll, W. (1990) *Uran und seine Entdeckung vor 200 Jahren*.

Stoto, M. A. (1984) *The Accuracy of Population Projections*. IIASA, Laxenburg.

Straubhaar, Th. (1989) Ökologische Grenzen des Bevölkerungswachstums. In: *Schweizerische Zeitschrift für Volkswirtschaft und Statistik*, Heft 3.

Ströbele, W. (1987) *Rohstoffökonomik. Theorie natürlicher Ressourcen mit Anwendungsbeispielen Öl, Kupfer, Uran und Fischerei*. Franz Vahlen, München.

Studiengruppe Energieperspektiven (1987) *Kurzreferate* gehalten auf der 30. Sitzung der Studiengruppe Energieperspektiven. Dokumentation No. 30. Bern.

Studiengruppe Energieperspektiven (1988) *Kurzreferate*, gehalten an der 36. Sitzung der Studiengruppe Energieperspektiven. Dokumentation No. 36. Bern.

Stumm, W. (1985) *Globale chemische Kreisläufe und ihre Beeinflussung durch die Zivilisation. Die Gefährdung von Wasser, Wald und Luft*. Hans-Erni-Stiftung, Luzern.

Stützle, W. (1988) 1987 – The turning point? In: *SIPRI – Yearbook 1988*, Oxford University Press, Oxford.

Taube, M. (1988) *Materie, Energie und die Zukunft des Menschen*. S. Hirzel, Wissenschaftliche Verlagsgesellschaft, Stuttgart.

Theobald, A. (1985) *Das Ökosozialprodukt – Lebensqualität als Volkseinkommen*. Edition Interform, Zürich.

Thomas jr., W.L. et al. (1956) *Man's role in Changing the Face of the Earth*. University of Chicago Press, Chicago.

Thut, W. und Pfister, C. (1986) *Haushälterischer Umgang mit Boden. Erfahrungen aus der Geschichte*. Historisches Institut der Universität Bern, Bern.

Tichy, G. (1987) *Entwicklungstendenzen und Strukturprobleme der steirischen Wirtschaft*. Regionalstudie Obersteiermark. In: Perspektiven der steirischen Wirtschaftsförderung. Gutachten im Auftrag des Bundeskanzlers und der Steiermärkischen Landesregierung, Graz.

Tietzel, M. (1978) *Internationale Rohstoffpolitik*. Bonn – Bad Godesberg.

Tinbergen, J. (1956) *Economic Policy: Principles and Design* (Contributions to Economic Analysis. Ed. by Sandee, J., Strotz, R., Tinbergen, J. and Verdoon, P.J., Vol. 10) North Holland Publishing Company, Amsterdam.

Tinbergen, J. (1968) *Wirtschaftspolitik*. Rombach, Freiburg i.Br.

Tinbergen, J. (1973) Exhaustion and Technological Development: A Macro-Dynamic Policy Model. In: *Zeitschrift für Nationalökonomie*. Band 33.

Trabalka, J.R. et al. (1985) Human Alterations of the Global Carbon Cycle and the Projected Future. In: Trabalka, J.R. (Ed.) *Atmospheric Carbon Dioxide and the Global Carbon Cycle*. Oak Ridge Associated Universities.

Tribus, M. and McIrvine, E.C. (1971) Energy and Information. In: *Scientific American*. Vol. 225., No. 3.

Trueb, L. (1988) Das gespaltene Verhältnis der Pflanzen zu Sauerstoff. In: *NZZ*, 3.8.88.

Trueb, L. (1989) Zweihundert Jahre Uran. In: *NZZ* Nr. 224, 27.9.89. S. 91.

Umweltbundesamt (Hrsg.) (1989) Daten zur Umwelt 1988/89. Erich Schmidt Verlag, Berlin.

UN (1980a) *Technological Cooperation Among Developing Countries*. High-Level Meeting on the Review of Technical Cooperation Among Developing Countries. TCDC/7. March 1980.

UN (1980b) *Patterns of Urban and Rural Population Growth*, New York.

UN (1986) World Population Prospects. Estimates and Projections as Assessed in 1982. In: *Population Studies*, No. 86.

UN (1989) *The Prospects of World Urbanization*. UN, New York.

UNEP (1985) *Environmental Refugees*. Nairobi.

UNICEF and Oxford University Press (1985) *The State of World's Children*. Oxfordshire, UK.

UNIDO, (1988) *Industry and Development. Global Report 1988/89*. UNIDO, Wien.

Unsöld, A. (1983) *Evolution kosmischer, biologischer und geistiger Strukturen*. Wissenschaftliche Verlagsanstalt mbH, Stuttgart.

Vaupel, J.W., Gambill, B.A., Yashin, A.I. (1987) *Thousands of Data at a Glance: Shaded Contour Maps of Demographic Surfaces*. IIASA, Laxenburg.

Vernadsky, W.I. (1945) The Biosphere and the Noösphere. In: *American Scientist*, No. XXXIII.

Voigt, H. (1978) *Evaluation of Energy Processes through Entropy and Exergy*. International Institute for Applied Systems Analysis. IIASA RM-78-60. IIASA, Laxenburg.

Vollmer, G. (1985) *Was können wir wissen? Die Natur der Erkenntnis. Beiträge zur Evolutionären Erkenntnistheorie*. Band 1. S. Hirzel Verlag, Stuttgart.

Vollmer, G. (1986) *Was können wir wissen? Die Erkenntnis der Natur. Beiträge zur modernen Naturphilosophie*. Band 2. S. Hirzel Verlag, Stuttgart.

Voß, A. (1987) *Perspektiven der Energieversorgung. Möglichkeiten der Umstrukturierung der Energievesorung Baden-Würtembergs unter besonderer Berücksichtigung der Stromversorgung. Gesamtbericht*. Gutachten im Auftrag der Landesregierung Baden-Württembergs. Stuttgart.

Waldrop, M.M. (1988) After the Fall. In: *Science* 1988, Nr. 239.

Weber, R. (1988) *Strom aus tausend Quellen. Ein Streifzug durch die Energietechnik und -forschung von heute und morgen Verständlich dargestellt*. Haupt, Bern.

WEC (World Energy Conference) (1989) *Energy for Tomorrow*. 14th Congress, Montreal.

Weinberg, A.M. (1985) Immortal Energy Systems and Intergenerational Justice. In: *Energy Policy* 13(1), February 1985.

Weinberg, A.M. (1986a) Values in Science. In: *The World and I* 1(10), January 1986.

Weinberg, A.M. (1986b) After Chernobyl – A Powerful Vision. In: *Across the Board* 23(10), October 1986.

Weinberg, A.M. (1986c) Book Review of Joseph S. Nye, Jr., Nuclear Ethics. In: *Knoxville News-Sentinel*, April 20, 1986.

Weinberg, A.M. et.al. (1985a) The Second Nuclear Era: A Nuclear Renaissance. In: *Energy - The International Journal* 10(5).

Weinberg, A.M. et. al. (Eds.) (1985)b *The Second Nuclear Era: A New Start for Nuclear Power*, Praeger, New York.

Weissert, H. (1989) *Klima und Krisen der Erdgeschichte.* Antrittsvorlesung. Gehalten an der ETH Zürich am 24.5.89.

Weizsäcker, C.F. von (Hrsg.)(1971) *Kriegsfolgen und Kriegsverhütung.* Carl Hanser Verlag, München.

Weltbank (1983-1989) *Weltentwicklungsbericht,* Washington D.C.

Wicke, L. (1982) *Umweltökonomie.* Franz Vahlen, München.

Widmaier, U. (1989) *Endogene Grenzen des Wachstums. Eine politisch-ökonomische Analyse von Verteilungskonflikten in demokratischen Systemen.* Nomos Verlagsgesellschaft, Baden-Baden.

Widrig, E. (1988) *Probleme und Konsequenzen einer Stromrationierung.* Verlag Rüegger, Grüsch.

Wildenmann, R. (Hrsg.) (1986) *Umwelt, Wirtschaft, Gesellschaft Wege zu einem neuen Grundverständnis.* Kongress der Landesregierung "Zukunftschancen eines Industrielandes". Stuttgart, Dezember 1985

Wilson, E.O. (1989) Threats to Biodiversity. In: *Scientific American,* September 1989.

Wilson, C.L. (Ed.) (1977) *Energy: Global Prospects 1985-2000.* Report of the Workshop on Alternative Energy Strategies. McGraw-Hill Book Company, New York.

Wimpfen, S.P. (1978) Meeting Future Mineral Requirements. In: W. Michalski (Ed.) *The Future of Industrial Societies.* Alphen aan den Rijn, Netherlands.

Winter, C.J. und Nitsch, J. (1986) *Wasserstoff als Energieträger. Technik, Systeme, Wirtschaft.* Springer Verlag, Berlin, Heidelberg, New York.

Witt, U. (1987) *Individualistische Grundlagen der evolutorischen Ökonomik.* Mohr Siebeck, Tübingen.

Wittmann, H.-G. und Hierholzer, K. (Hrsg.)(1988) *Phasensprünge und Stetigkeit in der natürlichen und kulturellen Welt.* Wissenschaftskonferenz in Berlin, 8.-10. Oktober 1987 Reichstagsgebäude. Wissenschaftliche Verlagsgesellschaft, Stuttgart.

Wolff, W. / Soeder, C.-J. / Drepper, F.R. (Eds.) (1988) *Ecodynamis - Contribution to Theoretical Ecology.* Proceedings of an International Workshop, held at the Nuclear Research Centre, Jülich, 19-20 October 1987. Springer Verlag, Berlin, Heidelberg, New York.

World Bank (1972) Urbanization. Sector Working Paper. Washington D.C.

World Bank (1979) National Urbanization in Developing Countries. *World Bank Staff Working Paper* No. 347, World Bank, Washington.

World Bank (1985) *World Development Report 1985.* Oxford University Press, London.

World Energy *Conference Report (1989).* An Assessment of Worldwide Energy-Related Pollutaion. Montreal.

World Resources Institute and International Institute for Environment and Development (1986, 1987, 1988) *World Resources.* Basic Books, New York.

Worldwatch Institute (Ed.)(1987) *State of the World 1987. Report on Progress Toward a Sustainable Society.* W.W. Norton & Company, New York, London.

Worldwatch Institute (Ed.)(1989) *State of the World 1989. Report on Progress Toward a Sustainable Society.* W.W. Norton & Company, New York, London.

Zapf, W. (1987a) *Aufsätze zur Wohlfahrtsforschung und zur Modernisierungstheorie.* Wissenschaftszentrum Berlin.

Zapf, W. (1987b) *Individualisierung und Sicherheit. Untersuchungen zur Lebensqualität in der Bundesrepublik Deutschland.* Verlag C. H. Beck, München.

2. Spezieller Teil: CO_2 - und Klimaproblematik

Albanese, A.S. and Steinberg, M. (1980) *Environmental Control Technology for Atmospheric Carbon Dioxide.* DOE/EV-0079. Brookhaven National Laboratory, Upton NY.

Arrhenius, S. (1886) On the Influence of Carbonic Acid in the Air upon the Temperature of the Ground. In: *Philosophical Magazine Series 5*, Vol. 41.

Ausubel, J.H. and Nordhaus, W.D. (1983) A Review of Estimates of Future Carbon Dioxide Emissions. In: *Changing Climate: Report of the Carbon Dioxide Assessment Committee.* National Academy Press, Washington D.C.

Ausubel, J.H., Grübler, A., Nakicenovic, N. (1988) *Carbon Dioxide Emissions in a Methane Economy.* IIASA, Laxenburg.

Bach, W. (1982) *Gefahr für unser Klima: Wege aus der CO_2-Bedrohung durch sinnvollen Energieersatz.* C.F. Müller Verlag, Karlsruhe.

Bach, W. (1987) Wasserstoff als Chance zur Entschärfung des CO_2-Klimaproblems. In: Scheer, H. (Hrsg.) *Die gespeicherte Sonne. Wasserstoff als Lösung des Energie- und Umweltproblems.* Serie Piper, Band 828. Piper Verlag, München.

Bach, W., Pankrath, J., Kellogg, W. (Eds.) (1979) *Man's Impact on Climate.* Elsevier Scientific Publishing Company, Amsterdam, Oxford, New York.

Bach, W., Pankrath, J., Williams, J. (Eds.) (1980) *Interactions of Energy and Climate.* D. Reidel Publishing Company, Dordrecht, Boston, London.

Bach, W. und Jung, H.-J. (1988) Massnahmen zur Reduzierung bzw. Kompensation der Auswirkungen eines erhöhten CO_2-Gehaltes der Atmosphäre. In: *Die Auswirkungen von CO_2-Emissionen auf das Klima. Band 2. Teilbericht VI, Forschungsbericht im Auftrag des Umweltbundesamtes.* Battelle-Institut, Frankfurt.

Barnett, T.P. and Schlesinger, M. (1987) Detecting Changes in Global Climate Induced by Greenhouse Gases. In: *Journal of Geophysical Research*, Vol. 92D.

Berner, A.R. und Lasaga, A.C. (1989) Simulation des geochemischen Kohlenstoffkreislaufs. In: *Spektrum der Wissenschaft.*

Blake, D. and Rowland, S. (1987) *Increasing Global Concentrations of Tropospheric methane.* Paper presented at Symposium on Atmospheric Methane. American Chemical Society, Denver, Colo., 5.-10. April.

Blok, K., Hendriks, C., Turkenburg, W. (1989) *The Role of Carbon Dioxide Removal in the Reduction of the Greenhouse Effect.* Deptartment of Science Technology and Society. University of Utrecht, Utrecht (NL).

Bolin, B. (1975) *Energy and Climate.* University of Stockholm, Stockhom.

Bolin, B. (1986) How Much CO_2 Will Remain in the Atmosphere? In: Bolin, B., et al. (Eds.) *The Greenhouse Effect, Climatic Change and Ecosystems: A Synthesis of Present Knowledge.* John Wiley & Sons, Chichester.

Bolin, B. et al. (Eds.) (1986) *The Greenhouse Effect, Climatic Change and Ecosystems: A Synthesis of Present Knowledge.* Scope 29. John Wiley & Sons, Chichester.

Bolle, H., Seiler, W., Bolin, B. (1986) Other Greenhouse Gases. In: Bolin, B., et al. (Eds.) *The Greenhouse Effect, Climatic Change and Ecosystems: A Synthesis of Present Knowledge.* John Wiley & Sons, Chichester.

Brewer, G.D. (1986) Methods for Synthesis: Policy Exercises. In: Clark, W.C. and Munn, R. (Eds.) *Sustainable Development of the Biosphere.* Cambridge University Press, Cambridge.

Broecker, W.S. (1987) Unpleasant Surprises in the Greenhouse? In: *Nature*, vol. 328.

Brooks, H. (1986) The Typology of Surprises in Technology, Institutions and Development. In: Clark, W.C. and Munn, R. (Eds.) *Sustainable Development of the Biosphere.* Cambridge University Press, Cambridge.

Budyko, M.I., Golitsyn G.S., Izrael Y.A. (1988) *Global Climatic Catastrophes.* Springer Verlag, Berlin, Heidelberg, New York.

Cambel, A.B. and Koomanoff, F.A. (1988) High-Temperature Superconductors and CO_2-Emissions. In: *Energy,* Vol. 14, No. 6.

Case, G.R., Hahn, R.W., Noll, R.G. (1982) *Implementing Tradable Permits for Sulfur Oxides Emissions.* California Institute of Technology, Pasadena, California.

CCA (1987) *Klima - unsere Zukunft?* Kümmerly + Frey, Bern.

Cess, R.D. and Goldenberg, S.T. (1981) The Effect of Ocean Heat Capacity upon Global Warming due to Increasing Atmospheric Carbon Dioxide. In: *Journal of Geophysical Research,* Vol. 86.

Charney, J. (1979) *Carbon Dioxide and Climate: A scientific assessment.* National Academy Press, Washington D.C.

Chen, R. S. and Parry, M.L. (1987) *Policiy-oriented Impact Assessment of Climatic Variations.* IIASA, Laxenburg.

Clark, W.C. (1985) *On the Practical Implications of the Carbon Dioxide Question.* IIASA WP-85-43. IIASA, Laxenburg.

CO_2 / Climate Review Panel (1982) *Carbon Dioxide and Climate: A Second Assessment.* National Academy Press, Washington D.C.

Darmstadter, J. et al. (1977) *How Industrial Societies Use Energy. A Comparative Analysis.* Johns Hopkins University Press, Baltimore and London.

Deutsche Meteorologische Gesellschaft und Deutsche Physikalische Gesellschaft (Hrsg.) (1987) *Warnung vor drohenden weltweiten Klimaveränderungen durch den Menschen.* Bad Honnef.

Dickinson, R.E. (1986) The Climate System and Modeling of Future Climate. In: Bolin, B., et al. (Eds.) *The Greenhouse Effect, Climatic Change and Ecosystems: A Synthesis of Present Knowledge.* John Wiley & Sons, Chichester.

Dickinson, R.E. and Cicerone, R.J. (1986) Future Global Warming from Atmospheric Trace Gases. In: *Nature,* Vol. 319.

Dunkerley, J. and Irving, H. (1987) Energy for Transport in Developing Countries. In: *The Energy Journal,* Vol. 8, No. 3.

Dyson, F. J. (1976) *Can we Control the Amount of CO_2 in the Atmosphere?* Institute for Energy Analysis, Oak Ridge, Tennessee.

Dyson, F.J. and Marland, G. (1979) Technical Fixes for the Climatic Effects of CO_2. In: Elliott, W.P. and Machter, L. (Eds.) *Workshop on the Global Effects of CO_2 from Fossil Fuels,* Conf. 770 385 001, USDOE, Washington D.C.

Edmonds, J.A. (1985) Book Review of Jill Jäger. Climate and Energy Systems. A Review of Their Interactions. In: *Bulletin of the American Meteorlogical Society,* Vol. 66, No. 7.

Edmonds, J.A. and Reilly, J.M (1985) *Uncertainty in Carbon Emissions 1975-2075. Report of the Carbon Dioxide Emissions Project.* Project No. 5516. Institute of Energy Analysis, Oak Ridge Associated Universities and Oak Ridge National Laboratory. Department of Energy, Washington D.C.

Edmonds, J.A. et al. (1985) *Uncertainty in Future Global Energy Use and Fossil Fuel CO_2 Emissions 1975 to 2075.* Institute for Energy Analysis, Oak Ridge, Tennessee.

Enquête-Kommission des 11. Deutschen Bundestages (1988). *Schutz der Erdatmosphäre - Eine internationale Herausforderung.* Deutscher Bundestag, Bonn.

Fischer, M. (1988) Wasserstoffenergietechniken. In: *Umweltschutz-Techniken.* Tagung der AGF vom 8. - 9. Dezember 1988 in Bonn.

Flavin, Ch. (1989) *Slowing Global Warning. A Worldwide Strategy.* Worldwatch Paper 91, Washington, October 1989

Flohn, H. (1973) *Globale Energiebilanz und Klimaschwankungen.* Bonner Meteorologische Abhandlungen, Band 19. Westdeutscher Verlag, Opladen.

Flohn, H. (1976) Klimaschwankung – Klimamodifikation. In: *Mitteilungsblatt der Frauenhofer-Gesellschaft*, 14. Jahrgang, Nr. 4.

Fröhlich, C. (1987) Variability of the Solar "Constant" on Time Scales of Minutes to Years. In: *Journal of Geophysical Research*, Vol. 92, No. D1.

Gates, W.L., Cook, K.H., Schlesinger, M.W. (1981) Preliminary Analysis of Experiments on the Climatic Effects of Increased CO_2 with an Atmospheric General Circulation Model and a Climatological Ocean Model. In: *Journal of Geophysical Research*, Vol. 86.

Gassmann, F. und Weber, R. (1989) *Vom Menschen verursachte Klimaveränderungen.* Im Auftrag Schweizerische Physikalische Gesellschaft. Paul Scherrer Institut, Villigen.

Gerasimov, I.P. (1979) Climates of the Geological Epochs. In: *World Climate Conference*, WMO – No. 537, Genf.

Glantz, M.H., Robinson, J., Krenz, M.E. (1982) Climate-related Impact Studies: A Review of Past Experience. In: Clark, W.C. (Ed.) *Carbon Dioxide Review 1982.* Oxford University Press, New York.

Global Energy Perspectives 2000–2020 (1989) World Energy Conference, Montreal.

Goldemberg, J. et al. (1987) *Energy for a Sustainable World.* World Resource Institute, Washington, D.C.

Graedel, T.E. und Crutzen, P.J. (1989) Veränderungen der Atmosphäre. In: *Spekturm der Wissenschaft*, November 1989.

Gribbin, J. (Ed.) (1978) *Climatic Change.* Cambridge University Press, Cambridge.

Hansen, J. et al. (1979) *Proposal for Research in Global Carbon Dioxide Source/Sink Budget and Climatic Effects.* Goddard Institute for Space Studies, New York.

Hansen, J. et al. (1981) Climate Impact of Increasing Atmospheric Carbon Dioxide. In: *Science*, No. 213.

Hansen, J.E. et al. (1984) Climate Sensitivity: Analysis of Feedback Mechanisms. In: Hansen, J.E. and Takahashi, T. (Eds.) *Climate Processes and Climage Sensitivity.* Based on Papers Presented on the Fourth Biennal Maurice Ewing Symposium, Palisades, N.Y., October 25-27, 1982. Geophysical Monograph Series, Vol. 29. American Geophysical Union, Washington D.C.

Hansen, J. et al. (1987) *Predictions of Near-Term Climate Evolution: What Can we Tell Decison Makers Now?* Paper presented at First North American Conference on Preparing for Climate Change. Climate Institute Washington, 27.–29. Oktober.

Hansen, J. et al. (1988) Global Climate Changes as Forecast by Goddard Institute for Space Studies. Three-Dimensional Model. in: *Journal of Geophysical Research*, Vol. 93, No. D8.

Idso, S.B., Kimball, B.A., Anderson, M.G. (1989) Greenhouse Warming Could Magnify Positive Effects of CO_2 Enrichment on Plant Growth. In: *Carbon Dioxide Information Analysis Center (CDIAC) Oak Ridge National Labaratory*, Winter 1989.

Jäger, J. et al. (1987) *Developing Policies for Responding to Climatic Change. A Summary of the Discussions and Recommendations of the Workshops held in Villach (28 September – 2 October) and Bellagio (9–13 November) under the Auspices of the Beijer Institute, Stockholm.* WCIP-1. WMO/TD-No. 225. United Nations Environment Programme and World Meteorological Organization, Genf.

Jäger, J. (1988) *Developing Policies for Responding to Climatic Change.* WCIP-1. WMO/TD-No. 225. WMO, Genf.

Kappel, R. and Staub, P. (1989) *Economic Development, Energy Consumption and CO_2 Emissions: Model-Based Scenarios for the People's Republic of China*. Revised version of a paper presented at the Expert Group Meeting on Methodologies and Analytical Tools. Intergovernmental Panel on Climate Change. WMO, UNEP, IEA. April 10-11, Paris. ETH-Institut für Wirtschaftsforschung, Zürich.

Kates, R. (1985) The Interaction of Climate and Society. In: Kates, R.W., Ausubel, J.H., Berberian, M. (Eds.) *Climate Impact Assessment* (SCOPE 27). John Wiley & Sons, Chichester.

Keeling, C.D. (1973) Industrial Production of Carbon Dioxide from Fossil Fuels and Limestones. In: *Tellus*, Vol. 28.

Keeling, C.D., Bacastow, R.W., Whorf, T.P. (1982) Measurement of the Concentration of Carbon Dioxide at Mauna Loa Observatory, Hawai. In: Clark, W.C (Ed.) *Carbon Dioxide Review 1982*. Claredon Press, Oxford.

Keepin, B. and Kats, G. (1988) *Greenhouse Warming: Comparative Analysis of Two Abatement Strategies*. Rocky Mountain Institute, Snowmass, Colorado.

Kellogg, W.W. and Schware, R. (1981) *Climate Change and Society - Consequences of Increasing Atmospheric Carbon Dioxide*. Westview Press, Boulder, Colorado.

Keppler, E. (1988) *Die Luft, in der wir leben - Physik der Atmosphäre*. Piper, München, Zürich.

KFA (1983) *Studie über die Auswirkungen von CO_2-Emissionen auf das Klima*. KFA, Jülich.

Kolb, G. et al. (1989) *CO_2-Reduction Potential Through Rational Energy Utilization and Use of Renewable Energy Sources in the FRG*. Jül-Spez. 502. KFA, Jülich.

Kosobud, R.F., Daly, T.A., Chang Y.I. (1983) Decentralized CO_2-Abatement Policy and Energy Technology Choices in the Long Run. In: Etteilag, R.L. (Ed.) *Government and Energy Policy*. International Association of Energy Economists, Washington D.C.

Kosobud, R. F. and Daly, T.A. (1984) Global Conflict or Cooperation over the CO_2 Climate Impact? In: *Kyklos*, Vol. 37.

Krafft. P. (1989) *CO_2 - Eine neue energiepolitische Herausforderung*. Vortrag, gehalten and der Informationstagung der Schweizerischen Vereinigung für Atomenergie (SVA) über "Moderne Kernkraftwerke/Kohlendioxidfreie Energiesysteme", 19./20. Oktober in Zürich-Oerlikon.

Kübler, K. (1987) *Kostenminimierende Strategien zur Reduktion der SO_2-Emissionen*. Working Papers. Center for Economic Research. Swiss Federal Institute of Technology, Zürich.

Kübler, K. (1988) *Energie und Klima: Welchen Beitrag müssen die Wirtschaftswissenschaften zur Lösung des Treibhausproblems leisten?* Vortrag, EIR Würenlingen.

Kübler, K. (1990) *Energiepolitik zum Schutz der Erdatmosphäre. Stand der informativen Diskussion*. Vortrag gehalten am 11. Januar 1990 in der Forschungsgruppe "Wirtschaft, Energie, Investitionen (WEI)" der KFA Jülich.

Lacis, A. et al. (1981) Greenhous Effect of Trace Gases. 1970 - 1980. In: *Geophysical Research Letter*, Vol. 8.

Laurmann, J.A. (1983) Strategic Issues and the CO_2 Environmental Problem. In: Bach, W. (Ed.) *Carbon Dioxide: Current Views and Developments in Energy - Climate Research*. D. Reidel Publishing Co., New York.

Lave, L.B. and Epple, D. (1985) Scenario Analysis. In: Kates, R.W. et al. (Eds.) *Climate Impact Assessment*. (SCOPE 27). John Wiley & Sons, Chichester.

Lemon, E.R. (Ed.) (1983) *CO_2 and Plants: The Response of Plants to Rising Levels of Atmospheric Carbon Dioxide*. American Association for the Advancement of Science (AAAS) Selected Symposium, Vol. 84, Westview Press, Boulder, Colorado.

Lesch, K.H. und Bach, W. (1989) Reduktion des Kohlendioxids. In: *Energie*, Nr. 41, Mai 1989.

Lovins, A.B. et al. (1982) *Least Cost Energy: Solving the CO_2 Problem*. Brick House Publishing, Cambridge, Mass.

Lysen, E.H. (1989) *The Absorption of Carbon Dioxide by the Oceans*. Consulting Engineer, Amersfoort.

Manabe, S. and Wetherald, R.T. (1975) The Effects of Doubling the CO_2-Concentration on the Climate of a General Circulation Model. In: *Journal of Atmospheric Science*, Vol. 32.

Manabe, S. and Stouffer, R.J. (1979) A CO_2-climate Sensitivity Study with a Mathematical Model of the Global Climate. In: *Nature*, Vol. 282.

Manabe, S. and Stouffer, R.J. (1980) Sensitivity of a Global Climate Model to an Increase of CO_2-Concentration in the Atmosphere. In: *Journal of Geophysical Research*, Vol. 85.

Manabe, S. and Wetherald, R.T. (1980) On the Distribution of Climate Change Resulting from an Increase in CO_2-Content of the Atmosphere. In: *Journal of Atmospheric Science*, Vol. 37.

Manabe, S. and Bryan, K. (1985) CO_2-Induced Change in a Coupled Ocean-Atmosphere Model and its Paleoclimatic Implications. In: *Journal of Geophysical Research*, Vol. 90, No. 11.

Manabe, S. and Wetherald, R.T. (1987) Large-scale Changes of Soil Wetness Induced by an Increase in Atmospheric Carbon Dioxide. In: *Journal of Atmospheric Science*, Vol. 44.

Manne, A.S. and Richels, R.G. (1989) CO_2 Emission Limits: An Economic Analysis for the USA. In: *The Energy Journal*.

Marchetti, C. (1977) On Geoengineering and the CO_2-Problem. In: *Climate Change*, Vol. 1.

Marchetti, C. (1988) *How to Solve the CO_2 Problem without Tears*. IIASA, Laxenburg.

Marland, G., Rotty, R.M., Treat, N. (1985) CO_2 Fossil Fuel Burning: Global Distribution of Emissions. In: *Tellus*, Vol. 37B, March 1985.

McLean, D.M (1978) A Terminal Mezoic "Greenhouse": Lessons from the Past. In: *Science*, Vol. 201, No. 4.

Mitchel, J.F.B. (1979) *Preliminary Report on the Numerical Study of the Effect on Climate of Increasing Atmospheric Carbon Dioxide*. Met. O. 20, Tech. Note No. II/137. Meteorological Office, Bracknell, Berks. U.

Mitchell, J.M. (1970) A Preliminary Evaluation of Atmospheric Pollution as a Cause of Global Temperature Fluctuation of the Past Century. In: Singer, S.F. (Ed.) *Global Effects of Environmental Pollution*. Springer Verlag, Berlin, New York.

Mitchell, J.M. (1977) The Changing Climate. In: Geophysical Study Committee et al. (Eds.) *Energy and Climate*. National Academy of Sciences, Washington D.C.

Mitchell, J.M. (1989) The Greenhouse Effect and Climate Change. In: *Reviews of Geophysics*, Vol. 27.

National Research Council (Ed.) (1982) *Carbon Dioxide and Climate: A Second Assessment*. National Academy Press, Washington D.C.

Nordhaus, W.D. (1980) *Thinking about Carbon Dioxide: Theoretical and Empirical Aspects of Optimal Control Strategies*. Cowles Foundation Discussion Paper No. 565, New Haven.

Nordhaus, W.D. and Yohe, G. (1983) Future Paths of Energy and Carbon Dioxide Emissions. In: National Research Council (Ed.) *Changing Climate*. National Academy Press, Washington D.C.

OECD (Ed.) (1989) *Energy Technologies for Reducing of Greenhouse Gases (1989)*. Proceedings of an Expert Seminar. Paris, April 12-14.

Oeschger, H. (1986) *Veränderung von Klima und Umwelt durch den Anstieg von CO_2 und Spurengasen*. Referat der 26. Sitzung der Studiengruppe Energieperspektiven. Dokumentation Nr. 26, Studiengruppe Energieperspektiven.

Oeschger, H. et al. (1975) A Box Diffusion Model to Study the Carbon Dioxide Exchange in Nature. In: *Tellus*, Vol. 27.

Oeschger, H. and Heimann, M. (1983) Uncertainties of Predictions of Future Atmospheric CO_2 Concentrations. In: *Journal of Geophysical Research*, Vol. 88C.

Oeschger, H., Klötzli, F., Bach, W. (1987) *Energie und Kohlendioxid*. Expertengruppe Energieszenarien. Schriftenreihe Nr. 24. Eidgenössische Drucksachen- und Materialzentrale, Bern.

Pauley, C.R. (1984) CO_2 Recovery from Fuel Gas. In: *Chemical Engineering Progress*, Vol. 80.

Parry, M.I. and Carter, T.R. (Eds.) (1984) *Assessing the Impact of Climatic Change in Cold Regions*. Summary Report SR-84-1, IIASA, Laxenburg.

Parry, M.I. and Carter, T.R. and Konijn, N.T. (Eds.) (1988a) *The Impact of Climatic Variations on Agriculture. Vol. 1: Assessment in Cool Temperate and Cold Regions*. Kluwer Academic Publishers, Dordrecht, Boston, London.

Parry, M.I. and Carter, T.R. and Konijn, N.T.(Eds.) (1988b) *The Impact of Climatic Variations on Agriculture. Vol. 2: Assessment in Semi-Arid Regions*. Kluwer Academic Publishers, Dordrecht, Boston, London.

Perry, A.M. (1982) Carbon Dioxide Production Scenarios. In: Clark, W.C. (Ed.) *Carbon Dioxide Review – 1982*. Cambridge University Press, Cambridge.

Ramanathan, V. et al. (1985) Trace Gas Trends and Their Potential Role in Climate Change: A Theoretical Assessment. In: *Journal of Geophysical Research*, No. 90.

Raschke, E. (1989) Ändern wir bereits das Klima? In: Hohlneicher, G. und Raschke, E. (Hrsg.) *Leben ohne Risiko*. Verlag TÜV Rheinland GmbH, Köln.

Reilly, J.M. and Edmonds, J.A. (1985) Changing Climate and Energy Modelling: A Review. In: *The Energy Journal*, Vol. 6, No. 3.

Reilly, J.M. et al. (1987) Uncertainty of the IEA/ORAU CO_2 Emissions Model. In: *The Energy Journal*, Vol. 8, No. 3.

Reister, D.B. (1984) A Simple Model of the Greenhouse Effect. In: *Energy Industries in Transition 1985-2000. Proceedings of International Association of Energy Economists. Part I*. San Francisco, November 5-7, 1984.

Rose, D., Miller, M., Agnew, C. (1983) *Global Energy Futures and CO_2-Induced Climate Change*. MIT Energy Laboratory 83-015. Massachusetts Institute of Technology, Cambridge, Mass.

Rotty, R.M. (1983) Distribution of and Changes in Industrial Carbon Dioxide Production. In: *Journal of Geophysical Research*, Vol. 88, No. C2, February 1983.

Rotty, R.M. (1985) Electrification: A Prescription for the Ills of Atmospheric CO_2. In: *Nuclear Science and Engineering*, Vol. 90, No. 4, August 1985.

Rotty, R.M. and Masters, C.D. (1985) Carbon Dioxide From Fossil Fuel Combustion: Trends, Resources and Technological Implications. In: Trabalka, J.R. (Ed.) *Atmospheric Carbon Dioxide and the Global Carbon Cycle*. Department of Energy ER-0239, Washington D.C.

Sassin, W. (1988) *Beurteilung des CO_2*. KFA, Interner Bericht. KFA, Jülich.

Sassin, W. and Jäger, J. (1988) *The Greenhouse Problem – A Step towards Global Ecological Management. Submitted to World Conference – The Changing Atmosphere*. Toronto, Canada, June 27-30. KFA, Internes Papier. KFA, Jülich.

Sassin, W. et al. (1988) *Das Klimaproblem zwischen Naturwissenschaft und Politik*. Jül-2239. KFA, Jülich.

Schlesinger, M.E. (1982) *The Climate Response to Doubled CO_2 Simulated by the OSU Atmospheric GCM with a Coupled Swamp Ocean.* Climatic Research Institute. Oregon State University, Corvallis.

Schlesinger, M.E. (1986) Equilibrium and Transient Climatic Warming Induces by Increased Atmospheric CO_2. In: *Climate Dynamics*, Vol. 1.

Schlesinger, M.E. and Mitchel, J.F.B.(1988) *Physically-Based Modelling and Simulation of Climate and Climatic Change.* Part II. NATO ASI Series C: Vol. 243.

Schneider, S.H. (Ed.)(1977) *Climatic Change. An Interdisciplinary, International Journal Devoted to the Description, Causes and Implications of Climatic Change.* Vol. 1. D. Reidel Publishing Company, Dordrecht, Boston, London.

Schneider, S.H. (1989) Veränderungen des Klimas. In: *Spektrum der Wissenschaft*, November 1989.

Schönwiese, C.D. und Diekmann, B. (1987) *Der Treibhauseffekt.* Deutsche Verlagsanstalt GmbH, Stuttgart.

Schönwiese, C.D. und Runge, K. (1988) *Der anthropogene Spurengaseinfluss auf das globale Klima. Berichte des Instituts für Meteorologie und Geophysik der Universität Frankfurt*, Frankfurt/M.

Schuessler, U. and Kümmel, R. (1989) *CO_2-Removal from Fossil Fuel Power Plants by Refrigeration under Pressure.* Proceedings IECEC-1989. The 24th Intersociety Energy Conversion Engineering Conference (IECEC), Washington D.C. August 6-11.

Schwer, H. (1988) *Möglichkeiten zur Reduzierung des atmosphärischen CO_2-Anstiegs unter besonderer Beachtung der fossilen Stromerzeugung.* Universität Stuttgart, Institut für Kernenergie, Stuttgart.

Seifritz, W. (1988a) *Methanol as a CO_2 -free Link Between Primary Fossil Energy and a Hydrogen Energy System.* Paul Scherrer Institut, Würenlingen.

Seifritz, W. (1988b) Methanol as a Link between Primary Fossil Energy and a Carbon Dioxide-free Energy System. In: *Proceedings Hydrogen Energy Progress VII. 7th World Hydrogen Energy Conference*, Moscow, 25-29 September.

Seifritz, W. (1988c) *Greenhouse Effect Constraint for the Costs of Non-Fossil Energy Sources.* Paul Scherrer Institut, Würenlingen.

Seifritz, W. (1988d) Zur Kohlendioxid-Entsorgung fossiler Energiesysteme. In: *Forschung und Technik, Neue Zürcher Zeitung*, Nr. 103, 4. Mai 1988.

Seifritz, W. (1989a) Kann die Kernenergie einen wesentlichen Beitrag zur Lösung des globalen Klima-Treibhausproblems leisten? Vorbereitet zur Publikation in: *Energiewirtschaftliche Tagesfragen.*

Seifritz, W. (1989b) *Entsorgungsmöglichkeiten von Kohlendioxid. Studienprogramm für die Enquête-Kommission "Vorsorge zum Schutz der Erdatmosphäre" des Deutschen Bundestages.* Stuttgart.

Seifritz, W. (1989c) Nukleare Prozesswärme und CO_2-Entsorgung. In: *Tagungsbericht der Jahrestagung Kerntechnik 89. 9.-11. Mai*, Düsseldorf.

Seifritz, W. (1989d) A New Mixed Fossil / Nuclear Energy System for the Production of Electricity with Zero Emission of Carbon Dioxide. In: *Nuclear Technology*, Vol. 88, November 1989.

Seifritz, W. (1990a) *Das Treibhausproblem - Möglichkeiten der CO_2-Entsorgung*, vorgesehen zur Publikation im Hanser-Verlag, München.

Seifritz, W. (1990b) CO_2-freie Kohlenverstromung in einem Hochtemperatur-Brennstoffzellensystem. Vorgesehen zur Publikation in *Brennstoff, Wärme, Kraft* (BWK).

Shands, W.E. and Hoffmann, J.S. (Eds.) (1987) *The Greenhouse Effect. Climate Change and U.S. Forests.* Conservation Foundation, Washington D.C.

Siegenthaler, U. (1988) Causes and Effects of Natural CO_2 Variations during the Glacial-Interglacial Cycles. In: *Lecture Notes in Earth Sciences*, Vol. 16.

Siegenthaler, U. and Oeschger, H. (1978) Predicting Future Atmospheric Carbon Dioxide Levels. In: *Science*, Vol. 199.

Sinha, S.K. (1982) The Impact of Carbon Dioxide on Agriculture in Developing Countries. In: *Climate – Chemistry and Physics of the Atmosphere*. Impact of Science on Society, Vol. 32, No. 3. Unesco, Paris.

Smagorinsky, J. (1982) *Carbon Dioxide and Climate: A Second Assessment*. National Academy Press, Washington D.C.

Sommerville, R.C.J. and Remer, L.A. (1984) Cloud Optical Thickness feedbacks in the CO_2 Climate Problem. In: *Journal of Geophysical Research*, Vol. 89.

Steinberg, M. (1983) *An Analysis of Concepts for Controlling Atmospheric Carbon Dioxide. Informal Report*. Brookhaven National Laboratory, Upton NY..

Steinberg, M., Cheng, H.C., Horn, F. (1984) *A Systems Study for the Removal, Recovery and Disposal of Carbon Dioxide from Fossil Fuel Plants in the U.S.* DOE-CH-00016-2. NTIS, Springfield Va.

Stone, P. (1988) Global Climate Changes as Forecasts by Goddard Institute for Space Studies. Three-Dimensional Model. In: *Journal of Geophysical Research*. Vol. 93. No. D8.

SVA (1989) *Kohlendioxidfreie Energiesysteme. Tagungsreferate. SVA-Informationstagung, 20. Oktober*. Schweizerische Vereinigung für Atomenergie, Bern.

Taubenheim, J. Cossart, G. v. and Entzian, G. (1988) *Evidence of CO_2-Induced Progressive Cooling of the Middle Atmosphere Derived from Ratio Observations*. Paper No. 6.3.8, presented at the Symposium No. 6, COSPAR 1988, Espoo, Finland.

Trabalka, J.R. (Ed.) (1985) *Atmospheric Carbon Dioxide and the Global Carbon Cycle*. Oak Ridge Associated Universities. Department of Energy ER-0239, Washington D.C., Oak Ridge.

Trabalka, J.R. et al. (1985) Human Alterations of the Global Carbon Cycle and the Projected Future. In: Trabalka, J.R. (Ed.) *Atmospheric Carbon Dioxide and the Global Carbon Cycle*. Oak Ridge Associated Universities. Department of Energy ER-0239, Washington D.C., Oak Ridge.

Trabalka, J.R. and Reichle, D.E. (Eds.) (1986) *The Changing Carbon Cycle – A Global Analysis*. Springer Verlag, New York.

United States Department of Energy (Ed.) (1984) *Glaciers, Ice Sheets, and Sea Level: Effect of a CO_2-Induced Climatic Change. Report of a Workshop held in Seattle, Washington, September 13-15*. Washington D.C.

United States Department of Energy (Ed.) (1985) *Characterization of Information Requirements for Studies of CO_2 Effects: Water Resources, Agriculture, Fisheries, Forests and Human Health*. Washington D.C.

United States Department of Energy (Ed.)(1987) *Master Index for the Carbon Dioxide Research. State-of-the-Art Report Series*. Washington D.C.

Vejtasa, S.A. and Schulman, B.L. (1989) *Technology Data for Carbon Dioxide Emission Model: Global 2100*. SFA Pacific, Inc., Mountain View, California.

Volz, A. (1983) *Studie über die Auswirkungen von Kohlendioxidemissionen auf das Klima*. Kernforschungsanstalt Jülich GmbH, Jülich.

Wagner, H.J. (1988) *CO_2-Emissionen und Ansätze zur Umstrukturierung der Energieversorgung im Hinblick auf die Zielvorgabe von der "Toronto-Konferenz"*. Kernforschungsanstalt Jülich GmbH, Jülich.

Walbeck, M. und Wagner, J. (1987) *Anhaltszahlen für die CO_2-Emission durch die Energieversorgung. Systemforschung und Technologische Entwicklung*. Kernforschungsanlage Jülich, Jülich.

Walker, J.C.G. (1982) Evolution of the Atmosphere's Chemical Composition. In: *Climate – Chemistry and Physics of the Atmosphere*. Unesco, Paris.

Walter, I. (1976) *Studies in International Environmental Economics*. John Wiley & Sons, New York, London, Sydney, Toronto.

Wang, W.C. et al. (1976) Greenhouse Effects due to Man–made Perturbation of Trace Gases. In: *Science*, Vol. 194.

Washington, W.M. and Meehl, G.A. (1984) Seasonal Cycle Experiment on the Climate Sensitivity Due to a Doubling of CO_2 with an Atmospheric General Circulation Model Coupled to a Simple Mixed–Layer Ocean Model. *Journal of Geophysical Research*, Vol. 89.

Wetherald, R.T. and Manabe, S. (1981) Influence of Seasonal Variation upon the Sensitivity of a Model Climate. In: *Journal of Geophysical Research*, Vol. 86.

Williams, J. (Ed.) (1978) *Carbon Dioxide, Climate and Society. Proceedings of a IIASA Workshop cosponsored by WMO, UNEP and SCOPE. February 21 – 24, 1978*. Pergamon Press, Oxford, New York, Toronto.

World Conference The Changing Atmosphere (1988): *Implications for Global Security. Conference Statement*. Toronto, Canada, June 27-30.

World Meteorological Organization (1979) *World Climate Conference. A Conference of Experts on Climate and Mankind. Geneva, 12-23 February 1979*. WMO – No. 537. WMO, Geneva.

World Meteorological Organization (Ed.) (1986) *Report of the International Conference on the Assessment of the Role of Carbon Dioxide and of other Greenhouse Gases in Climate Variations and Associated Impacts. Villach, Austria, 9-15 October 1985*. WMO – No. 661. WMO, Geneva.

United Nations Environment Programme and The Beijer Institute (Eds.) (1989) *The Full Range of Responses to Anticipated Climatic Change*.

Namensregister *

A

Allais, M. 159
Altschuh, J. 201
Anderson, P.W. 229
Arber, W. 49, 53
Arrhenius, S. 204

B

Barnett, W. 177
Basler, E. 295
Bates, M. 18
Baumberger, H. 119, 121, 136
Baumgartner, A. 25
Beckerman, W. 290
Beckmann, P. 161
Behrens, W.W. 295
Berg, C.A. 141
Blaseio, A. 51
Blumenfeld, L.A. 51
Bolin, B. 205
Boltzmann, L. 114
Bonus, H. 274
Borst, W.L. 23
Boulding, K.E. 113
Brada, J.C. 253, 260
Bravard, H.B. 110
Bresch, C. 51, 166f
Breschnew, L. 10
Brochmann, B. 129
Bronowski, J. 299
Brown, L. 92, 192
Bruno, G. 175, 296
Buckminster Fuller, R. 267
Budyko, M.I. 20, 26, 33ff, 204, 229
Bullinger, H.J. 186f

C

Campbell, Th. 267
Carson, R. 11
Carter, T.R. 96, 228
Chandler, W.U. 100
Coase, R. 273f
Cohen, M.N. 37f
Commoner, B. 11
Cotta, H. 238
Crutzen, P.J. 211f, 217

D

Darwin, Ch.R. 64, 169 295f
Dasgupta, P.S. 103
Descartes, R. 296
Deutsch, K.W. 66, 112, 166, 175, 297, 300
Devine, W.D. 142

E

Eco, U. 62
Edmonds, J.A. 119
Eichhorn, W. 103
Eigen, M. 51, 53, 55, 160
Einstein, A. 57, 294, 296
Erdmann, G. 112ff, 137, 158, 279
Etienne, E.H. 150f

F

Faber, M. 99
Fenchel, T. 115
Fischhoff, B. 158f
Fischer, J.C. 185
Flavin, C. 153, 216, 285
Flohn, H. 205, 221, 313
Flora, P. 110

---

* Die *kursiv* gedruckten Namen kennzeichnen in der Bibliographie aufgeführte Autoren.

Forrester, J.W. 175
Forth, W. 285
Freud, S. 64, 169, 295
Frey, B.S. 270
Freyer, H. 66
Fricke, J. 23
Fritsch, B. 10, 38, 66, 82, 101, 112ff, 119, 122ff, 130, 137, 175, 242, 259f, 279, 319
Fritzsche, A.F. 158
Fröhlich, C. 221

G

Galilei, G. 300
Gassmann, F. 204, 208f, 228
Georgescu-Roegen, N. 114, 138
Gerasimow, I.P. 204, 206, 230
Glenn, J.C. 68
Goeller, H.E. 27ff, 109f
Goldemberg, J. 119f, 163
Golitsyn, G.S. 20, 33ff
Gorbatschow, M. 10
Graedel, T.E. 211f, 217
Grübler, A. 134

H

Haber, W. 51, 61
Haken, H. 51
Haller, M. 158f
Hannibal, 250
Hansen, J. 221, 223f
Harding, C. 152
Havel, V. 306
Hayek, F.A. von 53, 113
Häfele, W. *117*, *130*, *135f*, *160*, *175*, *185*, *203f*, *275*
Hegel, G.W.F. 306
Heilbronner, R.L. 16
Heise, L. 214, 219
Henschler, D. 285
Hitler, A. 305
Hoffmann, H.-J. 235

Hohlneicher, G. 157f
Hotelling, H. 102
Höhlein, B. 202f
Hsü, H.J. 18, 59

I

Idso, S.B. 229
Imbrie, J. 35f
Inhaber, H. 152
Izrael, Y.A. 20, 33ff

J

Jacobson, J.L. 97
Jantsch, E. 51
Jaspers, K. 177
Jäger, J. 204
Jefferson, Th. 306
Jobsky, Th. 147
Jungk, R. 306

K

Kahn, H. 102, 108, 282
Kanari, F. 82f
Kant, I. 306
Kapp, K.W. 269
Kappel, R. 238
Keeling, C.D. 205
Keppler, E. 20f, 32, 37, 42, 60
Kimball, B.A. 229
Klages, H. 158, 181
Klaproth, M.H. 108
Kondratieff, N.D. 186
Konetzke, G.W. 47, 63
Konijn, N.T. 228
Kopernikus, N. 64, 169, 295
Krafft, P. 204
Kübler, K. 215, 231

L

Landsberg, H.H. 119
Leach, G. 127f

Leisinger, K.M. 84, 94
Lenin, W.I. 11, 14, 136
Leontief, W. 280, 296
Leube, K.R. 53
Levi, H.W. 201
Lovins, A.B. 118
Luckenbach, H. 272
Lübbe, H. 56, 157
Lysenko, T.D. 175

M

Malenbaum,
Malthus, R. 73
Marchetti, C. 185f, 234, 254, 314ff
Markl, H. 32, 49, 51, 57
Markley, O.W. 241
Marx, K. 11f, 14, 17, 303, 306
Masters, C.D. 130
McDonald, A. 133
McHale, J. 171
McIrvine, E.C. 110f
McKelvey, V.E. 102f
McLean, D.M. 222
Meadows, D.L. 5, 11, 189, 280, 295
Mensch, G. 170
Mesarovich, M. 280
Milankovich, M. 252, 261
Mitchell, J.M. 205
Mitscherlich, A. 252, 261
Mohr, H. 53
Morgenstern, O. 158f, 291
Mumford, L. 245, 247, 249, 267

N

Nei, M. 59
Newcombe, K. 265
Neumann, J. von 158f
Nitsch, J. 139

O

Oeschger, H. 135, 204, 225

Oparin, A. 51
Ophuls, W. 11
Opp, K.D. 277
Ostwald, W. 113

P

Palmer, K. 35f
Parry, M.I. 96, 228
Peccei, A. 295
Pestel, E. 280
Petrakos, G. 253, 260
Pimentel, D. 246
Platt, J. 62, 167f
Popper, K. 68, 299, 306
Portal, C. 110
Postel, S. 196, 214, 219
Pry, R.H. 185
Purcell, A.H. 119

R

Ramanthan, V. 225
Randers, J. 295
Raschke, E. 219, 220, 227
Reagen, R. 10
Reichel, E. 25
Reilly, J.M. 119, 225
Remmert, H. 38
Rendtorff, T. 290, 300
Renn, O. 158
Riedl, R. 51
Riemer, H. 203
Roychoudhury, A.K. 59
Rummel, W. 285
Runge, K. 220, 235

S

Salim, E. 292
Samuelson, P. 186
Sassin, W. 204, 206f, 233
Sawai, H. 74
Schipper, L. 147
Schmidt, P.S. 140

Schneider, A. 205, 247
Schönwiese, C.D. 220
Schumpeter, J. 143
Schuster, H.G. 52, 67
Seifritz, W. 162, 234, 236f
Shaw, P. 192
Shoemaker, E.M. 19
Siebert, H. 103
Simon, J.H. 102, 108
Slovic, P. 158f
Spreng, D.T. 137, 147ff
Stalin, J. 11, 305
Staub, P. 238, 310, 320
Stobaugh, R. 119
Stockes, B. 87f
Stoll, W. 47, 55, 153f
Straubhaar, Th. 93
Stumm, W. 203
Suter, P. 119, 122ff

T

Taube, M. 17f, 22, 26, 43, 50f, 117, 164, 209f, 213, 307
Taubenheim, J. 220
Thomas jr., W.L. 39
Tinbergen, J. 278f
Tribus, M. 110f
Trueb, L. 108

U

Unsöld, A. 267

V

Valle, Pietro della, 247
Vernadsky, W.I. 19
Vollmer, G. 65
Volz, A. 223f, 225

W

Wagner, J. 215, 311
Walbeck, M. 215
Warnecke, H.J. 186f
Weber, R. 204, 208f, 228
Weinberg, A.M. 27ff, 109f
Weissert, H. 36, 58
Wenner-Gren, A.L. 39
Widrig, E. 149
Wiener, A.J. 282
Wilson, C.L. 119, 121
Wilson, E.O. 19
Winkler, R. 51, 53, 55
Winter, C.J. 139
Witt, U. 53

Y

Yergin, D. 119

Sachregister

A

Aerosole 13, 41f, 50, 208, 210, 223
Akzeptanz 12, 140, 152f, 157ff, 181
Allokation 12, 106, 112, 115, 235, 270, 273, 275, 303
Anpassung 5, 13, 56, 59f, 64, 97, 130, 175, 177f, 204, 270, 283, 300
Astronomische Theorie der Eiszeiten 35
Atmosphäre (s. *Sphären der Erde*)

B

Bevölkerung
- Altersaufbau 72, 85
- Planung 86f, 87, 167, 258
- Politik 101, 262f
- Wachstum 22, 56, 71f, 75, 77, 85, 99, 120, 172, 251ff, 258, 261, 322

Bewusstseinsbildung 11, 175, 184
Biosphäre (s. *Sphären der Erde*)

C

Chaos 52, 67, 329

D

Diskontrate, soziale 112
Dissipation (s. *Stoffdissipation*)
Dritte Welt 235, 252, 257, 263ff, 284, 295, 302f

E

Elektrizität 26, 99, 120, 131ff, 143ff, 150f, 162f, 197, 240, 246, 291, 294
Emissionen
- CH_4 201, 204, 211, 214, 217, 225
- CO_2 42, 58, 135, 162f, 190, 195, 197, 201ff

Energie
- Energiebedarf 41, 103, 105ff, 110ff, 118ff, 246, 264, 326
- Energiebilanz 22f, 121, 126, 205, 238, 245, 263, 265, 281, 318
- Energieproblem 70, 99ff, 111ff, 128, 136, 293, 326
- Energiequellen, regenerative 91, 118, 128, 151, 160, 181, 293
- Energiesparen 133, 150, 326
- Energiesystem 105f, 120, 128, 131f, 135f, 144, 162, 174, 193ff, 204, 216, 236, 281, 302
- Energieträger, fossile 23, 28, 39, 101, 105, 110, 118ff, 130, 137, 162f, 197, 207, 213ff, 225, 231, 234ff, 240, 250, 261, 264, 288f, 302, 311, 323
- Energieverbrauch 23, 30, 41, 49f, 57, 99f, 104f, 110f, 118f, 120, 122, 145, 150, 172, 190, 218, 220, 234, 276, 286, 293f
- Energieverschwendung 100, 104
- Energieversorgung 32, 116, 235, 240, 264, 324, 326

Entsorgung 5, 16, 131, 135, 139, 162, 193ff, 234ff, 239, 250, 252, 288, 295, 302
Entwicklungsländer 72, 78f, 85ff, 91f, 94, 111, 124, 126ff, 146, 157, 177f, 231f, 235, 252, 255, 257ff, 276, 280, 282, 291, 324f
Erschöpfungstheorie 108
Evolution 19f, 31, 38, 49, 51ff, 56, 58ff, 62, 64ff, 72f, 82, 104, 110, 113ff, 160f, 163, 165ff, 175f, 179, 275, 287, 296
Evolutionskorridor 64, 69, 160
Exploration 102, 166, 178

F

Familienplanung (s. auch *Bevölkerung*) 71, 88, 167

Flexibilität 13, 116, 130 f, 167

Fortschritt, technischer 15 f, 68, 76, 100, 102, 106, 142 f, 157, 169 ff, 292, 294 ff

Freiheit
- politische 12, 14, 113, 183, 306
- Wirtschaftliche 14

"*form value*" 140 ff

G

Geburtenkontrolle (s. auch *Bevölkerung*) 86, 88

Geburtenrate (s. auch *Bevölkerung*) 76 ff

Gesellschaftsordnung 66, 68, 100, 177, 289

Gesellschaftssystem 62, 100, 165, 167, 183, 192

H

Handlungszwang 6, 297 f

humane Existenz 6, 242

Hydrosphäre (s. *Sphären der Erde*)

I

Impulsphänomen 55 f, 58, 82, 232

Industrialisierung 40, 81, 126 ff, 220, 250

Industrieländer 5, 81, 85, 92, 108, 123 f, 129 f, 140, 158, 183, 231 ff, 252, 259, 264, 275 f, 292, 298, 302

Information 15, 51, 103 ff, 109 ff, 137 f, 148 f, 165 ff, 257 f, 265, 270, 275, 297, 324, 328

Infrastruktur 69, 71, 126, 134, 239 f, 249 f, 258, 302

Innovation
- soziale 99, 112, 165, 187
- technische 99, 142 f, 165, 187, 282, 296, 301, 316 f

Instabilität 12 f, 131, 235

Intelligenz, künstliche 68, 166, 328

Interessengemeinschaft, global 129

K

Kapital 12 f, 16, 28, 78 f, 99, 103, 106 ff, 120 f, 128, 143, 190 f, 235, 258 f, 281 f, 287, 302

Kausalanalyse 63, 166, 277, 306

Kernenergie 65, 118, 120, 133, 140, 144, 151 ff, 231, 234 ff, 281 f, 313, 323, 326

Klima
- Klimaproblematik 203 ff, 218, 231
- Klimaveränderungen 38, 95, 206 f, 218, 221, 223 ff, 323, 325

Kohlenstoffkreislauf 43 f

Kommunikation 14 f, 62, 71, 171, 173, 176, 240, 250, 254, 258, 262, 265, 283

Kompetenz 7, 152, 237

Komplexität 16, 66, 112, 173, 176 f, 240, 297, 325

Konzentration von Stoffen (s. *Stoffkonzentration*)

Kreativität 99, 163

L

Lernfähigkeit 104, 111 ff, 163, 175, 283, 286, 300

Lern- und Anpassungsprozesse 5, 111, 166, 175, 178

Liberalismus, wirtschaftlicher 12

Lithosphäre (s. *Sphären der Erde*)

M

Marktwirtschaft 11 f, 17, 178, 185

Massenbilanz (s. auch *Stoffkreislauf*) 22, 26

Meinungsäusserung, freie 15

Methanol 129, 131 ff

Modell 5, 81, 158, 185, 218, 223 ff, 269, 271, 280

Muster 12, 14, 53, 67f, 114, 135, 165, 184, 192, 197, 203, 207, 233, 244f, 249, 259

Mutation 52, 114, 116, 166

N

Neugestaltung 14

Nischen
- kognitive 13, 15, 67, 69, 169
- ökologische 60, 116

Nuklearkrieg 9f, 73

Nuklearwaffenzeitalter 10

O

Ökologie (s. auch *Umwelt*) 17, 20, 61, 69, 97, 113f, 132, 192, 243, 257, 265, 267, 273, 276ff, 326, 329

Ökosystem 15, 18f, 49f, 53f, 60, 63, 65, 69, 95, 115, 151, 232, 241, 260, 263, 266f, 271, 275, 286f, 295

Ölkrisen 5, 27, 118, 130, 186, 205

Ordnung 15, 52, 138, 177, 181, 238, 249, 301

Ordnungszustand 27, 29, 99, 189, 287, 289, 294

Orientierungsdefizit 67f, 182, 183, 276

Orientierungswissen 6, 55, 173, 175f, 185

P

Photosynthese 22f, 32, 104, 117, 191

Planwirtschaft, zentrale 12, 101, 276, 296

Prognosen 11, 84f, 118ff, 147, 166, 186, 223, 229, 286

Q

quantitatives Wachstum 54, 163

R

Regionalisierung 5

Reserven 27, 101f, 108, 130, 134, 288

Ressourcen 11, 15, 29, 39, 70, 99ff, 110ff, 130ff, 231, 260, 265, 267, 270ff, 326

Risiko 55, 63, 116, 152, 154ff, 238, 293, 300, 303

Risikobewusstsein 5, 158, 277

Rohstoffe 16, 20, 101f, 107ff, 143, 195

Rückkopplungsmechanismen 36, 219, 222ff, 241, 261, 275

S

Sekundärsysteme 54, 62, 66, 73, 169, 243f, 287, 289

Siedlungsstruktur 70, 238f

Sozialismus 12, 14, 183, 305

Sphären der Erde
- Atmosphäre 18, 20ff, 95f, 104, 110, 118, 131, 135f, 162f, 190, 197ff, 269, 287, 289, 323f
- Biosphäre 19ff, 117, 199, 204, 211, 214, 233, 238
- Hydrosphäre 20ff, 198, 203, 269
- Lithosphäre 20ff, 131, 198, 203, 272
- Technosphäre 18, 20ff

Sterberate (s. auch *Bevölkerung*) 75ff, 81, 84

Stoffdissipation 12, 30, 58, 149, 190ff, 242ff

Stoffkonzentration 281

Stoffkreislauf 26

Stoffströme 13, 16, 30, 40, 50, 54f, 58, 69, 190ff, 197f, 202ff, 210, 242, 283

Strukturwandel 53, 64, 128, 140, 144, 275, 329

Süsswasser
- Verbrauch 22, 24f
- Versorgung 26
- Vorräte 24ff

Szenarien 6, 86, 96, 119f, 122, 147, 218, 226ff

T

Technosphäre (s. *Sphären der Erde*)

Toxizität 47

Transformation von Materie 27ff

Treibhauseffekt (s. auch *Klima*) 30f, 43, 45, 130, 136, 190, 201, 204f, 210f, 219, 222ff, 325

U

Umwelt
- Umweltproblem 11f, 29, 39f, 54, 71, 99, 113, 130ff, 198, 201, 204, 241, 269ff, 324
- Umweltschutz 98, 137, 143, 231, 275, 302
- Umwelttechnologie 16
- Umweltzerstörung 5, 38, 100, 112, 175, 189f, 193, 271, 277, 282, 295

Unsicherheit 12, 67, 84, 97, 120, 127, 158, 203, 206, 215, 218ff, 238, 280, 282, 297, 324

Urbanisation 39, 41f, 259ff

V

Vermeidungsstrategie 204

Verursacherprinzip 193, 271f

Vorräte (s. auch *Reserven*; *Ressourcen*) 102, 130, 134, 136

Vulkanausbrüche 33, 222, 233

W

Wasserbilanz (s. auch *Süsswasser*) 24

Wasserstoff 18, 26, 28, 131ff, 209, 236, 288, 302

Weltbevölkerung (s. auch *Bevölkerung*) 22, 25, 39, 57f, 71f, 75, 81ff, 91, 107, 111, 124, 131, 218f, 248, 265, 267, 276, 295

Weltbild 64, 169, 173, 175, 328

Werthaltung 14, 69, 76, 174

Wertwandel 158, 179ff

Wirtschaftswachstum 6, 78, 99, 104ff, 144, 148, 189ff, 293

Wissensmehrung, Prozess der 9, 15, 161

Z

Zeit
- Zeithorizont 112f, 135f, 176, 277
- Zeitskala 18, 35ff, 56, 327
- Zeitverschränkung 49, 55ff

Zivilisation (s. auch *Technosphäre*) 29f, 58, 65, 138, 246

Abkürzungen

A

A-H-L-System   System *Atmosphäre – Hydrosphäre – Lithosphäre*

AGU   *American Geophysical Union*

B

BIP   Bruttoinlandsprodukt

BSP   Bruttosozialprodukt

D

DDT   Dichlordiphenyltrichlorätan (Insektengift)

DNA   *deoxyribonucleic acid* (DNS: Desoxyribonukleinsäure)

E

EG   Europäische Gemeinschaft

ETH   Eidgenössische Technische Hochschule

F

F&E   Forschung und Entwicklung

G

GAU   Grösster anzunehmender Unfall

GCM   *General Circulation Models*

GSF   Gesellschaft für Strahlen- und Umweltforschung mbH, München

H

HGÜ   Hochspannungs-Gleichstrom-Übertragung

I

IATA   *International Air Transport Association* (Internationale Organisation von Luftverkehrsgesellschaften)

IEA   *International Energy Agency* (Internationale Energieagentur)

IGO   *International Governmental Organizations*

IIASA   *International Institute for Applied Systems Analysis*

INGO   *International Non-Governmental Organizations*

IPCC   *Intergovernmental Panel on Climate Change*

K

KFA   Forschungszentrum Jülich GmbH (ab 1.1.90; vormals; Kernforschungsanlage Jülich)

KGB   *Komitet Gosudarstvennoy Bezopasnosti* (Ausschuss für Staatssicherheit, UdSSR)

KI   Künstliche Intelligenz

M

MTU   Mensch – Technik – Umwelt

MUW   Mensch – Umwelt – Wissen

N

NAS   *National Academy of Sciences*

NASA   *National Aeronautics and Space Administration*

NEP   *New Economic Policy* (Neue Ökonomische Politik)

NRC   *National Regulatory Commission*

O

OECD	*Organization for Economic Cooperation and Development* (Organisation für wirtschaftliche Zusammenarbeit und Entwicklung)
OPEC	*Organization of Petroleum Exporting Countries* (Zusammenschluss Erdöl exportierender Länder)

P

PSI	Paul-Scherrer-Institut (Würenlingen CH)

R

RNA	*ribonucleic acid* (RNS: Ribonukleinsäure)

S

SDI	*Strategic Defence Initiative*
SPRI	*Stockholm International Peace Research Institute*
Stasi	Staatssicherheitsdienst der DDR

T

TCDD	*Trade Commission, Development Decade*

U

UCS	*Union of Concerned Scientists*
UNCTAD	*United Nations Congress of Trade and Development* (Welthandeskonferenz)
UNEP	*United Nations Environmental Program*
UNICEF	*United Nations International Children's Emergency Fond*
UNIDO	*United Nations Industrial Development Organization*
UNO	*United Nations Organization* (Vereinte Nationen)

W

WEC	*World Energy Commission* (Weltenergiekommission)
WMO	*World Meteorological Organization* (Meteorologische Weltorganisation)

Z

ZENCAP	*Zurich Energy and Capital* (Energieprojekt am Institut für Wirtschaftsforschung der ETH Zürich)

Veröffentlichungen des Autors*

Bücher:

Die Geld- und Kredittheorie von Karl Marx. 2. Auflage, Europäische Verlagsanstalt, Frankfurt, Europa Verlag, Wien, 1968.

Geschichte und Theorie der amerikanischen Stabilisierungspolitik 1933–1939/1946–1953. Basle Centre for Economic and Financial Research, Series B, No. 5, Polygraphischer Verlag AG, Zürich, 1959.

Die Vierte Welt. Deutsche Verlagsanstalt, Stuttgart, 1970.

Bildung – Luxus oder Überlebenschance? Artemis Verlag Zürich und München, 1973.

Wachstumsbegrenzung als Machtinstrument. Deutsche Verlagsanstalt GmbH, Stuttgart, 1974.

Een nieuw machts middel? "grenzen aan de Groei". Het Wereldvenster Baarn, 1975.

Growth Limitation and Political Power. Ballinger Publishing Company Cambridge, Mass., 1976.

Wir werden überleben. Günter Olzog Verlag, München, 1981.

Das Prinzip Offenheit. Günter Olzog Verlag, München, 1985.

Zusammen mit anderen Autoren:

Fritsch, B. / Kocher, G., *Zukunftsforschung in der Schweiz.* Paul Haupt Verlag, Bern, 1970.

Fritsch, B. et al., *World Trade Flows Integrational Structure and Conditional Forecasts. Vol. One.* Schulthess Polygraphischer Verlag AG, Zürich, 1971.

Fritsch, B. et al., *World Trade Flows Integrational Structure and Conditional Forecasts. Vol. Two, Statistical Appendix.* Schulthess Polygraphischer Verlag AG, Zürich, 1971.

Fritsch, B. / Dubach, P., *Zukunft Schweiz.* Benziger Verlag, Zürich, Köln, 1971.

Fritsch, B. / Deutsch, K.W., *Zur Theorie der Vereinfachung: Reduktion von Komplexität in der Datenverarbeitung für Weltmodelle.* Athenäum Verlag, Königstein, 1980.

Fritsch, B. / Erdmann, G., *Cost and Capital in Major EC Countries and Their Effects on the Production Structure.* ASEAN Economic Research Unit, Institute of Southeast Asian Studies, Singapore, 1989.

---

* Ein vollständiges Verzeichnis der in wissenschaftlichen Zeitschriften erschienenen Aufsätze kann auf Anfrage bezogen werden.

Editionen:

Fritsch, B. (Hrsg.), *Entwicklungsländer*. Kiepenheuer & Witsch, Köln, Berlin, 1968.

Fritsch, B. / Deutsch, K.W. / Jaguaribe, H. / Markovits, A.S. (eds.), *Problems of World Modelling*. Ballinger Publishing Company, Cambridge, Mass., 1977.

Fritsch, B. / Codoni, R. (eds.), *Capital Requirements of Alternative Energy Strategies*. Institut für Wirtschaftsforschung ETH Zürich, Zürich, 1980.

Fritsch, B. / Cambel, A.B. / Keller, J.U.(eds.), *Dissipative Strukturen in Intergrierten Systemen*. Nomos Verlagsgesellschaft Baden–Baden, 1989.

Übersetzungen:

Kapp, K.W., *The Social Costs of Private Enterprise*. Harvard University Press, 1950. Deutsch: Fritsch, B., *Volkswirtschaftliche Kosten der Privatwirtschaft*. Tübingen–Zürich, 1958.